武汉大学百年名典

社会科学类编审委员会

梁西（1924—2020年），著名国际法学家、法学教育家、中国国际组织法学开拓者和奠基人。别名梁宋云，湖南安化人。1953—1982年执教于北京大学法律系。从1983年起执教于武汉大学，1986年经国务院学位委员会评选批准为国际法博士生导师。曾先后兼任中国国际法学会理事、顾问，中国海事仲裁委员会委员，国家邮电部法律顾问，湖北省人大常委会法律顾问等职。

主要著作有《国际法》（2000）、《现代国际组织》（1984）、《国际组织法》（2001）、《梁西论国际法与国际组织五讲（节选集）》（2019）等。主要译著有《联合国与裁军》（1972）、《希思外交报告：旧世界新前景》（1973）、《吉米·卡特》（1978）等。主要代表性论文有《论国际法的发展》（1990）、《论现代国际法中的集体安全制度》（1988）、《论国际社会组织化及其对国际法的影响》（1997）、《联合国：奔向21世纪》（1995）等。主要译文有《非洲国家与国际法的渊源》（1980）、《从国际司法角度看联合国的各项原则》（1979）等。其《国际组织法》（专著）和《国际法》（主编）两书，均以繁体字在台湾（志一出版社）出版，具有重要的学术影响。

杨泽伟 1968年生，湖南新宁人。国家重大人才计划特聘教授、法学博士、武汉大学国际法研究所博士生导师，国家高端智库武汉大学国际法治研究院团队首席专家，国家社科基金重大招标项目、国家社科基金重大研究专项和教育部哲学社会科学研究重大课题攻关项目首席专家，湖北省有突出贡献的中青年专家，德国马克斯·普朗克比较公法与国际法研究所访问学者、英国邓迪大学访问教授，入选教育部"新世纪优秀人才"支持计划，获霍英东教育基金会高等院校青年教师基金资助，任"新能源法律与政策研究丛书"（十三卷）和"海上共同开发国际案例与实践研究丛书"（九卷）总主编，独著有《国际法析论》（第五版）、《国际法史论》（第二版）、《主权论》《国际法》（第四版）和《中国能源安全法律保障研究》等著作，在《法学研究》《中国法学》《世界历史》Journal of East Asia & International Law（SSCI）、HongKong Law Journal（SSCI）、Journal of the History of International Law等发表中英文学术论文数十篇。

武汉大学
百年名典

梁西国际组织法

■ 梁 西 著

■ 杨泽伟 修订

武汉大学出版社

WUHAN UNIVERSITY PRESS

图书在版编目(CIP)数据

梁西国际组织法/梁西著;杨泽伟修订.—8 版.—武汉:武汉大学出版社,2023.11
武汉大学百年名典
ISBN 978-7-307-23983-8

Ⅰ.梁⋯ Ⅱ.①梁⋯ ②杨⋯ Ⅲ.国际组织—组织法 Ⅳ.D993.9

中国国家版本馆 CIP 数据核字(2023)第 215303 号

责任编辑:张　欣　　　责任校对:李孟潇　　　版式设计:马　佳

出版发行:**武汉大学出版社**　　(430072　武昌　珞珈山)
　　　　　(电子邮箱:cbs22@ whu.edu.cn　网址:www.wdp.com.cn)
印刷:湖北恒泰印务有限公司
开本:720×1000　　1/16　　印张:35.75　　字数:513 千字　　插页:4
版次:1984 年 11 月第 1 版　　1993 年 9 月第 2 版
　　　1996 年 2 月第 3 版　　1998 年 7 月第 4 版
　　　2001 年 6 月第 5 版　　2011 年 5 月第 6 版
　　　2022 年 8 月第 7 版　　2023 年 11 月第 8 版
　　　2023 年 11 月第 8 版第 1 次印刷
ISBN 978-7-307-23983-8　　　定价:198.00 元

《武汉大学百年名典》出版前言

百年武汉大学，走过的是学术传承、学术发展和学术创新的辉煌路程；世纪珞珈山水，承沐的是学者大师们学术风范、学术精神和学术风格的润泽。在武汉大学发展的不同年代，一批批著名学者和学术大师在这里辛勤耕耘，教书育人，著书立说。他们在学术上精品、上品纷呈，有的在继承传统中开创新论，有的集众家之说而独成一派，也有的学贯中西而独领风骚，还有的因顺应时代发展潮流而开学术学科先河。所有这些，构成了武汉大学百年学府最深厚、最深刻的学术底蕴。

武汉大学历年累积的学术精品、上品，不仅凸现了武汉大学"自强、弘毅、求是、拓新"的学术风格和学术风范，而且也丰富了武汉大学"自强、弘毅、求是、拓新"的学术气派和学术精神；不仅深刻反映了武汉大学有过的人文社会科学和自然科学的辉煌的学术成就，而且也从多方面映现了20世纪中国人文社会科学和自然科学发展的最具代表性的学术成就。高等学府，自当以学者为敬，以学术为尊，以学风为重；自当在尊重不同学术成就中增进学术繁荣，在包容不同学术观点中提升学术品质。为此，我们纵览武汉大学百年学术源流，取其上品，掬其精华，结集出版，是为《武汉大学百年名典》。

"根深叶茂，实大声洪。山高水长，流风甚美。"这是董必武同志1963年11月为武汉大学校庆题写的诗句，长期以来为武汉大学师生传颂。我们以此诗句为《武汉大学百年名典》的封面题词，实是希望武汉大学留存的那些泽被当时、惠及后人的学术精品、上品，能在现时代得到更为广泛的发扬和传承；实是希望《武汉大学百年名典》这一恢宏的出版工程，能为中华优秀文化的积累和当代中国学术的繁荣有所建树。

《武汉大学百年名典》编审委员会

目　　录

第八版修订说明(2023 年) ································ 1
第七版修订说明(2022 年) ································ 1
第六版修订说明(2011 年) ································ 1
第五版修订说明(2001 年)摘录 ···················· 1
第四版前言(1998 年)摘录 ···························· 1
第一版前言(1983 年)摘录 ···························· 1

第一编　绪论：国际组织的法理学分析

第一章　国际组织和国际组织法的基本性质 ················ 3
　第一节　国际组织和国际组织法的概念剖析 ··············· 3
　第二节　国际组织的法律地位与"职能性原则" ·········· 9
　第三节　国际组织法的渊源与体系 ······················· 12
　第四节　国际法和国际组织的交互影响 ··············· 17

第二章　国际组织的形成、发展和现状 ················· 20
　第一节　从民间交往到政府间会议 ···················· 21
　第二节　"欧洲协作"的影响 ························ 24
　第三节　从国际行政联盟到联合国成立 ················ 25
　第四节　现代国际组织的发展趋势 ·················· 27

第三章　国际组织的类型和一般形态 ················· 31
　第一节　国际组织的类型 ·························· 31

第二节　国际组织的一般形态 ……………………………………… 34

一、基本文件 …………………………………………………… 34

二、成员资格 …………………………………………………… 34

三、组织机构与职能范围 ……………………………………… 37

四、活动程序 …………………………………………………… 40

五、财政问题 …………………………………………………… 43

第四章　国际组织的功能与作用 …………………………………… 45

第一节　国际组织的一般作用 ……………………………… 45

一、政治协调方面的作用 ……………………………………… 45

二、经济及社会发展方面的作用 ……………………………… 46

三、国际法律秩序方面的作用 ………………………………… 47

第二节　中国与国际组织 …………………………………… 51

一、发展历程 …………………………………………………… 52

二、重要贡献 …………………………………………………… 57

三、主要不足 …………………………………………………… 64

四、未来展望 …………………………………………………… 69

第二编　全球性国际组织及其法律制度(一)——国际联盟

第五章　国际联盟的结构和历史意义 ……………………………… 79

第一节　巴黎和会与国际联盟的创立 ……………………… 79

第二节　《国际联盟盟约》简析 ……………………………… 80

第三节　国际联盟的成员国 ………………………………… 82

第四节　国际联盟的组织结构 ……………………………… 83

一、大会 ………………………………………………………… 83

二、行政院 ……………………………………………………… 84

三、秘书处 ……………………………………………………… 85

四、国际常设法院 ……………………………………………… 86

五、辅助机构 …………………………………………………… 86

第五节　国际联盟的历史意义 ……………………………………… 87

第三编　全球性国际组织及其法律制度(二)——联合国

第六章　联合国成立的背景 ……………………………… 93
　第一节　第二次世界大战与联合国 ……………………… 93
　第二节　敦巴顿橡树园建议案 …………………………… 95
　第三节　联合国家关于国际组织的会议 ………………… 97
　第四节　《联合国宪章》与《国际联盟盟约》比较 ……… 99
　第五节　《联合国宪章》的解释与修改问题 ………… 102
　　一、宪章的解释 ……………………………………… 102
　　二、宪章的修改程序 ………………………………… 103

第七章　联合国的宗旨与原则 ……………………… 107
　第一节　概述 …………………………………………… 107
　第二节　联合国的宗旨 ………………………………… 108
　　一、维持国际和平与安全 …………………………… 108
　　二、发展各国间的友好关系 ………………………… 109
　　三、促进国际合作 …………………………………… 109
　　四、协调各国行动 …………………………………… 110
　第三节　联合国的原则 ………………………………… 110
　　一、会员国主权平等 ………………………………… 111
　　二、善意履行宪章义务 ……………………………… 111
　　三、和平解决国际争端 ……………………………… 112
　　四、禁止以武力相威胁或使用武力 ………………… 112
　　五、集体协助 ………………………………………… 114
　　六、确使非会员国遵行宪章原则 …………………… 114
　　七、不干涉内政 ……………………………………… 115

第八章　联合国的会员国 …………………………… 118
　第一节　联合国会员资格的取得 ……………………… 118

一、创始会员国 …………………………………………… 118

二、纳入会员国 …………………………………………… 119

第二节　联合国会员资格的丧失 ……………………………… 126

一、会员国的开除 ………………………………………… 127

二、会员国权利的中止 …………………………………… 127

三、会员国的退出 ………………………………………… 128

第三节　中国在联合国的代表权和联合国会员国的普遍性 …… 129

一、中国在联合国代表权问题的解决 …………………… 129

二、联合国的普遍性 ……………………………………… 131

第九章　联合国的组织结构 ……………………………………… 135

第一节　概述 ……………………………………………… 135

第二节　大会 ……………………………………………… 137

第三节　安全理事会 ……………………………………… 140

一、安理会的组成 ………………………………………… 140

二、非常任理事国的竞选 ………………………………… 143

第四节　经济及社会理事会与托管理事会 ………………… 144

一、经社理事会 …………………………………………… 144

二、托管理事会 …………………………………………… 146

第五节　国际法院 ………………………………………… 148

第六节　秘书处 …………………………………………… 152

一、秘书处的组成及其纯国际性质 ……………………… 152

二、秘书长的推荐与委派 ………………………………… 155

第七节　联合国的法律地位 ……………………………… 158

一、联合国的法律人格问题 ……………………………… 158

二、联合国的特权与豁免制度 …………………………… 162

第十章　联合国的职权 …………………………………………… 165

第一节　概述 ……………………………………………… 165

第二节　大会与安理会的职权划分·············· 166

　　一、职权上的专属与平行关系·············· 166

　　二、大会职权的演变···················· 171

第三节　经社理事会与托管理事会的职权········ 175

　　一、经社理事会的职权·················· 175

　　二、托管理事会的职权·················· 177

第四节　国际法院的职权···················· 178

　　一、一般原则························ 178

　　二、诉讼管辖························ 179

　　三、咨询管辖························ 182

　　四、法律适用························ 184

第五节　秘书处的职权···················· 185

第六节　联合国的经费问题·················· 187

第十一章　联合国的活动程序·················· 191

第一节　大会的活动程序···················· 191

　　一、会议制度与表决程序················ 191

　　二、议事过程························ 196

第二节　安理会的活动程序·················· 199

　　一、会议制度与表决程序················ 199

　　二、否决权的概念···················· 201

　　三、关于否决权的争论·················· 203

　　四、《四国声明》关于否决权的解释 ········· 204

　　五、双重否决权问题·················· 206

　　六、对否决权的限制·················· 207

　　七、否决权的基础与行使情况············· 208

第三节　其他机关的活动程序················ 212

　　一、经社理事会和托管理事会············· 213

　　二、国际法院························ 213

第十二章　联合国与国际社会 ································· 215
　第一节　非殖民化 ································· 215
　　一、委任统治与国际托管制度 ················· 216
　　二、联合国关于非殖民化的宣言 ·············· 221
　第二节　新国际经济秩序 ······················· 226
　　一、联合国的经济及社会活动 ················· 226
　　二、走向新的国际经济秩序 ··················· 234
　第三节　和平解决国际争端与强制行动 ··········· 243
　　一、概述 ··································· 243
　　二、大会与安理会在和平解决争端中的作用 ····· 244
　　三、联合国的强制行动 ······················· 247
　第四节　集体安全制度 ························· 248
　　一、概述 ··································· 248
　　二、两次世界大战之间的发展 ················· 250
　　三、《联合国宪章》中的集体安全制度及其实践 ··· 252
　　四、安全与裁军 ··························· 260
　　五、若干规律性的认识 ······················· 269
　第五节　维持和平部队 ························· 271
　　一、概述 ··································· 271
　　二、联合国维持和平部队的建立 ·············· 276
　　三、维持和平部队的经费问题 ················· 282
　第六节　国际法编纂 ··························· 286
　　一、概述 ··································· 286
　　二、联合国国际法委员会的组成与职能 ········· 288
　　三、联合国国际法委员会的编纂工作 ··········· 293

第十三章　联合国半个多世纪综述 ··················· 300
　第一节　联合国的理念 ························· 300
　　一、概述 ··································· 300
　　二、最高理想 ······························· 301

第二节　联合国的成就……………………………………… 303

一、和平与发展…………………………………………… 303

二、国际法律秩序………………………………………… 306

第三节　联合国的困境与前景……………………………… 307

一、概述…………………………………………………… 307

二、维和行动……………………………………………… 308

三、南北关系……………………………………………… 311

四、财政危机……………………………………………… 312

五、改革问题……………………………………………… 314

第四编　区域性国际组织及其法律制度

第十四章　区域组织的性质与法律地位…………………… 323

第一节　区域组织的性质………………………………… 323

第二节　区域组织的法律地位…………………………… 327

第十五章　各洲区域组织综述……………………………… 331

第一节　美洲的区域组织………………………………… 331

第二节　亚洲与太平洋的区域组织……………………… 337

第三节　非洲的区域组织………………………………… 352

第四节　欧洲的区域组织………………………………… 361

第五编　专门性国际组织及其法律制度

第十六章　专门性国际组织的兴起与现代专门机构……… 385

第一节　专门性国际组织的兴起………………………… 385

第二节　现代国际组织体系中的专门机构……………… 387

一、国联关于国际事务机构的规定……………………… 387

二、联合国的专门机构…………………………………… 387

第十七章　专门机构的法律地位与基本体制………………………… 392

　第一节　专门机构的法律地位………………………………………… 392

　第二节　专门机构的基本体制………………………………………… 395

　　一、机构组织法……………………………………………………… 395

　　二、三级结构………………………………………………………… 397

　　三、成员制度………………………………………………………… 398

　　四、表决制度………………………………………………………… 400

第十八章　专门机构的分类与职能…………………………………… 403

　第一节　海陆空通信运输方面的组织………………………………… 403

　　一、国际电信联盟…………………………………………………… 403

　　二、万国邮政联盟…………………………………………………… 408

　　三、国际海事组织…………………………………………………… 411

　　四、国际民用航空组织……………………………………………… 414

　第二节　文化科教卫生方面的组织…………………………………… 417

　　一、世界卫生组织…………………………………………………… 417

　　二、世界气象组织…………………………………………………… 420

　　三、联合国教科文组织……………………………………………… 423

　　四、国际原子能机构………………………………………………… 426

　　五、世界知识产权组织……………………………………………… 429

　　六、世界旅游组织…………………………………………………… 432

　第三节　金融贸易方面的组织………………………………………… 434

　　一、国际货币基金组织……………………………………………… 434

　　二、国际复兴开发银行……………………………………………… 440

　　三、国际开发协会…………………………………………………… 444

　　四、国际金融公司…………………………………………………… 445

　　五、世界贸易组织…………………………………………………… 446

　第四节　工农业方面的组织…………………………………………… 456

　　一、国际劳工组织…………………………………………………… 456

　　二、联合国粮食及农业组织………………………………………… 459

三、国际农业发展基金 …………………………………………… 461

四、联合国工业发展组织 ………………………………………… 463

第六编　尾论：人类的组织化趋势

第十九章　国际社会组织化对国际法律制度的发展 …………… 471

第一节　组织化现象与"结构平衡论" ………………………… 471

第二节　现代国际法的新动向 ………………………………… 475

第三节　国际组织的准造法功能 ……………………………… 479

第四节　理性的选择 …………………………………………… 481

附录 …………………………………………………………………… 484

（一）部分参考书目 …………………………………………… 484

（二）部分国际组织名称（英汉对照） ……………………… 491

（三）部分国际组织机构网址 ………………………………… 504

（四）总索引 …………………………………………………… 510

第八版修订说明(2023年)

2023 年逢武汉大学 130 周年校庆,为纪念梁西先生及其学术成就,《梁西国际组织法》被列入"武汉大学百年名典"丛书,故有此次修订。

近年来,国际形势风云激荡,国际组织法强势回归:从美国接连"退群"到 WTO 上诉机制停摆,从英国"脱欧"到被称为"脑死亡"的北约满血复活,从"二十国集团"(G20)作用的增强到"一带一路"倡议机制化的动议,从乌克兰危机的持续到限制联合国安理会常任理事国否决权的争论等。在人类进入高度发展的 21 世纪之际,应该如何进一步开展对国际组织新的研究?各种类型的国际组织及其法律制度,今后到底将如何继续发展变化?应如何继续发挥国际组织应有的功能?中国在国际组织中的作用应怎样定位等?《梁西国际组织法》(第八版)能帮您找到答案。

《梁西国际组织法》(第八版)源于梁西先生为北京大学和武汉大学国际法专业本科生及研究生多年开课的讲义;初稿完成于 1981 年,与荷兰国际法学家谢墨斯(Henry G. Schermers)的《国际组织法》(International Institutional Law)的出版是同一年。1984 年正式出第一版,名《现代国际组织》,是国内有关国际组织法的第一部专著,也是曾经在很长时期内我国在这一新兴国际法学科领域唯一的专著。此后在长达 30 多年的历史进程中,该书经梁西先生自己多次精心修改补充,1993 年作为"七五""高等学校文科教材"出第二版,更名为《国际组织法》,并荣获国家教委第三届高等学校优秀教材一等奖;1996 年应约再作修改后,又以繁体字竖行本在台湾(志一出版社)出第三版;1998 年出第四版;2001 年出第五版,并经教育部研究生工作办公室推荐为"研究生教学用书"，被学界誉为不可多得的学术精品；2011 年我协助梁先生修订、出版了第六版，更名为《梁著国际组织法》；2022 年遵从梁先生遗愿，我主持修订出版了该书第七版，定名为《梁西国际组织法》；2023 年适逢武大 130 周年校庆，本书被列入"武汉大学百年名典"丛书，遂由我主持修订出版《梁西国际组织法》（第八版）。

  相较而言，《梁西国际组织法》（第八版）主要有以下几大特色：第一，创建了具有中国特色的国际组织法学科的自主体系，构建了国际组织的法理学，提出了一系列创新的学术观点，从而大大提高了国际组织法学的理论深度和学术价值。第二，深入探讨了中国与国际组织的互动，如第四章第二节"中国与国际组织"、第八章第三节"中国在联合国的代表权和联合国会员国的普遍性"以及第十一章第二节"安理会活动程序"中"中国行使否决权情况"等。第三，将国际组织法的研究与国际法法哲学以及国际法的发展趋势有机地结合，如第一章第四节"国际法与国际组织的交互影响"、第十九章第一节"组织化现象与'结构平衡论'"和第二节"现代国际法的新动向"以及第四节"理性的选择"等。第四，系统论述了联合国这一全球性国际组织及其法律制度，阐释了区域性国际组织、专门性国际组织以及国际联盟等不同类型的国际组织的法律制度等。

  江国青教授、晓斌博士以及赵芸、梦莎、京丞、张鑫等提供的有关意见和建议对本书的修订颇有参考价值，张欣老师为本书的出版提供了诸多帮助，在此一并表示感谢！

杨泽伟

2023 年 10 月 1 日于武汉东林外庐

第七版修订说明（2022年）

一、追忆吾师梁西先生[①]

2020年2月26日，著名国际法学家、法学教育家、中国国际组织法学开拓者和奠基人、武汉大学法学院教授梁西先生在江城驾鹤西去。两年过去了，斯人已逝，然先生多年的谆谆教导言犹在耳，先生的音容笑貌也时常浮现在脑海中。我是1994年跟从先生攻读博士学位的，之后一直在武汉学习和工作，也有幸能经常聆听先生的教诲，至2020年长达26年。忆及跟随先生学习、交往的点点滴滴，至今历历在目，感触颇多。其中，给我印象最深刻的主要有以下四个方面。

（一）什么叫认真

先生指导博士研究生有个习惯，就是要求每位学生入学之初撰写一份攻读博士学位期间的学习研究计划。我也不例外。当时武汉大学枫园还没有打印店，我在文稿纸上写好学习研究计划后就到校门口的打印店打印了一份，并仔细进行了校对。我自认为自己是一位做事比较认真的人，把学习研究计划交给先生后，就等着先生表扬我。谁知过了几天，先生交给我的学习研究计划被改得面目全非：一些错别字被发现了，标点符号准确、规范了，不到两页纸的内容，被改动的地方就有几十处；但是先生并没有批评我。当然，我希望得到表扬的想法也落空了。这件事情对我触动非常大，让我真正体会到"什么叫认真"。此后，我交给先生的材料不敢有丝毫的马虎，也由此逐渐养成

[①] 参见杨泽伟：《追忆吾师梁西先生》，载《武汉大学报》2021年5月30日，第4版。

了一种严谨的良好习惯。

此外，在我攻读博士学位期间乃至参加工作以后，我也经常把自己的习作交给先生看、请先生指导。先生通常要求我们先将文章反复修改，直到自己改不下去了再交给他。之后，他总是非常耐心地、逐字逐句地予以修改、润色，甚至当面给我细致地解释为什么要用这个字或词，让我仔细品味，慢慢地我也逐渐体会到写作时"字斟句酌"和"反复推敲"的乐趣。

（二）尊重学生的选择

但凡与先生有交往的人，均赞誉先生是一位圣人！既然是圣人，是否意味着先生的话，我们做学生的都必须听呢？其实不然，在跟先生交往的 26 年里，我深深地感受到先生的豁达与包容。先生总是尊重学生的选择！

1997 年我博士研究生毕业，面临工作的选择问题。当时全国每年毕业的博士研究生还不多，找工作也相对比较容易。先生就我工作的事情，曾经正式跟我谈过一次，建议我去中南工业大学（现中南大学）任教，可以为家乡的国际法教学和科研贡献自己的力量。然而，当时使我犹豫和不安的是：时任中南工业大学文法学院的领导虽然多次跟我见面，却从不提及此事，更别说向我承诺薪酬、待遇等。出于这些考虑，我暂时没有听从先生的建议，而是选择在武汉的另外一所高校任教。正因如此，我毕业之后有段时间内心一直忐忑不安，有点不敢见先生。然而出乎我意料的是，先生后来见到我时没有丝毫的责备，也未再提及去中南工业大学工作的事情，反而嘘寒问暖，鼓励我好好工作。2003 年 4 月，我回到了武汉大学任教。这样离先生更近了一些，也能够得到先生更多的悉心指导。

从我的工作历程可见，先生总是以学生的利益和前途为重。

（三）一碗水与一桶水

参加工作以后，我经常去先生家向他请教有关教学问题，先生给我讲得最多的一句话是："要想给别人一碗水，首先自己就要有一桶水。"先生还向我传授了他多年积累的宝贵的教学经验。

在备课方面，先生建议讲（授）新课应按照 10∶1 的比例去准备，即讲 1 小时的课，应用 10 小时的时间去准备；平时上课也应当达到 5∶1 的比例。比如，20 世纪 80 年代初他在北大讲授"国际组织法"时，先生就为此准备了 100 多万字的文献资料。

在上讲台正式授课之前，先生强调在家里自己要反复试讲：既可以请家人做听众，帮忙提意见；也可以用录音机把自己的讲课内容录下来再回放，以发现并改进其中的不足。

在讲课内容方面，先生表示：讲授自己所掌握内容的 10%，会得心应手；讲授自己所掌握内容的 20%～30%，会比较轻松；但讲授自己所掌握内容的 50%，甚至是 70%～80% 时，就会觉得吃力。因此，先生反复强调：作为一名教师要有深厚的知识储备，"以其昏昏，使人昭昭"是不可能的。

（四）宁愿自己多吃亏

我参加工作时，在人生阅历和社会经验方面可以说是"白纸一张"，因为之前没有任何工作经历。为此，我专门求教先生在工作单位如何处理好人际关系。先生教导我：首先要做好教学、科研工作，这是根本；其次是在评优等名利方面不与人争，"宁愿自己多吃亏"。我想这是先生一生的理念，可谓至理名言。其实先生就是这样身体力行的！

于是，我就按照先生的教导去做，在工作和处理人际关系时保持一颗平常心。这对我个人事业的发展也产生了积极影响：博士毕业 1 年后，就评上了副教授；3 年后，再次破格评上了教授。后来，我虽然调离了最初的工作单位，但是仍然与那里的不少同事保持了良好的合作关系，我也不时回去参加他们指导的博士研究生学位论文的答辩；原来学校的领导也在不少场合一如既往地给予我诸多帮助。值得一提的是，我从原来工作单位调走之际，该校某职能部门负责人还专门写了一幅字送给我："不与人争得失，惟求己有知能。"我觉得弥足珍贵，至今还把它挂在办公室。

总之，先生在各个方面的言传身教使我受益良多。以上四个方面，我的感悟是："什么叫认真"体现的是先生的治学态度；"宁愿自己多吃亏"是立德；"尊重学生的选择"是树人；"一碗水与一桶水"是育人。今天，先生虽然已离我们而去，但是我们在各自的岗位上如果能够运用先生立德树人的方式方法指导学生、对待年轻人，在我们日常点点滴滴的工作中秉持先生严谨的治学态度，我们不但能为国家多做贡献，而且还能把先生的思想很好地传承下去。

吾师虽逝，风范永存!

二、修订说明

《梁著国际组织法》(第六版)自 2011 年出版以来，迄今已逾十载。10 多年来，我不时翻看该书，收集相关的资料。此次修订，仍然奉行第六版的修订原则，主要是补充更新相关的资料，重点涉及"中国与国际组织""联合国的组织结构""联合国的经费问题""安理会的活动程序""集体安全制度""维持和平部队""国际法编纂""亚洲基础设施投资银行"等内容。此外，根据先生的遗愿，《梁著国际组织法》从第七版开始定名为《梁西国际组织法》。

海波和晓斌两君为此书的修订提供了不少颇有价值的意见和建议，特致谢意!

杨泽伟

2022 年 2 月于武汉大学国际法研究所

第六版修订说明（2011 年）

梁西先生，别名梁宋云，1924 年生，1953—1982 年执教于北大法律系，从 1983 年起执教于武大国际法研究所，1986 年经国务院学位委员会评选批准为博士生导师，毕生从事法学教育，乃国际组织法专家。其所著《国际组织法》一书，属国内该学科的开创之作，自 20 世纪 80 年代初问世以来，在长达 30 年的历史进程中，经先生自己多次精心修改补充，迄今已出书五版，并经教育部研究生工作办公室推荐为"研究生教学用书"，被学界誉为不可多得的学术精品。一年半前，承蒙先生厚望，授命修订该书第六版，这是我的荣耀，也使我深感惶恐。此次修订，主要是：(1)尽可能更新书中各种有关的数据资料；(2)细心将先生近期对自己思想观点的一些补充和发展成果加以吸纳；(3)适量增加或补充了"联合国人权理事会""非洲联盟""上海合作组织""穆斯林发展中八国集团""部分国际组织机构网址"等重要内容；(4)适时地传递了若干新的国际信息与发展动态，等等。修订过程，也是我重新仔细品味原著的过程，每次阅读，都有新的收获，也愈感其博大精深。第六版付梓在即，我相信，读者日后可能也会有近似的体会。

承张琼女士出任本版责任编辑，在此谨表谢忱。

杨泽伟
2011 年元月于武汉大学国际法研究所

第五版修订说明（2001年）摘录

本书在国际组织法(学)体系中，相对来说，是一本"总论"性的书。① 作者力图从理论与实践相结合的高度，对国际组织与国际组织

---

① 1983年以来，武汉大学国际法研究所，在国际组织法方面，结合教学和研究生培养工作，在本书作者的指导下，先后进行了一系列课题研究，完成并发表了一批与国际组织法直接相关或交叉联系的文章、学术报告、学位论文、教科书及专著，广泛涉及国际组织法的各个部分，本书是其中带有总论性质的一本。现将分量较重的20本书，分别按年介绍如下。这些书，迄今已出版的有：(1)1984年的《现代国际组织》(梁西)，(2)1990年的首部博士学位论文《国际法上的集体安全制度》(黄惠康)，(3)1992年的《欧洲共同体与现代国际法》(曾令良)，(4)1993年的《联合国专门机构法律制度研究》(江国青)，(5)1996年的《世界贸易组织法》(曾令良)，(6)1997年的《跨国洗钱的法律控制》(邵沙平)，(7)1998年的《世界贸易组织争端解决机制：法律与实践》(余敏友)，(8)2000年的《人类环境问题与现代国际法》(王曦)，(9)1994年的《和平解决国际争端》(叶兴平)，(10)1997年的《联合国维持和平行动法律问题研究》(盛红生)，(11)1998年的《新国际经济秩序研究——政治与法律分析》(杨泽伟)，(12)1999年的《中立法》(肖凤城)等。此外，在博士学位论文中，还有几本尚待出版：(13)1994年的《香港特别行政区在国际交往中的地位及有关法律问题》(邓中华)，(14)1995年的《国际会议制度与现代国际法》(李振华)，(15)1997年的《版权的国际保护》(郭克强)，(16)1998年的《国际核武器扩散的法律控制》(翟玉成)，(17)1999年的《条约法律问题研究》(徐杰)，(18)1999年的《国际组织与国际商事仲裁制度研究》(王一平)，(19)2001年的《国际知识产权制度研究》(古祖雪)等，还有一份1998年通过的颇具价值的博士后研究报告(20)《国际货币基金组织的法律制度与改革问题研究》(余元洲)，也即将公开出版。以上20本书(稿)，将来如经作者们约定，分别进行一次修订(删繁取精)，在此基础上未尝不可考虑：合作出一套大型的新的"珞珈国际组织法丛书"。

法的理念、性质、形态、功能、渊源、体系、发展规律、关系协调、时代背景以及人类社会的组织化等基本问题加以探讨，并希望在此基础上，提纲挈领地给几种不同类型的国际组织及其法律制度，分别勾勒出一个较为清晰的"总体轮廓"。故名《国际组织法(总论)》。

此次修订工作，是在本书经国家教育部组织专家评选为"研究生教学用书"之后开始进行的。包括这次在内的先后四次修订中，以第三次和这次的变动为最大。这次，根据近四年来国际社会的变化，除对全书内容作通篇修改和补充之外，又增设了几个章节，更新了一些观念，充实了若干新的见解。但是，全书基本的思路与学术框架并无重大变动。现在献给读者的这个版本，已增加为六编共十九章：相对第一编为"绪论"(国际组织的法理学分析)而言，其下诸编为"各论"；相对第二编至第三编为世界性组织制度而言，第四编为地区性组织制度；相对第二编至第四编主要为综合性组织制度而言，第五编为专门性组织制度；相对以上诸编而言，第六编为"尾论"(人类的组织化趋势)。

埋头伏案，曾半载有余，现修订稿即将付梓，但作者并未感到应有的轻松。为什么？国际组织，是社会与时代的产物，必将随着社会和时代的要求而不断演进和变化。21 世纪的国际社会，已进入一个高度发展的时代：人类破天荒地解了自身生命基因(gene)的密码；我们已能在几秒钟内把信息从地球的这边传递到地球的那边；人们正生活在一种变幻莫测的(以"自由贸易"与"资本自由移转"为特征的)"全球化"浪潮之中；世界各国无不面临种种跨境的巨大挑战。这是一个使人兴奋而又倍感困惑的时代，一个富有希望而又充斥矛盾的时代！在这个新时代里：对于经历了上(20)世纪迅猛发展的国际组织，我们应该如何更全面地加以认识、总结和评价？应该如何进一步对其开展新的研究？各种类型的国际组织及其法律制度，今后将如何继续发展变化？将如何继续发挥其应有的功能？这些问题，很费人思索。我们不能满足于书中现有的结论，这是一些需要继续积累更多学者和实践家的真知灼见，并需要继续进行更深入调查研究的新问题。"依样画葫芦"不行，关键是要有新思想、新方法和广阔的视野！国际组织法(学),是一门年轻的学科,在欧美虽然发展甚快,可是在我国却起步很慢。这正好说明:它迫切需要我们大家的共同努力!

这是一本需要继续充实和提高的书(an open book)。虽然几经修订,但书中鲁鱼亥豕和阙漏错讹之处,仍恐不少。抛砖引玉,恳请指正,以便再版时改进……

梁 西

2001年6月谨识

第四版前言（1998 年）摘录

本书的基础是：早先为北京大学（78～81 级）和武汉大学（81～83 级）国际法专业本科及研究生多年开课的讲义。经过进一步修改与提高，全书初稿完成于 1981 年（以"讲义"形式印发给学生），1984 年正式出第一版，名《现代国际组织》，是国内有关国际组织法的第一部专著。10 年后，经过大量增补，作为"七五""高等学校文科教材"于 1993 年出第二版，更名为《国际组织法》。1996 年应约再作修改后，又以繁体字竖行本在台湾（志一出版社）出第三版。

在第三版前后的几年中，国际社会日新月异：关贸总协定，经过乌拉圭回合 8 年谈判，于 1995 年发展成为新的世界贸易组织；欧洲共同体，在指向"国家实体联合"的路标下，于 1993 年迈进一体化程度更高的欧洲联盟；针对战乱频仍的前南斯拉夫区域与非洲卢旺达的严峻情势，分别于 1993 年和 1994 年设立了两个新的国际法庭；世界日益瞩目的东南亚国家联盟，正在向十国体制扩大，富有生气与活力；已从"冷战"桎梏中解脱出来的联合国，也于 1995 年"带着已有成就，背着沉重包袱"，走进了她充满希望但又更为艰难的第二个"50 年"。

世界在变化，新一代国际组织在发展，人类社会出现了引人注目的组织化潮流。我们的国际法观念，也需要及时更新！为此，作者第三次对全书体系和内容进行了通盘研究、修订和补充，增设了一些新章节（全书增为六编共十七章），并在国际组织法的渊源与体系、国际组织的法律人格、人类社会的组织化以及联合国的运作等多方面，提出了一些新的理论观点……

梁 西

1998年4月

于珞珈山南小坡

第一版前言（1983 年）摘录

现代国际组织，名目繁多。各种全球性与区域性的、综合性与专门性的、政府间与非政府间的组织，在数量上要以万位数字来计算。随着新独立国家的不断增加以及政治、经济与科学技术的迅速发展，国际组织有日益增加之势。上至外层空间，下至海床洋底，包括人类生活的许多领域，都有相关的国际组织存在。特别是其中几百个较重要的政府间组织，对当代国际关系产生深刻影响。国际组织已构成今日国际生活的重要组成部分。中国政府和不少人民团体，与许多国际组织交往频繁，已与之建立了正式关系。因此，广泛开展对国际组织及作为国际法新分支的"国际组织法"的了解和研究，已成为当务之急。①

本书作者于 20 世纪 70 年代后期在我国首先创设"国际组织法"这一新课程，本书是在北京大学及武汉大学多年从事教学、科研与翻译工作的基础上写成的。全书分为五编（共十五章）。第一编论述国际组织的基本原理、历史沿革、法律地位及主要发展趋势。第二编和第三编，联系国际实践，说明并比较两个最重要的世界性组织国际联盟与联合国的宗旨原则、组织结构、职权范围及活动程序等。对其中某些重大国际法问题，如新国际经济秩序、国际争端、集体安全制度、联合国部队、国际会议与表决制度、特权与豁免制度、国际法编

---

① 经过 20 世纪的两次世界大战之后，有关"国际组织"的众多条约和规章制度，已逐渐形成为现代国际法的一个新的重要分支。欧美学者，在这方面已有不少研究。但在我国，由于多种原因，解放前及解放后，甚至直到 20 世纪 70 年代，在这方面还未得到应有的重视。

纂、国际司法制度、非殖民化问题等,分别进行了重点阐述。第四、五两编,除对区域性组织与专门性组织及其法律制度作概括论述外,还综合介绍了世界各大洲的国际组织,叙述了海陆空通信运输、文化科教卫生、金融贸易及工农业诸方面的国际组织及其原则、规则和制度……

希望本书作为一本学术著作,能给从事国际法、国际关系、国际政治、国际经济等研究工作以及从事外交和有关涉外工作的同志提供某些参考,亦希望能供高等院校有关专业本科及研究生选作"国际组织法"课程的教材……

在撰写过程中,我夫人刘文敏女士多方予以协助,特志忱意。

梁 西

1983 年 9 月

于武汉大学国际法研究所

第一编

绪论：国际组织的法理学分析

第一章　国际组织和国际组织法的基本性质

第一节　国际组织和国际组织法的概念剖析

从法学角度来解释：国际组织是国家间进行多边合作的一种法律形态。

人类，在其远古的"童年时代"，在有文字记载的历史过程中，都是在群体中生存的。在漫长的岁月里，由原始集群发展到氏族，由氏族发展到部落，终于产生国家，这是一次飞跃；由国家交往而形成国际社会，在国际合作中又产生国际组织，这又是一次飞跃。

有国家，有社会，就有法。

上述两次飞跃，导致两种不同的法律秩序：一种是以国内法为基准的国内法律秩序；一种是以国际法为基准的国际法律秩序。两者，是彼此独立而又密切联系的两个体系。

国际组织法（International Institutional Law），是现代国际法一个非常重要的新分支。① 中外学者关于"国际组织法"的定义，众说不一。在理论与实践相结合的基础上，本人的分析与概括是：国际组织法是

---

① 若对此点作进一步研讨，请参阅中外各种国际法著作有关"现代国际法发展状况"的论述（本书以下各页的注释，有很大一部分本来可以写入正文，但为了使正文"言简意赅"，避免被枝节问题冲淡，作者常将一些颇为重要的资料甚至论点及论证转入脚注。这种安排的优点是突出了正文，但其缺点是：脚注很容易被忽略）。

指用以调整国际组织内部及其对外关系的各种法律规范(包括有关国际组织建立、存在与活动的一切有约束力的原则、规则和制度)的总体。国际组织法，虽然尚未形成一个完整的系统，但它随着国际社会组织化程度的提高，将不断得到发展和完善。

基于上述对国际组织的法学解释和对国际组织法所下的定义，可以进一步对国际组织及其法律体制作下列几点分析：

其一，上述定义中所提及的"国际组织"，是从(国际)法的角度着眼的，因此它仅指政府间组织(Intergovernmental Organization，IGO)，① 即"若干国家(政府)为特定目的以条约建立的各种常设机构"。这是一种严格的国际法意义上的国际组织。

但是，若从一般(普遍)意义来看：国际组织则可以包括政府间组织和非政府(间)组织(Nongovernmental Organization，NGO)② 两大

---

① 1969年《维也纳条约法公约》第二条(一)(壬)规定："称'国际组织'者，谓政府间之组织。"

② 这里的(国际)非政府组织，本书将其定义为："一种由个人或团体基于一定社会宗旨以非官方协议成立的跨越国界的民间联合体。"它们需依某国国内法而成为法人，但成员并不限于该国人民或团体。它们一般以特定的问题和领域为中心而形成组织，有其特定主张，代表社会一定阶层或某些集团的利益而活动(如提供咨询、传递信息、开展专家游说等)。起先，非政府组织主要是在宗教及人道主义事务方面进行活动(如1823年的"英国及外国反奴隶制社"、1832年的"保护土著人社"等)，经过20世纪两次世界大战后有了很大发展，现已涉足于国际生活的各个方面。当前，成千上万的有关环境、人口、科技、发展、贫穷、疾病、人权、裁军、能源等领域的非政府组织，在国际关系中非常活跃，有的已构成国际社会非常重要的新行为体(如"大赦国际"Amnesty International，"绿色和平"Green Peace等)，对国际关系和各国政府产生了不可忽视的影响，十分引人注目。一般国际法对非政府组织的法律地位并无具体规定，如其运行发生问题，须依成立地之法律来解决。

非政府组织是非营利组织，经费主要靠捐助，捐助部门常常是一些基金会(如有名的福特基金会、麦克阿瑟基金会等)。非政府组织对经济上的支持者自然形成义务，但不对任何其他部门负有责任。进入20世纪90年代后，非政府组织的群体势力迅速扩大。例如：1997年以来，它们促使政府间的经济合作与发展组织之多边投资协定化为一叠废纸；1999年在西雅图，来自700多个(转下页)

类。因此，我们可以作如下概括："凡是两个以上国家或其政府、人民、民间团体基于特定目的，以一定协议形式而建立的各种机构，都可以称为国际组织。"①这是指广泛的一般意义上的国际组织。

广义的国际组织，不论是"政府间"的还是"非政府间"的，虽然都是越出国界的一种跨国机构，但两者在国际法上的法律地位显然是不同的。②

其二，International Organization 中的拉丁字头"Inter"和中文译名

（接上页）非政府组织的万人示威游行，又促使在政府间的世界贸易组织主导下的新一轮全球贸易谈判终于流产。现在，全球共有各种大小非政府组织近 5 万个，其中有约 2000 个已与联合国相关部门有不同程度的咨询联系。联合国召开的一些国际会议也常邀请一些相关的非政府组织派观察员参加。众多非政府组织，特别是其中若干大的组织，在国际社会的活动能量很大。例如：1971 年成立于巴黎的无国界医生（Doctors Without Borders，MSF）现有 25 个协会，在 70 余国开展活动，工作人员超过 4 万名；"世界自然保护基金会"，已在环保方面进入了经济及政治的主流；"大赦国际"的预算，甚至比联合国人权观察组织的预算还要多；而特别值得注意的是，在欧洲 27 个议会中，已有 300 多名议员是"欧洲绿党联合会"（由欧洲 29 个国家共 31 个绿党组成）的人士，立陶宛、斯洛文尼亚、芬兰、格鲁吉亚、法国、意大利等国的部长（尤其是环保部长），有的也是由绿党人士来担任的（"绿党联合会"宣布的宗旨是要建设一个环境优美和社会公正的欧洲）。

又，参阅本书第十章第三节"经社理事会"的注释和《联合国宪章》第 71 条。宪章这一条，是经社理事会的咨商（consultation）条款，其中所提"非政府组织"（NGO），实际上包括两种不同的类型，主要的一种为国际组织（international organizations），其次一种为国内组织（national organizations）。

① 本书关于政府间组织（狭义国际组织）、非政府间组织和广义国际组织的三个定义，其表述具有内在的逻辑联系，同前述国际组织法的概念也一脉相承，需统一加以解释和理解。三者的共同点主要是跨国性，其区别主要是它们及其成员的法律地位。

② 参见 Henry G. Schermers, *International Institutional Law*, 1980, pp. 5-6, 8-15, 16-18。

国际组织中的"际"字，都有"中间"的意思。① 顾名思义，国际组织这个名称恰当地反映了这种组织原始的和基本的性质：它是介于国家之间(among different nations)的组织，而不是凌驾于国家之上的组织。因此，国际组织一般不能超越成员国政府对其地方机关、法人或人民直接行使职权。②

　　有些欧美学者所想象的世界政府固然不是国际组织，以若干邦国所组成的联邦(federation)也不是国际组织。因为所谓世界政府，按人们的设想将是超国家的；而联邦本身则已经是一种统一的主权国家，它对各邦及其人民直接行使权力。至于邦联(confederation)，虽然有人主张应属于国际组织的范畴，但这也是值得商榷的。因为，邦联虽然一般说是若干主权国家为维持其安全、独立及其他利益以国际条约平等组成的联合体，但是这种联合体也可能有某种形式的中央机构能对各邦行使某些权力，各邦的某些对外关系可能要由邦联加以协调。所以按其属性来说，邦联似乎也不宜视为国际组织。③

　　其三，各国为了一定目的而建立某种国际组织，并授予它某些权力。国际组织的权力，来源于组成该组织的成员国，其权力最终是为成员国所规定的共同目的服务的。各种国际组织有其特定的任务，并承受不同范围和不同程度的权利和义务。例如，联合国为了维持国际和平与安全，可以采取强制措施(enforcement measures)，但世界知识产权组织就无权这样做。国际组织由于职能上的差别而形成为各种不同的类型。

　　其四，国际组织以政府间的协议作为其存在的法律基础。④ 这种

----

　　① 法文和德文等多种文字均与此类似。

　　② 欧洲共同体(欧洲联盟)，作为一种以"国家实体联合"为目标的区域性高度一体化组织，已具有若干"超国家的因素"，是国际组织中的特例。此点，将在以后有关章节中述及。

　　③ 联邦，有可能起先也是由国家间条约组成的，然而一旦成立后，原参加国之国际人格即行消失；邦联则不然，各参加国仍为独立存在的国际法主体，而邦联本身一般不能成为国际法主体。国际组织的国际法主体资格(法律人格)问题，将在以后有关章节中论述。

　　④ 因此，严格意义上的国际组织，应有别于国际组织本身以单边行为所设立的辅助机关以及各国民间团体及个人所设立的跨越国界的非政府间的组织。

协议的正式文件，一般就是有关国际组织据以建立组织机构和进行活动的组织章程，人们常称之为"基本文件"（basic instrument）。此类基本文件有各种不同的形式，如国际联盟的基本文件为"盟约"（Covenant of the Laegue of Nations）；世界卫生组织为"组织法"（Constitution of World Health Organization）；国际民航组织为"公约"（Convention on International Civil Aviation）；世界银行为"协定"（The Bretton Woods Agreement）；万国邮政联盟的前身邮政总联盟为"条约"（The Berne Treaty）；国际原子能机构为"规约"（Statute of International Atomic Energy Agency）；美洲国家组织为"宪章"（Charter of the Organization of American States）等。国际组织基本文件的名称虽然不尽相同，但其内容一般都包括着各该组织的宗旨原则、组织结构、职权范围和活动程序以及成员国的权利和义务等重要规定。

其五，国际组织以其设有自主存在的某种常设机构而与一般的国际性会议相区别。国际组织通过其机构进行经常性的组织活动，以实现其基本文件所规定的宗旨。它是一种制度性的活动场所，因此具有相对的稳定性与持续性。

其六，如上所述，广泛意义上的国际组织，既包括若干国家或其政府所设立的机构，如国际电信联盟、欧洲理事会、世界贸易组织等，也包括若干国家的民间团体及个人所组成的机构，如国际商会、国际太阳能协会、国际奥林匹克委员会、国际红十字组织和国际律师协会等。① 但是国际法（学）所着重研究的主要是严格意义上的国际

---

① 国际律师协会（International Bar Association）建立于 1947 年，下辖两个工作部：一为 1970 年设立的商法部（The Section on Business Law），包括 23 个委员会；一为 1974 年设立的一般实务部（The Section on General Practice），包括 16 个委员会。此外，协会还有 14 个常设委员会（Standing Committees）。协会以大会（General Meeting）为其权力机构，以理事会（Council）为其管理机构，总负责人为会长。协会的会员包括：全国性的律师协会或法律学会（称为 National Organization Members）；任何合格的律师也可作为个人参加（称为 Individual Members）。目前该协会已有组织会员 200 多个，个人会员 45000 多个（详见国际律师协会网站：www.ibanet.org）。

组织，即若干政府所设立的国家间机构。近代特别是第一次世界大战后，各国国际法学者（特别是欧美学者）愈来愈重视对各种政府间组织的基本文件及一切有关原则、规则、制度和实践活动的研究，主要是探讨它们所调整的各种国家间关系。现在，在这方面，已经形成了现代国际法（学）的一个新的重要部门即国际组织法（学）。

综观国际实践，国际组织在国际法上具有下列特性：

第一，国际组织的主要参加者是国家。虽然有些国际组织，如世界气象组织等，由于对经济、社会或文教等部门负有广泛国际责任而允许某些非独立国家的政治实体参加为准成员（亦可称非正式成员或联系成员，associate member），但是这种组织的主要参加者仍然是国家。而且，这种准成员的权利往往受到一定限制。

第二，国际组织是有别于其成员国而具有相对独立法律人格的一种国家间机构。但是，组成国际组织的国家，是国际组织的主体，是国际组织基本权力的授予者；国际组织的存在与发展，有赖于成员国之间的善意协作，其重大决策，往往需要在各成员国之间达成妥协；国际组织不能凌驾于国家之上，不能违反国家主权原则而干涉本质上属于国家国内管辖的事项。

第三，国家为了使国际组织实现其宗旨，需在一定范围内约束国家本身的行动而赋予国际组织若干职权。但是，国际组织并不要求成员国放弃在国际范围内反映国家主权主要属性的那些东西；参加国际组织同国家主权并不矛盾，国际组织所享有的权利正是国家主权在国际范围内作用的结果；成员国根据有效的国际协议所相互承担的国际义务，不仅不损害国家主权的主要属性，而且是国家主权得以维护的必要条件之一。在主权国家林立的国际社会里，国家间的权利与义务不可能是相互割裂而孤立存在的。

第四，国际组织具有高度的国际合作功能。尤其当今，在各国经济交往频繁和信息技术（IT）突飞猛进的全球化潮流中，国家间彼此渗透与相互依存的关系日显突出。为了维护全人类的共同根本利益及解决跨国界的各种区域性与世界性难题，各国间更需要彼此协调。"共谋和平与发展"已成为全球人民的普遍要求，各国政府在政治、经济、文化等方面的组织性合作也随之进一步加强了。国际组织最基本的原则是所有成员国主权平等。国家是主权的，因而是平等的。在国际合作中，各成员国不论大小强弱，也不论其社会、政治与经济制度如何，在国际法上的地位应一律平等，不得有任何歧视。

第五，国际组织是以国家间的正式协议为基础而建立的。这种协议（基本文件）所规定的宗旨与原则，均应符合一般国际法。国际组织的主要机构、职权、活动程序以及成员国的权利与义务，都应以这种基本文件为根据，不得超越它所规定的范围。① 国际组织（即使是最大的国际组织）所据以成立并进行活动的这种基本文件，虽然有诸多特点，但其性质仍然是国家间的一种多边条约，并非世界宪法。② 它的效力原则上只及于成员国，非经非成员国同意一般不能为其创设权利或者义务。

第二节　国际组织的法律地位与"职能性原则"

如前所述，国际组织是基于特定目的而设立的。要实现此目的，必然需要在维持其组织内部工作机能外，还需在其"职能范围"内对外开展活动。国际组织对外开展有效"职能活动"的基础是在其活动

---

① 一些欧美国际法学者喜欢把国际组织的职权按照近代国家的职权来归类，将其分为行政、立法和司法。其实，国际组织的行政、立法和司法职权，都是很不完整的，不能与主权国家同日而语。国际组织的职能主要在于促进国际合作，对许多实际问题一般仅有调查、研究与建议之权，较难作出有广泛拘束性的决定。

② 这种条约（基本文件），以及与国际组织直接相关的其他各种条约，相对于一般性条约而言，本书在理论上把它们统称为"组织性条约"。这种组织性条约（特别是其中的"基本文件"）的特点之一是：一般只能统一接受，而很少承认个别成员国的保留。

领域内占有必要的法律地位，而这种地位的前提条件是必须在国内法及国际法上具有独立于其成员国的一定的法律人格，从而使之在其"职能活动"中拥有相应程度的自主权。

国际组织的法律人格，是它依法独立享有权利和承担义务的一种资格。① 没有这种资格，国际组织就不可能成为法律关系的主体，从而无法依其"法定职能"在（其成员国及非成员国）国内领域与国际社会进行有效的组织活动。有了这种资格，它才能参与法律关系，才有可能在实现其宗旨和"执行其职能"中具有法定的行为能力，即能够以自己行为依法行使权利及履行义务的能力。②

作者认为，一个国际组织在法律关系中并不当然具有法律人格，这，应视其成员国所共同制定的"关于建立该组织的基本文件对其职能的大小及范围是如何规定的"而定。③

一般说来，较重要的国际组织，特别是那些负有重大国际责任的国际组织，为了达成其宗旨，在其"法定职能"范围内，④ 往往具有相应的法律人格，以便在其国际交往中行使其权利和履行其义务。这里起决定性作用的，是其基本文件规定了只有具备一定法律人格始能完成的"重要国际职能"。

---

①　即通常所指的"权利能力"（或称"权义能力"）。

②　"行为能力"以"权利能力"为前提。

③　在各种关于国际组织法律人格的学说中，一般情况是：各国持实在法观点的学者多主张"约章授权论"，认为国际组织是否具有法律人格是建立组织的条约所明确具体规定的，是成员国授予的一种权力；持自然法观点的学者多主张"隐含权力论"，认为国际组织的法律人格是国际组织客观存在的必然结果，甚至认为是其所固有的一种权力。本书作者主张以"约章授权论"为基础的一种新的"折中观点"，尽量吸取前两说的合理因素，以期符合国际法律秩序的健康发展与日益完善的实际需要。在本节所主张并加以论证的"职能性原则"，即为作者折中观点的一种反映。1986 年《关于国家与国际组织间或国际组织相互间条约法的维也纳公约》规定，国际组织缔结条约的能力依据其组织规则来确定。这里，似乎偏重实在法理论的主张。

④　《联合国宪章》第 105 条所采之"宗旨及职务必需说"，即为一例。

但是，在这里，法律人格是一个相对的概念，而不是一条绝对的规则。因为关于国际组织法律人格的存在与范围问题，以及国际组织到底能在多大程度上享有权利和承担义务的问题，尚无一致标准，在国际习惯法上并不明确，也没有普遍性条约来作出统一的规定。在实践中，这个问题一般是在特定范围内，以专门条约个别地来加以具体解决的。如《联合国特权及豁免公约》和《联合国各专门机构特权及豁免公约》就是这种例子，它们对这方面作了详细的规定。

从国际组织的实践来分析，一方面，在其成员国领域内，它依据其基本文件，可具有为"执行其职能"所必需之行为能力。作为法律人格者，它一般有资格订立契约、购置财产、进行诉讼，其会所、成员国赴会代表及其机关官员，均享有相应的特权与豁免，等等。另一方面，在国际社会内，其法律人格和行为能力，可依其"法定职能"表现为：有资格派遣和接受使节、缔结国际条约、调解国际争端、召开与主持国际会议、要求国际赔偿、实施职能管辖、承担国际责任，以及承受作为国际法主体的其他权利和义务。[①]

如前所述，国际组织，即使是最有权威的国际组织，也只是一种介于国家之间的法律组织形式，而非国家实体，并不具备国家的属性。国际组织既没有领土，也不能对成员国国民进行统治，它所取得的法律人格，不管范围有多大，同主权国家所固有的完全法律人格比较起来，显然是很有限的。国际法院在"为联合国服务而受损害的赔偿案"的咨询意见中认定："国家享有国际法承认的一切国际权利和义务，但一个国际组织作为国际人格者所享有的权利和义务则取决于其特定的宗旨与职能。"离开了体现在建立章程中的主权国家关于"职能方面的授权"，任何国际组织都不可能具备成为国内领域与国际社会中权力主体和（或）行为主体的资格。国际组织的法律人格，只能在执行与实现其组织约章所严格规定的"组织职能及宗旨"所必需的

---

① 参见 E. Lauterpacht, *International Law——Collected Papers of H. Lauterpacht*, 1978, pp. 137-141。

范围内才能得到承认。换句话说，只有在此范围内国际组织才有资格享受权利和承担义务。但关键在于：国际组织的职能范围是受其基本文件(组织约章)的严格规定的。

在此，我们可以从另一角度作出如下小结：国际组织的法律地位与国家相比，有其基本不同之处。凡国际法所未加规范的事项(剩余事项)，几乎都在国家职权与管辖范围之内；国际组织则不然，凡基本文件(国际法)所未加规范的事项(剩余事项)，几乎都不在其职权与管辖范围之内。

以上适用于国际组织的法律人格和管辖权范围的这种理论，本书把它加以概括，谓之"职能性(function)原则"。① 这种法律人格的职能局限性是国际组织法律地位的一个重要特征。

关于国际组织法律地位的一些具体问题，将结合本书有关章节分别加以论证，这里不拟阐述。②

第三节 国际组织法的渊源与体系

由于国际组织法还不是一个成熟的法律系统，所以，国际法的编纂工作虽然由来已久，但以国际组织法为题而进行的系统性编纂还从来没有过。按照法学逻辑，作为国际法一个新分支的国际组织法，其渊源的性质和种类，是不可能超出一般国际法的范围的。有关国际法渊源的理论与实践，都应能适用于国际组织法。但是，相对国际法的一般性(共性)而言，国际组织法又有其特殊性(个性)，所以对国际组织法的渊源仍有加以剖析的必要。

---

① 参阅并比较《联合国宪章》第 104 条关于联合国在各会员国领土内法律行为能力的规定。

② 有关国际组织法律人格的理论，还可参阅本书关于"联合国的法律地位"一节及其有关国际法院"关于为联合国服务而受损害的赔偿案的咨询意见"的注释。

有关国际法渊源的分类问题，各国学者众说纷纭①，但将其划分为形式渊源与实质渊源的主张，似乎比较成熟。

"形式渊源"系指国际法（含作为其分支之一的国际组织法）规范所由形成的各种外部方式。从其广义解释，就是相当于《国际法院规约》第 38 条第 1 款的全部列举。但若从其严格的法律意义来讲，则只应包括国际条约与国际习惯（按照部分学者的见解，还可包括一般法律原则在内）。就国际组织法而言：国际条约，有能普遍适用于所有国际关系（包括国际组织）的一般性条约和直接关于国际组织的组织性条约；国际习惯，除能适用于国际组织的一般国际习惯外，还有在国际组织内部及其对外关系中所长期形成的各种来自实践的惯例和做法。国际组织可以倡议、发起或主持国际会议签订国际条约；它们也可以通过决议、宣言、声明等来阐明或形成新的国际习惯。

"实质渊源"系指在国际法（含作为其分支之一的国际组织法）规

---

① 请参考下列"示意简表"。

一部分学者的解释（如李浩培、［韩］柳炳华等的著作）	实质渊源（大意指影响规范内容的各种因素）	形式渊源（大意指有效规范所由产生的程序或方式）	
另一部分学者的解释（如詹宁斯修订《奥本海国际法》等）		形式渊源（大意指规范效力的渊源）	实质渊源（大意指规范存在的证据）
	如：法律意识、海洋科技、资源开发、国家利益竞争、社会需要等	如多国协商同意等	如有关大陆架的条约等

13

范形成过程中对其内容产生直接或间接实际影响的各种因素。它们广泛涉及政治、经济、文化、思想观念、伦理、哲学等各个方面，是法律规范生存与发展的基础或深层原因。

形式渊源关系到各种法定程序，主要是国际法(学)研究的对象；实质渊源则溢出了法学领域，除国际法(学)必须作相应研究外，同时也是包括法社会学、法哲学等在内的其他相关学科的重要研究范围。

关于国际组织法体系的构成，现在并无固定不变的模式。从形式渊源这个角度来研究，我们根据前述国际组织法的定义和不同的识别标准，可以对国际组织法的体系作下列四种理论分析。

第一，以法律效力的层次为标准，可以将国际组织法区分为两部分：各种组织性条约与各种行政性法规。

前者如建立政府间组织的各种组织章程(即前述"基本文件"，是最基本的组织性条约)，有关国际组织法律地位、特权与豁免的各种公约，组织与组织间工作关系的各种协定，各国际组织与其总部所在地国家签订的总部协定，区域性国际组织与区域外国家或国家集团签订的经济协定，以及其他与国际组织直接相关的各种公约(如关于成员国在组织中之代表权、组织参加缔结条约之程序、争端和平解决、国际责任与继承关系、外交使团、外交人员保护等的公约)。① 后者如国际组织中各机构根据基本文件所赋予的管理职能所自行制定的各种形式的规则、规定、条例、命令、决定，等等。

一般说来，前者的效力高于后者，后者效力是以前者效力为根据的。而前者当中，一般说来，又以"组织章程"的效力为最高，有的

---

① 国际组织，作为有别于其成员国并相对独立的国际法主体，除上述各种组织性条约外，当然也受一般性条约的调整和约束。国际组织是在两个不同层面上与其成员国打交道的：一是与作为其组成分子的成员国发生关系(如组织内会费的分摊与缴纳)；一是彼此作为平等的国际法主体与对方发生关系(如组织与其总部所在地的成员国签订总部协定)。此外，国际组织还需要与非成员国以及其他国际组织进行交往并发生一般的法律关系(如联合国过去与其办事处所在地的当时尚不是会员国的瑞士签订总部协定)。

章程甚至就直接以"宪法"来命名(Constitution or Charter，通译为组织法或宪章)。值得特别提出的是:《联合国宪章》作为当今世界各国际组织协调中心的联合国的章程，在整个国际组织法体系中处于核心地位，对国际组织法的形成及发展至关重要。有些欧美学者，即以"联合国法"为题而对联合国及其宪章进行重点研究。关于后者，虽然因其并非成员国直接参与制定而不属于严格意义上的国际法，但是，由于它们根据国际组织基本文件(代表成员国意志)在一定行政管理范围内具有不等程度的法律约束力，所以应被视为国际组织法体系中自成一类的"国际组织行政规范"。

第二，以法律调整的对象为标准，可以将国际组织法区分为对外关系法与内部关系法。

前者主要包括用以协调组织本身(作为一个有别于其成员国的国际法主体)与成员国或非成员国之间的关系、成员国(作为国际社会一分子)彼此之间的权利义务关系、本组织与其他组织的交往关系，以及其他为实现本组织对外职能之一切活动的各种法律。它们虽然可能是以组织法的形式出现的，但由于其调整的对象都是国际关系，所以除其中一小部分由组织内机构制定的辅助性法规外，均应属于国际法的范畴。

后者主要包括用以协调组织范围内各成员国(作为组织本身一分子)的权利与义务、各机构间的横向(职权)分工与纵向(领导)关系、议事及决策过程、各种预算及会费分摊、人事安排管理与选举事宜、会议或谈判活动、各种专门技术标准、信息与资料交流以及语言文字处理等工作的各种有法律约束力的规章制度。其中，有些系基本文件所规定，而大部分则是组织按其职权范围自行制定的规则。它们虽然不能作为国际法规范而单独适用于一般国际关系，但在组织内部运行机制中，对组织内各机构及其成员国，是有不等程度的法律约束力的。

第三，以组织的各种重要事项及问题为标准，可以将国际组织法区分为若干部分来进行列举分析。

一般说来，可以将之分为有关国际组织的章程、法律地位、成员参与、组织结构、职能范围、成员国的权利义务、争端解决、财政制度、总部问题、特权与豁免、议事程序等具体部分来加以法律归类。

这种方法的优点是简明易行；但其缺点则是：其"列举"很难穷尽，且不易找到很科学的识别标准和区分的规律。

第四，以组织的职能和地域范围为标准，进行交叉分析，可以将国际组织法区分为综合性组织法律制度与专门性组织法律制度，或者区分为全球性组织法律制度与区域性组织法律制度。

这两种区分方法的前半部（综合性组织与全球性组织的法律制度），实际上最有代表性的就是联合国法和国际联盟法。有人把它们，特别是把《联合国宪章》比喻为"世界宪法"，虽然言过其实，但足以说明其重要性。其后半部（专门性组织与区域性组织的法律制度）就专门性组织而言，主要是联合国系统的 18 个专门机构，其规章制度十分复杂，但非常丰富，一般统一称之为国际专门机构法；就区域性组织而言，主要是欧、美、亚、非几个洲组织的法律制度，其中以欧共体法（欧洲联盟法）比较发达并较为成熟，而非统组织法（非洲联盟法）、阿拉伯国家联盟法，尤其是美洲国家组织法，则各有其特点。

这里所阐明的这两种区分方法，其缺陷是内容有点交叉和重叠；而其优点则主要是：便于具体联系几种不同类型之国际组织的实践，从不同层面来系统研究其原则、规则与制度及其运作过程，从而概括地给这几种不同类型的国际组织及其法律制度分别勾画出一个比较清晰的轮廓。而且，在此基础上，可以加深对一般组织法的分析、认识和整体理解。在国际组织法律体系尚欠充分发达与不完善的情况下，利用此种研究方法和分析模式，似有其实用价值和可取之处。

法学的学科体系是在法律体系的基础上形成的。本书的学科体系，就是在参考欧美学者（如 Goodrich，Bennett，Bowett 和 Schermers 等）的著述体系且兼顾上述四种理论分析的基础上，以其中的第四种分析为主要线索而建立起来的。全书具体分为第一编"绪论"，第二至三编全球性国际组织及其法律制度，第四编区域性国际组织及其法律制度，第五编专门性国际组织及其法律制度，第六编"尾论"，具有高度综合归纳的性质。

第四节　国际法和国际组织的交互影响

国际组织的大量出现，比国际法晚了几个世纪，长期以来，国际法对国际组织的形成、发展和巩固，从法的角度产生了积极影响。首先，国际组织的建立不可能没有成员国之间的协议，国际组织的活动也不可能不受国际法的调整。其次，建立国际组织的章程是基于一般国际法而缔结的一种多边条约，它是在一般国际法的范畴内起作用的。再次，一般国际法承认各主权国家有权缔结建立国际组织的条约，而这种条约并不使其成员国通常的国际法主体资格受到限制。最后，建立某些普遍性国际组织的基本文件本身，往往包含着若干重要的国际法原则与制度，因而使国际组织有可能发挥更大的作用。

国际组织作为现代国际社会的法律人格者，对国际法（特别是对现代国际法）也产生了巨大影响。国际组织是一种法律形态，它的发展，就是国际法的一种发展。特别是进入现代以后，各种国际组织，逐年以加速度增加，其职权不断扩大，它们所管辖的事项，涉及人类生活的各个方面。成千上万的组织，现已形成一个以联合国为中心的巨大的国际组织系统。它们是现今世界一种特殊的国际现象和历史推动力，深深地影响着国际法。此外，国际社会，主要以主权国家为其组成分子，是一个高度分权的社会。但是，随着人类组织化的进展和国际组织的大量出现，国家间的联系纽带加强了，而在欧洲联盟这类新型的区域性组织中，还出现了不少"超国家"的明显因素。这对国际社会的权力结构，国际政治、经济及文化都产生了重大影响，无疑也对现代国际法的形成与发展有着巨大的促进作用。

现就国际组织对国际法的影响，作下列几项具体分析。

首先，由于国际社会的特殊性质，国际法的直接与统一立法在短期内几乎是不可能的。虽然很早就有过关于国际法的一些民间编纂活动，但在国际联盟成立之前，这种尝试也并未取得明显成效。而真正有影响的编纂工作，是从国际联盟特别是从联合国国际法委员会成立后才开始的。该委员会自成立以来，已经完成了几十项条约的起草工作，有些已通过正式程序最后形成有效决议或签订为国际公约。此外，其他很多国际组织，如国际劳工组织、国际民航组织、世界卫生组织等，也在其专业管辖范围内进行过不少有关国际法律方面的编纂。可见，正是由于国际组织的兴起及其具有某种程度的造法功能，才大大促进了国际法编纂工作的发展。

其次，在缺乏直接立法功能的国际社会里，利用国际法庭的判例和咨询意见来澄清和证明有关的法律规则，对国际法规范的形成有着重要影响。例如，国际法院及其前身国际常设法院所受理的案件中，有些判决或咨询意见，对于许多国际法原则、规则与制度的发展，具有重要意义。又如，战后在纽伦堡和东京进行的两次军事审判，1993年为起诉前南斯拉夫境内战犯而设立的国际刑事法庭，① 2002年根据《国际刑事法院规约》成立的国际刑事法院及其实践，② 均对国际法的发展已经或将会产生深远的影响。

再次，在国际组织典型的"三级结构"体制中，一般均设有一个由所有成员国组成的代表机构，在这类机构中，以联合国大会的职权最为庞杂。联大在其长期职能活动中，曾就国际和平与安全、国际经济与社会等问题作出过很多决议、宣言、纲领和方案，其中有不少对国际法的发展具有重要影响。对比《国际法院规约》第38条而言，联大的各种重要决议应是确定法律原则的很有价值的"补助资料"。

---

① 根据联合国安理会1993年的一项决议，前南国际刑事法庭于1994年在荷兰海牙成立。该法庭的职权是对自1991年以来在前南斯拉夫领土上严重违反国际人道主义法律的人提出起诉。可起诉的罪行分为：严重违反1949年日内瓦公约、违反战争法或战争惯例、种族绝灭、反人类等四种。该法庭已对161名犯罪嫌疑人提出了公开起诉，其中91人已经被判决（详见前南国际刑事法庭网站 www.icty.org）。值得注意的是，前南国际刑事法庭已于2017年底正式结束运作，该法庭的剩余案件均转入"国际刑庭余留机制"（The International Residual Mechanism for Criminal Tribunals）负责审理。
② 截至2023年9月，国际刑事法院已经受理了31起案件。参见 https：//www.icc-cpi.int/about/the-court。

最后，从众多国际组织的基本文件来考察，它们同其他许多与国际组织密切相关的条约、协定、行政法规联系在一起，已初步形成一个国际组织自身的法律系统。这个系统的形成，大大丰富了现代国际法的内容，对现代国际法的发展具有极大影响。

综上可见，国际组织与国际法彼此相辅相成，关系甚为密切。国际法的存在，为国际组织的形成和活动提供了法律前提。国际组织的发展，对国际法产生着愈来愈深远的影响。国际组织的大量涌现、发展中国家的兴起及科学技术的进步，已成为现代国际法继续发展的三大动力。就国际组织这一方面而言，下列趋势值得注意：国际组织数量的日益增长，使适用国际法的国际社会逐渐由高度分裂状态向更多合作的方向过渡；国际组织职能的日益扩大，使早先强调"疆场"的国际法迅速向国际"市场"延伸；国际组织，特别是联合国（作为世界各国际组织的中心）造法功能的发挥，使松散的国际法体系有可能进一步加强其有效性。

关于国际组织与国际法的关系问题，在以下有关章节还将进一步从不同角度论及，此不赘述。

第二章　国际组织的形成、发展和现状

　　国际组织的形成与发展，与其说是由于哲学家、社会学家的倡导，还不如说是各国外交家、政治家根据国际需要所作出的各种实验及推动的结果。但是，思想家的倡导和学说，确实为国际组织的产生作了重要的理论准备。例如，早在欧洲中世纪，杜布瓦（Pierre Dubois，1250—1320，法国人）就主张基督教国家应组织到一起，以仲裁解决彼此间的争端，抑制战争的发生。到 17 世纪，法国思想家克律塞（Emeric Crucé，1590—1648）呼吁消除战争，主张超出宗教类别的限制，由所有国家组成一个联盟大会来处理国家间的争端。他关于国际组织的思想，已经有了较大的发展。应该着重提及的是彭威廉（Willian Penn，1644—1718）的国际组织理论。他力主欧洲国家联合起来，各国按比例委派代表组成一个"欧洲议会"，由议会和平解决国家间的争端。在程序上，议会以 2/3 的多数作出决议，以圆桌会议的形式处理席次问题。其后的卢梭（J. J. Rousseau，1712—1778），建议把欧洲建成一个永久性的联邦，主张各国都放弃战争权。再后的康德（Immanuel Kant，1724—1804）则主张在欧洲组成一个大邦联，但是他并不主张一个世界国家。他还抨击帝国主义理论，认为各国应裁减军备。他倡导"永久和平"的学说，认为理性会指引人们"从野兽般的无法状态中走出来"，而进入一种由邻近国家共同形成的有组织的社会状态。

　　上述各种早期的思想和理论，虽然受时代条件的局限，未能在当时付诸实现，但对此后国际组织的形成与发展，却有着不应忽视的影响。

　　国际组织的产生，经历了一个历史过程。它同人类社会的发展密切相关，其成长是以国际关系的演进为基础的。它是国际政治经济发展到一定阶段的产物。同对任何事物一样，我们对于国际组织的形成与发展，也可以进行分段研究。只是因为出发点不同，国内外学者对国际组织发展时期的划分很不一致。本书根据国际社会的实践情况，拟将其分为：民间交往→政府间会议→欧洲协作→国际行政联盟→联合国成立→其后等几个具体阶段来加以论述。

第一节　从民间交往到政府间会议

国家形成以后，世界各国之间的关系，长期处于一种相对隔离状态。但是随着社会生产、文化技术特别是交通运输方面的进步，国家之间出现了民间交往。各国间逐步发展起来的这种关系，首先和最基本的类型是一般商品和文化的交流。这种交流为后来较为成熟的国际交往作了准备。这无论在东方文明古国之间还是在新兴的西方国家之间，都有类似之处。① 发展到 14 世纪前后，在地中海东部各国与岛屿的商业城市中，已经出现类似近代领事的职务；个人之间的契约已有走向国家间规章的倾向；调停甚至仲裁的适用也有所发展。但是严格地说，早期的民间交往并不是在国际意义上进行的。直到 19 世纪初期，民间交往才以民族国家（national states）的体制作为其活动的基础。从这个意义上说，它们才真正带有"国际"的性质。

西方国际法学者曾以各种统计数字来说明这方面的迅速发展。例如，在 19 世纪 50 年代的 10 年间，民间国际性团体所举行的各种国际性会议接近 20 次；而到 80 年代这 10 年间，这类会议已超过 270 次；发展到 20 世纪的第一个 10 年，这个数字就几乎突破 1000 次了。下面是各民间国际团体在第一次世界大战前 70 多年中召开国际会议

---

① 我国的丝绸等物，早在汉代就已沿"丝绸之路"输往阿富汗、伊朗甚至欧非一些国家，而中亚、西亚的某些特产如葡萄、石榴、核桃等，也由此逐渐输入我国，从而促进了我国与各国人民间的相互了解和进一步交往。

的情况：①

年　　代	开 会 次 数	比前 10 年增长数（%）
1840—1849	10	
1850—1859	18	80
1860—1869	64	256
1870—1879	139	117
1880—1889	272	96
1890—1899	475	75
1900—1909	985	107
1910—1914	458	

　　由此可见，进入 19 世纪以后，民间国际团体有了长足的发展。此后，这种组织逐步伸展到了人类活动的各个领域，如政治、经济、科学技术、文化教育、工商业、劳工运动等方面。它们的活动，一方面受到各国政府的影响和制约，另一方面也对各国外交政策与对外联系产生作用。各民间国际团体常常要求和争取各国政府的支持，以此表明愿意成为国家体制和国际体制的组成部分。不少民间国际团体和合作机构，终为国家间协定或条约所承认而成为正式国际体系的单位；这就反过来加速了整个国际关系的发展进程，并促进了政府之间的联系。②

　　从国家间的民间交往发展到政府间的国际会议，是一次历史性的

_____

　　①　参见 P. B. Potter, *An Introduction to the Study of International Organization*, Ch. III, 1929。

　　②　以气象组织的发展为例：1853 年在布鲁塞尔举行过一次有关气象学的国际会议；1873 年又在维也纳正式召开了一次国际气象大会；至 1878 年才组成国际气象组织，但它还不是一个官方机构；一直到 1947 年的华盛顿会议，始以公约将国际气象组织改为政府间的世界气象组织。

飞跃。政府间会议，是国家间进行交往和接触的更高一级的形式。在常设的政府间组织形成以前，国家间的关系仅仅是一种双边的或多边的临时接触。随着国际政治经济关系的发展，随着国家间交往的加深，各国间的多边活动日益增加，政府间会议逐渐成为讨论和解决国际问题的一种有用的手段。它比民间国际团体的会议具有更为重要的意义，它是一种"权力"之间的交往，可能产生国家间的权利义务。对比常设的政府间组织来说，这种会议可以说是政府间的一种临时性的议事机构。早在古代东方国家和中世纪欧洲国家的历史上，就有过由各国代表参加的会议。但是从其历史发展来看，开始时双边会议居多，而多边会议甚少；在战争结束时用以解决善后问题的会议居多，而在和平时期用以调整国家间关系的会议较少。17 世纪中叶召开的威斯特伐利亚会议（Congress of Westphalia），是世界近代史上为处理国际问题而召开的一次非常重要的会议，它开创了国家间通过大规模国际会议这种形式来解决重大国际问题的先例。到 19 世纪前后，特别是 1815 年的维也纳会议之后，国际会议日益频繁，其范围也不断扩大，以国际会议处理国际问题已被公认为国际生活中的一种通常制度了。①

在长期实践中，政府间的各种国际会议，已形成若干带有常规性的习惯程序。这种会议，有的是由一个国家或几个国家联合倡议召开的，有的则是由某个国际组织召开的。它们可能是国家元首或政府首脑参加的最高级会议，也可能是一般外交代表会议；可能是为缔结和约或其他条约而召开的外交会议，也可能是其他专门会议。但是，无论哪种会议，一般说来，平等原则是组织国际会议的最基本的原则。出席国际会议的各国代表都享有外交特权。每个参加会议的国家，不

---

① 据国际协会联盟（Union of International Associations）2010 年 6 月发表的一项调查统计显示：2009 年全球全年举行的大型国际会议的总数，已达到 342500 次之多。该联盟对上述会议的统计标准是：会议参加者在 300 人以上；其中有 40% 的代表为不同国籍者；其中最少有 5 个国家的代表；会议时间不少于 3 天（详见国际协会联盟网站：http://www.uia.org）。

论大小，都有同等的代表权及投票权。会议的时间、地点、议程和使用语言文字等，由会议的召集国与被邀参加国共同协商解决。会议进行时，或者由专门指定的一位或数位主席主持，或者由各代表团团长按照商定文字的国名字母顺序轮流主持。会议的一切决议或其他文件，对于任何没有被邀请或经邀请而未参加会议的有关国家，不发生法律效力；而且，这种文件一般都需要与会者一致表决通过，如只能获得多数通过，则对不表同意的国家没有拘束力。第二次世界大战以后，出现了一种经常采用"协商一致"（consensus）程序的趋势：会议文件经广泛协商后，如所有代表团基本达成共识，在会上均无正式反对意见，即认为通过，无需交付投票表决。①

第二节　"欧洲协作"的影响

拿破仑战争结束之后，在欧洲出现了一个"欧洲协作"时期（亦称欧洲协调，the Concert of Europe）。这一时期从 1815 年的维也纳会议开始一直到第一次世界大战爆发，持续了整整一个世纪。在此 100 年间，除有 53 个国家及邦参加的维也纳会议之外，还召开过 1856 年的巴黎会议，1871 年及 1912 年的两次伦敦会议，1878 年及 1884 年的两次柏林会议，1906 年的阿尔赫西拉斯会议等 30 多次大型的国际会议。所谓"欧洲协作"，其起源是同 1815 年俄、英、奥、普的"四国同盟"联系起来的，实际上，主要是当时欧洲封建君主处理其紧迫国际问题的一系列间歇性的多边政治协商会议。这些会议虽然没有定型的常设机构，但已初步形成一种比较连续和稳定的协商制度。这种制度对国际组织的形成与发展作用颇大。对"欧洲协作"的特点，我们可以作下列几项概括：

第一，"欧洲协作"同以往的一般停战善后会议不同，其宗旨在于调整封建君主间平时国际关系的各个方面，包括政治、经济、宗

---

① "协商一致"的详细内容，可参阅本书第三章第二节第四目第（2）项末的注释。

教、河川管理、少数民族等问题，范围非常广泛。列强如此持续不断地进行会议活动，对确保彼此间霸权的平衡与欧洲的均势具有重要影响。

第二，历史上的外交方式主要是双边接触，而到"欧洲协作"时期，则规定"定期举行会议"，使多边外交成为一种较稳定的体制。在此期间，平均每两年至少要进行一次多边协商，不召开协商会议的年份是很少的。在这些会议中，大国处于一种特殊的霸主地位，是协商的中心。

第三，在这一时期的一系列大型国际会议中，根据实际需要形成了不少新议事规则。这对多边外交会议的活动程序在技术上有所发展，使国际会议在形式上日臻完善，有助于国际组织的发展。

第三节　从国际行政联盟到联合国成立

欧洲资产阶级革命的胜利，为资本主义的发展扫清了道路，导致了各国间对外贸易关系的发展。随之而起的是海运、铁路交通、通信联系也有了发展。科学技术上的进步，以及社会经济的发展，大大扩展了国际协作的范围，并要求国际法对一系列新的国际关系加以调整。到 19 世纪中期，各国间已有关于调整交通、电信等方面相互关系的国际协定存在。这些协定有一个由双边条约演进为多边条约的过程。在实施多边协定时，国家间出现了若干为特定目的而建立起来的"国际行政联盟"（international administrative unions）这样一类比较稳定的组织形式。这是一类主要以专门的、行政的和技术性的国际协作为职能的机构。它们随着国际关系的进一步发展，其规模与种类都在不断扩大。例如，当时有些国家，由于国际交往的需要，在独自完成与发展邮政业务方面，已经受到各种条件的限制，不能满足时代的要求，因此到 1874 年，有 22 个国家的代表在伯尔尼集会，签订了第一个国际邮政公约，建立了邮政总联盟（The General Postal Union）。甚至在此之前，由于电报的发明与推广，已有 20 个国家早在 1865 年就成立了国际电报联盟（The International Telegraph Union）。除此之外，第一批较大的国际行政联盟还有：1875 年的国际度量衡组织，1883年的国际保护工业产权联盟，1886 年的国际保护文化艺术作品联盟，1890 年的国际反奴隶生活联盟和同年的国际铁路货运联盟。1899 年成立的海牙常设仲裁法院，也可以作为在当时历史条件下设立起来的这类组织的另一个例子。

这种国际行政联盟，比当时为某种特定目的而建立的一些常设或临时性国际委员会(如 1804 年成立的莱茵河管理委员会等)，在组织上要完善得多。国际行政联盟为常设国际组织的发展奠定了基础，它们的出现，使国际组织的历史进入了一个新的阶段，具有划时代的意义：

第一，国际行政联盟所涉及的事项，主要是重大政治问题以外的行政技术事项。在国际上，由于科学技术的高度发展与国家间联系的不断增加，使愈来愈多的行政活动在客观上突破了国家边界。而国内政府的职权是受本国领土制约的，因此这种国家管辖权方面的矛盾，势必需要各种国际组织来加以调整。国际邮电等方面的行政组织的出现，正好为国际交通运输、文化教育、工农业、气象、卫生、金融、贸易等其他方面国际组织的建立，提供了重要的经验和广阔的前景。

第二，国际行政联盟建立了比较完善的常设机构，为后来国际组织的三重结构，即代表大会、执行机关和国际秘书处分立的体制开创了范例。国际电报联盟所设立的国际事务局，是世界上国际秘书处的雏形。分别设立由全体成员国组成的大会和由部分成员国组成的理事会，也是国际行政组织的重要特征，这种组织模式一直为后来的各类国际组织所仿效。

第三，国际行政联盟，在长期历史发展的基础上，改进了各种程序规则。关于多边条约的起草、通过与生效，同传统的双边条约相比，已有了某些新的特点；各机构的投票程序，同历来国际会议的一致通过原则相比也有所不同。这些演进，使国际议事程序发生了富有意义的变化。

此后，到了 20 世纪，世界资本主义发展到帝国主义阶段，国家间的矛盾进一步激化。为了适应这种国际关系，一般政治性的国际组织，如美洲共和国国际联盟等，相继建立起来。这一时期不仅一般政治性国际组织发展较快，而且许多专门性的国际行政组织也进一步成为更加健全的机构。两次世界大战对国际关系产生了极其深刻的影响。在相隔四分之一个世纪的时间中，地球上建立了两个著名的国际组织。第一次世界大战结束后，建立了国际联盟，它是人类历史上第一个具有广泛职能的世界性国际组织。经过第二次世界大战，又建立了联合国。2006 年 6 月 28 日，联合国接纳黑山共和国为其会员国。① 目前联合国的会员国总数已达 193 个，② 是迄今世界上最大的国际组织。

第四节　现代国际组织的发展趋势

国际组织的发展，经历了一个长期而缓慢的过程，但是进入上(20)世纪特别是经历两次世界大战之后，其发展速度加快，并且具有如下特点：

第一，国际组织的数量在爆炸性地增长。一方面，两次大战后国际关系的重要特征之一是第三世界和发展中国家的兴起。现在世界上

---

① 南联盟(南斯拉夫联盟共和国)于 1992 年 4 月 27 日宣布成立，标志着已有 47 年历史的南联邦(联合国的创始会员国之一)最终解体(成为南联盟、斯洛文尼亚、克罗地亚、波黑、北马其顿等 5 个国家)。1992 年 9 月 22 日，联合国大会(经安理会建议)以 127 票赞成、6 票反对、26 票弃权通过决议：南联盟不能自动继承南联邦在联合国的席位。在贝尔格莱德政府的联合国席位"空缺"长达 8 年之后，2000 年 11 月 1 日，在联合国大会，法国代表欧盟及其 16 个联系国提出"接纳"南联盟的决议案，最后决议获得通过。南联盟重返联合国(前南斯拉夫联邦地区的其他 4 国，早已先后申请加入了联合国)。2003 年 2 月 4 日，南联盟通过并实行了塞尔维亚和黑山共和国宪法，南联盟正式改国名为"塞尔维亚和黑山"。2006 年 6 月 3 日，黑山共和国议会通过了独立宣言。根据塞尔维亚和黑山宪法第 60 条规定，塞尔维亚共和国承续塞尔维亚和黑山在联合国(包括联合国系统内所有机构和组织)的成员资格。黑山共和国由大会 2006 年 6 月 28 日第 60/264 号决议接纳为联合国第 192 个会员国。

② 2011 年，南苏丹正式加入联合国，成为第 193 个会员国。

的190多个国家中，约有150个属于发展中国家。① 最近五十多年来，民族独立和解放运动高涨，帝国主义殖民体系基本瓦解。战后新独立的国家，已大大超过全世界国家总数的一半。从而使新兴的发展中国家所成立的国际组织，特别是经济方面的区域合作机构，大量增加。另一方面，由于海洋、宇宙科学的迅速发展以及交通工具和通信设备的巨大进步，使得地球上的空间距离相对缩小了，各国之间的相互影响和依赖进一步加深，从而使各种组织，特别是国际性的科学、技术及行政机构有增无已。同时，伴随时代的进步，有关其他方面的组织也进一步增加了。

两次世界大战后形势的变化，大大促进了国际组织的发展。据统计，各种影响较大的国际组织已达4000多个，其中政府间的重要组织早已超过500个。它们的90%以上是在20世纪50年代之后发展起来的。② 如果说，19世纪由于国际会议频繁而被人们称为"国际会议世纪"的话，那么20一个世纪，由于国际组织的急剧增加我们可以称之为"国际组织的世纪"。

第二，国际组织的职能范围包罗万象。在联合国广泛开展工作的同时，国际社会的各个领域都有专业组织在进行活动。现今，政治、经济、文化、社会、科学等各个部门，上至外层空间(the outer space)，下达海床洋底(the sea bed and the ocean floor)各个层面，从邮电、气象一直到贸易、金融各个方面，无不有相应的国际组织存在，人类生活无不与这些国际组织的专业活动发生关系。可以说，人

---

① "发展中国家"(developing country)是20世纪50年代之后才形成的一个新概念，国际上尚无统一划分的标准，一般可依惯例来认定。例如，联合国开发计划署的受援国，一般即可视为由联合国惯例所认定的"发展中国家"。

② 据国际组织年鉴(Yearbook of International Organizations)的统计，截至2023年9月全世界各种大小国际组织的总数，已达75000个，每年还大约新增1200个国际组织。详见国际组织年鉴网站：https://uia.org/yearbook(国际组织年鉴记载：1907年时，全世界总共只有213个国际组织。其中政府间组织仅37个)。中国从1971年在联合国恢复合法席位之后，积极广泛地参与了国际组织的活动。进入20世纪90年代之后，中国参加的国际组织已有600多个，其中重要的政府间组织70余个。

类的衣食住行都与国际组织或多或少地联系起来了。

第三，国际组织间的协调在日益加强。由于国际组织数量与职能的不断增长，各种国际组织间的协调(coordination)就显得日益重要起来。早在 20 世纪初期(1907 年)，就有一个国际协会联盟(Union of International Associations)致力于协调和联系国际社会的各种国际组织。① 后来，国联盟约又作了相应规定，试图加强这方面的调整工作，但是成效不大，仅有国际劳工组织、国际航空委员会及国际测量局等几个组织置于国联的管辖之下。联合国更加重视这方面的工作，在宪章中作了若干有关协调各国际组织的规定。例如，第 1 条规定联合国应成为一协调各国行动的中心；第 57、58、63、64、70 条，规定各政府间专门机构应使之与联合国发生关系，由经社理事会加以调整。《联合国宪章》第八章专门规定了联合国与各区域性国际组织的关系。此外，第 71 条规定，经社理事会得采取适当措施，同各非政府间组织磋商其职权范围内的各种事项。除《联合国宪章》外，其他国际组织的基本文件也就如何协调彼此间的关系作了相应规定。通过上述各个方面的调整，使地球上涉及面甚广的各种国际组织，形成为一个相互联系的组织体系，这个组织体系的核心是联合国。这个巨大的国际组织体系，可以称之为"联合国体系"(United Nations family)或联合国体制下的组织系统。②

---

① 国际协会联盟是一个非政府性的国际组织，成立于 1907 年。它的总部设在布鲁塞尔，其主要任务是从事注册和协调各国际组织的活动，通报它们的活动情况。它的机关刊物《国际协会》(*International Associations*)和《国际组织年鉴》(*Yearbook of International Organizations*)，是发行较广的刊物。

② 联合国组织内各机关的工作，常常是同其他有关国际组织联系起来进行的。例如，联合国开发计划署提供援助的全部项目，几乎都是由联合国本身或者由与联合国有联系的 20 多个国际机构来实施的。这些机构，除根据特别协定同联合国建立关系的或根据联合国决定而成立的十几个专门机构外，还有联合国贸易与发展会议、美洲国家开发银行、非洲开发银行、亚洲开发银行、联合国儿童基金会、世界粮食计划署、联合国难民事务高级专员办事处、联合国环境规划署、世界旅游组织、阿拉伯经济及社会发展基金等十多个组织。这些组织有些是联合国本身的机构，有些则并不属于联合国。

第四，一个富有希望而又让人困惑的前景。经济与技术的进步，使得国家间相互依存、竞争和渗透的程度大大加深。在这样的时代背景中，国际组织作为一种协调各国行动并将其组织起来的机构与制度，无疑将大有可为。然而，在百年未有之大变局，全球治理逐渐呈区域转向的背景下，全球化世界所面临的诸多问题，南北差距、应对气候变化、强权政治、恐怖主义、核扩散、金融危机等，也不可避免地会成为国际组织前进道路上的严峻挑战。前景扑朔迷离！

第三章　国际组织的类型和一般形态

第一节　国际组织的类型

各种国际组织，千差万别，各自的宗旨和任务不一，组织形态和活动程序也不尽相同。若进行对比分析，可以将其归纳为若干类型。不过由于学者们采取的识别标准不一致，所以有各种不同的分类结果。现取各说所长，作如下几种分类。

第一，如果按组织的基本性质与职能范围来考察，所有国际组织大致可以划分为一般综合性的与专门性的两大类。前者，是以某些领域为中心并广泛涉及其他多种领域的组织。例如，联合国是以国际和平与安全方面的职能为中心，而又广泛进行经济及社会文化等各种活动的一般政治性组织；欧洲共同体（欧洲联盟）是以经济活动为主并涉及其他诸多领域的一般经济性组织。后者，则只具有较专门的职能，是以某一专门技术活动为任务的组织。例如，国际海事组织、非洲邮政联盟等，都属专门性国际组织。

第二，如果按组织成员的地域特点来考察，国际组织大致可以统一划分为世界性的与区域性的两大类。前者向国际社会的所有成员开放，不论其地理位置及其他因素如何，依法定条件组合起来，以求合作解决国际社会有关的各种问题。如联合国、世界卫生组织等。后者是由某一地区的国家组成，其职权也以该地区为限的国际组织。如欧洲航天局、非洲联盟等。①

第三，封闭性组织与开放性组织。有些国际组织，是以成员国间某类相同或相近的政治、经济、宗教、文化等特点或利益为纽带而组成的(如过去的华沙条约组织、经互会，现在的北约组织、经合组织，以及各种原料生产和输出国组织等)，人们把它们称为封闭性组织。另一些国际组织，与上述特点相区别，是对世界一切国家开放的，被称为开放性组织。

第四，国家间组织与具有若干超国家因素的组织。国际组织，从其本质属性来说，都是国家间组织。但是由于欧洲共同体(欧洲联盟)的实际发展，在理论观念上又出现了一种新的类型即具有若干"超国家因素"的组织。欧共体，从其发展进程分析，是一个联合起来逐步走向"高度一体化"甚至走向"国家实体联合"的经济与政治实体。其部分机关，不仅由相对独立于成员国政府的人员组成，而且还接替了成员国机关的部分权力；其部分决定，不仅约束成员国政府，而且还直接适用于成员国的国民及法人。它是现代国际组织体系中的一个特例。但是，在当今主要由主权独立国家组成的国际社会中，不可能有真正完全的超国家组织(supranational organization)。即使像欧洲联盟，虽然拥有若干超越其成员国政府的直接权力，但从根本上讲，这些权力仍是经成员国签订条约而授予的。

第五，政府间组织与民间组织。前已述及对国际组织的广义与狭

---

① 本书体系基本上是参照上述第一和第二两种主要分类标准来综合交叉安排的。第一编为"绪论"，以下各编为分论；第二编和第三编为世界性组织，第四编为区域性组织；第二编至第四编主要为一般综合性组织，第五编为专门性组织。第六编为"尾论"，带总结之意。有些区域性国际组织并非严格按照地区组成。如北大西洋公约组织，包括着处于地中海的希腊；前华沙条约组织虽然包括的主要是苏联和东欧各国，但也不是完全以地区为标准的，而主要是以政治为标准的。同样，前经互会虽然以苏联与东欧为主，但远在东亚的蒙古、加勒比地区的古巴和东南亚的越南，也都是它的成员国。此外，阿拉伯国家联盟，也不是完全以地区为标准的。这些组织，是否应划为严格意义上的区域性国际组织，是一个有争论的问题。

义两种理解。从广义说，国际组织既包括政府间组织，也包括民间组织(狭义的国际组织则仅指政府间组织)。这种区别主要是按国际组织成员性质所作的分类。不过，政府间组织的成员也并非绝对都是由国家或其政府构成。除联合国与国际原子能机构等政治性很强的组织外，有些以技术活动为主的政府间组织也可能吸收有关非独立国家的政治实体作为准成员参加活动。还有一些政府间组织，如现代国际商品协定组织，还接纳非主权的一体化组织为其成员。

此外，如从国际组织的持续性来考察，也可以将其划分为常设的与临时的组织；如从同联合国的关系来考察，还可以将其划分为同联合国有工作关系的与同联合国无工作关系的组织，① 等等。

由于各国经济生活的不断国际化，以及国际经济与科学技术的联系日益加强，使国家间的各种经济组织有了突出发展。尤其是第二次世界大战之后，随着各国在经济上相互依存关系的进一步加深，国际经济组织的发展更为迅速。现在，经济领域的各种区域性与全球性组织，其发展速度已远远超过了一般政治性的组织。它们对现代国际关系与国际法律制度，产生了深刻影响。国际经济组织已发展成为专门性国际组织中的一种特殊类型，是现代国家间经济交流与合作的一种非常重要的形式。自 20 世纪 50 年代欧洲经济共同体建立后，特别是 20 世纪 60 年代以来，发展中国家也相继成立了各种区域经济一体化机构及各种原料生产国和输出国组织，如西非国家经济共同体、中美洲共同市场、石油输出国组织、可可生产者联盟、天然橡胶生产国协会等，它们对协调成员国间的经济政策、维护民族经济利益、保护国家资源以及对国际经济法的发展，都具有重要意义。

虽然国际法(学)所重点研究的国际组织，主要是政府间的世界综合性组织，但是政府间的区域性组织和专门性组织，在现代国际法上也占有非常重要的地位，甚至不少非政府间的组织在国际关系中也

---

① 有的作者将国际组织分为国家间的与政府间的。但是"国家间"与"政府间"这两种形式，实际上颇难区分，在有些基本文件中，这两个名词是交互使用的，并无实质上的区别。

正在产生日益重要的作用和影响，都需要认真加以研究。①

第二节　国际组织的一般形态

虽然根据不同标准，可以将国际组织划分为各种不同的类型，但各种类型的国际组织，在其存在与活动过程中，仍有若干彼此相同或大体相同的基本表现形态。现综合众多国际组织的广泛实践，从总体上将其一般形态作如下几种概括与分析。

一、基本文件

如前所述，国际组织的基本文件是其产生、存在和进行活动的法律基础。因此，它在国际组织法体系中具有重要意义，人们常称之为国际组织的"宪法"。国际组织机构的设立，法律人格的授予，运行机制的确立等，都是以基本文件为根据的。在国际组织法的渊源与体系中，它处于效力的最高层次。国际组织所有其他有关内部管理和对外关系的法规，都受基本文件的制约，都不得违背基本文件的宗旨与原则。

国际组织的基本文件，并无统一形式，名称也各不相同。但它们都属于国家间的正式协议，其效力与作用在实质上并无重大差别。

二、成员资格

组成国际组织的成员是国际组织的主体。国际组织，是为实现成员之间的共同目的而进行活动的机构，是为成员的共同利益服务的。离开了成员间的合作，就没有国际组织的存在。建立国际组织的文件，一般都将关于成员及其资格的事项作为重要条款加以规定。

---

① 关于国际组织的分类问题，可参见梁西主编：《国际法》（修订第二版），武汉大学出版社 2000 年版，第 339～342 页；Starke, *An Introduction to International Law*, 1977, pp. 648-649。

(一)成员资格的取得

1969年和1986年的两个维也纳条约法公约所称的国际组织,都是指政府间组织。这种组织的参加者原则上只能是国家。特别是政治性较强的组织,对成员资格的要求更为严格。如《联合国宪章》,除其他条件外,即明确规定其成员为国家。但是也有例外情况,如《国际联盟盟约》规定,非独立国家的自治领土亦有可能成为其成员。

相对一般政治性组织而言,专门性国际组织虽然所辖专业比较单一狭窄,但所涉地域却往往较为广泛。因此,为了扩大活动范围,发挥其最大专业功能,专门性国际组织在吸收成员的条件上一般比政治性组织显得宽松一些,参加组织的程序也较为简单。有些国家,在某种情况下可能加入不了联合国或其他政治性国际组织,但在接受某些专门性国际组织基本文件的条件下,却有可能成为这些机构的成员。本来,就一般情况而论,只有主权国家才能参加作为政府间组织的专门机构,例如国际民航组织、国际货币基金组织、国际劳工组织等对此都作了明确规定。但是,不少专门机构关于成员资格的条件,主要是从行政技术角度着眼的,所以它们除独立国家外,也例外地允许在有关专业领域内享有一定管理权与方便的非自治领土或地区参加其组织,以便在更广泛和必要的范围内彼此进行协作,从而有助于各种跨国界的全球性问题的全面解决。例如,世界卫生组织、世界气象组织、国际电信联盟、万国邮政联盟等即是如此。

国际组织的成员,可以用多种方法进行分类。首先,以国际组织的建立时间为准,可将其区分为创始成员(original members)与纳入成员(elective members)两种。前者是参加创建组织会议、签订设立条约并予以批准者。后者是在组织成立后被接纳为成员者。其次,以成员的法律地位及参与程度为准,可以将其区分为正式成员与准成员。前者能参加组织的全部活动,并能承担完全的权利与义务。后者只能参加组织的某些活动,其权利义务也受到某些限制。第一种区分基本上不影响成员的权利与义务,第二种区分则使成员的权益受到某些影响。例如,世界气象组织规定,它同联合国建立工作关系的协定,需经2/3的"国家成员"(正式成员)同意才能通过。这显然是对"非国家成员"（准成员）权利的一种间接削减。

关于国际组织成员的接纳问题，一般说来，开放性组织采取普遍原则，而封闭性组织则采取限制原则。但是无论采取什么原则，一个组织在吸收成员时，都需按照其组织约章所规定的条件与程序行事。

（二）成员资格的丧失

国际组织，即使是开放性的国际组织，不仅不会给予任何国家以无条件成为其成员的权利，而且还常常规定，其成员在一定条件下有可能丧失已有的成员资格。成员资格的丧失，主要发生于下列三种情况。

第一，开除。开除是国际组织使其成员丧失成员资格的一种最激烈的方式。一成员国如严重或屡次违犯组织章程，则有可能遭到被除名的后果。例如，国际货币基金组织、欧洲理事会等组织的基本文件，都有关于开除的规定。但是，促进合作是国际组织的固有职能，因此在国际实践中，除极少数事例（苏联因入侵芬兰而于1939年被国际联盟除名、捷克斯洛伐克因拒绝履行财政义务而于1954年被世界银行除名等）之外，国际组织使用开除来制裁其成员的情况并不多见。

第二，中止权利。中止权利，与开除相比，是一种较为温和的制裁方式。有的国际组织规定，成员所享有的某些权利，在若干特殊情况下，有可能被中止。但是，由于只是中止，所以这种一时失去的权利在一定条件下是可以恢复原状的。例如，《联合国宪章》规定：经安理会对其采取防止或执行行动的会员国，大会可根据安理会建议，以2/3的多数中止其会员权利的行使。但此种权利的恢复，只需安理会单独决定，不需经过大会表决。有的国际组织规定，严重的财务拖欠也可能丧失某些权利。这在各国际组织中是比较常见的。

第三，退出组织。国家既然可以经一定程序自主地加入国际组织，当然也同样可以自主地退出。前述两种丧失资格或权利的情况，都是因为组织成员违背组织约章的结果，所以带有不同程度的惩罚性质。而这里所说的退出组织，情况正好相反，它是由成员一方向组织主动（至少在形式上）提出的一种不愿继续进行组织合作的要求。国际组织约章关于退籍的条款，常常规定需经一定预告期之后，方能使退籍生效，例如国际劳工组织规定的预告期为 2 年。不过，有些国际组织并没有任何关于退籍的规定，在这种情况下，一般认为：建立国际组织的章程是一种多边条约，因此退籍问题可适用《维也纳条约法公约》第 56 条有关一般条约的退出条款来解决。但是，这在实际运用及理论解释上仍是一个很有争论的问题。

三、组织机构与职能范围

国际组织成员国虽然是组织的主体，但是任何一个强大的成员国或者多个甚至所有分散的成员国都无法使一个组织进行正常运转。因此，各种国际组织都需要设置若干内部机关才能有效地实现其成员国所共同规定的宗旨和原则。这些机关是体现成员国意志和完成本组织任务的必要手段。

各种国际组织的机构设置，虽然没有统一和固定的模式，但是在千差万别的众多机关中，还是有若干基本相似之处。因此，可以对之进行科学分类。

国际组织的各种机关，若依其组成人员归类，可将其区分为由成员国代表组成的机关与由国际公务员组成的机关。前者是反映成员国意志的机关，具有明显的政府间会议的痕迹。后者强调对组织整体负责，更具国际社会组织化的特征。此外，若依机关的等级归类，可以将其区分为中央机关与下属机关；若依机关的主次归类，可以将其区分为主要机关与辅助机关；若依机关的持续性归类，可以将其区分为临时机关与常设机关，等等。

国际组织机关的区分方法，采用得最多的是依其职能范围来分类：有的将其分为审议机关、执行机关、秘书机关，我们可以将其称为典型的"三分结构"；有的还加上裁判机关，这可谓是"四分结构"。国际组织各主要机关，在其隶属下，还可设立它认为必要的辅助性机关。

（一）审议机关

国际组织一般都有一个作为决策或最高权力机关的审议机关。这种机关，由所有成员国派代表参加，一般称之为"大会""代表大会"
或"全体会议"等。其主要职能是制定方针政策、审查预算、接纳新
成员、选举行政首长、选举执行机关成员并审议其报告、制定及修订
有关约章、就有关事项提出建议或作出决定、实行内部监督，等等。
它们一般1~2年召开一次常会，但也有规定更长时间的。例如，世
界银行将其称为理事会，每年召开常会一次；世界气象组织将其称为
世界气象大会，每4年开会一次。国际劳工组织将其称为国际劳工大
会，它在这方面有其独特之处：各成员国参加劳工大会的代表团，按
规定是由政府代表2人、工人和雇主代表各1人混合组成的，其中工
人代表与雇主代表的委派需要取得有关工会与企业联盟的同意；该大
会每年至少须举行会议1次。

（二）执行机关

国际组织均设有一个执行机关，一般称为执行局（executive
board）或理事会（council），也有称为委员会（committee）的。执行机关
的主要职能是执行最高权力机关的决定，处理本组织管辖范围内的事
项，提出建议、计划和工作方案并付诸实施。其具体权力大小不等。
大会休会期间，一般由理事会行使职权。如国际海事组织的理事会，
其职权主要是提出建议、行使协商与咨询方面的职能，而欧共体（欧
洲联盟）的委员会、世界银行的执行董事会（Board of Directors），其权
力则要大得多。比较而言，联合国安理会的权力最大，它是一个有关
国际和平与安全的行动机关，其决议对全体会员国有拘束力，是联合
国的权力重心。执行机关一般由最高权力机关推举少数成员国的代表
组成，但也有由成员国按定额委派的。如国际货币基金组织的执行董
事会，由24名执行董事组成，其中8名由基金份额最多的8个成员
国分别委派（中国现为此8成员国之一），其余16名由其他成员国按
地域分成选区联合推选产生。

（三）秘书机关

绝大多数国际组织都设有一个以秘书长或总干事为首的常设机
关，一般称为国际秘书处。国际电报联盟的国际事务局，是国际组织
史上最先出现的国际秘书处；而国际劳工组织的国际劳工局，则是国

际秘书处中成熟得最早的一个，其办事人员是从各成员国挑选而来的，被认为是为国际劳工组织整体服务的国际公务员。此后新建的国际组织，其秘书处多脱胎于此。秘书长和秘书处的任务主要是负责处理组织中的各种经常工作，协调组织中各常设机关的活动并为其提供各种服务。它是现代国际组织行政（管理）工作的核心，具有财政、会务、调研、技术、情报、（甚至）调解纷争、对外代表本组织等多方面的职能。

国际组织为了保证秘书处的独立性与工作效率，一般都要求秘书长和所有职员，应以"国际官员"的身份为本组织整体执行职务，只对本组织负责。每个工作人员应保持中立，都不应寻求或接受任何政府或本组织外的其他任何当局的指示，不应采取任何可能影响其国际官员地位的行动。各成员国也应尊重这种国际公务员的独立地位。秘书处工作人员如果在雇佣或职务方面与秘书处（秘书长）发生纠纷，一般应由该组织所设立的司法机构（行政法庭）解决，或者交付仲裁。国际组织的此类案件，不受其所在地的法院管辖。

（四）司法机关

在现代国际组织中，有极少数设有司法机关，用以解决某些国际争端。在近代以前，已有近似仲裁的活动存在，至18世纪末，国家间以仲裁来解决国际争端的方式，就成为一种运用得较多的制度了。1899年，有26个国家参加的第一次海牙和平会议通过了《海牙和平解决国际争端公约》，并据此于次年成立了常设仲裁法院。此后，国际联盟于1922年设立了国际常设法院；联合国于1946年成立了国际法院；罗马条约之后的欧洲共同体也成立了欧洲法院，等等。这些法院的法官，一般都是经成员国推荐并通过特定程序正式选举产生的。

同时，还有一些专门性的裁判机关存在，例如：美洲的美洲国家人权法院，欧洲理事会的欧洲人权法院，联合国及国际劳工组织各自的行政法庭等，均属这一类型。此外，联合国安理会针对战乱频仍的前南斯拉夫区域和非洲卢旺达的严峻形势，还分别于1993年和1994

年设立了两个新的国际刑事法庭，用以审判几种最为严重的国际罪行。① 2002 年成立的国际刑事法院，对犯有灭种罪、战争罪、反人道罪和侵略罪的个人进行起诉和审判。②

国际裁判机关的法官，必须以独立国际司法官的身份，执行职务，依法公正审理案件，不得代表其他任何当局行事。

四、活动程序

上已述及，国际组织基本文件所规定的宗旨及原则，只有通过其职能机关的具体活动才能实现。这些活动，既涉及内部管理，也涉及外部关系。但是，无论内部活动还是外部活动，其决策程序起着非常重要的作用。

（一）会议制度

召开会议，审议、讨论和安排工作，作出决定，是国际组织开展活动和成员国政府通过代表表达意愿的一种重要方式。国际组织各机关所召开的各种会议，可以大致概括为三种类型：经常会议、定期会议、特别会议。

经常会议。国际组织的有些机关是"持续不断行使职能"的机关，需要在必要时能立即举行会议。这种会议的特点是不定时，并可随时召开。例如，《联合国宪章》明确要求"安全理事会之组织，应以使其能继续不断行使职务为要件"。因此，安理会《议事规则》规定，应于"必要时""随时"召开会议，并限定其会议的间歇时间"最长不得超过14 天"。国际货币基金组织及世界银行的执行董事会，也是这种会议很多的机关。

定期会议。国际组织的有些机关，特别是由全体成员国代表组成

---

① 值得注意的是，前南国际刑事法庭已于 2017 年年底正式结束运作，卢旺达国际刑事法庭于 2015 年年底正式结束运作，两刑庭的剩余案件均转入"国际刑庭余留机制"（The International Residual Mechanism for Criminal Tribunals）负责审理。参见 https：//www. irmct. org/en/about。

② 参见 https：//www. icc-cpi. int/about/the-court。

的机关，一般是以每间隔一定时间举行 1 次会议的方式来开展工作。间隔时间的长短，则依其职能的实际需要而定：有的间隔期较短，如国际民航组织的理事会每年举行会议 3 次，阿拉伯国家联盟的理事会在每年的 3 月和 9 月分别举行会议两次；有的间隔期较长，如东南亚国家联盟的部长会议和美洲国家组织的成员国大会都是每年举行会议 1 次；有的间隔期更长，如万国邮政联盟的世界邮政大会则是每 5 年才举行会议 1 次。

特别会议。国际组织的有些机关，针对某一特殊情况，可以在定期会议之外举行紧急会议或特别会议来处理重大事项或防止情况恶化。紧急或特别会议的召开，须经一定程序。这种程序由于主管机关职能与地位的不同，往往在繁简方面有程度上的差别。例如联合国，其《大会议事规则》第 8~10 条规定，大会可在完成一定预备程序后，于 15 天内召开"特别会议"，或于 24 小时内召开"紧急特别会议"。

（二）表决程序

表决程序是国际组织在决策过程中的一项重要制度。会议的表决程序虽然多种多样，但我们可以将其概括为两个基本问题。一个是投票权的分配问题：这是表决的前提条件，其分配方法主要包括一国一票制与加权投票制两种。另一个是表决权的集中问题：这是表决的有效结果，其集中方法主要包括全体通过制、多数通过制及协商一致制等。

进入 19 世纪后，会议外交盛行，会议的表决程序已成为一项国际法律制度。基于国家主权平等原则，国际会议的参与国，不论大小强弱，都有平等的投票权，实行一国一票制。作为国际法主体的国家所派遣的与会代表是代表主权的，以多数票通过的决议不能强加于不表赞同的任何代表；会议所产生的任何文件，一般均需与会者全体通过才能有效（或者文件对投反对票者不发生效力）。但是，在国际组织相继形成与不断发展的情况下，这种传统的表决程序，很难满足国际组织在实际工作中的要求。一些国际组织，为了克服传统表决程序的局限性、加强其组织作用与运行能力，对某些非政治性事项和程序性事项的决议逐渐采用简单多数或特定多数通过制。这是国际议事规则中一项意义重大的发展。

万国邮政联盟成立后，其基本文件允许对某些问题的决议以 2/3 或过半数赞成票通过。国际劳工组织更是一反传统，其各种决议，除有特别规定者外，均以简单多数进行表决。在第二次世界大战后成立的各种专门性国际组织中，包括特定多数在内的多数通过制，已经成为会议程序的常规，而全体通过制则只是一种例外了。但是多数通过制的适用范围仍不是无限的：就所涉问题的性质而言，它多用于行政、技术及程序性事项，而极少用于事关重大的政治性问题；就所作决议的效力而言，它多属建议性的，而较少用来规定严格的法律义务。

很多专门性组织和一般政治性组织一样，通常均采用平等投票原则，但有些专门性组织（特别是经济和金融组织），为了实现成员国的某些特别权益，也有根据一定比例而分配给成员国以不等量的投票权的，即所谓"加权投票制"（weighted voting，有的学者将其译为"掂量投票制"或"比重投票制"）。这一制度给占有某种优势的成员国以较大的投票权。但是构成这一制度基础的加权因素，常因各组织情况不同而并不完全一样。例如，过去的国际农业协会（创立于 1905 年），曾以缴纳会费的比例来分配投票权；现在的国际货币基金组织，依照基金份额的多少来分配投票权；在国际糖业理事会等有关国际商品的组织中，也有按商品的进出口实际比例来分配投票权的。但是，加权投票制在整个国际组织体系中并不占主导地位，一国一票制仍为国际表决程序的通常制度。

最近半个世纪以来，随着国际交往的日渐频繁与组织化现象的不断加深，国际社会逐渐形成了一种"协商一致"（consensus）的程序。此种程序，在联合国的一些主要机关及其主持的某些国际会议中比较流行。联合国《大会议事规则》附件五的第 104 段中规定："如根据协商一致通过决定和决议可有助于有效并持久地解决分歧，从而加强联合国的权威，则这种做法是可取的。"然而，"各会员国充分发表意见的权利不能因采用这一做法而受到损害。"在一些专门性国际组织中也常被采用。特别是其中一些审议性的机构，为了发展巩固广泛磋商及谈判的成果，往往避免易于引发对抗的生硬投票方式，而利用协商一致程序作出基本上能为大家所接受的决议。例如，1995 年 1 月 1 日生效的建立世界贸易组织的《马拉克什协定》《世界贸易组织章程》第 9 条规定："世界贸易组织应继续沿用 1947 年《关贸总协定》以协商一致进行决策的做法。"一般实践是：对所议事项的决议草案，如在基本点上没有正式反对意见出现，即不需实际投票而应认为已协商一致通过（这一事实一般由参加协商的主席确定）。只有当不能以协商一致作出决定时，才采用投票方式。①

五、财政问题

国际组织作为相对独立于其成员国的一种法律人格者，在财政和预算问题上也必然具有相对自主性。国际组织都有自己的预算，根据工作方案估算出其年度收入与支出。财政预算，一般先由秘书处拟具意见，然后由各成员国代表组成的全体会议审议核准。例如：欧共体，在 20 世纪 60 年代以前，其预算由成员国代表机关审核确定，而从 70 年代中期起，欧洲议会的职能有所加强，它有权决定欧共体的预算。

一个国际组织，如果没有独立的经费来源，不能自主地进行开

---

①　参见李浩培先生的论文：《多边外交中的协商基本一致决定程序》，载黄炳坤主编：《当代国际法》，香港广角镜出版公司 1988 年版，第 48~68 页。李先生将这一程序概括为四点：第一，在决定前，各方必须先进行广泛协商。第二，如各方对待决定的问题在基本点上均已同意，即可认为协商已基本一致；这一事实，一般由参加协商的主席确定。第三，其要点是不经过投票。第四，各方对非基本点的不同意见，可用对"投票"（实际并未投票）的解释或保留方式提出并予记录，以表明对所作决定的"一致"的程度。此外，可参见柳炳华著：《国际法》（上卷），中国政法大学出版社 1997 年版，第 445~446 页。该书作者认为："协商一致，是在问题复杂、难以按多数决定，而且决议通过后需少数国家协助时，由主席团事先调整各利益团体的意见分歧，或利益团体自行缩小相互之间的差异，避开具体细节，只起草包含原则和基本内容的妥协方案，不经表决，由主席宣布后，如无特别反对意见，即为通过的一种制度。"关于"consensus"程序，还可查阅《国际法百科全书》1984 年英文版第 7 卷。

支，那就很难实现其基本文件所规定的宗旨和任务。国际组织的财政权，主要体现在：能够独立于其成员国掌有和管理自己的"钱袋"，并能自主地支配自己的财政收入与支出。

国际组织的固定收入来源，一般是由成员国按照法定摊派比例所缴纳的会费。交纳会费是成员国的一项义务，拒不交纳会费的国家，可能遭到相应的制裁。许多国际组织的会费分摊比例，是按照各成员国的国民收入总额或支付能力并参照其他有关因素来决定的。但是也有一些组织采取平均分摊的办法，例如石油输出国组织就是如此。此外，国际组织还可能有其他一些经济来源，如成员国就某些特别费用所作的自愿捐款和某些盈利性事业（提供服务、出版书刊等）的收入。

国际组织的任何活动，都可能带来经费支出。其支出额的大小，与国际组织的规模及其活动的性质和范围密切相关。国际组织除预算内的经常开支外，还可能包括一部分预算外的特别开支。一般情况是：前者主要由固定收入支付，而后者则主要由自愿捐款或以其他办法支付。

第四章 国际组织的功能与作用

第一节 国际组织的一般作用

无论从理论或实践来考察，都不难看到：国际组织是在人类长期组织化过程中产生的，具有高度国际合作的功能；但是，国际组织在功能方面的实际运作，又反过来进一步加速了国际社会组织化的进程，对国际格局产生着深远的影响。国际组织的兴起肇始于19世纪，但进入20世纪后，特别是第二次世界大战之后，发展非常迅速。国际组织现已发展到对国际关系的各个方面产生愈来愈大的作用。人们不难想象：如果没有国际组织存在，眼前的国际社会肯定是另外一种状况！

国际组织的实际作用，与其基本文件所规定的宗旨及职权是息息相关的。具体说，各种不同类型的组织，甚至各个组织，都各有其不同的具体任务、作用和影响，范围非常广泛，可谓千差万别。但是，如以国际组织的基本功能为轴线，则可以将其一般作用综合概括为若干主要方面来加以分析。

一、政治协调方面的作用

国际组织，特别是其中以维持国际和平与安全为宗旨的组织，常常构成协调各成员国政治行动的中心，是国际社会进行各种会晤、多边外交、沟通关系、解决争端和磋商谈判的理想场所，是国际舆论得以充分表达的重要论坛。无论是全球性组织还是区域性组织，都在这方面起着不同程度的积极作用。例如，海湾六国于1981年成立的"海湾合作委员会"，即规定以实现成员国之间各领域的协调、达到阿拉伯国家的一致、加强成员国人民间的联系与合作为宗旨；《波哥大公约》规定美洲国家组织的宗旨为加强美洲大陆的和平与安全、保证成员国间争端的和平解决、促进成员国间政治、法律、经济、社会及文化的合作与发展；其他如非洲联盟、东南亚国家联盟、欧洲理事会等组织的基本文件，都有类似的规定。

在这方面作用最大的组织，莫过于联合国。其宗旨，可用《联合国宪章》序文的精神归纳为"维持国际和平与安全""促进全球人民经济及社会之发展"。《联合同宪章》第 1 条明确规定联合国应构成"协调各国行动之中心"。20 世纪是人类历史上最血腥的一个世纪！但是，在联合国的协调体制下，第三次世界大战毕竟没有发生。虽然世界幸免于大战的原因多种多样，但是联合国的巨大作用是不可否认的。长期以来，联合国曾就协调各国关系、加强集体安全、裁减军备、推进非殖民化、促进国际合作等问题作出和发表过一系列重要的决议和宣言。在中东阿以冲突、苏伊士危机、两伊战争、柬埔寨局势、印巴克什米尔争端等重大国际事件中，甚至在有关欧美等地区的一系列问题中，都有联合国维持和平行动和政治影响的存在。它在政治协调方面所发挥的影响和作用比其他任何国际组织都要显著。

二、经济及社会发展方面的作用

随着国际社会的发展，国家间在经济上的联系和相互依存关系也日益突出，各种国际经济组织与区域一体化机构应运而生，成为国家间经济交往与合作的一种重要法律形式。自 20 世纪 50 年代欧共体成立后，特别是自 60 年代以来，发展中国家也相继成立了各种经济一体化组织和原料国组织。例如，东非共同体、安第斯共同市场、阿拉伯共同市场、拉丁美洲自由贸易协会、铁矿砂出口国组织、非洲木材组织、胡椒共同体、非洲国家咖啡组织、可可生产者联盟等，它们对促进合作、协调成员国间的经济利益、解决经济贸易争端、维护成员国经济安全、稳定世界市场价格和供需平衡，都起了重要作用。

联合国及其众多的专门机构，在第二次世界大战后的半个多世纪中，为国际经济、社会、科学、文化等领域的发展和行政管理工作，作出了巨大贡献。它们在关税贸易、货币金融、开发援助、资源与资金分配、工农业发展、环境保护、科学技术、文教卫生、气象水利、知识产权、海陆空通讯运输、建立新国际经济秩序、人权、人口、劳工、妇女、儿童、老年、国际难民问题以及禁止烟毒、预防犯罪、反对恐怖主义等许多方面，都在不同程度上积极发挥了作用。联合国的很多机关和大部分人力都在为发展问题而工作，其开支的大部分也是为发展事业而消耗的。联合国开发计划署、贸易和发展会议、人口活动基金、世界粮食计划署等所开展的许多活动，都获得了显著成果。

三、国际法律秩序方面的作用

如前所述，国际组织是现代国际生活中促成国际合作的一种法律形态；从深海地区到宇宙高空，莫不有相关国际组织的存在。国际组织是现代国际社会的有机组成部分，对现代国际关系与法律秩序产生至关重要的作用。

（一）国际组织章程的法律效力

政府间国际组织的建立，是以作为组织章程的正式条约为根基的。组织章程相应规定了有关组织的宗旨原则、法律人格、权力结构、活动规则、成员国之间的权利与义务。随着国际组织的大量出现，各类国际组织的组织章程(条约)和有关法规已逐渐发展为现代国际法中一个自成一体的特别部门——国际组织法。

那些建立普遍性国际组织的组织章程，往往规定有国际社会需共同遵守的某些一般性规范。加入这种组织的国家愈多，接受这种规范的国家就愈多，从而使某些重要规范有可能产生一般国际法的效力和作用。这方面最显得突出的例子是《联合国宪章》。该宪章虽然形式上是基于一般国际法而制定的一个国际组织的组织章程，只对成员国有拘束力，但联合国迄今已有会员国 193 个，因此就宪章的实际作用来看，它已经是一项对全球法律秩序产生普遍作用的最大公约。它是当今国际法律秩序的一块最重要的基石，是现代国际法最重要的渊源。宪章所载各项宗旨和原则及其相关规定，是世界各国公认的国际法基本原则。其中一些带根本性的条款(如主权平等、和平解决国际争端、禁止使用武力、不干涉内政及民族自决等)，被认为具有"国际社会全体接受并公认为不许损抑"的强行法(jus cogens)的性质。

这里，还需提及的是，各类国际组织章程，尤其是行政性国际组织的章程，有关行政事务的各种规定及实践，促进了国际行政法的形成与发展。这一新的发展，使传统国际法所强调的国家间相互"不作为"的义务，进一步向积极"作为"的方向扩大。

(二)国际组织的司法作用

由于国际社会尚不可能有一个最高的立法机关与统一的立法程序，因此，经由某种国际司法组织的判例来解释、澄清有关法律规则以适应国际社会需要的途径，对现代国际法律秩序的发展具有重要作用。国际判例虽然不能成为独立的国际法渊源，但可用来作为确定有疑义的法律规范的证明方法。

国际法院及其前身常设国际法院，虽然有若干先天的局限性及后天的缺陷，但它是国际社会能对诉讼和咨询案件作出法律认定的主要司法机关。国际法院的管辖，虽然从根本上讲，是自愿的，同国内司法机关的强制管辖不可同日而语，但是，它在适用法律方法解决各当事国提交的国际争端中，对国际法律秩序的维持作出了重要贡献。

国际法院成立 70 多年来，虽然所接收的诉讼案只有 160 件，咨询案只有 27 件,① 但案件所涉范围甚广，包括领土主权、边界、海洋、管辖权、外交关系、外国人法律地位、国家继承、条约、国家责任、国际组织等各种法律问题。这些案件往往与政治问题交织在一起，国际法院从法律角度参与裁判，有助于减轻法律矛盾，避免冲突升级，促进国际法律秩序的稳定。在国际法院受理的案件中，有些作用很大，如英法间的曼基埃群岛及埃克瑞荷斯岛案(1953)、比荷间的边界领土主权案(1959)、泰柬间的柏威夏庙案(1961)、尼加拉瓜与哥斯达黎加间的边界及跨界争端案(1986)、美国在尼加拉瓜进行反尼军事活动案(1987)、萨尔瓦多与洪都拉斯间的土地岛屿海洋划

---

① 参见国际法院网站：http://www.icj-cij.org/cases。

界案(1987)、卡塔尔与巴林间的海湾领土争端案(2001)等，在对国际法规范的有效适用与解释方面以及为国际社会和平解决争端提供法律基础方面，均发挥了积极作用。关于许多案件的判决和咨询意见，各国评论虽不尽一致，但它们对于划定领海及其他海域的原则、专属经济区的发展、国际组织的法律人格、国籍、外交保护、条约保留、国际公务员制度、禁止使用武力及不干涉内政原则等重大国际法问题，具有重要的理论和现实意义。有的已逐渐获得各国的普遍承认而成为国际法的组成部分。国际法院半个多世纪以来的审判活动，对海洋法、条约法、国际经济法、外交法、环境法等领域的发展起了很大作用。①

(三)国际组织全会决议的作用

政府间国际组织，特别是其中的一些全球性组织，多设有一个所有成员国代表均参加的全体大会为其最高权力机关。其中，联合国大会的管辖范围特别广泛，它可讨论审议宪章范围内的任何问题及事项，并可就此以决议形式向各成员国及安理会提出建议。因此，有人竟把它比做"世界议会"。虽然实际上，联合国大会只是一个国际组织的代表机构，并不享有像国内议会那样的立法权，但其决议对维护现代国际法律秩序的作用却是世界各国所普遍公认的。

联合国大会，几乎是由全世界各个国家的代表组成的。它的呼吁，反映各国政府的意愿，是世界舆论的积累和集中表达，具有很大的政治作用。特别是大会一致通过的或绝大多数通过的那些直接有关法律问题的决议，必然影响产生国际习惯的传统方式。它们代表一种普遍的信念，可以作为国际习惯形成的有力证据。它们在不同程度上具有某种阐明、确认或宣示国际法原则及规则的作用。如联合国大会1962年有关自然资源永久主权的第1803(17)号决议和1965年有关不干涉原则的第213(20)号决议等，在建立新国际经济秩序与法律秩序方面都具有重要意义。而且事实上，联大的决议，有些已由各国进一

---

① 参见陈治世著:《国际法院》,台湾"商务印书馆"1983年版,第417~427页。

步缔结为国际公约(如外层空间条约等)。从这个角度来看，大会决议起了促进公约签订的作用，国际公约是大会决议的一种发展。①

（四）国际组织的编纂职能

国际组织的编纂工作，对现代国际法律秩序的维持与发展，具有重要作用。在国际社会不可能存在一个超国家的立法机关的情况下，它的作用是无法代替的。某些国际组织，为了执行其职能以实现其基本文件所规定的宗旨，常召开国际会议来签署有关的公约，甚至设立专门机构以系统地编纂国际法。过去的国际联盟，现在的联合国，特别是联合国国际法委员会的工作，在重新厘定现行规则与制定新规则的过程中，对加强国际法律秩序和增加国际法的明确性与权威性来说，产生了很大作用。② 此外，国际贸易法委员会、外层空间委员会、人权委员会(现为人权理事会所取代)、海底委员会、国际劳工组织、世界卫生组织、国际民航组织、国际电信联盟和国际海事组织等，也具有编纂方面的某些作用。当然，上述各机构所起草的一切法律文件，都有待于各主权国家来最后决定其效力。

有关国际组织编纂工作的具体内容，将在第十二章列专题详加讨论，在此不再赘述。

（五）国际组织的特定地位与国际法律秩序

在 19 世纪以前，只承认国家是国际法上的法律人格者(legal person)。传统国际法是通过国家交往而产生的习惯(custom)、条约(treaty)和仲裁裁决(arbitral decision)等逐渐发展而成的。但是在国际组织林立的今天，情况发生了变化，很多国际组织已经取得某种程度的国际人格(international personality)，在一定条件下也可成为部分国际法律关系的主体。与国家相比，这是一种特殊类型的国际法主体。所以，在现代国际社会中，国家与国际组织之间以及国际组织彼此之

---

① 参见 H. W. A. Thirlway, *International Customary Law and Codification*, 1972, pp. 61-79。

② 参见梁西：《联合国国际法委员会与国际法的发展》，载《国际法论集》，法学杂志社 1981 年版，第 112～131 页。

间的交往，也能形成新的国际法规范。这对国际法律秩序的发展产生了重要作用。

国际组织的急剧增长，在国际法律秩序方面还引出了许多其他的新问题，如国际组织成员的资格，国际组织基本文件的签订程序及其效力与解释，表决程序的变化，国际组织的特权与豁免制度，以及国际组织的继承问题等。这些问题必然影响到整个国际法的体系和内容，都需要从国际法的角度进一步加以深入研究。

第二节　中国与国际组织

中国作为一个文明古国，和世界各国的商业及文化交往，到 16 世纪前后已有了一定发展。早在明代，郑和曾 7 次带队远航，最远到了非洲东岸和红海海口。可是由于交通等客观条件及王朝唯我独尊等传统思想的影响，实际上当时的中国仍然处于一种封闭状态。1840 年鸦片战争之后，国际法才开始从西方传入中国。欧美国际法之传入日本，虽然比中国更晚，但后来日本在这方面却比中国发展得快。至 1899 年和 1907 年，中国先后派代表参加两次海牙和会，并签署了有关公约及宣言。第一次世界大战之后，中国于 1920 年参加国际联盟。经过 8 年浴血奋战，中国取得了抗日战争的胜利，于 1945 年参加创建联合国，并成为其创始成员国和安理会的 5 个常任理事国之一。

第二次世界大战后，"冷战"阴影笼罩着东西关系，在联合国内外，形成了美苏间的严重对抗。英美等国对新中国采取强烈的遏制政策，竭力将新中国排斥于国际组织之外。即使如此，在新中国成立初期，还是与一些国际组织，如亚澳工会代表会议、万国邮政联盟、红十字国际委员会，特别是一些以苏联和东欧社会主义国家为主体的国际组织，有着程度不同的交往关系。但是，直到 20 世纪 70 年代初，中国在联合国的合法席位竟长期遭到剥夺。在此阶段，中国与其他许多国际组织的关系，也同样处于一种冻结状态。

在 20 世纪整个 50—60 年代的历次联合国大会上，中国的代表权问题，一再以各种借口而被搁浅。这种违反宪章规定并有损于联合国普遍性原则的做法，随着局势的发展，遭到了国际社会愈来愈明显的抵制。到 1971 年的第 26 届联大，终于以压倒多数通过第 2758(26) 号决议，恢复了中华人民共和国在联合国组织中的一切权利。中国代表权的恢复，使联合国组织更具普遍性，大大有助于实现宪章所规定的宗旨及原则，有助于加强该组织的职能与作用。中国是安理会的常任理事国之一，也是其他五大机关的重要成员。中国在联合国发挥着日益重要的影响。

2021 年是中国恢复联合国合法席位 50 周年。作为联合国安理会常任理事国，中国在过去 50 多年里为联合国各领域工作作出了重要贡献。

一、发展历程

纵观中国参与联合国工作 50 多年的发展历程，它可以分为以下四个阶段：

（一）学习观望期（1971—1978 年）

1971 年 10 月 25 日，第 26 届联大就阿尔巴尼亚、阿尔及利亚和缅甸等 23 个国家关于"恢复中华人民共和国在联合国的合法权利"的提案进行表决，结果以 76 票赞成、35 票反对和 17 票弃权的多数通过了第 2758(26) 号决议。该决议决定："恢复中华人民共和国的一切权利，承认其政府的代表为中国在联合国组织的唯一合法代表并立即把蒋介石的代表从其在联合国组织及所属一切机构中所非法占据的席位上驱逐出去。"①从此，中国与联合国的关系翻开了新的一页。

一方面，中国在恢复联合国合法席位以后，逐渐与其他许多世界性和区域性的国际组织发生了联系。例如，在这一时期中国与国际电信联盟、万国邮政联盟、国际海事组织、国际民用航空组织、世界卫

---

① 参见 A/RES/2758(XXVI) "Restoration of the Lawful Rights of the People's Republic of China in the United Nations", A/PV. 1976 25 Oct. 1971 76-35-17, available at https：//documents-dds-ny. un. org/doc/RESOLUTION/GEN/NR0/327/74/IMG/NR032774. pdf? OpenElement。

生组织、世界气象组织和联合国教科文组织等有关通信、运输、卫生、教育文化等方面的联合国专门机构建立了关系，实现了正常往来。另一方面，中国利用联合国这一平台公开展示自己第三世界国家的属性，并把联合国看做宣讲中国外交政策、争取国际社会理解和支持的舞台。例如，在第三次联合国海洋法会议的历期会议中，中国不但把自己定位为发展中国家的一员，而且立场鲜明地支持其他发展中国家的立场和主张。中国代表明确指出："中国是一个发展中的社会主义国家，属于第三世界"①"中国政府和中国人民……坚决站在亚、非、拉各国人民一边。"②又如，1974 年 4 月中国副总理出席第六届特别联大，全面阐述了毛主席关于三个世界划分的理论，宣布中国属于第三世界。

　　然而，在这一时期中国在联合国的表现并不活跃，也明显缺乏经验；在维和、裁军和人权等领域，则采取回避不参加的态度。其主要原因是对联合国事务不太熟悉，加之还处在"文革"时期，对多边外交缺乏清晰的定位。③ 诚如有学者所指出的："上世纪 70 年代，中国主要是了解和学习联合国的过程，学习联合国的运作方法、议事规则、联合国讨论问题的来龙去脉，以及各方的立场和态度。到了 80 年代，中国逐渐参与联合国的一些活动。"④

　　(二)跟跑适应期(1978—2001 年)

　　1978 年中国共产党第十一届三中全会以后，中国实行改革开放的政策，并全面调整对外战略，中国与联合国的关系进入了跟跑适应

---

　　① 《柴树藩同志在第二期会议上的发言(1974 年 7 月 2 日)》，载《我国代表团出席联合国有关会议文件集(1974.7—12)》，人民出版社 1975 年版，第 277 页。

　　② 《安致远代表在海底委员会全体会议上发言阐明我国政府关于海洋权问题的原则立场(1972 年 3 月 3 日)》，载北京大学法律系国际法教研室编：《海洋法资料汇编》，人民出版社 1974 年版，第 16~17 页。

　　③ 参见张贵洪等：《中国与联合国》，江苏人民出版社、江苏凤凰美术出版社 2019 年版，第 27 页。

　　④ 宋宇、张伊宇：《亚非拉朋友把我们抬进了联合国——专访中国联合国协会前会长吴海龙》，载《参考消息》2019 年 9 月 24 日，第 10 版。

期。中国在联合国的角色也随之发生转变，"从原来和 77 国集团一起战斗的'斗士'变成在南北之间发挥'桥梁'作用的角色，联合国对中国而言不光是'讲堂'还是国际合作的平台"。① 一方面，中国不但在联合国提出了建立公正合理的国际政治经济新秩序的主张，而且把联合国当成中国引起资金、技术、人才和信息的重要渠道。例如，从 1978 年起，联合国开发计划署以 5 年为一周期，向中国提供相应的援助。另一方面，"中国参与国际组织的积极性明显增大，速度明显加快，数量明显增多，范围明显扩大，质量也随之明显提高"。② 例如，1980 年中国相继成为了国际货币基金组织和世界银行的理事国，并加入了世界知识产权组织、国际开发协会和国际金融公司。此外，在这一时期，中国开始主动推荐候选人参加国际法院、前南斯拉夫国际刑事法庭、卢旺达国际刑事法庭和国际海洋法法庭等国际司法机构法官的竞选活动，并成功当选。特别是，1997 年 11 月国际竹藤组织（International Network for Bamboo and Rattan，INBAR）在北京宣告成立。③ 这是第一个将其总部落户中国的政府间国际组织。

（三）主动有为期（2001—2012 年）

2001 年 12 月，中国正式加入世界贸易组织。以此为标志，中国与联合国的关系开始进入主动有为期，中国从"默默耕耘者"转变成联合国事务的积极参与者。首先，中国开始有意识地利用联合国这个平台来宣讲自身奉行的各项原则。例如，2005 年 9 月在联合国成立 60 周年首脑会议上，中国国家主席提出了在文明多样性的基础上共建和谐世界的构想，引起国际社会的广泛关注。其次，中国开始主动参与了国际司法机构的相关程序。④ 例如，针对国际法院"科索沃单方面宣布独立咨询意见案"，中国深入参与该案的审理过程，于 2009

① 陈健：《中国的联合国外交和我的联合国生涯》，载《世界知识》2020 年第 17 期，第 20 页。

② 曾令良：《中国践行国际法治 30 年：成就与挑战》，载《武大国际法评论》2011 年第 1 期，第 5 页。

③ 参见 http://www.inbar.int。

④ 参见杨泽伟：《改革开放 40 年来的中国国际公法学：特点、问题与趋势》，载《武大国际法评论》2018 年第 6 期，第 37 页。

年 4 月 16 日提交了书面意见，并于 12 月 7 日由时任中国外交部法律顾问薛捍勤大使代表中国政府在国际法院出庭作口头陈述，就该案相关的国际法问题充分、完整、深入地阐述了中方的法律立场。"这是新中国首次参与国际法院司法活动，具有重要意义。"①又如，在国际海洋法法庭受理的第一个咨询案"担保国责任咨询意见案"中，中国政府于 2010 年 8 月 9 日向国际海洋法法庭提交担保国责任咨询案书面意见，反映了中国在"国际海底区域"内活动中担保国责任问题上的基本立场。2011 年 2 月 1 日，国际海洋法法庭海底争端分庭发表的咨询意见基本上采纳了中国书面意见的观点。② 最后，从 2005 年开始中国参加多边条约的数量呈明显上升之势。③ 此外，从 2007 年开始，联合国第七任中国籍副秘书长主管经济和社会事务部。④ 这既折射出中国综合国力增强、世界影响力日增的事实，也是中国在联合

---

① 中华人民共和国外交部条约法律司编著：《中国国际法实践案例选编》，世界知识出版社 2018 年版，第 21 页。

② 参见中华人民共和国外交部条约法律司编著：《中国国际法实践案例选编》，世界知识出版社 2018 年版，第 65 页。2023 年 9 月 15 日，中国政府代表在国际海洋法法庭涉气候变化咨询意见案口头程序中进行陈述，阐述中国关于管辖权和有关国际气候变化法以及国际海洋法问题的立场和主张。这是中国首次参与国际海洋法法庭口头程序，也是中国继参与国际法院科索沃咨询意见案口头程序之后又一重要国际司法实践。参见"Request for an Advisory Opinion submitted by the Commission of Small Island States on Climate Change and International Law（Request for Advisory Opinion submitted to the Tribunal）"，available at https：// www.itlos.org/en/main/cases/list-of-cases/request-for-an-advisory-opinion-submitted-by-the-commission-of-small-island-states-on-climates-change-and--international-law-request-for-advisory-opinion-submitted-to-the-tribunal。

③ 据统计，从 1949—1977 年中国参加的多边条约仅 32 项，平均每年大约 1 项；从 1978—2004 年中国参加的多边条约达到 239 项，平均每年大约 9 项；而在 2005 年，中国完成签署、批准、核准、接受和加入等程序或对中国生效的多边条约就有 12 项。参见曾令良：《中国践行国际法治 30 年：成就与挑战》，载《武大国际法评论》2011 年第 1 期，第 11 页。

④ 参见刘振民：《联合国：中国从参与者到领导者》，载《参考消息》2019 年 9 月 24 日第 12 版。

国系统主动有为的表现。①

（四）积极影响期（2012年至今）

2012年中国共产党第十八次代表大会召开以后，中国在联合国的工作开始进入积极引领期。首先，中国提出的"构建新型国际关系""人类命运共同体"等主张和理念在联合国系统中得到了广泛的认可，并载入联合国相关决议中。例如，2017年1月习近平主席在联合国日内瓦总部发表了题为《共同构建人类命运共同体》的演讲，系统阐述了人类命运共同体的理念。② 此后，联合国安理会、大会和人权理事会等联合国机构相继把"人类命运共同体"写入其决议中。其次，中国在联合国机构中的影响力进一步提升。例如，中国政府推荐的候选人先后出任世界卫生组织总干事、国际民航组织秘书长、国际电信联盟秘书长、联合国工业发展组织总干事和联合国粮农组织总干事等联合国专门机构的负责人。再次，中国对联合国的贡献更加增强。例如，据2021年12月联合国大会通过的预算决议，2022—2024年联合国会员国应缴会费的分摊比例，中国是15.254%，位于第二，仅次于美国；中国承担的联合国维和行动的费用摊款比例达到了18.6556%，位居第二，仅次于美国。③ 况且，中国还成为国际货币

---

① 按照不成文的惯例，联合国安理会五大常任理事国虽然不能竞选担任秘书长一职，但是可以推荐一名本国官员担任副秘书长，协助秘书长工作。一般情况下，联合国秘书处主管政治、维和、人事、财务、法律和新闻等重要部门的职位往往分给由西方大国举荐的副秘书长。由中国籍副秘书长主管的是大会和会议管理部（简称为"大会事务部"）。这个部门人数最多，主要负责联合国会务方面的工作，虽然曝光率较高，且任务繁重，但是基本上属于技术性或服务性范畴，与联合国实质性核心部门还有一定距离。参见万经章：《联合国总部里的中国人》，载张贵洪主编：《联合国研究》，世界知识出版社2012年版，第21页。

② 参见习近平：《共同构建人类命运共同体》（2017年1月18日），载《习近平谈治国理政》（第二卷），外文出版社2017年版，第537~549页。

③ 从1972年以来，中国承担的联合国会费分摊比例经历了一个先增后降、再迅速增长的过程。从1972年至1979年，中国会费比例从4%增加到5.5%；1980年下降到1.62%，此后持续下降，到1995年降到最低0.72%；进入21世纪以后，中国会费分摊比例持续较快上升，在过去的近20年增加了12倍，成为联合国会员国中增长最多、最快的国家。

基金组织的第三大股东，在世界银行的投票权也位居第三。最后，中国还对联合国系统还发挥了"创新补充"作用。例如，针对联合国面临诸多新的挑战，近年来中国发起成立了亚洲基础设施投资银行等区域性国际组织，旨在推动区域和全球经济发展，引领新一波全球化。特别是，中国政府再三强调中国这样做并非要取代现有的区域和国际组织，而是作为一种补充。①

二、重要贡献

50 多年来，中国参与联合国工作的贡献，主要体现在以下几个方面：

（一）维护国际和平与安全

1. 维护联合国包括联合国安理会的权威

虽然按照《联合国宪章》的规定，中国作为安理会常任理事国拥有否决权，但是中国政府始终遵守《联合国宪章》的宗旨和原则，维护联合国的核心地位，支持由联合国发挥主导作用。例如，2016 年 6 月中俄两国签署并发表了《中华人民共和国和俄罗斯联邦关于促进国际法的声明》，两国"重申全面遵守《联合国宪章》"。② 2021 年 4 月，中国国家主席在领导人气候峰会上的讲话中再次强调："我们要坚持以国际法为基础……维护以联合国为核心的国际体系。"③诚如有学者所指出的，中国政府一再强调作为拥有否决权的联合国安理会常任理

① 参见郑永年：《中国与世界秩序》，载《联合早报》（新加坡）网站 2018 年 5 月 1 日，转引自《参考消息》2018 年 5 月 3 日第 14 版。
② 《中华人民共和国和俄罗斯联邦关于促进国际法的声明》（2016 年 6 月 25 日），载外交部网站 https://www.fmprc.gov.cn/web/ziliao_674904/1179_674909/t1375313.shtml。
③ 习近平：《共同构建人与自然生命共同体——在"领导人气候峰会"上的讲话》（2021 年 4 月 22 日），载外交部网站 https://www.mfa.gov.cn/web/zyxw/t1870844.shtml。

事国，它一向"深思熟虑、慎之又慎"地使用该权力。①

2. 为国际热点问题的解决提供中国方案

多年来，中国政府一直力求全面维护世界和平稳定，主动、建设性地参与处理国际和地区热点问题，劝和促谈，消弭战端，在达尔富尔问题、朝核问题、阿富汗和平进程、叙利亚内战、伊朗核问题、巴以冲突、伊拉克问题和乌克兰东部局势等问题上坚持原则，提出中国方案。② 例如，针对朝核问题，在中国政府的积极斡旋下，从 2003 年开始在北京举行了由朝鲜、韩国、中国、美国、俄罗斯和日本六国共同参与的旨在解决朝鲜核问题的一系列谈判。在此过程中，中国政府不但扮演了东道国的角色，而且直接参与调停，以促成"六方会谈"取得成果，从而为推动朝鲜半岛无核化、维护半岛和东北亚地区的和平与稳定作出了积极贡献。③

3. 积极参加联合国维和行动

中国以实际行动维护世界和平，积极参加联合国维和行动。1982 年，中国开始为联合国维和行动支付摊款；1988 年，中国正式加入联合国维和行动特别委员会；1990 年，中国首次派出 5 名军事观察员参与中东的联合国停战监督组织，开启中国军队参加联合国维和行动的序幕；1992 年，中国军队向联合国柬埔寨临时权力机构派出由 400 名官兵组成的维和工程兵大队，首次成建制参加联合国维和行动。特别是，2015 年中国国家主席出席联合国维和峰会并发表讲话，提出中国支持和改进联合国维和行动的 4 点主张和 6 项承诺，其中包括应联合国要求，派更多工程、运输、医疗人员参与维和行动等。2017 年，中国完成了 8000 人规模维和待命部队在联合国的注册。此

---

① ［俄］弗拉基米尔·波尔佳科夫：《中国 40 年来在联合国日趋活跃》，载俄罗斯《独立报》网站 2011 年 10 月 30 日，转引自《参考消息》2011 年 11 月 1 日第 14 版。

② 参见肖肃、朱天祥主编：《和平与发展：联合国使命与中国方案》，时事出版社 2017 年版，第 149～151 页。

③ 参见刘长敏：《论朝鲜核问题解决中的国际斡旋与调停》，中国政法大学出版社 2007 年版，第 235～245 页。

外，中国还设立了"中国-联合国和平与发展基金"以支持联合国维和行动。迄今，中国已成为联合国第二大维和摊款国，是安理会常任理事国第一大出兵国；先后参加 25 项联合国维和行动，累计派出维和官兵 4 万余人次。①

4. 主动参与军控、裁军和防扩散进程

中国政府以共同、综合、合作和可持续的安全观为指导②，相继加入并切实履行了有关国际军控条约，积极参加国际军控和裁军领域的各项重大活动，积极参与联合国和有关国际机构关于裁军问题的审议和谈判，提出许多合情合理、切实可行的主张，努力推进国际军控与裁军进程。③ 例如，1982 年加入了《禁止或限制使用某些可被认为具有过分伤害力或滥杀、滥伤作用的常规武器公约》、1984 年加入了《禁止细菌(生物)及毒素武器的发展、生产及储存以及销毁这类武器的公约》、1989 年加入了《核材料实物保护公约》、1992 年加入了《核不扩散条约》、1997 年批准了《禁止化学武器公约》、2020 年加入了《武器贸易公约》等。值得注意的是，2008 年中国与俄罗斯在日内瓦裁军会议上共同提交了《防止在外空部署武器、对外空物体使用或威胁使用武力条约》(草案)。该条约草案禁止在太空部署任何类型的武器，禁止对太空目标使用或威胁使用武力，确保太空物体完好无损，巩固各方安全，加强军备监控等。2014 年，中俄两国又提交了新的条约草案。

(二)推动经济社会发展

作为联合国会员国，中国积极推动全球的经济社会发展，主动参

---

① 参见中国国务院新闻办公室：《中国军队参加联合国维和行动 30 年》(2020 年 9 月 18 日)，载中国政府网 http://www.gov.cn/zhengce/2020-09/18/content_5544398.htm。

② 参见刘志贤主编：《联合国 70 年：成就与挑战》，世界知识出版社 2015 年版，第 177 页。

③ 参见中国国务院新闻办公室：《中国的军控、裁军与防扩散努力》(2005 年 9 月)，载中国政府网 http://www.gov.cn/zhengce/2005-09/13/content_2615754.htm。

加到联合国可持续发展议程的进程中，并发挥了重要作用。

首先，中华人民共和国成立 70 多年来，中国向亚洲、非洲、拉丁美洲和加勒比地区、大洋洲和欧洲等地区 160 多个国家和国际组织提供多种形式的援助，减免有关国家债务，为广大发展中国家落实千年发展目标提供帮助。① 据统计，"1950 年至 2016 年，中国累计对外提供贷款 4000 多亿元人民币"。② 此外，2015 年中国常驻联合国代表在第 70 届联大发言时提出："中方决定设立为期 10 年、总额 10 亿美元的中国——联合国和平发展基金。"③

其次，中国积极推动实现联合国千年发展目标。2000 年，联合国千年首脑会议通过了《千年宣言》，指明了 21 世纪人类社会面临的 8 项任务；2001 年，联合国秘书长在《千年宣言进程路线图》中正式出台了有关发展的 8 项目标，以及 18 个可量化的具有时限性的目标及 48 个指标，统称为千年发展目标。2015 年，第 70 届联大通过了《改变我们的世界：2030 年可持续发展议程》，提出了 17 个可持续发展目标和 169 个具体目标，成为指导未来 15 年全球发展的指导性文件。④ "改革开放以来，按照现行贫困标准计算，中国 7.7 亿农村贫困人口摆脱贫困；按照世界银行国际贫困标准，中国减贫人口占同期全球减贫人口 70% 以上。"⑤可见，占世界人口近 1/5 的中国全面消除绝对贫困，提前 10 年实现了《联合国 2030 年可持续发展议

---

① 参见中国国务院新闻办公室：《人类减贫的中国实践》（2021 年 4 月 6 日），载《人民日报》2021 年 4 月 6 日第 2 版。

② 习近平：《共同构建人类命运共同体》（2017 年 1 月 18 日），载《习近平谈治国理政》（第二卷），外文出版社 2017 年版，第 546 页。

③ 《常驻联合国代表刘结一大使在第 70 届联大全会审议秘书长关于联合国工作报告时的发言》（2015 年 10 月 14 日），载中国外交部网站 https://www.mfa.gov.cn/ce/ceun/chn/gdxw/t1306025.htm。

④ 参见《改变我们的世界：2030 年可持续发展议程》，载 http://www.un.org/en/ga/search/view_doc.asp? symbol＝A/70/L.1。

⑤ 中国国务院新闻办公室：《人类减贫的中国实践》（2021 年 4 月 6 日），载《人民日报》2021 年 4 月 6 日第 2 版。

程》减贫目标，从而为全球减贫事业发展和人类发展进步作出了重大贡献。

最后，中国还大力促进南北合作。50 多年来，中国积极支持联合国为推动南北对话、深化南南合作做了各项努力。例如，2011—2013 年中国政府每年通过南南合作计划，向非洲国家、最不发达国家以及小岛屿国家提供 1000 万美元的特别资金，帮助它们适应气候变化。① 又如，2015 年中国政府代表宣布："中方将设立'南南合作援助基金'，首期提供 20 亿美元，支持发展中国家落实 2015 年后发展议程；中方将向妇女署捐款 1000 万美元，在今后 5 年内帮助发展中国家实施 100 个'妇幼健康工程'。"② 值得注意的是，2013 年以来中国政府发起的共建"一带一路"倡议，能助力相关国家更好地实现减贫发展。"据世界银行研究报告，共建'一带一路'将使相关国家 760 万人摆脱极端贫困、3200 万人摆脱中度贫困。"③

（三）促进国际法治

1. 中国是国际法治的积极参加者

50 多年来，中国以积极、建设性的态度参加了联合国国际法委员会④、联大法律第六委员会（法律委员会）、国际贸易法委员会、和平利用外层空间委员会的法律小组委员会等专门性国际法编纂机构以及联合国设立的一些特设委员会的活动，而且参与了《联合国海洋法公约》等重要国际条约的起草和制定工作。迄今，中国加入了众多的政府间国际组织，并缔结了 25000 多项双边条约，批准了 600 多项

---

① 参见张贵洪等：《中国与联合国》，江苏人民出版社、江苏凤凰美术出版社 2019 年版，第 125 页。

② 《常驻联合国代表刘结一大使在第 70 届联大全会审议秘书长关于联合国工作报告时的发言》（2015 年 10 月 14 日），载中国外交部网站 https://www.mfa.gov.cn/ce/ceun/chn/gdxw/t1306025.htm。

③ 中国国务院新闻办公室：《人类减贫的中国实践》（2021 年 4 月 6 日），载《人民日报》2021 年 4 月 6 日第 2 版。

④ 50 多年来，我国学者倪征燠、黄嘉华、史久镛、贺其治、薛捍勤和黄惠康都曾当选为联合国国际法委员会委员。

多边条约，年平均缔结约 600 项双边条约，涉及中国参与政治、经济、社会、文化等领域国际交往的方方面面。①

2. 中国是国际法治的坚定维护者

一方面，作为联合国安理会常任理事国，中国始终坚定捍卫以《联合国宪章》为核心的国际法基本原则和国际关系基本准则。例如，2014 年中国国家主席在中、印、缅三国共同举办的"和平共处五项原则发表 60 周年纪念大会"上明确指出："应该共同推动国际关系法治化，推动各方在国际关系中遵守国际法和公认的国际关系基本原则，用统一适用的规则来明是非、促和平、谋发展……在国际社会中，法律应该是共同的准绳……应该共同维护国际法和国际秩序的权威性和严肃性，各国都应该依法行使权利。"②此外，中国政府还强调"要坚持国际规则制定进程的平等和民主参与，弘国际法治之义……要坚定维护国际法的权威性，立国际法治之信"。③ 值得注意的是，2021 年 3 月《中华人民共和国和俄罗斯联邦外交部长关于当前全球治理若干问题的联合声明》呼吁："国际法是人类社会发展的基石。各国无一例外均应坚定维护以联合国为核心的国际体系、以国际法为基础的国际秩序……世界大国特别是联合国安理会常任理事国应增强互信，带头维护国际法和以国际法为基础的国际秩序。"④

另一方面，中国按照"条约必须信守"原则不折不扣地履行条约义务，严肃对待国际责任。例如，中国政府先后批准了《消除对妇女

---

① 参见中华人民共和国外交部条约法律司编著：《中国国际法实践案例选编》，世界知识出版社 2018 年版，第 81~83 页。

② 习近平：《弘扬和平共处五项原则、建设合作共赢美好世界——在和平共处五项原则发表 60 周年纪念大会上的讲话》（2014 年 6 月 28 日），载《人民日报》2014 年 6 月 29 日第 2 版。

③ 王毅：《中国是国际法治的坚定维护者和建设者》，载《光明日报》2014 年 10 月 24 日第 2 版。

④ 《中华人民共和国和俄罗斯联邦外交部长关于当前全球治理若干问题的联合声明》（2021 年 3 月 23 日），载外交部网站 https://www.fmprc.gov.cn/web/ziliao_674904/1179_674909/t1863317.shtml。

一切形式歧视公约》《消除一切形式种族歧视国际公约》《禁止酷刑和其他残忍、不人道和有辱人格的待遇或处罚公约》《儿童权利公约》《经济、社会、文化权利国际公约》《残疾人权利公约》等 6 项联合国核心国际人权公约。对于上述国际公约，中国均负有报告义务。为此，中国分别于 1993 年和 2010 年向条约机构提交了 2 份共同核心报告、23 份定期报告，并参与了 23 次国家报告的审议会议、且完成了相关的履约义务。① 又如，自 1997 年《禁止化学武器公约》生效以来，中国已接受禁止化学武器组织 270 余次视察。② 值得注意的是，2023 年 7 月 1 日起施行的《中华人民共和国对外关系法》第 30 条规定"国家依照宪法和法律缔结或者参加条约和协定，善意履行有关条约和协定规定的义务"、第 31 条也指出"国家采取适当措施实施和适用条约和协定"。

3. 中国是国际法治的重要建设者

一方面，中国提出的"和谐世界"的主张和"人类命运共同体"理念，进一步丰富和发展了国际法治的价值目标。可以说，人类命运共同体理念是对和平共处五项原则的传承和发展。从某种意义上说，人类命运共同体语境下的和平共处五项原则，是 60 多年前提出的该原则的升级版，是站在新的时代前沿，提出的更高层次的追求。③ 另一方面，50 多年来"中国以建设性姿态参与国际规则制定，在事关国际法解释、适用和发展的重大问题上积极发声"。④ 例如，2008 年中国与俄罗斯在日内瓦裁军会议上共同提交了《防止在外空部署武器、对

① 参见孙萌：《中国与联合国人权机制：影响与变革》，中国政法大学出版社 2020 年版，第 145 页。
② 参见吴海龙：《中国与联合国关系 40 年》，载张贵洪主编：《联合国研究》，世界知识出版社 2012 年版，第 7 页。
③ 参见徐宏：《人类命运共同体与国际法》，载《国际法研究》2018 年第 5 期。
④ 王毅：《中国是国际法治的坚定维护者和建设者》，载《光明日报》2014 年 10 月 24 日第 2 版。

外空物体使用或威胁使用武力条约》草案；2013 年，中俄联合向联合国提交《信息安全国际行为准则》草案等。

三、主要不足

中国参与联合国工作 50 多年的历程中，还存在以下明显的缺陷或教训。

（一）中国在联合国立法、司法等机构的影响力有待进一步增强

一方面，在联合国有关立法机构方面，中国虽然基本上参加了以联合国国际法委员会为核心的联合国各种国际法律编纂或起草机构的活动，但是中国籍的委员作为专题报告人或牵头人的比较罕见；况且，中国很少在联合国立法机构中主动提出原创性的国际法议题进行讨论，一般只是就已有的草案发表意见或作出评论，而且通常都是原则性的、缺乏对具体条款的深入阐释。此外，在国际条约制定过程中的议题设置和约文起草方面，中国一般采取所谓的"事后博弈"的方式，即由发达国家主动设置议题、提出国际条约草案，中国仅扮演一个参赛选手的角色。"中国所倡议的新规则寥寥无几。"①最典型的如中国虽然派代表团参加了第三次联合国海洋法会议，但没有主动提出有关议案，更多地是支持大多数发展中国家的要求，② 因而作用有限，有很多教训。③

另一方面，就联合国有关司法机构而言，中国对利用联合国国际法院等司法机构提供的法律方法来解决国际争端持一种消极的态度。众所周知，联合国国际法院自成立以来，在解释适用和发展国际法、

① ［加拿大］江忆恩：《中国和国际制度：来自中国之外的视角》，载王逸舟主编：《磨合中的建构——中国与国际组织关系的多视角透视》，中国发展出版社 2003 年版，第 351 页。

② 参见 Hungdah Chiu, *China and the Law of the Sea Conference*, Occasional Papers/Reprints Series in Contemporary Asian Studies, Issue 4, 1981, p. 25。

③ 参见杨泽伟：《新时代中国深度参与全球海洋治理体系的变革：理念与路径》，载《法律科学》2019 年第 6 期，第 179 页。

推动国际争端的和平解决等方面，发挥了积极的作用。然而，中华人民共和国恢复在联合国的合法席位以后，随即在 1972 年致函联合国秘书长，宣布对 1946 年中国国民政府有关接受国际法院的强制管辖权的声明不予承认。此外，中国从未与其他国家订立将国际争端提交国际法院的特别协定；中国对外缔结的双边条约从未同意将有关争端诉诸国际法院；在参加国际公约时，如果该公约含有将争端提交国际法院的条款，中国通常均予以保留，仅对经贸、科技、航空、环境、文化等专业性和技术性国际公约中的类似规定可视情况决定是否保留。迄今，中国也未曾向国际法院提交任何争端或案件，亦未主动请求国际法院发表咨询意见。并且，在国际法院的判决中，中国籍的法官提出的独立意见也明显偏少。此外，2009 年 4 月中国虽然针对国际法院"科索沃单方面宣布独立咨询意见案"提交了书面意见，尽管这是新中国首次参与国际法院司法活动，具有重要意义，但是从中国提交的书面陈述意见的篇幅来看，中国 8 页纸的篇幅与英国 138 页、美国 152 页的篇幅完全不"对等"，且部分意见还包含有自相矛盾的地方。

综上可见，中国在联合国立法、司法等机构的影响力，还存在较大的提升空间。

（二）中国在联合国有关硬、软实力的塑造方面还有待进一步提升

1. 中国在联合国有关"财""物"等硬实力方面存在明显的不足

一方面，就"财"而言，中国对联合国预算的影响力非常有限。虽然从 2019 年开始中国已成为联合国会员国中第二大会费缴纳国，但是中国对联合国预算的影响和作出的财政贡献不成正比。按照联合国相关的制度规定，联合国的预算通常由秘书处提出预算草案，然后由联大第五委员会（行政和预算委员会）进行审议。其中，在联合国预算制定过程中，最为关键的职位是主管联合国战略、政策和合规部的副秘书长。然而，自联合国成立以来，该部"有 41 年被会费大国占据；其中美国 23 年、德国 8 年、日本 6 年、英国 4 年，剩下的 19

年也几乎被发达国家把持"。① 另一方面，从"物"来看中国在联合国采购中占比较低。众所周知，一国企业成为联合国的供应商，不但有助于提高企业的声誉，而且能够提升全球竞争力。2017 年，联合国从中国采购额为 2.2 亿美元，占全球采购总额的 1.18%，在所有会员国中排第 23 名。此外，2017 年联合国系统内 40 家机构的采购总额为 186.2 亿美元，排名前十的供应商及所占比例分别为：美国 9.35%，印度 4.87%，阿联酋 4.28%，比利时 3.86%，法国3.72%，英国 2.98%，瑞士 2.94%，荷兰 2.75%，丹麦 2.72%，肯尼亚 2.7%。联合国从上述 10 个国家的采购总额为 74.8 亿美元，占比 40.2%。② 2022 年，联合国各机构采购了价值 296 亿美元的商品和服务，排名前十的供应商及所占比例分别为：美国 8.0%，比利时 5.9%，英国 4.4%，丹麦 4.4%，瑞士 4.1%，印度 3.8%，阿联酋 3.5%，土耳其 3.0%，法国 2.8%，阿富汗 2.5%。联合国从上述10 个国家的采购总额为 125 亿美元，占比 42.4%。③ 2022 年，中国供应商的采购总额为 5.01 亿美元，占全球采购总额的 1.69%，④已排在前 20 名之外。可见，联合国从中国的采购比例，既不符合中国是制造业世界第一大国的身份，也没有体现中国是联合国第二大会费缴纳国的贡献。

2. 中国在联合国有关规则制度等软实力方面的短板较为凸显

一方面，如前所述中国在联合国国际法委员会等国际立法机构很少提出国际法议题，在国际规则制定方面的话语权比较有限。另一方

---

① 参见张怿丹：《中国称为联合国第二大会费国之后》，载《世界知识》2019 年第 11 期，第 63 页。

② 参见张怿丹：《中国称为联合国第二大会费国之后》，载《世界知识》2019 年第 11 期，第 63 页。

③ 参见 https：//www.ungm.org/Shared/KnowledgeCenter/Pages/asr_report，p.12。

④ 参见 https：//www.ungm.org/Shared/KnowledgeCenter/Pages/asr_report，p.11。

面，中国在联合国有关其组织内部运作的内部关系法①规则的塑造力方面还有待增强。众所周知，联合国设立了联大、安理会和国际法院等六大机构。除了上述六大主要机构外，联合国还可以依据《联合国宪章》设立认为执行其职能所必需的各种辅助机关。例如，联大就设立了不少下属机关协助其工作，包括"联合检查组""审计委员会""独立审计咨询委员会""行政和预算问题咨询委员会"等。这些机构均会根据工作需要形成各种决议草案供联大审议。一旦联大通过了上述决议，包括秘书处在内的联合国相关机构就必须执行。然而，目前中国只在"行政和预算问题咨询委员会"有一个位置，在其他机关均无固定工作人员，② 因而就谈不上通过这些机关对联合国内部关系法规则的制定施加应有的影响。

（三）中国在对联合国组织系统的人才输送方面存在明显的不足

在联合国 15 个专门机构中，虽然曾经有 4 个专门机构的领导人是中国人，中国成为出任联合国专门机构领导人最多的国家，但是根据中国对联合国的会费贡献和地域分配原则，联合国系统中的中国籍国际职员实际比例远低于其应占比例，高级职位数量也偏少，代表性严重不足。

一方面，总数少。据统计，在联合国秘书处中，2017 年底联合国秘书处共有 38105 名国际职员，其中，中国籍职员共有 492 名，仅占总数的 1.29%；美国 2503 人，占总数的 6.57%；法国 1462 人，占比 3.84%；英国 839 人，占比 2.2%，俄罗斯 537 人，占比 1.41%；③

---

① 学者们一般把国际组织法分为外部关系法和内部关系法。外部关系法是指调整国际组织同成员国、非成员国以及其他国际组织关系的准则。参见饶戈平主编：《国际组织法》，北京大学出版社 1996 年版，第 19 页。

② 欧美国家非常重视这些辅助机关的活动，并想方设法安插人员参与其日常运作。例如，美国在"联合检查组""独立审计咨询委员会""行政和预算问题咨询委员会"均有成员；美国国会甚至通过立法形式，要求美国政府必须保证"行政和预算问题咨询委员会"有 1 名美国人。

③ 参见张怿丹：《中国称为联合国第二大会费国之后》，载《世界知识》2019 年第 11 期，第 64 页。

2021 年底联合国秘书处共有 35762 名国际职员，其中，中国籍职员共有 569 人，仅占总数的 1. 59%；美国 2445 人，占总数的 6. 84%；法国 1400 人，占总数的 3. 91%；英国 782 人，占总数的 2. 19%；俄罗斯 545 人，占总数的 1. 52%；① 中国籍职员仅为美国的 22%，英国的 70%。② 可见，中国在安理会五大常任理事国中，国际职员数量是最少的。另外，根据 2019 年 4 月联合国秘书长古特雷斯的报告，截至 2018 年年底，联合国秘书处专业及以上职类，中国籍职员的数量适当范围是 169~229 人，实际职员只有 89 人，离低限差 80 人。③ 截止 2021 年年底，中国籍职员的数量适当范围是 237~321 人，而实际职员仅为 106 人。④

另一方面，高级岗位少。目前联合国秘书处副秘书长、助理秘书长级的高级岗位共有 150 多个，但中国仅占一席，其他席位分别被美国、英国、澳大利亚、法国、俄罗斯、日本、加拿大和加纳等国占据。⑤ 在秘书处 D 级以上中高级职员中，中国籍职员仅有 19 人，是英国的 1/3，美国的 1/5。⑥ 此外，自 2012 年以来，虽然中国提供的维和部队数量远远超过了其他成员，但在目前联合国维和行动中没有任何中国人担任高级职务。⑦

中国在联合国系统中代表性不足的问题，在某程度上反映了中国

---

① 参见《秘书处的组成：工作人员情况统计》（A/77/580），第 15~16 页，附件：综合统计表。

② 参见《2021 年 7 月 5 日外交部发言人汪文斌主持例行记者会》，载外交部网站 https://www.fmprc.gov.cn/web/wjdt_674879/fyrbt_674889/t1889810.shtml。

③ 参见张海滨：《为什么在国际组织中任职的中国人不多?》，载《环球》2020 年第 13 期。

④ 参见《秘书处的组成：工作人员情况统计》（A/77/580），第 156 页。

⑤ 参见张怿丹：《中国称为联合国第二大会费国之后》，载《世界知识》2019 年第 11 期，第 64 页。

⑥ 参见《2021 年 7 月 5 日外交部发言人汪文斌主持例行记者会》，载外交部网站 https://www.fmprc.gov.cn/web/wjdt_674879/fyrbt_674889/t1889810.shtml。

⑦ 参见[美]洛根·波利：《中国在联合国维和行动中成为领头者》，载美国外交学者网站 2018 年 4 月 17 日，转引自《参考消息》2018 年 4 月 19 日第 14 版。

在联合国等国际组织人才储备方面的欠缺。因为在联合国工作的人员，不但对语言要求高，而且需要熟悉联合国的各种规章制度，还有与其他国家的工作人员的协调沟通能力。然而，这种局面对于中国积极推动全球治理体系变革，增强在全球治理中的话语权和规则制定权，将有可能形成越来越大的制约。

四、未来展望

今后，中国要想在联合国工作中发挥更大作用、进一步增强中国的话语权，可以从以下几个方面入手。

（一）主动设置议题，进一步增强在联合国立法机构中的作用

一方面，积极推动人类命运共同体理念成为联合国国际法委员会编纂的新议题。首先，人类命运共同体理念已产生较大影响，并多次载入联合国相关决议中。其次，需要改变长期以来在联合国立法机构中一般由发达国家提出国际立法议题、中国仅扮演一个参赛选手的被动角色[1]，要想方设法将中国提出的理念和主张转化为国际社会的共同诉求，并纳入联合国国际法委员会的工作议程中。[2] 最后，大国要实现和平发展，更需要将自身的理念融入国际社会的规范性平台中，形成更强的合力，从而更好地促进本国发展和推动世界进步。[3]

另一方面，主动尝试把人类命运共体理念发展成国际公约草案或

---

[1]　参见杨泽伟：《新时代中国深度参与全球海洋治理体系的变革：理念与路径》，载《法律科学》2019 年第 6 期，第 185 页。

[2]　值得注意的是，2018 年 1 月密克罗尼西亚联邦政府代表在联大法律委员会提议将"海平面上升的法律影响"作为联合国国际法委员会的一项议题列入委员会的长期工作方案。这一提案不但得到了联大法律委员会多数成员国的支持，而且获得了联合国国际法委员会的积极响应。联合国国际法委员会在 2018 年第 70 届会议上决定建议将"与国际法有关的海平面上升"（Sea-level Rise in relation to International Law）专题列入其长期工作方案。参见《联合国大会正式记录，第七十三届会议，补编第 10 号》（A/73/10），第 369 段。

[3]　参见刘志贤主编：《联合国 70 年：成就与挑战》，世界知识出版社 2015 年版，第 473 页。

载入联合国大会通过的国际公约草案的具体条款中。首先，人类命运共体理念代表一种先进的价值追求，处在国际道义制高点，比较容易获得国际社会绝大多数国家的赞同，从而有可能推动有关国际条约规则的产生。其次，近年来法国发起制定《世界环境公约》的成功做法，值得中国学习借鉴。

最后，随着科技的进步和国际关系的巨大变化，目前在极地、网络和外空等国际法新兴领域，联合国国际立法工作非常繁忙。因此，在未来联合国涉及上述领域的缔约谈判中，力争把人类命运共体理念嵌入到有关国际公约草案的序言或具体条文中。

(二)进一步密切与国际法院等联合国国际司法机构之间的关系

一方面，2005 年在纽约联合国总部召开的世界首脑会议上，各国国家元首或政府首脑一致重申："认识到国际法院作为联合国主要司法机关在裁决国家间争端方面的重要作用，以及其工作的重大意义，吁请尚未接受法院管辖权的国家考虑根据《国际法院规约》接受法院管辖权。"[1]2007 年，联大决议再次"吁请尚未接受国际法院管辖权的国家考虑依照《国际法院规约》规定接受法院管辖权"。[2] 另一方面，中国政府一再强调"中国是国际法治的坚定维护者和建设者"。特别是，2019 年十九届四中全会明确提出："建立涉外工作法务制度，加强国际法研究和运用。"十九届五中全会进一步指出："加强国际法运用，维护以联合国为核心的国际体系和以国际法为基础的国际秩序。"2020 年 11 月，习近平总书记在中央全面依法治国工作会议强调，要坚持统筹推进国内法治和涉外法治。尤其值得注意的是，自2001 年中国加入世界贸易组织以后，中国已从世界贸易组织争端解

---

① 《2005 年世界首脑会议成果》(2005 年 9 月 20 日)，A/60/L. 1，载 https://documents-dds-ny. un. org/doc/UNDOC/LTD/N05/511/29/PDF/N0551129. pdf? OpenElement。

② 联合国第六委员会的报告：《国内和国际的法治》(2007 年 12 月 6 日)，A/RES/62/70，载 https://documents-dds-ny. un. org/doc/UNDOC/GEN/N07/467/96/PDF/N0746796. pdf? OpenElement。

决机制的"门外汉"变成了"优等生"，并成为了世界贸易组织的捍卫者。①

　　有鉴于此，调整中国对联合国国际法院的立场与态度，进一步密切中国与联合国国际司法机构之间的关系，就显得既有必要也是水到渠成。第一，对有关经贸、科技、航空、环境、交通运输、文化等技术性的多边公约所规定的须经缔约方同意可将争端提交国际法院解决的任择性条款，中国可以不再一律作出保留；第二，对双边条约中有关将争端诉诸国际法院的内容，中国可以不再一味简单地予以排斥，而是根据具体情况做灵活处理，并不排除同意将特定的争端提交国际法院解决；第三，由于目前接受国际法院强制管辖的仍然只有74个国家②，中国可以暂不接受国际法院的任意强制管辖；第四，通过联合国五大机关及各种专门机构，中国可以积极参与国际法院的咨询管辖活动。

　　(三)深入开展对联合国内部关系法的研究

　　一方面，中国国内学术界对包括联合国法在内的国际组织法的研究，将由粗放型转向深入型和精细化。自从中华人民共和国恢复在联合国席位以后，中国学术界对包括联合国法在内的国际组织法的研究日益重视，涌现了不少有分量的研究成果。这些成果为推动中国国际组织法学科的创立、培养国际组织法方面的人才，发挥了重要的作

---

　　①　美国华盛顿战略与国际问题研究中心中国商业与政治经济项目主任斯科特·肯尼迪认为："中国人已经从游离于 WTO 体系之外变为在这个体系内发挥重要的领导作用；中国从那里得到了非常大的好处，也是这个组织的主要拥趸。"美国国家安全委员会亚洲事务前高级主管埃文·梅代罗斯也明确指出，现在中国认为美国提交诉讼属于贸易争端正常解决程序，中国自己也向 WTO 投诉。到目前为止，中国作为第三方参与的案件只比美国少 1 件。况且，中国在 WTO 已经积累了雄厚的人才储备。参见《中国培养世界贸易组织储备人才 15 年，备战中美贸易战》，载彭博新闻社网站 2017 年 3 月 16 日，转引自《参考消息》2017 年 3 月 17 日第 14 版。

　　②　参见 Declarations Recognizing the Jurisdiction of the Court as Compulsory, available at https://www.icj-cij.org/en/declarations。

用。然而，已有的研究成果主要聚焦于国际组织与成员国、非成员国以及其他国际组织关系的准则等外部关系法问题，而对国际组织内部运行规则等内部关系法问题的关注相对较少。① 因此，处在百年未有之大变局的今天，进一步加强对联合国内部关系法的研究，是中国学术界对包括联合国法在内的国际组织法的研究由粗到细、由浅入深转变的必然趋势。

另一方面，熟悉、掌握联合国内部关系法是中国全面参与联合国工作、进一步提升中国话语权的前提。首先，要加大对联合国内部关系法研究的力度。联合国系统在世界各地开展丰富多样的活动，相关的法律制度的规定更是浩如烟海。因此，应组织研究队伍对联合国内部关系法进行全面系统的梳理。其次，要重视联合国秘书处法律制度的研究。事实上，联合国秘书处的运行非常复杂，它开展每一项业务都有详尽的工作规程：不但有专门的机关制定规则并监督秘书处各部门予以执行，而且还设立了对秘书处进行内部审计、评估和调查等活动的内部监管事务厅等专门机关。因此，只有事先非常熟悉秘书处的运行规则，才谈得上对秘书处的人员安排予以谋划，进而对秘书处的制度规章施加影响。最后，内部关系法还是联合国的"润滑剂"或"指南针"。中国只有从内部关系法层面加强对联合国系统管理工作的参与，才能将中国的立场、理念融入联合国的"润滑剂"中、成为联合国"指南针"的组成元件，从而在联合国发挥引领作用。

（四）进一步加大对联合国等国际组织后备人员的培养力度、积极向联合国输送人才

如前所述，在联合国等国际组织中，中国籍国际公务员人数偏

---

① 梁西先生认为，国际组织内部关系法主要包括用以协调组织范围内各成员国（作为组织本身一分子）的权利与义务、各机构间的横向（职权）分工与纵向（领导）关系、议事及决策过程、各种预算及会费分摊、人事安排管理与选举事宜、会谈或谈判活动、各种专门技术标准、信息与资料交流以及语言文字处理等工作的各种有法律约束力的规章制度。其中，有些系基本文件所规定，而大部分则是组织按其职权范围自行制定的规则。参见梁西：《梁西论国际法与国际组织五讲》（节选录），法律出版社 2019 年版，第 60 页。

少、级别偏低、占据的重要部门和关键岗位不多。未来，我们可以从以下两个方面弥补这一不足。

1. 构建中国涉外法治人才培养体系、弥补中国涉外法治人才培养的短板

习近平总书记强调，要提高我国参与全球治理的能力，着力增强"规则制定能力、议程设置能力、舆论宣传能力、统筹协调能力"，必须培养一大批熟悉党和国家方针政策、了解我国国情、具有全球视野、熟练运用外语、通晓国际规则、精通国际谈判的专业人才。《中华人民共和国国民经济和社会发展第十四个五年规划和2035年远景目标纲要》也明确提出："加强涉外法治体系建设，加强涉外法律人才培养。"可见，人才培养在中国涉外法治体系建设中是具有基础性、战略性、先导性的地位和作用的。因此，我们必须加强涉外人才培养和储备，进一步深入探讨国际法作为一级学科建设的理论与实践问题，构建国际法本科、硕士、博士、博士后全流程培养机制，设立国际组织后备人才培养基地、涉外法治人才培养基地等。

2. 积极向联合国等国际组织输送人才，实现量的突破和质的飞跃

一方面，派遣和鼓励更多中国年轻人才进入联合国系统工作，尤其要重视占据重要部门和关键岗位。这既可以弥补中国在联合国系统代表性不足的问题，也有利于展现中国的软实力，把中国的文化和理念融入联合国工作的各个领域。另一方面，要充分利用联合国现有的输送培养国际人才的渠道。例如，联合国开发计划署、经济和社会事务局均设立了一个初级职业官员项目，专门培养年轻的专业人员（P1/P2级别）。一般50%的初级职业官员项目官员都留在了联合国系统。① 事实上，很多国家已经利用该渠道为联合国系统提供了不少的人力资源。我国应大力支持本国年轻人参与此类项目。

---

① 参见刘志贤主编：《联合国70年：成就与挑战》，世界知识出版社2015年版，第489页。

（五）推动联合国大胆创新、充分发挥联合国协调大国关系的平台作用

首先，利用联合国这一多边机构，降低或削弱任何国家企图欺骗或奉行零和单边主义的可能性。众所周知，联合国大会可以讨论和审议的问题非常广泛，因而有人把它称之为"世界议会"。① 况且，联合国还具有很大的政治影响力，不管是其公开发出的呼吁还是以绝大多数通过的决议，都是世界舆论的积累和集中表达。因此，联合国不但能提供相关论坛、辩论主题、共享信息并最终达成共同解决办法，而且还能发挥中立监督机构的作用，因而对维护国际法律秩序的作用不可或缺。

其次，联合国有助于管控大国间的竞争。例如，1972 年美苏达成的《反弹道导弹条约》、限制战略武器会谈以及 1972 年的《防止海上事件协定》等，不但延缓了美苏之间的军备竞赛，而且缓和了美苏关系。可见，诸如联合国此类的多边组织机构对处理大国间的具体危险行之有效。

最后，推动世界银行等联合国系统内有关国际组织的创新，以共同应对各国共同关切的诸如应对气候变化、生物多样性保护、跨境基础设施和新技术的规制等方面的全球性问题，从而加强国际合作。

（六）通过联合国分享中国发展理念

截至 2021 年，中国不但完成了消除绝对贫困的艰巨任务，而且提前 10 年实现了《联合国 2030 年可持续发展议程》的减贫目标。② 因此，中国在这方面的成功经验具有世界意义。

一方面，通过联合国向世界宣讲中国减贫的成功经验。首先，联合国作为全球最大的政府间国际组织，无论是其世界舞台的中心地位、还是它的全球经验和专业知识，均为推广中国减贫的成功经验最

---

① 梁西：《梁西论国际法与国际组织五讲》（节选录），法律出版社 2019 年版，第 87 页。

② 参见中国国务院新闻办公室：《人类减贫的中国实践》（2021 年 4 月 6 日），载《人民日报》2021 年 4 月 6 日第 2 版。

适合的平台。其次，中国"坚持以人民为中心""用发展的办法消除贫困""汇聚各方力量形成强大合力"等在减贫实践中探索形成的宝贵经验，既为人类减贫事业探索了新的路径，也为其他发展中国家提供了更多的发展思路和道路选择。最后，通过联合国分享中国发展理念和减贫经验，有助于进一步增强中国在全球可持续发展进程中的话语权和影响力。

另一方面，与联合国开展合作、引领全球可持续发展。首先，中国既是安理会五大常任理事国之一，也是世界性大国，同时还是发展中国家。中国这种发展中大国的定位，有利于成为发达国家和发展中国家沟通的桥梁、也有利于在联合开展合作。其次，新中国成立70多年来，中国已经向亚、非、拉等地区的160多个国家提供了多种形式的援助，有助于联合国千年发展目标在发展中国家的落实。特别是，近年来在全球可持续发展的国际合作中，中国日益发挥重要的引领作用。例如，在2020年5月召开的第73届世界卫生大会上，中国政府宣布："中国将在两年内提供20亿美元国际援助；中国将同联合国合作，在华设立全球人道主义应急仓库和枢纽；中国将建立30个中非对口医院合作机制；中国将同二十国集团成员一道落实'暂缓最贫困国家债务偿付倡议'等。"①最后，中国今后可以支持联合国开发计划署设立涵盖中国的发展理念和成功经验的"中国发展工具箱"，以供发展中国家参考和借鉴；另外，还可以在世界银行的帮助下，成立"中国经济与社会发展基金项目"，重点资助非洲等地区的发展中国家及其相关领域的专家。②

中国一贯坚持独立自主的和平外交政策，是国际社会有国际责任感的重要成员之一，国际社会需要中国，中国更需要国际社会。可以

---

① 习近平：《团结合作战胜疫情、共同构建人类卫生健康共同体——在第73届世界卫生大会视频会议开幕式上的致辞》（2020年5月18日），载中国政府网 http://www.gov.cn/xinwen/2020-05/18/content_5512708.htm。

② 参见张贵洪等：《中国与联合国》，江苏人民出版社、江苏凤凰美术出版社2019年版，第67~68页。

预言，中国与国际组织的关系，必将进一步获得稳定和健康的发展。整个人类，只不过是同一个"地球村"（earth village）的居民，包括中国在内的各个国家作为国际社会的平等成员，都需要"一秉善意"，积极履行国际义务，进行公正合作，以进一步加强国际组织在国际政治、经济和法律秩序等各方面的功能与作用。

第二编

全球性国际组织及其法律制度（一）
——国际联盟

第五章　国际联盟的结构和历史意义

第一节　巴黎和会与国际联盟的创立

国际联盟是根据 1919 年 4 月 28 日巴黎和会所通过的《国际联盟盟约》而成立的，它作为人类历史上第一个世界综合性的国际组织，具有重大的政治与法律意义。

国联的出现，不是历史的偶然，它同第一次世界大战所形成的特殊国际关系是分不开的。在大战期间，俄国十月革命取得胜利。战后，奥匈帝国和土耳其帝国土崩瓦解，捷克斯洛伐克、匈牙利、南斯拉夫、波兰等国，摆脱控制，纷纷宣告独立。德意志帝国大大削弱，和其他战败国一起，成了战胜的帝国主义国家的主要瓜分对象。英法是战胜国，力求保持其战后的优势地位。美国则从战前的债务国上升为战后的债权国，经济实力远比英法雄厚，但却没有英法那样辽阔的殖民地。美国力图通过建立某种国际委任统治制度以分享各殖民地特别是战败国殖民地的统治权，从而进一步扩张其势力范围，并乘势插足欧洲。当时英、美、法之间，虽然在重新分割世界方面矛盾重重，但在如何垄断胜利果实以及对苏俄实行遏制政策方面，却不无共同之处。1919 年 1 月至 6 月举行的巴黎和会，就是在这种战胜国"貌合神离"的背景下进行的。① 参加巴黎和会的有 27 个国家。会议最后签订

---

① 巴黎和会，本来是为制订和约而召开的，但其第一项议程却是"俄罗斯问题"，最后通过决议对苏维埃俄国进行经济封锁并保留德国在东线的军队及军事工程，以遏制俄国革命的影响。各战胜国虽然就此达成了协议，（转下页）

了以国联盟约为首部的《凡尔赛和约》(全称为《协约和参战各国对德和约》),从而建立了国际联盟。

可见,国际联盟的出现,一方面固然反映了第一次世界大战期间各国和平运动思潮的影响,①但实际情况也说明,它实质上是英美法等战胜国用来推行以维持其既得利益为中心的战后政策的一个工具。《凡尔赛和约》根本无视作为第一次世界大战战胜国之一的中国的利益,竟将战前德国在我山东的特权转交给日本,就是说明这一实质的一个明显的例子。

第二节　《国际联盟盟约》简析

《国际联盟盟约》(以下称《盟约》),被同时载入结束第一次世界大战的对德、奥、保、匈、土等 5 个和约,作为各和约的第一章。盟约包括 1 个序文和 26 个条文,是国联据以成立和活动的基本文件。

《盟约》序文规定,国联的宗旨是"促进国际合作"并"保持国际和平与安全"。根据《盟约》各条款的具体内容,国联的基本职能与任务可以概括为:在维持国际和平方面,包括限制军备、保障成员国的领

(接上页)但在重新瓜分世界方面却仍然存在着深刻矛盾:美国,企图称霸世界的计划,遭到英法的抵制,难于完全实现;法国,战后成了欧洲最强大的陆军国,极欲肢解和削弱德国,而英美对此则加以反对;英国,希望使德法两国的实力保持一定的平衡,从而使任何一方不致成为对自己的威胁,同时它还要求取得德国和土耳其的大片属地;日本,企图夺取德国在我国山东的特权和在太平洋的殖民地;意大利,想占有南斯拉夫和土耳其的领土。可见,巴黎和会并不是矛盾的真正消除,而是矛盾的潜在继续。

①　第一次世界大战历时 4 年,席卷欧亚非三洲,有 33 个国家参战,动员兵力 7000 多万名,遭受战祸人口达 15 亿以上(占全人类的 75%),阵亡士兵 1000 多万名,伤兵 2000 多万名,平民死亡 1000 万名以上,直接经济损失近 3000 亿美元。世界人民遭受如此深重的灾难,普遍厌恶战争,渴望和平,广泛存在着和平主义思想。国联的创立者,竭力利用这一点以争取各国人民的支持。

土完整与政治独立、防止战争、和平解决争端等；在促进国际合作方面，包括国际公益事业的开展、社会问题的解决、专门机构的管理等。

《盟约》头 7 条，构成国联的组织轮廓。第 1 条规定，签署凡尔赛和约的 32 个协约国或自治领以及 13 个被邀加入国联的中立国家，具有创始成员国的资格；其他国家可经大会 2/3 多数的同意而加入。这一条，实际上意味着排除各战败国加入国联。但德国至 1926 年在英法的支持下被接纳为国联的正式成员，并成为行政院的常任委员国。第 2 条至第 7 条规定国联大会和行政院的职权以及秘书处的设置。

第 8 条至第 9 条说明裁减军备问题。第 10 条规定，国联各成员国保证尊重并保持一切成员国的领土完整与政治独立，反对外来侵略。这一条曾被认为是《盟约》的主要条款，但后来竟成了美国参议院拒绝批准《盟约》的最大障碍之一。

第 11 条规定采取防止战争或战争威胁的措施，并且成员国有权提请行政院和大会讨论严重影响国际关系的任何情势。在实践中，这一条款曾多次成为行政院采取行动的根据。第 12 条至第 15 条，叙述和平解决国际争端的各种程序。其中规定，在争端提交某种程序解决之前不得诉诸战争，只有经过上述程序作出某种决定后，再推迟 3 个月才可以进行战争。《盟约》的起草者认为，在这几个月的缓冲时间里，各国舆论可能产生影响，终至找出和平解决的办法。人们认为这是《盟约》制止战争的一个"漏洞"。其实，归根结蒂，《盟约》并未禁止战争，而只是对各国发动战争的权利加以时间限制。在国联存在期间，侵略者一直在准备战争，终至爆发了第二次世界大战。第 16 条是一个"制裁"条款。它规定成员国有义务与违反《盟约》进行战争的成员国断绝经济关系。在此情况下，国联行政院有责任向各有关政府提出建议，以便各成员国组成军队维护《盟约》之实行。此条还赋予行政院以开除这种违约成员国的权利。第 17 条涉及非成员国的争端。它规定对非成员国如何适用第 12 条至第 16 条的程序问题。

第 18 条至第 21 条说明《盟约》对其他条约的影响。其中第 21 条有关区域协定的规定提到了"门罗主义",在起草过程中,这点曾引起英、美、法、日等国之间激烈的讨价还价。

第22条规定委任统治制度。这一点,由于涉及帝国主义殖民地的重新分割问题。因此未交由国联盟约起草委员会起草,而是作为例外由巴黎和会的最高委员会制定的。① 由于战争的结局,许多领土的隶属关系事实上发生了变化,到底如何最终处理德国的殖民地和土耳其帝国某些讲阿拉伯语的地区的问题,曾经在各有关国家间产生严重分歧。这一条款是各种分歧妥协的产物。

第23条至第25条,说明各种国际公益事业与社会问题的处理与协作,以及对各种国际事务局的管理与监督。第26条规定修改《盟约》的程序。

第三节 国际联盟的成员国

国联除创始成员国外,还有成立后加入的新成员国。《盟约》为国联成员资格所规定的条件是:(1)系自主国家、领地或殖民地;(2)保证有遵守国际义务的诚意;(3)承认国联所规定的有关陆、海、空军及军备的规程;(4)须经大会2/3多数的同意。

根据《盟约》规定,国联成员资格可以根据下列理由而被终止:(1)经两年前预先通知后,可退出国联;(2)由于违反《盟约》,可经行政院一致表决而被开除(被开除者如为行政院成员国,则不得参与投票);(3)由于不赞成修改《盟约》而停止为成员国。

国联成员国的最高累计数字,虽曾达到63个,但在同一时期内

---

① 巴黎和会的最高委员会(由美、法、英、意、日等国代表组成)指派了一个盟约起草委员会,由美国总统威尔逊任主席,有豪斯(美)、塞西尔和史末资(代表英联邦)、布尔日瓦和费迪南·热那德(法)、奥兰多总理和维多里奥·沙洛约(意)、外相牧野男爵和珍田子爵(日)等人参加;此外,还有其他中小协约国的5名代表:海门斯(比利时)、贝索亚(巴西)、顾维钧(中国)、雷斯(葡萄牙)、维斯尼奇(塞尔维亚);后来中小国家又要求参加4名代表,他们分别来自希腊、波兰、捷克斯洛伐克和罗马尼亚。该起草委员会总共由19人组成。

的成员国，最多也只有 1937 年的 58 个。这说明其成员国的发展很不稳定。最初，国联把苏联排除在外；战败的德国也未包括在内。美国虽然一开始就被列为创始成员国，但由于它没有批准和约，因此一直未正式加入国联。① 可见，实际上是英法两国始终占有国联的领导地位。后来，在 1934 年，于德、日两国已通知退出国联准备发动世界大战之际，苏联应邀参加了国联，但在 1939 年苏联又被国联开除。

国联成员国不稳定的特点，特别反映在"退出"这一问题上。国联成立 5 年之后，就开始有成员国退出，特别在 30 年代期间，已形成一种大溃散的局面，到 1942 年为止先后有将近 20 个国家宣布退出，占国联成员国总数的 1/4 以上。这些国家是：哥斯达黎加、巴西、日本、德国、巴拉圭、危地马拉、尼加拉瓜、洪都拉斯、萨尔瓦多、意大利、智利、委内瑞拉、秘鲁、西班牙、匈牙利、罗马尼亚、海地等国。这表明国联成立之后国际关系急剧变化，矛盾一直非常尖锐。

第四节　国际联盟的组织结构

国联的中心机关是大会和行政院。秘书处是其主要的行政服务机构。国际常设法院虽属国联组织体系，但有高度的独立性。此外，国联还有若干辅助性的机构，以协助各机关进行工作。

一、大会

大会（Assembly）由国联全体成员国派代表组成。每一国代表不得超过 3 人，只有一个投票权。大会每年至少召开常会一次，从 9 月开始，在国联所在地日内瓦举行，也可以决定在其他地方举行；如情况需要，大会也可以召开特别会议。

_____

① 美国尽管在形式上处于国联之外，但在国联的许多机构中派有观察员，并通过他们对国联产生影响。

大会的职权范围甚为广泛。《盟约》第 3 条(3)规定:大会得处理"属于国联行动范围以内或影响世界和平的任何事项"。大会与行政院,在职权上的划分不够清楚。《盟约》第 4 条(4)给行政院规定了同大会完全一样的职权。

大会的决议,总的说来除《盟约》另有规定者外,均需出席大会成员国的一致通过。但是所有程序事项,包括任命审查特别事项的委员会在内,得由出席大会成员国的简单多数作出决议。此外,有些事项,如吸收新成员国参加国联,需大会 2/3 特定多数的同意;还有些事项,如关于《盟约》的修正案,则需大会成员国多数批准,并且须包括行政院全体成员国的批准在内。

二、行政院

行政院(Council)由 5 个常任委员国和 4 个任期 3 年的非常任委员国的代表组成。但经大会同意,行政院亦得增加常任或非常任委员国。1920 年成立行政院时,英、法、意、日等 4 国任常任委员国,美国未批准和约,其常任席位一直空着。首次担任非常任委员国的是比利时、巴西、希腊和西班牙。① 此后,德国于 1926 年,苏联于 1934 年,先后成为常任委员国。而德、日于 1935 年,意大利于 1939 年,又先后退出了常任委员国的席位。因此到 1939 年,常任委员国已只剩下英法两个。而非常任委员国则于 1922 年增加到 6 个,1926 年增加到 9 个,最后于 1939 年增加到了 11 个。

行政院同国联大会一样,可以处理"属于国联行动范围以内或影响世界和平的任何事项"。但是,除两个机关都可以处理的若干事项

---

① 见《盟约》第 4 条。该条第一项草案原为:"行政院由美国、英帝国、法国、意大利和日本的代表与本联盟其他 4 个成员国的代表组成。"后来因为意大利代表团由于领土问题得不到满足而退出和会,且难于估计意大利是否会签署和约,故在最后时刻改为"行政院由主要协约国及参战国的代表与本联盟其他 4 个成员国的代表组成"。这一修改使以德国为代表的战败国认为,《盟约》是战胜国起草的,它给国联贴上了一个战胜国工具的标签。

以外，按照《盟约》规定，有一些事项是专属于行政院①或大会②职权之内的；还有一些事项是需要行政院和大会两机关合作③处理的。

行政院的决议不同于联合国安理会的决议，对国联成员国没有强制性约束力。如《盟约》所禁止的战争发生时，行政院只能就集体进行军事制裁提出建议。但是在此情况下，国联各成员国却有义务立即与违反《盟约》进行战争的任何成员国断绝一切财政与商业关系，并阻止其他国家与它发生此种关系；甚至在必要时可依行政院建议集体采用军事力量。

行政院的决议，除《盟约》另有规定者外，均需出席行政院会议的常任委员国和非常任委员国一致通过，但弃权与争端当事国的票数不计算在内。如果要将一个行政院的委员国开除出国联，则被开除者不得参加表决。此外，所有程序事项，包括任命审查特别事项的委员会在内，得由出席行政院会议的委员国的简单多数作出决议。

三、秘书处

秘书处（Secretariat）在秘书长的领导下，由分布在各个部门的600多名工作人员组成。秘书长由行政院经大会多数同意来任命。秘书处其他职员由秘书长经行政院同意来委派。关于高级职员的委派，曾注意保持国家间的一定平衡，但候选人的资历亦为录用的重要标准。

秘书处职员为国际公务员，应为整个国联服务。他们在处理国联

---

①　专属行政院职权范围的事项如：裁减军备、就反对违背《盟约》进行战争的情况提出建议、对战争与战争威胁采取集体措施、开除违反《盟约》的成员国、监督委任统治、批准秘书长建议委任的秘书处职员等。可见，行政院是一个执行机关。

②　专属国联大会职权范围的事项，如吸收新会员国、选举行政院非常任委员国、监督预算、就修改现行条约提出建议等。从职权分配来看，行政院是起支配作用的机关，但是后来在实践中，大会变得愈来愈重要了。

③　属于行政院与大会共同职权范围的事项，如增加行政院的常任与非常任委员国、任命秘书长、选举国际常设法院法官、解决国际争端和修改《盟约》等。

职权范围以内的事务时,享有外交特权与豁免。

1920 年至 1932 年的秘书长为英国人,1933 年至 1940 年为法国人。秘书处设在国联总部所在地日内瓦,并对其他许多国家派有代表。

四、国际常设法院

国际常设法院(Permanent Court of International Justice),是国联组织体系中的一个有高度自主性的机构。《盟约》第 14 条规定,由行政院拟定建立国际常设法院的计划以供国联成员国采用。国联正式成立后,大会于 1920 年 12 月,通过了由行政院委任的一个法学家咨询委员会所起草的一项建立法院的计划,后来以国际常设法院规约签字议定书的形式供各国签署和批准。

1922 年,国际常设法院在海牙正式成立,由 11 名法官和 4 名后备法官组成。1929 年以后,后备法官名额被取消,将法官增加为 15 名。法官由国联大会与行政院分别投票选举,任期 9 年。

《盟约》规定,国际常设法院的职权在于审理各方提出且属于国际性质的争端,并可就行政院或大会提出的事项或问题发表咨询意见。[1]

五、辅助机构

国联为了实现其宗旨,设有若干为行使其职务所必需的辅助机构。其中包括:各种专门技术组织,如经济财政组织(Economic and Financial Organization)、卫生组织(Health Organization)等;各种咨询委员会,如社会问题咨询委员会(Advisory Commission for Social

---

[1] 后来的国际法院与联合国之间,具有比国际常设法院与国联之间更为密切的关系。《联合国宪章》第 92 条规定,国际法院是联合国的主要司法机关,国际法院规约构成宪章的组成部分;第 93 条规定,联合国会员国为国际法院规约的当然当事国。这些,反映了新旧两个法院之间,既有承继关系,又有若干不同之点。

Questions)、鸦片委员会（Opium Commission）、难民咨询委员会
（Advisory Commission for Refugees）等。

除上述辅助机构之外，根据《凡尔赛和约》第 13 章与其他和约相
应部分的规定而建立的国际劳工组织，与国际联盟也有密切联系。①
同时，根据国联《盟约》第 24 条规定，还有各种国际事务局
（international bureau）被置于国联的指导之下。

第五节　国际联盟的历史意义

过去不会消失的历史和未来难于预言的历史，都是形成社会制度
（包括法律制度）的一种重要因素。了解第一代世界组织国际联盟，
对理解第二代世界组织联合国具有重要的理论与现实意义。

国际联盟的活动时间，主要是在 20 世纪的 20 年代和 30 年代。
它正好占了人类有史以来两次最大战争之间的间歇时期。国联作为人
类第一个一般政治性组织的历程，构成这个时期国际关系的一个重要
部分和缩影。

从国联的全部历史过程来分析，在其头 5 年中，国联主要是忙
于处理战争遗留问题，加强体制调整工作；在接着的 5 年中，似乎
处于一种相对稳定与协作的状态。就 20 世纪整个 20 年代而言，国
联的主要成就是：除直接或间接处理了若干争端并在经济、技术方
面取得了若干进展之外，还组织缔结了 1924 年的《日内瓦议定书》
和 1928 年的《巴黎非战公约》等。它的活动，在一定程度上弥补了
国联《盟约》在和平解决争端与安全保障措施等方面的缺陷。但到第
三个 5 年时，国联的原则与权威遇到了严重挑战，被 1930 年世界
经济危机严重削弱的国联，各种矛盾日益加剧，进入了一个退却时
期。此后，愈来愈多的大国成为争端当事者，国联的影响一天比一

---

① 国联《盟约》第 23 条(1)虽未具体提及国际劳工组织，但是这一条款是
应起草和约第 13 章的代表小组的要求而写的。和约对国际劳工组织的宗旨和组
织作了明确规定。

天缩小。进入 40 年代之后，国联即名存实亡，陷入完全瘫痪的状态。

国际联盟，作为第一次世界大战后国际合作的一种新的组织形式，是国际关系演变到一定阶段的产物，它对现代国际组织的发展，甚至联合国的创建，都具有重要的影响和深刻的意义。国联所依据的许多法律原则、概念和制度，以及它的活动方式和若干程序规则，同前一个世纪甚至好几个世纪的国际交往经验是分不开的，而且在某些方面还有所发展。因此，国联的出现，是国际组织发展史的继续和跃进。例如国联大会这种形式，就可以追溯到很多世纪以来的各种外交会议，但是，国联大会已具有更加稳定而持续的形式，并且在程序方面更加完善了。有些西方学者认为，国联大会是代表一种已得到公认的国际会议外交技术的制度化，而且是在比过去任何时候都要广泛的基础上组织起来的。行政院的先驱，不妨说是 19 世纪的"欧洲协作"。当时大国在欧洲协作中具有支配作用，地位突出。而欧洲协作的起源又是同四国同盟相联系的，四国同盟规定"定期举行会议，或者由各国君主亲自主持，以就其共同关心的大事进行协商"。① 国联行政院与此非常类似，但是行政院在组织上更加严密了。至于秘书处这一机构，它也是基于历来各种秘书工作的经验而组织起来的。人们认为国联秘书处的历史意义就在于它第一次比较完善地发展了一个国际性的常设秘书机构，它是由选自各种不同国籍的专门人员组成的。这些人员作为一个整体为一个世界性的国际组织服务。② 在这方面，还可以举出各种具体的议事规则、表决制度以及和平解决争端的例子，来说明国联对国际组织的发展所产生的积极作用。

尽管国联的创立者为了实现其战后政策的意图，尽力使这一组织在形式结构及活动程序方面臻于完善，但是总的说来，国联本身自其创立之始，就带有若干潜在的问题。

首先，在国际关系上，它是一个战胜国的联盟，但是各战胜国之

---

①　参见 F. H. Hartmann, *The Relations of Nations*, 1978, pp. 178-182。

②　参见 L. M. Goodrich, *The Nature of the League*, The United Nations, p. 17。

间的矛盾，并未而且也不可能由于战争的结束而得到完全解决。特别是由于战后力量对比的变化，又形成了若干新的矛盾。因此，它只可能是矛盾的转换，而不可能是矛盾的最终消除。靠《凡尔赛和约》来维系的整个国际体系和国际秩序，是建立在火山上的。①

其次，在组织结构上，国联存在着深刻的裂痕和缺陷。国联一开始就把苏联排斥在外，也没有包括作为大国的美国在内。因此它始终缺乏一个世界性组织所必须具有的普遍性。这在很大程度上影响了国联行动的效能。此外，大会与行政院的职权没有明确的区分，它们的重要决议又都以全体一致通过为原则，因而给国联的运行机制也带来了困难。

最后，由于国联长期在英法掌握下，违背了世界广大中小国家的意愿，所以它不可能发挥一个世界性组织所应有的作用与权威。特别是在20世纪30年代面临法西斯四处侵略的时候，国联的根本弱点就进一步暴露无遗了。起先是日本帝国主义于1931年侵略我国东北，国联虽然派李顿调查团来华调查，但《李顿调查团报告书》竟认为"恢复原状并非解决办法"，而建议"设立一种特殊制度治理东三省"，且提议中日就此缔结商约，这显然是偏袒日本侵略，出卖中国利益。后来，国联大会除根据这一调查报告通过一个迁就日本的决议外，未能采取任何公正和有效的措施。次年在日内瓦召开的裁军会议，也一无所成，各方仍然在加速扩充军备。1935年，墨索里尼意大利入侵埃塞俄比亚，国联也只进行了一种不彻底的经济制裁，结果未能制止侵略，坐视埃塞俄比亚被意大利并吞。特别是后来，当日本大规模发动侵华战争的紧急时刻，当希特勒德国在英法纵容下，于1936年同意大利一起武装干涉西班牙、1938年并吞奥地利、1939年占领捷克斯洛伐克的紧急时刻，国联竟无所作为，陷于完全无能的境地。终至爆发第二次世界大战，导致了国联的瓦解。国联的某些历史教训，足以为今日国际组织(特别是联合国)的前车之鉴。

---

① 参见《列宁全集》第39卷，人民出版社1986年第2版，第352页。

　　国联于 1946 年 4 月召开最后一届大会，正式宣告解散。① 事后由一个特别清算委员会(Board of Liquidation)来处理全部资产、账目和其他所有事项。该委员会的工作，于 1947 年 6 月底完成。

　　关于国际联盟的若干具体问题，将重点结合本书有关联合国的各章各节逐一进行比较分析，这里不拟赘述。

---

　　①　国际组织的基本文件如无相反规定，成员国应具有解散其所参加的国际组织的隐含权力(implied powers)。在下列诸情况下，国际组织均可能解散。一种情况是组织成立时的情势已经消失，或者已经达成其宗旨，因而该组织可能被解散；另一种情况是，有预定期限的国际组织，在预定期届满后，可能宣告解散；第三种情况是，由于某种形势或特殊原因，经组织成员国建议将其组织解散。国联和国际常设法院属于第三种情况，是经 1946 年 4 月 18 日国联大会全体会议的决议解散的。国联与国际常设法院解散时，经成员国同意：将其资产分别移交给联合国、国际法院和有关专门机构继承。但是旧金山会议当时设立的一个临时负责安排联合国工作的筹备委员会(Preparatory Commission)建议：由于国联与联合国的政治责任不同，所以，除条约保存、财政及卫生工作、禁毒部门等职能及任务外，国联的政治性职能及任务，一般不宜移交给联合国。而《国际法院规约》第 37 条则特别规定：现行条约规定某事件应提交国联所设之任何裁判机关或国际常设法院者，在本规约当事国间，该事件应提交国际法院。

第三编

全球性国际组织及其法律制度(二)
——联合国

第六章　联合国成立的背景

第一节　第二次世界大战与联合国

在研究国际组织的时候，我们很快就会发现：地球上两个最大的世界综合性国际组织，是经过人类历史上两次最大的战争后产生的。第一次世界大战后创立了国际联盟，第二次世界大战行将结束时成立了联合国。如果再往远看，还会发现，"欧洲协作"同拿破仑战争也有联系。这是历史的巧合吗？不是。可以从两方面来说明这个问题。一方面是帝国主义、法西斯给人类带来了毁灭性的灾难，① 激发了人们反对侵略战争、要求世界和平的思潮，希望能找到一种保障国际和平与安全的组织形式。另一方面是战胜国特别是占优势的大国，意图建立一种新的国际秩序，以解决其战后问题、保持其既得权益并巩固其地位。虽然战争的性质各不相同，但在这方面的因果关系并非两样。

联合国，是接受 1945 年在旧金山会议上签订的《联合国宪章》所载之义务的国家所组成的一个全球性组织，它是在集体安全原则基础上维持国际和平与安全的职能非常广泛的一个一般政治性组织，它的成员遍及全球，是当今最有影响和最大的一个综合性国际组织。主张在战后建立一个国际安全体系的思潮，早在第二次世界大战中期就已经出现了。战争进入 40 年代后，迅速向纵深发展。1941 年，英国、

---

① 从第二次世界大战全面爆发至 1945 年德、日法西斯无条件投降，战火蔓延欧亚非三大洲，先后六十多个国家参战，人类的 80% 以上卷入战祸。在生命和财产上所遭受的灾难，比第一次世界大战更为严重。据西方报刊统计，第二次世界大战至少有 6000 万人死于战祸。

澳大利亚、加拿大、新西兰、比利时、捷克、希腊、卢森堡、荷兰、挪威、波兰、南斯拉夫、南非以及法国的代表，在伦敦签署了一项宣言(London Declaration)，强调"持久和平的唯一真正基础是，各国自由人民志愿在一个已经摆脱侵略威胁、人人享有经济和社会安全的世界中进行合作"。

1941年6月，德国撕毁了《苏德互不侵犯条约》，进攻苏联，苏德战争爆发。当时苏联和英美结成了反法西斯联盟。同年12月，日本偷袭珍珠港，英美对日宣战，德意对美宣战，又爆发了太平洋战争。战局的进一步发展，要求各国政府必须共同合作，才能制止法西斯的疯狂侵略。在此形势下，正在对轴心国作战的中苏英美等26个国家的代表，于1942年1月1日在华盛顿签署了共同反对法西斯的《联合国家宣言》(Declaration by United Nations)。这里第一次采用了"United Nations"这个名称。①

《联合国家宣言》的各签字国政府，在宣言中表示赞同英美两国首脑所宣布的《大西洋宪章》(Atlantic Charter)的宗旨与原则，② 深信有完全战胜敌国的必要，因此共同宣告：(1)每一政府各自保证对同各该政府正在作战的3国结盟成员国及其附庸使用军事或经济的全部资源；(2)每一政府各自保证同本宣言签字国政府合作，并不同敌人缔结单独的停战协定或和约。后来，加入这个宣言的又有法国、埃及等21个国家。宣言的发表，标志国际反法西斯联盟，经历曲折的道路，终于最后形成。

1943年10月，中、苏、英、美代表在莫斯科会议上共同签发了

---

　　①　本书作者认为：当时的"United Nations"还不是指一个定型的国际组织，而只是联合对法西斯作战的各个国家的总称，因此它的中译文应为"联合国家"(有不少文献资料将其误译为《联合国宣言》)。但是到1945年，联合国家在旧金山会议正式成立了它们的国际组织之后，就该组织而言，"United Nations"的中文对应词应为"联合国"。

　　②　《大西洋宪章》是指美国总统罗斯福和英国首相丘吉尔于1941年8月14日在纽芬兰沃根基港"威尔斯亲王号"主力舰上所签署的联合宣言。全文包括8款，其中提到了建立"广泛而永久的普遍安全制度"的希望。

四国《普遍安全宣言》(*Moscow Declaration on General Security*),① 主张建立一个战后普遍安全组织的思想和愿望有了进一步的发展。四国政府在宣言中承认:有必要在尽速可行的日期,根据一切爱好和平国家主权平等的原则,建立一个普遍性的国际组织,所有这些国家无论大小,均得加入为会员国,以维持国际和平与安全。该宣言对未来的国际组织,特别强调三点:(1)国家主权平等原则;(2)会员资格的普遍性;(3)以维持国际和平与安全为任务。莫斯科宣言,为联合国奠定了所应据以建立的方针和基础。同年 12 月在德黑兰举行的英、美、苏首脑会议,重申了建立这样一个组织的决心。

第二节　敦巴顿橡树园建议案

着手建立联合国的第一个具体步骤,是 1944 年秋季在华盛顿郊区乔治城敦巴顿橡树园召开的会议上采取的。这次会议根据莫斯科四国宣言的精神,草拟了这个战后国际组织章程的草案,称为《关于建立普遍性国际组织的建议案》(简称 *the Dumbarton Oaks Proposals*)。会议分两个阶段进行:第一阶段从 8 月 21 日至 9 月 28 日,在英、美、苏代表之间举行会谈;第二阶段从 9 月 29 日至 10 月 7 日,在中、英、美代表之间会谈。②

---

① 当时中国驻苏大使傅秉常,作为中国代表于 10 月 30 日参加了《普遍安全宣言》的签署与发布。

② 美国政府曾事先准备一份建议草案,于 1944 年 7 月送中、英、苏 3 国政府,请正式参加讨论。但当时苏联以其未参加对日作战为理由,不愿与中国一起参与会议。最后达成协议,会议分两段进行。在会议的第一阶段,拟订了《关于建立普遍性国际组织的建议案》。在第二阶段会议上,当时中国代表除表示同意上述"建议案"外,对之作了 3 点补充:(一)在调整或解决争端时,国际组织应对正义与国际法原则加以应有的注意,不应只顾及政治上的便利;(二)大会应承担促进国际法的编纂与发展的任务;(三)经社理事会的活动应扩大到教育和其他文化方面的合作。这些建议,在获得英美赞同后,以正式文书通知苏联;经苏联赞同后,于 1945 年 5 月 1 日统一作为四国一致的建议修正案提交旧金山会议审查。

敦巴顿橡树园会议,为联合国的建立做了基本准备工作,橡树园建议案已规划出联合国的蓝图。建议案总共包括 12 章,主要内容是关于将成立的新组织的宗旨与原则、会员国资格、主要机关及其职权、关于维持国际和平与安全以及社会合作的各种安排。建议案提出,主要机关之一的安理会负有维持国际和平与安全的主要责任,应由 5 个常任理事国(中、法、苏、英、美)①和 6 个非常任理事国组成。建议案为这个组织提出的名称是"联合国"。

但是,在敦巴顿橡树园会议上,还有一些问题没有得到完全解决,② 其中最重要的是安理会的表决程序问题。这些问题,一直等到1945 年 2 月 4 日至 11 日在克里米亚的雅尔塔举行的英美苏三国首脑会议才达成协议。③ 在这次会议中,一致同意了一个所谓"雅尔塔方案"(Yalta Formula),其基本内容为:安理会关于程序事项以外一切事项的决定应以 11 个理事国中 7 个理事国的可决票包括全体常任理事国的同意票为之。这种要求在做出决定时必须"5 大国一致同意"的原则,使安理会各常任理事国均因此而享有"否决权"。雅尔塔会议对上述各项问题的解决,为一个联合国的诞生进一步铺平了道路。④

---

① 敦巴顿橡树园建议案以及后来的《联合国宪章》,关于 5 个常任理事国的名次,都是按此顺序排列的。

② 有待进一步解决的问题主要是如下几个:(一)对于安理会的表决程序,虽然 4 大国代表都同意非程序性事项的决议需要大国一致表决才能作出,但当时苏联代表不同意英、美代表关于理事国中的争端当事国不得参加有关投票的主张;(二)关于创始会员国的名单问题未达成协议,英、美不同意当时苏联所提出的只限于对轴心国作战的国家并应分别包括苏联的 16 个加盟共和国在内的建议;(三)关于国联委任统治地与敌国殖民地的托管问题,美国坚持留待以后讨论;(四)代表们都赞成应有一个世界性的法院,但是未能决定是继续保留国际常设法院呢还是重新建立一个完全新的法院。

③ 关于雅尔塔三国会议的"协议"全文,参见王铁崖、田如萱、夏德富编:《联合国基本文件集》,中国政法大学出版社 1991 年版,第 18 页,《关于安理会投票程序问题的决定》(1945 年 2 月 11 日订于雅尔塔)。

④ 之后,由 44 国法学家代表组成的法学家委员会,在华盛顿举行会议,起草了国际法院规约草案,使之成为即将建立的联合国的六大机关之一。

第三节 联合国家关于国际组织的会议

"联合国家关于国际组织的会议"（United Nations Conference on International Organization，常被简称为"旧金山制宪会议"）是在雅尔塔会议上决定召开的。雅尔塔会议确定：在 1945 年 4 月 25 日在旧金山召开联合国家会议，以便依照在敦巴顿橡树园非正式会谈中建议的方针制定这个组织的宪章。会议声明，将建议中国和法国临时政府，同美国、英国和苏联共同发起这个会议，邀请其他国家参加。后来，法国政府同意参加会议，但因未参加橡树园会议起草宪章故不同意作为发起国而行动。最后，美、英、苏、中四发起国于同年 3 月 5 日，向至 3 月 1 日为止已加入《联合国家宣言》并已对联合国家的一个敌国宣战的国家，发出了参加旧金山会议的邀请。

这次会议，仍以反法西斯的"联合国家"命名，并以加入《联合国家宣言》作为被邀参加会议的条件，足见它同当时的战争是紧密联系在一起的。当大战进入后期，反法西斯的形势有了很大发展。1944年苏联进行大反攻，给德军沉重打击；英美终于开辟延期了两年之久的第二战场；包括中国人民抗日战争在内的世界各国人民的反法西斯武装斗争，也节节胜利。此时，德日法西斯迅速崩溃之势已经形成。上述敦巴顿橡树园会议和雅尔塔会议，都是在这种国际形势下召开的。特别是到 1945 年 4 月 25 日旧金山会议开幕时，离德国 5 月 8 日正式签署投降书已不到两个星期了。① 这并非时间上的偶合，而正好

---

① 旧金山会议期间（共两个月）会外有关的戏剧性情况：

（1）1945 年 4 月 25 日上午，旧金山会议开幕；

（2）会议开幕的同天下午，美、苏两国军队在德国首都柏林以南 75 公里的易北河会师；

（3）5 天后，即 4 月 29 日凌晨 1 时，希特勒与爱娃在其柏林总理府作战指挥部的地下室举行结婚典礼；次日下午 3 时，两人在同一地下室自杀；

（4）1 个星期后，即 5 月 8 日，举行德国无条件投降的文书签字仪式；

（5）7 个星期后，即 6 月 25 日，旧金山会议一致通过《联合国宪章》；翌日举行宪章签字仪式，会议闭幕。

说明了联合国产生的历史背景。

旧金山会议是国际关系史上一次非常盛大的国际会议。参加会议的共有 50 个国家。会议成立了一个由所有代表团团长组成的指导委员会(Steering Committee),负责决定有关的主要原则和政策事项。一个由 14 个代表团团长组成的执行委员会(Executive Committee),被选定给指导委员会准备各种建议。此外,会议还设有由所有 50 个代表团派代表逐一参加的 4 个委员会(general commissions),在每个委员会下,又设有若干专门委员会(technical Committees),分别考虑各项问题。这样的专门委员会共有 12 个。在整整两个月中,代表们研究与讨论了橡树园建议案、雅尔塔表决方案和各国政府所提的修正案。经过召开各种全体会议、委员会、专门委员会和各种形式的协商与激烈争论,在橡树园建议案和雅尔塔方案的基础上,最后完成了宪章的起草工作。① 代表们于 6 月 25 日在旧金山歌剧院召开全体会议,无保留地一致通过了《联合国宪章》;翌日,又在退伍军人纪念堂会议厅举行的仪式上签了字。②

联合国宪章,按其规定在中、法、苏、英、美以及其他签字国的过半数交存批准书之后,于 1945 年 10 月 24 日开始生效,③ 联合国正式宣告成立。联合国的总部设在纽约④,还在日内瓦和维也纳分别

---

① 旧金山会议详情,可参见 *Documents of the United Nations Conference on International Organization*, San Francisco, Vol. 1-15, 1945。

② 波兰当时没有代表参加会议,但后来作为创始会员国签署了宪章。

③ 见宪章第 110 条。

④ 联合国总部,位于纽约市曼哈顿区附近东河之滨,占地 18 英亩,是一个国际政治活动中心。总部地区归联合国所有,不属于任何一国,是一块国际领土。根据同美国签订的特别协定,总部地区享有一定的特权与豁免权。但一般说来,仍适用美国、纽约州与纽约市的法律。总部大厦,于 1952 年建成,包括 4 栋建筑物。(一)秘书处办公大楼(Office Building of the Secretariat),共 39 层,秘书长办公室设在第 38 层。第 3 层及第 4 层是来自世界各国记者的办事处,常有上千名记者在这里活动。(二)长而较低的会议大楼(Conference Building)。(三)大会厅(General Assembly Hall),共 4 层:第 1 层是会员国代表席,每个代表团有 6 个席位;第 2 层是各国代表团其他成员的席位,不分席次,(转下页)

设有联合国组织的常驻中心。

　　联合国是在人类反法西斯战争结束前夕特定国际关系的产物。中国是联合国的创始会员国，中国共产党及解放区的代表董必武，作为中国 10 人代表团的成员，参加了这次创建联合国的重要会议，并共同在《联合国宪章》上签字。①

　　根据旧金山会议代表们于 1945 年 6 月 25 日签署的一项《临时协定》（Interim Arrangements），成立了一个筹备委员会（Preparatory Commission），暂时负责安排联合国的工作。结果，联合国大会第一届会议于 1946 年 1 月 10 日在伦敦举行，于是一个新型的普遍性国际组织正式开始了它的活动。

第四节　《联合国宪章》与《国际联盟盟约》比较

　　《联合国宪章》，勾画出了战后维护世界和平与安全的蓝图，是世界各国争取平等反对侵略的旗帜，是国际法和国际关系史上一部划时代的重要文献！它所确立的宗旨与原则及有关规定，是全世界公认的指导一切国际关系的基本准则。

———————————

（接上页）也不受人数限制；第 3 层是各地新闻工作者席位；第 4 层是参观者席，任何人只要买一张参观票，即可就席旁听。联合国平均每天接待 2000 多名旅游者和学生。据统计，从 1952 年 11 月至 2008 年 7 月，共有超过 3900 万人参观了联合国。（四）哈马舍尔德图书馆（D. H. Library）。各会员国都向联合国总部派有常驻代表团。常驻代表团一般设常驻代表、副代表及其他官员，负责处理有关联合国的事务。常驻代表的证书应由国家元首、政府首脑或外交部长颁发，递交联合国秘书长。

　　① 中国代表团，以宋子文为首席代表（团长），代表有：顾维钧、王宠惠、魏道明、胡适、吴贻芳、李璜、张君劢、董必武、胡霖。此外，还有施肇基为代表团的高级顾问，著名国际法学家武汉大学教授周鲠生先生也是顾问之一。连同秘书、随员等在内，总共有 90 人左右。中国是第二次世界大战中参战时间最长的国家，获得了宪章第一个签字国的殊荣。

联合国宪章,由一个序文和 19 章组成,全文共 111 条。旧金山会议决定建立一个新的司法机关,称为国际法院,《国际法院规约》被视为宪章的组成部分。

宪章的主要内容包括:联合国组织的宗旨与原则(第 1 章),联合国的会员(第 2 章),联合国六大主要机关的组成、职权范围、活动程序与主要工作(第 3~15 章),以及有关联合国组织的地位、过渡安全办法与宪章的修正(第 16~19 章)①等条款。宪章是联合国的根本法,它虽然是一个国际组织独立的章程,但在性质上,同国联盟约一样,仍然是一种国际条约。② 宪章不可能不反映大战末期的复杂国际关系,它是各种势力的一种妥协。宪章,既有符合当时各国人民愿望的规定,如联合国的宗旨与原则等,但也包括一些不能充分反映人民意志的条款,如国际托管制度等。

联合国宪章与橡树园建议案相比,在内容上有不少改变。这些改变主要是中小国家的代表提出来的。他们认为建议案过分强调了大国占统治地位的安理会,要求对否决权加以限制,并主张加强联合国大会与国际法院的职权。重要的改变包括:大会的权力有所扩大;增强了联合国在经济、社会、文教方面的职能,并使经社理事会成为联合国的主要机关之一;对区域协定与区域机关条款作了较大更改;补充了国际托管制度;加强了人权和基本自由方面的规定;宗旨与原则的范围有所扩大;确认了会员国单独或集体行使自卫的权利;对会员国的义务作了更明确的规定。此外,各常任理事国在安理会审议和讨论有关第 35 条之争端或情势时不得行使否决权的解释,以及安理会任

---

① 其中第 17 章,载有通常所说的"旧敌国条款"。该章以在第二次世界大战中与盟国方面作战的德、意、日等战败国为对象,规定当"旧敌国"再次发起侵略时,无须安理会之许可,即可使用武力。在 1990 年 9 月份的联合国大会上,日本外相曾提出删除该项规定的要求,意、德两国也对此作出了不同程度的反映。但因牵涉到宪章的一般修改问题,此一特殊条款至今尚未更动。

② 《国联盟约》在形式上同宪章有所不同,它被列于《凡尔赛和约》的第 1 章,构成和约的一部分。

何 9 个理事国之表决即可作出举行联合国会员国全体会议重新审查宪章的规定，也都是这种改变的例子。

联合国制度，虽然不少是借鉴于国联的经验，但联合国宪章却有很多不同于国联盟约的地方：

（1）按盟约规定，国联除秘书处和一个自主性甚大的国际常设法院之外，仅有大会与行政院两个主体机关，而且它们都可以处理"国联行动范围以内或影响世界和平的任何事项"，① 职权十分相近。根据宪章，联合国除秘书处之外，尚有五大机关，且其职权，均各有明确规定，采取分权制度，重叠较少。

（2）盟约规定，大会与行政院关于实质问题的决议，均采全体一致同意原则。而宪章则除规定安理会对非程序性问题采取五大国一致表决制外，其他机关均采多数或特定多数表决制。

（3）盟约对成员国的义务规定得较为具体，如在解决争端方面，以详尽的程序约束成员国不得从事战争。而宪章在这方面的规定则比较概括和抽象，如联合国会员国应以和平方法解决其国际争端，应忠实履行依宪章所承担的义务等。

（4）宪章更强调经济、社会、技术、人道等事项，并单独规定一个经社理事会作为联合国 6 个主要机关之一，主管这方面的工作。关于联合国在这方面的职能及活动，其规定比盟约要详尽得多。

（5）宪章以一章的篇幅作了关于通过区域协定或区域机构解决地区争端的规定，比较明确。而盟约则仅以第 21 条作了简括的规定。

（6）根据宪章，联合国关于维持国际和平与安全以及采取强制措施的权限，要比盟约为国联规定的有关权限广泛得多。在这方面，宪章所强调的是安理会对联合国会员国有拘束力的决定；盟约所强调的则是行政院的建议和国联成员国所分别承担的义务。②

---

① 见《国际联盟盟约》第 3 条（3）与第 4 条（4）。
② 见宪章第 25 条与第 39 条；盟约第 16 条第（1）、（2）项。

第五节　《联合国宪章》的解释与修改问题

一、宪章的解释

联合国的组织结构、职权范围和活动程序，都是以宪章为依据的。宪章为联合国规定了宗旨与原则，并赋予它一定的权力，它的一切活动不能超出宪章所规定的范围。在实践中，对于联合国某一行动是否符合宪章，如果出现分歧，这就发生了解释问题。但是宪章对如何进行解释的问题未作任何规定。

表现为文字的法律文件，难免产生歧义与矛盾。这些矛盾，只有通过解释才能加以澄清。通过解释，使不明确的含义得以明确，使隐含的权力(implied powers)得以展示出来，以便适应时代的发展与要求。

宪章同其他条约一样，应该予以确切的解释：必须依立法的实质精神，而不是单纯根据形式逻辑来予以理解。值得注意的是，宪章只是各会员国特别是各大国已经达成谅解的那一部分条款，有些问题由于未能达成协议，根本无法作出规定。即使已规定的条款，也有些只是很概括的规定，以便给执行时留下灵活的余地。因此宪章条文具有高度的政治性。而且，宪章是由中、法、俄、英和西班牙5种文字写成的，这些文本"同样作准"，都具有同等法律效力。但各种文本，由于语言特点的影响，在表达上甚至在含义上并不完全一致。所有这些，都需要在适用中加以善意解释。

宪章的解释是一个规范与实际结合的问题，它不仅受一般法律原则的影响，也受国际社会各种因素的影响。在宪章解释中，除按字面进行准确解释外，也应借助于历史资料来进行解释。历史资料可以包括起草时的各种背景文件和会议记录等，它们体现着各会员国的立法意图。但是这种资料只能说明过去，往往与时代精神有距离，尤其是当联合国会员国总数已增加到创始会员国3倍以上(将近4倍)的今天，如仍机械地完全以20世纪40年代的意图来解决当前的问题，未免使多数会员国难以接受。因此，历史资料仅仅是一种解释宪章的辅助性手段。

多数会员国的实践，对宪章的解释也起相当作用。特别是某些为全体会员国一致同意的实践，其作用更加明显，有的甚至使问题可能朝着与原始立法意图不同的方向演变。

特别值得注意的是宪章序文和第 1 章所载宗旨原则对解释宪章的重要意义。宪章的序文和第 1 章是宪章的总纲，它们对宪章所有各章条款的适用都是相互联系而发挥作用的。宪章的重要宗旨与原则，已被公认为当今国际社会的强行法，也是据以解释宪章其他条文的重要依据。

宪章没有关于解释机关的明确规定，有关宪章的疑义，似应根据宪章第 10 条和第 92 条由联合国大会和国际法院解释。但是也并无根据肯定联合国其他机关与会员国不能自行解释。不过，旧金山会议第四委员会第二专门委员会关于这个问题的说明，并未提及联合国各机关和会员国有解释宪章之权，而仅提到如遇宪章意义上的分歧，可送请国际法院解决。① 值得注意的是，第四委员会第二专门委员会的说明不是宪章的组成部分，并无法律效力。可见宪章的解释问题还是一个有待进一步明确的问题。②

二、宪章的修改程序

《联合国宪章》同其他很多国际条约一样，为了能够适应时代的

---

①　例如，国际法院于 1962 年 7 月 22 日，曾就联合国两支维和部队的开支是否属于宪章第 17 条所指之"经费"问题，发表过咨询意见。同年 12 月 19 日，联合国大会以 76 票赞成、17 票反对和 8 票弃权通过决议，接受国际法院的上述咨询意见(对宪章第 17 条的解释)。

②　即使以国际法院作为解释机关，也还存在着若干问题。如宪章分歧出现于会员国之间，则因国家无权请求国际法院发表咨询意见，争议国只能以诉讼的形式提出，而且需经各争议国同意后法院始有管辖权。如宪章分歧出现于大会与安理会以外的联合国其他机关之间或出现于此等机关与会员国之间，则需经大会同意或授权才能请国际法院表示咨询意见，而这种咨询意见是没有法律上的约束力的。

要求，也作了需要在适当时机和一定条件下按法定程序进行修改的规定。宪章的修改程序有两种。第一种是联合国大会对宪章的个别修正(amendments)；第二种是联合国会员国全体会议对宪章的重新审查(reviewing)。

　　第一种程序。根据宪章第 108 条的规定，联合国大会对宪章的任何个别修正案，都应经过大会会员国 2/3 表决通过并由联合国会员国2/3(包括安理会全体常任理事国)依照各自的宪法程序批准后，才对联合国全体会员国发生效力。联合国成立以后，依照这一程序，在1963 年、1965 年、1971 年召开的第 18 届、第 20 届、第 26 届联合国大会上，对宪章下列条文进行了修正。已经通过并批准的这些修正案，都是关于增加安理会和经社理事会理事国的或者与此相关的修正案。被修正的宪章条文有：

　　第 23 条、第 27 条和第 109 条：大会于 1963 年 12 月 17 日，以97 票对 11 票、4 票弃权，通过了特别政治委员会提出的包括第 23 条和第 27 条修正案在内的第 1991A(XⅧ) 号决议。决议指出，大会"认为，目前安理会的组成是不公平的和不相称的"，并且"承认，联合国会员国的增加使有必要扩大安理会理事国的名额，从而为非常任理事国提供更充分的地域代表权，使该理事会成为一个根据《联合国宪章》履行其职能的更有效的机关"。第 23 条修正案将安理会原来的11 个理事国增加到 15 个，即把其中的非常任理事国从 6 个增加到 10个。第 27 条的修正案则将原来条文的措辞改为，安理会关于程序事项的决定，应以"9 理事国"(原为"7 理事国")的可决票表决之，关于其他一切事项的决定，应以"9 理事国"(原为"7 理事国")的可决票包括 5 个常任理事国的同意票表决之。上述两项修正案于 1965 年8 月 31 日生效。1965 年 12 月 20 日，大会又以上述两修正案使宪章第 109 条也有作相应修正之必要为理由，全体一致通过了第六委员会提出的第 2101(X X) 号决议。决议中关于第 109 条的修正案，将该条(一)的措辞相应修正为"安理会任何 9 理事国(原为'7 理事国')之表决"。该修正案于 1968 年 6 月 12 日生效。

　　第 61 条：大会于 1963 年 12 月 17 日，以 96 票对 11 票、5 票弃

权，通过了特别政治委员会提出的包括第 61 条修正案在内的第 1991B（ⅩⅧ）号决议。决议指出，大会"承认联合国会员国的增加，使有必要扩大经社理事会理事国的名额，从而在那里提供更充分的地域代表权，使该理事会成为一个根据《联合国宪章》第 9 章和第 10 章行使其职能的更有效的机关"。第 61 条的修正案将经社理事会原来的"18"个理事国增加到"27"个理事国。该修正案于 1965 年 8 月 31 日生效。1971 年 12 月 20 日，大会再次用同样理由以 103 票对 2 票、15 票弃权，通过了关于进一步扩大经社理事会的第 2847（ⅩⅩⅥ）号决议。决议中关于第 61 条的修正案将经社理事会原来的"27"个理事国再次增加到"54"个理事国。① 该修正案从 1973 年 9 月 24 日起生效。

第二种程序。宪章第 109 条规定了一种修改宪章的特别程序，即旨在重新审查宪章的联合国会员国全体会议（General Conference of the Members of the United Nations for purpose of reviewing the present Charter），可以在大会会员国 2/3 和安理会任何 9 理事国的表决所确定的日期与地点举行；全体会议以 2/3 的表决所建议的对宪章的任何更改，都应经过联合国会员国 2/3（包括安理会全体常任理事国）依照各自的宪法程序批准后，才发生效力。

这种程序只适用于对宪章作一般的重新审查。宪章规定，如果宪章生效后在大会第十届年会前此项全体会议尚未举行，则应将召开全体会议的提议列入大会第十届会议的议程。② 由于对宪章的任何修正，都必须获得五常任理事国的批准才有可能生效，因此，如果所召开的会员国全体会议对宪章有任何更改的话，自然将受到安理会常任理事国否决权的最后约束。但是迄今，联合国从未适用过第 109 条所规定的这种程序。

联合国成立以来，很多中小国家鉴于国际形势的发展，一直要求

---

① 我国按宪章第 108 条的规定，于 1972 年 9 月 15 日批准该修正案。

② 见联合国宪章第 109 条（3）。此项规定，是在旧金山会议时，为满足中小国家强烈要求修改宪章的愿望而列入联合国宪章第 109 条的。

早日召开审查宪章会议来修改宪章。1955 年在联合国大会第 10 届会议上通过决议,认为宪章的审查应在"顺利的国际环境"中来进行,决定在"适当时期"举行一次审查宪章的全体会议,并确定成立一个由联合国全体会员国组成的审查宪章会议筹备委员会,就审查宪章会议的时间、地点及其组织与程序问题向第 12 届大会提出建议。从 1957 年起到 20 世纪 70 年代初期,几乎历届大会都审议过筹备委员会提交的报告。到 1974 年,大会以压倒多数通过决议,建立了一个由 42 个会员国组成的"联合国宪章问题特设委员会"。其任务包括讨论各国政府对审查宪章的意见,讨论在不需修改宪章的情况下如何提高联合国工作效能的建议。1975 年,大会又通过决议,将 42 国委员会改为由 47 个会员国参加的"联合国宪章和加强联合国作用特别委员会"。大会要求该委员会详细审议各国政府关于宪章问题和加强联合国作用的建议。这个特别委员会一直在根据联大历次决议所交付的任务进行工作,但是,在宪章的修改工作上至今没有多大进展。进入 90 年代以后,由于国际局势的急剧变化和发展,联合国面临的形势和任务同过去已有很大的不同。因此,国际社会要求改革联合国现行机制的呼声也随之高涨。进入 21 世纪之后,在联合国内外所讨论的改革方案,涉及面很广,而其中至关重要的一个问题是安理会职权及其席位的扩大问题。但是,扩大安理会的组成,特别是增加常任理事国席位,不只是一个简单数量的变化,而是一个国际权力的重新分配问题,它将遭遇到各种国际力量的重大挑战。这一问题还将在以下有关章节中述及。

　　综上所述,根据宪章规定,对宪章任何条款的修改,不论是由大会通过的还是由联合国会员国全体会议通过的,各常任理事国都享有否决权。这就使得任何修改宪章的意图受到严格限制,只要有一个常任理事国表示反对,修正案即无法生效。自从我国在联合国恢复合法席位之后,我代表团一直尊重广大发展中国家关于在符合宪章宗旨条件下修改宪章的要求,以进一步加强联合国的作用。但是长期以来,由于种种原因,使得对于宪章包括安理会及其否决权在内的任何重大修改,均难以实现。

第七章　联合国的宗旨与原则

第一节　概　　述

联合国组织的宗旨与原则，规定在联合国宪章的序文和第 1 条及第 2 条之中。这 3 部分作为一个整体而构成宪章的纲领和核心。

欧美有些学者认为，属于宪章第 1 章的这两个条文是表明联合国基本目的的条款，而其余章节的规定则是具体的施行规则。因此得出结论，联合国组织可以负担各项施行规则虽没有委任给它但为了达成其宗旨所必需的那些任务。① 这种解释虽然由于扩大了联合国职权范围而难以为多数学者所接受，但至少可以说序文和第 1 章，在其严格意义上应与其他章节具有同样法律效力，而并非简单的意图声明。序文和第 1 章，同宪章其他各个条款不可分割，它们对各个条款的解释与适用都具有重要意义。② 它们是宪章精神的高度概括，它们给联合国本身及其会员国规定了各项带原则性的法律义务和应该遵循的行动方针。特别是其中的某些重要原则，如民族自决、主权平等、善意履行国际义务、和平解决国际争端、禁止以武力相威胁或使用武力、不干涉内政等，均系国际社会已公认的国际法基本原则，应视为《维也纳条约法公约》所规定的一般国际法"强制规律"（强行法，jus

---

① 参见菲德罗斯等著：《国际法》，李浩培译，商务印书馆 1981 年版，第603 页。

② 例如宪章第 24 条（2）规定：安理会在履行其职务时，应遵照联合国的宗旨与原则。

cogens)。它们对整个国际社会发生效力而具有"不许损抑"的性质。①
中国人民和中国政府,一贯支持和尊重联合国宪章的宗旨与原则,并
在国际事务中努力促其实现。国际社会的很多重要文件,均载有各国
关于尊重联合国宪章宗旨与原则的条款,并一再重申对联合国宗旨原
则所具有的信念。②

第二节 联合国的宗旨

联合国宗旨载于联合国宪章第 1 条,分为四项。

一、维持国际和平与安全

"维持国际和平与安全"是联合国的基本目的。为了达到这一目
的,宪章规定了两个步骤:(1)采取有效的集体措施,以防止和消除
对和平的威胁,制止侵略行为或其他破坏和平的行为;(2)用和平的
方法与依正义及国际法的原则,调整或解决足以破坏和平的国际争端
或情势。③ 宪章序文也提到"欲免后世再遭今代人类两度身历惨不堪
言之战祸"。把这一宗旨放在第(1)项的突出地位,说明维持国际和
平与安全具有特别重要的意义。它所指出的预防与制止破坏和平行为
的集体措施以及解决争端的和平方法,在宪章的第 7 章以及第 6 章和
第 14 章中进一步分别作了具体的规定,待后详述。

本项规定特别提到在解决国际争端中应"依正义及国际法之原
则",这反映了应在战后国际关系中尊重正义和加强国际法作用的普
遍要求。宪章序文第三段也强调这一精神。序文第二段,第 1 条的第
(2)(3)两项,和宪章的其他有关条款,都规定了"各国平等权利"

---

① 见《维也纳条约法公约》第 53 条。

② 参见 1963 年的《非洲统一组织宪章》、1948 年的《美洲国家组织宪章》、
1955 年的《亚非会议最后公报》等。

③ 所指"国际争端或情势(situations)",并非国家间的一般争端或情势(更
非一国内部问题),而是那些能够导致破坏国际和平的国际争端或情势。

"人民平等权利及自决""全体人类之人权及基本自由"等国际法原则。在历史上，国联行政院曾通过决议承认意大利并吞埃塞俄比亚，这是牺牲正义以求苟安一时；同样，将苏台德区送给希特勒，也未能获得欧洲的和平与安全。可见，舍弃正义，牺牲弱小国家来求和平，不仅是违反国际法的，而且和平也是根本不可能实现的。

二、发展各国间的友好关系

宪章规定：发展各国间以尊重人民平等权利和自决原则为基础的友好关系，并且采取其他适当措施，以增强普遍和平。各国人民平等及民族自决的原则，是发展各国友好关系与促进世界和平的基础和条件。没有这个基础，就谈不上维持国际和平与安全。民族自决原则的含义与内容可以概括为：一切被外国奴役在殖民统治下的被压迫民族，都有自主决定其政治命运、脱离殖民统治、建立民族独立国家的权利；各国人民都有权自由选择己国的政治、经济和社会制度，不受外来干涉。只有如此，各国间的友好关系才能真正得到发展，全世界的和平才能确实有所保证。所有镇压民族解放运动、实行种族歧视的行为都是违反国际法的。[1]

三、促进国际合作

宪章规定：促成国际合作，以解决国际间属于经济、社会、文化及人道主义性质的问题，并且不分种族、性别、语言或宗教，促进（promote）和鼓励对于一切人的人权和基本自由的尊重。宪章序文也宣告了这一宗旨的要义。要维持国际和平与安全，除前述和平解决争端、制止侵略行为、发展友好关系外，还有另一个重要方面，即必须在平等基础上广泛地促进经济、社会、文化等的合作，并尊重全人类的人权和基本自由，不进行任何歧视，以消除引起战争的经济及其他诸种原因。这是维持国际和平所不可缺少的条件。宪章第 9 章至第

---

① 参见梁西主编：《国际法》（修订第二版），武汉大学出版社 2000 年版，第 71~72 页。

13 章的有关条款，为实现本项宗旨作了各种具体规定，待后详述。这里需要提及的是，第二次世界大战后的 70 多年来，国际人权法发展很快，联合国在这方面发挥了积极作用。但是，东西方国家在促进人权方面如何进行国际合作的问题上，分歧较大。欧美发达国家，意欲将其价值观念作为世界的唯一标准，受到了广大发展中国家的尖锐批评。①

四、协调各国行动

宪章规定：以联合国作为协调各国行动的中心，以达到上述共同目的。这里强调联合国应当成为协调一切国家的行动并使之进行协作的重要场所。其主要活动方式在于通过彼此协商，取得有关各国行动的协调，以实现上述有关宗旨的各项规定。②

宪章序文和第 1 条小结：

第一，联合国的宗旨，可以用宪章序文的精神归纳为"维持国际和平及安全"，"促成全球人民经济及社会之进展"。这是建立联合国的最高理念和纲领。第二，宪章序文和第 1 条，关于促进基本人权与自由、男女与大小各国平等、民族自决、尊重正义与国际法等原则性的规定，具有一种崭新的时代精神，同《国联盟约》和此前其他一切普遍性公约相比，是一项划时代的伟大进步！这对战后国际关系和国际法律秩序产生了至关重要的影响，无疑还将继续影响到 21 世纪的进程。

第三节　联合国的原则

为了实现联合国的宗旨，宪章第 2 条规定了联合国本身及其会员

---

① 参见许光建主编：《联合国宪章诠释》，山西教育出版社 1999 年版，第 22~25 页。

② 参见并比较联合国宪章第 57 条和第 63 条之有关规定。

国在一切行动中应作为法律义务而遵守的若干原则。① 由于这些原则的重大意义，第 2 条可谓是宪章的核心条款。

一、会员国主权平等

该条第(1)项规定：联合国组织是基于所有会员国主权平等的原则。宪章序文也申述了这一信念。主权平等是传统国际法的一个重要原则。宪章在这里重申主权与平等，把它列于各项原则之首，作为联合国的一项基本组织原则。其他原则是以这一基本原则为出发点的。根据国际法，每个国家不论大小和政治经济制度如何，都有平等的主权。各国只有互相尊重主权，才有可能维持国际和平与安全。按照旧金山会议第一委员会第一专门委员会的起草报告，主权与平等的含义是：一切会员国，(1)在法律上一律平等；(2)享有完整主权所包含的一切权利；(3)其法律人格、领土完整与政治独立应受到尊重；(4)均应履行所承担的国际义务。据此，联合国的所有会员国都是平等的，对内完全自主，对外完全独立。国家主权平等原则，既有保障中小国家权利的意义，也起约束联合国行动的作用。②

二、善意履行宪章义务

第(2)项规定：各会员国为了保证全体会员国得享有由于加入本组织而产生的权利与利益，应善意(in good faith)履行依照本宪章所承担的义务。序文第三段从更广泛的意义上宣告了这一点。条约义务必须信守，作为传统国际法的一项重要原则无论在理论上还是在实践上都是早为国际社会所确认的。对履行条约义务缺乏诚意或有意回避，即违背了国际法中的"善意原则"。本项规定的前半段是申述善

---

① 联合国及其会员国，均应遵行宪章第 2 条所规定的各项原则，但从一定意义上说，其中第(1)项、第(6)项和第(7)项，主要是针对联合国本身而言的；其余各项则主要是针对各会员国而言的。

② 参见 L. M. Goodrich, *Charter of the United Nations: Commentary and Documents*, 1969 Article 2.

意履行宪章义务这一原则的理由，说明会员国的权益与义务是互相联
系的。① 国家必须履行条约义务的国际法原则同国家主权原则并不冲
突，因为任何条约义务都只有在依国家主权原则自愿承担的条件下才
具有国际法上的约束力，而违背主权原则非"自由同意"的一切条约
(如不平等条约)义务，都是没有法律效力的。

宪章第 103 条规定，会员国在依本宪章所承担的义务同依其他国
际协定所承担的义务发生冲突时，应以依宪章所承担的义务为优先义
务。这个"宪章优先原则"的适用，既可能涉及会员国与会员国之间
的义务冲突，也可能涉及会员国与非会员国之间的义务冲突；既可能
涉及宪章生效前已有的协定，也可能涉及宪章生效后缔结的协定。但
是根据宪章本身的条约性质，原则上它是不可能对非会员国发生效力
的。因此，会员国对非会员国所承担的协定义务也难于因为同宪章义
务相冲突而无条件地予以废除。

三、和平解决国际争端

第(3)项规定：所有会员国应该用和平的方法以不使国际和平与
安全以及正义遭受危险的方式，解决它们的国际争端。这一原则，是
宪章解决国际争端各条款，特别是第 6 章和第 14 章等有关条款的基
础。它同本条第 4 项及第 7 项关系密切，应从相互联系和比较的角度
加以理解。国际争端，不论是政治上的，法律上的，还是事实上的，
如果长期得不到解决，都有可能发展成为武装冲突，因此，和平解决
争端，一向被认为是维持国际和平与安全的一个极其重要的方面。
1928 年的巴黎非战公约第 2 条也对此作有类似规定。联系宪章第 33
条，这里所指的和平方法，包括谈判、调查、调停、和解、仲裁、司
法解决、利用区域机构或区域协定等。本项原则还将在本书第十二章
第二节中作进一步阐述。

四、禁止以武力相威胁或使用武力

第(4)项规定：所有会员国在它们的国际关系中，不得以武力相

---

① 参见并比较《联合国宪章》第 5 条、第 6 条、第 19 条。

威胁或使用武力来侵害任何国家的领土完整或政治独立，亦不得以任何其他同联合国宗旨不符的方式以武力相威胁或使用武力。序文亦强调指出，"非为公共利益，不得使用武力"。这一原则，是联合国的一块重要基石，也是适用宪章第 7 章各条的基础。国联盟约第 10 条规定，国联成员国保证尊重并维持所有成员国的领土完整与政治独立，使之不受外国侵略。宪章没有作出如此明确的直接保证，联合国会员国在安理会作出有关决定之前没有义务采取措施来维持任何国家的现状。但是宪章关于禁止"武力威胁"和"武力"的规定，[①] 则比盟约关于禁止"战争"的规定[②]要广泛得多。宪章所强调的是不得以武力相威胁或使用武力，这表明宪章不仅在原则上采取禁止侵略战争的立场，而且进一步确认一切武装干涉、进攻或占领以及以此相威胁的行为，都是违反国际法的。[③] 因此，宪章进一步发展了巴黎非战公约关于"废弃战争作为实行国家政策之工具"的原则，扩大了禁止的范围，使国家的国际责任发生了重大变化。宪章第 33 条无条件地要求任何争端当事国以和平方法来解决争端，这也从另一方面摈斥了任意使用武力的权利。但是，宪章并不否定会员国在一定条件下有行使"单独或集体自卫"之权。[④]

本项的前半段着重指出这一原则在国家领土完整或政治独立方面的适用，禁止任何国家侵犯别国的领土完整和独立，是维持国际和平

---

①　除此处所提及的第 2 条(4)之外，见宪章第 7 章各条规定。

②　见国联盟约第 10 条、第 12 条、第 16 条等规定。

③　在国际法上，"战争"有其特定含义。有关国家往往一方面从事武力行动，另一方面又否认其处于特定意义上的战争状态。因为正式的战争状态，将产生若干重大的政治与经济后果，如影响与中立国的交往；自动终止交战国之间的外交关系和某些条约；使贸易与侨民利益失去保障，等等。

④　见第 51 条。不过，该条还为"自卫权"规定了严格的条件：只能在遭受武力攻击之时进行自卫；自卫只能在安理会采取必要措施来维持国际和平与安全之前进行，而不能在其后；会员国应将所采取的自卫措施立即报告安理会；自卫措施不得影响安理会的职权。此外，按法理解释，自卫措施应大体与所遭受的攻击的严重程度相适应，不能以小冲突作为发动一场大规模战争的借口。

与安全的重要保证。而后半段则规定这一原则在其他方面的适用。

由于国际关系错综复杂，本项原则在适用和解释上争论甚多，因此应根据实际情况，联系其他有关原则及规定综合进行分析研究。本书第十二章有关各节还将论及这一问题。

五、集体协助

第(5)项规定：所有会员国对联合国依照本宪章而采取的任何行动，应给予一切协助；联合国对任何国家正在采取防止或强制行动时，所有会员国对该国不得给予协助。这一原则是从积极与消极两个方面来加以措辞的，总的精神在于规定会员国对联合国组织所应采取的立场。很明显，这项规定中所说的防止行动或强制行动，应作严格解释，即只限于在宪章第 7 章范围内所采取的行动。因为这里所规定的采取行动的对象，是包括非会员国在内的"任何国家"，而联合国惟有"在维持国际和平及安全之必要范围内"才能对非会员国采取行动。①

此外，根据本项原则，并联系宪章第 7 章关于强制措施的规定特别是第 43 条(1)的规定来分析，可以看出：在原则上，联合国任何会员国均无权自行决定维持其中立地位。在这方面，联合国与国联对待"中立"的态度是不一致的。国联允许会员国瑞士保持其中立地位，而中立国瑞士则在很长时间里都未成为联合国的会员国。②

六、确使非会员国遵行宪章原则

第(6)项规定：联合国组织在维持国际和平与安全的必要范围内，应确使非联合国会员国的国家遵行上述原则。这是宪章中一项重

---

① 见宪章第 2 条(5)(6)。并参见第 1 条(1)。

② 1986 年，瑞士曾就加入联合国的问题举行过一次公民投票，当时因有 2/3 的公民反对加入联合国而被否决。2002 年 3 月，瑞士在全民公决中以微弱多数通过了加入联合国的议案；同年 9 月 10 日，瑞士成为了联合国的第 190 个会员国。

要而颇为特殊的规定。这意味着在一定范围内，联合国对非会员国有某种干预权。当波兰代表于 1946 年 4 月 9 日要求安理会把西班牙问题列入议事日程时，就是以本项规定为其依据的。①

这一原则，在国际法学中分歧不少。有的西方学者认为：如果联合国在创建的当时已经打算实现这项原则的话，那只有基于下列两个假设之一才有可能做到这一点。一个假设是，如置国际习惯法于不顾，那么作为战胜国的联合力量，联合国是足以使它的意志强加于任何非会员国的；另一个假设是，如要遵守国际习惯法，那么这一原则就只能在非会员国的同意下才能适用于同它们的关系。②

国联盟约第 17 条也作了类似这一原则的规定，其立法要旨在于：确使未加入国联的任何国家，不会由于它未加入国联而比假若它加入了国联而保有更多的从事侵略的自由。这实际上是主张，在影响国际社会一般利益的情况下，对于非成员国也可以采取行动。不过，如前所述，创建国际组织的基本文件，包括国联盟约与联合国宪章在内，均属条约性质，除其中已被整个国际社会普遍接受并公认为一般国际法原则的那些规定外，对于非缔约国尽管可能发生某种影响，但很难说有严格的法律约束力。但是，从最大限度地发挥联合国的功能以维持国际和平与安全的角度来看，本项原则仍然具有重要的理论与现实意义。

七、不干涉内政

第(7)项规定：宪章所载的任何规定均不得认为授权联合国干涉在本质上属于任何国家国内管辖的事项或者要求会员国将此等事项提

---

①　宪章中还有些条文与联合国非会员国有关。其中，有的具体提到了"非会员国"，如第 11 条(2)、第 32 条、第 35 条(2)、第 93 条(2)等；有的虽未具体提到"非会员国"，但所提及的"国家"二字应解释为包括非会员国在内的"一切国家"，如第 1 条(2)、第 2 条(4)、第 2 条(7)、第 14 条、第 50 条、第 55 条、第 81 条等。

②　参见梁西译：施瓦曾伯格论文《从国际司法角度看联合国的各项原则》，载《国外法学》1979 年第 3 期。

请依照宪章解决。但有一重要例外,即此项原则不得妨碍第 7 章所规定的强制措施的应用。此项规定的立法意图,在于给联合国的管辖范围划出一个界限。它是联合国活动的一项重要指导原则,是从主权平等原则派生而来的。

不干涉任何国家的内政,是维持国际和平与安全的重要条件,是著名的和平共处五项原则之一,也是国际法向来所公认的。国联把纯属国内管辖的事件排除在行政院和解权力范围之外,盟约第 15 条(8)规定:"如争端各当事国之一方,对于争端自行声明并为行政院所承认,根据国际法纯属该方国内管辖之事件,则行政院应据情报告,而不应作解决该争端之建议"。同国联盟约比较,联合国宪章所规定的不干涉内政原则已有若干发展。宪章不仅将这一原则载入第 1 章作为约束联合国组织本身及所有会员国行动的一般原则,① 而且还将盟约规定的"纯属"国内管辖(solely within the domestic jurisdiction)之事件改为"本质上属于"国内管辖(essentially within the domestic jurisdiction)的事项。"本质上属于"显然比"纯属"的含义要广泛得多,这就大大加强了这一原则的地位和扩大了它适用的范围。此外,宪章也没有把类似"为行政院所承认"以及"根据国际法"这样一些条件写入条文,这都进一步放宽了是否为"国内管辖事项"的衡量标准。所有这些发展,均从不同角度反映了当时国际关系演变中的一种动向。②

宪章的这一规定,在联合国实践中曾经引起不少争论。国联盟约关于"国内管辖事件"的规定比宪章的限定条件多,它提及了"根据国际法",但宪章却未规定这一判断问题的标准,所以对宪章的解释较

---

① 国联盟约将这一原则规定在第 15 条,因此其适用范围较小,仅在于限制行政院对这类事件的处理。

② 《奥本海国际法》认为:"这个被列为宪章原则之一的重要规定,常被一些人认为具有使宪章的目的大部作废并在很大程度上使宪章降为一种纯粹政治文件的效果。但是,如果记着下述各种考虑,任何这种想法就没有根据了。"该书接着阐述了 8 点考虑,参见王铁崖、陈体强中译本上卷第 1 分册,第 305~309 页。

盟约更为困难。从国际法角度看，所谓国内管辖事项，一般是指国家可以不受依国际法而产生的那些义务的限制而能自由处理的那些事项，例如一个国家的政体、内部组织、同其国民的关系等。但是，即使从严格的国际法角度来解释，某些问题的界限，仍然不无争议。在理论上或在实践中，不少人主张对"国内管辖"作狭义理解，但遭到了很多人特别是被干涉者的反对。① 关于宪章第 2 条第(7)项的解释问题，奥地利学者菲德罗斯(Verdross)，在其专著《国际法》中曾有比较详细的叙述，可供我们作进一步研究的参考。②

① 参见 Rosalyn Higgins, *The Development of International Law through the Political Organs of the United Nations*, 1963, pp. 58-61。

② 参见菲德罗斯等著：《国际法》，李浩培译，商务印书馆 1981 年版，第 603~609 页("联合国组织的管辖范围")。

第八章　联合国的会员国[①]

联合国是一个向全世界一切爱好和平国家开放的一般综合性的政府间组织。它按照宪章规定，要求其会员国具有极大的普遍性。目前，联合国已有会员国 193 个。《联合国宪章》以第 2 章规定联合国会员资格(membership)的取得与丧失。

第一节　联合国会员资格的取得

根据取得会员资格程序上的不同，联合国的会员可以分为创始会员国(Original Members)和纳入会员国(Elective Members)两类。

一、创始会员国

按宪章规定，凡参加旧金山会议或者以前曾签署《联合国家宣言》的国家，签署了宪章并依法予以批准的，均属于创始会员国。属于后一种情况的只有波兰一个国家。在上述宣言上签字的先后共有 47 个国家，其中 46 个国家参加了旧金山会议。当时波兰临时政府因尚未取得英美的承认，未被邀请出席，但许可它随后可作为创始会员国签署宪章。在会议期间又先后接纳了阿根廷、白俄罗斯、乌克兰和丹麦出席会议。后来，在会议结束后，波兰也按规定签字并批准了宪

---

① 《联合国宪章》的正式文本是用五种文字作成的。其中，关于联合国"成员"的用语，英文本为"Member"（注意此字在宪章各条款中出现时，第一个字母 M 均为大写）；中文本为"会员国"。

章。所以，联合国的创始会员国共为 51 个。①

二、纳入会员国

宪章第 4 条规定，凡爱好和平的国家，接受宪章所载的义务，经联合国组织认为确能并愿意履行这些义务的，都可以成为联合国的会员国。上述国家被接纳时，须经安理会推荐并由大会作出决议。

（一）接纳会员国的条件与程序

根据上述规定，联合国接纳会员国的条件可以归纳为下列几项：第一，国家。这里指的是主权国家。但在创始会员国中有例外情况，白俄罗斯与乌克兰只是当时苏联的加盟共和国，而当时的印度、菲律宾和叙利亚等亦尚未取得完全独立。第二，爱好和平。爱好和平的真谛自然包括积极保卫和平之义，并非盲目的和平主义。被邀参加旧金山会议的国家是加入《联合国家宣言》和已对法西斯宣战的国家。第三，愿意接受宪章所规定的各项义务。第四，联合国认为它能够并愿意履行这些义务。宪章为会员国规定的诸种义务中包括军事任务在内，因此，在原则上联合国会员国难于成为中立国，如为中立国则难以成为联合国会员国。

在联合国实践中，接纳新会员国的程序一般采取如下步骤：首先，有关国家按规定向联合国秘书长提出申请；② 之后，将申请书转安理会"接纳新会员国委员会"进行审查并提出审查报告；③ 接着，经安理会审议与推荐；④ 最后，由大会审议并作出决议。⑤

（二）国际法院关于接纳新会员国的咨询意见

上述接纳新会员国的各项条件，除各种政治原因外，由于含义比较概括，在法律适用上颇易产生分歧。关于宪章第 4 条所列各项条件

---

① 51 个创始会员国的名单，参见 *United Nations Handbook* 1997，Thirty fifth edition，pp. 11-17（Wellington，New Zealand）.

② 见《安理会暂行议事规则》第 58 条，《大会议事规则》第 134~135 条。

③ 见《安理会暂行议事规则》第 59 条。

④ 见《安理会暂行议事规则》第 60 条，宪章第 4 条。

⑤ 见《大会议事规则》第 136~138 条，宪章第 4 条。

"是否为接纳新会员国的足够条件"问题，在实践中曾经引起争议。①为此，联合国大会于 1947 年 11 月通过第 113B(Ⅱ)号决议，请国际法院就下列问题发表咨询意见：会员国在安理会或大会根据宪章第 4 条表决接纳一国为联合国会员国时，在法律上是否有权将其同意接纳以该条第(1)项所未明确规定的条件为条件？国际法院于 1948 年 5 月 28 日，就"接纳一国为联合国会员国的条件问题"(Conditions of Admission of a State to Membership in the United Nations—Charter Article 4)，以 9 票多数发表一项咨询意见，认为宪章第 4 条所规定的条件是全部列举，而不是部分举例。因此，一方面，申请加入联合国的国家，必须具备上述各项条件，同时，联合国会员国也不得将其同意新会员国的加入以宪章所未规定的条件为条件，尤其不得以其他申请国同时被允许加入为条件。就是说，第 4 条所规定的条件，既是必要的条件，也是足够的条件。但是另有 4 个法官就此发表了一项联合不同意见，认为除第 4 条所明定的必要条件外，会员国在表决时有权考虑其他政治因素，即使申请国已符合该条所规定的各项条件，申请国也没有当然被接纳的权利。同时，持不同意见的法官也认为：联合国会员国在考虑政治因素作为投票理由时，应遵守联合国的宗旨与原则，负有"信实"运用自己判断的最高法律义务。

关于接纳新会员国的程序问题，也存在过分歧，主要是在安理会没有"积极推荐意见"的情况下，大会是否有权作出接纳的决议。联合国大会于 1949 年 11 月通过第 296(Ⅳ)号决议，请国际法院就此问题发表咨询意见。国际法院于 1950 年 3 月 3 日就"大会接纳一国加入联合国的权限问题"(Competence of the General Assembly for the Admission of a State to the United Nations)，以 12 票多数发表一项咨询意见，认为安理会的积极推荐是大会作出接纳一国加入联合国之决议的前提。因此，如果安理会对推荐持否定态度，大会即无权径自作出

---

①　争议的政治背景是：在安理会审议是否接纳 5 个"前敌国"时，西方国家反对接纳匈牙利、罗马尼亚和保加利亚，只赞成接纳意大利与芬兰，而当时苏联则主张接纳后 2 国必须以同时接纳前 3 国为条件。

接纳的决议。另方面，经安理会推荐的申请国，大会当然也有权拒绝其加入。①

（三）接纳新会员国的僵局

国际法院的上述咨询意见，虽然澄清了接纳新会员国中的若干法律问题，但在联合国的历史实践中，却未能解除东西方在这方面的政治分歧。从1950年接纳印度尼西亚加入联合国之后，在接连4年中，虽然有阿尔巴尼亚、奥地利、保加利亚、柬埔寨、锡金、芬兰、匈牙利、爱尔兰、意大利、约旦、老挝、利比亚、尼泊尔、葡萄牙、罗马尼亚、西班牙、日本、蒙古、越南、朝鲜等20个国家（此外还有当时的越南南方与朝鲜南方）先后申请加入联合国。但是，由于各常任理事国不能取得一致意见，安理会始终未能对任何一个申请国提出推荐。人们称之为"接纳会员国僵局"（admission blockage）。② 到1955年，在中小国家的推动下，第10届大会通过了一项决议，要求安理会就不存在国家分裂问题的18个申请国的入会问题作出报告。大会表决时，当时苏联赞成，美国弃权。随后，安理会讨论了巴西和新西兰要求推荐除越南与朝鲜外的18个申请国的提案。提案国表示18国应作为一个"整体"一次推荐。但该提案在讨论中经过修正加入了越南南方与朝鲜南方，两者首先被当时苏联否决；接着蒙古也被否决；于是苏联又否决了西方所赞成的其他国家；随后，英、美、法否决了全部东欧申请国。至此，上述"一揽子交易"（package deal）归于失败。事后，经过多方磋商，从名单中减去蒙古与日本，这样才最后获得了安理会对其余16个申请国的推荐，从而解决了多年来在接纳会员国上的这个难题。③ 后来，日本于1956年、蒙古于1961年、越南于

① 国联盟约关于接纳新成员国的程序，除其他必要条件外，只规定"如经大会2/3同意，得加入国联为成员国"。因此它不会发生像联合国大会与安理会之间的这类分歧。

② 参见 Starke, *An Introduction to International Law*, 1977, p. 687。

③ 以十六国作为一个整体同时被接纳为联合国会员国的"一揽子交易"，与国际法院的上述咨询意见并不一致，因此，曾引起若干理论上的问题。

1977 年均先后分别加入了联合国。①

　　联合国接纳新会员国的问题，不只是一个法律问题，在当时战后东西方的复杂关系中，它已经高度政治化了。上述所谓接纳会员国僵局及其解决办法，不仅在联合国实践中而且在整个国际组织史上，都是罕见的。它从一个侧面反映了当时冷战中国际关系的若干特点。

　　值得注意的是，20 世纪 90 年代随着苏联和南斯拉夫社会主义联邦共和国的解体，联合国在接纳新会员国方面出现了一些新的现象。

　　首先，对于那些从苏联和南斯拉夫社会主义联邦共和国解体中诞生的新国家来说，联合国适用了"白板"方法，从而迫使它们重新申请加入联合国。

　　其次，对于俄罗斯来说，联合国机构认为它只是苏联的延续，因而不需要重新接受为会员国。

　　最后，对于正式声称自己是南斯拉夫社会主义联邦共和国之继承者的南联盟(塞尔维亚和黑山)，联大和安理会则在 1992 年 9 月分别通过了决议，均认定"南联盟提出的自动承继南斯拉夫社会主义联邦共和国的会员国资格之请求整体来看是不能接受的"。② 后来，南联盟被迫正式向联合国提出成为"新"会员国，并在 2000 年 11 月 11 日被接纳为联合国会员国。然而，对于联合国的这种做法，有学者认为

---

　　①　能否取得联合国会员的资格，是一个高度政治化的问题，尤其是对那些发生了分裂的国家来说更是如此。越南(南越与北越)加入联合国的问题，属于战后 3 个分裂国家的联合国会籍难题之一。其他两个，一个是朝鲜与韩国问题，另一个是民主德国与联邦德国问题。越南最后于 1976 年南北统一后，于1977 年 9 月加入联合国。朝鲜与韩国于南北关系初步有所改善后，于 1991 年同时加入。民主德国与联邦德国于 1973 年两国建立正常关系后，同时被联合国接纳，东西统一后，又将两个会籍合并为一个德国会籍。

　　②　GA Res. 47/1(1992); SC Res. 757 (May 30, 1992). 另外，欧盟建立的一个审查承认问题的仲裁委员会在 1992 年 7 月 4 日裁决，南联盟是一个新国家，而不是南斯拉夫社会主义联邦共和国的继承者。参见 Sean D. Murphy, State Succession, Contemporary Practice of the United States Relating to International Law, *American Journal of International Law*, Vol. 94, 2000, p. 677。

不但违反了国家继承原则，而且违反了《联合国宪章》。①

（四）"微型国家"问题

联合国会员国中，小国成分的迅速增加，在会费分摊、表决效果和权力分配上，引起了一系列新问题。西方有关国际组织的著作，多将所谓"微型国家"（micro-state）问题列入其研究范围。

微型国家问题，在联合国宪章中未作规定，而且在会员国中也很难达成协议给这类国家规定一个确切的定义与范围。大体言之，微型国家是指那些领土面积很小、人口很少、资源很缺的国家。在实践中，一般认为现在世界上可以归入这类国家或地区的有60多个，它们的人口大致均在100万以下。例如，截至2022年12月，摩纳哥，面积只有2.08平方公里，人口约3.9万；瑙鲁，面积为21.7平方公里，人口只有1.3万；圣马力诺，面积为61.2平方公里，人口约3.38万。人们称这些国家为极小国家。②

1967年，联合国秘书长吴丹曾试图对"微型国家"的正式会员资格加以某些限制。但是由于会员资格是个极其敏感的政治问题，因此并未而且也不可能采取任何行动。美国从其大国地位考虑，颇为重视这个问题。早在1954年，美国"参议院外交关系委员会联合国宪章小组委员会"（Subcommittee on the United Nations Charter, Senate

---

① 参见[美]何塞·阿尔瓦雷斯：《作为造法者的国际组织》，蔡从燕等译，法律出版社2011年版，第217页。

② 2000年9月20日，联合国人口基金公布了一份关于2000年世界人口状况的《报告》：全球15%的国家和地区（35个国家）拥有人口占世界人口的80%（约49亿名居民）。截至2022年底，继中国之后，人口第二大国印度是人口绝对增长率最高的国家，其人口总数为14.2亿人，美国为3.33亿人，印尼为2.76亿人，巴西为2.03亿人，巴基斯坦为2.4亿人，尼日利亚为2.22亿人。其他人口数在2亿以下1亿以上国家的排名为：孟加拉国、俄罗斯、日本。梵蒂冈是人口最少的国家，只有不到700名居民。15万人口以下的微型国家共有20个，分别为（按人口数的多少依序排名）：密克罗尼西亚联邦、基里巴斯、格林纳达、圣文森特和格林纳丁斯、汤加、安提瓜和巴布达、塞舌尔、安道尔、多米尼克、圣基茨和尼维斯、马绍尔群岛、列支敦士登、摩纳哥、圣马力诺、帕劳、库克群岛、瑙鲁、图瓦卢、纽埃、梵蒂冈。

Committee on Foreign Relations)曾作过有关联合国大会表决权的研究。研究资料提到,1954 年的会员国总数为 60 个,一般问题表决时的多数应为 31 票,从纯粹推理上假定,如果 31 票均为小国,则其人口可能只占联合国会员国人口总数的 5%强;若再以"重要问题"表决时所需的 2/3 多数计算,应为 40 票,如果 40 票均为小国,则其人口可能只占会员国人口总数的 11%。① 按上述方法类推,情况愈来愈突出,到 20 年之后的 1974 年,表决多数票的人口可能只占会员国人口总数的 4%多;2/3 多数票的人口可能只占会员国人口总数的百分之九多。这说明小国的成分有增无已。从事此种研究的人竟因此得出结论:一国一票制并不反映真正的国际民主,主张加以改革,并建议极小国家可成为联合国组织及各有关机构的伙伴,但不一定要享有随联合国会员资格而产生的某些政治权利。

国家主权平等,是国际法的一项重要原则。宪章明文规定,"各会员国主权平等",并以之作为联合国的组织基础。② 每个国家不论版图大小、人口多少、贫富如何,均有平等主权。如从联合国大会表决中否定一国一票制,这同宪章精神是根本对立的。1970 年大会通过的《国际法原则宣言》(Declaration on Principles of International Law concerning Friendly Relations and Cooperation among States)重申各国主权平等原则,一切国家在国际法上一律平等。在联合国实践中,已有约 30 个小国被接纳为会员国,它们在大会作为正式会员国的权利,并未受到任何影响。虽然极小国家在会费负担上可能存在着实际困难,但这是一个国家自己在申请加入时自由斟酌的问题,大国不能就此进行阻挠。国家大小并非宪章第 4 条所规定的取得联合国会员资格的条件。

(五)联合国会员国发展的趋势及影响

同国联相比,联合国会员国的发展,一直比较稳定。联合国成立

---

① 参见 *Representative and Voting in the United Nations General Assembly*, Staff Study, No. 4。

② 见宪章第 2 条(1)。

以来，迄今已接纳新会员国 142 个，主要是第二次世界大战后独立的国家。现在纳入会员国的数目已远远超过创始会员国。① 从接纳时间来分析，属于 20 世纪 40 年代后半期的 8 个；属于 50 年代的 24 个；属于 60 年代的 43 个②；属于 70 年代的 26 个；属于 80 年代以来这三十年的 40 个③。综上可见，20 世纪 60 年代前后，是国际格局巨变的时期：随着会员国的急剧增加，联合国的成员结构与力量对比发生了巨大变化。

联合国成立时，亚洲与非洲大陆的许多国家处在殖民主义的枷锁下，创始会员国中的大部分为欧美国家。20 世纪 40 年代后半期和 50 年代，是亚洲崛起时期，中国革命胜利和万隆会议的召开，大大推动了民族解放运动的发展。到 60 年代，非洲大陆迅速觉醒。从此，亚非国家、中小国家，在联合国的地位显得日益突出。原来，亚洲的创始会员国只有 9 个，而现在的会员国则已增加到 40 多个，是原来的 5 倍。1971 年，中华人民共和国在联合国的合法席位恢复以后，联合国安理会第一次有了一个发展中的社会主义国家占有一个常任理事国

① 国联的纳入成员国为 21 个，创始成员国为 42 个。纳入成员国仅为创始成员国的 1/2。

② 仅在 20 世纪 60 年代期间，即有 25 个新国家取得独立。

③ 20 世纪 80 年代以来，联合国会员国的增加，与 80 年代末 90 年代初苏联及东欧地区的变化有关。1991—1992 年在该地区出现"联邦瓦解潮"。苏联瓦解为 15 个国家，南斯拉夫瓦解为 5 个国家，捷克斯洛伐克从 1993 年 1 月 1 日起分为两个国家。因此，这一地区的国家总数已从原来的 10 个增加到现在的约 30 个。1991 年第 46 届联合国大会，于 9 月 17 日一次接纳了 7 个新会员国：朝鲜南北两方、马绍尔群岛、密克罗尼西亚、立陶宛、拉脱维亚、爱沙尼亚；其后，又于 1992 年 3 月 2 日接纳了 8 个新会员国：圣马力诺、摩尔多瓦、哈萨克斯坦、吉尔吉斯斯坦、乌兹别克斯坦、亚美尼亚、塔吉克斯坦、土库曼斯坦、阿塞拜疆。2000 年以来，成为联合国新会员国的有：图瓦卢（2000 年）、南联盟（2000 年 11 月，联大决定接纳南斯拉夫联盟共和国为联合国会员国；2003 年 2 月，南斯拉夫联盟共和国正式更名为塞尔维亚和黑山；2006 年 5 月，黑山正式宣布独立；2006 年 6 月，塞尔维亚共和国仍将承续塞尔维亚和黑山在联合国中的会员资格）、东帝汶（2002 年）、瑞士（2002 年）、黑山（2006 年）。

的席位。非洲的情况更为突出，在联合国创建时，只有埃及、利比里亚、南非和埃塞俄比亚是会员国，而现在，非洲在联合国的会员国已达到 50 多个，是联合国全部会员国总数的近 1/3。综观全局，在联合国现有的 193 个会员国中，发展中国家约有 150 个，占有联合国会员国总数的 2/3 以上。

进入 20 世纪 50 年代特别是 60 年代之后，由于一批批新国家相继独立并加入联合国，已使联合国，特别是大会的权力重心发生移转，使原来的两极局势似乎已开始有一种向着多极演变的趋势。广大发展中国家组成的不结盟集团，在联合国的各个领域产生影响；它们在许多问题上彼此磋商并协调立场，成为联合国中一支举足轻重的力量。在经济领域内形成的"77 国集团"，有关经济问题的重大决议，若无"77 国集团"的赞成与支持，都颇难得到通过。在此种局势的影响下，推动联合国宪章作了相应的修改。依据 1965 年生效的修正案，安理会非常任理事国从 6 名增为 10 名；经社理事会从 18 名增为 27 名，后又增为 54 名。从而在这些机构中，发展中国家的席位都相应得到了增加，其作用亦愈为显著。这一趋势，深刻地影响着联合国的发展方向。随着中小会员国的大量增加，使过去长期控制联合国表决机器的西方大国，现在在投票中争取多数支持的活动，变得困难了。各大国，特别是超级大国，如果不能说服绝大多数会员国确信其立场是正确的，那就甚难获得有效的支持。大会的情况固然如此，安理会也不例外，因为安理会决议的有效实施，还有待于各会员国的切实合作与执行。人们认为，60 年代之后联合国中的巨人，未尝不可以说是"77 国集团"，它的组成国家有 130 多个，形成了大会的绝对多数。虽然广大发展中国家之间也不无利益相左之处，但是只要能协调行事，发展中国家就有可能促使其想通过的任何决议在大会上获得通过。

第二节　联合国会员资格的丧失

联合国宪章不但没有给一切国家以必然成为会员国的权利，而且规定在特定条件下，会员国有可能丧失其已有的会员资格。

一、会员国的开除

据宪章规定：屡次违犯宪章原则的会员国，大会可依安理会的建议，以 2/3 的多数将其开除(expulsion)出联合国。① 开除是一种最严厉的组织制裁，只适用于"屡次违犯"宪章原则这种重大的情节。国联盟约亦有类似规定，并曾在其实践中予以执行，但在联合国历程中，迄今尚未适用过这一条款。② 就安理会常任理事国而言，这项制裁根本不可能对其适用，因为同国联盟约的规定不一样，安理会任一常任理事国在这个问题上(包括对自己及其所支持之国家的开除在内)都是能够行使否决权的。③

二、会员国权利的中止

联合国会员国所享有的各种权利，在若干特殊情况下，有可能被中止(suspension of the right)。

宪章第 5 条规定：经安理会对其采取防止或强制行动的会员国，大会可根据安理会建议，以 2/3 的多数，中止其会员国权利和特权的行使。④ 但由于安理会常任理事国对此享有否决权，这一制裁是无法对其行使的。对此种权利与特权的恢复，宪章规定了另一种程序：得由安理会单独撤销之，无须经过大会决议。

宪章第 19 条还规定了另一种中止会员国权利的情况，即拖欠联合国经费摊款的会员国，其数目如已达到其前两年应缴纳的总数，即

---

① 见宪章第 6 条和第 18 条。

② 第二次世界大战后，各种国际组织对于拒不履行其义务的成员国，很少使用除名这一手段，一般的制裁方法是对于不履行财政义务或其他义务的成员国，停止其某些权利的行使。

③ 见国联盟约第 16 条(4)。该条规定，应除名之成员国不得参加此项投票表决。

④ 见宪章第 5 条、第 18 条。

应丧失其在大会的投票权。① 但有一例外规定，如大会认定欠缴的原因是该会员国无法控制的情况，则可准许投票。所谓"无法控制"情况，一般系指自然灾害、严重的政治动荡、经济萧条等。这里所规定的只是在大会的投票权而不涉及在其他机构的权利。大会的会费委员会须向大会每届会议报告是否有需要执行第 19 条规定的情况。② 中止投票权的行使，并不免除该会员国应尽的义务；当缴纳足以恢复其投票权的欠款之后，投票权即应恢复。③

三、会员国的退出

联合国宪章与国联盟约不同，没有关于会员国自动退出 (withdraw)联合国的规定。④ 这一问题曾在旧金山会议引起反复讨论。结果，会议第一委员会的第二专门委员会以 38 票赞成、2 票反对、3 票弃权通过了一项后来经全体会议认可的决议，决定在宪章中不作有关允许或禁止会员国退出联合国的明文规定。决议认为：会员

---

① 联合国的经费分为正常预算费用与维持和平行动费用两种。正常预算费用的主要来源是会员国的摊款，其数额按大会批准的比额表分摊。摊款数额基本上是以各会员国国民收入总额相比来计算的。维持和平行动费用则根据各种具体情况另按特殊办法分摊。

② 例如，1988 年联合国有 11 个成员国因拖欠会费，其数额已达到其前两年应缴纳的总数，而被中止其在大会的投票权。它们是：萨尔瓦多、赤道几内亚、多米尼加共和国、贝宁、多米尼加联邦、刚果、赞比亚、中非共和国、罗马尼亚、圣多米和普林西比、南非。截至 2021 年 6 月 11 日，又有以下 4 个会员国出现《联合国宪章》第 19 条所述拖欠会费的情况：中非共和国、科摩罗、圣多美和普林西比、索马里。

③ 国联盟约没有关于如何解决拖欠会费问题的任何条款，宪章此条规定在一定程度上吸取了国联失败的教训。关于"拖欠"问题，还将在第 12 章第 4 节中论及。

④ 国联盟约以第 1 条(3)规定：任何成员国在预先作出通知两年之后可以退出国联。退出的条件是，该国必须在退出时已经完成一切国际义务及盟约所规定的义务。人们认为，盟约这一条款在某种程度上从法律角度加速了其成员国的退出，削弱了国联；因此，联合国宪章有意排除了此项规定。

国的首要义务是在该组织内为维持国际和平与安全而进行合作，然而，如果由于特殊情况，某一会员国不得不退出组织时，那么，迫使该会员国继续留在组织之内，也并非联合国的宗旨；如果联合国表现出不能维持和平或只能在牺牲法律与正义情况下方能维持和平，或者由于宪章修正而影响到会员国的权利义务，那么有关会员国也无继续留在组织之内的义务。根据上述立法精神，联合国各会员国作为主权国家，显然是保有自动退出组织的权利的。

在国际联盟存在期间，从 1924 年至 1942 年，共有 17 个成员国根据盟约第 1 条退出国联。但在联合国很少发生退出的情况。虽然印度尼西亚曾因马来西亚被选入联合国安理会而于 1965 年 1 月正式通知秘书长退出联合国，但在 20 个月之后，于次年 9 月底，印尼又恢复了在联合国的席位，除补交其退出期间所应缴纳经费的 10% 外，并未重新办理加入手续。可见，印尼的退出，并未被联合国正式加以确认。①

第三节　中国在联合国的代表权和联合国会员国的普遍性

一、中国在联合国代表权问题的解决

第二次世界大战后，"冷战"阴影笼罩着东西关系，昔日反法西斯的盟友成了 20 世纪 50 年代敌对的两方。在联合国内外，形成了美苏间的严重对抗。按公认的国际法原则，1949 年中国人民革命胜利

---

① 当国际组织基本文件无"退籍条款"时，有不少学者认为，此即以默示方式允许成员国在一定条件下可以自由退出组织。但是持反对意见者认为：国际组织章程也是一种多边条约，按《维也纳条约法公约》第 56 条规定："条约如无关于退出之规定，不得退出，除非经确定当事国原意为容许有退出之可能，或由条约之性质可认为含有退出之权利。"因此，当建立组织之章程无退籍规定时，不一定即为默示允许退籍。

后的新政府，是代表中国的唯一合法政府，应享有在联合国的一切权益。可是直到 70 年代初，新中国在联合国的合法席位，遭到了长期剥夺。

1950 年 6 月 27 日和 7 月 7 日，安理会在作为合法常任理事国的新中国代表和当时苏联代表缺席的情况下，两次通过决议，建议各会员国提供武力入侵朝鲜。并据此组织了有 16 国参加的"联合国军"(主要是一支美国军队)，"交由美国指挥下的统一司令部使用"。这是违反国际法及《联合国宪章》的行动。联合国在被挟持的情况下，于第 5 届至第 9 届大会，相继对新中国作出干涉性的决议。此后，又于 1959 年、1961 年和 1965 年，分别作出同类性质的决议。中国政府曾多次发表声明，谴责"在美国压力下的联合国何等沦落不堪"！

在整个 20 世纪 50 至 60 年代的历届联合国大会上，中国在联合国的代表权问题，一再以所谓"时机不成熟、暂不讨论"和"中国代表权是必须由联大以 2/3 多数才能决定的'重要问题'"为借口，而被搁浅。这是没有宪章根据的。中国作为会员国的代表权问题，在法律性质上与新会员的接纳截然不同。新会员的接纳是有关会籍的取得问题，而代表权则是在具备会籍条件下由一个现存合法政府来代表的问题。显而易见，恢复中国的合法代表权，在联合国只是有关确认代表全权证书的程序性事项，而并非属于宪章第 18 条第 2 项所规定的需 2/3 多数才能决定的问题。同时，根据宪章第 2 章有关会员条款的规定，享有联合国会员资格的是国家。国家与其政府不能等同。一国政府的更替，纯属国内管辖事项。国家在国际法上的权利不应因其政府的更替而受到任何限制。

上述违反宪章规定及国际法原则的做法，实质上是干涉中国的内政。这种有损这个组织的普遍性及有效性的做法，遭到了国际社会愈来愈大的抵制。随着国际局势的不断发展，到 1971 年，第 26 届联大终于以压倒多数通过了关于"恢复中华人民共和国在联合国组织中的一切权利"的第 2758 号决议。① 这是中国、许多发展中国家和其他一些国家，经过长期不懈努力的结果。由于联合国克服了过去的失误，从而使之更具普遍性，大大有助于实现宪章所规定的原则和宗旨。②

联合国秘书长，在事隔 15 年之后，即 1985 年联合国诞生 40 周年之际会见中国记者时，曾对上述"不愉快"的历史感叹地说了两句话："那是这个组织的悲剧。不然的话，联合国所经历的一些灾难，也许是可以避免的。"然而，历史毕竟只是历史，历史巨轮在前进，穿过云雾，又是晴天。③

二、联合国的普遍性

根据《联合国宪章》序言、宗旨、原则及第 4 条等的规定，联合国是一个全球范围的普遍性国际组织。在伦敦举行联合国大会第一届会议时，与会国家只有 51 个创始会员国，欧洲国家居多数。今天在东河之畔的曼哈顿总部集会的，已有 193 个国家的代表，几乎包括了全世界所有的国家。联合国是当今世界最具有普遍性的一个组织。14 亿人口的中国和 184000 人口的圣卢西亚，在联合国都享有同等的发

---

① 第 26 届联合国大会，于 1971 年 10 月 25 日，就阿尔巴尼亚、阿尔及利亚、缅甸等 23 国关于"恢复中华人民共和国在联合国的合法权利"的提案进行表决，结果以 76 票赞成、35 票反对、17 票弃权的多数通过了第 2758(26)号决议。决议全文为："……大会，回顾《联合国宪章》的原则，考虑到恢复中华人民共和国的合法权利，承认中华人民共和国政府的代表是中国在联合国组织的唯一合法代表，中华人民共和国是安全理事会五个常任理事国之一，对于维护《联合国宪章》和联合国组织根据宪章所必须从事的事业都是必不可少的，决定：恢复中华人民共和国的一切权利，承认其政府的代表为中国在联合国组织的唯一合法代表并立即把蒋介石的代表从其在联合国组织及所属一切机构中所非法占据的席位上驱逐出去。1971 年 10 月 25 日第 1976 次全体会议。"

② 参见韩念龙等：《当代中国外交》，世界知识出版社 1987 年版，第 319~322 页。

③ 关于中国与联合国的关系，特别是中国在联合国恢复合法席位之后的情况，可参见梁西：《联合国与中国》，载《武汉大学学报(社会科学版)》1989 年第 4 期。

言权与表决权。会员国的地区分布也已改观,亚非拉国家占了总数的2/3。这种成员结构的变化,几乎足以使联合国的重心发生移转,使这个组织固有的东西对峙格局,朝着多极化演变。这一演变有利于和平,在一定程度上改变了少数大国可任意摆布世界事务的局面。

成员结构的变化,推动《联合国宪章》作了某些与国际平衡相适应的修改。安理会非常任理事国从原来的 6 名增加为现在的 10 名;经社理事会理事国从原来的 18 名增加为现在的 54 名。从而扩大了地域代表权,使广大发展中国家,在参与联合国的事务与决策中,发挥日益重要的作用。联合国大会及安理会,在发展中国家的积极影响下,对支持巴勒斯坦人民恢复民族权利,对声援南非人民及南部非洲国家反对种族主义及扩张主义,对制止伊拉克入侵科威特,以及对抵制超级大国侵略阿富汗、巴拿马等问题,作出了一系列正确的决议。在联合国和世界范围内,建立新国际经济秩序、新海洋秩序和新法律秩序的运动,也在发展中国家的促进下,得到了持续的发展。

长期以来,随着联合国普遍性的增加,其组织结构也经历了一个不断完善与扩大的过程。现在,除宪章规定的 6 大主要机关外,还设有人权理事会等近 100 个辅助及附属机构,涉及政治、经济、社会及文化科技等各个方面。与此相关,联合国总部和驻世界各地的工作人员,也已由成立之初的两千多人增加到了四万多人。他们每年需要在纽约和日内瓦为联合国筹备并举行 1 万次以上的会议,制作或传阅约8000 份官方报告。这些,都反映联合国事业有了惊人的进步及发展(当然,也由于机构臃肿而影响到工作效率,并加重了财政负担,需要进行改革)。①

联合国初期,一年的正常预算总额不到 2000 万美元,现在则已

---

①　由 21 名成员组成的联合国会议委员会的主席,于 1996 年 10 月发出的一封呼吁节约开支的信中说:"以 6 种官方语言发表的每一页文件的开支是 916美元,其中 602 美元是翻译费。一次会议的开支是 4500 多美元,其中 4100 多美元是翻译费。"据估计,每年在联合国总部(纽约)要召开 5000 多次会议。

超过 30 亿美元这个巨大数字。① 在经费开支和人力配备方面，初期多集中于解决政治性问题，但随着第三世界国家发言权的加大，联合国在职能上出现了一系列变化，经济及社会事项，已成为国际社会所日益关注的问题。现在，在正常情况下，联合国至少有 60% 的人力和 50% 的财力，是用于促进南北协作和发展中国家的经济及社会发展的。它在开发援助、技术合作、贸易、金融、工农业、人权保障、救济、卫生、人口、海底资源、环境保护，甚至沙漠化问题等方面，建立了各种专业机构，在工作上取得了比政治活动更为明显的成就。② 今天，从外层空间，到海床洋底，包括生老病死等人类生活的各个领域，无不同联合国的存在联系在一起。

第 43 届联合国大会宣布 20 世纪 90 年代为"根除殖民主义国际年代"，旨在促使全世界在进入 2000 年后，不再有殖民主义残余存在，以彻底实现宪章的《非殖民化宣言》。联合国在世界民族解放运动浪潮中，对加速非殖民化的进程，作出了重大贡献。从 20 世纪 50 年代起，在短短的 1/4 个世纪内，先后有一百多个国家赢得了独立，从而整个地改变了世界地理政治的形势。这是影响联合国成员结构变化的根本原因。

随着联合国普遍性的增加，联合国已发展成为解决各种国际争端的一个非常重要的渠道。特别是多年来，联合国在调解及处理地区纠纷和冲突中，取得了一系列突破，国际威信有所提高。但是，与此相联系，存在着一个使人深思的问题：一方面，作为这个组织重要基础的集体安全体系，始终收效甚微；而另一方面，从宪章第 40 条派生或演化出来的"联合国维持和平部队"，却发挥了较大的作用。和平部队的活动，对半个世纪以前的联合国奠基人来说，是一种重要发

---

① 联大批准 2022 年的联合国预算为 31. 21651 亿美元。

② 进入 20 世纪 80 年代后，联合国系统各机构用于经济与社会发展的资金，约占全年总开支的 70%，每年联合国向发展中国家提供的技术援助约在 17 亿美元以上，而在联合国建立初期，每年则不足 40 万美元。以联合国的粮农组织系统为例，近 20 年来向发展中国家提供的农业发展资金即达 200 多亿美元。

展。这个在欧、亚、非和中近东多次执行过和平警察任务的维和部队,于1988年获得了诺贝尔和平奖。这,与其说是联合国的一项荣誉,还不如说是世界舆论对这个国际组织的一种合理的期待。

如今,联合国肩负着维持国际和平与促进全球发展的历史使命,已走过了七十多年,与众多的国际组织相比,它的成员国最多,职权范围最广,对当代国际关系及国际法的影响最深远。它是当代多边外交的"协调中心"。然而,这个最具普遍性的"庞然大物",在价值天平上,却常常显示出很不相同的分量。人们对它毁誉不一。说联合国成绩可嘉的大有人在,说它是霸权主义工具的也不乏其人。为了使联合国更臻完善,会员国都在呼吁联合国的改革。当前,国际关系正处于剧变之中,要对联合国的前景作出可靠预测,似乎还为时过早。不过,有一点是可以肯定的:今日整个人类,只不过是同一个"地球村"(earth village)上的居民,彼此需要"相互依存"比需要"相互吞噬"更为迫切!正当世界面临核威胁、经济危机、恐怖主义、传染病蔓延、国际纷争频繁、大小战争不断、生存环境恶化、南北经济鸿沟愈演愈深的时候,很难想象:在这风雨飘摇的"险海"中,有谁会轻易摈弃联合国这一叶扁舟!联合国过去的历史证明,它今后能不能有效地发挥作用,关键在于它能否进行切实的改革,能否切实贯彻宪章所规定的宗旨与原则。在新的形势下,联合国的工作机制应该进行大力改善,联合国的功能应该进一步予以加强,这些无疑都是联合国组织的当务之急,也是对联合国及其宗旨与原则的一个严峻考验。今后的联合国究竟以什么面貌迎接新的挑战?全世界人民将拭目以待!

第九章　联合国的组织结构

第一节　概　　述

联合国为了实现宪章所规定的宗旨，设有 6 个主要机关（principal organs）：大会、安全理事会、经济及社会理事会、托管理事会、国际法院和秘书处。

这 6 个主要机关，可以从不同角度加以分类。从其组成人员来看，这些机关可以分为：

（1）大会是由全体会员国派代表组成的机关。

（2）安理会、经社理事会和托管理事会，是由部分会员国派代表组成的机关。凡由会员国派遣参加上述各机关的代表，除国家元首、政府首脑与外交部长外，均需有全权证书证明其身份。

（3）秘书处和国际法院，不是由会员国政府派遣代表组成的机关，而是由以个人身份从事工作的国际公务人员所组成的机关。

从管辖范围来看，这些机关可以分为：

（1）一级机构：联合国内并没有一个像国家政府那样统管其全部工作的权力中心。大会，虽然职能范围非常广泛，但主要是一个审议机构，权力有限。安理会，虽然可以作出对会员国有法律拘束力的决定，权力很大，但其主要责任只是维持国际和平与安全，职能范围有限。不过从总体上分析，大会与安理会分别掌管着联合国的主要职权。此外，秘书处虽不是一个权力机构，但负责联合国的全部行政及秘书事务。因此，这几个机关可以说是中央一级的，堪称为联合国的第一级机构。

（2）二级机构：经社理事会与托管理事会，虽然都是联合国具有明确管辖范围的主要机关，但按宪章规定，两者都是在大会的权力之下（Under the Authority of the General Assembly）进行工作的。① 因此，它们可称为联合国的第二级机构。

（3）司法机构：宪章明文规定，国际法院是联合国的主要司法机关。

除上述 6 个主要机关外，联合国还可以依宪章设立认为执行其职能所必需的各种辅助机关（subsidiary organs）。② 各主要机关对其所设立的辅助机关的组织与职能，可以随时加以变更或终止。在 6 大机关中，以大会与经社理事会设立的辅助机关为最多。而且随着各主要机关的活动范围与日俱增，辅助机关的设立也有不断扩展之势。

各种辅助机关的作用、组织形式、职权范围与活动程序等，差别甚大。它们有常设的、也有暂时的，但一般说来，都有其明确、具体的任务。从其任务的性质来看，有属于政治方面的，如安理会的存在于 1948 年至 1950 年的印度及巴基斯坦委员会，大会的纳米比亚理事会等；有属于经济方面的，如经社理事会的自然资源委员会、亚洲及太平洋经社委员会等；有属于社会方面的，如经社理事会的人口委员会、社会发展委员会等；还有属于技术方面的，如经社理事会的科技发展委员会等。很多辅助机关的职权，只限于向设立它的主要机关作出建议或提出报告，但有些辅助机关则有较大的职权，如大会设立的裁军委员会可以召开国际会议，儿童基金会可以同各国政府缔结条约。

---

① 见宪章第 60、63、64、66、87 条等。

② 见宪章第 7 条（2）、第 22 条、第 29 条、第 68 条；国际法院规约第 26 条、第 27 条、第 29 条等。关于什么是"辅助机关"的问题，联合国秘书处曾经在 1954 年的一份研究报告中加以解释：依宪章第 7 条第 2 项之规定，用授权机关决议之形式，由主要机关建立或受其领导之机构，为辅助机关。

第二节　大　　会

根据宪章第 4 章的规定，大会由联合国的全体会员国组成。① 大会每年举行常会时，会员国往往派国家领导人、外长或其他部长率领代表团出席。每个会员国出席常会的代表团，不得超过代表 5 人和副代表 5 人，其中 1 人为团长。如国家元首或政府首脑出席会议，他即为该代表团的当然团长。但代表团的顾问、专家和秘书人员的数目则没有限制。联合国大会的代表，是按其派出政府的指示行事的，因此，大会不是世界议会，而是联合国内部一个政府间的国际代表机关。但是，由于其具有最广泛的代表性，它是联合国一个最基本和最主要的机关。

根据宪章规定，大会应自行制定其议事规则。每届会议应选举主席 1 人，副主席 21 人。主席和副主席席位，按亚洲、非洲、拉美、东欧、西欧及其他国家等 5 个地区小组分配，由会员国轮流选任。② 安理会 5 个常任理事国的代表不担任主席，但在每届大会都可当选为副主席。③ 大会在举行常会时，除全体会议外，设有 7 个主要委员会（main committees）以分别进行讨论和准备工作：

（1）政治与安全委员会（第一委员会），包括军备管制工作在内；

（2）经济与财政委员会（第二委员会）；

（3）社会、人道与文化委员会（第三委员会）；

（4）非殖民化委员会（第四委员会）；

---

① 大会是联合国 6 个主要机关中唯一由全体会员国组成的机关。因此，联大会籍与联合国会籍是完全一致的。

② 大会主席由各地区小组轮流选任；副主席按下列名额分配：亚洲国家 5 名，非洲国家 6 名，拉丁美洲国家 3 名，东欧国家 1 名，西欧及其他国家 2 名，安理会常任理事国 5 名。但在大会主席选出后，主席所属的地区须减少副主席名额 1 名。

③ 大会主席因故不能出席会议时，可以委托副主席 1 人代行职责，但是安理会 5 个常任理事国的代表向来不被委托代行主席的职责。

(5)行政与预算委员会(第五委员会);

(6)法律委员会(第六委员会);

(7)特别政治委员会(从第11届大会开始设立,用以分担第一委员会的工作,讨论一些较为次要的政治性问题)。

每个会员国都有权派代表参加这7个委员会。大会把大部分议事日程上的有关项目分配给它们,由它们分别进行讨论并提出决议草案。委员会的决议草案须提交大会全体会议通过后,才能成为大会的正式决议。凡未提交给主要委员会的项目,由大会全体会议进行处理。

大会每届常会还设有两个程序委员会(procedural committees):

(1)总务委员会。① 它由大会主席与21个副主席以及7个主要委员会的主席组成,由大会主席担任主席。总务委员会负责组织大会的工作,审查大会议程,决定各个项目的优先次序,并协调大会所有各委员会的会议进程。

(2)全权证书委员会。由大会根据大会主席提议而任命的9个会员国的各1名代表组成。它负责审查各国代表的全权证书,并向大会报告审查情况。

大会除了开会期间的工作之外,还有经常性的工作需要进行,因此大会又设有两个常设性的委员会(standing committees)作为辅助机关协助工作:

(1)行政与预算咨询委员会。它由13个委员组成,负责有关方面的咨询工作,各委员的任期为3年。

(2)会费委员会。它由13个委员组成,就各会员国交纳会费的百分比向大会提出建议。各委员的任期为3年。

这两个委员会的委员,是在广泛地域代表性和个人资历相结合的基础上选举出来的。

此外,大会还可以设立其认为在行使职务时所必需的其他辅助机关。如1968年设立的和平利用国家管辖范围以外海床洋底委员会,

---

① 也有人称之为"指导委员会"。

1965 年设立的联合国训练研究所，1961 年成立的《给予殖民地国家与人民独立宣言》执行情况特别委员会，1959 年成立的和平利用外层空间委员会等。大会设立的辅助机关很多，几乎涵盖了大会职能的各个方面。① 下面，专以"人权理事会"为例，加以重点说明。

2006 年 3 月 15 日，第 60 届联合国大会以 170 票赞成、4 票反对、3 票弃权的表决结果通过一项决议，决定设立共有 47 个席位的人权理事会，以取代总部设在瑞士日内瓦的人权委员会。该决议规定，人权理事会是联大的辅助机关(subsidiary organ)，联大将在 5 年后对该理事会的地位进行审查。人权理事会的 47 个席位按公平地域原则分配。其中非洲 13 席，亚洲 13 席，东欧 6 席，拉美和加勒比 8 席，西欧和其他国家 7 席(包括北美和大洋洲)。人权理事会的总部也设在瑞士日内瓦。该决议还规定，人权理事会成员由联大秘密投票产生，候选国必须获得联大全体成员国的过半数支持(即至少 96 票)方能当选。在选举理事会成员时，联大应考虑候选国在促进和保护人权方面所做的贡献，及其在这些方面自愿做出的承诺。如同一地区获得联大过半数支持的候选国超过了该地区的席位总数，则按得票多寡分配席位。理事会成员每届任期 3 年，连续 2 任后须间隔 1 年方可寻求新任期。联大每年改选 1/3 左右的成员。经 2/3 成员国同意，联大可中止严重违反人权国家的人权理事会成员国资格。人权理事会每年举行会议不少于 3 次，总会期不少于 10 周，并可召开特别会议。迄今，人权理事会共召开 48 届正式会议，并就巴勒斯坦被占领土、苏丹达尔富尔、斯里兰卡人权问题和金融危机等问题举行 30 次特别会议。人权理事会负责对联合国所有成员国作出阶段性人权状况回顾报

① 关于设立辅助机关的范围，不无争议。以联合国行政法庭为例：它是大会的一个辅助机关，具有独立于大会权力之外的审判能力，其判决对联合国系统内各机构均有约束力。但是，由于没有宪章的明文规定为依据，其成立曾经受到质疑。国际法院在 1954 年就这一问题发表的咨询意见中指出：大会设立行政法庭负责审理联合国及其职员的诉讼事项，目的在于保障秘书处的良好运作，与宪章的宗旨原则并不矛盾，因此大会有权(意指隐含权力)设立此法庭，且不得拒绝该法庭的裁决。

告，理事会成员在任期内必须接受定期普遍审查机制的审查。2006年5月9日，第60届联大选举产生理事会首届成员，中国以146票成功当选，任期3年。①

第三节　安全理事会

一、安理会的组成

安全理事会在联合国的6个主要机关中，占有首要的政治地位。最初，安理会由中、法、苏②、英、美5个常任理事国(permanent members)和其他6个非常任理事国(non-permanent members)组成。到20世纪60年代初，联合国会员国增加到110多个，亚非国家占一半以上。它们强烈要求扩大安理会以增加亚非国家的席位。经过长达8年的讨论，于1963年修改宪章第23条，将非常任理事国名额扩大到10个。修正案于1965年生效。③ 在安理会中，每个理事国应有代表1人。非常任理事国由联合国大会以出席并投票的会员国的2/3赞成

①　人权理事会成立以来，中国已于2006年、2009年、2013年、2016年和2020年五次当选理事会成员。

②　1991年12月21日，苏联11个加盟共和国首脑签署《阿拉木图宣言》正式宣告苏联"停止存在"以后，俄罗斯自动继承了原苏联在联合国会籍(包括安理会常任理事国席位在内)。

③　20世纪90年代后，随着国际关系与世界政治、经济形势的发展，要求改组和扩大安理会的意向日趋明朗化。不少会员国担心安理会有可能成为大国干涉别国内政的工具，要求联合国适应形势的需要，扩大"民主"，进一步提高维持国际和平与安全的效力。在1992年联合国大会上，印度、日本等国提出了一项有关改革安理会构成的议案，其中包括建议在1993年的第48届联合国大会上把"安理会席位的公平分配与扩大问题"作为一个议题。统一后的德国及特别是作为经济大国的日本，曾经把"争取在联合国成立50周年时成为安理会常任理事国"确定为(日本)政府的基本方针。此后，德日两国一直在继续不断地为此作出努力。此外，还有一些大的发展中国家，如印度、巴西、尼日利亚等，也在期待着能够进入联合国这个权力最大的机关。值得注意的是，在(转下页)

票选出，任期2年；交替改选，每年改选5个。改选时不得连选连任。大会在选举非常任理事国时，首先应特别照顾到联合国各会员国对维持国际和平与安全以及联合国其他宗旨的贡献，也要照顾到地理上的公平分配(equitable geographical distribution)。

由于联合国会员国不断增加，非常任理事国的公平分配也显得更

(接上页)2003年第58届联大上，时任联合国秘书长的安南任命了以泰国前总理阿南·班雅拉春为主席的"威胁、挑战和改革问题高级别小组"(the High-level Panel on Treats, Challenges and Change, 简称"名人小组")，负责为加强联合国提出建议。2004年12月，"名人小组"提交《一个更安全的世界：我们的共同责任》(A More Secure World: Our Shared Responsibility)的报告。该报告提出了扩大安理会的A、B两套方案。其中，A方案为6+3模式，即增加6个没有否决权的常任理事国席位和3个任期两年的非常任理事国席位，具体分配是亚太和非洲地区各增加2个常任理事国席位，欧洲和美洲地区各增加1个常任理事国席位；B方案为8+1模式，即不增加常任理事国席位，但新增8个任期四年并可连任的非常任理事国席位，并新增1个任期两年(不可连任)的非常任理事国席位，具体分配是亚太、非洲、欧洲和美洲各增加2个任期四年并可连任的非常任理事国席位。2004年，第59届联大在扩大安理会的问题上，先后涌现了四种方案：即以上述A方案为基础的"四国联盟"方案(该方案由日本、德国、印度和巴西等四国提出，要求联大在2005年6月通过安理会改革的框架文件，7月中旬选出新增常任理事国，并在高峰会议前通过相关的修宪条款)；以上述B方案为基础的"团结谋共识"方案(该方案由意大利、韩国、巴基斯坦、阿尔及利亚等国发起的"咖啡俱乐部"，后改为"团结谋共识"运动提出，它首先反对"四国联盟"方案，认为"设定时限不妥"，并提出用B方案来反对"四国联盟"的A方案)；非洲联盟方案和不成文的美国方案。可见，安理会的改革问题极其复杂敏感，关系到在联合国内外今后将建立何种新的力量平衡的问题。国际舆论对此反映不一，现已成为联合国日程上的一个"热"点，无疑需要认真予以解决。值得注意的是，2021年9月10日，联合国秘书长古特雷斯向联合国大会提交了秘书长报告《我们的共同议程》(Our Common Agenda: Report of the Secretary-General)，就联合国机构改革提出重要设想，包括：为安理会改革问题的讨论注入新的活力；扩大安理会(包括改善非洲的代表性)、为在会上听到更多声音作出更系统性安排等方式，可使安理会更好地反映21世纪的情况；考虑公开承诺在使用否决权方面力行克制，以加强安理会的包容性与合法性等。参见 Our Common Agenda: report of the Secretary-General, available at https://digitallibrary. un. org/record/3939309? ln = en#record-files-collapse-header。

为复杂。1946 年，5 个常任理事国曾在伦敦达成一项君子协定 (gentlemen's agreement)，建议当时 6 个非常任理事国的分配应为：拉丁美洲国家 2 个；中近东地区 1 个；英联邦国家 1 个；西欧 1 个；东欧 1 个。后来，1963 年 12 月 17 日，联合国大会关于修改宪章第 23 条以扩大安理会理事国名额的决议又重新规定，10 个非常任理事国的选举应分配给：亚非国家 5 个；拉丁美洲国家 2 个；东欧国家 1 个；西欧及其他国家 2 个。① 当非常任理事国 2 年任期届满后，应选出同一地区的国家来接替。从以上非常任理事国地区分配的变化，可以看出发展中国家在联合国日益增长的作用。

安理会主席的职位，由各理事国按其国名英文字首的排列次序轮流担任，主席的任期为 1 个月。安理会主席除主持安理会各种正式会议及协商活动外，并在安理会的权力下代表作为联合国一个机关的安理会。如果担任主席的理事国代表缺席，应由该理事国代表团的其他代表来接替这一职务。

根据宪章第 47 条，联合国设立了一个军事参谋团。它由安理会各常任理事国的参谋总长或其代表组成，其任务是就安理会维持国际和平与安全的军事需要、供安理会支配的军队的战略指导以及军备管制等问题，向安理会提供意见与协助。② 军事参谋团于 1946 年成立后，曾于翌年 4 月 30 日向安理会提出过一项关于宪章第 46 条所规定之武力使用计划的报告。但在安理会各大国之间，未能就报告中的一般组织原则达成协议。在其后的"冷战"气氛中，参谋团日益难于发挥作用，名存实亡。宪章为它规定的各项职能，几乎全被其他机构如裁军委员会等所代替。

安理会自行议定其议事规则，并可设立它认为对执行其职能所必需的辅助机构。

安理会有两个常设委员会：一个是专家委员会，它就议事规则及

---

① 参见 *Yearbook of the United Nations*，1963，p. 87。分配中的所谓"其他国家"应解释为指澳大利亚、新西兰和加拿大等不包括在上述地区中的诸国家。

② 见宪章第 26 条、第 46 条、第 47 条。

其他技术问题进行研究并向安理会提出建议；另一个是接纳新会员国委员会。这两个委员会都是由安理会全部理事国的代表组成的。

此外，为了某种特定目的，安理会还设有若干其他辅助机构。如关于南非共和国政府种族隔离政策的特别委员会等。

二、非常任理事国的竞选

安理会是联合国的重要机关，每年 5 个新的非常任理事国的选举，是联合国大会的重要事项。一般步骤是：首先，由打算竞选的国家宣布参加竞选；其次，由上述各地区国家分别组成的小组内部协商，产生本地区的候选国，然后向其他地区小组推荐；最后，由大会以无记名投票方式进行选举。如果有两个国家各不相让，坚持竞选同一个席位，而且有关地区小组又无法作出一致推荐时，也可采取妥协办法，由两个国家平分任期，每个国家担任 1 年，以抽签办法决定谁先谁后。在联合国实践中，1956 年和 1957 年的南斯拉夫与菲律宾、1960 年和 1961 年的波兰与土耳其、1962 年和 1963 年的罗马尼亚和菲律宾、1964 年和 1965 年的捷克斯洛伐克与马来西亚，都曾经分割任期，各任 1 年非常任理事国。如果两个以上国家竞选同一个席位，不能达成妥协办法，并且在大会投票中都不能获得 2/3 多数时，投票就必须继续进行，一直到以法定多数选出一个新的非常任理事国为止。

在 1979 年的第 34 届联合国大会上，选举安理会 5 个新的非常任理事国以接替 5 个任期即将届满的非常任理事国时，第一次无记名投票的结果，只有民主德国、尼日尔、菲律宾和突尼斯获得 2/3 的赞成票而当选。属拉丁美洲名额的那个非常任理事国，因赞成票未达 2/3 而未能选出。这个空额开始有哥伦比亚和古巴宣布参加竞选。在投票选举前，双方皆进行竞选活动。古巴外长曾率领外交要员到了纽约，古巴总理曾致函哥伦比亚总统要求给予支持，古巴作为不结盟国家主席，还在纽约召开的会议上，要求各与会国家协助，但均未成功。选举从 1979 年 10 月 26 日开始，接连经过 155 轮投票，古巴与哥伦比亚始终没有一方能获得 2/3 的多数票。大会因为这个席位的选举，曾几次宣布推迟闭幕时间。最后,由于已形成"竞选僵局",古巴和哥伦比亚都宣布退出竞选。结果,墨西哥以法定多数当选为非常任理事国。这次选举成了大会议事日程上的中心问题,使第 34 届大会一再延长,直到 1980 年 1 月 7 日才闭幕。此为联合国历史上罕见的事例。

2013 年 10 月 17 日,联合国大会选举沙特阿拉伯、乍得、立陶宛、尼日利亚和智利五国为 2014 年和 2015 年安理会非常任理事国。其中,沙特阿拉伯获 176 票,历史上首次当选安理会非常任理事国。然而,10 月 18 日沙特阿拉伯外交部发表声明称,因不满美国暂停交付埃及一些大型军事装备和现金援助,尤其不满美国未对叙利亚政府实施军事打击行动以及改善与伊朗关系,沙特阿拉伯拒绝接受等待了 67 年且经过两年艰苦努力才得到的联合国非常任理事国席位;指责安理会就巴以问题、叙利亚流血冲突和中东大规模杀伤性武器等事务持双重标准,没能真正履行其维护世界和平的责任,引发了让世界惊愕的"安理会风波"。这是联合国历史上首次出现如此情况。然而,有评论认为沙特阿拉伯的这种怄气行为不过是一场"茶杯里的风暴"而已。

2019 年 6 月,联大为安理会选出 5 个非常任理事国:爱沙尼亚、尼日尔、圣文森特和格林纳丁斯、突尼斯和越南。① 2022 年 6 月,联大为安理会选出 5 个新的非常任理事国:日本、瑞士、厄瓜多尔、马耳他和莫桑比克。

第四节　经济及社会理事会与托管理事会

一、经社理事会

经济及社会理事会是联合国的 6 个主要机关之一。据宪章第 60

---

① 位于加勒比海的岛国圣文森特和格林纳丁斯只有 11 万人口。该国总理拉尔夫·贡萨尔维斯告诉记者:"我们是有史以来当选为安理会非常任理事国的最小国家。"

条规定，它是在联合国大会的权力之下负责协调经济及社会工作的机关。

经社理事会最初由 18 个理事国组成。1963 年修改宪章第 61 条（1965 年生效），将理事国的名额扩大到 27 国。后来又于 1971 年再次修改该条（1973 年生效），将其扩大到 54 国。每个理事国在理事会应有代表 1 人，代表可随带副代表及顾问若干人。理事会于每届会议自行选举主席 1 人和副主席 3 人。理事国由联合国大会选举，任期 3 年。交替改选，每年改选 1/3（18 个），以保证理事会的组成既能经常更新而又具有连续性。理事国任期届满后，可以连选连任。自经社理事会存在以来，已经形成惯例，即安理会的 5 个常任理事国均当然能被选为经社理事会的理事国，并能不断获得连选连任的机会。1971 年 12 月 20 日，联合国大会关于修改宪章第 61 条以扩大经社理事会理事国名额的决议规定，54 个理事国的选举应分配给：非洲国家 14 名；亚洲国家 11 名；拉美国家 10 名；东欧国家 6 名；西欧及其他国家①13 名。② 从 1971 年起，我国一直为经社理事会理事国。

根据宪章规定，经社理事会应该设立关于经济与社会问题及促进人权的委员会，以及为执行理事会职能所必需的其他委员会。③ 经社理事会的各种职能及其经常工作，很多都是由所设下列区域委员会（regional economic commissions）、职司委员会（functional commissions）等辅助机构来进行的。

区域委员会，按地区设立，受经社理事会领导，旨在协助各地区经济、社会的发展，加强各地区内国家间的经济关系及其同世界其他地区的关系。有亚太经济社会委员会、西亚经济委员会、非洲经济委员会、拉美经济委员会和欧洲经济委员会。

职司委员会是按工作性质分专门问题设立的。有统计委员会、人

---

① 所谓"其他国家"，应解释为指澳大利亚、新西兰、加拿大和美国等不包括在上述地区中的诸国家。

② 参见 *Yearbook of the United Nations*，1971，p. 469。

③ 见宪章第 68 条。

口委员会、社会发展委员会、妇女地位委员会、预防犯罪与刑事司法委员会、麻醉品委员会、人权委员会(下辖防止歧视和保护少数民族小组委员会)、科学与技术委员会、可持续发展委员会。出席麻醉品委员会的代表由各国政府直接委派,其他几个委员会,为确保在各委员会所涉事务中有平等代表权,由各成员国在同秘书长协商后任命其代表;代表的任命须由经社理事会批准。

此外,还有若干其他常设辅助机构,如同政府间机构商谈委员会、非政府间组织委员会、住房造房与设计委员会、自然资源委员会、科技促进发展委员会、发展规划委员会、跨国公司委员会等。

所有以上各种委员会,分别研究与处理同它们有关的问题,并向经社理事会提出报告。

二、托管理事会

托管理事会是联合国负责监督托管领土行政管理的机关。它同经社理事会相似,也是在联合国大会的权力下来进行活动的①。

在第二次世界大战中,各国人民的反法西斯斗争,进一步推动了殖民地人民的民族解放运动,从根本上动摇了殖民统治制度。在筹建联合国时,英美等国为了以国际管理的名义干预与延续殖民统治,在旧金山会议上提出"国际托管制度"(international trusteeship system),并列入了宪章。② 国际托管制度,实质上是国际联盟委任统治制度(mandate system)的变相存在。

宪章规定,联合国设立托管制度"以管理和监督依照此后的个别协定而置于该制度下的领土"。托管制度的基本目的之一是"增进托管领土居民向自治或独立的逐渐发展"。

---

① 见宪章第 87 条。

② 敦巴顿橡树园会议建议案,并未提出宪章第 11~13 各章的草案,这几章的内容都是在旧金山会议上确定下来的。托管制度,是同宪章所规定的尊重人民平等权利与民族自决原则背道而驰的。

宪章未给托管理事会规定固定的理事国名额，仅规定理事会由下列三类会员国组成：（1）管理托管领土的联合国会员国；① （2）未管理托管领土的安理会常任理事国；② （3）由联合国大会选举必要数额的其他非管理国的会员国（任期 3 年），以使该理事会的理事国在管理国与非管理国的名额上保持平衡。因此，宪章给托管理事会理事名额的规定，同联合国其他 5 个主要机关相比，具有显著特色。③ 随着管理国的逐渐减少和完全消失，托管理事会的规模愈来愈缩小，其职能亦已消失。④ 因此，该理事会的存废已是修改宪章的一个现实问题。⑤

依宪章第 90 条的规定，托管理事会应选举其每届常会的主席和

---

①　在联合国实践中，非联合国会员国的国家，也可成为托管领土的管理当局。意大利成为索马里的管理当局时，尚未被接纳入联合国。它当时只作为观察员列席托管理事会。在国联的委任统治制度中也有同样情况：日本退出国联之后，它仍然是太平洋岛屿委任统治地的受任国。

②　中国作为安理会的常任理事国，自 1971 年恢复在联合国的合法席位以来，直至 1989 年 5 月 15 日，才第一次出席托管理事会会议。中国常驻联合国大使说，为了对加强联合国在国际舞台上富于建设性的作用作出贡献，中国决定从此参加托管理事会的工作。这次会议，主要是审议太平洋中密克罗尼西亚群岛的经济及自治等问题。

③　联合国的托管理事会同国联行政院所属的常设委任统治委员会（Permanent Mandates Commission）在组织上差别甚大。委任统治委员会是由不代表任何政府的个人专家组成的，他们的多数来自非受任国；而托管理事会则是由联合国会员国的代表组成的。

④　联合国的最后一个托管领土帕劳（Palau）于 1994 年 12 月 15 日独立后，国际托管制度即已完成历史使命。

⑤　值得注意的是，2021 年 9 月 10 日，联合国秘书长古特雷斯向联合国大会提交秘书长报告《我们的共同议程》（Our Common Agenda: Report of the Secretary-General），就联合国机构改革提出重要设想，包括更新托管理事会，提议重新确定该理事会的使命，将其作为多利益攸关方机构应对新兴挑战：一是成为代表子孙后代行事的审议论坛；二是可就全球公域长期治理、全球公益物提供和全球公共风险管控提供建议和指导等。参见 Our Common Agenda: report of the Secretary-General, available at https://digitallibrary.un.org/record/3939309? ln = en# record-files-collapse-header。

副主席，并应自行制定其议事规则。在实践活动中，托管理事会建立了若干辅助性机构，如常设请愿委员会(Standing Committee on Petitions)等。它们就特殊问题进行研究，并向理事会提出报告。有关辅助机构的组成与职权由理事会规定。

第五节　国际法院

古代即有近似仲裁的形式存在。至18世纪末，国家间以"仲裁"来解决国际争端的方式，已经成为一种应用较广的制度了。1899年，有26国参加的第一次海牙和平会议通过了《海牙和平解决国际争端公约》，并根据此公约于次年在海牙成立了常设仲裁法院。[①]

国际联盟成立后，于1922年设立了国际常设法院，并制定了该法院的规约。联合国成立时，设立了国际法院，它是联合国的主要司法机关[②]。国际法院依据《国际法院规约》进行工作。《国际法院规约》是联合国宪章的一个组成部分，它是以国联体系下的《国际常设法院规约》为依据的。[③]

按《国际法院规约》和现行《国际法院规则》的规定，国际法院由15名"独立法官"(independent judges)组成。[④] 法官保留其原有国籍，

①　联合国成立之后，虽然参加仲裁的有45个国家(中国是其中之一)，但实际上很少有案件交由该院处理。

②　按宪章的立法精神，在维持国际和平与安全中，相对安理会与大会主要是处理政治性问题而言，国际法院主要是在各个争端当事国接受法院管辖的前提下处理法律问题。但国际法院只是联合国的主要司法机关，而非联合国的唯一司法机关。参见宪章第95条。

③　国际常设法院的规约，未经重大修改而成为国际法院的规约。从这个角度看，国际法院未尝不可以说是国际常设法院的延续或继承者。

④　按惯例，安理会各常任理事国都应有人被选为国际法院的法官。然而，在2017年11月国际法院法官选举中，竞选连任的英国籍法官格林伍德(Christopher Greenwood)意外地在6选5的竞选中败给了来自索马里、巴西、黎巴嫩和印度等国的候选人，成为唯一出局者。这是1946年国际法院成立以来，英国首次在国际法院丧失法官席位。

但必须以国际法院法官的资格执行职务，不得代表任何国家，他既不得从其本国，也不得从联合国的某一机关接受指示。同时，在 15 名法官中不得有两人为同一国家的国民。

法官由大会与安理会，从各国政府指派的著名国际法学家组成的团体所提出的候选人名单中，选举产生。大会和安理会彼此独立分别进行选举，但常任理事国在选举时没有否决权。候选人只有同时在这两个机关中获得绝对多数票（an absolute majority of votes）时才能当选。① 非联合国会员国的国际法院规约参加国，可以提名候选人参加法官的选举。选举时，不仅应注意被选举人必须各自具有必要的资格，② 而且应注意使法官全体确能代表世界各大文化和各主要法系（principal legal systems）。③

---

① 见《国际法院规约》第 10 条。据目前习惯，在会员国总数为 193 个的情况下，在大会获 97 票为绝对多数；在安理会获 8 票者为绝对多数。1960 年，安理会第 1 轮投票选出了苏、美、意、日和巴拉圭籍的 5 名法官，而大会经 5 轮投票后才选出美、苏、意、日和秘鲁籍的 5 名法官。由于两机关对拉美一席的结果不一致，于是继续举行第 2 次甚至第 3 次选举，最后才一致选出了秘鲁籍法官。据《规约》规定，第 3 次选举后，如仍有缺额尚待选举时，大会或安理会得随时组织 6 人联席会议（大会与安理会各派 3 人），就每一缺额以绝对多数票选出 1 人，分别提交大会与安理会，请其接受。如联席会议确认其选举已不能产生结果时，应由已选出的法官就曾在大会或安理会得票的候选人中选出所缺的名额。如法官投票相等时，由最年长的法官投决定票。这种方式，是国际组织中颇具特色的一种选举程序。

② 见《国际法院规约》第 2 条。

③ 按一般习惯，与在联合国其他主要机关一样，安理会各常任理事国，经常会有一名本国籍法官被选入国际法院任职。我国 1971 年在联合国的合法席位恢复以后，从 20 世纪 80 年代中期开始参加法院竞选，现在已有 3 位本国国籍的法官在法院任职。前两任的中国籍法官分别为倪征燠（任期为 1985—1994 年）、史久镛（任期为 1994—2010 年；他还在 2003—2006 年担任国际法院院长），现任的中国籍法官为薛捍勤（2010 年 9 月任期开始）。1949 年新中国成立以前曾任国际法院法官的有徐模（1946—1949 年、1949—1956 年），其后，又有顾维钧（1957—1958 年、1958—1967 年）。如按地区来分析，从 20 世纪 70 年代以来，15 名法官的席位分配，一般为：美、英、法、苏联各 1 席，亚洲国家 3 席，非洲国家 3 席，拉丁美洲国家 2 席，东欧国家 1 席，西欧及其他地区 2 席。

法官任期 9 年。每 3 年改选 5 名，但可连选连任。这样可以保持法院传统的连续性。国际法院设正院长 1 人，副院长 1 人，由法院法官自行秘密投票选举，任期均为 3 年，可连选连任。①

法官的地位应是独立的。按照规约规定，法官一旦当选，除由其他法官"一致认为不复适合必要条件外，不得免职"。

为了保证法官的独立性，使其能依法执行法院的职务，《国际法院规约》，根据《联合国宪章》的精神，在第 19 条规定："法官于执行法院职务时，应享受外交特权及豁免。"按照此项规定，似乎法官不仅在联合国会员国领土内，而且在任何国家领土内，只要是执行法院职务，均享有外交特权与豁免。② 国际法院为了解决其在当地国荷兰的地位问题，经院长同荷兰外交部长商谈后，于 1946 年 6 月 26 日，与荷兰以换文方式达成了特权与豁免协议。协议的主要内容为：荷兰政府视国际法院所有的法官为驻荷兰外交团的团员，法官在执行职务时，均享有外交特权与豁免。在批准该项协议时，联合国大会曾建议，国际法院法官在其他国家执行职务时，当地国亦给予特权与豁免，并准其自由入境、出境和过境。联合国大会还授权国际法院颁发形式类似于联合国发给秘书处职员的通行证，并建议各国承认该项通行证为有效旅行证件。1948 年瑞士加入《国际法院规约》为当事国时，同意接受上述协议的规定，因此，法官在瑞士也享有同在荷兰一样的外交特权与豁免。③

法官不得担任任何政治或行政职务，也不得从事任何职业性的活动。法官在任何案件中，不得充任代理人、顾问或律师；并且对于其以前曾经不论以任何方式参加过的案件，均不得参加裁判。法官对属

---

① 进入 20 世纪 80 年代以后，法官的基本年俸为 7 万多美元，此外，还有 1 万美元以上的津贴。

② 《国际法院规约》的这项规定，显然比宪章第 105 条的范围为广。

③ 上述协议中所提"外交"特权与豁免，并不意味着法官具有外交代表的身份，法官并不代表任何国家。法官享有特权与豁免，是基于执行法院职务的需要，而不是为了其他。因此这里的"外交特权与豁免"与宪章中的"特权与豁免"，应视为同义术语。

于本国的案件，保有参加审理的权利，不适用回避制度。但在法院受理的案件中，如有属于一方当事国国籍的法官，则他方当事国也有权选派一人为法官参与案件；如果双方当事国都没有本国国籍的法官，则双方都可选派法官一人参与案件。这种临时选派的法官，通称"专案法官"或"特设法官"，在参与裁判中同其他法官具有完全平等的地位。①

国际法院需法官9人才构成开庭的法定多数。法院的司法判决及咨询意见，都以出席法官的多数通过。如果判决的全部或一部分不能代表法官的一致意见，任何持不同意见的法官都有权另行宣布其个别意见。法院可随时设立一或数个临时分庭，由法官3人或3人以上组成之，以处理某一类特定案件，如劳工案件及过境和交通案件等。法院为迅速处理事务，每年以法官5人组成一分庭，可用简易程序审理与裁判案件。上述各种分庭所作的裁判，应视为法院的裁判。②

国际法院的行政工作，在院长指导下，由法官选举任期7年的书记官长和副书记官长执行，由法院根据书记官长提议任命并对书记官长负责的书记处的其他工作人员进行协助。书记官长在执行职务时代表法院，并对法院负责。书记官长是各国政府与国际法院进行联系的渠道。书记处每年编辑出版法院的《判词、咨询意见和命令汇辑》、有关著作与文件的目录以及年鉴等刊物。

国际法院在根据其规约执行职务方面，有其自行制订的《国际法院规则》，其中特别规定了有关诉讼程序方面的规则。

---

① 国际法院在审理某一特别案件时，如有需要，可邀请有关方面专家作为陪审官参加审判。陪审官可向法院提出意见，也可以向证人或律师提出专业性质疑，还可参加法官的非公开会议，但无表决权。

② 国际法院1978年对《国际法院规则》的再次修正，进一步改进了有关分庭的设立及办案程序，以期提高审理案件的效果。进入20世纪80年代以来，提交国际法院分庭的诉讼案件有：1982年加拿大诉美国的"缅因湾海洋划界案"，1985年布基纳法索/马里共和国的"边界争端案"，1987年萨尔瓦多/洪都拉斯的"陆地、岛屿及海上边界争端案"，1989年美国诉意大利的"西西里电子公司案"等。

国际法院设在海牙，但不妨碍它在任何其他地方执行职务。①

第六节　秘　书　处

一、秘书处的组成及其纯国际性质

国际组织中常设秘书处的正式建立，最早开始于19世纪中期出现的"国际行政联盟"。1865年建立的国际电报联盟和1874年建立的邮政总联盟都设有"国际事务局"，虽然从其人员构成来看，尚未具备真正国际性质，但仍不失为国际秘书处的雏形。第一次世界大战后，国际联盟的"秘书处"和国际劳工组织的"国际劳工局"则比历来的国际事务局要充实得多。国联秘书处的工作人员来自世界各国，具有国际公务员(international civil service)的地位，他们被要求在执行职务时不得接受国联以外的任何影响。联合国宪章有关秘书处的某些规定，是国际组织历史经验的总结。

联合国秘书处是联合国的第6个主要机关，它的任务是为联合国其他机关服务，并执行这些机关制定的计划与政策。秘书处由秘书长1人，以及联合国组织所需要的其他行政工作人员所组成。

---

①　在联合国组织系统中，还有一个内部行政司法机关"联合国行政法庭"(United Nations International Administrative Tribunal)，系根据联合国大会决议，成立于1949年11月。它作为大会的一个辅助机关，以司法手段处理联合国职员所提起的行政诉讼案件。美洲国家组织、世界银行、国际劳工组织等都设有行政法庭。从广义上解释，它们是国际司法机构，但在性质上与一般国际法院有重大区别：其职能限于处理组织系统内机构与职员之间的内部纠纷，如有关任命及雇佣合同以及退职、退休和其他福利等方面的问题。联合国行政法庭虽系根据联大决议设立，但其裁决对联合国大会及联合国其他各机关均有约束力。可见，行政法庭对其相应国际组织来说似有相对的独立性。国际行政法庭一般都设有上诉程序或近似于上诉的措施。联合国行政法庭，按其规约规定，设立了一个由联合国会员国代表组成的"行政法庭判决复核请求委员会"，如果委员会确定请求复核者有正当复核理由，即可向国际法院请求发表咨询意见(参见本书"国际法院的职权"一节中的"咨询管辖"部分)。

　　联合国秘书处的所有职员，均由秘书长依照大会所定的规章委派。宪章规定，职员的雇佣首先应考虑到工作效率、才干和品德，同时还应注意在尽可能广泛的地理基础上录用职员。除勤杂文书人员之外，职员的补充应按比例分配给各会员国。① 秘书处的各副秘书长（Under secretary- general）②、助理秘书长（Assistant secretary general）和高级官员等政治职位的候选人，一般均由各国政府根据惯例分配办法向秘书长推荐后正式由秘书长按一定程序委派。

　　秘书处设有若干工作部门。随着工作的开展，秘书处根据需要设

---

　　① 在联合国成立初期，秘书处职员中美国籍人员占极大优势。但进入 20 世纪 60 年代后，情况已有很大改变，亚、非、拉国家特别是非洲国家国民在秘书处任职的人员，有了迅速增加。例如，到 1986 年 11 月份，秘书处的职员总数为 12400 多名，其中：来自美国的有 1740 名，名列前茅；法国 959 名，居第二位；而后是泰国 624 名，英国 618 名，菲律宾 605 名，埃塞俄比亚 535 名，智利 458 名，原苏联 411 名，黎巴嫩 383 名，肯尼亚 364 名，中国 288 名。另外，据 2010 年联大第 65 届会议秘书长《秘书处的组成》的报告，到 2010 年 6 月 30 日，联合国会员国在秘书处任职的情况如下：无人任职的有 12 个国家：科摩罗、科威特、瑙鲁、圣多美和普林西比、阿拉伯联合酋长国、朝鲜、列支敦士登、帕劳、东帝汶、瓦努阿图、基里巴斯和马绍尔群岛；任职人数偏低的有 31 个国家，如阿富汗、安哥拉、韩国和美国等；在幅度内的有 132 国家，如阿尔巴尼亚、古巴、中国、刚果、德国等；任职人数偏高的有 17 个国家：阿根廷、喀麦隆、肯尼亚、俄罗斯、乌干达、澳大利亚、埃及、黎巴嫩、南非、乌克兰、奥地利、埃塞俄比亚、菲律宾、特立尼达和多巴哥、津巴布韦、保加利亚和意大利。此外，截至 2022 年 12 月，从性别来看，秘书处女性工作人员的比例不断提高，达到了 41%；从区域分布来看，秘书处工作人员来自非洲的约占 36%，西欧和其他国家的约占 27%，亚洲和太平洋的约占 22%，拉丁美洲和加勒比的约占 8%，东欧的约占 7%；就工作地点而言，秘书处工作人员在纽约的为 6501 人占 18%，在日内瓦的为 3895 人占 11%，在内罗毕的为 1961 人占 5%，在朱巴的为 1336 人占 4%，在维也纳的为 1336 人占 4%，其他工作地点为 21768 人占 59%。参见"Determined：Report of the Secretary-General on the Work of Organization，2023（A/78/1，seventy-eighth session）"，available at https：//www. un. org/sites/un2. un. org/files/sg_annual_report_2023_en. pdf。

　　② 联合国副秘书长并非都叫 under secretary-general，二把手即类似于常务副秘书长叫 deputy secretary-general，其他副秘书长才叫 under secretary-general。

立的部门愈来愈多:已由成立之初的 8 个部门增加到了现在的约几十
个部门。各部门主持人直接对秘书长负责。除秘书长办公厅、内部监
督事务厅、法律事务厅、裁军事务厅、人道主义事务协调厅等之外,
秘书处还有政治和建设和平事务部、和平行动部、业务支助部、大会
和会议管理部、经济和社会事务部、全球传播部、安全和安保部、管
理战略政策和合规部、联合国反恐怖主义办公室、内部司法机构、其
他办公室(如联合国合办工作人员养恤基金等)、特别顾问特别代表
和特使(如最不发达国家、内陆发展中国家和小岛屿发展中国家高级
代表办公室等)、日内瓦办事处、内罗毕办事处和维也纳办事处等。①
各部门工作分别由各副秘书长、助理秘书长主持。秘书处在各地的工
作人员,也相应地大大增加:已由 1946 年的 1546 人增加到了 2022
年 12 月的 36797 人。② 其中,副秘书长及助理秘书长即有几十人(其
中包括一名中国籍副秘书长)。

　　为了保证秘书处的独立性与工作效率,宪章规定,秘书长和秘书
处职员仅对联合国负责,必须以"国际官员"(international officials)的
地位为联合国整体执行职务。每个工作人员都不得寻求或接受任何政
府或联合国以外的任何其他当局的指示。秘书长和职员应避免采取任
何可能影响他们作为仅对联合国负责的国际官员地位的行动。而联合
国会员国亦应尊重秘书长和职员所负责任的纯粹国际性质,不对他们
施加影响。为了确保有效地排除这种压力与影响,宪章第 105 条进一
步作了有关特权及豁免的规定。③

---

　　①　参见联合国网站 https://www.un.org/zh/about-us/secretariat。
　　②　参见"Determined: Report of the Secretary-General on the Work of
Organization, 2023(A/78/1, seventy-eighth session)", available at https://www.
un. org/sites/un2. un. org/files/sg_annual_report_2023_en. pdf。
　　③　国际法院关于损害赔偿案的咨询意见认为,为了保证联合国官员的独
立性,联合国有就其官员由于为联合国服务所遭受的并应由一个国家负责的损
害提起国际求偿的权利。法院认为,这种保护联合国官员的权利并不完全属于
该官员所属的国家,不然即违背宪章第 100 条的规定。

二、秘书长的推荐与委派

宪章规定，联合国秘书长应由大会经安理会的推荐来委派。① 根据大会 1946 年 1 月 24 日第 11（Ⅰ）号决议，秘书长的委派须先经安理会 7(9)个理事国的可决票包括全体常任理事国的同意票提名，② 然后由大会以到会及投票的会员国的简单多数赞成票任命。安理会与大会均采取秘密投票方式。根据上述宪章规定来解释，大会有权拒绝安理会所推荐的候选人，但是大会无权任命安理会所未推荐的人选为秘书长。宪章未规定秘书长的任期，上述大会决议确定首任秘书长的任期为 5 年，期满时可连选连任一次。以后即按此延续下来，而且每次连任的任期也为 5 年。③

宪章没有关于秘书长候选人具体条件的规定。一般认为他应该是在外交和国际政治方面有公认的威望及能力的人；应凭其品质而当选，按惯例是来自五大国之外的中小国家的国民。

自联合国成立以来，第一任秘书长为赖伊（挪威人，1946 年至 1953 年）；第二任秘书长为哈马舍尔德（瑞典人，1953 年至 1961 年）；第三任秘书长为吴丹（缅甸人，1961 年至 1971 年）；第四任秘书长为瓦尔德海姆（奥地利人，1972 年至 1981 年）；第五任秘书长为德奎利亚尔（秘鲁人，1982 年至 1991 年）；第六任秘书长为加利（埃及人，1992 年至 1996 年）；第七任秘书长为安南（加纳人，1997 年

---

① 见宪章第 97 条。

② 1950 年 10 月，安理会讨论赖伊是否连任秘书长时，美国及其他国家极力推荐赖伊连任，但当时苏联坚决反对，虽经六次秘密会议进行协商，安理会未能达成一致意见。

③ 国联大会于 1931 年曾经确定国联秘书长的任期为 10 年。1950 年，联合国首任秘书长赖伊的 5 年任期将近届满时，由于各常任理事国的意见没有取得一致，因此安理会对下任秘书长的委派未能作出正式推荐。当时联合国大会通过一项决议，使秘书长延长任期 3 年。理由是，联合国宪章并未规定秘书长的具体任期，其具体期限是由大会于 1946 年单独以决议来规定的。当时苏联认为，过期秘书长未经安理会推荐而再次任职是无效的，因此它拒绝予以承认。

至 2006 年)①；第八任秘书长为潘基文(韩国人，2007 年至 2016
年)；第九任秘书长，即现任秘书长为古特雷斯(葡萄牙人，2017 年
1 月 1 日起任职，2022 年 1 月开始其第二个任期，至 2026 年 12 月)。

联合国秘书长是联合国的行政首脑，秘书长的选举向来为各会员
国和世界所注意。特别是在 1981 年第 36 届联大期间所进行的秘书长
选举，在联合国历史上具有特殊意义。最初参加这次竞选的有两位候
选人：一个是任期将届满的秘书长瓦尔德海姆，另一个是非洲统一组
织提名并得到不结盟国家支持的坦桑尼亚外长萨利姆。安理会于
1981 年 10 月 27 日起，先后多次进行不记名投票，以推荐下任秘书
长。在前 8 轮投票中，美国一直支持瓦尔德海姆，否决萨利姆；苏联
也支持瓦尔德海姆，但对萨利姆投弃权票；我国代表则连续投票赞成
萨利姆，否决瓦尔德海姆。在此过程中，两人所得票数虽然都曾几度
超过 9 票，但因常任理事国未能取得一致，推荐没有结果。至 11 月

---

① 早在距联大决定下任秘书长人选还有半年之久的 1996 年 6 月 20 日，美
国即已宣布：希望现任秘书长加利在本年底任满时不要争取连任，否则将不惜
对此行使否决权。而安理会的其他成员国，特别是法国，均表示大力支持加利
连任。经过长期酝酿，在 11 月 19 日安理会 15 个成员国就加利连任的首轮(摸
底)投票中，加利获得 14 票赞成，但美国投了反对票。12 月 4 日，加利为了避
免第二轮投票中再出现否决票，表示"暂时中止争取"连任活动。再经过一段时
间的广泛角逐，安理会各国在美国的强烈影响下，终于只得放弃加利，而于 12
月 13 日同意提名(推荐)安南为秘书长。最后，第 51 届联大于 12 月 17 日正式批
准(任命)安南为联合国第七任秘书长。安南是来自撒哈拉以南的非洲国家的首
位秘书长，是唯一来自联合国领导机构的人选，也是出任这个最大国际组织秘
书长的第一位黑人。他于 1959 年用福特基金会的奖学金在美国明尼苏达州圣保
罗的麦卡莱斯特学院学习，并获经济学学士学位。后在瑞士日内瓦的国际问题
高级研究所及世界卫生组织工作，1965—1971 年在总部设在亚的斯亚贝巴的非
洲经济委员会工作。70 年代后，他进入美国麻省理工学院学习，获得管理学硕
士学位。1974 年回到加纳担任国家旅游局局长。1976 年到联合国总部，后又在
日内瓦难民事务高级专员公署工作，之后再次回到纽约的联合国总部。从 1993
年 3 月起曾担任负责维和行动的副秘书长。

17 日，安理会在这一天的会议上连续进行了 8 轮投票。两人票数虽略有升降，但由于否决权的连续行使，僵局仍然未能解决。经过多方努力，至 12 月 3 日瓦尔德海姆在给安理会主席的信件中表示，为了今后便于安理会行使职能，要求在表决秘书长人选时不要再列入他的名字。12 月 8 日萨利姆也通知主席，为使第三世界的其他候选人有可能当选并使安理会的努力取得进展，也要求不列入他的名字。之后，又有 9 个国家的新候选人参加竞选，这 9 个国家是菲律宾、伊朗、阿根廷、秘鲁、巴拿马、厄瓜多尔、哥伦比亚、毛里求斯、圭亚那。12 月 11 日安理会决定再次进行选举，并在正式选举前先进行秘密预测性的投票，以帮助这些候选人自行决定是否参加正式选举。15 个理事国代表先在列有 9 名候选人名单的第一份选票上标明赞成哪些候选人，然后 5 个常任理事国代表在列有同样名单的第二份选票上标明不赞成哪些候选人。预测后，巴拿马和毛里求斯的候选人决定退出竞选。接着安理会举行秘密会议，就其余 7 名候选人进行了第 17 轮无记名投票。结果，秘鲁的德奎利亚尔以 10 票赞成、1 票反对、4 票弃权、无否决票而获得了安理会的正式推荐。12 月 15 日联合国大会举行会议，通过了安理会的推荐。于是，德奎利亚尔正式当选为联合国的第五任秘书长。

　　上述秘书长的选举，延续时间之长，投票次数之多，以及否决权之连续行使，在国际组织史上均是空前的。在德奎利亚尔当选以前，联合国的 4 任秘书长，有 3 任是欧洲人，只有 1 任是亚洲人。而在德奎利亚尔当选以后，埃及的加利于 1991 年当选为第六任秘书长，加纳的安南于 1996 年当选为第七任秘书长，韩国的潘基文又于 2006 年当选为第八任秘书长。这表明最近十多年来，亚非拉国家的影响在增长，国际局势已经有了明显的变化。①

---

① 关于联合国秘书长选举的详情，请参见秦华孙：《出使联合国》"第七章'走钢丝'的联合国秘书长"，新华出版社 2010 年版，第 245~264 页。

第七节 联合国的法律地位

一、联合国的法律人格问题

联合国的法律人格(legal personality)问题,主要是联合国组织在法律关系中(包括在国内法上和在国际法上)处于什么地位的问题。一个国际组织在法律关系中的法律地位问题,应以该组织的基本文件或其他有关条约来规定。设立国际组织的成员国,为了实现其愿望而授予国际组织以有限的权力。不同的国际组织,可能有不同的权利能力和行为能力。因此,法律人格在这里并非只是一个抽象的概念,而是有其具体内容的。

首先,从法律规定来看,《联合国宪章》明确规定联合国组织在各会员国境内享有为执行其职务和达成其宗旨所必需的法律行为能力(legal capacity);并且规定它还享有达成其宗旨所必需的特权与豁免(第104~105条)。可见,联合国在其会员国国内法上具有法律人格(即国内法律人格,municipal legal personality)。联合国大会第一届会议批准的《联合国特权及豁免公约》,根据宪章的上述精神,就联合国组织的法律行为能力和特权作了进一步明确的规定。公约第1条规定"联合国具有法律人格",并列举它具有如下行为能力:缔结契约,取得和处理动产和不动产,进行法律诉讼等。①

除了有关联合国整体的上述规定之外,宪章还为联合国的有关人员规定:联合国会员国的代表和联合国组织的职员,同样享有为独立执行他们关于联合国组织职务所必需的特权与豁免(第105条)。《联合国特权及豁免公约》对此作了更具体的规定:驻联合国各机关和出席联合国各种会议的会员国代表,联合国官员和执行任务的专家,均享有相应特权与豁免;而秘书长和各副秘书长及助理秘书长还应依国

---

① 在这方面,联合国在其会员国内所享有的法律地位与一般国家相近似。宪章及公约给予联合国组织特权与豁免的目的,在于使其能独立、公正和有效地行使职能以达成其宗旨,而非使其享有治外特权。

际法享有外交使节所享有的特权、豁免以及便利。

《联合国特权及豁免公约》的各项具体规定，是对《联合国宪章》第 104 条和第 105 条所作原则性规定的一种详细补充。同时，有很多国家也通过国内立法，明确承认联合国的法律人格。例如，我国的《外交特权与豁免条例》，美国的《国际组织豁免法》等，都在原则上体现了这一点。

在宪章中，没有关于联合国在国际法上具有法律人格的一般性规定。但是这个问题需要从联合国的宗旨及宪章整体来考察，① 人们普遍认为，按宪章隐含的意义，可以认定联合国具有相应的国际法律人格（international legal personality）：它在国际法上能享受权利并承担义务，有独立的对外交往权，包括缔约、派遣与接纳使节、召开国际会议、承认与被承认、外交保护和国际求偿权等。② 上述"认定"，可

---

① 有关联合国法律人格的理论，还可参阅本书第一章第二节"职能性原则"的论述。

② 国际法院在 1949 年 4 月 11 日发表的"关于为联合国服务而受损害的赔偿案的咨询意见"（Advisory Opinion on Reparation for Injuries Suffered in the Service of the United Nations）指出：联合国组织具有一定的国际人格。其主要论点是：为了实现会员国在宪章中所明确规定的宗旨原则及有关的权利义务，联合国必须具有一定的国际法律人格和相应的行为能力。如果缺乏这种法律人格，联合国就不可能进行有效的国际活动，也不可能履行其重要职能（当然，联合国并非国家，它的法律人格及权利义务同国家是不一样的，更不用提"它不是一个超国家"这一点了）。法院认为，联合国的国际人格应包括能够为该组织本身就由于违反对该组织所负义务的结果而使之受到的损失提出国际求偿，也应包括能够为该组织的代表所受损失提出这种要求赔偿的"隐含权力"（implied powers）。关于后一种情况，国际法院在咨询意见中认为，虽然按传统国际法，"外交保护"应由国籍所属国行使，从而联合国同受害者的所属国之间可能发生相竞争的危险，但是这可以通过签订一般性公约或通过在任何个别案件中的个别协定来予以消除。法院进一步提到，代表的国籍并不影响联合国向代表（受害者）所属国提出赔偿请求，因为这种求偿的根据不是国籍而是受害者作为联合国公务人员的资格。可见，上述咨询意见，在一定程度上似已综合地吸收了国际组织法律人格学说中的"约章授权论"与"隐含权力论"两种主张的某些合理因素。关于"隐含权力论"，可参见本书第十章"联合国的职权"中"概述"一节的注释。

以从宪章若干条款的具体内容中找到确切证据，证明宪章的制定者在制定这些条款时，为了实现联合国的宗旨与原则，在其"法定职能"范围内，有意授予联合国以有别于其会员国的独立国际人格。兹就这些条款的内容举例如下：(1)在争端解决与建议权方面：第35条规定，会员国与一定条件下的非会员国得将任何争端提请安理会或大会注意；第38条和第11条分别规定安理会及大会在一定条件下可就此作出相应的建议。(2)在谈判协商方面：第50条规定在采取防止或强制措施时，安理会得同因此而引起特殊经济问题的任何国家进行协商；第87条赋予大会和托管理事会同管理当局进行协商的权利。(3)在缔结条约方面：第105条规定，联合国为在各会员国领土内享受于达成其宗旨时所必需的特权及豁免，得同各会员国缔结协定；第43条授权安理会得同个别会员国或会员国集团缔结军事援助协定，并规定这种协定应由各签字国按其宪法程序予以批准；第63条授权经社理事会得同各国政府间的专门机构签订建立合作关系的协定；第83条和第85条规定联合国有核准、更改或修正托管协定的职能；第44条规定安理会得要求会员国履行依协定所承担的义务。此外，(4)联合国本身还可以行使某种直接的管辖权和立法权：如对于根据宪章第81条置于联合国行政权力下的托管领土，对于联合国的总部地址，联合国本身都具有这种权力。特别值得注意的是，(5)作为国际法的主体，联合国还拥有组织和使用武装力量的权力。

　　其次，从国际实践来看，联合国组织根据上述法律规定，不仅在一定范围的国内关系中，具有法律行为能力，作为法律人格者参与活动；而且在一定范围的国际关系中，作为国际法的主体，同各主权国家或国际组织独立地进行着有效的国际交往。例如1947年6月26日，联合国秘书长和美国国务卿，经过协商和谈判，签订了有关处理纽约联合国总部的特权及豁免的协定，该协定于1947年11月21日生效，通称为"总部协定"(Headquarters Agreement)。根据该协定，联合国有权就总部辖区制定必要的管理规则；总部地址享有一定的特权与豁免；总部地址归联合国所有，是国际领土；由会员国任命为驻联合国或专门机构的首席代表以及该协定第15节所列人员，无论住在会址内或会址外，均应在美国境内享有驻美外交使节同等的特权及豁免，美国所未承认的政府的代表，亦应给予类似的但范围较小的特权及豁免。联合国同各政府间的专门机构也签订了一系列的协定，1947 年 7 月 4 日联合国同万国邮政联盟在巴黎签订的协定就是其中之一。联合国通过这一协定承认万国邮政联盟是负责国际邮政业务的专门机构并与之建立正式关系。随着国际间政治、经济、文化关系的不断发展，联合国作为一个实体参与国际活动和签订协定的情况，有增无已。

综上所述，可见联合国在国际法上和国内法上都具有一定的权利能力和行为能力，在实践上能够在其"职能和权限"内独立进行有效的活动，参与国际和国内的法律关系。它是国际社会的组成部分，是一个有别于其成员国的相对独立的国际法主体，能够直接地享受国际权利和承担国际义务。但是，必须明确的是，联合国的权利来源于会员国，它的存在及一切活动是以各会员国所缔结的宪章为根据的。宪章所赋予联合国组织的法律行为能力，只是"为执行其职务和达成其宗旨所必需的"那种法律行为能力；宪章所规定的关于联合国组织的特权与豁免，也只是"为达成其宗旨所必需的"特权与豁免。换言之，联合国在法律关系中所具有的行为能力是受宪章的限制的，它只能享有作为主权国家的各会员国在宪章上所赋予它的那一部分权利；它所能进行的国际交往和所能参与的法律关系，也是有限的，不能超越宪章的规定范围。如果联合国在其活动中超越了上述法定的界限与范围，就构成非法活动。可见，联合国的法律人格不同于其会员国的法律人格，不能把它同主权国家等同起来。国家享有主权，应具有国际法所承认的一切国际权利和义务，因此具有完全的权利能力和行为能力；而联合国则是主权国家为特定目的而建立的国家间组织，它参与国际关系和承受权利义务的能力，不像国家那样是其自身所固有的，而是由会员国通过签订宪章授予的，它只应具有宪章所承认的那一部分权利和义务，因此其权利能力和行为能力是有限的和派生的。联合国宪章对联合国组织在法律关系中的权利能力和行为能力所作的这种限制，是研究联合国法律人格时不可忽略的。

关于联合国的法律人格问题，可进一步结合本书第一章第二节有关"职能性原则"的论述进行研究。

二、联合国的特权与豁免制度

上面论述联合国的法律人格问题时，曾提及《联合国宪章》和《联合国特权与豁免公约》均规定联合国享有特权与豁免，① 但究竟范围如何、具体享有哪些特权与豁免呢？现根据特权与豁免公约内容，将其进一步缕述如下：

(1)联合国的房舍、档案以及属于联合国或联合国所持有的一切文件，均不可侵犯。

(2)联合国在每个会员国领土内的公务通信(包括邮件、各类电报和其他通信)的优先权、收费率和税捐方面及供给报界和无线电广播业消息的新闻电报收费率方面所享有的待遇，应不次于该会员国政府给予任何他国政府包括其使馆的待遇。对于联合国的公务信件或其他公务通信，不得施加检查。联合国应有使用电码及经由信使或用邮袋收发其信件的权利，这种信使和邮袋应与外交信使和外交邮袋享有同样的豁免与特权。

(3)联合国的财产和资产，对于各种方式的法律程序享有豁免，不受搜查、征用、没收、征收和其他方式的干扰。

(4)联合国得持有款项、黄金或任何货币，并得自由移转之。

(5)联合国的资产，应免除一切直接税，但对于事实上纯为公用事业服务费用的税捐不得要求免除。为公务用途而运入和运出的物品，应免除关税和进出口的禁止或限制，但此等物品非依照与进口国政府商定的条件不得在该国出售。

(6)会员国出席联合国各种会议的代表(包括代表团全体代表、

① 国际组织可能享有一定特权与豁免的历史，可以追溯到 19 世纪初期。联合国成立后，其宪章和 1946 年的《特权与豁免公约》，规定给予该组织及有关人员以类似于但却低于"外交特权与豁免"的待遇。因此，公约名称及其条款均未使用"外交"二字。这与宪章第 105 条所采之"宗旨及职务必需说"是完全一致的(可参见并比较本书有关国际组织法律人格的"职能性原则"的分析)。

副代表、顾问、技术专家及秘书），在执行职务期间和往返开会处所的旅途中，不受逮捕或拘禁；其行李不受扣押；其以代表资格发表的口头或书面言论及所实施的行为，豁免各种法律程序；其文书和文件不可侵犯；有使用电码和信使或密封邮袋的权利；其本人及配偶，免除移民限制、外侨登记、或国民服役的义务。

（7）联合国职员的公务言论和行为，豁免法律程序；其薪金免纳税捐；本人及其配偶、受抚养的亲属，豁免移民限制和外侨登记，在发生国际危机时，给予与外交使节同样的遣送、返国之便利。此外，秘书长和各助理秘书长及其配偶、未成年子女，还应享有依照国际法给予外交使节及其配偶、未成年子女的特权、豁免及便利。

（8）虽非联合国正式职员但为联合国执行使命的专家，在执行使命期间，享有与会员国出席联合国会议代表大体相同的特权与豁免。

（9）联合国发给职员的通行证，各会员国应承认并接受为有效的旅行证件。

从总体上看，联合国的特权与豁免制度，具有如下几个特征：

第一，联合国的特权与豁免制度，是联合国具有法律人格在一个方面的具体表现。①

第二，宪章为联合国作了享有特权与豁免的原则性规定，而特权与豁免公约则进一步在这方面规定了广泛而详细的内容。

第三，特权与豁免公约不仅从总体上为联合国在会所、档案、文件、通信、财产和资产方面规定了特权与豁免，而且还为会员国出席会议的代表、顾问、技术专家和秘书，为联合国的各类职员、专家等，规定了特权与豁免。

第四，给予各有关人员的特权与豁免，并非为个人本身的私人利益而给予，而是为保障他们能独立执行其有关联合国的职务而给予。

---

① 根据《联合国宪章》第 105 条和《联合国特权与豁免公约》的规定，联合国在各会员国领土内自然享有特权与豁免；在非会员国境内，若同其有此类协定（如以前的瑞士），也当然不成问题；但在其他无协定关系的非会员国境内，能否享受特权与豁免，则是一个值得研究的问题。

因此，遇有会员国(或联合国秘书长)认为其代表(或联合国职员)的豁免有碍司法的进行，而放弃该项豁免并不妨碍给予豁免的本旨时，该会员国(或联合国秘书长)不但有权利而且有责任放弃该项豁免。(而安理会则有权为联合国国秘书长放弃豁免。)

第五，凡由于联合国为当事人的契约之争端或联合国为当事人的其他私法性质之争端，凡涉及有关联合国职员的公务地位和豁免之争端，联合国应提供适当的解决方式。除当事各方商定援用另一解决方式外，对《联合国特权与豁免公约》的解释或适用上所发生的一切争议，应提交国际法院。如果联合国与其会员国之间发生争议，应请国际法院就所涉及的法律问题发表咨询意见。各当事方应接受法院所发表的咨询意见。

第六，联合国的特权与豁免制度，涉及整个的联合国组织体系，包括联合国的 6 个主要机关及其众多的辅助机关和现已同联合国建立关系的 18 个专门机构在内，其法律基础是《联合国宪章》和一系列以宪章为根据的专项公约及协定。《联合国特权与豁免公约》是这一系列中最重要的一个，其他公约和协定的内容，基本上都没有超出它的框架。①

----

① 《联合国特权与豁免公约》(*General Convention on the Privileges and Immunities of the United Nations*)，共包括 36 个条款，是 1946 年 2 月 13 日在第 1 届联大通过的，同年 9 月 17 日生效。公约主要内容可概括为三部分：第一部分是有关联合国本身的条款，第二部分是有关各国向联合国各机关及各种会议所派代表(包括顾问、专家、秘书)的条款，第三部分是有关联合国官员的条款。1947 年 11 月 21 日，联合国大会还通过了一个《联合国各专门机构特权与豁免公约》，以便统一联合国及其各专门机构应享有的特权与豁免。此公约所包含的内容，大体与《联合国特权与豁免公约》相似。不过，每一专门机构得分别订立附加规则，以便就各该专门机构按其性质所需之特权与豁免，加以补充规定。但是，总的说来，联合国各专门机构及其他国际组织，因其国际地位不同，它们实际上不能享有与联合国同一等级的特权与豁免。此外，关于国际组织的特权与豁免问题，还有一些需要通过双边协定的方式来解决。例如，1946 年 6 月，国际法院与荷兰签订了特权与豁免协定，此协定于同年 12 月 11 日经联合国大会批准，并于1947 年 4 月 5 日，由荷兰国王公布施行。同年，联合国秘书长分别与美国及瑞士签订了特权与豁免协定。这些协定，都是以《联合国特权与豁免公约》为基准的。

第十章　联合国的职权

第一节　概　　述

国际组织各有其活动范围，范围的大小是受其法定职能的制约的。国际组织活动的范围同其成员国的权利义务密切相关。国家具有国际法所公认的全部国际权利与义务；而国际组织的权利与义务，则必须依赖其基本组织文件所具体规定的宗旨和职能。国际组织与国家虽同为现代国际法的主体，但两者的职权范围有其基本不同之处。凡国际法所未加规范的事项，几乎全在国家管辖之内；国际组织则不然，凡国际组织基本文件所未加规定的事项，均不在其管辖之内。国际组织只能行使其基本文件所规定的权力，国际组织的活动不能在范围上逾越其基本文件的规定，不然就可能侵犯成员国的主权。①

国联盟约虽未明确授予国联以法人资格，但实际上，各成员国公认国联在国际及其国内履行职能时作为法人而行动。《联合国宪章》虽然规定了联合国所必需的法律行为能力，但这一规定，仅限于为执行联合国职能所必需的范围。宪章第 2(7) 条关于不干涉各国内政的规定，是从另一角度对联合国的权力加以限制；它在联合国组织的权力范围与各国的国内管辖之间，划出了一条最后界线。

---

① 国际组织法中的所谓隐含(默示)权力说，认为联合国除有宪章所明确规定的权力外，按宪章含义得行使为执行其职能所必需的隐含权力。例如，联合国对其工作人员得行使外交保护权；联合国大会有权设立行政法院(其裁判对联合国本身有拘束力)等。

联合国的分权性质(decentralised character)，同国联有所区别。联合国的各种职能，按其不同性质被分别分配给 6 个主要机关。宪章对每个机关的职能都有明确的规定，这一点比国联盟约对国联大会与行政院职能的规定要严格详尽得多。虽然在一定意义上，联合国剩下来未具体规定专属管辖的某些权力，得由大会行使以实现联合国的各项宗旨，但是大会主要是一个监督与建议性质的机关，并非执行机构。① 以下就联合国各主要机关的职权分别加以论述。

第二节　大会与安理会的职权划分

大会与安理会是联合国负责维持国际和平与安全的两个政治机关。虽然安理会在这方面负有"主要责任"(primary responsiblity)，但是除某些专属事项外，并非完全的"排他责任"(exclusive responsiblity)。为了实现联合国的各项宗旨，宪章为这两个机关规定了多方面的职权(functions and powers)，有的是各自专属的管辖，有的则是彼此平行的管辖。

一、职权上的专属与平行关系

大会具有比安理会广泛得多的职权，政治、经济、社会、非自治领土、托管、法律与行政、财务等，无所不包。总的来说，它可以讨论宪章范围之内的任何问题或事项；除安理会正在处理者外，并可向会员国或安理会提出关于此等问题或事项的建议。② 宪章对大会的职权就下列几个方面特别做了规定：

(一)国际事务方面的职权

(1)大会可以审议为维持国际和平与安全而进行合作的一般原

---

① 现代国际组织的分权趋势，在日益加强。各种国际组织，除在组织内部各主要机关间进行权力分工外，还在世界各地设有若干区域分支机构及附属机构，分别执行职务以达成其宗旨。

② 见宪章第 10 条。

则，包括有关裁军和军备管制方面的原则；并可向会员国或安理会或兼向两者提出这方面的建议。① （2）可以讨论会员国、安理会或一定条件下的非会员国向其提出的有关国际和平与安全的任何问题；除安理会正在处理者外，并可提出建议。② （3）可以提起安理会注意足以危及国际和平与安全的情势。③ （4）除安理会正在处理者外，可以就和平解决任何它认为足以妨害国际间公共福利或友好关系的情势（不论其起源如何）建议应采取的调整措施。④ （5）发动研究并提出建议，以促进政治方面的国际合作，提倡国际法的逐渐发展与编纂；促进经济、社会、文化、教育和卫生方面的国际合作，协助实现全人类的人权和基本自由。⑤ （6）在那些属于非战略性的地区行使联合国的托管职能，包括对托管协定的核准、更改或修正⑥。

（二）组织监督方面的职权

（1）大会接受并审议安理会和其他机构的报告。⑦ （2）选举安理会的非常任理事国、经社理事会的所有理事国、托管理事会的那些须

---

① 见宪章第 11 条（1）。

② 见宪章第 11 条（2）。

③ 见宪章第 11 条（3）。

④ 见宪章第 14 条。

⑤ 见宪章第 13 条及第 9 至 10 章。联合国在人权领域的重要活动之一，是以宣言、公约、纲领、决议等方式确立人权标准。大会于 1948 年通过了《世界人权宣言》；于 1966 年通过了《经济、社会和文化权利国际公约》与《公民权利和政治权利国际公约》（此两个公约使上述宣言的内容具有约束力）；又于 1993 年通过了《维也纳宣言及行动纲领》。此外，在大会或其主持召开的国际会议上，还通过了几十项其他宣言、公约、决议等有关文件，广泛涉及到奴隶制、少数民族、发展权、妇女、儿童、难民、新闻自由、酷刑、战争罪、灭绝种族罪等各种人权问题。另外，联合国秘书处人权中心还出版了一系列人权文献及资料，如《人权年鉴》《人权研究丛书》《联合国在人权领域的行动》《国际人权汇编》等。进入 21 世纪后，还于 2006 年成立了一个新的"人权理事会"，以进一步开展促进与保护人权方面的工作。

⑥ 见宪章第 16 条，及第 12~13 章。

⑦ 见宪章第 15 条。

经选举的理事国;同安理会平行彼此独立投票选举国际法院的法官。① (3)根据安理会的推荐委派联合国秘书长。② (4)根据安理会的推荐通过决议接纳新会员国。③ (5)根据安理会的建议中止会员国的权利或开除会员国。④

(三)内部行政方面的职权

(1)大会审议和批准联合国的预算。(2)分配会员国的经费负担。(3)审查各专门机构的行政预算。⑤

安理会是一个维持国际和平的主要机关,由5个常任理事国组成权力核心。安理会有权采取强制行动(enforcement action)。宪章明文规定:联合国各会员国,把遵照联合国宗旨及原则来维持国际和平与安全的主要责任授予安理会,⑥ 并同意依照宪章的规定接受并执行安理会的决议。⑦ 因此,安理会在联合国体系中享有特别重要的职权,它的决议对所有会员国具有约束力。同大会的主要职权是属于审议性的职权相比,安理会的职权则主要是属于执行性的,它是联合国组织体系中唯一有权采取行动来维持国际和平与安全的机关。联合国其他机关只能向各国政府提出建议,唯有安理会才有权根据宪章作出各会员国必须执行的决定。下面从几个方面来分析安理会的职权:

---

① 分别见宪章第23、61、86等条,及《国际法院规约》第4条。

② 见宪章第97条。

③ 见宪章第4条。

④ 分别见宪章第5~6条。大会中止会员国的权利或开除会员国,其权力虽然受到安理会权力的限制,但大会在对南非种族主义的实践中形成了一个先例,即以拒绝承认南非代表的代表证书的方式,将南非排斥于联合国之外。大会开除南非的努力,虽因美国等在安理会行使否决权而未果,但实际上已在一定程度上达到了目的。

⑤ 有关这方面的职权,均见宪章第17条。

⑥ 宪章虽然把维持国际和平与安全的主要责任授予安理会,但如前所述,大会在这方面仍有若干讨论与建议之权。此外,区域协定(regional arrangements)或区域机构(regional agencies)在维持和平与安全方面也可采取某些有限的行动;见宪章第8章。

⑦ 见宪章第24~25条。

　　安理会在和平解决联合国会员国之间(及非会员国)的争端方面,行使重要职能:(1)安理会可以促请(call upon)各争端当事国用谈判、调查、调停、和解、仲裁、司法解决、利用区域机构或区域协定、或各当事国自行选择的其他和平方法,解决它们的争端。① (2)可以调查任何争端或可能引起国际摩擦的任何情势,以断定其继续存在是否足以危及国际和平与安全。② (3)对于上述性质的争端或类似的情势,可以在任何阶段建议适当的调整程序或方法。③ (4)任何会员国、在一定条件下的非会员国、大会或秘书长,均得就可能危及国际和平与安全的争端提请安理会注意。④

　　安理会在维持和平与制止侵略方面,行使某些排他性的重要职能:(1)它应断定任何对和平的威胁、破坏和平的行为或侵略行为是否存在。⑤ (2)为了防止情势恶化,可以促请有关当事国遵行安理会认为必要或适当的临时措施。⑥ (3)可以建议或决定采取不牵涉使用武力的措施(可包括经济制裁、停止交通电信和断绝外交关系等),并促请会员国执行此等措施。⑦ (4)如认为上述措施不够用,可以采取必要的武力行动(可包括会员国的空、海、陆军示威,封锁或其他军事举动),以维持或恢复国际和平与安全。⑧ 为此,安理会可组织并使用联合国部队来维持国际和平与安全。根据宪章,安理会得要求

---

　　①　见宪章第 33 条。

　　②　见宪章第 34 条。

　　③　见宪章第 36 条。

　　④　分别见宪章第 35 条、第 11 条、第 99 条。安理会促请各争端当事国用和平方法解决其争端、建议适当调整程序或方法等职能,均系建议性质,且仅适用于可能危及国际和平与安全之争端。安理会虽然可以调查任何争端以断定其是否足以危及国际和平与安全,但是应以宪章规定的范围为限,并非对一切争端均有调查之权。

　　⑤　见宪章第 39 条。但该条并未规定何谓对和平的威胁、破坏和平的行为或侵略行为,也未规定作出断定的标准。可见安理会对此有广泛的自由裁量权。

　　⑥　见宪章第 40 条。

　　⑦　见宪章第 41 条。

　　⑧　见宪章第 42 条。

各会员国依照所商订的特别协定，向其提供为维持国际和平与安全所必需的军队、协助和便利。① 然而，宪章在这方面特别规定，任何会员国在遭受武力攻击时，在安理会采取必要措施来维持国际和平与安全以前，有权进行单独或集体的自卫；不过会员国因行使这种自卫权而采取的措施，不应影响安理会根据宪章所具有的维持国际和平与安全的权力及责任。②

除上述两方面的重要职能外，安理会还应：(1)负责拟定军备管制的方案；(2)在那些属于战略性的地区行使联合国的托管职能；(3)提出建议或决定应采取的措施，以执行国际法院的判决；(4)同大会平行彼此独立投票选举国际法院的法官；(5)向大会推荐新会员国和联合国秘书长；(6)向大会建议终止会员国的权利或开除会员国。

总的来说：第一，在联合国的 6 个主要机关中，大会与安理会占有中心的地位，同是联合国的枢纽机关(pivotal organs)。不过，从宪章有关条款来看，特别是从第 12 条、第 10 条、第 11 条、第 13 条、第 24 条、第 25 条等规定来分析，大会和安理会在组织上的地位是有所不同的，在职权上的分工是有明确规定的。大会规模庞大，主要是一个有广泛讨论和建议权的机关；安理会的规模远不及大会，主要是就维持国际和平与安全问题进行审议并采取相应的措施。大会虽可以讨论关于维持国际和平与安全的问题，但是原则上只有安理会才能在这方面采取宪章所规定的具体行动。大会所作的许多国际政治性的决

---

① 见宪章第 43 条。安理会曾多次作出决定，运用了一种与第 43 条性质不同的联合国维持和平部队。例如，鉴于以色列侵略所引起的紧张形势，安理会于 1973 年 10 月以第 340、341 号决议建立了一支联合国紧急部队，由安理会领导，使用于以色列军队与埃及军队之间的停火地区。后来又以第 350 号决议，建立了监督以色列军队与叙利亚军队脱离接触的联合国部队。1978 年 3 月，根据安理会决议，建立了维持黎巴嫩和平的联合国临时部队。这些部队，按其性质来说，均非执行宪章第 42 条所规定的那种强制行动。有关维持和平部队的问题，待后详述。

② 见宪章第 51 条。

议，作为各国意愿与世界舆论的表达，具有巨大的道义影响，能够形成强大的社会压力。但根据宪章规定，它们属于建议性质，很难说具有法律上的直接效力。① 大会不能强使会员国政府采取行动，所以有人称之为"世界论坛"。安理会则不然，各会员国承诺依宪章规定接受并执行其决议。大会在经济社会等方面的讨论建议权非常广泛，但在政治方面的讨论建议权则受到安理会职权的一定制约，对于已经列入安理会议程的问题，非经安理会请求，大会不能提出建议。总之，大会与安理会各有其专属职权范围，彼此不发生隶属关系。大会基本上是一个广泛涉及联合国范围内一切事项的审议机关（deliberative body），它审议的问题包罗万象，什么都管；而安理会则基本上是一个涉及有关国际和平与安全的行动机关（an organ of action），它的决议具有法律约束力，是联合国的权力重心。

第二，大会与安理会的主要职权及活动领域虽然有所不同，并在某些事项上是彼此排斥的，但是，这两个机关在各自行使职权时，也有许多事项需要平行合作和相互协调。联合国工作的效率，在很大程度上取决于大会与安理会这种彼此协调的努力。②

二、大会职权的演变

《橡树园建议案》对联合国大会与安理会的设计，是使这两个大小悬殊的机关进行高度分工，而把重要的政治与安全问题主要授权给安理会。但是，到旧金山会议时，中小国家不满大国把权力过分集中于安理会，力求扩充大会的职权。这表明安理会这个以大国为中心的机关，从一开始就同中小国家在数量上占优势的大会存在着权力竞争。

---

① 这里，特别应该提到的是：联合国大会在组织监督和内部行政方面（如在预算、会费、接纳新会员国、各种选举、中止会员国权利或开除会员国等各种特定事项上），是有最后决定权的，其决议具有相应的法律约束力。

② 见宪章第 11 条、第 24 条、第 26 条、第 4~6 条、第 93 条、第 23 条、第 86 条和《国际法院规约》第 4 条等。

旧金山会议对宪章草案在这方面进行了严格审议，修改并补充了若干条款，特别是第 10 条的规定，大大加强了大会的地位。但是会议最后通过的宪章，仍不失为一个以安理会为重心的、大会与安理会分权的宪章。大会和安理会在职权上的特点是：前者的管辖范围大，但其决定权较小，而后者的管辖范围小，但其决定权较大。

几乎是从联合国诞生的初期起，大会与安理会的职权关系就已开始演变。战后，东西方的冷战气氛，使安理会对于若干重大问题，除进行一般审议之外往往难于作出大国一致的有效决议。因此安理会不易发挥其权力优势，甚至出现一种安理会与大会交替审议与讨论国际重大问题的局面。1946 年与 1947 年，大会先后从安理会接办了西班牙问题和希腊问题。当希腊问题在安理会无法形成决议并从议程上撤销后，即被转到大会审议，而且由大会通过决议，派遣了一个所谓"联合国巴尔干问题特别委员会"到希腊边境进行实际活动。可见，安理会与大会事实上已在交错发挥作用。①

1947 年第 2 届联大时，大会在西方大国的主张与支持下，根据宪章第 22 条，以 46 票对 6 票通过了一项关于成立大会临时委员会(Interim Committee)的决议。委员会由全体会员国各派代表一人组成，作为协助大会实现其有关维持国际和平与安全职能的辅助机关，在两届大会之间起承上启下的作用。委员会的任务是就和平与安全问题进行调查与研究，并向大会提出报告。人们称之为"小型联大"(the little Assembly)。小型联大的设立，扩大了大会在维持国际和平与安全方面的职能，使大会的一个辅助机关获得了大会尚且未能具备的调查研究之权，从而遭到了以当时苏联为代表的若干会员国的反对。反对者认为，小型联大侵犯了安理会及其常任理事国的职权。由于大国

---

①　据统计，1946 年 1 月至 1947 年 1 月，安理会共召集会议 158 次，处理国际政治问题 13 起；在此期间，大会处理(审议)国际政治问题 6 起。发展到 1954 年 1 月至 1955 年 1 月，安理会共召集会议 22 次，处理国际政治问题 3 起；在此期间，大会处理(审议)国际政治问题 15 起(参见饶戈平 1996 年主编的《国际组织法》第 172 页所列的"时间及会议表")。可见，当时大会的影响在增长，而安理会的作用则有所下降。

意见不一致，小型联大一直未能发挥其预期的作用。①

1950年第5届联大通过了一项《联合维持和平决议》(*Uniting for Peace Resolution*)，②对大会职权有甚大影响。

在1950年9月21日的联大一般性辩论中，美国代表提出了4点关于维持和平的建议。之后，由英国、美国、法国、加拿大、土耳其、菲律宾、乌拉圭等7国代表正式向大会提出了"联合维持和平"的提案。这一提案在政治与安全委员会讨论的过程中，接受了12个国家代表的修正案。最后，大会于同年11月3日，以52票赞成、5票反对、2票弃权，通过了《联合维持和平决议》。其主要内容为：在和平遇到威胁、破坏或出现侵略的情况下，如安理会常任理事国不能形成一致意见而无法行使其职能时，大会应立刻对此问题进行审议，并就维持与恢复和平向会员国提出采取集体措施的建议。特别是在破坏和平与发生侵略的情况下，可向会员国提出使用武力的建议。如正遇大会闭会时，则经安理会任何7(9)个理事国或联合国多数会员国的要求，大会应于24小时以内召开紧急特别会议。决议还建议设立两个委员会：一个是"和平观察委员会"(Peace Observation Commission)，以便在任何地区发生紧张情势而威胁到国际和平时，派员前往实地观察情况并向大会作出报告。另一个是"集体措施委员会"(Collective Measure Commission)，以便考虑集体维持并保障国际和平与安全的方法。此外，还建议各会员国为联合国保持一支备用部队(United Nations Standby Forces)以供联合国需要时使用。

此项决议的内容，不仅从程序上逾越了宪章第11条和第12条所作的限制，而且从实质上扩大了宪章为大会所规定的职权。通过该项决议，使大会有可能代替安理会，径自取得了作出安理会由于否决权

---

① 1948年南朝鲜李承晚政府的"选举"，临时委员会曾参与其事。此外，临时委员会曾就采用各种实例及程序措施以减少安理会因常任理事国行使否决权而出现的诸种困难进行调查研究，并提出过报告。大会根据此项报告，于1949年建议安理会常任理事国对否决权的使用问题进行磋商，以便将某些问题作为程序性问题而不行使否决权。

② 参见 GA. Res. 377(V)。

而无法作出的建议的权利。这使安理会的实体权力在向大会移转。各国对大会是否能就维持与恢复和平问题提出这种采取包括使用武力在内的集体措施的建议这一问题，并不是没有争议的。虽然多数西方国家主张，作为第二位因素大会也应有权提出这种建议，但当时苏联等国则持反对立场，认为根据宪章规定，只有安理会才具有此项职权，大会不能提出这种建议，从而在通过上述决议时投了反对票。

1956 年发生苏伊士运河事件，第一次出现了上述决议所涉及的典型情势。这年 10 月 29 日，以色列军队向埃及进攻，并占领了西奈半岛和加沙地带。11 月 2 日，英、法军队在苏伊士运河区登陆。安理会于 10 月 30 日审议了这一问题，但由于英、法行使否决权而未能作出任何决议。于是，10 月 31 日根据《联合维持和平决议》将这一问题转移到大会。大会从 11 月 1 日起至 11 月 10 日，按照该决议召开了联合国第一次紧急特别会议。会议呼吁立即停火和撤兵，并且为监督停火与维持和平而建立了第一支联合国维持和平部队，称为"联合国紧急部队"(United Nations Emergency Force)。这场包括安理会两个常任理事国在内的危机的解决，使联合国大会的地位大大提高。

此后，在 1958 年、1960 年，大会又接连召开过几次紧急特别会议，处理中东和非洲问题，但由于东西方大国对处理上述问题存在着种种分歧以及其他原因，所以实际效果不大。

进入 20 世纪 60 年代后，国际气氛呈现出某些转变，而且随着联合国会员国的迅速增加，西方大国对大会的控制亦日感困难。此后国际上的重大危机，如加勒比海问题、塞浦路斯问题、第三次和第四次中东战争、海湾危机等，都主要是由安理会处理的；此后的几支维持和平部队也是根据安理会决定建立的。可见，这辆开向大会的列车似乎又回到了安理会的轨道。特别值得注意的是，1970 年 12 月 16 日联合国大会通过了一项《加强国际安全宣言》(Declaration on the Strengthening of International Security)，要求加强安理会的作用，以进一步促进国际和平与安全。大会认为，必须采取有效措施以防止及消除对和平的威胁，制止侵略或其他破坏和平的行为。大会还建议安理会充分发挥宪章所规定的强制行动的能力；建议会员国尽一切努力增强安理会的权威与效能。1988 年 12 月 5 日，联合国大会又以第 43/51 号决议通过了《关于预防和消除可能威胁国际和平与安全的争端和局势以及关于联合国在该领域的作用的宣言》，该宣言重申了 1970 年《关于各国按照联合国宪章建立友好关系和合作的国际法原则宣言》、1982 年《关于和平解决国际争端的马尼拉宣言》、1987 年《加强在国际关系上不进行武力威胁或使用武力原则的效力宣言》，这无疑有助于进一步增强安理会的权威与效能。

2022 年 4 月 27 日，联合国大会通过了列支敦士登、美国等 83 个共同提案国提出的"在安全理事会发生投否决票情况时进行大会辩论的长期授权"（A/RES/76/262）决议。该决议的主要内容是在安理会一个或多个常任理事国投否决票后，除非计划就该局势举行紧急特别会议，联合国大会主席应在 10 个工作日内召开一次大会正式会议，就投否决票所涉的局势进行辩论；大会拟定发言名单时优先考虑投否决票的一个或多个安理会常任理事国；安理会需根据《联合国宪章》第 24 条第 3 项，至少在大会进行有关讨论前 72 小时，向大会提交一份关于行使否决权的特别报告。按照这项立即生效的决议，行使否决权的安理会常任理事国需要在为此召开的联合国大会上优先发言，解释行使否决权的相关情况和背景。该决议将有可能对联合国产生重大的影响，它通过建立一种自动触发联大召开会议的机制，增加了所有会员国对常任理事国否决的审议权力。

第三节　经社理事会与托管理事会的职权

一、经社理事会的职权

经社理事会，是在联合国大会权力下负责协调联合国以及各专门机构的经济与社会工作的机关。它就经济发展、世界贸易、工业化、自然资源、人权、妇女地位、人口、社会福利、科学技术、防止犯罪以及其他经济社会问题提出建议并开展活动。为了促进国际经济与社会的进展及合作，以形成各国和平友好关系所必需的条件，宪章规定经社理事会的主要职权应包括:(1)作成或发动关于国际间经济、社会、文化、教育、卫生及其他有关事项的研究与报告,并得向联合国大会、各会员国和有关专门机构提出这方面的建议。(2)为促进尊重和遵守一切人的人权和基本自由起见,得提出有关这方面的建议。(3)得就其职权范围内的事项拟定公约草案,提交大会。(4)得按联合国所定之规则召开国际会议,讨论其职权范围内的事项。(5)同各国政府间的各种专门机构签订关系协定,使它们同联合国建立关系。但这种协定须经大会批准。(6)通过磋商与协议来协调各专门机构的活动。(7)同国际各非政府组织、甚至经有关国家同意后同该国国内的非政府组织咨询(会商 consultation)有关职权范围内之事项。①

---

①　见《联合国宪章》第 71 条(美洲国家组织、国际劳工组织、卫生组织、海事组织、邮政联盟、电信联盟、民航组织、气象组织、知识产权组织、教科文组织等的组织章程亦有类似此种咨询制度的条款)。此条,是宪章中唯一涉及非政府组织的条款,且规定其活动范围仅限于就经社理事会职权内之事项同该理事会进行咨询。依据此条,经社理事会承认具备一定条件的国际或国内的非政府组织有机会表达其意见,承认他们拥有对经社理事会工作十分有价值的特殊经验与技术知识。为实行此项咨询制度,经社理事会成立了一个"非政府组织委员会"(Committee on NGO),制定了一项《理事会同非政府组织咨询办法》,并规定了非政府组织取得咨询地位的具体程序与条件。取得咨询地位的组织可以分为三类:第一类为对经社理事会的大部分活动有重大利害关系的组织(具有一般咨询资格);第二类为只对经社理事会的少数活动领域有特殊能力并享有国际声誉的组织(具有特殊咨询资格);第三类为可供临时咨询并对经社理事会工作作出重大贡献的组织,可以载入登记册(具有临时咨询资格)。据 2005—2006 年国际组织年鉴(*Yearbook of International Organization*)的统计,现今世界上的非政府间组织总数已达到 51509 个。其中,有国际妇女理事会等约 60 个以上组织被列入第一类;有绿色和平国际等约 440 个以上组织被列入第二类;有警官国际协会等约 550 个以上组织被列入第三类。经社理事会咨询组织制度的目的在于:从一些在有关领域内具有特别能力的组织那里获得专门情报和意见。并使一些代表重要舆论的组织得以发表他们的意见。但是,值得注意的是,联合国能邀请上述已获某种咨询地位的组织咨询意见,而不能随意邀请其他非政府组织参与咨询或会议活动(经社理事会议事规则和该理事会各职司委员会的议事规则,对上述咨询关系制度都作了详细具体的规定)。

(8)经大会许可，得应会员国或专门机构的请求为它们服务。

综上可见，经社理事会在职权上有其显著特点：它所管辖的事项及职能非常广泛，但是其实际权力又是很有限的，因为它所提出的建议、研究报告、条约草案、关系协定等，都有待于联合国大会核准，其决策权是受制于大会的。更何况经社理事会的职权本来就多属建议性质，不能作出对会员国有约束力的决议。

同国际联盟相比，联合国设经社理事会专门负责经济及社会方面的协调工作，并使之成为 6 个主要机关之一，这是一个发展。宪章序文与第 55 条强调指出，为了创造各国间以尊重人民平等权利和自决原则为基础的和平友好关系所必需的稳定和福利条件，联合国应该促成全世界人民经济和社会的进步与协作。这表明联合国更为重视这方面的工作，并根据国联的经验扩大了它的活动范围。在国联体系中，没有这样一个具有相应地位且职权如此集中的机关，国联只在行政院之下设有一个经济财政委员会（Economic and Financial Commission）。此外，交通运输组织（Communications and Transit Organization）、知识合作委员会（Committee Intellectual Cooperation）、卫生组织（Health Organization）等有关机构，也是从事这方面的工作的。但是，它们在组织上比较分散，其职权范围也远不如联合国的经社理事会那么广泛。

二、托管理事会的职权

托管理事会的工作，应以宪章所规定的托管制度的基本目的为出发点，即促进国际和平与安全；增进托管领土居民在政治、经济、社会和教育方面的进展，增进托管领土居民向自治或独立的逐渐发展；不分种族、性别、语言或宗教，鼓励对一切人的人权和基本自由的尊重。

宪章把托管领土分为战略地区与非战略地区两种。

托管理事会协助大会行使联合国关于除战略性地区以外的各托管领土的职能：（1）负责就托管领土居民的政治、经济、社会和教育的进展拟定调查表，管理当局（administering authority）应依据此调查表提出年度报告；（2）审查并讨论管理当局提出的报告；（3）收受托管领土居民或其他方面提出的请愿书，并咨商管理当局审查此种请愿书；(4)按同管理当局商定的时间，对托管领土进行定期视察；(5)依托管协定而采取其他的行动。

由于托管理事会是大会权力下的机关，因此其活动应接受大会的监督，大会有权取代托管理事会直接行使上述有关托管领土的职能。

托管协定中指定的战略性地区，由安理会管辖，它在这方面可以利用托管理事会的协助，以履行联合国依托管制度所负担的关于战略性地区内的政治、经济、社会和教育事项的职能。从托管理事会同大会及安理会的关系来分析，托管理事会似乎带有某种辅助机构的性质，但是它在其职权活动范围内又是相对独立的，是联合国的主要机关之一。

第四节 国际法院的职权

一、一般原则

《联合国宪章》第 1 条规定，为了维持国际和平与安全，应"依正义及国际法之原则调整或解决足以破坏和平之国际争端或情势"。国际法院在这方面负有重要责任。国际法院受理《国际法院规约》各当事国的诉讼，也可以受理非规约当事国的诉讼，但受理非规约当事国诉讼的条件，应由联合国安理会决定。

国联成员国并不当然成为《常设国际法院规约》的当事国。宪章则规定，联合国全体会员国均为国际法院规约的当然当事国。非联合国会员国的国家，可以依照大会根据安理会建议所决定的具体条件，加入《国际法院规约》。① 只有国家才能在国际法院成为诉讼当事

---

① 见宪章第 93 条(2)。瑞士曾根据此项规定，于 1947 年成为国际法院规约的当事国。当时为瑞士所规定的条件包括：(1)接受规约的各种规定；(2)承认联合国宪章第 94 条关于执行国际法院判决的义务；(3)依照大会与瑞士政府磋商后所核定的公平数额承担法院经费。后来，瑞士已于 2002 年正式加入联合国。

者。① 联合国作为一个具有提出国际求偿的行为能力的国际组织，虽然是国际法的主体，但它却不能在它自己设立的这个法院成为诉讼当事者。根据《联合国特权及豁免公约》的规定，联合国与其会员国之间的分歧，可以通过国际法院的咨询意见来进行解决。

联合国宪章没有为国际法院规定审理诉讼案件的一般管辖权。任何国家都不得被迫违反其意志而进行诉讼。各诉讼当事国的自愿是国际法院受理案件的基础。国际法院没有自动的管辖权，非经当事国要求，法院不得干预。这与国内法院具有绝对的强制管辖权相比，有重大区别。为了使国际法院对案件具有管辖权，需要争端各当事国依《国际法院规约》第 36 条的规定将案件提交法院。

二、诉讼管辖

国际法院的管辖问题，曾经在起草《国际法院规约》的法学家委员会和旧金山制宪会议上引起过争论。法学家委员会曾主张法院应有强制管辖权，但遭到不少国家的反对。现行《国际法院规约》有关管辖方面的规定，是以自愿原则为基础的。

根据《规约》第 2 章的各项规定，国际法院审理诉讼案件的管辖权具有一定的范围。

在对人管辖方面，法院可以：

(1) 受理联合国会员国即《法院规约》当然当事国的诉讼。

(2) 受理虽非联合国会员国但经安理会建议由大会作出决定而为规约当事国的诉讼。②

(3) 对于既非联合国会员国、也非规约当事国的诉讼，除现行条约另有规定外，须按安理会所规定的条件来受理，但不得使当事国在法院处于不平等的地位。

由于国际法院的管辖权只适用于国家之间的事端，所以法院不受理任何组织、团体或个人的诉讼。个人或团体的诉讼，除非通过本国

---

① 见国际法院规约第 34 条 (1)。

② 这类当事国有瑞士、瑙鲁等。

政府提出申诉,否则国际法院不予受理。

在对事管辖方面,包括:

(1)当事国彼此协议而提交法院的一切案件。这种案件是各当事国协商同意提交的,故通称"自愿管辖"(voluntary jurisdiction)。

(2)与当事国有关的现行条约或公约中规定提交国际法院解决的特定争端或问题。这种案件的根据是条约,故称为"协定管辖"(conventional jurisdiction)。有的条约特别规定,凡因该条约的解释或适用而发生争端时,应提交国际法院解决。对此类案件,国际法院均有权受理。

(3)由当事国随时声明,即以签署所谓"任择条款"(optional clause)的形式,承认不需另订协定而适用法院强制管辖的各种法律争端。这种管辖虽有强制性质,但又是任意承担的,故通称为"任意强制管辖"(optional compulsory jurisdiction)。① 规约将这种强制管辖的法律争端列为四种,即条约的解释、国际法的任何问题、关系到违反国际义务的任何事实以及因违反国际义务而应赔偿的性质和范围。各国接受这种强制管辖的声明,常常附有一定年限或将某些争端除外的保留(reservation)。②

《规约》当事国向法院提出诉讼案件都是以自愿原则为基础的。对那些曾经声明接受法院强制管辖的国家来说,如果它们之间发生上述的那种法律争端,只要一方把该争端提交国际法院,另一方就应根据声明接受法院对此案的管辖。这实质上是一种建立在事先同意基础

---

① 见《国际法院规约》第36条。

② 截至2023年9月1日,声明接受这种强制管辖的国家只有74个,仅略多于《规约》当事国的1/3。值得注意的是,这些声明的大多数,在不同程度上附有各种保留,有的保留所涉及的范围非常大,特别是美国式的所谓"自定式保留"(self judging form of reservation),将保留范围留给保留国自己决定,这几乎等于取消了对强制管辖的接受。美国在1946年的声明中提出的一条保留为"凡美国所规定的本质上属于美国国内管辖的事项除外"。后来英法等国也作了类似保留。我国在恢复联合国合法席位后,曾于1972年9月致函联合国秘书长表示,对旧政府于1946年10月26日关于接受国际法院强制管辖的声明不予承认。

上的有限度的强制管辖权。它既是强制的，但又不违背自愿原则。

此外，1969 年的《维也纳条约法公约》第 66 条（甲）有一特殊规定：关于"一般国际法强制规律（强行法或强制规范，即 jus cogens）"之适用或解释的争端，自其发生后 12 个月内未能解决者，任一当事国可将争端提请国际法院裁决之，即由国际法院行使强制管辖权。

国际法院的诉讼管辖权，其效力只及于对当事国的权利义务加以裁决，即判定何方应享有何种权利，何方应履行何种义务。国际法院不同于国内法院，它没有（也不可能有）刑事管辖权，因此不可能判定刑事责任。

管辖权问题，既涉及国际法院的职权，也涉及各当事国的国家主权，法院受理案件时，首先应确定对该案件的管辖权。如果遇到关于法院本身是否有权管辖该案件的争端时，这种争端应由法院自行裁决。在管辖权未确定之前，应诉国、起诉国甚至法院本身，均可提出先决性抗辩（preliminary objection，又译"初步反对意见"），如抗辩理由与根据充足，法院即不能进行案件实体（merits）的审理，应裁决无管辖权，或不受理案件。

宪章的任何规定，均不排除联合国会员国将其争端托付给其他法院解决。

国际法院因受国际关系中各种复杂因素的影响，受理的案件非常有限。自 1946 年 4 月 1 日开始工作以来到 2023 年 9 月 1 日，国际法院一共受理了 187 件案件。① 其中约 80% 是国家之间的诉讼案件，约 20% 是联合国机关或专门机构要求发表咨询意见的案件。以 20 世纪 80 年代初期以前所受理的 46 个案件为例：其中有 15 件因种种原因撤回或从案件单上撤销；另有 9 件，法院裁决自己不具有管辖权，未就案件实体作出裁决；其余法院作出最后判决的只有 22 件。国际法院的裁判实践，对国际争端的解决与国际法的发展有颇大影响。在其审理的案件中，有些不仅在实践上而且在理论上都具有重要的意义。但是，有些案件也遭到了不少非议。法院于 1966 年对于西南非洲一

---

① 参见国际法院网站 https://www.icj-cij.org/en/cases。

案的审理，不顾正义与国际法原则，竟拒绝了关于南非应从纳米比亚撤走的要求，袒护殖民主义者，即其一例。从法院办理的诉讼案件来看，在数量上曾有减少的明显趋势。20世纪40年代后期为3件，50年代19件，60年代9件，70年代8件。70年代下半期很少受理案件。直至80年代上半叶亦无显著起色。人们认为，许多年来国际法院已陷入"信任危机"。因此进入70年代之后，联合国大会曾多次将"检讨国际法院作用"的项目列入大会议程进行审议。

目前的国际法院，已有了不少变化。例如，在法官组成上，发展中国家法学家的成分有所增加①，他们在审判过程中，为使法院活动遵循《联合国宪章》的宗旨及原则，起了促进作用。这些年来，提交国际法院的案件，稍有增长趋势(1991年甚至激增到23件之多)。②又如，1986年法院对"在尼加拉瓜的军事行动及准军事活动"案的判决，获得国际社会好评，产生了积极影响。判决认定：美国在尼加拉瓜境内的军事行动及非正规军事活动，违背了国际法关于不使用武力、不侵犯别国主权、不干涉别国内政之规定，应立即停止，并应负损害赔偿之责任。

三、咨询管辖

国际法院的管辖权主要是诉讼管辖。除此之外，还有所谓"咨询管辖"(advisory jurisdiction)。咨询管辖，可用以补救国际组织不能作为国际法院诉讼当事国的缺陷。如果国际组织之间或国际组织与任何国家之间发生法律争端，国际组织可按宪章规定请求国际法院发表咨询意见。法院在执行咨询管辖时，应参照《国际法院规约》与现行《国

---

①　截至2023年9月1日，在国际法院15名法官中，来自中国、俄罗斯、斯洛伐克、摩洛哥、巴西、索马里、乌干达、印度、牙买加、黎巴嫩等发展中国家的法官有10名。

②　截至2023年9月1日，国际法院正在审理的诉讼案件数为18件。诉讼案件来自世界各地：目前，有4件是欧洲国家间的案件，3件是拉美国家间的案件，1件是非洲国家间的案件，2件是亚洲国家间的案件，另有8件是洲际性质的案件。这种区域多样性再次反映了国际法院的普遍性质。

际法院规则》有关诉讼案件的规定，但这两种管辖权是有性质上的区别的。法院咨询管辖的作用，主要在于作为联合国的司法机关为有关法律问题提供权威性的参考意见，以协助联合国组织遵行联合国宪章。

国际法院的咨询管辖权，其效力只及于对法律问题作出权威性的解答，澄清和消除疑义，而不能对争端直接进行实际的解决。但争端当事方若意愿变相以咨询程序来替代诉讼程序，则可能产生解决争端的实质效果。

在咨询管辖程序中，由于没有被告存在，所以不会遭到先决性抗辩。但在管辖之前，法院仍需辨明问题是否属于法律性质，咨询管辖的行使是否符合法律规定。

联合国大会和安理会都可以请国际法院就任何法律问题提出咨询意见(advisory opinions)。联合国其他机关或专门机构，经大会授权，也可以请国际法院就它们工作范围内的任何法律问题提出咨询意见。各会员国无权请求也无权反对法院发表咨询意见。咨询意见是向联合国机关发表的，所以不需要取得会员国的同意。任何个人，包括联合国秘书长也无权请求发表咨询意见。虽然法院的这种意见是咨询性的，一般没有法律上的约束力，但在国际事务中具有重要影响。它能从法律上为国际争端的和平解决提供法律依据和意见，协助大会及安理会履行宪章第6章所赋予的各项职能。[1]

现在，按照宪章第96条的规定，在联合国组织系统中，至少有大会、安理会、经社理事会、行政法庭判决复核请求委员会以及国际劳工组织等各专门机构，共24个国际机关或组织，可以就任何法律问题，请求国际法院发表咨询意见。[2]

迄今，国际法院已收到咨询案二十余件，其中绝大部分是联合国

---

[1]　请求发表咨询意见的机关，如在请求时附有一项承认约束力的规定，则国际法院的咨询意见对该机关具有约束力。

[2]　参见 Dharma Pratap, *The Advisory Jurisdiction of the International Court*, 1972, pp. 55-60。

大会提出的，安理会提出的曾有 1971 年的"南非不顾安理会第 276 (1970)号决议继续留驻纳米比亚(西南非洲)对各国的法律后果"一件。此外，世界卫生组织、联合国教科文组织、国际海事组织等，也都提出过咨询意见请求案。①

四、法律适用

关于国际法院适用法律的问题，《国际法院规约》第 38 条规定，法院应根据国际法进行裁判，并且具体规定裁判时应适用：(1)国际公约(international conventions)；(2)国际习惯(international custom)；(3)为各国所公认的一般法律原则(general principles)；(4)司法判例(judicial decisions)和各国权威最高的公法学家学说(teachings of the publicists)，以作为确定法律原则的补助资料。此外，法院经有关当事国同意，可以根据"公允及善良"原则来裁判案件。

《规约》第 38 条，对国际法院应适用的法律，作了大范围的列举。它既包括了国际法严格法律意义上的渊源，也包括了国际法广泛历史意义上的渊源。其立法意旨，可能在于用以避免法院"无可适用之法律"(non liquet)的困境。同时，条文还特别列示了"公允及善良"原则，则更带有自然法学派的色彩，在一定程度上缓和了实在法学派在适用法律上所主张的严格限制。②

法院对所受理的案件作出判决后，争端各国均应遵守。③ 如一方不履行法院判决，另一方得向安理会申诉。安理会如认为必要时，得提出建议或决定应采取的措施，以执行判决。④

国际法院不是国际立法机关，它的判决，除对当事国及本案外，

---

① 截至 2023 年 9 月 1 日，国际法院已收到的案件总数为 187 件：诉讼案(Contentious cases)为 160 件，咨询案(Advisory cases)为 27 件。
② 参见梁西主编：《国际法》(修订第二版)，武汉大学出版社 2000 年版，第 41~48 页。
③ 见《联合国宪章》第 93、94 条及《国际法院规约》第 35 条。
④ 见《联合国宪章》第 94 条。

无其他约束力。① 因此，法院本身也不受其先例的限制。但是实际上，法院的判例既可作为确定法律原则的辅助资料，法官也常常注意保持法院司法过程先后的一致性。所以国际法院的判例，在国际关系中仍有其重要影响。七十多年来，法院适用法律审判案件和发表咨询意见的职能，对现代国际法的发展起了重要作用。②

第五节　秘书处的职权

秘书处的职权，主要集中于秘书长。秘书长是整个联合国组织的行政首长(the chief administrative officer)。③ 秘书长的职权非常广泛，他在大会、安理会、经社理事会和托管理事会的各种会议中，均以秘书长的资格行使职权，并执行这些机关所托付的其他职务，实质上是联合国几乎一切会议的秘书长。④ 他在上述机关中虽然没有投票权，但不论何时他都有发表声明的权利。他向大会提交关于联合国工作的年度报告和各种必要的补充报告。联合国文书、档案、财政、总务和大约 3.6 万名工作人员的任免和调配，都由他负责。⑤ 秘书长的职能，虽然偏重行政方面，但是根据宪章第 99 条的规定，他还有直接参与联合国政治活动的权力。他有权把他所认为可能威胁国际和平与

① 见《国际法院规约》第 59 条。

② 参见本书第 4 章第 1 节"国际组织之一般作用"中的有关部分。

③ 秘书长到一些国家和地区进行访问时，享受国宾待遇。在一切公共场合，秘书长俨然以联合国代表或联合国发言人的资格出现。

④ 根据《大会议事规则》，秘书长在大会各委员会及小组委员会的一切会议中均以秘书长的资格行使职权，或委派代表行使其职权。在联合国各机关开会时，秘书长或其代表常坐在会议主席的旁边，对会议审议的事项，可以随时向主席提供意见及有关的法律依据。

⑤ 截至 2022 年 12 月，联合国秘书处工作人员总数为 36797 人。参见"Determined: Report of the Secretary-General on the Work of Organization, 2023(A/78/1, seventy-eighth session)", available at https://www.un.org/sites/un2.un.org/files/sg_annual_report_2023_en.pdf。

安全的任何事件提请安理会注意或讨论，并能在安理会上发表自己的意见。该条授予秘书长以一种过去国际组织行政首长所从未享有过的权力，这是一项具有重大政治意义的职能。因此，第99条向来被认为是，宪章对秘书长在处理国际事务方面发挥主观能动性和积极作用的一种授权，是秘书长政治职能的法律源泉。例如，1979年11月，伊朗扣押52名美国人质后，美伊关系一度十分紧张。安理会应第四任秘书长的要求召开了紧急会议并通过了有关决议。根据决议，瓦尔德海姆还亲自到伊朗进行调解、斡旋。进入20世纪90年代后，国际争端有增无已。前些年，联合国第六任秘书长加利和第七任秘书长安南，在调解地区性国际纷争与冲突方面，活动频繁，作用甚为显著。可见，秘书长在国际事务中充当了重要外交使节的角色，被视为是一位非常重要的高级国际政务官员。

秘书长及其工作人员的具体职责非常繁杂，涉及联合国工作的各个方面。其中包括：统一调整联合国的日常活动；协调各专门机构和其他政府间机构的关系；为组织各种国际会议作准备工作；调查并研究世界经济趋势、发展、自然资源和人权等专门问题；起草有关研究报告；实施技术援助计划；派专家和顾问协助发展中国家发展经济；负责登记并公布国际条约；① 编制统计；就安理会及其他机关所作决定的执行情况收集情报；口译、笔译各种发言及文件；向世界提供联合国的情报；草拟预算；就财政问题向联合国各机构提出建议；收集会费；保管联合国基金、控制经费开支；对国际争端进行斡旋与调解；管辖维持和平行动；代表联合国作为发言人；与个别代表或政府进行磋商；代表联合国与会员国政府、非会员国政府、或国际专门机构等进行各种接洽与谈判或签订有关的协定；等等。

---

① 此项职能在国际法上具有重大意义，其目的在于加强防止秘密条约的滋长。条约登记制度，始于国联盟约，《联合国宪章》（第102条）作了基本相似的规定：联合国任何会员国在宪章生效后所缔结的每一条约和国际协定，应该尽速在秘书处登记，并由秘书处公布。未曾按规定登记的任何条约或国际协定，不得在联合国任何机构援引。

根据旧金山会议所设筹备委员会(the Preparatory Commission)的报告,上述各种职能,按其性质可以划分为 6 个方面:(1)行政和执行性的职能;(2)技术性的职能;(3)财政性的职能;(4)组织和管理国际秘书处(international secretariat)的职能;(5)政治性的职能;(6)代表性的职能。①

第六节　联合国的经费问题

国际组织,为了根据其宗旨和被赋予的职权来开展活动,均必须有其独立的经费。联合国的开支较大,每年所需经费的实际总数,现已超过 30 亿美元。联合国经费可以分为正常预算费用和维持和平行动费用两部分,分述如下。

随着会员国的增加和所属各机关活动范围的扩大,联合国的正常预算费用也在大量增长。联合国刚成立时,每年正常预算拨款总额不到 2000 万美元。至 70 年代初,上升到近两亿美元。而至 90 年代头几年,这一数字已高达 12 亿美元。2010 年的预算为 21.665 亿美元;大会批准 2022 年的预算为 31.21651 亿美元。②

正常预算的资金来源主要是会员国的摊款。摊派数额以大会根据其会费委员会的建议批准的比额表为标准。每个会员国应缴纳的数额是按其国民生产总值与其他国家相比来计算的,但其他因素(如人口

①　见宪章第 12、20、73 条,第 97 至 102 条,第 110 条等。
②　在联合国各机构每年全部活动经费的总和中,仅联合国总部的日常工作开支,早已大大超过 6 亿美元。联合国及其各下属机构工作人员的薪金,也占了联合国经费的相当一部分。以 2021 年 12 月 24 日联大通过的 2022 年预算为例,通盘决策、领导和协调的经费为 4.256819 亿美元,包括日内瓦等地行政开支在内的共同支助事务经费为 3.081713 亿美元,内部监督经费为 0.211874 亿美元,共同出资的行政活动和特别费的经费为 0.927663 亿美元,基本建设支出经费为 1.127428 亿美元,安全和安保经费为 1.256538 亿美元,发展账户经费为 0.161994 亿美元,工作人员薪金税为 2.770537 亿美元。参见 A/RES/76/247。

平均收入及获得外汇的能力等)①也予以考虑。低收入国家的摊款数额则另行调低。分摊比例每 3 年调整一次。多年来，分摊的最高额为预算的 25%，由美国缴纳；分摊的最低额现为 0.01%，由约 80 个会员国缴纳。苏联的分摊额为 13%。日本的分摊额逐年增加，至 21 世纪初已超过 15%。② 按照 2021 年 12 月 24 日联大通过的会员国会费分摊方案，从 2022 年开始分摊额在 2% 以上的国家有：美国 22%，中国 15.254%，日本 8.033%，德国 6.111%，英国 4.375%，法国 4.318%，意大利 3.189%，加拿大 2.628%，韩国 2.574%，西班牙 2.134%，澳大利亚 2.111%，巴西 2.013%。③

我国 1971 年在联合国恢复合法席位后，摊款比例有过几次调整。起初为 4%；后来为 5.5%；从 1980 年起按国民收入总额并参考其他标准计算，为 1.62%；从 1985 年起为 0.88%；从 1992 年起为 0.77%。1998 年增为 0.9%。从 20 世纪 70 年代初至 80 年代末的 20 年中，中国平均每年支付会费两万多美元。

从 2001 年开始的 20 多年里，中国的会费已经增长了多次。其中，2010 年到 2022 年这 10 多年间，中国的会费比例有较大增长，正常预算分摊比例由 2009 年的 2.667% 增长到 2010 年的 3.189%；从 2010 年起，中国分摊比例的排名由 2009 的第九位上升到第八位，紧随美、日、德、英、法、意、加七个工业化国家之后。2013 年至

---

① 近些年来，联合国会费分摊比额计算办法还考虑了下列要素和标准：国民总收入估计数、三年和六年统计基期的平均数、基于市面汇率的换算率、2019 至 2021 年期间分摊比额表采用的债务负担调整办法、最低分摊比率为 0.001%、最不发达国家的最高分摊比率为 0.01%、最高分摊比率为 22% 等。

② 至 21 世纪初，联合国预算 15 大分摊国的排名顺序为：美、日、德、俄、法、英、意、加拿大、西班牙、乌克兰、巴西、澳大利亚、荷兰、瑞典、比利时。根据 2009 年 12 月 24 日联合国大会通过的会员国会费分摊方案：美国的分担比例为 22%，日本的分担比例从原来的约 16.6% 降至约 12.5%。德国的分担比例从 8.6% 降到约 8%，法国从约 6.3% 降到约 6.1%。中国的负担比例则从约 2.7% 增至约 3.2%。

③ 参见 A/RES/76/238。

2015 年中国应缴会费的分摊比例是 5.148%，位居世界第六；2016 年至 2018 年中国的分摊比例为 7.921%，位居世界第三，仅次于美国和日本；2019 年至 2021 年中国的分摊比例是 12.01%，位居世界第二，仅次于美国；2022 年至 2024 年中国的分摊比例达到了 15.254%，位居世界第二，仅次于美国。另外，中国维和费用的摊款比例也在不断增加。从 2009 年的 3.1474% 增长到 2010 年的 3.939%，增加 0.7916 百分点，有关排名超过加拿大，名列第七。2019 年至 2021 年中国维和费用摊款比例是 15.2%，位居世界第二，仅次于美国；2022 年至 2024 年中国维和费用的分摊比例达到了 18.6556%，位居世界第二，仅次于美国。

由上述摊款提供款项的联合国正常预算，主要是用来支付秘书处和其他几个主要机关在联合国总部和世界各地的行政及其他开支。联合国的其他若干机构，如儿童基金会、开发计划署、人口活动基金、训练研究所等，其活动费用则是由正常预算以外的自愿捐款提供的。

联合国经费的另一部分是维持和平行动费用。维持和平行动的款项，主要是供维持和平部队使用。此项费用，也是由各会员国按一种特定比例分摊的。但由于每支和平部队的情况各不相同，所以分摊比例也非一样。一般说，安理会常任理事国常负担较多的费用。① 联合国在安哥拉、萨尔瓦多和中东地区的多支和平部队，曾需要由维持和平行动费用与会员国的资助提供款项。特别是前些年成立的几支和平部队，规模甚大，耗资甚多，已成为联合国一个严重的财政负担。关于维持和平部队的经费和联合国的财政危机问题，待后详述。

---

① 联合国维和行动费用的分摊比例，不同于正常预算，更为复杂。联合国大会在其第 55/235 号决议中重申联合国维持和平行动经费筹措的基本原则，并通过了一项调整经常预算分摊比额表的新制度，用以确定适用于维持和平行动的经费分率。新制度分为 10 个经费分摊等级，按照 1993—1998 年期间会员国人均国民生产总值平均数等标准，将每个会员国归入其中一个等级，并每三年更新各等级国家名单。总的来看，发达国家，一般负担与正常预算相同的份额；发展中国家，一般负担正常预算的 1/4 以下；在安理会常任理事国中，决定这种维和行动的常任理事国的负担份额，一般要高出其正常预算份额的 1/5 左右。

　　2000年12月23日，第55届联合国大会全体会议，以协商一致的方式，曾通过一项关于经常性预算与维和费用分摊比额的新方案。新方案将联合国日常运作的预算与用于其分布很广的维和行动的经费加以区分。根据这一方案：美国在联合国行政预算中所占的份额，从原来的25%下降到22%，它在联合国维和预算中所占的份额，从原来的31%减少到27%，决议说，如果到2003年，美国还未能全部缴纳所欠的联合国会费(实际上到2010年12月美国仍拖欠联合国会费近10亿美元)，其会费分摊比额要恢复到该决议通过前的水平；日本支付的正常预算的份额，有所下降，居第二位；由15个成员国组成的欧洲联盟所承担的份额，只有极小幅度地增加；盛产石油的国家和新兴工业化国家所支付的份额，有所增加；中国承担的正常预算和维和预算，增加50%左右；俄罗斯在正常预算中的摊款，有所减少。根据2021年12月24日联大通过的《联合国维持和平行动经费分摊比额表》，2022年1月1日至2024年12月31日期间维持和平行动实际分摊率，安理会五大常任理事国分别为：中国18.6556%，法国5.2809%，俄罗斯2.2821%，英国5.3506%，美国26.9509%。①

---

①　参见 A/RES/76/618。

第十一章　联合国的活动程序

第一节　大会的活动程序

一、会议制度与表决程序

联合国大会每年举行常会(regular session)一次,由全体会员国派代表团参加。大会通常为期 3 个月,在"9 月份的第三个星期二"开幕。① 一般在 12 月 25 日以前闭幕,如果议程未完,可以在次年春继续举行会议。联合国自成立以来到 2023 年 9 月,大会总共举行了 78 届常会。

大会除常会之外,如有必要,经大会本身决议,或者经安理会请求、过半数会员国请求、或任何一会员国请求而为会员国多数所赞同时,均可召开大会特别会议(special session)。如经安理会依据任何 9 个理事国的赞成票提出请求、会员国的多数提出请求、或任何一会员国提出请求而为会员国多数所赞同时,均可在 24 小时内召开大会紧急特别会议(emergency special session)。② 截至 2023 年 9 月 1 日,联

---

① 1981 年 12 月,第 36 届联大通过决议,规定此后每年"9 月份的第三个星期二"为"国际和平日",用以纪念和促进各国人民的和平愿望。对此规定,有一种尚属模糊的想法颇有意思:"9 月份的第三个星期二"(the third Tuesday in September),似乎也可理解为"9 月份的第三个星期的星期二"。例如,2004 年的第 59 届联合国大会,是在这年的 9 月 14 日开幕,而不是在 9 月 21 日开幕。

② 见大会于 1950 年 11 月 3 日通过的第 337(Ⅴ)号决议和《大会议事规则》第 8~9 条。

合国曾举行过 32 次特别会议和 11 次紧急特别会议。

2000 年 9 月 6~8 日,联合国隆重举行了有来自 189 个会员国的 150 多位国家元首及政府首脑出席的"千年首脑会议"。这是一次举世瞩目的有史以来最大规模的首脑会议。会议闭幕时,通过了《联合国千年宣言》。宣言重申了各国对《联合国宪章》宗旨与原则的承诺,决心根据宪章宗旨原则在全世界建立公正持久的和平。宣言共 9 页,分为 8 部分,广泛涉及应如何处理国家、和平与国际安全之间的关系,消除贫困,人权问题,保护弱者,关注不发达地区,加强联合国的作用等重大问题。为了克服负面影响,① 宣言指出:"我们认为,今天面临的任务是让全球化变为对全世界人民都有益的积极力量。因为尽管全球化提供了各种巨大的机会,但目前并非所有人都平等地享受到了它所带来的各种好处。"各国领导人强调各国都承担着"尊重和保护人类尊严、平等与公正原则的共同责任",并指出应把不干涉别国内政及和平解决各种冲突作为各国发展关系时应遵守的原则。此外,各国领导人还"采纳"了专家组为改善联合国维和行动所撰写的报告。宣言同时提出,各国领导人将为"销毁大规模杀伤性武器以及制止小型和轻型武器的非法买卖"而努力。

2015 年,联合国所有会员国一致通过了《改变我们的世界:2030 年可持续发展议程》(Transforming Our World: the 2030 Agenda for Sustainable Development)②及其 17 项可持续发展目标、169 项具体目

---

① 1999 年的联大主席(纳米比亚外长),在肯定全球化的积极意义后,也提示了发展中国家的一些疑虑:全球化在被当年的殖民者所利用,意图控制发展中国家的人民和资源。有人则担心:发达国家正在借助全球化来推广对其有利的政治、经济、社会、文化等方面的"价值观念"和"国际标准"。2000 年 10 月 21 日,法国《费加罗报》在报道有 25 位国家元首和政府首脑出席的"欧亚会议"时提到:"看来,要全球化但又要对其有所控制的观念,在那些亚洲伙伴国的头脑中有了很大的加强。在他们的词汇表中,'有控制的全球化'或者'有组织的国际社会'等字眼的出现,已是很自然的事情。"

② 参见《改变我们的世界:2030 年可持续发展议程》,载 http://www.un. org/en/ga/search/view_doc. asp? symbol = A/70/L. 1。

标和 231 项独特指标，共同影响了国际和国家发展政策的方向。可持续发展目标不仅是一系列目标，还承载着世界各地人民的希望、梦想、权利和期望。2019 年 9 月，多国国家元首和政府首脑齐聚纽约联合国总部参加可持续发展目标峰会，跟进并全面审查 2030 年可持续发展议程和 17 个可持续发展目标的落实进展。该活动是自 2015 年 9 月通过 2030 年议程以来第一次聚焦可持续发展目标的联合国峰会。2023 年 9 月 18 日，联合国大会第 78 届会议举行了可持续发展高级别政治论坛。各国领导人及高级代表一致通过《大会主持召开的可持续发展高级别政治论坛政治宣言：大会主席提交的决议草案》(Political Declaration of the High-Level Political Forum on Sustainable Development Convened under the Auspices of the General Assembly：draft resolution / submitted by the President of the General Assembly)①，承诺加快行动，实现 17 项可持续发展目标，促进经济繁荣和所有人的福祉，同时保护环境。可持续发展目标在 2030 年的最后期限到来之前已经严重偏离轨道，现在急需制定一项全球计划来挽救这些目标。由此可见，如今最大的挑战是如何把可持续发展高级别政治论坛政治宣言付诸实际行动，以推动可持续发展目标的实现。

大会实行一国一票制(the rule of one vote for each member state)，各会员国不论大小，在大会享有一个投票权。②

大会开会时，对于所谓"重要问题"(important questions) 的决议，须由会员国以 2/3 的多数来决定。此种问题包括关于维持国际和平与安全的建议、安理会非常任理事国的选举、经社理事会理事国的选

---

①　参见《改变我们的世界：2030 年可持续发展议程》，载 http：//www. un. org/en/ga/search/view_doc. asp? symbol＝A/78/L. 1。

②　苏联在大会有 3 个投票权，这是唯一的例外情况。在筹建联合国期间，苏联提出乌克兰与白俄罗斯在第二次世界大战中曾作出重大贡献，应赋予独立的会员资格。起初未能取得英美同意，直到雅尔塔会议苏联在安理会表决程序问题上作出某些妥协后，英美方同意苏联上述两个加盟共和国为联合国创始会员国。

举、托管理事会须经选举的理事国的选举、接纳新会员国加入联合国、中止会员国权利、开除会员国、有关托管制度的执行问题以及预算问题。此外，宪章第 18 章关于宪章的修正事项，也属于重要问题，其决定需经大会 2/3 的多数表决才能通过。大会对于"其他问题"（包括确定另外还有何种问题——additional categories of questions——应以 2/3 的多数才能决定的问题），均只要求会员国以简单多数作出决定。大会关于所有问题的表决，无论重要问题或其他问题，其"多数"均以"出席并投票"的会员国计算，因此不包括"缺席"和"不参加投票"者在内，投弃权票的会员国应被认为没有参加投票。① 大会主席不能参加投票，不能对大会决议施加个人影响，以维持主席的中立地位及其程序性的职能。

进入 20 世纪 60 年代之后，由于大量新国家相继独立并加入了联合国，已使大会的力量结构发生巨大变化。这对大会的投票及其效果产生了前所未有的深远影响。

联合国大会的表决程序，同国联大会的表决程序有很大差别。在国联，除另有规定外，大会任何会议关于实质问题的决议均需出席会议的全体国联成员国同意才能通过，但关于一切程序问题的决议，则由出席会议的多数成员国同意即可。关于重要问题或实质性问题的表决方式，由国联大会的全体一致规则改为联合国大会的 2/3 多数规则，是国际组织表决制度上的一个非常有意义的变化，标志着国际社会组织化程度的发展。

大会的表决，可以用多种方式进行：（1）按《大会议事规则》第 87 条和第 127 条，进行举手表决（show of hands）或无记录表决（non recorded vote）。这是一种最简单的方式。在有电子计算机装置的情况下，则用无记录表决代替举手。此时，仅仅表决的总票数出现在主席

---

① 《大会议事规则》（*Rules of Procedure of the General Assembly*）第 86 条及第 126 条均规定："本规则各条内'出席并投票的会员国'（members present and voting）一词的意义，是指投赞成票或反对票的会员国。弃权的会员国应被认为没有参加投票。"

台后面的表决机器显示牌上，但看不出各会员国分别投的是什么票。（2）按上述议事规则同条，进行唱名表决（roll call）或记录表决（record vote）。唱名表决是由秘书长从抽签办法找出来的某国名字开始，按国名字母顺序，点出各会员国的名字分别投票。在有电子表决机的情况下，则用电子表决机记录表决代替点名。此时，只要投票者按一个装置在自己座位上的赞成、反对或弃权的电钮，绿色、红色或黄色灯光就会把表决器显示牌上的投票者的国名照亮。表决结果随即被转载到一张表上，且全部并入会议正式记录。（3）按上述议事规则第93条和第103条，进行不记名投票（secret ballot）。这种方式主要是在选举个人或会员国任职时采用。但是，当选举不会发生困难时，也可以不采用这种方式；① 对显然没有异议的候选人，在主席事先征得同意之后，也可不经表决而以敲槌通过。②

此外，大会还有一种20世纪60年代中期以后逐渐发展起来的新的表决方式，即前已述及的"协商一致"（consensus）程序。在1964年第19届联大开始以前，国际社会曾因当时苏联拒付联合国刚果部队的费用而形成严重僵局。一直到此届大会经两度推迟而于1964年12月1日开幕数小时之前，美、英、法、苏4国代表及亚非、拉美、东欧、西方等各国家集团的代表和联大主席，在秘书长办公室共同作出决定：为了不使僵局恶化到产生威胁联合国存在的对抗，本届大会不讨论有争议之问题，所有经协商而无分歧之"议案，可在无反对意见之情况下不经投票通过"。在这一妥协性办法的操作中，此届联大才以协商一致程序通过了14项正式决议（第1994（19）号至第2007（19）号）。此后，各届联大广泛沿用了这一程序。例如，1970年的《国际法原则宣言》和1974年的《关于建立新国际经济秩序的行动纲领》等重要文件，都是以协商一致程序通过的。据统计，在1976年至1984

---

① 参见 J. Kaufmann, *United Nations Decision Making*, 1980, pp. 124-125。

② 1981年12月15日上午，大会主席在接到安理会主席提交给大会的关于安理会推荐德奎利亚尔为联合国新任秘书长的信件和决议草案后，主席建议鼓掌通过该项决议草案；在无异议的情况下，主席即敲槌通过。

年期间,联大采用这种程序通过的决议,已占这一时期决议总数的3/5。①

二、议事过程

联合国大会一般在联合国总部举行,但在 1952 年总部大厦建成以前,曾经在伦敦、纽约成功湖和巴黎等地举行过几次会议。

大会有其自行制定的议事规则,一切议事活动均按规则进行。大会的议事程序,相当复杂,《联合国大会议事规则》多达 163 条。从会议怎样召开、议程怎么确定、主席如何行事、讨论如何进行、决议怎样作出等,均有具体规定。有关程序问题的分歧,最后由大会自行裁决。有时也可以请联合国法律顾问解释或请国际法院提出意见,但这种解释或意见不具有法律上的约束力。在实践中,大会的活动,已形成一定的过程,大体可概括如下:

(1)在大会开幕前 60 天,由秘书长拟就一个临时议程问题单(questionaire),分别送给各个会员国。此问题单一般包括:秘书长关于联合国工作的报告;联合国各机构的报告;上届大会规定列入本届会议的项目;以及秘书长认为有必要列入的项目等。

(2)大会开幕时根据这一问题单确定正式议程。在会议过程中,会员国还可以随时提议将其认为重要的问题列入议程。

(3)议程通过后,立即将其中需要准备的项目按性质分给各个主要委员会进行讨论,并按需要拟出决议草案。

(4)至此,一切就绪,大会进入"一般性辩论"(general debate)阶段。

(5)一般性辩论结束后,大会开始讨论未分给各主要委员会的议题,并讨论各主要委员会就分配给它们的项目所准备的决议草案。

---

① 参见本书第 3 章第 2 节关于"协商一致"的注释及所引用的有关文件、文章及著作。此外,关于第 19 届联大,还可参阅本书"联合国与国际社会"一章第 4 节的"维持和平部队的经费问题"一目。

（6）在会议议程上的各个项目讨论完毕并通过相关决议后，① 大会即宣告闭幕。

一般性辩论是每届联合国大会议程上的一项重要议程。在会上发言的多为国家元首、政府首脑或外交部长。他们就国际形势与联合国所面临的问题发表演说并提出建议。一般性辩论大概占大会时间的1/5，一般为两个多星期。近些年来，已成为一种惯例，巴西代表总是在一般性辩论中首先讲话，然后由其他代表接着发言。发言的顺序是各会员国在联大开幕前 6 个月向秘书处报名发言后由秘书处安排的。根据《大会议事规则》，主席及各委员会主席得限制每人发言的次数与时间，② 但为了尊重国家代表的庄严地位，实际上很少引用这一规则。因此，代表讲话的时间往往较长，有一位总理曾在联合国大会作过一次超过 250 分钟的发言。除一般性辩论外，在联大还有很多发言的机会。各项议案，一般除在有关主要委员会讨论外，还要提交大会讨论；除对事项本身进行讨论外，还要最后讨论决议草案；在议案付诸表决的前后，均可对投票作解释性的发言。此外，在任何阶段都可以临时作质询性的插话或者按规定进行答辩。但是由于会议时间过分拖延，因此近年来普遍要求发言简短，主张讲求实效。③

联合国是当今世界上影响最大的国际组织，现在几乎所有国家都已成为它的会员国。它是一个国际论坛，是一条沟通各国关系的世界

---

① 例如 1982 年的第 37 届联大，截至 12 月 21 日休会为止，经过 3 个月时间，大会全体会议共对 141 项议程进行了审议，并作出了相应的决议。但是，由于种种原因，本届联大未能就下列四项议程作出决议，它们是：全球谈判；关于联合国决议的执行；和平利用原子能；以及塞浦路斯问题。其后的历届联合国大会，其决议总数，有增无减，均在 100 项以上。

② 见《大会议事规则》第 35 条、第 106 条。

③ 以 1980 年的第 35 届联大为例，在整个会期中，共开过 354 次会议，印刷了 2.36 页纸的文件。如果把这些文件一页页地连接起来，可达 33000 多公里，差不多接近于地球赤道的长度。整理这些会议的综合记录需要 4600 多个工作日。每份会议记录的平均费用相当于 3600 多美元。（参见第 35 届联大主席在第 36 届联大开幕式上的讲话）

渠道。联大的一般性辩论、各种讨论和决议,是国际社会表达世界舆论的重要方式。多年来,每届联合国大会都要通过一百多项决议及决定。但是其中的许多重要决议,常遭到某些大国的抵制。联合国在一些重大问题上还未能充分发挥其应有的作用。过去,在较长时间内,联合国的表决机器曾被大国控制。但是由于会员国中的中小国家迅速增加,情况已有变化。在联合国,通过各种会议特别是大会,进行广泛接触与国际性的辩论,可以使爱好和平的国家有机会伸张正义,可以使帝国主义、殖民势力、霸权政治在世界人民面前遭到揭露。同时,这对加强各国间的了解、确定国际责任,并使联合国真正成为一个协调各国行动的中心以实现宪章的各项宗旨与原则等方面,均有一定的作用与影响。① 在联合国讨论和处理具体问题的实践中已出现了若干积极的发展。进入 20 世纪 60 年代之后,联合国先后通过了《关于各国依联合国宪章建立友好关系及合作之国际法原则之宣言》《建立新国际经济秩序宣言》《行动纲领》和《各国经济权利与义务宪章》,确立了国际海底区域及其资源是"人类共同继承财产""探索利用外层空间必须为全人类谋福利""保障人民自决权是个人享受人权的先决条件"等一系列新的原则。这些宣言和原则,对国际和平与安全,对新的国际经济秩序和法律秩序的建立及发展,均具有重要意义。

联合国大会所使用的语文,分为两种。一种为正式语文(official language),是大会重要文件必须使用并且有法律效力的语文;一种为工作语文(working language),是大会代表们通用的语文。现在中、英、法、俄、西班牙与阿拉伯等六种文字,都是联合国大会的正式语

① 在某种意义上,联合国是供各国政府交换意见的场所。哈马舍尔德任秘书长时,曾特别强调在联合国休息室、走廊上和餐厅里的交谈、来往与其他社交活动。因为这些场合为政府首脑或代表提供了方便和不拘形式的个人接触。通过这种接触所建立起来的个人关系,往往对事态的发展产生微妙而重要的影响。值得注意的是,有些新独立或较小的国家,在其首都的外国使馆较少、驻外使节不多的情况下,联合国往往成为它们与其他国家建立直接交往的有用场所。

文；工作语文为英文和法文。① 每个代表座位上，都有这 6 种语言的同声传译装置；用一种语言讲话，同时被译为其他 5 种语言。大会及各主要委员会的文件、报告与记录等正式文件，都有上述六种官方语言的文本，只有非正式文件才可仅有英文和法文两种文本。实际上，会外交换意见和一般交往，使用得最普遍的还是英语。

第二节　安理会的活动程序

一、会议制度与表决程序

《联合国宪章》第 28 条为安理会规定了一项组织原则，即应使它能够持续地行使其职能。为此目的，要求各理事国应有常驻联合国总部的代表。这种通过理事国常驻代表继续不断地行使安理会职能的组织方式，即《安全理事会暂行议事规则》②第 1 章所规定的两种会议中的第一种会议——常会。按规定，常会应由主席在他认为必要时随时召集各常驻代表举行，但两次会议的相隔时间不得超过 14 天。此外，如经安理会任何理事国请求时，或者根据宪章第 35 条或第 11 条（3）某一争端或情势被提请安理会注意时，或者大会根据第 11 条（2）向安理会提出建议或将某一问题提交安理会时，或者秘书长根据第 99 条提请安理会注意某一事项时，主席都应召开安理会会议。

安理会的第二种会议是定期会议。按上述议事规则第 4 条规定，这种会议每年应举行两次，时间由安理会自行决定。各理事国可以派政府成员或其他特别指定的代表出席定期会议。定期会议是一种较高一级的会议，原先一般是由政府首脑或外交部长参加的。

安理会会议通常都在联合国总部举行，但联合国秘书长或任何理

---

① 现在，大会的正式语文及工作语文的种类，同安理会一样。

② 宪章规定，安理会应自行制定其规则。联合国有一句俗话：安理会的程序由安理会自己作主。因为安理会的程序问题本身有时就是复杂的政治问题，难以规定得太死，所以安理会的议事规则至今还是"暂行"的性质。

事国也可以提议在总部以外的其他地方举行，最后由安理会决定。安理会曾于 1972 年在埃塞俄比亚的亚的斯亚贝巴以及 1973 年在巴拿马举行过会议。非安理会理事国的联合国会员国，当安理会认为其利益受到特别影响时，可以参加安理会的讨论。当非安理会理事国的联合国会员国或者非会员国是安理会所审议的争端的当事国时，应被邀参加讨论。但在上述两种情况下，参加国都只有发言权而无表决权。在非会员国参加讨论的情况下，安理会应为其规定可据以参加讨论的条件。①

　　安理会会议十分频繁，平均每星期要开会一至二次。70 多年来，安理会举行过的重要会议在 4000 次以上。多年来，安理会已形成一种惯例，即在举行正式会议之前，常采取全体理事国"非正式会议"的形式，进行一系列"非正式协商"，以使各种议题易于取得一致意见，尽量避免否决权的行使。这一程序，很类似前述联大会议的 consensus 程序。两者的区别主要在于：联大会议在 consensus 中的要点是，当协商取得基本一致后，决议草案即可不经过正式投票而宣布通过，但安理会在"非正式协商"取得一致意见后，一般还需要举行一次正式会议对决议草案进行投票，即使这种表决只是形式上的。这种惯例，大大促进了安理会 15 个理事国特别是 5 个享有否决权的常任理事国的合作与妥协的精神。这是外交谈判技巧上的一项成功经验。在安理会举行公开会议的时候，各会员国驻联合国代表团的成员，都可以在观察员席上听会，参观游览者也可以在靠后的座位上旁听。新闻和电视记者可以报道公开会议，世界各地都能够在电视中看到安理会的讨论情况。②

---

　　①　参见并比较联合国宪章第 31~32 条与国联盟约第 4 条(5)。

　　②　尽管联合国的活动具有极大的公开性，但是联合国组织各机关的会议，尚有公开会议与秘密会议之分。秘密会议即通称的非公开会议(closed meeting)，拒绝公众、新闻界人士及非该机关的成员参加。实际上，举行非公开会议的多是一些较小的或技术性较强的委员会。但比较起来，以安理会的非公开会议为最多。安理会在推荐秘书长时，即举行正式的秘密会议；在举行某些正式会议之前所进行的非正式协商，一般也采用非公开会议的形式。

安理会每个理事国享有一个投票权。但由于各常任理事国可行使否决权，所以每个非常任理事国与每个常任理事国的表决效力并不相等。联合国有些程序问题是按一般惯例来解决的，如投票一般分为赞成、反对、弃权 3 种，但现在也有自愿不参加投票的做法。不参加投票似乎与缺席一样，然而就安理会来说，无所谓缺席，因为安理会必须全体理事国到齐后才能开会。①“不参加投票”这种做法，现在已被认为是安理会的第四种对决定的表态方式了。

根据宪章第 27 条的规定，安理会的表决程序是：（1）关于程序事项以外的一切事项（non-procedural matters）的决议，应以 9 个理事国的可决票（affirmative vote）决定之，其中应包括全体常任理事国②的同意票（concurring vote）在内。即常任理事国对一切非程序性事项享有否决权。但是对于和平解决争端方面的决议，任何常任理事国或非常任理事国为争端当事国（a party to a dispute）时，均不得参加投票。（2）关于程序事项（procedural matters）的决议，则以任何 9 个理事国的可决票决定之。

二、否决权的概念

一般所说的“否决权”（veto），是一种少数可以抵制或阻止多数的

① 关于安理会在有理事国（特别是常任理事国）缺席的情况下所通过之决议的合法性问题，一直存在着异议。缺席的首例发生在 1946 年苏联代表退出安理会以抗议安理会决定在其议事日程中保留伊朗的指控；后来，于 1950 年苏联又缺席 7 个月，以抵制国民党政府代表继续在安理会占有席位并出席会议。对上述会议的各项决议，苏联都未予承认。

② 有的学者（如凯尔森在其《联合国法》一书中）怀疑：《联合国宪章》第 27 条第 3 项中，在“the permanent members”之前，没有“all”一词，而相比之下，其第 108 条则在“the permanent members”之前加上了一个“all”，所以，是否有可能宪章第 27 条第 3 项的规定意味着，非程序性事项并不必有“全体”常任理事国之同意票即可作出决定？其实，这种怀疑是多余的，因宪章第 111 条第一段规定：宪章的“中、法、俄、英及西文各本同一作准”。而英文本之外的其他 4 种文本，都在“常任理事国”之前有“全体”这一词语。

权力(the power or right to forbid or prevent)①。它的实际价值就在于能够"以少胜多"。因为安理会对一切实质事项的决定，既要求9票多数，又要求这个多数中必须包括5个常任理事国一致的同意票在内才能通过，所以旧金山会议的4国声明把联合国安理会的这种表决程序称为"受限制的多数表决制"(a system of qualified majority voting)。这种表决制意味着，只要有一个常任理事国对某一决定投反对票，即使安理会其他所有14个理事国都投赞成票，该项决定也不能通过。当然，在另一种情况下，某项得到5个常任理事国一致同意的决定，如果有7个非常任理事国的反对或弃权，因而不能获得9票的多数时，该项决定同样不能通过。按照4国声明的表述，这种情况可以称之为非常任理事国的"集体否决权"(a group veto)。②

联合国安理会关于实质性事项的"大国一致"的表决原则，比国联行政院"全体一致"的表决原则有了很大发展。③ 从理论上讲，安理会的表决程序我们可称之为一种"复轨表决制"。对程序性事项的决议来说，只要求9票多数，而不要求大国一致；但对实质性事项的决议来说，则不仅要求理事国的9票多数，而且要求常任理事国的一致。它的多数既不是简单的过半数，它的一致也不是理事国清一色的同意。它是国际组织中突出大国的一种特殊的表决制度。它所赋予大国的特权远远超过了《国联盟约》的规定。安理会表决制度的核心是否决权。④

安理会常任理事国的否决权，虽然具体规定于宪章第27条，但第27条并非否决权的全部内容。对联合国否决权的研究，应包括三组条文：

(1)第23条：它规定5个大国为常任理事国，享有特殊地位，

---

①　从理论上分析，常任理事国的否决权，只能起到"盾牌"的抵制作用(消极地使决议案不能通过)，而不能起到"长矛"的进攻作用(积极地使决议案能够通过)。说得诙谐一点，是"成事不足、败事有余"。

②　安理会各常任理事国在联合国大会投票时，不能享有否决权。

③　见《国联盟约》第5条。

④　参见 J. Kaufmann, *United Nations Decision Making*, 1980, pp. 43-45。

它们是否决权的主体。这个条文是否决权制度的主体条款。

（2）第 27 条：授予常任理事国在表决中以超越一般计量的权力，使其一票有压倒多数票的表决效果。这个条文是否决权制度的基干条款。

（3）第 108~110 条：规定常任理事国对于宪章的生效以及对于宪章生效后之修正案的生效，均享有否决权。这意味着，如果某常任理事国有意坚持和维护否决权制度，则在宪章草案未规定否决权时（指宪章生效前），或者当否决权条款遭到该国不愿接受的修正案时（指宪章生效后），该国都可以用否决权来抵制或阻止这种可能得到多数赞成的方案成为现实。从这个角度来分析，这组条文是上述两组条文的永恒性保障条款。

这三组条文相互为用，像一台钢筋三脚架支撑着整个的联合国体制，也使否决权制度本身在联合国体制中根深蒂固，不易动摇。

三、关于否决权的争论

关于安理会的表决程序问题，如前所述，在敦巴顿橡树园草拟《关于建立普遍性国际组织的建议案》时，当时苏联同英美的分歧颇大，苏联主张一个范围广泛的否决权，英美则主张一个范围较小的否决权。① 直到克里米亚会议，才达成体现"常任理事国一致规则"（the rule of unanimity of the permanent members）的所谓"雅尔塔方案"的协议。后来在旧金山会议时，安理会表决程序仍然是会议争论最激烈的问题。除苏联代表与英美代表仍有部分分歧外，中小国家对"雅尔塔方案"甚为不满，认为安理会常任理事国权力过大，有损中小国家的权益。在讨论过程中，与会各国对否决权本身的理解也很不一致。4 个发起国的代表团，对会议有关这一问题的各种分歧与意见进行了反复协商，并就所取得的一致意见于 1945 年 6 月 7 日在会议上正式发

---

① 当时苏联主张否决权应适用于有关下列全部事项的决定：宪章第 7 章的一切事项；第 6 章包括第 35 条在内的一切事项（争端当事国亦不例外）；第 52 条的有关事项；某一事项是否属于程序性事项的问题。英美则力主缩小上述范围。

表了《四发起国政府代表团关于安全理事会投票程序的声明》
(*Statement by the Delegations of the Four Sponsoring Governments on Voting
Procedure in the Security Council*，常被简称为"四国声明")。法国随后
也加入了这项声明，因此它实际上表达了后来安理会全体常任理事国
的共同立场。声明强调了规定否决权的基本理由，认为 5 个常任理事
国既然负有维持国际和平与安全的主要责任，那么就不可能期望一个
常任理事国有可能轻易同意按照一项它所不同意的决定在维持和平与
安全这种严重问题上担负起行动的义务。但是声明也表示，大国不会
任意使用否决权来阻挠安理会的活动。声明还着重澄清了"雅尔塔方
案"中的若干问题，这在一定程度上有助于这一方案的最后通过。①

四、《四国声明》关于否决权的解释

《四发起国政府代表团关于安全理事会投票程序的声明》分为两
部分，作了 12 点说明和解释。旧金山会议对这个声明虽未采取任
何正式行动(从而不能认为它对一般会员国具有法律约束力)，但
是，它在联合国实践中起到了重要的指导性作用，一般是按其精神
来执行的。

声明的第一点解释说：根据"雅尔塔方案"，安理会在履行其维
持和平与安全的责任时，可能作出两类不同的决定：第一类，安理会
按第 8 章②必将作出牵涉到由它采取直接措施(direct measures)的决
定；第二类，安理会也必将作出其他不需采取直接措施的决定。对第
一类需要采取直接措施的决定，常任理事国可以行使否决权；对第二
类不需采取直接措施的决定，常任理事国不得行使否决权。

第一类可行使否决权的决定所涉及的事项包括：(1)解决争端
(disputes)；(2)调整足以引起争端的情势(situations)；(3)断定对和

---

①　在旧金山制宪会议一个专门委员会(technical committee)上审议上述《四
国声明》时，争论很多，分歧很大，该声明一直未能获得旧金山会议的正式肯
定，但容许载入专门委员会的记录并作为报告员报告的附件保存。

②　此系指敦巴顿橡树园建议案第 8 章，即现在联合国宪章的第 6~8 章。

平之威胁；（4）消除对和平之威胁；（5）制止对和平之破坏。①

第二类不能行使否决权的决定所涉及的事项包括：（1）通过或改变安理会的议事规则；（2）确定推选安理会主席的方法；（3）组织安理会本身使其能继续不断行使职能；（4）选定安理会常会及特别会议的时间和地点；（5）设立安理会认为对执行其职能所必需的机构；（6）邀请在安理会中没有代表的会员国在对该国利益有特别关系时参加安理会的讨论；（7）邀请在安理会正在审议的争端中为当事国的任何国家参加关于该争端的讨论。

此外，声明第三点还指出：任何安理会的"个别理事国都不能单独阻止"理事会审议和讨论根据第8章甲节第二段②提请安理会注意的争端或情势；也"不能用这种方法阻止"理事会听取该争端当事国的意见。这意味着，常任理事国对涉及此等事项的决定均不得行使否决权，因之安理会可以自由讨论理事国中任何9个理事国同意列入议程的任何争端或情势。③

声明的第四点进一步指出：超出上述审议和讨论的范围，安理会的决定和行动就很可能有"重大的政治后果"（major political consequences），甚至可能发动"一连串的事件"（a chain of events），这些事件最后可能需要安理会依其职责按第8章乙节④而采取"强制措施"（measures of enforcement）。当安理会决定进行调查，或断定促请

---

① 见宪章第6~8章。还有些问题的性质曾发生过争议，但最后经安理会确定为实质性事项：（1）将一问题保留于安理会的问题处理单上；（2）建议大会接纳联合国会员国；（3）请求大会根据宪章第12条就某项争端或情势进行审议并提出建议。

② 此系指敦巴顿橡树园建议案，即现在宪章的第35条。

③ 见宪章第5章的第28~32条。但除这些条文的规定外，下述事项也属于程序性事项：（1）安理会规定其认为公平的条件，以便非联合国会员的国家参加其会议的讨论；（2）确定宪章第109条所规定的会议的时间与地点；（3）将议事项目列入会议议程，确定议事项目的先后次序，会议延期，事务管理，从问题处理单上撤销项目；（4）选举国际法院的法官和《国际法院规约》第12条所规定的指派出席联席会议的成员。

④ 此系指敦巴顿橡树园建议案，即现在宪章的第7章。

各国解决它们的争议的时机已经到来，或向当事国提出建议时，这一连串的事件便开始了。对此等决议和行动，即应适用常任理事国全体一致的原则，但争端当事国不得参加投票。根据声明第四点，说明所有常任理事国对有关宪章第 7 章一切事项的决定均有否决权；作为非争端当事国的常任理事国，除宪章第 35 条外，对有关宪章第 6 章和平解决争端的其他事项的决定也均有否决权。也就是说，在宪章第 6~7 章范围内，除第 35 条之事项外，其他就国际争端所作的调查、调停、制裁以及防止冲突继续和扩大的各种事项，均属非程序性事项。

五、双重否决权问题

关于实质性事项与程序性事项的划分，在实践中是很容易引起争论的。声明最后一点解释说：如果除上述业已指明的事项以外，将来还有必要决定某一"事项是否属于程序性这一先决问题(preliminary question)"时，也"必须由安理会 7(9) 个理事国的表决包括各常任理事国的同意票在内"才能作出决定。这意味着常任理事国在安理会享有所谓"双重否决权"(double veto)：既对程序以外的一切事项有否决权，也对决定某一事项是否为程序性事项这一先决问题有否决权。行使双重否决权的效果为：常任理事国有可能先用否决权使某一问题成为非程序性事项，然后再用否决权使有关该事项的决定不能通过。

宪章没有关于"双重否决权"的规定，双重否决权是经各大国多次磋商才得出的如上的一种解释。按照这一解释，除《四国声明》第二点所具体列举的前述 7 种事项(即前述第二类不能行使否决权的决定所涉及的事项)外，常任理事国可利用双重否决权使其他任何事项成为实质性事项，从而加以否决。可见，双重否决权大大放宽了否决权的范围。但是，从 20 世纪 50 年代起，如遇某事项是否为程序事项产生疑问时，安理会主席常按《安理会暂行议事规则》第 30 条，依多数理事国之立场裁定其为程序事项；该条规定，非经 9 个以上理事国推翻，主席的裁定有效。这种程序大大限制了双重否决权的适用。

六、对否决权的限制

否决权赋予常任理事国以超过非常任理事国的特权。但是这种特权的行使须受下列限制：

（1）否决权只适用于实质性事项，程序性事项应予排除。

（2）对有关第6章和平解决争端的决定，常任理事国如为争端当事国，不得参加投票。

（3）有关通过区域协定或区域机构来促进地区性争端和平解决的决定，常任理事国如为争端当事国，不得参加投票。

（4）对有关宪章第35条所载事项的决议，任何常任理事国不得行使否决权。

（5）宪章规定，关于实质性事项的决定，应以9个理事国之可决票包括全体常任理事国之同意票表决之。从理论上讲，"同意票"应该是指积极的赞成票。但是多年来，在安理会的实践过程中，已形成一项习惯性规则：常任理事国的弃权票（abstention）不产生否决效果。[1] 如果某常任理事国不想支持某项决议，但又无意直接阻止该决议的通过，在此情况下就可以投弃权票。宪章和"四国声明"均未提及弃权问题。从实际来看，这一惯例似应无可非议，因为弃权不发生否决作用，正是弃权者所预期的效果。在实践中，这样做，对安理会极其尖锐的表决程序有一种缓冲的作用。同时，它也给了常任理事国在国际关系方面很大的灵活空间，更便于贯彻己国政府的外交政策与策略。安理会于1973年12月15日表决第344号关于中东问题的决定时，结果以10票赞成、0票反对获得通过。其中有4个常任理事国弃权，中国则未参加投票，但是这并未影响该项决定产生效力。

---

[1]　弃权不构成否决，在国联的实践中早有先例。国际法院于1971年6月21日亦曾发表咨询意见，认为常任理事国的自愿弃权已一贯被解释为并不妨碍安理会决议的通过（安理会于1946年4月29日就西班牙问题进行表决时，苏联代表投了弃权票，但该项决议仍获通过，从而成了弃权并不构成否决的先例）。

七、否决权的基础与行使情况

安理会的表决程序，虽然借鉴于国联行政院的经验与教训，但在政治上却是以第二次世界大战所形成的那种特殊协作关系为基础的。当时英美特别是美国，力图凭借其已有的政治经济优势建立一个由其控制的国际组织，所以一个能够由其驾驭的有限度的大国否决权，是符合其愿望的。对当时的苏联来说，鉴于西方国家将在联合国处于多数地位，因此希望有一个广泛的否决权，作为对抗英美的有效工具。而广大中小国家则发现，一个没有否决权的联合国，在现代国际社会的条件下是不可能为各大国所接受的。因此，几经周折最后稍加折中的否决权条款的确立，是战争结束前夕东西方既矛盾又合作的产物。

联合国成立不久，"冷战"开始，以美国为代表的西方掌握着联合国的表决机器，当时行使否决权的主要是苏联。[①] 从联合国成立到1955年的头10年中，安理会常任理事国行使否决权共82次，苏联占79次。[②] 在这种情况下，美国感到难以驾驭，因而把矛头指向否决权，成为主张限制否决权的国家的后盾。

从20世纪50年代后期特别是进入60年代之后，新会员国激增，至1965年年底，联合国的会员国已由创建时的51个增加到118个。发展中国家已占多数，这使联合国的结构发生了重大变化，美国在联合国的地位深受影响。此时苏联的对外政策也有了很大变化。从1956年到1965年的第二个10年中，否决权行使的次数显著下降。这一时期，共使用否决权31次，其中苏联26次，英国3次，法国2次。

从1966年到1975年的第三个10年中，情况发生了戏剧性的变化。这一时期，共使用否决权的次数也是31次，但美国一反常态，

---

① 1946年2月16日，苏联在叙利亚、黎巴嫩问题的安理会决议表决中首次投下反对票，开启首度行使"否决权"的历史。

② 1955年12月13日这一天，苏联就接连投了15次否决票。有人讥称当时苏联驻联合国的代表葛罗米柯为"Mr. No"。

占其中的 12 次，成为常任理事国中行使否决权最多的国家。这标志着美国在联合国的多数地位已有变化，已不得不求助于否决权了。① 其他为英国 8 次，苏联 7 次，法国 2 次，中国 2 次。

从 1976 年截至 70 年代末的 4 年之中，否决权共行使了 20 次。其中美国 9 次，仍居第一位；法国 5 次；英国 4 次；苏联 2 次。80 年代以来，美国行使否决权的次数继续上升。据 1980 年至 1988 年 5 月 10 日的统计，在这段时间里，行使否决权的次数共为 47 次。其中美国多达 30 次，接近总数的 2/3。其次是英国 9 次，法国和苏联各为 4 次。

进入 20 世纪 90 年代之后，随着苏联的解体和世界局势的巨大变化，否决权的行使也出现了新情况。从 1945 年至 1990 年，各常任理事国行使否决权共两百多次。但此后，否决权很少使用。从 1990 年至 1997 年 6 月，只行使否决权 6 次，其中美国 3 次，俄罗斯 2 次，中国 1 次。特别值得注意的是：20 世纪 90 年代初，在安理会就海湾危机所作的连续十几次重大决议过程中，没有一个常任理事国行使过一次否决权，这在联合国历史上是空前的。这点将在后面有关章节中进行具体分析。②

截至 2023 年 9 月，联合国安理会 5 个常任理事国合计行使"否决

---

① 美国于 1970 年第一次使用否决权，否决了不结盟国家关于同南罗得西亚种族主义政权断绝一切关系的提案。1972 年美国单独行使"否决权"，以阻扰通过制裁以色列的议案。冷战期间，美国和苏联为了各自的战略利益，频繁使用"否则权"否决对方集团提出的议案。据统计，历史上大部分的"否决权"都是苏联行使的。苏联解体后，美国一度是行使"否决权"最频繁的国家。随着俄罗斯的复苏，其在叙利亚问题上与美国立场相左，俄罗斯再度成为行使"否决权"最频繁的国家。2011 年以来，仅在叙利亚问题上，俄罗斯就投了多达 12 次否决票。

② 据有学者统计，在 1946—2002 年间，安理会常任理事国共行使了 294 次否决权，而其中只有 7 次是在 1991—2000 年间行使的，这十年是联合国近 60 年历史上行使否决权次数最少的十年。参见 Peter Wallensteen and Patrik Johansson, Security Council Decisions in Perspective, in David M. Malone ed., *The UN Security Council*, Lynne Rienner Publishers 2004, p. 20。

权"273 次。其中,苏联/俄罗斯 123 次(苏联 90 次、俄罗斯 33 次),美国 82 次,英国 31 次,法国 19 次。中国是安理会常任理事国中行使否决权次数最少的国家,总共 18 次(台湾当局 1 次、中华人民共和国 17 次)。①

自 1946 年至 1971 年,安理会的中国席位都是由台湾当局代表。在此期间,台湾当局只在 1955 年 12 月 13 日行使了一次否决权,以阻止蒙古加入联合国,因台湾当局宣称蒙古为中国之一部分。自 1971 年中华人民共和国恢复在联合国的合法议席后,截至 2023 年 9 月中华人民共和国共行使了 17 次否决权,依次为:

(1)1972 年 8 月 23 日,中华人民共和国对印度、苏维埃社会主义共和国联盟、大不列颠及北爱尔兰联合王国和南斯拉夫共同提交的决议草案投了否决票,表示反对接纳孟加拉人民共和国为联合国新会员国;

(2)1997 年 1 月 9 日,中华人民共和国否决了安理会关于向危地马拉派遣联合国军事观察员的决议草案;

(3)1999 年 1 月 25 日,中华人民共和国否决了安理会关于同意联合国驻马其顿预防性部署部队延期半年的决议草案;

(4)2007 年 1 月 12 日,中华人民共和国否决了针对美国和英国提出的有关"缅甸局势"的决议草案;

(5)2008 年 7 月 11 日,中华人民共和国否决了美国、英国等国提出的关于"非洲和平与安全(津巴布韦)"的决议草案;

(6)2011 年 10 月 4 日,中华人民共和国否决了英国、法国等国提出的关于"中东局势(叙利亚)"的决议草案;

(7)2012 年 2 月 4 日,中华人民共和国否决了英国、法国等国提出的关于"中东局势(叙利亚)"的决议草案;

(8)2012 年 7 月 19 日,中华人民共和国否决了英国等国家提出的关于"中东局势(叙利亚)"的决议草案;

① 参见 "Resolutions and decisions of the Security Council", available at https://research.un.org/en/docs/sc/quick/meetings/。

（9）2014 年 5 月 22 日，中华人民共和国否决了美国等国家提出的关于"中东局势（叙利亚）"的决议草案；

（10）2016 年 12 月 5 日，中华人民共和国否决了由埃及、新西兰和西班牙提交的关于"中东局势（叙利亚）"的决议草案；

（11）2017 年 2 月 28 日，中华人民共和国否决了由阿尔巴尼亚、澳大利亚等国提交的"中东局势（叙利亚）"的决议草案；

（12）2019 年 2 月 28 日，中华人民共和国否决了美国提出的关于"委内瑞拉局势"的决议草案；

（13）2019 年 9 月 19 日，中华人民共和国否决了由比利时、德国和科威特提交的关于"中东局势（叙利亚）"的决议草案；

（14）2019 年 12 月 20 日，中华人民共和国否决了由比利时、德国和科威特所提交的关于"中东局势（叙利亚）"的决议草案；

（15）2020 年 7 月 7 日，中华人民共和国否决了由比利时和德国提交的关于"中东局势（叙利亚）"的决议草案；

（16）2020 年 7 月 10 日，中华人民共和国否决了由比利时和德国提交的关于为"叙利亚（人道主义局势）"的决议草案；

（17）2022 年 5 月 26 日，中华人民共和国否决了由美国提交的关于"不扩散/朝鲜"的决议草案。①

从联合国成立以来，否决权一直成为修改宪章的一个重大问题。但是随着国际形势的发展和各国地位的不同，联合国各会员国在对待否决权的态度上也是各不相同而且不是一成不变的。大体说来，要求实现大小国家一律平等，修改或限制否决权，是发展中国家在修宪问题上的一项重要主张。综观现实，为了贯彻宪章"所有会员国主权平等"这一根本原则，更充分地发挥全体会员国的积极性，同时也照顾到国际社会各种复杂的实际情况，要求修改或限制否决权的主张是合

_____

① 值得注意的是，1972 年 9 月 10 日，中华人民共和国在联合国安理会否决了英、法等国对索马里、几内亚、南斯拉夫三国反对以色列侵略叙利亚、黎巴嫩的修正案草案（amendments to document s/10784）。有些统计资料并没有把这次否决计算在内。

理的。我国政府代表团从《联合国宪章》的宗旨和原则出发，在联合国活动中一贯尊重这方面的主张，以期加强联合国的作用。①

第三节　其他机关的活动程序

在联合国的 6 个主要机关中，除大会与安理会的议事程序比较复杂外，其他几个机关的议事程序则较为简单。这主要是因为其他机关的职能不如大会与安理会那么复杂而富有争论性。现在分别简述如下：

---

①　国际社会要求改革联合国的呼声，从各种不同角度和利害关系出发，涉及了否决权。1992 年第 47 届联合国大会，在其头三天的一般性辩论中，有不少代表团提到了联合国的改革问题，而其中有关扩大安理会理事国(特别是常任理事国)的意见，即与否决权密切相联。第 47 届联大前不久，在雅加达召开的不结盟运动国家首脑会议，主张调整联合国机构(其中包括改革安理会的否决权制度)以克服西方大国主宰联合国的倾向。1993 年 1 月 27 日英国《卫报》载文报道，欧共体的一些成员国(比利时、荷兰、卢森堡、意大利、西班牙等)曾经提出，英法两国在安理会的常任理事国席位应由担任欧共体主席的国家来担任，并主张改革安理会的表决程序。欧共体委员会外交事务部门有人主张，"应规定任何一个常任理事国均不能以一票否决一项决议，至少需获得另一个常任理事国的支持才行"。过去，为了缓和扩大常任理事国席位的矛盾，还有一些学者提出过"半常任理事国"的概念，即让某些有代表性的国家担任常任理事国而不享有否决权。此外，也有不少意见认为，增加安理会常任理事国与扩大否决权，有可能带来祸患。美国前助理国务卿约翰·博尔顿曾撰文反对扩大安理会，认为这将意味着"使安全理事会变成另一个经社理事会"，由于机构过于庞大不灵便而难以发挥《联合国宪章》第 24 条所期待的"行动迅速有效"的作用。进入 21 世纪以来，要求改革安理会和扩大理事国的主张非常突出，这必然首先关系到否决权的存在与分配问题。不过，我们在考察否决权制度的利弊时，应从多个角度出发。一方面，调整安理会是联合国改革的"脑部手术"，而常任理事国及其否决权问题则更是安理会改革的核心。另一方面，在确切保证以否决权制度为支撑的联合国体制"能在继续维护国际合作关系的同时并能保持国家平等独立"的前提下，国际社会应密切关注新时期如何使国际利益与国家利益以及各国彼此间的利益"保持平衡"，如何使否决权制度本身"利大于弊"。

一、经社理事会和托管理事会

经社理事会每年举行两届会议，每届为期一个月。春季会议在纽约举行，一般偏重社会问题。夏季会议在日内瓦举行，一般偏重经济问题。经理事会本身决定或经理事会理事国多数要求，或者经大会或安理会的要求，经社理事会应举行特别会议。此外，如经托管理事会、任何联合国会员国、或某专门机构的请求，经社理事会亦应举行特别会议，但须得经社理事会主席和3个副主席的同意。经社理事会每个理事国享有一个投票权。经社理事会的决定，以出席并投票的理事国的过半数赞成票获得通过。任何联合国会员国或专门机构的代表均得参加经社理事会的讨论，但无表决权。

托管理事会每年举行一届会议。经理事会本身决定或经理事会理事国多数要求，或者经大会或安理会的要求，托管理事会应举行特别会议。此外，如经经社理事会或任何托管理事会理事国的请求，托管理事会亦应举行特别会议，但须得托管理事会理事国多数的赞同。托管理事会每个理事国享有一个投票权。托管理事会的决定，以出席并投票的理事国的过半数赞成票获得通过。

二、国际法院

国际法院的活动程序，主要是办理诉讼案件和咨询案件的程序。《国际法院规约》以第3章和第4章，共30个条文，全面规定了这两种办案程序。而国际法院根据《国际法院规约》第30条所订立的《国际法院规则》中的程序规则，则更是规定得详细具体。这些复杂的程序规则，大体可以分为两个主要阶段。前一阶段为确定有无管辖权或是否受理的程序，后一阶段为审理案件实体或解答法律问题的程序。如果经过前一阶段，确定法院无管辖权，则全部程序终止，案件即行注销；只有在确定法院有管辖权的情况下，才能开始对案件实体的审理。因此，前一阶段可以称为办案的先决程序，没有这一先决程序，既不可能开始审理诉讼案件，也不可能发表咨询意见。

全部的办案程序，可以简单地概括为下列几个要点：

(1)法院使用的正式语文为英文和法文。经任何争端当事国请求，法院应准该当事国用英法文以外的文字。

(2)在诉讼程序开始之前，原告(起诉)国与被告(应诉)国之间应确有争端存在，并经误判或已用尽地方救济而未能予以解决。

(3)争端当事国，可以一方或双方分别用起诉状或者双方用特别协定提起诉讼。在起诉文书中应说明争端事由，并尽可能说明法院管辖权的根据。同时应说明权益主张所依据之事实及理由。

(4)有关起诉状或特别协定的通告或请求书送法院后，书记官应立即通知其他有关当事国，并经由联合国秘书长通知联合国会员国及其他有权在法院出庭的国家。

(5)法院的诉讼，以书面形式或口头形式两种程序进行。前者包括当事国的诉状、辩诉状及必要时之答辩状，连同可资佐证的各种文件及公文书。后者包括法院审讯证人、鉴定人、代理人、律师及辅佐人。

(6)法院遇有需对代理人、律师及辅佐人以外之人送达通知书而须在某国领土内进行者，或者须就地搜集证据而需采取步骤者，均应直接向该国政府接洽。

(7)代理人、律师及辅佐人，在法院指挥下陈述其主张完毕后，院长即宣告辩论终结。法官应退席讨论判决。法官的评议应秘密进行，并永守秘密。

(8)法院的裁判，除对当事国及本案外，无拘束力。经法院判决的案件，不得上诉。但当事国在法定条件下，可申请复核判决。

(9)除法院另有裁定外，诉讼费用应由各当事国自行负担。

(10)法院在执行关于咨询意见的职责时，在可行范围内，应参照诉讼案件的程序进行。

(11)国际法院所作出的司法判决及所发表的咨询意见，以及对一切问题的决定，均以出席法官的过半数通过。如遇票数相等时，则由法院院长或代理院长职务的法官投决定票。

第十二章　联合国与国际社会

第一节　非殖民化

民族自决(national self-determination)，是在反抗殖民统治过程中形成起来的一个国际法概念。它作为一项政治原则，由来已久，但是使其成为一项公认的国际法原则，则是两次世界大战以来的事情。第一次世界大战和十月革命后，民族自决原则传播日广，影响日深。第二次世界大战后，随着民族独立运动的兴起，这个原则得到了国际社会的逐步确认。民族自决，意味着各国人民有完全自主地决定自己政治命运的权利。这不仅是自由选择其政治社会制度的权利，而且是排除其他一切外来统治和干涉的权利。《联合国宪章》第1、55、73条和第76条，均就"人民平等权利和自决原则"作了规定。《联合国宪章》的这些条款，包括后来宣布与体现此项原则的一系列联合国非殖民化的决议和宣言，① 构成了联合国非殖民化活动的法律基础。殖民地的解放斗争与联合国的实践结合在一起，进一步促进了民族自决权的发展。②

---

① 如1952年《关于人民与民族的自决权的决议》、1960年《关于给予殖民地国家和人民的独立的宣言》、1965年《关于不许干涉各国内政及保护国家独立与主权的宣言》、1970年《关于各国间友好关系及合作的国际法原则的宣言》、1974年《各国经济权利与义务宪章》等。

② 参见梁西主编：《国际法》(修订第二版)，武汉大学出版社2000年版，第71~72页。

一、委任统治与国际托管制度

《国联盟约》第 22 条设立了所谓"委任统治制度"(the mandate system)，由国际联盟将原属于第一次世界大战战败国的附属领土或殖民地分别委任给战胜国实行监督统治。这是历史上以国际组织名义干预与维持殖民统治的开端。所谓"委任统治"一开始即被视为一种"伪装的割让"。盟约将这些委任统治地分为三类，这是根据当时的政治形势，以各殖民地的发展程度、经济情况、地理位置为准来划分的。第一类为"前属土耳其帝国之各民族，其发展已达可暂认为独立国之程度，惟仍须由受委任国予以行政之指导及援助，至其能自立之时为止。"这里指的是原属中东部分地区，如伊拉克、巴勒斯坦(以上委任给英国)、叙利亚、黎巴嫩(以上委任给法国)。第二类为"中部非洲之民族，依其发展程度，须由受委任国负地方行政之责"。这里指的是原德属非洲部分地区，如喀麦隆(由英法分治)、多哥(由英法分治)、坦噶尼克(委任给英国)、卢旺达—乌隆迪(委任给比利时)。第三类为"非洲之西南部及南太平洋之数岛……最宜受治于受委任国法律之下，作为其领土之一部分"。这里指的是原德属西南非洲(委任给南非)、西萨摩亚(委任给新西兰)、瑙鲁(由英、澳、新共治)、新几内亚(委任给澳大利亚)、赤道以北太平洋诸岛(委任给日本)。受委任国的任务：对第一类委任统治地是给予行政指导及援助；对第二类是根据所规定的条件将其作为单独领土担负其地方行政责任；对第三类是按照各种保证将其作为自己领土的组成部分加以治理。受委任国与委任统治地在形式上是一种"保护"关系，受委任国对国联负责，须就委任统治地之情况向行政院提出年度报告。国联行政院为此设立了一个常设委任统治委员会(Permanent Mandates Commission)负责这方面的工作。联合国成立时，第一类委任统治地均已先后取得独立；第二类和第三类委任统治地，除西南非洲外，其余均被转为联合国托管制度下的托管领土。

联合国成立时，世界上还有 7.5 亿人生活在非独立领土之内，占世界总人口的 1/3 以上。在联合国的工作范围内，有两种非独立领土：一种是宪章第 12 章所涉及的托管领土；另一种是第 11 章所涉及的非自治领土。

《联合国宪章》专门以第 12 章规定了所谓"国际托管制度"（international trusteeship system），用来管理根据特别协定而置于此制度下的领土。国际托管制度，虽系对国联委任统治制度的承续，但是托管制度还有其自身的特点。宪章所宣称的国际托管制度的基本目的是增进托管领土居民的进步，使其逐渐向自治或独立的方向发展。按规定，适用托管制度的领土包括：（1）大战结束时尚未独立的前国际联盟委任统治制度下的领土；（2）从第二次世界大战战败国割离的领土；（3）负管理责任的国家自愿置于该制度下的领土。在实际执行中，并无任何殖民国家自愿将其负责管理的领土置于托管制度之下。第二类领土则只有意大利关于索马里的托管一项。当时虽对冲绳、朝鲜也有使其成为托管领土的意图，但最后没有实现。因此，实行国际托管的领土主要是第一类。

托管领土是通过联合国同"直接有关各国"订立托管协定而被置于托管制度之下的。① 每个托管协定，应规定有关托管领土的管理办法，并应指定管理当局。被委托管理领土的当局，可以是一个国家或几个国家，也可以是联合国本身。但在实践中从来不存在最后这种情况，由几个国家联合管理的情况也只有瑙鲁是唯一的例子。当某一托管协定所规定的目标实现之后，该托管协定即应终止。

联合国关于战略托管领土（即 strategic area）的职能，包括对托管协定的核准、更改或修正，属于安理会。关于非战略托管领土的职能，则属于大会，而由托管理事会协助大会履行职务。联合国成立后，曾置于国际托管制度下的领土有 11 处。这些领土共包括约 2000 万人口。它们是：坦噶尼克（委托英国管理——1961 年独立）；多哥（由英法分别管理——英国管理部分于 1957 年与黄金海岸合并即现在的加纳，法国管理部分于 1960 年独立）；喀麦隆（由英法分别管

---

① 何谓"直接有关各国"，曾有各种不同的解释，是实践中一个有争论的问题。

理——英国管理部分于 1961 年终止托管, 北部与尼日利亚合并, 南部与喀麦隆合并; 法国管理部分于 1960 年独立); 卢旺达—乌隆迪(比利时管理——分别于 1962 年独立成为两个国家); 西萨摩亚(新西兰管理——1962 年独立); 索马里(意大利管理——1960 年独立); 瑙鲁(澳新英共管, 由澳大利亚代行职权——1968 年独立); 新几内亚(澳大利亚管理——1975 年独立与巴布亚组成巴布亚新几内亚); 赤道以北太平洋诸岛(美国管理——终止托管最晚, 待后详述)。

　　曾置于联合国托管制度下的各托管领土, 只有索马里不是原来国际联盟时期的委任统治地。索马里是根据 1947 年对意和约脱离意大利的殖民地, 于 1950 年经联大核准交由意大利托管(以 10 年为期)。托管领土中唯一被指定为战略地区的是赤道以北太平洋诸岛, 它是联合国托管制度下结束最晚的一块托管领土。密克罗尼西亚人世代居住在这三群岛屿上。在 17 世纪和 18 世纪, 西班牙先后占领了马里亚纳群岛和马绍尔群岛; 在 19 世纪, 德国占领了加罗林群岛。1898 年美西战争后, 西班牙把马里亚纳群岛和马绍尔群岛卖给德国。第一次世界大战后, 这 3 个群岛(统称为密克罗尼西亚)由国联委任给日本统治。在第二次世界大战中, 该地区被美国占领。这三群岛屿包括几百个小岛, 居住有五万多本土人, 在被美国占领前, 日本人用以作为军事基地。联合国于 1947 年将其委托给美国作为战略地区加以管理, 其行政、立法、司法权, 交由美国内政部负责。1970 年以来, 美国一直在设法兼并这些岛屿, 但未完全实现。后来, 这三群岛屿组成了密克罗尼西亚联邦、马绍尔群岛、帕劳共和国、北马里亚纳四个政治实体, 实行地方自治。1986 年 11 月, 北马里亚纳与美国合并, 成为美国的一个自由联邦。1990 年 12 月安理会通过决议, 同意北太平洋诸岛托管领土的四个部分中的三个(即密克罗尼西亚联邦、马绍尔群岛、北马里亚纳)终止托管。之后, 密克罗尼西亚联邦和马绍尔群岛于 1991 年加入联合国。帕劳共和国于 1993 年 11 月举行公民投票通过了 1982 年与美国签订的《自由联系条约》, 根据此条约于 1994 年 10 月正式终止托管, 成为独立主权国家帕劳(Palau)共和国, 并于 1994 年 12 月 15 日加入联合国。

以上 11 处托管领土，除索马里以外，其他 10 处托管领土都是第一次世界大战前德国的附属领土，在国联时，曾分别委任给英、法、比、澳、日等国统治。联合国成立后，这些领土，除将原委任日本统治的赤道以北太平洋诸岛转由美国托管外，其他均继续分别委托给除日本以外的原受委任国按联合国宪章规定的国际托管制度管理。

长期以来，由于殖民地人民坚持反抗殖民统治，争取解放，各托管领土有的已经独立，有的已加入邻国而成为新国家。现在 11 个托管协定均已宣告终止。除美国托管的太平洋岛屿托管协定宣告终止较晚外，其他 10 个托管协定都是在 1975 年以前而大部分是在 20 世纪60 年代以前宣告终止实行的。

联合国成立时，尚未取得独立的国联委任统治地而未置于联合国托管制度下的，只有西南非洲一例。① 国际联盟于 1920 年将西南非洲委任给南非进行统治。联合国成立之后，南非当局拒不按宪章第12 章规定在该地区适用托管制度，而实际上吞并了西南非洲，对西南非洲人民实行种族隔离和种族歧视政策。关于西南非洲的法律问题，曾多次被提到国际法院，从 20 世纪 50 年代至 70 年代，国际法院曾就此发表四次咨询意见和两次裁决。法院的咨询意见认为，"南非继续留驻在纳米比亚是非法的"。联大曾多次作出决议：敦促南非当局把西南非洲置于联合国的托管之下；指出纳米比亚人民完全享有独立和行使国家主权的权利；并要求南非当局迅速结束其非法占领。1966 年大会以压倒多数通过决议，宣布结束对该领土的委任统治，要求南非立即撤走，将该领土交由联合国直接负责；② 并于 1967 年

---

① 大会于 1968 年 6 月 12 日，根据西南非洲人民的愿望，重新为其命名，称为"纳米比亚"。纳米比亚的面积为 82 万多平方公里；现有人口约 259 万，其中 88% 为黑人，白人和其他有色人占 12%。

② 大会于 1966 年 10 月 27 日，以南非未能履行根据委任统治书应履行的义务为理由，以 114 票对 2 票，3 票弃权通过此项决议。苏、美投赞成票，葡萄牙和南非投票反对，英、法弃权。

决定设立了一个联合国西南非洲理事会，以管理该领土。① 以后历届联合国大会不断审议了这一问题，多次对南非的非法行径进行谴责。1977 年，安理会决定对南非实行强制性武器禁运，要求各国不与南非在制造与发展核武器方面进行合作。1978 年，大会在第九届特别会议通过了一项《纳米比亚宣言》和一项《支持纳米比亚自决和民族独立行动纲领》。1981 年 9 月，大会为讨论纳米比亚问题举行了第 8 次紧急特别会议，最后通过决议，要求立即执行安理会关于纳米比亚独立的第 435 号决议。② 但是，南非当局在某些大国的支持下，长期坚持它对联合国就有关这一问题所作决议的对抗态度。经过几年的认真谈判，安哥拉、古巴和南非才于 1988 年 12 月 22 日签署了一项三方协议，确定了纳米比亚实施独立的时间表。该协议确定 1989 年 4 月 1 日为实施安理会第 435 号决议的日期。从 1989 年 3 月 9 日开始，芬兰、马来西亚、肯尼亚等国派出了参加"联合国纳米比亚过渡时期援助团"的兵力(约一个营)。此外，还有英国、加拿大、澳大利亚、西班牙、意大利等国参加了供给、通讯、工兵、运输等工作。参加该援助团的各国人员约为 4700 人。1989 年 11 月 7 日至 11 日，纳米比亚在援助团的监督下，"自由、公正"地选出了以由努乔马领导的西南非洲人民组织为主的制宪会议，从而为纳米比亚早日摆脱南非殖民统治铺平了道路。1990 年 3 月 21 日，纳米比亚这块非洲大陆的最后殖

---

① 这一措施虽然有大多数亚非拉国家的拥护，但并未获得各大国的相应支持。当时苏联希望看到西南非的完全独立，而不愿使其置于联合国的临时管理之下；英美则宁愿大会能采取更一致和更实际的步骤。通过该项决议的票数为 85 票对 2 票，30 票弃权。西南非洲理事会后来改称为纳米比亚理事会。中国是纳米比亚理事会的成员。后来，在 1990 年纳米比亚获得独立后，正式宣布解散。

② 第 435 号决议，是 1978 年 9 月 29 日由安理会通过的，其主要内容是：南非军队从纳米比亚撤出，终止其非法统治；由秘书长任命一特别代表，保证在联合国的监督控制下，在纳米比亚举行自由公正的选举；在安理会授权下，设立一个为期 12 个月的联合国过渡时期援助团，协助秘书长特别代表工作；欢迎西南非洲人民组织同南非签订停火协议；反对南非就选举程序或移交权力所采取的一切单方面措施。

民地正式宣告独立。3 月 19 日，联合国秘书长德奎利亚尔到达温德和克国际机场发表简短讲话说："纳米比亚的独立使联合国感到无比骄傲。"纳米比亚人民，为争取国家独立和民族解放，进行了长期不懈的奋斗，付出了巨大代价，从此，进入了一个历史的新阶段。

二、联合国关于非殖民化的宣言

联合国的国际托管制度同国联的委任统治制度比较起来，不仅在实质上并无重大区别，而且在所规定的适用范围、监督职能与管理原则等方面，也颇相类似。① 联合国干预殖民主义的方式与国联委任统治的不同之处，主要在于宪章专以第 11 章载入了《关于非自治领土之宣言》(*Declaration Regarding Non-self-governing Territories*)，使对于尚未完全自治的领土负有管理责任的联合国会员国，承认"以领土居民之利益为至上"的原则，这对促进自治的发展具有重要意义。宪章第 11 章适用于一切殖民地，不论它们是否已置于国际托管制度之下。

联合国大会对非自治领土具有监督的职能。宪章规定，各会员国应定期将有关其管理下的非自治领土的经济、社会和教育情报递送给秘书长。但适用国际托管制度的领土不在此内，应另依第 12 至 13 章的规定。在 1960 年通过《关于给予殖民地国家和人民独立的宣言》之前，大会确定它有审查这些情报并对之作出建议的权限。同时，大会还有权决定哪些领土属于非自治领土。联合国成立初期，大会曾先后认定 84 处领土和领土群为非自治领土，它们的 10 个管理国，即澳、比、丹、法、荷、新(西兰)、葡、西(班牙)、英、美，需按规定递送有关情报。由于殖民地人民争取解放的斗争不断发展，经过 30 年之后，不少领土相继获得了自治或独立，在 1977 年大会所开列的一张正式名单上，非自治领土的数目减少为 30 处，所包括的人口约为1000 万。这些领土主要分布在非洲、亚洲、拉丁美洲、和大西洋、

---

① 《国联盟约》第 22 条载有关于禁止在委任统治地进行军械贸易、建立要塞或海陆军基地的规定，并要求除警察和国防需要外，不得以军事教育施诸当地人民。但是联合国的托管制度，并无此种限制。

太平洋、印度洋。①

第二次世界大战结束后，民族独立运动不断发展，在此形势下，联合国通过了一系列决议和宣言，谴责殖民主义以及与之并行的一切种族隔离与种族歧视政策，② 使民族自决原则获得了进一步的确认与新的发展。大会于 1952 年通过《关于人民与民族的自决权》的决议，要求负责管理包括托管领土在内的非自治领土的各会员国保证这些领土的人民享有直接参加管理的若干权利。1955 年万隆会议召开，以此为契机，亚非国家的独立运动更为高涨。1960 年是联合国历史上非常重要的一年，这一年有 17 个新独立的亚非国家加入联合国，对联合国的组织结构影响颇大。在此热潮中，大会于这一年的 12 月 14 日通过了 43 个亚非国家的共同提案《关于给予殖民地国家和人民独立的宣言》，③ 宣言郑重宣布各民族都有自决权；必须制止对殖民地人民的一切镇压措施；④ 强调应"在托管领土和非自治领土以及尚未取得独立的一切其他领土内立即采取步骤，依照这些领土的人民自由地表示的意志和愿望，不分种族、信仰或肤色，无条件与无保留地将所有权力移交给他们，使他们能享受完全的独立和自由"。宣言还指出：不得借口因条件不足而拖延这种独立。此项非殖民化宣言的发表，标志着联合国的非殖民化活动已进入一个新的阶段，它推动着世界民族独立运动的深入发展。大会关于这方面的决议与宣言虽无当然

① 参见王铁崖、田如萱、夏德富编：《联合国基本文件集》，"1945—1985 年非自治领土"名单，中国政法大学出版社 1991 年版，第 863～868 页。

② 在人权与种族歧视方面，联合国大会除在 1948 年通过《人权宣言》外，还有 1963 年通过的《联合国消除一切形式种族歧视宣言》，1965 年通过的《消除一切形式种族歧视国际公约》，1973 年通过的《禁止并惩治种族隔离罪行国际公约》等。

③ 43 国提案（即 Declaration on the Granting of Independence to Colonial Countries and Peoples）是以 89 票对 0 票通过的，9 票弃权（见 GA Res 1514(15)）。

④ 《宣言》第 4 项要求"制止各种对付殖民地人民的一切武装行动和镇压措施"的规定，在实践中具有重要意义。为民族解放而实行武装斗争，是一种行使自卫权的行动，应该给予一切必要的道义与物质援助。

的法律约束力，但在联合国通过决议与宣言过程中所形成的这种原则，可以把它看作是自决权习惯法的一种标志，表明民族自决原则作为习惯国际法已逐渐确立起来。

继通过非殖民化宣言之后，大会于 1961 年建立了一个由 17 个会员国组成的"给予殖民地国家和人民独立宣言执行情况特别委员会"，通称"非殖民化委员会"。次年，该委员会成员扩大为 24 国，所以又称"二十四国委员会"。委员会的任务是审查宣言的执行情况，对实施宣言的进展与范围提出建议。它是联合国内处理关于一切附属领土人民走向自治与独立事务的中心机构。为了了解殖民领土的形势与居民对其前途的意愿，该委员会在有关管理国的合作下，向许多地区派出过视察团。大会曾多次敦促各管理国执行宣言并采取一切必要措施，以便各有关领土的人民能迅速行使自治与独立的权利。大会指出，一切形式殖民主义的继续存在，包括种族主义统治、外国势力对经济与人力资源的剥削、以武力镇压殖民地人民，都是违背宪章原则和 1960 年非殖民化宣言的，是对国际和平与安全的一种严重威胁。大会一再要求殖民国家须无条件撤除其在殖民地的军事基地与军事设施；[①] 指出使用雇佣兵反对民族解放运动的做法是一种国际罪行；敦促各国禁止一切在其领土内组织雇佣军的活动；并且号召全体会员国和联合国系统内的各专门机构与组织，不给予殖民统治和种族主义者以任何协助，而对殖民地人民在道义与物质上进行积极声援；特别是呼吁联合国开发计划署、世界银行和国际货币基金组织，扩大其对各殖民地人民的援助范围。[②]

1970 年，大会就非殖民化宣言 10 周年通过了非殖民化委员会提议的一个特别行动方案，谓之"为彻底实现给予殖民地国家和人民独

①　非殖民化委员会于 1975 年向大会报告，它认为军事战略上的考虑是许多殖民地除经济原因外被延长殖民统治的一个重要因素。

②　1967 年大会设置了一个统一的"联合国南部非洲教育与训练方案"，在 1968—1977 年的 10 年间，有来自 43 个国家对该方案的现金捐款共 1200 万美元，提供奖学金名额 8000 多个。

立宣言的行动方案"。它重新确认殖民地人民有权自己选择一切必要手段进行斗争，以反对殖民国家压迫自由与独立的措施，并提出了彻底实现宣言的详细计划。大会提请安理会特别注意南部非洲问题，确保非殖民化宣言的充分实施，尤应使宪章第 41 条所载之强制措施付诸实行，其中包括经济关系、陆海空运、邮政无线电和其他交通工具的停止，以及外交关系的断绝。大会还请安理会紧急考虑对南非当局施行一切种类武器的禁运问题，以资制裁。[①]

1971 年，大会批准了非殖民化委员会的一项建议：使南部非洲殖民领土上的民族解放运动的代表能以适当的资格参加该委员会有关这些领土的讨论。1974 年，大会决定邀请非洲殖民地民族解放运动的代表以观察员身份参加大会主要委员会及其有关附属机构的工作，并参加由联合国主持的与它们国家有关的会议。1977 年的第 32 届联大重申，决心采取一切必要步骤，以迅速完全地根除一切形式的殖民主义。1983 年 8 月 1 日至 12 日，联合国在日内瓦万国宫召开第二次世界反种族主义与种族歧视会议。一百多个国家与国际组织的代表参加了会议，一些民族解放运动的代表也以观察员身份出席，通过了一项《宣言》和一个《行动纲领》。会议总结了自 1973 年开始的联合国反对种族主义与种族歧视"行动十年"，宣布了第二个"行动十年"的开始。会议强烈要求制裁并孤立南非种族主义政权，强烈谴责以色列及某些大国同南非当局的勾结。

经过 20 年的斗争，葡属殖民地大多数已在 20 世纪 70 年代取得独立；原英属南罗得西亚在 1980 年建立了自主的津巴布韦共和国；纳米比亚于 1990 年正式宣告独立；阿扎尼亚（南非）人民也已经取得胜利，于 1993 年 12 月制定了南非历史上第一部非种族主义的宪法，于 1994 年通过具有重大历史意义的不分种族进行选举，从而结束了长期以来白人少数的种族主义统治。非洲统一组织已于 1994 年接纳南非参加其组织活动。世界在前进，人民力量在发展，在全世界根除

---

① 关于对南非当局的制裁问题，参见本章第 3 节中的"联合国的强制行动"。

殖民主义与种族主义的日子终将到来。

在中东问题上，联合国大会也曾通过一系列决议，谴责受大国支持的以色列侵略及其对阿拉伯民族解放运动的镇压。大会一再确认巴勒斯坦人民民族自决与独立的权利，并邀请巴勒斯坦解放组织以观察员身份参加大会工作。第37届联大，于1982年12月2日结束为期3天的对巴勒斯坦问题的辩论后，于10日以压倒多数通过了4项决议。大会宣布，以色列的一切旨在吞并其所侵占的巴勒斯坦和其他阿拉伯领土(包括耶路撒冷)的政策和行为，都是违反国际法与联合国决议的；要求以色列完全与无条件地从其自1967年6月以来所侵占的上述一切领土撤出，促请安理会提供临时维持和平部队以利于这一撤退；在以色列从所占领的巴勒斯坦领土撤走后，由联合国短期接管已撤出的地区，在此期间，巴勒斯坦将行使民族自决的权利。第37届联大关于巴勒斯坦问题的4项决议虽已通过了几十年，但中东和平仍未最终实现。① 此外，第37届联大还通过了另一项决议，再次重申形形色色的殖民统治，都是同联合国宪章不相容的，决议要求各管理国采取一切必要行动迅速彻底地取消殖民统治，使殖民地人民能充分行使其自决与独立的权利。此后历届联大也多次作出了类似决议，以促进非殖民化目标的最终实现。

———————

① 1995年5月17日，联合国安理会一项批评以色列在东耶路撒冷征收巴勒斯坦人土地的决议案，被美国否决(这是冷战后美国在安理会第一次行使否决权)。1997年3月7日，安理会又一项谴责以色列在东耶路撒冷扩建住宅计划为"非法"的决议案，在其他14个理事国一致支持的情况下，又被美国否决。两个星期后的3月22日，安理会另一项反对以色列在东耶路撒冷建立新犹太人定居点的行动的决议，也被美国否决。1997年11月29日，巴勒斯坦民族权力机构，为纪念联合国1947年通过的把巴勒斯坦分为阿拉伯国与犹太国的决议以及国际声援巴勒斯坦人民50周年，发出电文要求联合国给其自治权力机构以联合国正式成员的资格。1998年7月7日，联大通过了第52/250号决议，邀请巴勒斯坦作为观察员参加联大会议和工作。1998年10月28日，巴勒斯坦解放组织和民族权力机构主席阿拉法特出席了第53届联大一般性辩论。这是联合国历史上第一次非会员国实体参加联大的活动。2012年11月29日，联大通过了第67/19号决议，决定给予巴勒斯坦非会员联合国观察员国地位。

综上所述,第二次世界大战以后,各殖民地人民反殖民主义的斗争蓬勃发展,在波澜壮阔的解放运动的影响下,非殖民化问题曾是历届联合国大会的重要议程;殖民地人民坚决要求采取一切措施,以加速非殖民化的进程。特别是从 20 世纪 60 年代起的半个多世纪以来,殖民体系迅速瓦解,各非自治领土相继独立,新独立的亚非拉国家已经大大超过 100 个。新独立国家作为现代国际法的主体积极参与了国际社会的活动,并正在发挥日益显著的作用。历史已经进入了非殖民化运动取得最后胜利的时代。

第二节　新国际经济秩序

《联合国宪章》关于经济与社会问题的规定,较《国联盟约》有所发展。联合国的宗旨之一是:促成国际合作,以解决国际间属于经济、社会、文化或人道主义性质的问题,并且不分种族、性别、语言或宗教,促进和鼓励对于一切人的人权与基本自由的尊重。① 从经费开支和人力配备来看,联合国的大部分工作是从事与经济、社会问题有关的各种活动。这些工作是以宪章第 55 条所阐明的下述观念为出发点的:国际社会的安定与福利是实现各国间和平友好关系的必要条件。宪章第九章首条规定,联合国有责任促进:较高的生活水平、充分的就业、经济社会的进步;国际经济、社会、卫生等问题的解决;国际文化与教育的合作;以及对一切人的人权和基本自由的普遍尊重。与其成立的初期相比,联合国已从各方面加强了它的经济及社会职能。

一、联合国的经济及社会活动

联合国处理经济、社会工作的主要机关有大会、经社理事会以及秘书处,此外,还有若干附属机关以及业已同联合国建立关系的各种专门机构。同国联比较起来,联合国在这方面的机关较为完备,它以

---

① 见宪章第 1 条。

经社理事会为中心并使之在大会权力下专门负责调整各附属机关及专门机构的有关活动。在国联处理经济及社会问题的机关中，则没有这样一个中心。① 值得注意的是，国联有关经济及社会的机关中，虽然缺乏一个组织中心，但是它在权力分配上却要求集中管理。盟约第24条规定，各种国际事务机关及有关国际福利的委员会，均应置于国联的统一管理之下，它们的经费，可由行政院决定列入秘书处经费之内。这与联合国对各专门机构所采取的分权原则对照，有明显区别。国联的实践表明，使经济、社会、文化等活动过多地卷入作为主要政治机关的行政院，并不适宜于国际组织开展这方面的活动。

　　经社理事会作为负责联合国经济、社会、文化、教育、卫生等工作的主要机关，其活动是在许多附属机构的辅助下进行的。该理事会在非洲、亚洲与太平洋、西亚、拉丁美洲以及欧洲等地均设有区域经济委员会，以协助这些地区的经济及社会发展，提高其区域经济活动水平。各区域委员会每年向经社理事会提交报告。各委员会的秘书处是联合国秘书处的组成部分，它们的预算属于联合国的正常预算。各区域委员会的活动，着重于研究本区域的各种经济及社会问题。它们受权直接向成员国政府和专门机构提出建议，但未经有关政府同意，不得采取任何有关行动。近几年来，各区域委员会的活动范围已逐渐扩大，而且愈来愈频繁地参加各种发展项目的执行工作。经社理事会还设有若干常设委员会和职司委员会，从各个方面辅助工作，以执行宪章所规定的有关任务。与联合国的经济、社会活动相关联的另一个系统，是各个专门机构。虽然它们都是存在于联合国之外的独立组织，并非联合国的附属机关，但是它们通过经社理事会与联合国发生

---

　　① 国联有关经济及社会工作的机关，较重要的有：经济财政组织、交通运输组织、卫生组织、知识合作组织、贩卖妇孺咨询委员会、贩卖鸦片及其他有害药品咨询委员会和国际劳工组织等。为了促进各国间合作以解决第一次世界大战后所面临的各种问题，国联曾召开过多次国际性会议，如1927年的世界经济会议，1933年的国际货币会议和其他专门性会议；并且通过磋商与讨论，还订立了若干有关的公约。但是国联在经济社会方面的活动，远远不及联合国今天所涉及的范围。

工作关系,分别负责有关经济、社会、文教等方面的工作。此等专门机构已有 16 个,它们的活动分别涉及陆海空通信运输、文化科教卫生、金融贸易、工农业等各个领域的问题。此外,还有两个与专门机构处于相同地位的组织:一个是关税及贸易总协定(现为世界贸易组织所替代,世界贸易组织与联合国的关系待后阐述);另一个是国际原子能机构。联合国很多计划中的经济、社会工作,是通过这些专门机构来进行的,它们每年向经社理事会提交报告。由于专门机构的工作与各种非政府性国际组织时常发生联系,从而使联合国的经济、社会活动获得了更广泛的范围。

发展中国家与发达国家间的差距甚大,为了改变现状,大会于 1961 年号召全体会员国冲破使世界上许多地区受害的贫困、疾病和知识缺乏的循环,并决定以 60 年代为第一个"联合国发展 10 年"(The United Nations Development Decade)。在第一个发展 10 年中,发展中国家虽然取得了某些进展,但由于不利的贸易格局、沉重的债务负担以及人口增长等原因而被抵消了。接着,大会又于宪章生效 25 周年之际,宣布从 1971 年 1 月 1 日起,开始第二个"联合国发展 10 年",同时通过了有关这个 10 年的国际发展战略,以期建立起公正的世界经济及社会秩序。第二个发展 10 年的战略目标包括:在此 10 年中,发展中国家国民总产值的年平均增长率至少须达到 6%,进出口应增长 7%;在政策性措施上,须审查有关商品的国际协定或安排,确保稳定、有利和公平的初级产品价格,取消或减少关税、限制性商业措施及其他对发展中国家进出口所设置的障碍;各发达国家需逐渐增加官方的发展援助,使之至少达到其国民生产总值的 0.7%。1980 年 9 月的联大第 11 届特别会议,宣布从 1981 年 1 月起,在上述基础上开始实行第三个"联合国发展 10 年"的国际发展战略,以配合发展中国家长期的发展计划。第三个发展 10 年的重要目标之一,是使发展中国家国内生产总值的年增长率达到 7%。但是到 90 年代开始第四个"联合国发展 10 年"时,第三个 10 年的关键指标和前一个 10 年一样,未能完成。大多数发展中国家的增长率,大大低于 7%,许多国家出现了负增长。后来第四个 10 年结束了,显然还存在着许多不易克服的困难。1997 年 1 月 13 日，联合国开发计划署负责人施佩特在哥斯达黎加举行的南南会议上报告说：此前 15 年来，至少有一百来个发展程度较差的国家，由于没有能力参与经济全球化，直接投资太少（只得到世界总投资的 5%），未能享受到经济全球化的利益，处境"凄惨"，是冷战后的一种"悲剧"。这位负责人认为：这意味着发展中国家与工业发达国家的差距进一步扩大了，"世界已变得更加不平等和不合理了"。

2000 年 4 月 12 日，国际货币基金组织发表的《世界经济展望》报告中说：目前，世界上有 1/5 的人口（12 亿～13 亿）每天的生活费用仅为或者不足 1 美元。许多国家的人均收入还在不断减少。因此"其结果是，整个世界带着有史以来最悬殊的贫富差距进入了 21 世纪"。该报告在肯定经济全球化的同时，也承认：这一差距的继续加大，"可能已经造成了对全球化以及常被视为全球化思想基础的西方价值观的强烈抵制"。"背向外部世界的一些国家，也认为他们是全球化的牺牲者。"

2018 年全球经济总量 84.74 万亿美元。经济合作与发展组织（OECD）34 个成员国，人口总量约占全球人口总量的 18%，经济总量则占比高达 70% 多，其中美、日、德、英、法、意、加七国集团占比达 45.85%。虽然由于中国、印度等新兴国家的快速发展在一定程度上降低了西方国家的占比优势，但发达国家与发展中国家之间总体上的"发展鸿沟"仍在进一步加大，除去"金砖五国"的 GDP 总量（占全球的 23.6%），160 多个发展中国家的 GDP 总量占比不及全球的 6%。人均 GDP 的差距已从 20 世纪 80 年代初期的 43 倍扩大到现今的 60 倍。在发达国家中，人均 GDP 最高的已超过 10 万美元（卢森堡，11.4 万美元）；北欧人均 GDP 均在 4.9 万美元以上，其中挪威、冰岛已超 7 万美元；西方七国集团人均 GDP 均在 3 万美元以上，最高的美国达 6.26 万美元，最低的意大利也有 3.42 万美元。①

---

① 参见黄惠康：《中国特色大国外交与国际法》，法律出版社 2019 年版，第 107 页。

值得注意的是，2020 年全球国内生产总值估计减少 3.5%，因疫情而陷入极端贫困的人数达 1.24 亿。疫情导致贫困人口激增，还将拉大贫困的性别差距，这意味着陷入极端贫困的女性将多于男性。2020 年，世界上近 1/3 的人(23.7 亿)无法获得足够的食物——仅一年就增加近 3.2 亿人。①

宪章第 55 条规定，联合国为了形成国家间的和平友好关系，应促进经济与社会的发展条件。联合国及其各附属机关与专门机构，在经济和社会领域中的活动有日益扩大的趋势。联合国就开发援助、国际贸易和工业发展等方面，通过其辅助机构广泛开展工作；并且越来越多地利用大会或经社理事会召开的各种世界性或区域性会议来讨论与处理商业、金融、资源、粮食、人口、妇女、人权、卫生、海洋、外空、环境等各种问题。

联合国为开展技术援助活动，制定了各种方案。在其成立之初，曾设置过一个技术援助扩大方案，1958 年又设置过一个向较大规模的发展项目提供投资前援助的特别基金。1965 年将这两部分合并，成立了现在的联合国开发计划署。开发计划署是当前国际上提供多边技术援助的最大渠道，它被指定为联合国促进发展活动的中心协调组织。它在工农业生产、矿业、制造业、动力、交通运输、国际贸易、技术转让、教育、社区发展、健康与环境卫生等经济及社会领域中开展工作。得到它支持的投资前援助和技术援助项目，有近万个。开发计划署的经费来自联合国会员国和其他有关机构成员国的捐献，进入20 世纪 80 年代以来，每年所获捐款在 5 亿美元以上。该署每年开支近 5 亿美元，主要用于支付在国际范围征聘专家、进口技术设备、考察各种发展资源、训练专门技术、专门合同服务和研究费用等。受援国本国工作人员的工资、用房供给、本地设施和一般服务，均由受援国政府负责支付。该署仅在各国政府的要求下并按其优先需要提供援

---

① 参见 *Our Common Agenda-Report of the Secretary-General*, available at https://digitallibrary.un.org/record/3939309? ln＝en。

助，这种援助是同国家或区域的全面发展结合成一体的。绝大多数项目，都由联合国本身或由已与之建立关系的专门机构或其他组织来加以实施。该署本身也直接执行某些项目。还有极少数项目则是由各有关政府实施的。联合国开发计划署同世界银行不一样，受援国不负偿还的义务。世界银行是直接向开发事业单位提供贷款，而联合国开发计划署则是对发展中国家提供技术援助的机构。

联合国开发计划署，在我国北京三里屯东四街设有代表处。该驻华代表处于 1979 年 9 月 4 日在北京举行开办仪式。该署署长在致词中说：在中国开设代表处，完全是为了帮助这个伟大的国家从事发展事业。我国外经部副部长在致词中说：这将有助于加强中国同联合国技术合作系统的联系与合作。1991 年 4 月 23 日，联合国开发计划署与中国政府签署了一项它有史以来金额最多的技术援助项目——机床工业技术改造方案项目。该项目金额为 1200 多万美元。它包括 6 个子项目，10 个直接受益单位。签字仪式在其中的一个受益单位——北京第二机床厂举行。迄今为止，联合国开发计划署已经在华完成了900 多个项目，涉及的领域十分广泛，包括农业、工业、能源、公共卫生、减贫、经济重建，以及许多交叉领域。联合国开发计划署驻华代表处跟随中国的改革开放步伐不断成长、发展，主要专注于四个领域：减贫和社会包容性发展、气候变化和环境保护、民主治理以及南南合作——为促进中国和非洲国家之间建立发展伙伴关系所建立的一个国际平台。

为了促进国际贸易，特别是加速发展中国家的经济发展，在发展中国家的倡导下，联合国大会于 1964 年 12 月决定成立联合国贸易及发展会议（简称"贸发会议"）。① 贸发会议作为联合国的常设辅助机构，是协调各国政府和区域经济集团的贸易与发展政策的中心。其主要职能是促进与发展国际贸易，制定有关国际贸易和经济发展的原则与政策，就实施这些原则与政策提供建议，并采取行动

---

① 网址为 https：//unctad.org。

促进各种多边贸易协定的签订。所有联合国会员国或与联合国建立关系的机构的成员均可加入贸发会议，它现有的成员比联合国的会员还多。贸发会议每4年召开一次大会。迄今，贸发会议已先后举办过15届大会。

为了在贸发会议闭会期间履行其职责，大会早已成立了一个贸易与发展理事会，它也是贸发会议历届会议的筹备机构。贸发理事会有68个理事国，中国为理事国之一。贸发理事会每年通过经社理事会向联合国大会提交报告。处理初级商品问题的《商品综合方案》(The Integrated Programme for Commodities)，是贸发会议的重要方案之一。该方案提出各种建议，以使发展中国家的初级产品可能取得有利、公平和稳定的价格，并使这类产品进入各工业化国家市场的机会可能得到改善。方案要求就某些对发展中国家有出口利益的特定初级商品和原料订立一系列商品协定。已付诸实施的咖啡、小麦、锡、糖和橄榄油等国际商品协定即其中的一部分。贸发会议为了扩大发展中国家制成品与半成品的出口并使之多样化，经过长期谈判，于20世纪70年代初达成了采用普遍优惠制(generalized system of preferences)的协议。有些发达国家已经开始实行普遍关税优惠方案。1964年4月在日内瓦举行的联合国贸发会议期间，发达国家和发展中国家产生尖锐分歧，会议结束时，与会的77个发展中国家和地区发表了一个"联合宣言"，反对不合理的旧的国际经济关系，自此它们即被称为"七十七国集团"，截至2023年9月共有134个成员，但仍沿用原来名称。在每届贸发会议前，七十七国集团都要举行部长级会议，讨论并协调共同立场为贸发会议作准备。例如，1972年12月召开的贸发会议第3届会议，就通过了七十七国集团提出的"关于国际贸易关系和政策原则"等重要提案。又如，1996年4月28日在贸发会议举行第九届会议时，七十七国集团发表了一项《声明》，该声明指出：世界贸易组织成立后，经济强国仍在"继续对发展中国家使用强制经济措施，特别是使用单方面的经济与贸易制裁，对此表示深切关注，这种制裁显然是违反国际法的"。七十七国集团，于2000年4月10日至14

日，在哈瓦那首次召开国家首脑会议，有约 50 位国家领导人和 80 个
国家的代表参加了会议，对建立公正合理的国际经济关系提出了强烈
要求。(会议内容，将在本书第十三章第三节的"南北关系"中阐
述。)①2005 年 6 月，"七十七国集团+中国"第二届南方首脑会议在卡
塔尔首都多哈举行。2014 年 6 月，中国国家主席特使、全国人大常
委会副委员长率团出席七十七国集团成立 50 周年纪念峰会并作主旨
发言。2020 年 2 月，在纽约联合国总部举行的社会发展委员会第 58
届会议上，七十七国集团积极声援中国抗击新冠肺炎疫情的努力。时
任七十七国集团主席、圭亚那常驻联合国代表坦帕表示，七十七国集
团全力支持中国政府为抗击新冠肺炎疫情作出的全面努力，积极肯定
中方与国际社会开展合作。中国参加了七十七国集团历届外长会。贸
发会议还通过各种措施，促进改善援助的条件，减少发展中国家日益
加重的债务负担，和制定一项更适合于世界经济发展需要的国际金融
货币制度。联合国贸发会议第六届大会，于 1983 年 6 月在贝尔格莱
德举行时，我国副总理在会上阐述了中国对解决世界经济一系列重大
问题的立场，表示坚决支持发展中国家要求建立新国际经济秩序的强
烈愿望。这次会议最后通过了一项关于世界经济形势的《贝尔格莱德
宣言》和若干关于国际经济问题的决议。但由于少数主要发达国家的
强硬态度，未能就商品、贸易、货币和金融以及发展等重大问题达成

---

① "七十七国集团"的宗旨是在国际经济领域内加强发展中国家间的团结
与合作，推进建立新的国际经济秩序，加强发展中国家的工业化进程。在联合
国总部及不少国际经济机构中，都有"七十七国集团"存在，以分别进行有关的
谈判事宜。它们之间有相互联系，但无隶属关系。在联合国总部的七十七国集
团，每年选举一个成员国的外长作主席。七十七国集团未设总部及秘书处等常
设机构，也无组织章程及预算，议事按协商一致原则作出决定。但因各成员国
利害与共，它们同各发达国家谈判时，往往具有共同立场。近六十年来，七十
七国集团在维护发展中国家权益及建立新国际经济秩序等方面，发挥了重要作
用。在贸发会议主持的谈判中，促进了一系列有利于社会发展的国际条约及协
定的缔结。中国同七十七国集团及其成员的相互合作关系，不断得到发展，中
国一贯积极支持其合理的要求与立场。七十七国集团网址为 http：//www.
g77. org。

实质性的协议。1991 年 11 月 19 日,七十七国集团在伊朗首都德黑兰,为筹备贸发会议第 8 届大会而召开的第 7 次部长级会议,于 11 月 23 日结束时,发表了《德黑兰宣言》。宣言指出,"和平与安全的基础,不仅是要消除世界大战及核战争的威胁,而且要使所有的国家发展经济,摆脱贫困、饥饿、疾病、文盲和失业的痛苦"。当时与会的 128 个国家和地区的代表一致认为,日益扩大的南北差距,已成为国际社会所面临的主要难题。据统计,进入 20 世纪 90 年代之后,发展中国家所欠外债,已超过 13000 亿美元。联合国贸发会议第 15 届大会于 2021 年 4 月 25 日至 30 日在巴巴多斯首都布里奇顿举行,会议主题为"从不平等和脆弱性到全民繁荣",有近 200 个国家和地区的代表参会。

二、走向新的国际经济秩序

为了打破国际经济秩序的老格局、改革世界旧的生产与贸易结构以及货币金融体系,七十七国集团在 1964 年联合国第一届贸发会议上第一次提出了建立平等互利的"国际经济新秩序"的要求。随着运动的发展与深入,发展中国家的上述要求逐步得到了世界的重视。近 60 年来,联合国在这方面取得了一定的进展。

第二次世界大战之后,国际社会最显著的进步是有一大批民族和国家摆脱殖民统治而成为政治上独立的新兴主权国家。但是这些新兴国家的经济基础是极其脆弱的,其政治独立并未改变过去殖民主义的经济结构。殖民主义仍然在不同程度上控制着这些国家作为经济命脉的重要工业部门,旧的经济格局并未发生根本变化。国际上不等价交换的剥削现象继续存在,发达国家继续垄断着许多发展中国家的自然资源、国际贸易和财政金融等。据统计,战后发达国家对发展中国家的资本输出,由 20 世纪 50 年代平均每年 50 亿美元,增加到 70 年代每年二百多亿美元。此后又有大幅度增加。工业发达国家力图保持发展中国家的单一经济结构。在国际贸易中,它们以垄断高价向发展中国家出售工业制成品,并以低价从它们那里购进农矿产品。发展中国家的经济深受发达国家经济的制约,在经济危机中,他们往往成为工

业化国家转嫁经济危机的对象。旧的国际经济秩序是几十年前在许多
发展中国家还不可能参与的情况下形成起来的，显然有利于工业大国
而不利于发展中国家。经济独立与政治独立是相辅相成的，新独立
国家必须取得经济上的独立，才能在政治独立上得到可靠保障。从
20 世纪 60 年代开始，即从大批新国家加入联合国之后，联合国通
过了一系列旨在改革国际经济秩序的重要文件。这些文件包括
1960 年的《关于给予殖民地国家和人民独立的宣言》、1962 年《关
于天然资源之永久主权宣言》、1964 年关于成立贸发会议的决议、
1966 年关于成立工发组织的决议等。它们对新国际经济秩序的建
立具有重要意义。

　　进入 20 世纪 70 年代之后，世界面临一系列危机，进一步冲击着
旧的国际经济秩序。从 1971 年起，美元危机深化，各国货币纷纷浮
动，终于出现了美元停止兑换黄金的局面，于是以美元为中心的货币
体系走向瓦解。后来国际货币基金组织努力恢复固定行情制，但
1973 年第四次中东战争爆发，阿拉伯国家运用石油武器，沉重冲击
并进一步影响了西方货币制度。世界通货膨胀日益严重，发展中国家
债务负担不断增加，① 国际贸易愈来愈不平衡。1974 年 4 月，联合
国大会首次召开了讨论国际经济的第 6 届特别会议，会议把注意力特
别集中于原料与发展问题。会议认为，旧的世界经济秩序同国际关系
的新发展是直接相冲突的；世界经济秩序必须改变，否则发达国家和
发展中国家间的差距必将继续扩大。会议最后通过了七十七国集团起
草的"关于建立新国际经济秩序的宣言"和"行动纲领"（*Declaration
and Programme of Action on the Establishment of a New International
Economic Order*）两个重要文件。《建立新的国际经济秩序宣言》宣布：
各会员国决心立即建立一种新的国际经济秩序，这种秩序将建立在公
正、主权平等、互相依靠、共同合作的基础上，这种秩序将纠正一切
不平等和非正义，并使发达国家与发展中国家间日益扩大的鸿沟有可

---

　　① 据联合国大会经济和财政问题委员会的材料统计，到 1990 年，发展中
国家所欠外债的总额已达 1.3 万亿美元。

能消除。《行动纲领》,包括着对原料与初级产品、国际货币制度与发展资金、工业化、技术转让、自然资源永久主权等各方面的建议、要求与措施。纲领特别要求,在发展中国家出口的原料与初级产品的价格同其来自发达国家的制成品和资本设备的进口价格之间,建立一种公平合理的关系。为了改善发展中国家的进出口比价和消除发展中国家长期的贸易逆差,行动纲领提出了若干措施,如逐步取消关税和非关税壁垒以及限制性的商业措施;适时地制定各种商品协定;在发展中国家的产品与发达国家的国内生产出现竞争的情况下,各发达国家应扩大来自发展中国家的进口,并公平合理地使发展中国家分享市场增长的份额。

1974 年 12 月,第 29 届联合国大会又通过了由墨西哥倡议,以七十七国集团名义提出的《各国经济权利与义务宪章》(*Charter of Economic Rights and Duties of States*)。该宪章规定,各国有权对其自然资源充分行使永久的主权,有权对其管辖范围以内的外国投资加以管理,有权对外国财产实行国有化,并且,各国均有结成初级商品生产者组织以发展民族经济的权利。1975 年 9 月,又召开联大第七届特别会议,专门讨论了发展和国际经济合作的问题。会议通过了一项决议,规定采取多种措施,以加速发展中国家的发展,并缩小发展中国家与发达国家间的差距。

上述 1974 年通过的宣言、纲领和宪章,集中了 20 世纪 60 年代以来联合国在这方面所取得的成果,为走向新的国际经济秩序奠定了政治与法律基础,是国际经济关系中的基本文件。但是,这些文件只是原则性的规定,如何使原则付诸实施则尚有待于全体会员国的进一步努力,特别是各发展中国家的努力争取和各发达国家的真正协作。

援助最不发达国家的问题,是建立国际经济新秩序和南北对话中的一个重要问题。有人把最不发达国家描述为"第三世界中的第三世界"或"第四世界",以揭示其经济落后及生活贫困的极端程度。

最不发达国家的概念,是在 20 世纪 60 年代初提出来的。1964

年，贸发会议提出过援助最不发达国家的特别措施。但当时并无标准的尺度。直到1971年，联合国开发计划署才确定了最不发达国家的标准和名单，并获得了第26届联大的批准。大会第一次将25个发展中国家确定为最不发达国家。当时规定的标准是：（1）按人口平均的国民生产总值在100美元以下；（2）制造业在国民总产值中的比重低于10%；（3）文盲占全国人口总数的80%以上。进入80年代后，对这些标准作了修改，人均国民生产总值提高到250美元，制造业占国民生产总值的20%以下。当时列入最不发达国家名单的增加到31个。它们是：非洲21个：贝宁、博茨瓦纳、布隆迪、佛得角、中非共和国、乍得、科摩罗、埃塞俄比亚、冈比亚、几内亚、几内亚比绍、莱索托、马拉维、马里、尼日尔、卢旺达、索马里、苏丹、乌干达、坦桑尼亚和上沃尔特；亚洲与太平洋地区9个：阿富汗、孟加拉国、不丹、南也门、老挝、马尔代夫、尼泊尔、北也门和西萨摩亚；拉丁美洲1个：海地。这31个国家的总人口约为2.7亿，占世界总人口的7.5%。[1] 它们无一例外，过去都曾遭受殖民主义的剥削与压迫，是旧国际经济秩序的受害者。经过10年，即进入90年代时[2]，最不发达国家已由31个增至41个。[3] 平均每年有一个发展中国家沦为最不发达国家。其中有28个在非洲：贝宁、博茨瓦纳、布基纳法索、布

---

① 到1982年，列入最不发达国家名单的已有36个国家。它们主要在非洲，人口合计在3亿以上，人均国民生产总值只有西方国家的1/50，其中绝大多数生活在赤贫之中。

② 1991年3月，联合国发展计划委员会制定的最不发达国家的标准为：人均国内生产总值在600美元以下（后来这一标准又提升至750美元）；人口不超过7500万；扩大的实际生活质量指数（包括预期寿命、人均摄取热量、入学率、识字率等）不超过47点；经济多种经营指数（包括制造业、工业就业比重等）不超过22点。

③ 此后，联合国贸发会议于1993年3月9日发表的年度报告说，世界上最贫困的国家已增加到47个。2000年2月12日，联合国秘书长在联合国贸发会议的开幕式上说：全球最不发达国家已达到48个之多。贸发会议的副秘书长总结说：最不发达国家的数量，由1971年的25个增加到了48个，而在过去整整30年中，只有博茨瓦纳逐渐得到发展，摘掉了最不发达国家的帽子。

隆迪、佛得角、科摩罗、吉布提、埃塞俄比亚、冈比亚、几内亚、几内亚比绍、赤道几内亚、莱索托、马拉维、马里、毛里塔尼亚、莫桑比克、尼日尔、乌干达、卢旺达、中非、圣多美和普林西比、塞拉利昂、索马里、苏丹、坦桑尼亚、乍得、多哥;有8个在亚洲:阿富汗、孟加拉国、不丹、老挝、马尔代夫、缅甸、尼泊尔、也门;有4个在太平洋地区:基里巴斯、西萨摩亚、图瓦卢、瓦努阿图;有1个在拉美加勒比海地区:海地。这41个国家的人口达4.2亿,占世界总人口的8%左右,其面积为1600万平方公里,占世界陆地总面积的11%左右。它们,虽然80%以上的人口从事农业,但粮食不能自给;制造业的发展极其缓慢,出口贸易数额很小,逆差很大;债务已高达700亿美元,仅每年付息就需近40亿美元,几乎占这些国家收入的30%;由于国际贸易条件恶化,出口外汇收入降低,世界市场上的通货膨胀给它们带来非常不利的影响;严重缺少资金和技术,管理体制和物质基础设施也非常薄弱。随着国际经济的发展,最不发达国家与富国之间的差距不是缩小了,而是扩大了。

联合国于1981年9月在巴黎联合国教科文总部举行了两个星期的"最不发达国家问题会议",有150多个联合国会员国的首脑或代表以及许多国际组织与非政府组织的代表参加。会议的主要任务是,制定和讨论通过20世纪80年代援助最不发达国家的实质性行动纲领。这是联合国成立以来首次召开这样的大会专门讨论国际社会援助最不发达国家的问题。会议最后通过了一项《20世纪80年代支援最不发达国家的新的实质性行动纲领》,以帮助它们迅速发展其经济。行动纲领中规定的支援目标是:要改变这些国家的经济面貌,使其走向自力持续的发展,能够向本国全体人民特别是城乡贫民提供至少达到国际上可接受的最低标准的营养、卫生、住房和教育,并提供就业机会。纲领强调:国际社会所有成员,必须立即结束构成发展中国家经济解放和发展的主要障碍的殖民主义、帝国主义和一切形式的外来侵略与占领。行动纲领还规定了各种条件和到1990年应该达到的各项指标。并且特别提到,对最不发达国家提供的援助一般应该采取赠与方式,贷款应按双方商定的高度减让条件提供。出席会议的中国代表团团长在大会上发言指出:"切实帮助最不发达国家尽快发展民族经济,改变贫困状况,不仅是建立国际经济新秩序的组成部分,而且有利于繁荣世界经济,稳定国际局势,维护世界和平。"在讲到发展中国家中发展水平较高的国家同最不发达国家互相支援的重要性时,特别提到:发展中国家之间平等互助,和衷共济,必将为建立国际经济新秩序作出有益的贡献。

1990 年 9 月,第二次联合国关于最不发达国家问题的会议在巴黎召开,有 140 多个国家和 20 多个国际组织的代表参加。会议于 9 月 15 日闭幕时,发表了《巴黎宣言》和《90 年代援助最不发达国家的行动纲领》,旨在制止最不发达国家社会和经济局势的进一步恶化,振兴和加速这些国家发展,行动纲领就发达国家的援助计划、债务、产品进入国际市场等作了原则性规定,对不发达国家的经济结构改革、人力资源开发、经济基础的发展及环境等问题提出了具体要求。①

---

① 截止到 2000 年 2 月,联合国贸易和发展会议在曼谷举行第 10 届会议时,最不发达国家的总数仍为 48 个。贸发会议副秘书长说,这些国家的人口占全世界总人口数的 13% 以上,而其进出口额都分别只占全世界的 0.5% 左右。这些数字表明,进出口所占的份额比 1980 年下降了 40%。2001 年 5 月 14 日,联合国第三次最不发达国家问题会议在布鲁塞尔召开。此时,最不发达国家的总数已增加到 49 个。

2015 年 3 月,联合国发展政策委员会制定了有关最不发达国家的标准:(1)人均收入标准。这项标准依据的是人均国民总收入(3 年平均数),1035 美元以下的国家可列入最不发达国家名单,1242 美元以上的国家从最不发达国家名单中剔除;(2)人力资产标准。这项标准依据的是一项综合指数(人力资产指数),其中包括营养、健康、入学率、识字率等多项指标;(3)经济脆弱性标准。这项标准依据的是一项综合指数(经济脆弱性指数),其中包括自然冲击程度、经济易受冲击程度、经济规模狭小程度、地理位置偏远程度等多项指标。符合所有三项标准列出的列入名单要求,而且人口不超过 7500 万的国家,将列入最不发达国家名单;在对名单进行的至少连续两次的三年期审查中达到三项标准中至少两项标准规定的"毕业"门槛的国家,通常可从最不发达国家名单中剔除。不过,如果一最不发达国家的人均国民总收入增至至少两倍于"毕业"门槛的水平,该国家即被认为有资格"毕业",不论其在另外两项标准之下的表现如何。根据这一标准,截至 2019 年全世界经联合国批准的最不发达国家总共有 47 国。(转下页)

　　还需要提到的是，联合国于 1973 年 12 月 3 日，在纽约开始举行
"第三次海洋法会议"。经过 9 年，共召开了 11 期 16 次会议，参加的
国家达 167 个。经过长期的艰苦谈判，《海洋法公约》终于在 1982 年
12 月在蒙特哥湾举行的第三次海洋法会议的最后会议上开始签署。
尽管公约还存在着某些有待完善之处，但是它基本上反映了世界大多
数国家在开发海洋资源和人类共同利用海洋财富方面的愿望，它的签

(接上页)其中非洲就有 33 个国家，亚洲有 9 个国家，大洋洲有 4 个岛国，北美
洲只有海地一个国家，而在欧洲则没有最不发达国家。具体名单如下：(1)非洲
(共 33 国)：安哥拉(处于毕业审查过渡期)、贝宁、布基纳法索、布隆迪、中
非、乍得、科摩罗、刚果(金)、多哥、厄立特里亚、埃塞俄比亚、冈比亚、几
内亚、几内亚比绍、莱索托、利比里亚、马达加斯加、马拉维、马里、毛里塔
尼亚、莫桑比克、尼日尔、卢旺达、吉布提、塞内加尔、塞拉利昂、索马里、
南苏丹、苏丹、圣多美和普林西比、坦桑尼亚、乌干达、赞比亚。(2)亚洲(共 9
国)：缅甸、老挝、尼泊尔、东帝汶、阿富汗、孟加拉国、也门、不丹。(3)大
洋洲(共 4 国)：基里巴斯、所罗门群岛、图瓦卢、瓦努阿图。(4)北美洲(共 1
国)：海地。经 1971 年、1991 年、2015 年 3 次标准定义后，全球共有 47 个国家
进入名单，曾经被纳入名单的锡金、博茨瓦纳、佛得角、马尔代夫、萨摩亚、
赤道几内亚已经被除名。其中锡金并不是因为毕业而被除名，而是因为被纳入
印度。据世界银行统计，这些国家共有 7. 5 亿人口(其中 31 个国家位于撒哈拉
以南的非洲地区，涉及人口近 7 亿)，近半数人每天的生活费不足 1 美元；文盲
比例最高的占全国人口的 78. 1%(利比里亚)；婴儿死亡率最高的为塞舌尔和中
非共和国。
　　又据《参考消息》2004 年 2 月 20 日资料记载：世界银行对国家经济发展情况
分类的主要标准是人均国内生产总值(GDP)。在 1998/1999 年《世界发展报告》
中，该行按 1997 年人均 GDP 把国家和地区划分如下：(1)低收入国家：785 美
元及以下，共 61 个；(2)下中等收入国家和地区：786 美元——3125 美元，共
60 个；(3)上中等收入国家和地区：3126 美元——9655 美元，共 36 个；(4)高
收入国家和地区：9656 美元及以上，其中经和组织成员有 30 个。该报告在其解
释性说明中指出，低收入和中等收入国家有时也称为"发展中国家"。使用这一
术语仅在于方便，并不意味着该组别所有国家正在经历相同的发展阶段，也不
意味着其他国家已达到发展的更高阶段或最终阶段。根据收入进行的划分未必
完全反映发展的状况。

署是发展中国家长期努力的结果。①

　　1981 年 10 月在墨西哥坎昆举行的南北最高级会议，是一次重要的南北对话。我国总理在坎昆会议上，明确阐述了根据公平合理与平等互利原则改革旧国际经济秩序的立场，并向各国领导人呼吁，竭尽全力以促进全球谈判的举行。早日举行全球谈判，以改善不合理的南北经济关系，实现公正的国际经济秩序，使南北国家之间实行有效的经济交流，这是时代的要求。有些发达国家，自恃其优势的经济力量，对全球谈判持消极态度；为了克服阻力，推动南北对话，促进全球谈判，很有必要加强"南南合作"。从 20 世纪 60 年代以来，在发展中国家间已形成一系列区域性、次区域性的经济合作组织、原料输出国组织、金融贸易组织以及其他方面的合作组织，这些都是南南合作的具体形式。继 1982 年的新德里"南南磋商"之后，1983 年 4 月在北京又举行了有亚非拉 26 个国家的近 70 名学者与政治家出席的"南南会议"，会议讨论了发展中国家发展战略、南北谈判及南南合作等问题。这虽然是一次非官方会议，但对南南合作的发展与国际经济新秩序的建立还是产生了一定影响。然而，从总形势来分析：80 年代以后，发展中国家对于全球谈判的愿望，因发达国家抵制而未能实现；不仅南北对话陷入僵局，南南合作也遭受了考验与危机；建立新国际经济秩

---

　　①　1982 年 12 月 10 日，在牙买加蒙特哥湾会议的签字仪式中签署《海洋法公约》者，有包括中国在内的 117 个国家和 2 个实体。到公约签字日期截止时，即 1984 年 12 月 9 日，签字者达到 155 个国家和 4 个实体。9 年以后，即 1993 年 11 月 16 日，公约获得了第 60 个国家的批准，按规定应于 12 个月后生效。为了满足美国等主要发达强国关于海底资源开发方面的强硬要求，联合国秘书长于 1990 年 7 月开始召集关于公约第 11 部分的非正式磋商。经过两轮 15 次会议，于 1994 年 7 月 28 日达成了《关于执行 1982 年 12 月 10 日〈联合国海洋法公约〉第 11 部分的协定》(该协定实际上是对原公约进行实质性的修改)。此协定于 1994 年 7 月 28 日在关于海洋法问题的第 48 届联合国大会(续会)上获得通过。第二天，包括我国在内的美、德、日、英、加拿大等 41 个国家及当时的欧洲共同体，签署了这个关于执行第 11 部分的正式协定。最后，海洋法公约于 1994 年 11 月 16 日正式生效。该《协定》之详情，请参见本书作者所主编的《国际法》修订第 2 版，第八章第九节，武汉大学出版社 2000 年版，第 212~218 页。

序的运动,"暂时转入低潮"。国际舆论特别是发展中国家,普遍期望在冷战结束与两极对抗格局巨变以后,能为这一历史性的伟大运动提供新的转机! 1997 年 1 月 13 日至 15 日,在哥斯达黎加召开的有一百多个国家代表参加的南南会议,通过了《圣何塞声明》和《行动计划》。声明指出:"我们决定在平等、相互支持、互惠和互补的基础上,为了共同发展的目标,加强发展中国家的合作。"行动计划强调:南南合作应该是南北合作的补充;呼吁国际社会关心第三世界国家的外债(当时已经上升到 1.7 万亿美元)和援助最不发达国家的问题。①

值得注意的是,进入 21 世纪以来,很多发展中国家事实上已经看到了南南合作的价值和前景,正试图通过扩大发展中国家之间的经贸交流实现贸易和投资多元化,推动共同发展。例如,早在 2003 年印度、巴西和南非三个发展中大国就组建了对话论坛,目前该论坛已经成为三国加强相互贸易与投资的重要机制。南非外长曾经指出,三国对话论坛"实际上是我们经常讨论的南南合作具体化,三个国家可以共同做很多事情来改善各自人民的生活"。

另外,2003 年 12 月 23 日,联大通过了第 58/220 决议,决定每年 12 月 19 日为"南南合作日",以增强人们对南南合作重要性的认识。联大敦促联合国所有相关组织和多边机构加紧努力,利用南南合作有效地纳入其经常方案的设计、制定和执行的主流,考虑增拨人力、技术和财政资源,支持南南合作倡议。2004 年,国际社会第一次如期纪念南南合作日,其活动的主题是:通过南南合作达到千年发展目标。2023 年 9 月 12 日,为强调全球南方国家之间持续合作的重要性,联合国在当天纪念了一年一度的南南合作日。2023 年纪念活动的主题是"团结、公平和伙伴关系:开启南南合作,实现可持续发

---

① 发展中国家大多位于南半球,故被称为"南方",它们之间的经济合作被称为"南南合作"。至 21 世纪初,发展中国家已建立区域性、半区域性经济组织三十多个,原料生产和输出国组织三十多个,货币金融组织约 20 个。这些组织为加强南南合作取得了显著成绩。值得注意的是,近年来"全球南方"的概念不时出现。

展目标"。因此，全球南南合作是实现可持续发展目标的关键。

第三节　和平解决国际争端与强制行动

一、概述

自从国际社会逐步形成、国家交往日益频繁之后，国际争端即不断发生。在主权国家并存的国际社会中，争端的解决，主要是依靠当事各方的同意；一个具有解决国际争端最高权威的统一的超国家机构，是不可能存在的。但是，国家间的争端，不论是政治的、法律的，如果长期得不到解决，势必加剧冲突，危及国际和平。因此，作为一项现代国际法基本原则的"和平解决国际争端"，被国际社会十分重视，并成为现代各种国际组织的重要任务与活动之一。

传统国际法，把国际争端的解决方法分为强制的与非强制的。但是，非法使用武力包括军事示威与平时封锁(pacific blockade)等，作为解决国际争端的方法，已为现代国际法所否认。1928 年的《非战公约》(*The Kellogg Briand Pact*)，斥责用战争来解决国际纠纷，并在国家关系上废除以战争作为施行政策的工具，规定一切争端和冲突只能用和平方法加以解决。《联合国宪章》则以和平解决国际争端作为处理国家关系的一项重要原则，它进一步规定：在国家关系中不得"使用武力"或"以武力相威胁"。

国际联盟在解决国际争端方面，并未完全禁止以战争作为解决争端的手段。《国联盟约》所禁止的战争，仅仅是：(1)不首先将争端提交仲裁或依司法解决或交行政院审查而进行的战争；(2)非俟依上述程序作出有关决定并 3 个月届满之后而进行的战争；(3)对服从判决的会员国，或对接受除争端当事国外行政院一致通过的报告的会员国所进行的战争。1931 年日本帝国主义入侵我国东北时，国联的报告书竟认为，日本的入侵并非一国未事先用尽国联所规定的和解程序而对另一国家宣战，从而国联未对日本进行任何制裁。国联在解决争端方面的无能及其对侵略者的绥靖政策，是加速国联瓦解的因素之一。

联合国宪章以第 6 章、第 8 章及第 14 章等有关条款,分别规定了国际争端的政治解决与法律解决的各种方法。上述各条款,构成联合国在解决国际争端中据以进行活动的法律基础。① 值得注意的是,这些条款的适用范围都只限于国际性问题,凡在本质上属于国内管辖的事项,应排除于联合国职权之外。

宪章一方面禁止各会员国在其国家关系中使用武力或以武力相威胁,同时还规定,在一定情况下,安理会将建议或决定采取强制措施,以防止和消除对和平的威胁,制止侵略行为或其他破坏和平的行为。② 此等强制措施,既包括经济关系、交通运输、邮电通信等的停止,也包括外交关系的断绝,陆海空军示威,封锁以及其他军事行动。但是,这并不属于"和平解决争端"的范围。

宪章把用和平方法调整或解决国际争端规定为实现维持国际和平与安全这一宗旨的重要原则与步骤之一。③ 宪章要求争端的各当事国,应首先通过谈判、调查、调停、和解、仲裁、司法解决、利用区域机构或区域协定、或各该国自行选择的其他和平方法,求得争端的解决。④ 并且,为了促进争端的和平解决,宪章还为大会、安理会及各会员国规定了一系列可以或应该采取的步骤。

二、大会与安理会在和平解决争端中的作用

联合国是"协调各国行动之中心",也是协调多极化世界利害关系与各种矛盾的最大的政府间组织。

宪章规定,安理会对维持国际和平与安全负有主要责任。安理会是联合国唯一有权采取强制行动的维持和平机关,其决定对会员国具有约束力,因此,它对于国际和平的维持起着甚为重要的作用。大会

---

①　1970 年《关于各国依联合国宪章建立友好关系及合作之国际法原则之宣言》(通称 *The Declaration on Principles of International Law concerning Friendly Relations and Cooperation among States*)也规定了"各国应以和平方法解决其国际争端,俾免危及国际和平、安全及正义的原则"。

②　见宪章第 7 章各条。

③　见宪章第 1 条(1)和第 2 条(3)。

④　见宪章第 33 条(1)。

在这方面虽然不能作出具有拘束力的决定，但其处理事项的范围比安理会更为广泛。大会得审议在维持国际和平与安全方面进行合作的一般原则，得审议有关这方面的任何问题并提出有关建议。自联合国成立以来，大会曾就此作出一系列决议，谴责各种战争宣传，号召各国不得违背宪章使用武力，一再重申侵略为危害和平的严重罪行，谴责干涉别国内政，呼吁各国用和平方法解决争端。第 37 届联大于 1982 年 11 月 15 日一致通过了一项关于和平解决国际争端的宣言，此项宣言是 1980 年由菲律宾、罗马尼亚、墨西哥和埃及在马尼拉起草的，故称《马尼拉宣言》。宣言指出，各国只能使用和平手段，在国际和平、安全和正义不受威胁的情况下，解决其争端。宣言认为，国际争端应在各国主权平等的基础上，遵照《联合国宪章》、正义原则和国际法来解决。宣言强调，在争端未能和平解决的情况下，任何一方均不得诉诸武力或以武力相威胁。在此之前，大会于 1965 年 12 月 21 日通过的《关于不许干涉各国内政及保护国家独立与主权之宣言》，1970 年 10 月 24 日通过的《关于各国依联合国宪章建立友好关系及合作之国际法原则之宣言》，1974 年 12 月 14 日通过的《关于侵略定义的决议》等，皆载有各国在其国际行为中所应遵循的基本原则，均为当代国际关系与国际法的重要文献。

大会对于国际争端的和平解决负有一般职责，它可以讨论由联合国任一会员国或非联合国会员国的国家向其提出的有关国际和平的一切问题，并可就此等问题向有关国家或向安理会提出建议。①

大会对于它认为足以妨害公共福利或国际友好关系的任何"情势"，不论其起源如何，可以进行审议并建议应采取的和平调整措施。② 必要时，大会得提请安理会注意那些足以危及国际和平与安全

---

① 宪章第 11 条(2)和第 35 条(2)为非会员国规定了向大会或安理会提出问题或争端所应具备的条件。

② 见宪章第 14 条。情势(situation)系一种潜在的争端，其继续存在，有可能发展成为争端(dispute)。宪章第 34 条"可能导致国际摩擦或引起争端的任何情势"一语，足以证实这种理解。

的情势。

但是，大会在履行其有关职能时，不得妨碍安理会的行动。宪章规定，正当安理会据宪章对任何争端或情势行使其职能时，大会非经安理会请求，不得就此提出任何建议。此项规定在于保证对维持国际和平与安全负有主要责任的安理会可能迅速有效地采取行动。此外，在大会审议的事项中，凡需采取行动的，均应由大会在讨论前或讨论后提交安理会。① 这一规定，有可能使安理会将某些事项转移给大会进行处理。

安理会对于国际争端的和平解决，比大会负有更重大的职责。为了断定某项争端或情势的继续存在是否足以危及国际和平与安全的维持，安理会可以就该项争端或情势进行调查。这一步骤一般是通过调查小组进行的，据宪章规定，安理会有权设立它认为在执行其职能时所必需的辅助机构。

如断定某争端具有足以危及国际和平与安全的性质，安理会应促请(call upon)各当事国用宪章第 33 条所规定的和平方法解决其争端。此后，如争端未能在当事国间得到和平解决，当事国应将该争端提交安理会。

属于上述性质的争端或相似的情势，安理会可以在其发展的任何阶段建议适当的调整程序或方法。安理会在作出此种建议时，应考虑到法律性质的争端一般应由各当事国按照《国际法院规约》的规定提交国际法院。如当事国一方不履行依法院判决所应承担的义务时，当事国另一方得向安理会申诉。安理会如认为必要时，得提出建议或决定应采取的措施，以执行判决。

安理会有权审议与讨论由联合国任何会员国、秘书长或在一定条件下由非联合国会员国的国家向其提出的国际争端与情势。② 而且，安理会的任何个别理事国都不能单独阻止安理会对有关宪章第 35 条

---

① 分别见宪章第 12 条(1)和第 11 条(2)。

② 见宪章第 35 条及第 99 条。安理会当然也可以主动审议与讨论这种国际争端与情势。

事项的这种审议与讨论，即常任理事国不能就此行使否决权。①

对于危及国际和平的争端，安理会可以主动提出它所认为适当的解决条件。如经争端各当事国的请求，安理会也可以向各当事国提出建议，以求得争端的和平解决。这里，安理会实际上起着一种斡旋与调解的作用。

在上述和平解决争端或情势的过程中，安理会所作的一切建议，虽然发挥重要影响与政治作用，但对当事国而言，并不像它所作的有关强制措施的决定那样具有法律上的约束力。②

三、联合国的强制行动

按照宪章规定，各国除了依法进行自卫以外，均不得以武力或以武力相威胁作为解决其争端的最后手段。如果国际争端在当事国间得不到和平解决，而且已经发展到威胁和平、破坏和平甚至出现侵略行为时，安理会为了维护国际和平与安全，可以依据宪章第 7 章作出建议或决定应该采取的强制行动(enforcement action)。不过，安理会首先应断定是否有任何对国际和平的威胁、破坏和平的行为或侵略行为存在。但是，在实践中，某一争端或情势是否属于国际问题或是否已经发展到如此严重程度，或者事态虽然严重但是否须由安理会采取强制行动，这是一个颇为复杂的问题，有时甚至可能不适当地被用以干涉别国内政。当问题涉及作为安理会常任理事国的大国的利益时，安理会还有可能由于否决权的行使而无法作出决定。

如果安理会断定某一国际争端或情势已发展到上述严重程度，安理会应对有关各方提出维持与恢复和平的建议。如果建议失败，安理会应决定所应采取的强制措施。为了防止情势恶化，安理会在建议或

① 见旧金山联合国家会议中《四国声明》的第 1 部分第 3 项。但安理会的此种审议与讨论，常引起有关国家以宪章第 2 条(7)所载不干涉内政原则或以并不危及国际和平为理由而加以抵制。

② 见宪章第 25 条及第 6 章各条。此外，据宪章第 8 章的规定，凡参加区域协定或区域机构的联合国会员国，在把地区性争端提交安理会之前，应首先通过有关区域协定或区域机构力求此种争端的和平解决。

决定采取强制措施以前，得"促请"有关当事国遵行安理会认为必要或适宜的"临时措施"(provisional measures)，如停止敌对行动、结束报复措施、接受某种形式的国际政治安排或从一定地区撤退武装力量等。但临时措施不应有碍有关当事国的权利、要求或立场。① 此种临时措施，可能由于所涉事件的情况不同而在具体安排上有很大差别，但其意旨均应在于控制局势，使事态不至于继续扩大。"促请"二字暗示，如临时措施未予遵行，安理会将有可能进一步作出决定，采取强制措施。可见，临时措施是宪章第 6 章(和平解决争端)与第 7 章(强制维持和平)之间的一种过渡性步骤。

综上可见，联合国的强制措施，是在国际争端得不到和平解决、以致发展到威胁或破坏国际和平与安全的严重情势下所采取的一种很强烈的行动。这将在下一节"集体安全制度"中作较详细的阐述。

第四节　集体安全制度

一、概述

集体安全制度，是传统国际法向现代国际法发展的标志之一，也是当前国际组织和国际政治生活中的一个重大问题。不论在人类的远古时代，还是在近代及现代社会，安全对人类都至关重要。这个问题将随着人类的生存与发展而永恒存在。人类对生存竞争所产生的矛盾与冲突，需谋求解决以确保安全，但是解决矛盾的方式因各种社会形态与结构的演变而在不断发展。从远古部落间的冲突到国家间的各种战争，从大大小小的军事同盟到宇宙核军备的竞赛，都说明人类社会一直充满着对安全的威胁。但人类将继续生存下去，并将竭力挖掘智慧去解除自己所制作的羁绊。

国际社会，特别是在近代国际法和国际组织逐渐形成并得到发展之后，对国家安全的保障问题日益予以注意。国际法作为一种调整国

---

① 分别见宪章第 39 条及第 40 条。

际竞争的规则，它和其他种类的法律一样，其终极目的亦在维护其主体的权益与安全。不过，国际法对其主体安全的维护，无论在执行方式或强制程度上，均有其自身的特点，这是由于受国际法调整的国际社会的特殊性所决定的。

国际社会的安全保障，直至第一次世界大战结束之前，主要是以"个体"或"个体联盟"的方式进行的。许多世纪以来，国家，特别是强国，惯于以武力及战争作为实行国家政策的工具。每当国家间的矛盾激化到一定尖锐程度时，往往由武力解决问题。通过直接冲突的方式来衡量与改变力量对比，然后在某种新的水平上恢复"平衡"。在以势力为杠杆的国际社会里，以强凌弱的现象时有发生。然而，在国际法上，国家是主权的，主权国家有独立自主地处理本国对内对外事务的最高权力。在由主权国家组成的国际社会里，国家之上不可能有一个强制各国行动的中央权力机关。因此，传统国际法一方面规定国家主权不容侵犯，另一方面又将战争看成是实现"基于国际法"之权利主张的一种合法的自助手段，确认国家有诉诸战争的权利（jus ad bellum）。战争发生在个体国家之间，也发生在个体联合之间。后者往往是以军事同盟作为战争之一方来进行的，对人类的威胁尤为严重。历史证明，个体自卫、军事同盟均不能确保国家安全，国际均势政策（a balance of power system）①也不足以维持世界和平，终至爆发了第一次世界大战。

不少欧美学者认为，国际社会之所以不能确保和平与安全，根源在于有各自为政的主权国家存在，惟有创建世界政府方能消除主权间的矛盾。显而易见，这种观点不无偏颇，基于现今国际社会结构的特点，在可以预见的将来，各国尚无实际可能牺牲其主权而促成一个统一的"天下"。这是国际政治中的一个难题（paradox）。于是，作为向理想世界过渡的"桥梁"（bridge），集体安全（collective security）的设想便在人类社会中逐渐孕育和发展起来。

进入 20 世纪之后，国际组织有了较大发展，国际社会的集体安

---

① 参见 W. C. Olson, *International Relations*, 1983, p. 173。

全保障开始受到重视。但是集体安全保障作为一项国际制度，还需要有各方面条件的补充与配合，才能在十分复杂的国际关系中得到实现。特别是从国际法的角度来考察，集体安全保障的有关规范尚未成型，效力有限，它还是一项有待发展和需要完善的制度。集体安全是相对个体安全而言的。所谓个体安全保障，是指国家凭本国力量或联合友邦来防御其他国家进攻，以维护本身安全的一种方法。集体安全保障，则意味着其基点不在个别国家或某些国家的联合，而是一种"从整体角度防止或控制战争的国际制度"；或者更确切些说，是一种"在主权国家组成之国际社会中，用以控制使用武力、保障和平的组织化措施"。就这一制度的法律性质而言，主要表现在"各国共同约定，以暴力改变现状为非法并将受到外交、经济甚至军事等方面的集体制裁"。但若进一步分析国际关系的各个方面，集体安全问题必然还要涉及和平解决争端、和平变更(peaceful change)、军备削减、建立国际强制机构与国际部队等一系列极其复杂的国际问题。[1]

二、两次世界大战之间的发展

有些学者认为，古希腊及欧洲中世纪曾有过近似"集体安全"制度的思想萌芽。[2] 但是，真正第一次将这个不甚明确的概念具体适用于整个国际社会的，是国际联盟。《国际联盟盟约》在其约文中，虽未明显使用"集体安全"这一术语，但却隐含着这个概念。第 11 条明确宣告："凡任何战争或战争之威胁，无论其直接影响联盟任何一会员国与否，皆为有关联盟全体之事。"条文中两处使用了"任何"一词，这说明所指战争的范围极其广泛，发动及遭受战争的国家均包括所有成员国在内。第 16 条的规定更为具体："联盟会员国如有不顾本盟约……之规定而从事战争者，则据此事实即应视为对所有联盟其他会员国有战争行为。"其他会员国应立即与违约国断绝商业或财政上的

---

① 参见孔慈(J. L. Kunz)著：《变动中之国际法》，王学理译，台湾"商务印书馆"1971 年版，第 572 页。

② 参见 A. De Conde, *Isolation and Security*, pp. 2, 55。

关系，禁止其人民与违约国人民的各种来往；并阻止其他任何一国
（不论为联盟会员国或非会员国）的人民与违约国人民进行来往。为
了维护盟约的实行，行政院应向有关各政府提出建议，以便联盟会员
国各出陆、海、空力量组成军队。本条及其后之第 17 条，同前面所
援引的第 11 条相呼应，都提及了非联盟会员国有关事项，从而将世
界一切国家都包括在集体安全制度之内。

国联盟约规定的集体安全措施是以各国义务为基础的，因此具有
分权的性质。盟约规定在一定条件下禁止战争行为，并规定对违反盟
约而从事战争者其他各会员国有义务实行经济制裁。但关于军事制
裁，则为非义务性的，行政院对各国政府只有建议派员组成军队之
权。

总地来说，盟约关于集体安全的规定，大大超过了许多世纪以来
的旧"军事同盟"。它否定"集团对立"，排除"以一个同盟反对另一个
同盟"。其立法意旨主要在于，对组织内部所有成员国予以法律约
束；规定任何侵略者均将视为公敌，任何受害者均将获得援助；相互
保证，共同维护世界安全。它已经不是那种"抵御外侮"的性质了。
军事同盟是外向性的，一开始即有具体的敌我存在；而集体安全制度
则是内向性的，事先并无具体的敌我之分。这一新的设计，是一种概
念性的转折，对第一次世界大战后的国际政治具有深远影响，从而促
进了现代国际法的发展，一种新的国际制度正在形成中。

但是，国联的集体安全保障，毕竟还是很脆弱的。首先，盟约在
制止战争问题上，存在很大的漏洞。第 12 条只规定在争端提交某种
程序解决之前不得诉诸战争，但经过上述程序作出某种裁决后，再推
迟 3 个月，战争即可不受限制。人们称这"裁决后之 3 个月"为"冷却
期"，认为缓冲 3 个月后，争端双方可能衡量得失并以比较明智的方
式解决矛盾。归根结底，盟约并未完全禁止战争，仍然是以战争作为
解决争端的最后方法。其次，行政院在军事措施方面，仅有"建议"
权，只起调节作用，不能"强制"各国行事。因此，就像一道堤防，
这里出现了一个"缺口"，使国联的制裁行动软弱无力。最后，应该
指出的是国联自身并无其可以直接指挥的武装力量。所以无法采取迅

速有效和统一的制裁措施。无怪西方学者在评价国联的集体安全保障时，认为它的重大缺陷之一是没有保证执行制度的"牙齿"(teeth)。

尽管国联的建基者，为推行其战后政策的大国意图，创设了集体安全体制，可是，由于其本身所固有的矛盾及国际形势的局限性，这一体制并未收到预期的效果。盟约有关集体安全的条款，虽曾多次成为行政院采取行动的根据，并于意大利入侵埃塞俄比亚后，在1935—1936年被用来制裁过意大利，但在那法西斯横行的整个30年代，面对墨索里尼兼并埃塞俄比亚，希特勒德国吞没奥地利、占领捷克斯洛伐克，国联竟无所作为。特别是对日本帝国主义的侵华暴行，国联虽曾援引盟约在形式上予以谴责，但并未采取任何公正及有效的措施。集体安全体制名存实亡，以至坐视第二次世界大战爆发，完全无能为力。

三、《联合国宪章》中的集体安全制度及其实践

在战争废墟上建立起来的联合国，根据人类两次最大战争的不幸经验，在其宪章中宣称：决心使后世免于再次遭受今代人类曾两度经历的"惨不堪言之战祸"，重申"采取有效集体措施(collective measures)，以防止且消除对于和平之威胁，制止侵略行为或其他和平之破坏"。宪章有关集体保障的基本条款，主要集中在第7章。第39条规定："安理会应断定任何和平之威胁、和平之破坏或侵略行为之是否存在"。本条意味着赋予安理会这个以大国为重心的机关以"国际裁判官"的地位。从传统国际法的角度来衡量，这是一个重大的突破。第41~42条规定强制制裁措施。这种措施分为两类：一类为"武力以外之措施"，包括经济关系、海陆空邮电及其他交通工具之停止，以及外交关系之断绝；另一类为武力措施，包括海陆空军示威、封锁及其他军事行动。安理会关于这两类措施的决定，均对会员国具有法律约束力。为保证上述武力制裁的执行，第43条进一步规定各会员国依特别协定供给联合国所需之部队以建立联合国军；与此相联系的第47条还创设了一个军事参谋团，使之对联合国军担负战略上的指挥责任。

宪章第 41~42 条(强制制裁措施)的立法意旨,不是"以牙还牙"(你咬我一口,我也咬你一口)的一般"报复",而是安理会以合法使用的集体武力来对付个别国家非法使用武力的行为,以消除对和平之威胁和制止侵略。

与国联盟约相比,联合国宪章中的集体安全制度有了明显的进展。宪章的制定者,不仅在法律体系中给集体安全以更重要的地位,将其作为联合国组织的宗旨及原则予以规定,而且在组织及权力形态上使之具有集权的性质。宪章把维持国际和平及安全之主要责任授予安理会,且确认安理会在履行此项任务时,系代表成员国行事。在国际联盟的情况下,如有破坏盟约而从事战争者,其他各成员国虽有义务立即与之断绝各种商业或财政上的关系,进行经济制裁;但只有在行政院作出有关建议时,各有关成员国才斟酌是否提供陆海空军,组成军队,以实施军事制裁。① 联合国的情况则有所不同,各会员国在安理会作出决定之前,毋须采取任何行动,但在安理会作出采取强制措施的决定后,则不论属于经济制裁或政治制裁,均对各会员国具有约束力。联合国要求各会员国通力合作并互相协助,以执行安理会所决定的集体措施。②

特别值得注意的是,宪章不仅当然禁止战争,而且以普遍禁止使用武力为原则。此项原则的确立,是现代国际法形成与发展中的一个重要里程碑。

对从事战争与使用武力的权利加以限制或禁止,是集体安全制度发展的必然结果。如前所述,传统国际法承认诉诸战争是一种合法程序。第一次世界大战后的《国联盟约》对此有所发展,倾向于制止战争。但是盟约的规定,事实上仅能使战争延期发生。1928 年的《巴黎非战公约》,在战争问题上,有了进一步的发展。公约各缔约国保证"在其相互关系上废弃战争作为实行国家政策之工具"。但是这里所

---

① 见《国际联盟盟约》第 16 条。参见夏尔·卢梭(Ch Rousseau)著:《武装冲突法》,张凝等译,中国对外翻译出版公司 1987 年版,第 446~448 页。

② 见《联合国宪章》第 25 条及第 7 章各条。

废弃的显然只限于正式"战争"。人类有史以来影响最深的国际组织联合国的出现，使战争法的这一关键问题发生了重大变化。《联合国宪章》进一步规定"不得以武力相威胁或使用武力"，从而大大扩大了禁止的范围，使一切武装干涉、进攻、占领或武力封锁以及以此相威胁的行为都成为违反国际法的行为。这一规定，对国家的国际责任产生了深刻影响。

从多年来的国际实践来考察，特别是在地域或集团政治的影响下，《联合国宪章》所规定的集体安全制度，曾经或仍然受若干难于逾越的障碍的制约。首先，在以大国为核心的安理会中，5个常任理事国享有否决权，安理会在断定和平之破坏或侵略行为是否存在、确定具体制裁对象及制裁措施时，均需五大国的一致通过。在以分权为基础并形成为多极的国际社会里，由于大国及各国家集团之间错综复杂的矛盾，安理会很难就某些重大问题通过决议。其次，关于成立"联合国军"的问题，经多次磋商，各国对于军队的规模、类型及各国分配的定额等具体安排，均未能达成协议。因此，对有关制裁措施至关重要的国际军队，迄今尚未建立起来。虽然从1958年起，加拿大、丹麦、芬兰、挪威、瑞典、荷兰、奥地利等国，相继成立了一批供联合国使用但在各该会员国内待命的所谓"联合国备用部队"（UN StandbyForces），但这种军队并非宪章第43条所规定的联合国军，它是为"联合国维持和平部队"服务的，不能执行制裁的任务。

此外，还有一点特别值得提出的是如何认定"侵略"的问题。侵略之"存在"，是执行强制措施的前提，但安理会在对某一"情势"（situation）作出断定时，往往由于有关事件是否属于国际问题或是否已经发展到侵略的程度而引起各种尖锐和激烈的争论。因此，侵略定义的制定，是安全制度中一个重要的法律难题。从1951年起，在长达24年的讨论与研究过程中，相继成立了4个特别委员会。最后通过了一个有关"侵略定义"的综合方案，并于1974年12月14日以联合国大会一致同意的决议使之生效。侵略定义的制定，无疑是国际法发展史上的一次重大突破。《侵略定义》共包括八个条文，在条款形式上，采取了规定侵略概念、列举侵略行为与阐明相关问题三结合的方法。① 第 1 条规定："侵略是指一个国家使用武力侵犯另一个国家的主权、领土完整或政治独立，或以本《定义》所宣示的与联合国宪章不符的任何其他方式使用武力。"第 3 条列举了构成侵略行为的 7 种具体情况。其余条款，主要是用来阐明若干必要而又能为各国所接受的其他问题。显然，《侵略定义》仍是在特定历史条件下不同政治力量之间的妥协的产物。虽然定义的制定，使安理会有了作"断定"的法律根据，但是，这里所提出的"公式"在实际运用及解释中，仍难适应各种复杂的矛盾。② 何况当问题牵涉到大国或其有关利益时，安理会更不可能作出有效的"断定"。可见，强制制裁几乎是无法适用于任何常任理事国的。

联合国成立后，大会和安理会曾不断对若干重大国际争端、严重情势包括殖民压迫、种族迫害和外来侵略等议题，进行过审议。在安理会，虽然由于否决权的阻挠，往往难于作出决定，但在大国未直接卷入的若干情况下，安理会仍有可能据宪章第 7 章采取强制行动。安理会于 1966 年曾决定对南罗得西亚实行经济制裁，并提醒各会员国按宪章第 25 条接受并履行此项决定。这是联合国历史上第一次根据宪章所实行的强制制裁。这一决定，是以 11 票赞成、0 票反对和 4 票弃权获得通过的，适用于南罗得西亚的下列进口与出口：出口品包括石棉、铁矿、铬、生铁、糖、烟草、铜、肉类及其产品、生皮、毛皮及皮革；进口品包括武器、弹药、军用飞机与车辆以及生产及维修武器弹药的设备与材料。当制裁没有达到预期目的时，安理会又于 1968 年 5 月一致决定把制裁范围扩大到包括除医药、教育用品及粮食以外的一切进出口商品。此后，安理会又分别于 1976 年和 1977 年通过决定，进一步扩大对南罗得西亚的强制性制裁。

安理会对南非的武器禁运，是联合国采取强制行动的另一个例

---

① 参见王铁崖等编：《国际法资料选编》，法律出版社 1982 年版，第 16～19 页。

② 参见 R. Deming, *Man and the World: International Law at Work*, 1974, p. 137。

子。由于南非当局坚持实行种族迫害，1963 年安理会决定对南非采取自愿性的武器禁运，要求各国停止向南非出售和运送武器。后来，因南非继续非法占领纳米比亚，安理会曾于 1975 年审议使上述武器禁运成为强制性措施的问题，但由于英、美、法 3 个常任理事国的"否决"，这一尝试未能实现。三国的理由是，南非在纳米比亚的作用应加指责，但尚未构成对和平的威胁。到 1977 年 11 月，安理会终于作出了对南非开始实行强制性武器禁运的决定，规定所有国家立即停止向南非提供任何武器和一切有关物资，并且在制造与发展核武器方面不同南非进行任何合作。为了支援纳米比亚人民反对南非的统治，安理会制定了联合国实现纳米比亚独立的计划，其中包括派出联合国特别代表和联合国部队，以监督南非占领军的撤出。安理会早在 1974 年，应大会请求召开会议，曾就"南非不断破坏宪章和世界人权宣言"的情况进行过审议，并讨论了一项关于把南非立即开除出联合国的提案，但由于英、美、法 3 个常任理事国的反对，提案未获通过。从 1970 年起，南非代表在大会接连 5 届常会上所提出的全权证书，均被大会拒绝。自 1975 年后，南非种族主义当局，未派代表出席大会的历届会议。①

还有若干案例是，安理会或大会决定进行制裁，但未指明属于宪章第 7 章的行动。如 1946 年，大会要求各会员国与西班牙的佛朗哥政府断绝外交关系；1948 年安理会作出决议，要求在巴勒斯坦停火，并要求所有会员国不向巴勒斯坦、埃及、伊拉克、黎巴嫩等中东国家进出口战争物质。进入 20 世纪 90 年代后，国际社会发生了结构性的变化，这对联合国有关强制行动的机制产生了深刻影响。安理会从 1990 年起，先后决定：对伊拉克实行经济制裁与武器禁运(1990 年 8

---

① 1993 年 7 月 2 日，南非各党作出决定：于 1994 年 4 月 27 日举行首次多种族大选。1993 年 9 月 23 日，在各党推动下，南非议会批准了由多党组成的过渡行政委员会，以监督大选筹备工作。1993 年 11 月 18 日，南非多党会议讨论通过临时宪法。接着 12 月 22 日，南非白人议会特别会议以 237 票赞成、45 票反对，通过了南非历史上第一部非种族主义的临时宪法。从而，在南非结束了长期以来白人少数的种族主义统治。

月6日），对利比亚的空中交通与武器贸易进行制裁（1992年3月31日），对南斯拉夫政府进行经济制裁（1992年5月30日），对利比亚进行武器禁运（1992年11月19日）。可见，在此阶段，联合国采取强制措施的频率已有所上升。这与当时国际社会的形势是息息相关的。①

　　安理会在海湾危机中采取的经济制裁和武器禁运，是迄今联合国历程中根据《联合国宪章》第7章所采取的一种最广泛的强制措施。1990年8月2日，伊拉克入侵和并吞科威特之后，安理会应科威特的请求，于当天举行紧急会议，通过第660号决议，确认伊拉克的入侵"构成对国际和平与安全的破坏"。并且依宪章第39条及第40条之规定，对伊拉克予以"谴责"。"要求伊拉克立即无条件地将其所有部队撤至其于1990年8月1日所在的据点"。同时还按照安理会暂行议事规则第28条成立了一个由安理会全体成员组成的（制裁）委员会，负责向安理会报告工作，提出意见和建议。8月6日，安理会通过第661号决议，决定根据宪章第7章对伊拉克进行经济制裁和武器禁运。"要求所有国家，包括非联合国会员国，不论在本决议通过之日以前已签订任何合同或发给任何许可证，皆须严格按照本决议的规定行事"，立即停止从伊拉克或被其占领的科威特进口或向它们出口一切商品和产品，包括武器和其他军用设备。并且宣布"不承认占领国（在科威特）建立的任何政权"。8月9日，安理会通过第662号决议，宣布"伊拉克不论以任何形式和任何借口兼并科威特，均无法律效力，视为完全无效"。8月25日，安理会通过第665号决议，呼吁"同科威特政府合作的、正在该地区部署海军部队的会员国，必要时在安理会权力下采取符合具体情况的措施，拦截一切进出海运（船只），以便检查与核实其货物和目的地，并确保严格执行第661

---

　　①　法新社1993年1月12日发自联合国的报道评论说，进入90年代以后的几年，"安理会的决议基本上反映的是国家政治"，而且往往是由工业大国掌握的。美国及其盟国实际上可以主宰国际政治，并"把联合国作为谴责、制裁和其他行动的合法图章"。

(1990)号决议所规定的与此种海运有关的规定"。9月25日,安理会通过第670号决议,决定对伊拉克和被其占领的科威特实施空中封锁。决议要求"所有国家……均不得准许任何来往伊拉克或科威特的飞机载运货物自其领土起飞"。并要求"所有国家均不得准许要在伊拉克或科威特着陆的不论在何国注册的任何飞机,飞越其领土"。11月29日,安理会以12票赞成、2票反对、1票弃权的多数票通过第678号决议,"授权同科威特政府合作的会员国"在伊拉克于1991年1月15日前仍拒不执行安理会有关决议的情况下,"可以使用一切必要手段,维护并执行安理会第660(1990)号决议及随后的所有有关决议,并恢复该地区的国际和平与安全"。联合国安理会,截至1990年11月29日止,在不到4个月的时间里,针对海湾危机陆续通过了12项决议。理事会的5个常任理事国,在此过程中,没有直接行使过一次否决权,这种情况,在安理会的表决史上是罕见的。这无疑也反映了进入20世纪90年代后国际格局与形势变化的若干显著的特点。①

冷战结束以来,联合国安理会采取的制裁行动日渐增多,在过去近20年的时间里,安理会对伊拉克、前南斯拉夫、海地、利比里亚、卢旺达、索马里、安哥拉的安盟部队、苏丹、塞拉利昂、南斯拉夫联盟(包括科索沃)、阿富汗、厄立特里亚、埃塞俄比亚、伊朗、朝鲜、利比亚、叙利亚等都采取了制裁行动。

在联合国所有制裁行动中,对伊拉克的制裁最为引人注目。自1990年海湾危机爆发至2003年伊拉克战争爆发前,联合国安理会先后通过了63项有关伊拉克问题的决议,对伊实行经济制裁和武器禁运,并在联合国的监督下对伊进行武器核查、销毁。这次制裁的持续时间之长、分歧之大、影响之深远、后果之严重,为联合国制裁史上

---

　　①　在苏联解体的100天之前,即1991年9月11日,英国《泰晤士报》发表的一篇文章曾经作过如下评论:安理会在伊拉克吞并科威特和海湾战争期间,所取得的持久的一致,现在看来,是苏联衰退(解体)时期出现的过渡阶段的结果。解体中的苏联,不但停止向美国挑战,而且一直在与美国协调政策。这就使得安理会有可能制订一系列有关海湾问题的空前有力的决议。

所罕见。

值得注意的是，自 1966 年以来安理会建立了 31 个制裁制度：分别在南罗得西亚、南非、前南斯拉夫（2 个）、海地、伊拉克（2 个）、安哥拉、卢旺达、塞拉利昂、索马里/厄立特里亚、利比里亚（3 个）、刚果民主共和国、科特迪瓦、苏丹、黎巴嫩、朝鲜人民民主共和国、伊朗、利比亚（2 个）、几内亚比绍、中非共和国、也门、南苏丹和马里，以及伊黎伊斯兰国（达伊沙）和基地组织。安理会制裁措施形式不一，目标也不尽相同。制裁措施包括全面经济和贸易制裁，以及一些更为具体的定向措施，如武器禁运、旅行禁令以及金融或商品方面的限制等。安理会实施的制裁旨在支持和平过渡，阻止违背宪章的变化，制衡恐怖主义，保护人权和推动核不扩散。目前，正在进行的制裁制度有 15 个，集中在支持政治解决冲突、核不扩散和反恐方面。每个制度由一个制裁委员会管理，委员会主席由一个安理会非常任理事国担任。现有 11 个监察小组、团队和专家组为 15 个制裁委员会中的 12 个工作组提供支持。安理会在日益认识到被制裁方的权利的情况下实行制裁。在 2005 年世界首脑会议宣言中，联合国大会在秘书长的支持下，呼吁安理会确保实行和解除制裁的程序要公正、明确。设立除名协调人以及建立基地组织制裁委员会监察员办公室的是采用这一方法的实例。①

此外，近年来在安理会的实践中，逐渐把有限的制裁范围和制裁重点放在特定主体上，如统治阶层、官方机构、经济实体或个人。其手段包括：金融制裁、冻结财产、武器禁运、航空管制、旅行限制、外交制裁、特定领域的如石油或钻石贸易制裁等。

另外，有的欧美学者还以 20 世纪 50 年代初朝鲜战场上的"联合国军"作为说明宪章第 42 条"武力措施"的例子。然而，第一，这次"行动"并不符合宪章关于集体安全制度的各项规定。第二，安理会有关这一问题的决定始终没有当时苏联和中华人民共和国两个常任理事国的代表参加。所谓"联合国军司令部"（united nations command）并

---

① 参见 https://www.un.org/securitycouncil/zh/sanctions/information。

非安理会决议内容，而是美国等对安理会决议的歪曲，安理会决议中仅提及"联合司令部"(unified command)，联合国法律部 2003 年法律意见也认为是误用(misnormer)。第三，虽然这支军队声称有 16 个国家参与，但主要是由美国侵略军组成并且是由一个在美国直接指挥下的司令部来统率的。可见，这支"联合国军"，并不具备必要的法律特征，而是一次违反联合国宪章的行动。

四、安全与裁军

第二次世界大战以后，世界军备开支长期呈上升趋势。据斯德哥尔摩国际和平研究所的统计报告，20 世纪 80 年代的前几年，世界军备开支数量每年增加 3% 以上。以 1985 年为例，世界国民生产总值为 16 万亿美元左右，而军费总开支已达到 6630 多亿美元，即接近生产总值的 5%。其中，苏联和美国的军费占全世界军费的一半以上，发展中国家约占 1/4。发展中国家沉重的债务，可能有 25% 是购买武器造成的。

自从联合国于 1945 年成立以来，全世界发生了一百多场严重的武装冲突，死亡人数总共竟高达两千万。进入 20 世纪 90 年代以后，世界从美苏两极对抗逐渐转向多极纷争的格局。国家和地区性冲突迭起，民族、宗教和边界纠纷层出不穷，过去深藏在冷战后面的矛盾又重新暴露出来。有人惊呼世界将出现一个"低强度争端"的时代。美国的一个"国防信息中心"于 1992 年 10 月发表调研报告，把 1992 年 24 个规模较大的战争热点分为新的、日益恶化的、依然如故的和正在平息的等几大类型。据报告统计，1990 年的战争死亡人数为 25 万人，但 1991 年又有所上升，仅在海湾战争中即在 10 万以上。另据"国际绿色和平组织"1992 年 1 月公布的一项调查报告，在 43 天的海湾战争及战后时期，伊拉克平民与士兵死亡人数约 243 万名，多国部队死亡人数约 400 人。在此期间，伊拉克约有 800 个目标被炸毁，其中约有 1/3 为民用设施，在空袭中丧生的约有 8 万人。1999 年 3 月 24 日，北约的导弹使南联盟变成一片火海，长达 78 天的狂轰滥炸，造成十分惨重的伤亡。据 2000 年 9 月 10 日日本《每日新闻》在一篇社论中提出的数据：仅在 20 世纪末的 10 年中，因地区冲突与战争而丧失生命的总人数就已超过 500 万人。而 2000 年 6 月 8 日，国际救援委员会发表的一项研究报告说：在此前约两年时间里，刚果（金）的武装冲突已造成 100 多万人的死亡，平均每天有约两千人遭杀身之祸。

　　冷战已经结束 30 年，但世界各地仍有几十场战争在继续。在武装冲突及战争频发的年代里，军备竞赛更加难于控制，有人担心世界将进入一个"核扩散时代"。现在，除了美、俄、中、英、法 5 个核大国外，以色列、巴基斯坦、印度、朝鲜等国家也在不同程度上已进入这一领域，至于对核研究比较先进以及确有一定技术能力的国家和地区，那就更多了。① 一般武器库的扩充也十分引人注目。② 据一位新加坡防务分析家研究，仅从新西兰到韩国的这一地区，每年防务开支即达 800 亿美元，而且每年以 3%～5% 的速度增长。美国《商业日报》1992 年 10 月 21 日文章引用美国国会研究处报告说，美国对发展中国家的武器出口额已大幅度增加，1991 年为 140 亿美元，占其武器出口总额的一半以上。自海湾战争结束后，美国对中东的武器出口额已达到这些国家订购额的半数，为 450 亿美元。据 1997 年 10 月 14 日伦敦国际战略研究所发表的年度报告《军事均势》说，世界武器交

---

　　① 　法国《世界报》2000 年世纪特刊，在一个编者按语中预测："历史（20 世纪）是个悲剧，而未来呢？专家们认为，二十多个国家将拥有核武器，21 世纪从战略上说，将是爆炸性的！"

　　② 　1991 年 5 月 29 日，美国总统提出了中东军备控制的倡议。尔后，经安理会 5 常任理事国商定，举行过三轮会议：1991 年 7 月在巴黎通过了题为《五国关于武器转让和防扩散问题的会议》的文件；同年 10 月在伦敦通过了《会议公报》及《常规武器转让准则》；1992 年 5 月在华盛顿通过了《防止大规模杀伤性武器扩散暂行准则》。会议的文件和议程，不仅包括中东的军备控制，而且涉及全球内的武器转让与不扩散大规模杀伤性武器问题。各文件还载入了一系列具有全球意义的原则，如：军备控制应遵循公正、合理、全面、均衡原则；常规武器的国际转让，应有助于增强接受国的合法自卫能力，避免加剧紧张局势以及不利用武器转让干涉国家内政；等等。所有原则，若能信守，当具有重要意义。其效用如何，全赖各国特别是军事强国的切实履行。

易 1996 年实际增长 8%。美国是迄今为止世界上最大的武器出口国，1996 年的武器出口价值占世界市场总份额的 42.6%。英国的武器出口居世界第二位，法国居第三位。俄罗斯 1996 年的武器出口额仅 34 亿美元，市场份额从 10 年前的 35% 下降到 8.6%。2000 年 10 月 19 日，前述伦敦国际战略研究所发表的报告说：上一年度美国的武器销售额占全球 534 亿美元的武器贸易额的 50%，继续排名世界第一。世界武器销售主要是对中东和东南亚等地区进行的。据前述美国国防信息中心估计，近些年来，全世界每分钟在战备和战争方面的花费约为 200 万美元。2000 年 6 月 14 日，斯德哥尔摩国际和平研究所发表的报告说：1999 年全球武器的总开支约为 7800 亿美元。军备竞赛与战争正在吞噬着人类大批的生命及财产！随着 21 世纪安全平衡的改变和改组，预料在一个短时期内将很难改观。

　　裁减军备与制止战争，是执行集体安全制度的两个相辅相成的问题。① 战争未能制止，国家安全没有保障，军备自然难以裁减；做不到裁减军备，人们在核武器威胁下生活，又何谈制止战争！裁减军备，可谓是为战争釜底抽薪，是集体安全问题的一个重要侧翼。根据传统国际法，军备是自由的。虽然限制军备的思想早已萌芽，但是依照国际协议来限制军备的行动，则几乎到 19 世纪初才开始出现，而且在相当一段时期内，多表现为双边条约的形式。在刚进入 20 世纪的前后几年里，各国在海牙召开过两次规模甚大的裁军会议，签订了几个公约。第一次世界大战结束后的巴黎和会，也在凡尔赛和约中规定了普遍裁军的义务。但这些约定，在此后的国际实践中，效果均不显著。在此期间，谈得上差强人意的，似乎要算 1922 年的《华盛顿条约》，它对当时列强在海军军备竞赛方面起了一定的限制作用。

　　与集体安全制度联系起来的普遍裁军，是从国际联盟开始的。国联盟约规定，"为维持和平起见，必须减缩各本国军备至适足保卫国家安全及共同履行国际义务之最小限度"。国联在实践中相继创设了

---

　　① 　参见 W. L. Tung, *International Organization under the United Nations System*, 1969, p. 115。

一系列有关裁军的机关,并于 20 世纪 30 年代初召开了有近 60 个国家参加的裁军会议。此后的《联合国宪章》,授权联大及安理会处理裁军问题。几十年来,联合国在解决诸如全面禁止核试验、不扩散核武器等问题方面,虽然发挥了重要作用,但是进展非常缓慢,步履颇为艰难。联合国为了积极开展活动,先后建立了众多的裁军机构。从 20 世纪 40 年代的"常规军备委员会",50 年代的"裁军委员会"和东西方平分秋色的"十国委员会",一直到 60 年代的"三十国裁军委员会",均未取得重大进展。三十国委员会在举行了八百多次会议后,于 1978 年终止工作,其后随着我国与法国参加讨论,委员会又进一步扩大为"四十国裁军谈判会议",但仍未能解决实质性的问题。机构不断增加与扩大,旷日持久无甚作为,均说明裁减军备是当代一个极其复杂的问题。其矛盾不仅表现在各军事大国之间,而且特别表现在当时东西方的两个国家集团之间。大体上说,东方国家强调全面彻底裁军,而西方国家则坚持国际监督与核查。由于各方互不信任,彼此存在着深刻的分歧,以致北大西洋公约组织与当时的华沙条约组织,就欧洲裁军问题所进行的一系列谈判也从未能达成任何有效的协议。

联合国裁军事务厅(United Nations Office for Disarmament Affairs, UNODA)作为裁军事务部成立于 1998 年 1 月,原先是秘书长提交大会报告(A/51/950)中的改革方案的一部分。它最初是根据联大第二届专门讨论裁军问题的特别会议的建议设立的。1992 年,它的名字改为政治事务部下的裁军事务中心。它在 1997 年年底再改名为裁军事务部,并在 2007 年成为联合国裁军事务厅。① 联合国裁军事务厅主要推动以下各项工作:核裁军和防扩散,加强关于其他大规模毁灭性武器以及化学武器和生物武器的裁军机制,在常规武器领域特别是当代冲突首选武器的地雷和小武器的裁军努力。联合国裁军事务厅有五个处:设在日内瓦的裁军谈判会议秘书处和会议支助处,大规模毁灭性武器处,常规武器(包括实际裁军措施)处,信息和外联处,区域

---

① 参见 https://www.un.org/disarmament/about/。

裁军处。联合国裁军事务厅通过联大及其第一委员会、裁军审议委员会、裁军谈判会和其他机构的工作,对设定裁军领域的规范提供实质支持和组织支助。它通过对话、透明度和建立对军事事务的信任来促进裁军措施和鼓励区域裁军努力;这些努力包括联合国常规武器登记册和各个区域论坛。它还向会员国、多边协定缔约国、政府间组织和机构、联合国系统部厅和机构、研究和教育机构、民间社会特别是非政府组织、媒体和一般大众提供有关多边裁军问题和活动的客观、公正和最新信息。联合国裁军事务厅支持制订和落实冲突后的切实解除武装措施,例如解除武装和遣散前战斗人员并帮助他们重新纳入民间社会。

地球上第一颗美国原子弹的爆炸和第一颗苏联人造卫星的上天,把世界推进到了核武器时代。据法国《费加罗》杂志 1987 年 5 月号文章的统计,当时我们头上核武器的总爆炸力,即已相当于广岛原子弹爆炸力的 350 万倍。核时代的开始,预示着裁军重心将转向限制核军备竞赛和消除核武器。有关这方面的谈判,过去主要是在当时的两个超级大国间进行的。通过长期谈判,1963 年 8 月美、英、苏 3 国在莫斯科签订了《部分禁止核试验条约》,禁止在大气层、外层空间和水下进行核试验。1968 年 1 月 7 日分别在伦敦、华盛顿和莫斯科签署了《不扩散核武器条约》,1970 年付诸实施。① 在不扩散核武器方

---

① 中国于 1992 年 3 月 9 日正式加入该项条约。1995 年 5 月 11 日,联合国大会经过 24 天的艰苦讨论,作出了关于无限期延长这项已经签署了 25 年的条约(Treaty on the Non-Proliferation of Nuclear Weapons)的决定。它是第一个同时也是迄今最重要的一个全球性防止核扩散的条约,被誉为"全球不扩散核武器的基石",是寻求核裁军的根本保证。其主要内容是要求无核国家放弃获得这种武器的努力并接受国际检查。另一方面,有核国家须承诺与无核国家分享核能和平利用的技术、承担对无核国家的核安全保证、并负有裁军的义务。从联合国关于延长此项条约的决定可以看出:条约各签字国仍然愿意在消除全球核武器的总目标下,为维护和发展这一体系而继续进行合作。进入新世纪时总共已有 187 个国家批准了该项条约。2000 年 5 月 20 日,来自这 187 个国家的代表,在联合国历时一月之久的"不扩散核武器条约审议会议"结束时,通过了一项历史性决议,从而为当时已有 30 年历史的《不扩散核武器条约》注入了新的生命力,也为核裁军带来了希望。决议内容包括"有核国家明确承担实现全部销毁核武器的(转下页)

面，还有两项区域性条约：一项是 1968 年的《拉美禁止核武器条约》；一项是 1986 年的《南太平洋无核区条约》。1972 年 5 月美苏两国在莫斯科签订了《限制反弹道导弹系统条约》①和第一阶段限制战

（接上页）义务"。这是其过去 15 年内召开的连续三次审议大会以后，核国家第一次承诺要彻底消除核武库，只可惜没有明确给出时间表。2005 年 5 月，《不扩散核武器条约》审议大会在联合国总部举行，来自 187 个缔约国的代表参加会议。由于与会各方在核裁军、防扩散和中东无核武器区等问题上分歧严重，大会最终未能就《最后文件》草案达成一致。值得注意的是，印度、巴基斯坦与以色列三国均未签署《不扩散核武器条约》。此外，2003 年 1 月 10 日，朝鲜宣布退出《不扩散核武器条约》，成为首个退出该条约的国家。2020 年 4 月 27 日至 5 月 22 日，《不扩散核武器条约》第十次审议大会在联合国纽约总部举行；在此次大会上，缔约方评估了自 2015 年以来该条约的执行情况，并确定了未来进展的领域及其取得进展的方式。2022 年 1 月 3 日，中国、法国、俄罗斯、英国和美国五国国家领导人发表的《关于防止核战争与避免军备竞赛的联合声明》认为，避免核武器国家间爆发战争和减少战略风险是我们的首要责任，将继续遵守《不扩散核武器条约》各项义务。

① 该条约共 16 款，其中重要的规定有：反弹道导弹系统是指"用以拦截在飞行轨道上的战略性弹道导弹或其组成部分的系统"，包括反弹道导弹截击导弹、反弹道导弹发射器和反弹道导弹雷达；只允许双方按规定在各自的首都周围和一个洲际弹道导弹地下发射井周围建立有限度的反弹道导弹系统。该条约还规定，"双方保证不研制、试验或部署以海洋、空中、空间为基地的以及陆基机动反弹道导弹系统及其组成部分"；"本条约的期限不应是有限的"，但"每方都有权退出本条约，如果它认定同本条约的主题有关的非常事件已经危及本国的最高利益的话"。该条约自 1972 年 10 月 3 日起生效。虽然该条约被视为全球战略稳定的基石，有 32 个裁军和核不扩散的国际条约与这一条约挂钩，但是自该条约生效以来，美国不断要求修改该条约以准备部署其"国家导弹防御系统"。2001 年 11 月 2 日，第 56 届联大第一委员会以 80 票赞成、3 票反对的压倒性多数通过了题为《维护和遵守〈反弹道导弹条约〉》的决议。这是联大第一委员会连续第三年以压倒性多数的表决结果通过《维护和遵守〈反弹道导弹条约〉》的决议。2001 年 12 月，美国总统布什不顾国际社会的强烈反对单方面宣布退出《限制反弹道导弹系统条约》，为其部署导弹防御系统扫平道路。美国的这一决定给国际安全和战略稳定带来多方面的消极影响。

略武器协议。1979 年 6 月在维也纳签署了第二阶段协议,进一步确定了所有战略导弹的最高总限额。此外,1975 年 8 月,35 个欧洲国家及美国与加拿大还签署了赫尔辛基最后文件,提出了有关欧洲和平共处的原则。

进入 20 世纪 80 年代之后,东西方在核裁军方面的谈判,主要集中在中程导弹问题上。1979 年,北大西洋公约组织,针对苏联在其西部地区部署 SS-20 导弹一事,决定一方面举行旨在消除上述导弹的谈判,另一方面,从 1983 年开始部署地面发射的巡航导弹和潘兴 II 式导弹。自 1980 年 10 月起,美苏就此进行了长达 7 年的谈判。1987 年 12 月 8 日,苏美首脑在华盛顿正式签署了《中程导弹条约》。规定双方将在条约生效后 3 年内,各自销毁其射程为 315~3125 英里的所有导弹。还规定了现场检查:在前 3 年内,各方每年检查 20 次,搜查被禁止的武器;此后 5 年内,每年检查 15 次;再后 5 年内,每年检查 10 次。《中程导弹条约》的签署,受到世界舆论的普遍欢迎。人们认为,它可能有助于减少世界特别是欧洲发生核冲突的危险。但值得注意的是,当时地球上已有核弹头 5 万多个,《中程导弹条约》规定要销毁的只是其中的两千个左右。这个数量,在当时两个超级大国庞大的核武库中还未占到百分之五。因此,即使按条约全部销毁这些导弹,也只等于"抛弃了一把小刀"而已。但人们仍然期望以这次销毁中程核导弹为开端,可能就远程战略核武器和常规武器的削减取得进一步的成果。遗憾的是,2018 年 10 月 20 日,美方指责俄方 4 年来多次违反条约规定,以此为由拟退出《中程导弹条约》。2019 年 2 月 2 日起,美方暂停履行《中程导弹条约》相关义务,正式启动为期 180 天的退约进程。同日,俄罗斯总统宣布,俄罗斯暂停履行《中程导弹条约》义务,以回应美国相同的举措。2 月 25 日,联合国秘书长敦促俄美挽救《中程导弹条约》。2019 年 3 月 4 日,俄罗斯总统签署停止履行《中程导弹条约》的法令。2019 年 5 月 21 日,由于美国退出《中程导弹条约》,该条约于 8 月 2 日失效。

从 20 世纪 80 年代早期开始的美苏削减战略武器的谈判,进入 90 年代后,于 1991 年 7 月 31 日签署《第一阶段削减战略武器条约》,

双方将各自战略武器数量和运载工具共同限制在 6000 件和 1600 件。这项协议在 2001 年 12 月执行完毕，条约有效期则被延长到 2009 年 12 月 5 日。1993 年 1 月 3 日，美国与俄罗斯签订《第二阶段削减战略武器条约》，双方规定将各自的战略武器限制在 3000～3500 件，并禁止双方的陆基多弹头导弹。同过去的协议类似，这项条约只要求销毁被裁减的导弹而不是弹头。《第二阶段削减战略武器条约》原要求于 2003 年 1 月前执行，但被延期到 2007 年 12 月。2010 年俄美两国在布拉格签署了《新削减战略武器条约》(Strategic Arms Reduction Treaty，又称《第三阶段削减战略武器条约》或《布拉格条约》)。它是俄美两国签署的双边裁减核武器之条约，该条约旨在限制俄美两国保有的核弹头数量。该条约于 2011 年 2 月 5 日生效，有效期 10 年，2021 年 2 月 5 日该条约到期。2021 年 2 月 3 日，俄罗斯外交部发表声明称，俄美《新削减战略武器条约》延长 5 年，有效期至 2026 年 2 月 5 日。根据该条约，俄罗斯与美国计划自 2011 年起在 7 年内将洲际弹道导弹的数量降至 700 枚，潜射弹道导弹的数量降至 700 枚，重型战略轰炸机的数量降至 700 架，核弹头数量降至 1550 枚、并将用于发射核弹头的已部署和未部署发射工具数量降至 800 个。该条约规定，俄罗斯与美国须每年 2 次交换有关弹头和运载工具的数量信息。

这里，还特别值得提及的是：世界公认的 5 个核大国(美、俄、英、法、中)，曾于 1996 年 8 月在日内瓦，经过反复磋商，就在全世界范围内禁止一切核试验爆炸的问题，达成了一致意见。接着，联合国第 51 届大会于 9 月 10 日以压倒多数票通过了联合国裁军会议一特别委员会从 1994 年 1 月开始经过两年多的时间所起草的一项《全面禁止核试验条约》(Comprehensive Nuclear-Test-Ban Treaty，CNTBT)。9 月 24 日，中国等 16 个国家成为首批签署全面禁试条约的成员国。截至 2023 年 9 月，共有包括中国在内的 186 个国家签署了这项条约，其中有 177 个国家批准了这一条约，包括三个拥有核武器的国家：法国、俄罗斯和英国。但还有极少数核门槛国家，对此条约持保留态度。中国政府早在 1996 年 7 月 29 日宣布冻结核试验的同时，曾呼吁国际社会为缔结一项最终全面销毁核武器条约而举行谈判。①

　　2017 年 7 月 7 日,联大以 122 票赞成通过了《禁止核武器条约》(Treaty on the Prohibition of Nuclear Weapons)②,希望"禁止核武器的拥有、研发、储存、转移、试验,或是威胁使用",让核武器"完全非法化",要求各国销毁所持有的核武器。然而,包括中国在内的安理会五个常任理事国拒绝参与投票。2018 年 10 月 29 日,中、俄、美、英、法五国发表声明,共同反对《禁止核武器条约》。声明强调,五国一直在按照 1968 年《不扩散核武器条约》对核武器进行削减,该条约在防止核武器的威胁扩散到全球方面发挥了重要作用。《禁止核武器条约》最早是在 2007 年由哥斯达黎加、马来西亚共同向联合国提交的提案。2021 年 1 月 22 日,《禁止核武器条约》正式生效,联合国秘书长古特雷斯发表声明称其为"迈向无核武器世界的重要一步"。2022 年 6 月,《禁

---

　　①　《全面禁止核试验条约》的要点在于:(一)序言部分指出"遏制研制核武器和遏制提高核武器质量,结束研制新式先进核武器,从而停止一切核武器爆炸试验和其他一切核爆炸,是全面实现核裁军和核不扩散的一项有效措施"。(二)条约范围是"各缔约国保证不进行任何核武器爆炸试验或任何其他的核爆炸"。这一条款不包括非军事性质的用于科研目的的核爆炸。(三)条约由一个使用尖端监测系统的执行委员会来执行。该委员会由来自世界各地区的 51 名委员组成,它有权力对核设施进行现场检查。需要有 26 名委员的赞成票才能批准现场检查。(四)检查任务将以一个国际监测系统收集的多国数据为根据。该系统由 4 个网络组成,在世界各地有几十个监测站。(五)条约的生效需要经 44 个国家、包括五个公认的核国家(英、中、法、俄、美)和三个具有核能力的国家(即印度、以色列、巴基斯坦)的批准才能生效。在联合国裁军委员会讨论制订本文件的共有 61 个国家,其中许多国家已有用于科研或用于发电的核反应堆。在 1998 年 5 月份内,印度及巴基斯坦先后各自分别连续进行了 5 次及 6 次核试验,使局势更加复杂。到 1999 年 10 月 8 日,在为了使该条约得以生效实施的会议上,各国强烈呼吁印度与巴基斯坦及早签署和批准该条约,同时也呼吁俄罗斯、美国、中国、以色列批准该条约。2000 年 4 月 21 日,俄罗斯杜马以 298 票赞成、84 票反对、2 票弃权批准了该条约。截至 2023 年 9 月,在上述 44 个特定的核技术持有国家中,仍有中国、朝鲜、埃及、印度、伊朗、以色列、巴基斯坦和美国 8 个国家没有批准该条约。

　　②　网址为 https://disarmament.unoda.org/wmd/nuclear/tpnw/。

止核武器条约》首次缔约国会议在奥地利维也纳召开。截至 2023 年 4 月,《禁止核武器条约》共有 92 个签署国、68 个批准国。

在进入 21 世纪的前些时候,在禁止化学武器方面也取得了一些成就。这方面最重要的一个进展,是《禁止化学武器公约》的签署。为了永远禁止大规模杀伤性武器,有近 120 个国家于 1993 年 1 月 13 日至 15 日在巴黎举行国际会议,讨论签署全面禁止化学武器条约的问题。该条约共 24 个条文,目的在于消除全球化学武器。条约规定:各缔约国将禁止使用、生产、购买、储存和转移各类化学武器。其中还规定了国际武器限制条约中最严格的检查制度。条约的核实工作,由一个设在海牙的机构负责。这一机构包括一个由全体缔约国组成的会议、一个由 41 名成员组成的执行委员会和一个技术秘书处。如果违反条约造成巨大威胁,该机构可以与联合国大会及安理会联合采取行动。与会的多数国家,包括美国、俄罗斯、中国、以色列、南非、伊朗等,在会议结束时签署了条约。但是当时也有一部分国家(如大多数阿拉伯国家及印度、巴基斯坦、越南、朝鲜、伊拉克等)未在条约上签字。根据其总则规定,条约在 65 个缔约国批准后 6 个月生效,但批准时间不得晚于两年。《禁止化学武器公约》于 1997 年 4 月 29 日生效,同年禁止化学武器组织在荷兰海牙成立。为悼念化学战受害者并增强国际社会对化学武器危害的认识,禁止化学武器组织决定将每年的 4 月 29 日(禁止化学武器公约生效日)定为"化学战受害者纪念日"。截至 2023 年 9 月,《禁止化学武器公约》有 193 个缔约国,全球人口已有 98% 获得了《禁止化学武器公约》的保护,由拥有国宣布的化学武器库存的 98% 业已在得到核查的情况下销毁。

五、若干规律性的认识

综上所述,不难看出,集体安全制度是以"世界整体和平"这一新概念为其理论基础的。特别是在当今以经济、技术为联结纽带的全球化国际社会里,任何地区问题如不妥善解决,都有可能发展成为威胁国际和平与稳定的因素,因此国际和平不可分割。集体安全组织要求其全体成员国,应具备一种"天下一家"(a spaceship earth concept)

的整体意识，视任何地区和平之破坏为整个国际社会的危机，并负有共同对侵略行为采取及时有效制裁的法律义务。①

集体安全作为一项国际法制度，首先要求有一个执行集体措施的强大机构为物质基础。集体安全制度发挥作用的前提，即在于它是否具有实际的威慑力而足以事先预防破坏者的轻举妄动。因此，这一执行机构必须是全球性的，涵盖尽可能多的成员国。只有成员国具有极大的普遍性，才能保证集体安全措施的有效性。国联对意大利经济制裁未能贯彻到底，就是一个例子。

势力均衡原则对集体安全制度产生重大影响。集体安全体系中某一大国或两三个大国的实力比其他所有国家的大集体实力，其差数愈大愈能使和平免于威胁。不然，就很可能出现超级大国及霸权主义操纵安全制度而使之为其"大国利己主义"效劳的危险。集体安全制度应在公平原则的基础上，确保成员国无论强弱大小都有权参与国际事务的解决；并应设有科学合理的决策程序，实现组织内部的权力均衡，确保各成员国之间的真正平等。

特别重要的是，集体安全制度的有效实施，离不开安全组织执行其集体强制措施的实际行动能力。因此，组建一支隶属于安全组织的国际军队应是集体安全制度的物质保障。唯有国际社会本身真正具有阻却战争及强权掠夺的实力，方能获得没有战争的和平。

总的来说，虽然国际整体安全意志比国家意志间的矛盾要少，集体安全力量对个别侵略者具有威慑性，但是，从当代国际社会基本结构来分析，集体安全制度自产生之日起，就面临各种不利于其发展的阻碍力量。

首先，国际社会的集体安全行动颇难适应当世民族主义潮流及强化国家主权的要求与倾向。各国外交政策，无不以"国家利益"为最高目标。举凡对贸易与投资关系的扩大，文化与传统关系的维持，意识形态上的影响，军事联系的纽带，甚至参加集体制裁对国家预算的消耗，均在国家决策过程中产生极为重要的作用。各种离心力，特别

---

① 参见 E. Lauterpacht, *H. Lauterpacht's International Law*, 1977, Vol. 3, pp. 464, 480-483。

是大国的利己主义，使尚未遭到直接侵略的国家以及制止侵略对其无直接利益的国家，对集体制裁可能不感兴趣而采取某种消极的态度。这些国家往往不愿在眼下作出现实的牺牲来积极参加统一行动。

其次，至今尚存的对抗性国家同盟（特别是军事同盟）体制，对集体安全产生不利影响，妨碍世界各国对危害和平的行动作出一致反应。它们不仅不能促进世界整体和平与安全，还有可能使矛盾扩大，使冲突升级，使局势进一步恶化。

最后，军备竞赛的势头尚难控制，集体安全措施若不能压过战争准备，各国就不可能真正得到不受侵犯的确切保障。在世界人民不具备安全感的情况下，各国政府对集体安全的牢固信念是难于形成的。这对国家决策者，会产生不可低估的心理影响。另外，制度内部的强权政治、霸权主义也构成威胁集体安全发展的暗礁。

无论从理论还是实践剖析，如无异常条件出现，集体安全制度都与普遍性国际组织的发展密切相关。集体安全措施既不可能脱离国际组织而单独存在，也不可能比国际组织发展得更快。在国际组织与主权国家并存，国家仍然是国际关系主要行为体的背景下，国际组织相对于国家主权权利的职能范围与决策效力都不可能过快发展，集体安全制度的发展速度也必将受此影响。集体安全的最佳条件是出现一个超越一切国家的公正的世界权力中心，但是这个神话般的奇迹似乎还是非常遥远的！

集体安全制度虽然困难重重，但在现实需要的适当条件下，仍可得到进一步的发展与完善，对国际和平与安全的维持仍可继续发挥一定的作用。不过，也应认识到它不可能成为一个最后消除战争与国际冲突的一劳永逸的措施。

第五节　维持和平部队

一、概述

联合国在解决严重国际争端或冲突的过程中，曾多次采取所谓"维持和平行动"（peace keeping operations）。维持和平行动同上述根据宪章第 41 条或第 42 条所采取的实行高压政策的强制行动有原则性的区别。联合国的维持和平行动,在宪章中无明确规定,是在实践中根据宪章的宗旨原则逐步发展起来的。它一般是经安理会决定并经当事国同意的一种减轻及遏制冲突局势的"冷却"措施,是维持地区性和平与安全的一种缓冲手段。有人曾把维护和平行动视为是联合国集体安全保障的一种辅助手段和特殊方式,因为只有当形势已发展到"足以危及国际和平与安全"时才能采取这种行动。联合国秘书长在 1960 年向大会提出的工作报告中,作为联合国的一项政策提出了所谓"预防性外交"(preventive diplomacy,载 UN Doc A/4390/Add1)。报告认为,对于在东西方相接触并出现直接冲突的冷战中心地区发生的争端与危险局势,联合国不可能有效地发挥作用,但在那些尚未发生大国正面冲突的地区,联合国是有可能抢先对事态产生影响的,这些地区将成为联合国活动的主要场所。这里所提及的预防性外交,可以作为联合国维持和平行动的一种政策性的概括。

联合国从 1948 年开始采取"维持和平行动"这一措施以来直到 2023 年 9 月,其总数已达 71 项,先后累计有 120 多个国家的 100 多万维持和平人员参加了此等行动。值得注意的是:在联合国已部署的 71 项维持和平行动中,有 57 项是 1988 年以来开展的,特别是 1989 年至 1994 年维持和平行动数量激增,期间授权开展了 20 项维持和平行动,维持和平行动人员也从 11000 人增至 75000 人。目前正在进行的维和行动还有 12 起。①

联合国的各种维持和平行动,可归纳为两个类型:一类为军事观察团(military observer missions),一类为维持和平部队(peace keeping forces)。

联合国军事观察团,是由被当事国认为公正的会员国应秘书长的要求向联合国提供的非武装军官组成的。其主要职能在于观察某一地区维持停火的状况,如有破坏停火的事件发生,应进行调查,并尽力加以改善。军事观察团应经由秘书长向安理会提出观察报告。联合国最早建立的一个观察团,是 1948 年为监督以色列与阿拉伯国家间停战

---

① 参见"联合维持和平"网站,available at https://peacekeeping. un. org/。

协议的执行而成立的巴勒斯坦停战监督组织。以后，又有 1949 年的联合国驻印度与巴基斯坦军事观察小组①，1958 年的联合国驻黎巴嫩观察小组，1963 年的联合国驻也门观察团，1965 年的秘书长驻多米尼加共和国代表团等。在快进入 20 世纪 90 年代的时候，从 1989 年 3 月到 1990 年 3 月，联合国还派去了一组包括军人、文职人员和警察在内的 7000 名观察员到纳米比亚，以监督在"过渡时期"实现其独立的进程。在海湾战争中伊拉克明确宣布停火后，联合国在 1991 年上半年又派出了一个观察团到伊科边境负责监督两国间 240 公里长的共同边界。

联合国维持和平部队，在一般情况下，是由秘书长按照安理会的决定建立而由若干会员国提供的武装部队分遣队所组成。但最先的一支维持和平部队则是依大会的决议建立的。这种部队，须由联合国统一部署，受一位只从联合国总部接受指示的"部队指挥官"的指挥，其组成人员，在参与联合国活动期间，是同派出国的部队脱离的，直接处于联合国的管辖之下。② 它们的职权范围与功能，虽因形势需要可能有所不同，但其主要意旨应该是通过联合国的有形"存在"（presence）所产生的影响以及通过对停火、停战协定或撤军的监督，来防止局部性冲突及敌对行动的再度发生或扩大，从而进一步恢复正常秩序，以稳定国际局势。它应该成为联合国的一种"反逐步升级的手段"（an antiescalation device）。维持和平部队可以进入现场进行巡逻或实际插入对立各方之间执行任务，必要时还可以进行调查、谈判或劝解。但是，它不应凭武力来实现其目的，并应避免可能影响当事国权利、要求或地位的任何行动。

维持和平部队带有强烈的政治色彩，实质上它是一个政治工具。它对政治局势有一定的控制作用；这种作用在不同条件下，可能有利于争端优势一方，也可能有利于争端劣势一方，甚至还可能对第三者

---

① 该小组自 1972 年以后，长期待在印度和巴基斯坦双方都接受的"控制线"上。
② 联合国维持和平部队，虽然身着本国军服，但头戴印有联合国字样和徽章的蓝色贝雷帽或蓝色钢盔。因此，人们又称它为"蓝盔部队"。

产生重大影响。因此，无论在当事国间或在广泛的国际社会中，它都是颇为敏感并为各国所关注的问题。由于维持和平部队具有这种特殊而微妙的性质，所以它可以被用来实现各种不同的意图，尤其是易为利害相关的大国所利用，从而有可能蜕变为干涉别国内政的工具。

传统的维持和平部队在法律上的基本特征，一般应该是非强制的和中立的。对各当事国来说，它是一支配带武器而不具强制性的军队，这一特征主要表现在：它的驻扎与基本活动，必须以有关国家的事先同意为前提，其有效性完全基于自愿的合作(voluntary cooperation)；对武器(其最重型的武器是机关枪)的使用有着严格限制，非在自卫必需的情况下不得动用武力；它是一群没有敌人的士兵(soldiers without enemies)，他们面对的只是不同的派别；驻在国对士兵来源的国籍有否决权，原殖民国的公民不宜去其以前的殖民地；并且，一经驻在国政府要求，该部队即须立刻撤出驻在国。维持和平部队的中立性，主要表现在：它的组成须由与争端无利害关系的国家提供分遣队，为了避免国家利己主义的影响，大国一般不参加这一任务；① 它作为中间力量，不能伪装其武器、阵地及士兵自己，他们的

---

① 进入 20 世纪 90 年代后，一些国家有一种把参加维和行动当作参与国际事务及保全自身利益的一种手段的倾向。随着国际格局的演变，过去长期所形成的"大国一般不参加维持和平部队"的惯例，很可能已经被突破，而且维持和平行动的职能和范围也在不断扩大。这一动向非常引人注目。例如，于 1991 年 4 月 22 日开始部署在伊拉克和科威特边境缓冲地带的由 1440 人组成的联合国海湾维持和平部队，即有 100 名军官分别来自美国、苏联、英国、法国和中国。该部队包括军事观察员 300 名(5 个安理会常任理事国各派 20 名，其他 200 名由阿根廷、奥地利、孟加拉、加拿大等国派出)，5 个步兵连共 680 人(分别来自奥地利、丹麦、斐济、加纳和尼泊尔等国)。后勤部队由挪威及瑞典组成。此外，还有一个参谋部、一支工程兵和几名飞行人员。联合国 5 大国都派军事人员参加维持和平行动，这在联合国历史上是第一次，可能给今后的维和行动带来更多的"大国干预"色彩。人们还注意到，德国和日本也修改其宪法，以便利用参加维持和平行动的机会向外正式派兵，并显示其大国作用。2000 年 11 月 1 日，德国在其与联合国签署的谅解备忘录中表示：它愿为维和行动提供待命的军事人员以及军用飞机、直升机等各种装备。

车辆、直升机和掩体大多涂有白色，写上"UN"字样，阵地和巡逻队的蓝色联合国旗帜在夜间用灯光照明；特别重要的是，他们必须以公正姿态出现于各争端当事国之间；他们是"穿军装的外交家"，即使是一个一等兵也必须具备调解当地各派之间争端的能力；在驻扎期间，不得利用其方便条件干涉驻在国的内政。①

维持和平部队，是联合国在协调或解决国际争端实践中形成的一种特殊措施，至今仍然是一个充满复杂因素的概念。就其建立、管理、职权范围、经费开支或活动程序来分析，尚不能认为已构成一种具有明确规范的国际制度。特别是关于维持和平部队的法律基础，一向众说纷纭，是一个争论颇多的问题。在宪章没有具体规定的情况下，欧美学者，有的援引宪章第 6 章或第 7 章有关条款，用以说明这种部队的建立与管辖只能是安理会的职权；有的则引用与大会职权相关的条款或宪章以外的其他联合国文件如1950 年的《联合维持和平决议》作为建立这种部队的法律基础；有的还以联合国为实现其宗旨所应具有的一种隐含权力（implied powers）来论证维持和平部队的法律根据。但是，从历次部队的建立程序、职责范围、活动实践来考察，本书作者一贯认为：以宪章第 40 条来解释维持和平部队，似乎比较符合宪章的精神。如前所述，安理会为了防止情势恶化，在依宪章第39 条规定提出建议或决定采取强制行动以前，可以促请有关当事国遵行一种"临时措施"以逐步减少或停止敌对宣传或武装冲突、部分或全部撤走军队、进行停战谈判等。维持和平部队的派遣，即构成这种临时措施的有机组成部分，它可谓是安理会为执行其职能所需要设立的一种特殊辅助机构。

联合国维持和平部队的出现，对 70 多年前的宪章缔结者来说，是一个意外发展。这种曾经在世界多事地区频繁发生的激烈冲突中执

---

① 以上这些长期形成的特征和基本界限，在近些年来所采取的维和行动中，有些已在不同程度上被突破。而其中，关于"自卫之外的使用武力"问题，则引起了人们的普遍关注，无论在实践中或理论上都是一个甚有争论的问题。

行过几十次停战或缓冲任务①的和平部队，于 1988 年 9 月 29 日，获得了诺贝尔和平奖。2002 年，联合国大会把每年的 5 月 29 日设立为"联合国维持和平人员国际日"。

二、联合国维持和平部队的建立

联合国成立后，曾多次向发生敌对行动或冲突的地区派出维持和平部队。有的是最近新派出的，有的虽然派出已久但至今还在执行任务。

国际组织历史上第一支维持和平部队，是 1956 年至 1967 年在埃及与以色列之间执行任务的"联合国紧急部队"(United Nations Emergency Force)。1956 年 7 月，埃及依法对苏伊士运河公司实行国有化。10 月，以色列军队在中东形势紧迫时侵入西奈半岛；其后，英法军队侵入苏伊士运河区。10 月 30 日安理会召开会议讨论这一问题，但由于英法行使否决权而未采取任何措施。于是大会召开了紧急特别会议，会议于 11 月 2 日作出决议，要求各方停止战斗，撤走一切外国占领军；同时为了监督与确保停战，决定即刻成立并派出一支紧急部队。该部队经埃及政府同意后驻扎在埃及领土上，在埃以停战线和加沙地带以南的国际边界上进行巡逻。②

从法律角度来分析，这支紧急部队有下列问题值得注意。该部队

---

① 自从 1948 年在巴勒斯坦执行和平任务以来，有 3700 多名维持和平行动的军人在服役中牺牲(截止到 2023 年 9 月 30 日)。死亡情况非常惊人的是在颇有争议的刚果行动，从 1960—1964 年，在那里驻有近 2 万名人的维持和平部队，共死亡 237 名。在此期间，秘书长哈马舍尔德于 1961 年 9 月 17 日在飞机坠毁事件中身亡，原因至今不明，这架飞机掉在今日赞比亚的恩多拉附近。在前南斯拉夫地区和索马里等多次维和行动中，伤亡也很惨重，因此 1993 年第 48 届联大通过决议，成立了一个特设委员会，专门从事制订关于保护联合国维和人员安全之国际公约。1994 年 12 月 9 日，第 49 届联合国大会通过了《联合国人员和有关人员安全公约》。

② 联合国秘书长于 1956 年 11 月 20 日同埃及政府交换《关于联合国紧急部队驻扎埃及及其基本职能的备忘录》，就联合国紧急部队驻扎埃及一事正式取得了埃及政府的同意。

同其他各支维持和平部队不一样，它不是根据安理会的决定而是由联合国大会直接建立的。大会一开始即提出了由 5 个大国以外的会员国参与组编这支部队的方针，后来据此申请提供分遣队的有 24 个国家。最后确定由巴西、加拿大、哥伦比亚、丹麦、芬兰、印度、印尼、挪威、瑞典、前南斯拉夫等 10 国提供武装特遣队参加组成部队，人数为 6000 人，按提供国与联合国秘书长签署的协议使用。部队由秘书长和一咨询委员会在大会的权力下进行统辖，部队经费由联合国在特别预算中支付。据大会决议，紧急部队的职权，是在停战后负责监督和确保各当事国间的停战状态。它不是宪章第 43 条所规定的那种军队，而是一种对紧张局势起威慑作用的缓冲力量。联合国与埃及缔结了关于紧急部队法律地位的协定，确认该部队作为大会的辅助机构在埃及境内享有其所需之特权及豁免。① 紧急部队的经费是从维持和平行动款项中开支的。这支部队直至 1967 年 5 月 18 日才在埃及政府的要求下撤离加沙地带和西奈半岛。

　　联合国的第一支维持和平部队，为此后的维持和平行动提供了经验。后来由安理会建立的各支维持和平部队，基本上都是照上述紧急部队的原则和体制来组成的。它们是：1960 年至 1964 年，派驻刚果共和国的由 2 万人组成的"联合国刚果部队"（United Nations Force in Congo）。1961 年至 1963 年，派驻西伊里安（西新几内亚）帮助印尼从荷兰手中接管当地行政权的"联合国西伊里安安全部队"（United Nations Security Force）。从 1964 年起派驻塞浦路斯调解希土两族武装冲突的"联合国塞浦路斯维持和平部队"（United Nations Peace Keeping Force in Cyprus），原由 6500 人组成，直至前些年，仍有两千多人的"蓝盔"部队驻扎在希族人区与土族人区之间的停火分界线上。② 1973

----

① 1957 年 2 月 8 日，联合国秘书长与埃及外长以书信方式缔结了《关于联合国紧急部队地位的协定》。

② 截止到 2023 年 9 月 30 日，联合国塞浦路斯维持和平部队仍有 1011 人，其中包括 740 名官兵、58 名联合国警察、52 名参谋和 151 名文职人员。参见 https://peacekeeping.un.org/zh/mission/unficyp。

年至 1979 年，派驻加沙地带和戈兰高地的"第二支联合国紧急部队"
(United Nations Emergency Force Ⅱ)。从 1974 年起派驻以色列和叙利
亚的由 2000 人组成的"联合国脱离接触观察员部队"(United Nations
Disengagement Observer Force)。从 1978 年起，联合国派驻黎巴嫩为
监督以色列撤军和协助黎巴嫩政府恢复权力的由 6000 人组成的临时
部队①等。

　　过去很长一段时间，特别是在两极争霸的冷战年代里，联合国在
大国否决权的制约下，不易采取重大的维持和平行动。进入 20 世纪
90 年代后，世界形势发生巨变。两个超级大国之间的对抗虽已消失，
但地区性的冲突却有增无已。在此战乱迭起的威胁下，一方面世界人
民对联合国寄予希望，另一方面各国决策者也加强了对它的利用。联
合国承受着巨大压力。此后，联合国对于来自各方要求干预的建议和
呼吁，应接不暇，实际上已大大超出了它所具有的能力。至 1992 年，
联合国当时分布在世界各地的重要现役维持和平部队(与军事观察

---

　　①　以上各支部队，除西伊里安部队外，都是由安理会直接建立的。驻黎
巴嫩临时部队，是由来自斐济、法国、爱尔兰、荷兰、尼日利亚和挪威的官兵
组成的。安理会于 1982 年 2 月 25 日，以 13 票对 0 票、2 票弃权通过决议，决定
向黎巴嫩南部增派 1000 名士兵以防以色列进一步入侵，从而使该部队增为 7000
人。秘书长于 1983 年 1 月 14 日向安理会建议再延长该部队的驻扎期限。他认
为，在黎巴嫩政府尚未控制局势时撤出这支部队，无疑将产生严重后果，将对
早日在黎巴嫩南部恢复黎巴嫩政府的权力造成重大打击，并将在该部队的驻扎
地区引起各派间的暴力事件，从而再次危及黎巴嫩人民的安全。1983 年 7 月 18
日，在安理会举行的第 2456 次会议上，以 13 票对 0 票、2 票(苏联与波兰)弃权
又一次通过了延长驻黎巴嫩临时部队的期限。这是安理会第 13 次讨论该部队的
延期问题。直至 1992 年 11 月 12 日，这支部队仍有由 10 个国家派出的近 6000
名士兵在黎巴嫩南部执行任务。到 2000 年 7 月 27 日，安理会决议：将部署在黎
巴嫩南部地区的 5000 名部队的维和使命再延长 6 个月。此项决议还要求黎巴嫩
政府"尽快"在该地区部署它自己的武装部队。第 2 天(7 月 28 日)联合国发言人
宣布，该部队已进驻以色列占领过而现已撤走的南黎巴嫩边境地区。截至 2023
年 2 月，联合国驻黎巴嫩临时部队的军事人员略有减少，为 10365 人，包括
9347 名官兵、209 名参谋和 809 名文职人员。该部队 2021 年 7 月 1 日至 2022 年
6 月 30 日的核定预算为 510251500 美元。

团)已有十几支,① 总人数已经超过 5 万, 全年所花费用约 27 亿美元。而到 1993 年时, 仅在索马里和前南斯拉夫的维和费用即达到了近 40 亿美元。这在联合国历史上是空前的。直至 20 世纪末期, 联合国派驻在黎巴嫩、耶路撒冷、叙利亚的戈兰高地、伊拉克与科威特边界、塞浦路斯、查谟和克什米尔的印巴停火线、安哥拉、西撒哈拉、马其顿、东斯洛文尼亚、克罗地亚的巴拉尼亚和西西尔米乌姆、塞拉利昂等地区共 16 支维和人员的花费, 仍很巨大, 成为联合国的沉重负担。但是, 如果只是联合国授权的"多国部队"(如 1999 年经安理会决议的以澳大利亚为首的驻东帝汶"多国部队"), 其后勤给养等费用, 则由各参与国承担, 士兵们也不能戴贝雷帽或蓝盔。(中国在安理会投赞成票并参与了驻东帝汶"多国部队"这一行动。印度尼西亚对联合国授权的这次多国行动, 正式表示默许。)

进入 20 世纪 90 年代后的联合国维持和平行动, 与传统的维和行动相比, 无论在规模、方式和性质上, 都出现了一些新的特点, 似乎更具"干预性"。在整个 90 年代, 联合国的行动可谓成败参半。它在纳米比亚、莫桑比克、萨尔瓦多等地取得了成功, 在柬埔寨也部分地

---

① 20 世纪 90 年代的头几年, 联合国在世界各地, 有下列维持和平部队与军事观察团在进行活动:(1)克罗地亚/波斯尼亚(军人 13870 人, 文职人员 500 人, 其总人数很可能已增至 22000 人)。(2)塞浦路斯(军人 2158 人, 警察 37 人)。(3)黎巴嫩(军人 5758 人, 军事顾问 65 人)。(4)萨尔瓦多(军人及警察 1003 人, 文职人员 143 人)。(5)西撒哈拉(军人 375 人, 计划增加到 2700 人)。(6)伊拉克/科威特(军人 500 人, 内含军事顾问)。(7)安哥拉(军人及警察 440 人, 选举监察员 400 人)。(8)索马里(军人 550 人, 需增至 4000 人)。(9)柬埔寨(军人 1.5 万人, 文职人员 5000 人, 还需增加人员)。(10)以色列/近东(军事观察员 300 人)。(11)叙利亚/以色列(军人 1375 人, 观察员 7 人)。(12)印度/巴基斯坦(军事观察员 39 人)。以上, 是根据德国刊物《明星》1992 年 12 月的统计而综合的情况。海湾战争中的"多国部队", 不属联合国"蓝盔部队"。海湾战争在美国指挥下进行, 多国部队是履行派出国的任务, 联合国对此没有支配权。根据宪章第 43 条及第 7 章的其他条款, 真正在联合国支配和指挥下进行的战争在理论上是有可能的, 但这种性质的战争在实践中还一直没有典型地发生过。

完成了任务,但在波黑、卢旺达、索马里等处则发生了难言的巨大挫折和灾难。联合国于 1992 年派往南斯拉夫的维持和平部队,是它第一次对欧洲大陆采取这种行动。开始是由瑞典和挪威士兵组成先遣队,在这一年的 3 月中旬到四分五裂的南斯拉夫执行任务,此后不久,其他 28 个参与国的 12 个步兵营共 1 万余人也相继到位服役。后来,其人员又得到多次增补。但由于民族纠纷愈演愈烈,甚至维和部队也直接参与了严重的流血斗争,这支原计划为期大约一年的部队,长期未能在南斯拉夫地区(大国利益的牺牲品)彻底完成其任务。联合国在柬埔寨"联合政府"成立之前的维持和平行动,也十分艰巨。它于 1991 年 10 月设立"联合国驻柬埔寨筹备工作组",由 235 人组成,其中包括 78 名军事观察员。该工作组的使命是在"联合国驻柬临时权力机关"建立前负责监督停火和排雷计划的实施。1992 年 2 月 28 日,联合国安理会决定向柬埔寨派遣维持和平部队。该部队由 1 万名以上的军事和文职人员组成。使人惊讶的是,其职权范围比历次维持和平部队的职权都要广泛。1992 年末,联合国向莫桑比克派驻的维持和平部队,其人员竟多达 8000 名。联合国为安哥拉、萨尔瓦多、索马里等多事地区组织的其他维持和平行动,均具有很大的规模。① 这些部队的频繁建立,似已表明:冷战之后的新世界,一直缺乏一种稳定和有效的国际新秩序;在这个纷争四起的世界里,联合国及其维持和平部队,到底应该怎样应付局势? 到底会如何演变和发展? 已引起世界各国的严重关注! 看来,在"维和行动"这个关键问题上,联合国还将经受它前所未有的最严峻的考验。

　　值得注意的是,在世纪之交,联合国开展了一项重大工作,即研究 20 世纪 90 年代联合国维持和平行动面临的挑战并启动改革,目标

---

　　① 　据伦敦国际战略研究所于 2000 年 10 月 19 日发表的报告说:在此之前的一年中,全球有 10 万人在武装冲突中死亡,其中撒哈拉以南非洲占近 2/3。在此期间,该地区有 3/4 的国家发生过武装冲突。包括联合国在内的有关组织出面采取维和措施来帮助解决,最多似乎也只带来了短暂的和平。该报告还指出:2000 年这一年,全世界各种维和部队的规模约为上一年度的 3 倍。

是加强我们有效管理和维持实地行动的能力。在 21 世纪第一个十年里，联合国维持和平行动发现自己的延伸范围超过了以往任何时候，且日益被要求到偏远、不确定的环境和动荡不安的政治局势中执行任务。维持和平行动面临各种棘手问题，包括以下各种挑战：执行规模最大、花费最多和日益复杂的特派任务、为已经实现一定程度稳定的特派团规划和执行切实可行的过渡战略、为不确定的未来和满足一系列要求做好准备。截至 2010 年 5 月，联合国维持和平进入巩固阶段。随着联合国组织刚果民主共和国稳定特派团军队的减少和联合国中非共和国和乍得特派团(中乍特派团)于 2010 年底撤出，维和人员出现了十年来的首次小幅减少。2014 年 10 月，秘书长设立了由 17 名成员组成的联合国和平行动专题高级别独立小组，以全面评估联合国维持和平行动的现状和未来出现的新需要。随着各国和平过渡和国家功能的重建，维和人员和特派团的数量都有所减少。今天，联合国维持和平行动共有超过 11 万名军人、警察和文职人员。但这绝不表示联合国面临的挑战正在减少。维持和平军事人员的数量可能有所减少，但预计对实地特派团的需求仍然很高，因此，维持和平仍将是联合国最复杂的行动任务之一。此外，维持和平行动的政治复杂性及其任务范围(包括文职人员方面)仍很广泛。有明确迹象表明，未来几年可能会特别需要某种专门能力(包括警察)。今天的多层面维持和平将继续推动政治进程、保护平民、协助前战斗人员解除武装、复原和重返社会；支持组织选举，保护和促进人权以及协助恢复法治。

此外，进入 21 世纪以来，联合国与区域性国际组织在维和行动上合作的趋势颇为明显。例如，2007 年 7 月 31 日，联合国安理会通过了第 1769 号决议，决定在苏丹达尔富尔地区部署大约 2.6 万人的联合国—非盟混合维和部队。又如，在联合国安理会的授权下，2008 年欧盟正式向乍得和中非共和国派驻维和部队。此外，在联合国安理会的授权下，欧盟还分别于 2003 年、2004 年和 2006 年在欧洲和非洲地区执行维和任务。

三、维持和平部队的经费问题

联合国维持和平部队的费用，一般由常年(正常)预算之外的维持和平行动款项(特别)开支，它是按特别比例由各会员国来分摊的，常任理事国和工业发达国家分摊较多。但小规模的和平使命，如监督印巴边界(克什米尔及查谟地区)冲突的军事观察员小组，则仍在联合国的正常预算中开支。由于有关国家特别是大国，对于某些维持和平部队的性质、作用、提供经费的方式甚至应否派遣以及部队的合法性等问题，存在着深刻分歧，因而大大影响了其经费来源，使之成为联合国的一个难题。当时苏联和阿拉伯国家不同意承担上述紧急部队的经费，认为应由侵略者承担侵略的后果。苏联、法国、比利时，各从不同角度，基于不同原因，均拒不支付驻刚果部队的费用。仅仅这两支部队的开支，即大大超过了联合国的正常年度预算，因之造成了联合国的严重财政危机。为此，联合国于 1961 年发行了 2 亿美元的公债。国际法院于 1962 年曾就上述经费开支发表过咨询意见，[①] 但由于咨询意见并无法律拘束力，所以实际问题并未得到解决。[②] 美国为了摆脱其经费负担，曾威胁要适用宪章第 19 条停止拖欠经费摊款的会员国的投票权。1964 年的第 19 届联大，曾因这个问题形成僵局。会议除完成了选举联大新主席及几个主要机关的新理事国、接纳 3 个新会员国和通过一份预算等十几项矛盾较少的议程之外，未能开展更多及更重要的工作。会议一再延期，一直拖到第二年 9 月闭幕

---

① 联合国紧急部队和驻刚果部队建立之后，维持和平经费问题曾多次成为联合国争辩的主题。大会于 1961 年 12 月 20 日通过一项决议，请求国际法院发表咨询意见，说明关于这两支部队的开支是否属于宪章第 17 条所指的"本组织之经费"。法院于 1962 年 7 月 20 日以 9 票对 5 票通过的咨询意见作了肯定回答。苏联对上述部队未按照宪章第 43 条规定建立而提出了它们的非法性。法院认为，这两支部队的任务并非采取强制行动，因此它们虽未遵照第 43 条所规定的程序，仍非无效。

② 根据秘书长的报告，至 1963 年 3 月底，联合国的赤字即已达到 9390 万美元。

时，才在美苏之间达成妥协，通过了如下建议：联合国宪章第 19 条关于丧失投票权的规定，将不适用于联合国在中东和刚果的和平行动经费问题；联合国的财政危机，将由各会员国以"自愿捐献"来解决，一些高度工业化的国家（包括苏联在内）将作出大量捐献。

可见，维和行动的经费筹措，是一个极其复杂和艰难的问题，只是由于多方妥协，逐步采取了自愿捐款与硬性摊派相结合并由常任理事国更多地负担此项费用等办法，似乎才稍有缓解。

还应提及的是，维持和平部队，过去在大国的影响下，有个别的实际上左袒侵略者一方，或者变相干涉内政，有损维持和平的作用。① 中国由于历史上及政治上的原因，在过去有一段时间，曾对联合国维持和平部队持否定态度。自 1971 年中国在联合国恢复合法权利后，对建立派往中东的几支维持和平部队，均未参加安理会决议的投票，并声明不承担财政义务。1981 年末，由于形势的发展变化，中国政府表示：对此后的维持和平行动将采取区别对待的灵活立场；在一项 14 国提案在联合国获得通过的情况下，中国从 1982 年 1 月 1 日开始，对尚未结束任务的两支联合国维持中东和平的部队支付摊款。②

---

　　① 20 世纪 60 年代初，联合国驻刚果的部队，在美国支持下，违反刚果人民愿望，与老殖民主义者同时粗暴干涉刚果人民的内政，遭到世界舆论的谴责，即其一例。

　　② 巴基斯坦等 14 个会员国，在联大第五（行政和预算）委员会提出一项决议草案：对中国将从 1982 年起支付驻中东地区的联合国脱离接触观察员部队和驻黎巴嫩临时部队的摊款表示欢迎；要求秘书长将中国自 1971 年 10 月 25 日至 1981 年底未付的维持和平行动款项转入特别账户，并不涉及沿用宪章第 19 条关于丧失投票权的问题。这一提案，在第五委员会通过以后，于 1981 年 12 月 10 日在联合国大会以 115 票赞成、13 票反对和 0 票弃权获得通过。此后，中国以实际行动维护世界和平，积极参加联合国维和行动，逐渐成为联合国第二大维和摊款国和会费国、安理会常任理事国第一大出兵国。1990 年 4 月，中国向联合国停战监督组织派遣了 5 名军事观察员，这是中国军人首次参加联合国维和行动。1992 年 4 月，中国军队向联合国柬埔寨临时权力机构派出由 400 名官兵组成的维和工程兵大队，首次成建制参加联合国维和行动。2013 年 12 月，（转下页）

为更好地支持联合国和平事业，促进多边合作，中国设立了中国—联合国和平与发展基金。2016 年至 2019 年，中国—联合国和平与发展基金在和平安全领域共开展 52 个项目，使用资金约 3362 万美元。其中 23 个项目涉及支持联合国维和行动，使用资金约 1038 万美元，包括联合国维和行动统筹规划、非洲维和能力建设、维和人员安保、在苏丹达尔富尔与马里等维和行动中的民生项目等。

联合国的开支日益扩大①，财政出现危机，由来已久，在进入 20 世纪 90 年代之后，已达到非常严重的程度。一方面，联合国的维持和平费用急剧增加，到 1992 年初期，仅在南斯拉夫及柬埔寨的新行动，即需有 15000 名以上的军事人员参加，这使该组织当年的维持和平预算比前一年至少需要翻一番，远远超过 10 亿美元。②而且在此期间，各会员国拖欠的维持和平款项，也已达四亿多美元。其中，美国

(接上页)中国军队向联合国马里多层面综合稳定特派团(联马团)派遣 1 支 170 人的警卫分队，承担联马团东战区司令部安全警戒、要员护卫等任务，这是中国军队首次派遣安全部队参与维和行动。2015 年 1 月，中国军队向联合国南苏丹特派团(联南苏团)派遣 1 支 700 人规模的步兵营，这是中国军队首次成建制派遣步兵营赴海外执行维和任务。2017 年 9 月，中国军队 8000 人规模维和待命部队完成在联合国注册。截至 2020 年 9 月，中国先后参加了 25 项联合国维和行动，累计派出维和军事人员 4 万余人次，共有 13 名中国军人担任特派团司令、副司令、战区司令、副司令等重要职务，16 名中国军人牺牲在维和一线；有 2521 名中国官兵正在 8 个维和特派团和联合国总部执行任务。此外，中国女性维和官兵在维和行动中发挥了越来越重要的作用，先后有 1000 余名女性官兵参与医疗保障、联络协调、扫雷排爆、巡逻观察、促进性别平等、妇女儿童保护等工作，展示了中国女性的巾帼风采。参见中国国务院新闻办公室：《中国军队参加联合国维和行动 30 年》白皮书(2020 年 9 月 18 日)。

①　2021 年 7 月 1 日至 2022 年 6 月 30 日财政年度联合国维持和平行动的核定预算约为 63.8 亿美元。

②　据法新社纽约 1992 年 8 月 13 日报道，当时，联合国一年的维持和平费用已猛增到 27 亿美元，而各成员国未缴纳的捐助款额则已经接近 17 亿美元(5 年前的维持和平费用约为 2 亿美元)。

是当时拖欠此项费用最多的国家，为 1.409 亿美元；俄罗斯在接管了苏联的债务和安理会席位之后，其欠款为 1.267 亿美元；英法两国也有大量拖欠。近些年来，中国虽然在 5 个常任理事国承担的联合国维和行动的摊款不断增加，但均已支付其全部应交费用。① 另一方面，联合国的正常预算同样在大幅度增长，而且会员国拖欠的正常预算摊款，长期以来也只增无减。1992 年 9 月 5 日，正在莫斯科访问的联合国秘书长加利抱怨说：世人对联合国提出过高要求，但又不肯解囊，拖欠联合国的会费累计已达 18.5 亿美元，其中美国欠 5.5 亿美元，俄罗斯欠 1.38 亿美元。联合国的财政危机有增无已。联合国已接近于无偿付能力的破产边缘。此时，联合国的财政赤字已凸显出来，至 1995 年，其债已达三十多亿美元。据美国联合国协会的一份研究报告说：在 20 世纪 80 年代美国开始欠交联合国会费时，有 6 个会员国因拖欠会费达两年应交总数而被停止在大会的表决权；到 1996 年拖欠联合国摊款的会员国增加到 27 个；而到 1997 年，这个数字又增加到 43 个。截至 2022 年 1 月 21 日，共有科摩罗、伊朗、巴布亚新几内亚、圣多美和普林西比、索马里、委内瑞拉 6 个会员国出现《联合国宪章》第 19 条②所述拖欠会费的情况，有伊朗、巴布亚新几内亚、委内瑞拉 3 个会员国在大会第 76 届会议上没有投票权。③其中，以美国欠款为最多，占拖欠维和费用的 50%，占拖欠正常费

---

①　按照联大决议 2009—2012 年联合国各会员国维和实际摊款比率，中国在 2009 年是 3.1474%，2010 年是 3.9390%，2011—2012 年是 3.9343%，均位列第 7，仅次于美国、日本、英国、德国、法国和意大利。根据 2018 年 12 月联大通过的预算决议，2019—2021 年中国承担的联合国维和行动的费用摊款比例达到了 15.2%，位居第二，仅次于美国。另据 2021 年 12 月联大通过的预算决议，2022—2024 年中国承担的联合国维和行动的费用摊款比例达到了 18.6556%，位居第二，仅次于美国。

②　《联合国宪章》第 19 条规定："凡拖欠本组织财政款项之会员国，其拖欠数目如等于或超过前两年所应缴纳之数目时，即丧失其在大会投票权。大会如认拖欠原因，确由于该会员国无法控制之情形者，得准许该会员国投票。"

③　参见联合国大会文件：A/76/636+Add.1+Add.2+Add.3+Add.4。

用的 75%，共达 12 亿多美元。至 1999 年 3 月，美国欠款的数字继续上升，高达 16 亿美元。到 2000 年 7 月 12 日，联合国发言人说:"美国欠联合国的钱已减少了 1.35 亿美元，其欠款总数为 15 亿美元。"截至 2020 年 5 月 14 日，会员国拖欠联合国经常性预算会费总额达 16.3 亿美元。只有 91 个会员国全额缴纳了 2020 年的经常预算摊款，不到联合国会员国数量的一半，这意味着大部分国家仍未及时缴纳会费。美国拖欠的联合国会费总额已经达到了 11.65 亿美元，占"拖欠会费总额比例"高达 71.5%。各会员拖欠的维和摊款合计 21.4 亿美元，其中美国拖欠 13.32 亿美元，占比 62.2%。这意味着美国拖欠的联合国这两项费用合计已接近 25 亿美元。美国长期拖欠联合国正常会费与维和费用的主要原因，是意欲借联合国的财政危机施加影响，为其政策服务。

有关联合国的维和行动问题，还将在以后有关章节中作进一步论述，此不赘言。

第六节 国际法编纂

一、概述

国际法的形成与发展，经历了一个漫长的历史过程。两次世界大战之后，新独立国家不断增加，科学技术飞速发展，国际经济关系愈来愈密切，国际组织大量出现，国际会议更为频繁，多边条约日益增多，国际法的发展也进入了一个新的阶段。

国际法的编纂，在严格意义上是指将国际关系中以习惯方式形成和发展起来的国际法规则，以正式条约加以规定，使之成为成文法。联合国的国际法编纂工作，对国际法的发展具有重要意义。《联合国宪章》本身以显著地位确认并在一定程度上发展了国际法的基本原则，如国家主权平等原则、人民平等及自决原则、和平解决国际争端原则、不干涉内政原则和禁止侵略战争原则等。宪章还以第 13 条 (1)特别规定:联合国大会应发动研究并作出建议，以提倡"国际法之逐渐发展与编纂"(the progressive development of international law and its codification)。

在制定宪章的旧金山会议上，第二委员会的第二专门委员会关于授权大会起草一般公约供各会员国与非会员国考虑的提案，虽然没有获得 2/3 多数票的支持，但是，关于联合国大会有权对国际法之编纂作出建议的提案，却以 27 票对 8 票得到了委员会的通过。把"提倡国际法之逐渐发展与编纂"写入《联合国宪章》第 13 条，同不少代表强调要加强国际法的作用是分不开的，这一精神也同时被反映在宪章的其他有关条文之中。①

关于何种单位可以要求大会"发动研究"以及大会可以对何种单位提出"建议"的问题，宪章未做进一步规定。实际上，联合国的其他主要机关、各辅助机构、专门机构和会员国，都可以要求大会发动这种研究；大会对各会员国与非会员国、国家集团、联合国其他主要机关、辅助机构、专门机构和其他政府间组织以及非政府间组织，都可以提出这种建议。

提倡国际法之逐渐发展与编纂，方式甚多。可以委托秘书长组织各种法律原则的研究，其研究结果可能成为大会决议草案的内容。例如，八点关于各个民族和国家对其天然资源享有永久主权的宣言，就是以秘书处关于这一问题的研究为基础的。② 可以通过建立特别委员会进行某种研究，并进一步作成建议或起草法律文件。例如，第 17 届联大曾经列出主权平等 7 项原则需要研究，在下一届会议上即成立了一个特别委员会专门从事这一工作。③ 在个别情况下，也可以利用

---

① 如《联合国宪章》的序文及第 1 条。

② 见 GA. Res. 1830（17）。此外，联大于 1976 年通过的《联合国国际贸易法委员会仲裁规则》也是由联合国秘书处起草的。

③ 见 GA. Res. 1815（17），GA. Res. 1966（18）。此外，还有一些常设委员会也可以进行编纂工作，例如：联合国国际贸易法委员会于 1975 年起草《联合国海上货物运输公约》（汉堡规则、1978 年通过），于 1990 年通过《联合国国际货物销售合同公约》；联合国人权委员会于 1966 年通过《经济、社会、文化权利国际公约》和《公民权利和政治权利国际公约》；外空委员会于 1971 年通过《空间物体所造成损害的国际责任公约》等。

大会第六委员会起草公约，而后向各会员国推荐。例如《防止及惩办灭种罪公约》即是如此。① 此外，联合国大会本身的重要决议，国际法院的判决和咨询意见，都在不同程度上，对国际法的发展发生一定的作用与影响。但是，比较有组织有计划地根据宪章第 13 条逐渐发展与编纂国际法的各种步骤中，最重要的是国际法委员会的建立。②

二、联合国国际法委员会的组成与职能

联合国大会在其首届会议上曾作出决议成立一个委员会，以研究"国际法之逐渐发展与编纂"的方法。在其第 2 届会议上，以这个"国际法逐渐发展与编纂委员会"的一项研究报告为基础，正式成立了"国际法委员会"，并且通过了《国际法委员会规约》。

国际法委员会，最初以 15 名国际法专家为委员而组成。规约规定：委员会的委员，必须是"国际上公认合格的人士"，并能代表"世界各主要文明形式"及"各主要法系"；委员由联合国大会选举，③ 以个人资格任期 5 年。④ 这表明，规约是以国际法院法官的资格为标准

---

① 见 GA. Res. 266A（3）。另外，《反对劫持人质的国际公约》也是第六委员会特设委员会于 1979 年起草的。

② 此外，大会还于 1966 年 12 月 17 日设立了一个联合国国际贸易法委员会。委员会的宗旨为逐步协调和统一国际贸易法。其职能包括：协调在国际贸易法领域开展活动的各国际组织的工作，促使更多的国家参加现存的国际公约，起草同国际贸易法有关的新国际公约及其他统一的法律。委员会已就国际货物销售、国际商业仲裁、关于航运的国际立法等方面草拟了一批公约与规则。1974 年联合国大会召开联合国全权代表会议通过了由贸易法委员会起草的第一个公约《国际货物销售时效期限公约》。

③ 一般来讲，安理会常任理事国推荐的候选人能够当选。然而，2016 年 11 月举行的联合国国际法委员会换届选举中，法国提名的候选人福特（Mathias Forteau）竞选连任失败。这是罕见的现象。无独有偶，2021 年联合国国际法委员会换届选举中，美国提名的俄克拉荷马大学人权法教授阿斯瓦德（Evelyn Aswad）落选（美国所在的"西欧和其他国家组"共 11 名候选人角逐 8 个席位）。

④ 自国际法委员会成立以来，中国学者徐叔希、薛毓麒、刘锴、倪征燠、黄嘉华、史久镛、贺其治、薛捍勤都曾先后当选为国际法委员会委员。中国现任委员是曾执教于武汉大学国际法研究所的黄惠康博士。

来要求委员会的委员的。

从委员会的组成分析，委员们有的来自各国法律研究机构和学校，有的来自律师界，有的来自法官和政府官员。① 这种由担任各种社会职务与政府职务的专家和学者兼任委员会委员并共同进行工作的方式，被许多国际法学者称颂是一种极好的工作条件。这种方式，为委员会对各种具体问题的讨论，提供了充分的专门知识与实际材料。这对不务实际的纯法律哲学的推理，可以产生影响，对实际法律工作者和外交家厌烦学术理论的情绪，也可以起潜移默化的作用。但实际上，国际法委员会成立后，长期受到西方影响，西方国家往往通过由上述渠道选拔到委员会去的一些成员，将其传统的立场视为国际法的习惯规则而加以编纂，以维护传统的国际秩序。

随着新独立国家的大量出现，情况正在发生重大变化。众多新独立国家加入联合国后，联合国国际法委员会的委员也相应从原来的15 名增加到 1956 年的 21 名。后来又增加到 1960 年的 25 名，到1981 年已增加到 34 名。委员会委员的地域分布情况也在逐渐改变，总的趋势是亚非拉国家的成员有所增加。特别是进入 70 年代之后，这种趋势尤为显著。以 1977 年在日内瓦举行的第 29 届会议为例，在25 名委员中，已有 16 名来自亚非拉和大洋洲。1981 年以后，情况又有发展，在 34 名委员中，亚洲 8 名，非洲 9 名，拉丁美洲 6 名，加起来占委员总数的 2/3 以上。其余委员为当时苏联与东欧 3 名；北美、大洋洲、西欧及其他地区 8 名。国际法委员会前主席塔比比在1975 年联大第六委员会的一次会议上说："当国际法委员会第一次向联大第六委员会作报告的时候，在座的亚洲人寥寥无几，非洲人几乎看不到。而现在则高兴地看到，到会的亚洲人和非洲人比世界其他任何地方来的代表都要多。"目前，该委员会成员的地区分配比例是：非洲 8 名，亚洲 7 名，东欧 3 名，拉丁美洲 6 名，西欧及其他国家 8

---

① 国际法委员会通常每年举行会议一次，开会时间一般为十几个星期。由于委员会的工作进度非常缓慢，不少人曾经主张把委员会改为由专职委员组成的常年工作机构。

名。此外,非洲和东欧轮流产生 1 名,亚洲和拉丁美洲轮流产生 1 名。①

新独立国家曾经受过殖民主义、帝国主义的深重压迫,对西方某些传统的国际法习惯规范,往往持强烈的批评态度。他们认为,这种法律规范所反映的不是民族独立国家的利益,而是占统治地位的大国利益。新独立国家的代表,通过参加国际法委员会特别是扩大后的委员会的讨论,通过参加联合国大会及其第六委员会的讨论,通过参加1961 年、1963 年和 1968 年至 1969 年分别在维也纳召开的外交关系、领事关系和条约法等外交会议以及 1973 年以后连续 9 年的第 3 次海洋法会议的讨论,已有机会表达其立场,维护其利益,并使其投票具有一定的分量。传统国际法的某些部分,现在已经处于一种"流体状态",看来需通过国际社会的重新评价才能"固定"下来。肯尼亚代表在评论国际法委员会 1974 年的《条约的国家继承条款草案》时指出:新国家要求参与国际法规范的制定,而"不能仅让一小部分往往具有共同意识形态和经济利益的国家为整个国际社会来立法。"这已成为国际法逐渐发展与编纂中的一种重要思想。

《国际法委员会规约》第 15 条,依据宪章第 13 条精神,把委员会的主要职能区分为两个方面。

第一,"国际法的逐渐发展"(the progressive development of international law)。这是指"对尚未为国际法所规定的或在各国实践中法律尚未得到充分发展的问题,制订公约草案"。这方面的职能可以理解为,是用规定新主题的方法或者用修改既存规则的方法,来创制新国际法规则。所以,这方面的工作任务应采取国际公约的形式来完成。即由委员会起草公约草案,然后由联合国大会决定是否进一步采取步骤以缔结一项国际公约。

第二,"国际法的编纂"(the codification of international law)。这

---

① 根据 2021 年 11 月国际法委员会的选举结果,该委员会成员的地区分配比例是:非洲 9 名,亚太 8 名,东欧 3 名,拉丁美洲 6 名,西欧及其他国家 8 名,任期从 2023 年开始。

是指"在已经有广泛的各国实践、先例和学说的领域内，对国际法规则进行更精确的制定和系统化。"这方面的职能可以理解为，是对既存的习惯国际法更精确地加以制定和更精确地加以系统化。所以，这方面的工作任务，可能以下述形式来完成：只发表委员会的报告（联合国大会不采取其他行动）；或者联合国大会以决议对委员会的报告加以注意或以决议通过委员会的报告。

同时，规约还为"逐渐发展"和"编纂"分别规定了两种不同的程序。

首先，在"逐渐发展"方面，委员会无权选择研究题目，其"发动"需来自联合国大会及其他主要机关、各专门机构、政府间协议建立的官方团体或会员国。在处理大会关于逐渐发展国际法的建议时，委员会要"任命报告员"，制订工作计划，将征求意见的问题单发给各国政府，并应请各国政府在确定期限内提供有关工作计划内所包括的项目的资料和情报。委员会可同科研机构及专家个人进行磋商。委员会所拟定的草案，由秘书长作为委员会文件发布，并邀请各国政府提出评论。在拟定最后草案和说明报告时，要考虑到这些评论。最后草案连同委员会的建议，一并提交大会。在处理各会员国或大会以外各团体所提交的建议时，如果委员会认为适宜于进行这种研究，而且大会要求委员会进行此项工作，那么，其工作程序，与适用于上述来自大会的建议的程序大体相同。

其次，在"编纂"方面，规约规定委员会"应考察国际法的整个领域，以便选择编纂的专题"。这意味着委员会有权在这一领域内选择编纂的题目。然而，委员会必须"对大会所提出的处理任何问题的要求，给予优先考虑"。委员会应通过秘书长，向各国政府提出关于提供与正在研究的专题有关并为委员会所认为必要的法律、法令、司法判决、条约、外交通信和其他文件文本的要求。委员会"应以条款的形式拟定草案"，并要求秘书长将其作为委员会文件予以颁发。同时要求各政府提交对该文件的评论。委员会应考虑到这些评论，拟定最后草案和说明报告，连同委员会的建议，一并通知秘书长提交大会。

委员会规约为"逐渐发展"与"编纂"两种情况所规定的工作方式，

有一个共同特点，都要求把委员会所拟定的条款草案直接提交各国政府和联合国大会。各国政府可以直接对草案作出评论，同时，由联合国所有会员国组成的大会第六委员会也常常就草案和一些根本法律概念进行评论。这虽然在一定程度上可能发生重叠，但是却通过国际法委员会把各国政府的反映、代表的意见和职业专家的研究结合起来了。这一过程，有助于联合国为通过此种条款草案而召开的外交会议易于取得成果。同时，虽然委员会要为每一个计划项目任命一名报告员负责研究和拟定初步草案，但在实践中，条款草案的实质性制定工作，基本上是委托给一个起草委员会来进行的。这样做有助于寻求协商一致，可以回避某些正式表决的程序。与过去形成国际习惯及缔结条约的传统程序相比，委员会的此种编纂程序具有划时代的意义：由非常分散到较为集中。但其缺陷是：进度过于缓慢。

从立法背景来考察，委员会规约在国际法"逐渐发展"与"编纂"之间规定的这种区别，是两种不同意见的调和产物。"国际法的逐渐发展与编纂委员会"中的苏联委员，主张国际法委员会的一切工作应以国际公约的形式提交大会，而有些委员则认为，当国际法委员会的任务是确认和宣告业已存在的某种法律而不是发展新法律时，公约的形式甚为不便。结果，前一种观点，在国际法委员会规约中以"逐渐发展"的形式得到实现，而后一种观点，则以"编纂"的形式来加以适应。① 然而，"国际法逐渐发展与编纂委员会"也曾经加以说明："系统地陈述业已存在的法律和制定将来应有的法律之间，在实践中，不可能严格地维持一种绝对的区分"；"在任何编纂工作中，编纂者不可避免地必须按照新的发展来填补缺口和修正法律"。②

从委员会的实践来看，它已日益使其工作在"逐渐发展"和"编纂"的区分中结合起来，而对上述两种情况大体上适用相似的程序。这种程序上的日益结合，是对上述烦琐工作方法的一种简化，在一定程度上，也是国际联盟编纂工作以来的某些历史经验的总结。委员会

---

① 参见 Herbert W. Briggs, *The International Law Commission*, p. 139。
② 参见 UN Doc. A/AC 10/51。

所拟定的各种草案，一般都同时包含着"编纂"与"逐渐发展"的内容。但实际上，除极少数提及这种区分外，① 多数并未提及这一点。②

三、联合国国际法委员会的编纂工作

国际法委员会在具体选择编纂专题时，如上所述，应从国际法的整个领域出发。委员会在 1949 年的首届会议上，曾经确定如下方针："虽然整个国际法的编纂是最终目标，但可取的方法是，目前先就少数题目的编纂开始工作，不去讨论总的系统计划，这种计划可留待以后去作。"这一方针，现在仍可采用，只是必须根据情势需要加快编纂步伐。

委员会在其第一届会议上，以联合国秘书处的一份备忘录③为基础，曾经审查过 25 个题目。经过讨论，初步拟定了一个 14 个问题的编纂表，并设想，随着委员会的进一步研究或联合国大会的要求，将对这些问题进行必要的调整。这个编纂表，后来构成委员会长期工作计划的基础。但其中有 5 个题目一直到 20 世纪 70 年代都完全没有接触过，它们是：国家与政府的承认、国家及其财产的司法豁免、对于领土外犯罪的管辖、外侨待遇、庇护权。其他九个题目是：条约法、仲裁程序、公海制度、国家和政府的继承、领海制度、国籍（包括无国籍问题）、外交来往与豁免、领事来往与豁免、国家责任；当时确定，前 3 个应给以优先处理。

在进入 20 世纪 70 年代以后的各届会议上，国际法委员会多次考虑到联合国大会的建议和国际社会的要求，强调要"进一步刷新委员会的长期工作计划。"

委员会自成立以来，除根据上述编纂表进行工作外，还研究、起

---

① 如 1962 年 9 月 30 日生效的《公海公约》，在其序文中宣称：该公约各缔约国愿意"编纂有关公海的国际法规则"。

② 有些公约包含着一些可以解释为间接提及"编纂"的说法：如维也纳《外交关系公约》的序文肯定，"凡未经本公约明文规定的问题应继续适用国际习惯法的规则"。维也纳《领事关系公约》和《条约法公约》，也包含类似的提法。

③ 称为《同国际法委员会编纂工作有关的国际法的调查》。

草了或者正在研究、起草联合国大会以建议提交的其他项目，如关于
国家的权利与义务问题、纽伦堡原则、国际刑事管辖、多边公约的保
留、侵略定义、破坏人类和平与安全罪法典、在国联主持下缔结的多
边条约问题、特别使团、国家与国际组织间的关系、最惠国条款、历
史性海域(包括历史性海湾)的法律制度、国家与国际组织之间或各
国际组织之间缔结条约的问题、国际水道的非航行用途。这些项目，
连同前述编纂表一起，成为委员会工作的全部计划。①

  如上所述，在联合国主持下的国际法的"逐渐发展与编纂"工作，
要由国际法委员会研究起草、通过第六委员会在联合国大会详细审
议、并最后召开国际会议，才能制订成为公约。这是一个复杂的过
程。国际法委员会自成立以来，已经审议 45 项专题，其中的 36 项已
完成，其最终成果包括 22 套旨在就特定事项缔结国际公约的条款草
案，余下的 9 个议题正在审议之中，包括 2018 年第 70 届会议开始审
议的 1 个新议题。国际法委员会已经审议的专题有：国家权利义务宣
言草案(工作期间 1949 年)；使习惯国际法的证据更易于查考的方法
(工作期间 1949—1950 年)；纽伦堡法庭宪章和该法庭判决所承认的
国际法原则(工作期间 1949—1950 年)；国际刑事审判机构问题(工
作期间 1949—1950 年，1992—1994 年)；多边条约保留(工作期间
1951 年)；侵略定义问题(工作期间 1951 年)②；危害人类和平及安
全治罪法草案(工作期间 1951—1954 年，1982—1996 年)；国籍，包
括无国籍状态(工作期间 1950—1954 年)；海洋法(工作期间 1949—

---

  ① 参见 UN Office of Public Information, *The Work of the International Law
Commission*, revised edition, pp. 8-10。

  ② 联合国大会曾设立一个特别委员会讨论关于"侵略定义"的问题，并于
1974 年通过了这项侵略定义。除前述各项外，国际法委员会已经提出最后草案
和报告的其他重要国际法问题还有：使习惯国际法的证据易于查考的方式方法
问题；对多边公约的保留问题；在国联主持下缔结的一般多边条约的延续参加
问题等。其中，使习惯国际法的证据易于考查的方式方法问题，是委员会工作
中唯一未包括在 14 个问题编纂表内并且不是联合国大会建议所提交的一个项
目。这个项目，是委员会根据"国际法委员会规约"第 24 条的规定安排的。

1956 年）；仲裁程序（工作期间 1954—1958 年）；外交交往与豁免（工作期间 1954—1958 年）；领事交往与豁免（工作期间 1955—1961年）；扩大参加在国际联盟主持下所缔结的一般多边公约（工作期间 1962—1963 年）；条约法（工作期间 1949—1966 年）；特别使团（工作期间 1958—1967 年）；国家和国际组织的关系（工作期间 1962—1971年）；关于条约的国家继承（工作期间 1962—1974 年）；外交代表及其他依国际法应受特别保护人员的保护和不可侵犯（工作期间 1972年）；最惠国条款（工作期间 1967—1978 年）；条约以外事项的国家继承（工作期间 1967—1981 年）；国家和国际组织间或两个或两个以上国际组织相互间缔结的条约问题（工作期间 1970—1982 年）；外交信使和无外交信使护送的外交邮袋的地位（工作期间 1977—1989年）；国家及其财产的管辖豁免（工作期间 1978—1991 年）；国际水道非航行使用法（工作期间 1971—1994 年）；国家责任（工作期间 1955—2001 年）；关于国际法不加禁止的行为所产生的损害性后果的国际责任（预防）（工作期间 1997—2001 年）；与对条约的保留有关的法律和实践（工作期间 1994—2011 年）；国家继承及其对自然人和法人国籍的影响（工作期间 1994—1999 年）；关于国际法不加禁止的行为所产生的损害性后果的国际责任（跨界）（工作期间 2002—2006年）；国际法不成体系的问题（工作期间 2002—2006 年）；武装冲突对条约的影响（工作期间 2004—2011 年）；与条约解释相关的嗣后协定和嗣后实践（工作期间 2008—2018 年）；外交保护（工作期间 1997—2006 年）；国家的单方面行为（工作期间 1997—2006 年）；国际组织的责任（工作期间 2002—2011 年）；发生灾害时的人员保护（工作期间 2007—2016 年）；或引渡或起诉的义务（工作期间 2005—2014 年）；驱逐外国人（工作期间 2004—2014 年）；习惯国际法的识别（工作期间 2012—2018 年）；危害人类罪（工作期间 2014—2019年）；条约的暂时适用（工作期间 2012—2021 年）；保护大气层（工作期间 2012—2021 年）；一般国际法强制规范（强行法）（工作期间 2015年—）；关于国家责任方面的国家继承（工作期间 2017 年—）；一般

法律原则(工作期间 2018 年—)等。① 目前,国际法委员会正在讨论、研究的议题主要有:"国家官员的外国刑事管辖豁免"(immunity of state officials from foreign criminal jurisdiction),"关于国家责任方面的国家继承"(Succession of States in respect of State Responsibility),"一般法律原则"(General Principles of Law),"与国际法有关的海平面上升"(Sea-level Rise in relation to International Law)。"国际组织作为当事方的争端的解决"(settlement of disputes to which international organizations are parties),"防止和打击海盗和海上武装抢劫行为"(prevention and repression of piracy and armed robbery at sea),"确定国际法规则的辅助手段"(subsidiary means for the determination of rules of international law),"无法律约束力的国际协定"(non-legally binding international agreements)②

以委员会完成的草案为基础,经过在联合国主持下召开的国际会议缔结的或经过大会本身通过的重要多边公约有:《领海及毗连区公约》(1958 年缔结,1965 年生效);《公海公约》(1958 年缔结,1965 年生效);《捕鱼及养护公海生物资源公约》(1958 年缔结,1966 年生效);《大陆架公约》(1958 年缔结,1964 年生效);《减少无国籍状态公约》(1961 年缔结,1975 年生效);《维也纳外交关系公约》(1961 年缔结,1964 年生效),另外包括《关于取得国籍的任意议定书》(1961 年缔结,1964 年生效);《维也纳领事关系公约》(1963 年缔结,1967 年生效),另外包括《关于取得国籍的任意议定书》(1963 年缔结,1967 年生效);《特别使团公约》(1969 年联大通过,1985 年生效);《维也纳条约法公约》(1969 年缔结,1980 年生效);《关于防止和惩处侵害应受国际保护人员包括外交代表的罪行的公约》(1973 年缔结,1977 年生效);《维也纳关于国家在其普遍性国际组织关系上

---

① 参见黄惠康:《论国际法的编纂与逐渐发展——纪念联合国国际法委员会成立七十周年》,载《武大国际法评论》2018 年第 6 期,第 4~10 页。

② 参见 http://legal.un.org/ilc/。

的代表权公约》(1975 年缔结，尚未生效，须 35 国批准或加入)；
《关于国家在条约方面继承的维也纳公约》(1978 年缔结，1996 年生
效)；《关于国家对国家财产、档案和债务的继承的维也纳公约》
(1983 年缔结，尚未生效，须 15 国批准或加入)；《关于国家与国际
组织间或国际组织相互间条约法的维也纳公约》(1986 年缔结，尚未
生效，须 35 国批准或加入)；《国际水道非航行使用法公约》(1997
年缔结，2014 年生效)；《国际刑事法院罗马规约》(1998 年缔结，
2002 年生效)；《联合国国家及其财产管辖豁免公约》(2005 年缔结，
尚未生效，须 30 国批准或加入)。①

　　综上所述，国际法委员会的设立，是国际法编纂史上的一个重要
进展。虽然在国际联盟时期，国联行政院曾经指派过一个由国际法专
家组成的"国际法逐渐编纂委员会"(Committee for the Progressive
Codification of International Law)，并于 1930 年春在海牙召开过一次有
48 个国家参加的国际法编纂会议，但是，联合国的国际法委员会才
是国际法编纂史上第一个真正常设的国际法编纂机构。70 余年来，
国际法委员会按其特定的工作程序，完成了一系列条款的起草工作。
在此基础上，通过联合国大会本身或者在其主持或赞助下召开的各种
国际会议，缔结了一批国际公约。就国际法的"发展"与"编纂"而言，
取得了不少成就。同历来的国际法编纂工作相比，进展是很大的。
但是，国际法委员会的工作，由于进度极其缓慢，尚不能满足国际
交往和新国际秩序的需要。某些陈旧观念，还在一定程度上产生影

---

　　① 1982 年 4 月通过的《联合国海洋法公约》，虽非联合国国际法委员会按
常规起草，但系由联合国直接召开的第三次海洋法会议制订的。第 3 次海洋法
会议，从 1973 年起召开，前后经历了 9 年谈判，一共开了 11 期 15 次会议，排
除种种阻力，于 1982 年 12 月在牙买加蒙特哥湾举行最后会议。会议结束时，有
119 个国家和组织的代表在公约上签字。签署会议最后文件的国家与组织为 150
个。中国同时签署了这两个文件。绝大多数发展中国家均在公约上签了字。美
国、德意志联邦共和国、英国、日本等 20 多个国家当时未签署公约。该公约的
生效情况，见本书第 12 章第 2 节中"走向新的国际经济秩序"一目的有关注释。

响,所以,联合国在这方面的工作,同广大国际社会的要求还存在一定距离。

进入 20 世纪 60 年代之后,许多新国家相继独立,使国际关系形成了历史上一种空前未有的发展局面。新独立国家要求改变某些传统的陈旧观念对国际法的有害影响,使国际法能够适应已经变化了的和还在继续变化中的国际关系。它们在维护国家主权和经济权益的运动中不断取得进展,这种愿望在"逐渐发展与编纂"国际法的工作中也已进一步表现出来。现在留在国际法委员会工作日程上的项目,有的旷日持久,难以取得进展,有的正在进行,短时间内尚不易完成工作。在其未来的工作日程上,还将遇到若干复杂而艰巨的项目,例如关于国际经济新秩序、海底资源、新殖民主义、种族歧视、恐怖主义、核扩散、人类环境、空气空间与外层空间、和平解决争端等各方面的问题。其中有不少项目与发展中国家的利益息息相关。国际法委员会过去已经完成的草案,是否能根据当前形势进一步完善而得以成为正式公约?目前正在起草的条款,是否能适应历史发展而圆满完成?未来日程上可能遇到的项目,究竟能进行到何种程度?这均将成为对联合国国际法委员会新的考验。

国际法委员会,成绩虽然显著,但在国际法律秩序还严重落后于时代发展的情况下,必须迅速克服其先天性缺陷,健全工作机制,改进编纂程序,以提高其促进国际法制的效能。国际法委员会应具有时代精神,从全人类的根本利益出发,加强调查研究工作,提出(建议性的)研究报告,以加快造法(起草)步伐,促进国际法律秩序的改善与发展。

值得注意的是,国际法委员会委员黄惠康先生专门对国际法委员会 70 年工作做了回顾和总结,并明确指出:"就国际法委员会的未来工作而言,国际法委员会从一开始就应十分谨慎地选择拟进行法律编纂或发展的专题。国际法委员会应将国际社会的迫切需要和国家的实际诉求作为选题的核心要素。专题选择不当,在起草条款时就容易陷入政治僵局,或在形成成品后难以被国际社会多数成员所接受。"

此外，"不同的利益攸关国之间应保持适当的平衡，而在通过条款案文时，应尽可能采取协商一致的方式""无论是发展还是编纂，根本的立足点都应是客观存在的国家实践，而不是委员们的个人学术兴趣、意识形态或某种功利性的主观目标"。①

---

① 参见黄惠康：《论国际法的编纂与逐渐发展——纪念联合国国际法委员会成立七十周年》，载《武大国际法评论》2018 年第 6 期，第 30~31 页。

第十三章　联合国半个多世纪综述①

第一节　联合国的理念

一、概述

1945 年 10 月 24 日，《联合国宪章》开始生效，联合国正式成立。此后，10 月 24 日被定名为"联合国日"（UN Day）。1995 年的这一天，联合国隆重庆祝了它的 50 周年。

联合国，这个地球上最大的国际组织，在世界风云变幻的"汪洋大海"中，虽然已经颠簸了 70 多年，为人类作出了重要贡献，但国际社会对其是非功过的评价，却仍然众说纷纭。人们为它在柬埔寨、科威特的成就而欢呼，但也为它在索马里、波黑地区的失误而感到懊丧。德国《世界报》1995 年 5 月 5 日的评论，说联合国不过是安徒生名著中那位"穿着新衣的皇帝"。据法新社同年 6 月 24 日报道：欧洲有一位外交部长批评联合国已经成为一个"恐龙式的庞然大物"。但是，更多的人则在期望：由于冷战的结束，联合国将成为一个新时代的"救世主"。

从 20 世纪 80 年代末期以来，世界格局发生巨大变化，建立在雅尔塔体制基础上的两极体系已经崩溃。世界正在向多极化方向演进。

---

① 本章各节内容，原系作者在北京"纪念联合国成立 50 周年学术研讨会"（1995 年 10 月）上的发言提纲，发表于《中国国际法年刊》（1995 年）。参照近些年来的新情况，在此据实作了一些必要的修改和补充。

但是，"冷战后时代"新格局的"坐标"，仍然未能最后建立起来。因而，联合国作为当代国际社会的一个缩影，其地位与作用仍旧是一个很值得注意和研究的问题。

二、最高理想

第二次世界大战，先后使 20 亿以上的人口卷入了战争，有六千余万人死于战祸。尤为震惊的是：平民的死亡数超过了阵亡军人，而且，其中竟有数百万人惨死于种族绝灭性的大屠杀（其中，包括希特勒对犹太人的残酷迫害和日本帝国主义的南京大屠杀等骇人听闻的事件）。联合国是在人类的血泊中和哀鸿遍野的废墟上孕育和建立起来的！联合国的诞生，是人类战胜法西斯的第一个重大成果！

《联合国宪章》的缔结者们，在总结人类历史惨痛教训的基础上，期望通过战后的组织合作，实现如下四大理想。

第一个理想：战后的世界秩序，应该是以"集体安全制度"维持和平。几个世纪以来，在"以强凌弱"的国际社会里，某些国家，特别是某些强国，惯于以战争作为推行国家政策的工具，动辄诉诸武力，进行侵略，甚至酿成国际战争。追求和平秩序与反对侵略战争，已成为人类最高的理念。为了保全后代人不再遭受大战的蹂躏，宪章把"维持国际和平与安全"作为联合国的首要宗旨载入了第 1 条。同时在第 2 条中进一步确立了下述原则：各会员国在其国际关系上，不得以武力相威胁或使用武力来侵害他国之领土完整或政治独立；并应以和平方法解决其国际争端。尤其突出的是：宪章还以整个第 6 章和第 7 章的 19 个条文，对和平解决国际争端与制止侵略的具体办法分别作了详细规定。

第二个理想：战后的国际关系，应该是在一个"国际大家庭"里，各国都享有平等的地位。第二次世界大战的硝烟炮火，把数以千计的繁华城市化为废墟，也使一个个国家丧失主权，沦亡覆没。如果要想在战后建立一个人们所向往的"和睦"（live together in peace）而"善邻"（as good neighbours）的国际社会，那么，这个社会就必须首先是一个平等的社会。只有在国际上消除了"以大压小"的不平等现象，才有可能真正维持住国际和平与安全。因此，宪章第 1 条将"发展国际间以尊重人民平等权利——为根据之友好关系"作为联合国的第 2 项宗旨，并将"各会员国主权平等"明确列为联合国的首项原则写进了宪章。同时，宪章还在第 7 项原则中规定，联合国不得干涉"在本质上属于任何国家国内管辖之事件"。这些规定，既包含保障中小国家权利的意旨，也具有约束联合国本身行动的作用。① 这是国际法上的一大历史进步。

第三个理想：建立一个"大国协调一致"并具有执行能力的安理会。国联瓦解后给人们留下的教训是：由于国联大会与行政院的职权没有明显区分，决策制度僵化，因而使它缺乏一个强有力的决策和执行中心，没有制止侵略的实际能力。因此，宪章第 24 条和第 25 条，特别是第 7 章各条，赋予安理会重大职权，强化了安理会的强制职能。而宪章第 23 条、第 27 条和第 108～110 条关于否决权制度的规定则充分表明：宪章不仅要求在一切重要决策事项上，须有五大国的高度一致才能生效，而且还赋予五大国可始终保护其否决权的最大权力。这种决策制度，全力支撑着对维持国际和平与安全负有主要责任的安理会和整个的联合国"大厦"。

第四个理想：把国家间的和平与安全问题以及经济与社会问题，"都集中在一个屋顶之下"。经济和社会问题，往往是引发严重政治危机的导火线，与和平安全问题关系密切。国家之间的许多战争，包括两次世界大战在内，其深层原因，都是与经济、社会问题联系在一起的。在橡树园会议的一次指导委员会上，曾经专门就新的国际组织在经济和社会领域的任务问题进行过谈判。当时苏联的观点，特别强调安全问题，而英美代表则主张把国际关系的一切主要领域都集中在一个屋顶之下。② 经讨论，会议同意建立一个经社理事会，但它只能

---

① 参见 L. M. Goodrich, *Charter of United Nations: Commentary and Documents*, Article 2, 1969。

② 参见瓦·米·别列日柯夫著：《外交风云录》，李金田等译，世界知识出版社 1981 年版，第 272～276 页。

提出协调建议而不应有执行权，它也不设常任理事国。当时的中国代表团在第二阶段会议上还提出，应把经社理事会的活动扩大到教育、文化等方面的合作。为了促进全球人民经济及社会的进步，宪章正式把"促成国际合作，以解决国际间属于经济、社会、文化及人类福利性质之国际问题，且不分种族、性别、语言或宗教，增进并激励对于全体人类之人权及基本自由之尊重"规定为联合国的一项重要宗旨。

第二节　联合国的成就

一、和平与发展

1995 年 5 月 11 日，联合国大会，经过 24 天的艰难讨论和幕后谈判，终于作出决定：无限期延长已签署 25 年的《不扩散核武器条约》（*Treaty on the Non Proliferation of Nuclear Weapons*）。这意味着，只有美、俄、英、法、中 5 个核大国能合法拥有核武器的国际制度，将无限期持续下去。虽然无核国家，特别是那些已接近能生产这种武器的国家，由于被要求放弃获得这种武器的努力而感到有些困惑不安，但是总的看来，所有各方，对这项当时已有 178 个当事国的条约[1]有可能阻止人类最致命的原子武器的扩散，均抱有不同程度的希望和好感。

地球上第一颗原子弹是 1945 年 6 月 16 日在美国新墨西哥州的荒漠上试验的。接着，8 月 6 日，美国首次在日本广岛市投下了第一颗原子弹。该市 90% 的建筑物被摧毁，八万余人在原子弹爆炸时死亡，其后，继续丧生于核辐射的又有十二万多人。直到目前，据欧美一些战略研究机构的测算和估计，美俄英法等国的核武库中，已经拥有可把地球摧毁几千次的核弹头。如果按世界人口平均计算，每人要分担 3 吨 TNT 当量的核毁灭能量。人类在渴望和平！

---

[1] 《不扩散核武器条约》，在 1995 年 5 月决定延长时，其当事国为 178 个；到 2022 年 1 月，其当事国已达到 187 个。

　　20 世纪是人类历史上最血腥、战祸最多的一个世纪！联合国成立后，虽然地区冲突频繁，局部战争不止，但是，在联合国体制下，第三次世界大战没有发生。从这个角度说，联合国帮人类带来了半个世纪的和平！虽然幸免于大战的原因是多方面的，但是联合国功不可没，它为国际社会带来了至今 70 多年的和平！在联合国主持下制定了一系列维护国际和平与安全的条约，这些条约在不同程度上，促进了国际和平的实现。联合国是一个进行多边外交和沟通关系的重要场所，也是一个伸张正义与呼吁和平的重要讲坛！自其成立以来，曾就这方面作出过一系列宣言和决议，谴责各种战争宣传，规定各国不得违反宪章使用武力，一再重申侵略为最严重的国际罪行，对化解地区危机做出了巨大贡献。1965 年通过了不干涉内政及保护国家独立与主权之宣言；1970 年通过了各国建立友好关系及合作之国际法原则宣言；1974 年制定了"侵略定义"。在中东的阿以冲突、巴勒斯坦问题、苏伊士危机中，在塞浦路斯的希腊族与土耳其族之间的长期矛盾中，在印巴次大陆的克什米尔争端中，以及在非洲甚至在欧美等地区的一系列问题中，都有联合国的影子存在，它都发挥了显著的作用。特别是进入 20 世纪 80 年代下半期之后，在安理会 5 个常任理事国的关系出现微妙变化的情况下，联合国先后促成了两伊战争的结束；加速了纳米比亚的独立；基本上解决了柬埔寨的问题；在海湾危机中，制止了伊拉克的侵略，恢复了科威特的主权。

　　联合国自成立以来所进一步加以推动的非殖民化运动的迅速进展，是史无前例的。至 20 世纪 50 年代，运动进入高潮。1960 年，联大通过了一个 43 国提案《关于给予殖民地国家和人民独立的宣言》，这一年即有 17 个新独立的亚非国家加入联合国。翌年，联大建立了一个"非殖民化委员会"，就《宣言》的进展与范围提出建议。从 60 年代初到 70 年代末，共有近 60 个新独立的国家加入了联合国。迄今，已经挣脱殖民枷锁而获民族独立的国家已在 100 个以上，从而整个地改变了世界地理政治的形势。联合国在非殖民化运动中的成就，是联合国历史上最灿烂的一页。联合国曾宣布 20 世纪 90 年代为"根除殖民主义国际 10 年"，旨在促使全世界进入 2000 年时，不再有殖民主义存在。人类历史已经到了非殖民化运动取得最后胜利的时刻。

联合国及其众多的专门机构，在战后半个多世纪中，为各民族国家的经济、社会及文化领域的发展也作出了突出贡献，在人类生活的许多方面做了很多有益的工作。上至外层空间，下至海床洋底，包括人类生活的许多方面——关税贸易、货币金融、开发援助、工农业发展、环境保护、技术合作、文教卫生、资源利用、气象水利、知识产权、海陆空通信运输、人权、人口、劳工、妇女、儿童、老年等——都有联合国及其专门机构在进行活动。联合国的大部分机构和60%以上的人力都在为发展问题而工作。联合国开支的2/3也是为发展事业而消耗的。进入20世纪90年代之后，世界难民问题更趋严重，非洲有500万以上的难民，泰柬边界的柬埔寨难民和阿富汗涌入伊朗和巴基斯坦的难民，都分别要以十万和百万来计算。联合国难民署，为这些难民作了许多协调和安置的工作。①

---

① 过去50年来，尤其是20世纪90年代以来，大批人口被迫离乡背井，难望重返家园。1999年4月2日英国《卫报》文章透露，联合国难民事务高级专员办事处认为：当时，全世界约有2500万人被迫离开了自己的祖国。无数经济和环境难民因一贫如洗而远走高飞。据说，前南斯拉夫的难民有几百万，伊拉克的库尔德难民、卢旺达的难民、利比亚的难民，也都各在百万以上。在高加索6个国家的一系列冲突中，在中部非洲、安哥拉、布隆迪、中非共和国、赞比亚等国，都曾发生大量的难民现象。可悲的是：在冷战后的这些年里，迫使大批人放弃家园，有些竟已成为主战者发动战争的目的或者成为其所采取的一种战术。惨痛的经验表明，无国籍者，是人类中特别容易遭到骚扰、迫害和被驱逐的。由于无家可归者日益增加，他们很难找到安身之处，已成为一个时代的大悲剧。2000年12月，联合国完成了一份《世界难民状况：50年的人道主义行动》的报告。这份报告，是联合国难民事务高级专员办事处过去50年工作的历史，也是人类苦难的编年史。它详细介绍了第二次世界大战后难民所面临的惨重问题。截至2023年6月，全球被迫流离失所的人数高达1.084亿万。其中，近3530万名为难民，他们当中有一半的人不满18岁（2940万难民属于难民署的管辖范围，590万巴勒斯坦难民属于近东救济工程处的管辖范围）。参见 https://www.unhcr.org/figures-at-a-glance.html。（转下页）

二、国际法律秩序

从大战废墟上建立起来的联合国，很重视国际法的发展。国际组织，是现代国际生活中促成各主权国家进行国际合作的一种有效的法律形式。因此，国际组织的发展，就是国际法本身的一种发展。已有193个会员国参加的联合国，是当代国际组织的一种最高、最具普遍性的类型。宪章序文郑重申称"尊重条约与国际法其他渊源而起之义务，久而不懈"。联合国对国际法的发展主要体现在对战后国际法律秩序重建的积极推动作用中。联合国作为"二战"后唯一一个全球性的负有维持和平与安全责任的组织，其成员数量与职能范围随着时代的变化在不断扩充，而且以其为协调中心的国际组织网也在不断扩大，从而导致国际法的主体和客体都在大量增加。因此，联合国及其组织体系网的发展就是国际法本身的一种发展。

联合国基本文件、联合国国际法院判例、联合国大会决议，以及联合国国际法委员会的编纂工作，都对现代国际法的发展，起了很大的推动作用。

《联合国宪章》是一项对全球一切国家产生普遍影响的最大公约，是现代国际法最重要的渊源。它所规定的各项基本原则，被认为具有"国际社会全体接受并公认为不许损抑"的强行法(jus cogens)的性质。

国际法的编纂虽然由来已久，但是真正系统有效的编纂活动，则是从联合国开始的。70年来，经联合国国际法委员会完成起草任务的主要法律草案，已经达到40多项。此外，联大第六委员会、外空

(接上页)联合国难民事务高级专员办事处，在20世纪50年代初，总共有33名工作人员，30万美元的预算；截至2022年1月，大约有17878名工作人员在135个国家对数千万难民提供援助，预算高达86亿美元。它的工作重点最初在欧洲。70多年来，它帮助数5千多万人恢复了生活。看来，要想改善世界难民和无家可归者的状况和处境，就必须同时在政治和经济上采取有效的国际行动。

委员会、人权委员会、① 国际贸易法委员会以及各有关专门机构、特设委员会、专门外交会议等，也发起和起草了许多公约。如现行十分重要的《外交关系公约》《海洋法公约》《条约法公约》《不扩散核武器条约》和外层空间的多项条约，都是与联合国大量的组织工作分不开的。总之，联合国将国际法规范条文化的工作，有助于使国际法由"零散之法"向较为"集中"的方向发展，由无形的"软法"向"硬因素"较多的方向转变。

联合国对海洋法和战争法的发展及裁减军备等方面，也作出了许多有目共睹的成绩。战后，根据纽伦堡和远东两个《国际军事法庭宪章》与世界公认的国际法原则，在纽伦堡和东京对第二次世界大战的首要战犯进行了正义审判，这是国际法历史上的伟大创举。1946 年 12 月 11 日，联合国大会以第 95(1) 号决议一致确认了国际军事法庭宪章中所包括的各项国际法原则。

第三节　联合国的困境与前景

一、概述

冷战中，东西两大阵营的势力范围，是雅尔塔体制划定的。在两极格局下，凡是两个阵营的内部事件，联合国不大可能过问；而在涉及阵营之间的利益冲突事件，联合国在两个超级大国的夹缝中，也势必很难有所作为。只有在那些尚未发生两极正面冲突的场合，联合国才有可能发挥有限的作用。雅尔塔体制崩溃后，摆脱了冷战桎梏的联合国，曾为世界将出现政治经济合作的良好前景而充满希望。但是冷

---

① 例如：《经济、社会及文化权利国际公约》，即为人权委员会提交的条约草案。该公约于 1966 年 12 月 16 日，由联合国大会以第 2200A(21) 号决议，经 105 票赞成(无反对票)而通过。之后，于 1976 年 3 月 1 日生效。中国于 1997 年 10 月 27 日由中国驻联合国大使签署此项公约；并于 2001 年 2 月 28 日经第九届全国人民代表大会常务委员会第 20 次会议批准了该公约。

战后,世界局势重新洗牌,力量对比的失衡导致原先被东西阵营势力所掩盖的许多矛盾逐渐激化。过去受制于雅尔塔体制的国家,现在有了较大的行动空间,世界舞台上的各种力量,开始重新组合。各种地区矛盾、民族冲突、宗教纠纷、边界问题,以及各种经济、贸易、环境等问题接踵而至,许多非传统安全因素威胁着联合国体系的稳定与发展。1993 年 9 月 19 日,驻联合国的一位记者有过这样的报道:"冷战结束后,混乱中的世界就开始给联合国打紧急电话,要求救济援助,要求派遣调解人,要求建立和平部队……"在新的条件下,联合国既面临难得的机遇,但也迎来了巨大的挑战!

二、维和行动

维和行动是联合国维持国际和平与安全的一种新形式。曾经有人把维持和平行动(PKO)列为"第 6.5 章"。就是说,它既不是宪章第 6 章的"和平解决争端",也不是第 7 章的"武力措施"。它是联合国在解决国际争端实践中的一种"反逐步升级"的手段(an antiescalation device)。

联合国,从 1948 年 6 月为阿以冲突而建立的停战监督组织开始,至今,已采取了 70 余次维和行动。这支在欧、亚、非和中近东执行过许多次半警察任务的维持和平部队,起到了减轻和遏制冲突局势的"冷却"作用,于 1988 年获得了诺贝尔和平奖。

值得注意的是,从 20 世纪 80 年代末期以来,维和行动处于一种急剧升温的状态,无论在次数、规模、兵源、职能或行动范围等方面,都有很大扩展。在那些年内,陆续组成了阿富汗和巴基斯坦斡旋团、两伊军事观察团、驻安哥拉核查团、纳米比亚援助团、核查海地选举观察团、伊科观察团等十几次维和行动,有的至今还在执行任务。其中,包括安理会于 1992 年分别决定在柬埔寨和前南斯拉夫地区进行的和 1993 年决定在索马里进行的以及此后在非洲、亚洲等其他地区进行的多次较大的行动。联合国秘书长加利,在 1992 年上半年所作的特别报告《和平纲领》(An Agenda for Peace)中,雄心勃勃,除提出要加强传统的预防性外交(Preventive Diplomacy)、维持和平(Peace-keeping)之外,还提出了要加强建立和平(Peace-making)与缔造和平（Peace-building）等新概念。① 2007 年 1 月，联合国秘书长潘基文上任伊始，就向联大提出建议，要求对秘书处下属的维持和平行动部和裁军事务部进行改革，以加强联合国维护国际和平与安全的能力。根据其建议，维持和平行动部的职能一分为二：另行组建负责具体实施维和行动的"和平行动部"和负责后勤、采购和行政管理等事务的"行动服务部"。这两个新部门将各由一位联合国副秘书长来领导。2021 年 9 月 10 日，联合国秘书长古特雷斯向联合国大会提交了秘书长报告《我们的共同议程》（*Our Common Agenda*：*report of the Secretary-General*），就和平与安全、发展、人权、公共卫生、气候变化、子孙后代等关键议题提出一系列治理倡议：在和平与安全方面，联合国推出"新和平纲领"，加大对非传统安全问题的关注；而在传统安全问题的解决上，联合国提倡从维护和平向预防和建设和平的转向；在全球层面，提出加强建设和平委员会作用并扩充建设和平基金，便于委员会从预防角度处理安全、气候变化、卫生、性别平等、发展和人权等交叉问题；在区域层面，深化联合国对区域组织在安全安排、军事合作和联合建设和平工作、合作应对跨国和平与安全挑战以及气候变化等方面工作的支持。②

如果说，联合国在柬埔寨的行动已经比较顺利地结束的话，那么它在索马里的行动以及 2000 年 5 月初在塞拉利昂的行动，③ 则遭到了重大挫折。至于它在四分五裂的前南斯拉夫地区所进行的维和行

---

① 参见 Boutros Boutros-Ghali, *An Agenda for Peace*, 1992, pp. 11-34。

② 参见 *Our Common Agenda*：*report of the Secretary-General*, available at https://digitallibrary.un.org/record/3939309? ln=en#record-files-collapse-header。

③ 联合国蓝盔部队，继过去在波黑和索马里等地经历种种艰难遭遇之后，接着又在西非弹丸之国塞拉利昂遭到了巨大困难：整营整营的蓝盔士兵，被反政府的民兵组织解除了武装，在 2000 年 5 月 3 日至 6 日这四天，有三批维和士兵和一些非战斗人员共 500 人，被反政府武装劫为人质，曾成为全世界注目的中心，使维和部队的困境一度达到顶点。大批人质，几经周折，经过艰苦救援，直到 5 月 28 日才从民兵组织手中分批解脱出来。

动，则至今还没有走到打句号的地方。①国际舆论所关注的问题主要
是：为什么维和部队常遭到冲突地区有关主权国家的强烈抵制？它们
两方之间到底应该是一种什么关系？维和部队的兵源、财源、安全等
方面的问题，为何日趋严重？到底联合国在全球充当武装警察的潜力
有多大？人们对维和行动，似乎又从前些年的热切期望中回到了较为
冷静和沉思的状态。1994 年 9 月 24 日法国《世界报》的文章，把这一
转折现象称为"现实主义"的萌芽。鉴于在索马里、前南斯拉夫等地
区所产生的困境，人们对联合国消除冷战后冲突的能力的估计，逐渐
降低了。近些年来，地区冲突越来越带有"国内性"，以 1992 年全球
发生的 30 场武装冲突为例，就有 29 场爆发于一国之内。1998 年全
球发生的 27 场武装冲突中，也只有两起为国家间(拥有主权的政府
间)的冲突(即埃塞俄比亚与厄立特里亚冲突和印巴冲突)。1999 年的
情况也是如此。不少人认为，在这种情况下，联合国除了进行人道主
义救援外，最好是只在冲突各方准备同"蓝盔部队"合作时，才采取
较为常规的维和行动。有人说，联合国的维和行动，很难有"强制"
实现和平的权能，各会员国也尚无这样做的一致意愿。联合国的"维
和措施"，应该"半是救护车，半是和平警察"。② 可见，在进入 21

①　1999 年 6 月 10 日，安理会通过了第 1244 号决议，授权秘书长在科索
沃设立国际民事存在——联合国科索沃临时行政当局特派团(科索沃特派团)，
以便在科索沃建立一个临时行政当局，使科索沃人民能够享有高度自治。其任
务的复杂性和范围前所未有，安理会赋予科索沃特派团对科索沃领土和人民的
权力，包括所有立法和行政权以及司法机构的管理。2008 年 6 月 15 日，在科索
沃当局宣布独立以及新宪法生效之后，特派团的任务做了实质性修改，重点主
要放在促进科索沃的安全、稳定及对人权的尊重方面。截至 2023 年 2 月，联合
国科索沃临时行政当局特派团共有 352 人，其中军事观察员 8 人，联合国警察
10 人，文职人员 312 人，联合国志愿人员 22 人；已累计牺牲 56 人；2021 年 7
月—2022 年 6 月经费预算达到 44192100 美元。

②　1997 年 4 月 29 日，美国《基督教科学箴言报》文章认为，联合国似乎已
经不再想做世界热点的"消防队员"。联合国的官员也在说，联合国不可能再像
前几年那样采取军队强行介入的做法了，不准备再处理像波黑那样的问题。联
合国维和事务负责人在一次关于维和问题的特别会议上说："维和大厦可能还矗
立着，但是它将受到很大的约束，而且它的根基很不牢固。"实际上，许多联合
国官员正在敦促要重视过去所谓的"传统维和"的使命与做法。

世纪后，如何使维和行动在新形势下能有效实施，并在实质上能真正促进冲突后地区的和平重建与发展，这确实是联合国很不容易完成的一项极其艰巨的任务。

三、南北关系

南北关系是联合国促进世界发展的一个老问题。自联合国成立之日起，南北问题就成为制约整个国际社会经济发展的难题。宪章在其序文中庄严宣告：决心"促成全球人民经济及社会之进展"。联合国，从 1961 年起连续经过三个"发展 10 年"，取得了不可忽视的成绩。虽然第一个发展 10 年的目标收效甚小，但其第二个和第三个发展 10 年，在经济发展、南北对话及南南合作等方面，均已较前广泛、深入，并且还制定了在世界范围内建立新国际经济秩序的《宣言》和《行动纲领》。然而，令人沮丧的是，宣言和纲领虽已通过 40 多年，但新的经济秩序却仍然难于真正建立起来。发展中国家的经济状况日益恶化，南北差距不是缩小，而是在不断加大。许多亚非拉国家，特别是在非洲地区，长期处于极其贫困的状态，不断受着饥饿的威胁。自1981 年第一次最不发达国家问题会议以来，这些国家的经济问题更加恶化，人均生产总值严重下降，它们的队伍已由 20 世纪 80 年代的31 个增加到了 1993 年的 47 个和现在的 50 个。这意味着，平均几乎每年有一个国家沦为最不发达国家。现在，世界上最富有的三个人的财富竟超过了 50 个最不发达国家的国内生产总值之和！据联合国贸发会议发表的《2006 年最不发达国家报告》的文件披露，这些国家的债务已高达 1589 亿美元。此外，世界环境问题日益严重，人口持续增长，恐怖主义盛行，毒品泛滥，沙漠化有增无减。今天，我们这个有限的地球，已经需要养活 70 亿以上的男男女女。这又将进一步加剧粮食、供水、住房、交通、医疗、卫生以及教育等方面的恶性循环。这些问题不解决，既会威胁南方，也会威胁北方！

七十七国集团（占世界总人口的 75%），自 1964 年成立以来，于2000 年 4 月 10 日至 14 日，在哈瓦那首次召开国家元首和政府首脑会议。联合国秘书长和 50 多位国家领导人在会上就市场准入、获得资金和技术等提出要求，要求对他们的产品实行真正的开放，并要求工业化国家兑现 30 年前作出的承诺,即将其国内生产总值的 0.7%用于官方发展援助计划。但是,这一援助计划的金额,从 20 世纪 80 年代的 0.32%下降到了 90 年代的 0.22%。七十七国集团提醒 8 国集团(原 7 国集团加俄罗斯)履行上述承诺。南北差距不但没有缩小,反而还在扩大。世界上 20%最富有的国家,消费着全球 86%的产品;其余 80%的人口,尽管代表着世界大多数的自然资源,却只消费 14%。第三世界国家已负担 2.5 万亿美元的债务,消耗着 25%的出口收入。世界上还有至少 8 亿人在忍饥挨饿。(本段文字的数据,引自 2000 年 4 月 11 日西班牙《国家报》文章的统计资料。)最近 10 年来的困境与艰难,有增无减。

穷国(穷人),是历史的受害者,他们要求获得起码的公正、平等和偿还,可是被要求者竟似"充耳不闻"!

在经济日益全球化的形势下,国际范围内的贫富差距问题随着科技与贸易的巨大增长,仍然没有得到有效解决,呈愈演愈烈之势。这对联合国是一个难以对付的极大的挑战。

四、财政危机

联合国,从其诞生之日起,就面临一个难题:要活动,就需要经费,可是它却缺少一个自己的钱袋。联合国的财政危机并非今日始。

联合国随其活动范围的扩大,其正常预算的行政费用,已由建立初期的每年 2000 万美元上升到了 1993—1995 两年期的每年 15 亿美元。① 而联合国维和行动所需的(特别)开支,则几倍于行政费用。据报道,1993 年一年的维和费用,即达 36 亿美元②。1997 年 10 月

---

① 2009 年联合国正常预算为 27.7 亿美元(不包括维和行动),2010 年至 2011 年联合国两年期会费为每年约 25 亿美元,2021 年 12 月 24 日联大通过的 2022 年预算为 31.21651 亿美元,2022 年 12 月 30 日联大通过的 2023 年预算为 33.963083 亿美元。

② 2010 年至 2011 年联合国两年期维和费用摊款为每年约 80 亿美元,2021 年 7 月 1 日至 2022 年 6 月 30 日财政年度联合国维持和平行动的核定预算约为 63.8 亿美元。

22 日联合国(秘书长)公布 1998—1999 年两个年度的预算为 2.583 亿美元。但据 1997 年 11 月 14 日法新社报道,会员国拖欠联合国的会费已达 24 亿美元,其中美国的拖欠竟占 14 亿美元之多! 联合国秘书长(加利)多年前在莫斯科访问时,早已抱怨:"世人对联合国提出过高要求,但又不肯多拿钱!"当时,联合国已欠下约 20 亿美元的巨额债务。①

联合国会员国拖欠摊款的理由是多方面的:有的是由于经济困难,无力缴付;有的则是基于本国外交政策利益的需要而拒绝付款。属于前者的虽然居多,但是款项数额不大,不足以构成危机;属于后者的虽然较少,但款项数额很大,是引发财政困难的主要原因。综上可见:联合国财政困难并不是一个纯粹的经济性问题,而是一个反映有关会员国政治意愿的复杂问题。例如,苏联和阿拉伯国家,曾不同意承担"联合国紧急部队"(UNEF)的费用,认为应由侵略者承担侵略的后果。又如苏联、法国、比利时,各从不同角度,基于不同政治原因,拒不支付"联合国驻刚果部队"(ONUC)的费用。20 世纪 80 年代中期以来,美国曾以联合国行政效率低、有损美国利益及预算问题表决制度不合理等为理由,长期拖欠会费。美国国会曾通过立法施加压力,表示除非联合国按其意愿进行改革,并在所有预算问题上实行加权表决,否则,要将其每年应缴纳的会费,从原来占总预算的 25% 削减到 20%。②

联合国的财政困难,已经成为痼疾,虽然经过长期讨论和协调,问题仍然未能解决,使进入新世纪之后的联合国还一直处于危机之

①　截至 2020 年 5 月 14 日,会员国拖欠联合国经常性预算会费总额达 16.3 亿美元。只有 91 个会员国全额缴纳了 2020 年的经常预算摊款,不到联合国会员国数量的一半,这意味着大部分国家仍未及时缴纳会费。美国拖欠的联合国会费总额已经达到了 11.65 亿美元,占"拖欠会费总额比例"高达 71.5%。各会员拖欠的维和摊款合计 21.4 亿美元,其中美国拖欠 13.32 亿美元,占比 62.2%。这意味着美国拖欠的联合国这两项费用合计已接近 25 亿美元。

②　参见李铁城主编:《联合国的历程》,北京语言学院出版社 1993 年版,第 483 页。

中。它已严重有碍于联合国的实际运作。

五、改革问题

改革问题是联合国能否生存与发展的一个关键。联合国成立时，世界人口只有 25 亿，而现在世界人口已经增加了 1 倍以上，超过了 70 亿，联合国会员国也增加了将近 3 倍，达到 193 个。联合国这个巨人，随着活动范围的日益扩大和行政机构的大量增加，经过半个多世纪的发育成长，已经"大腹便便"：体制臃肿，运转欠灵，工作效率不高，亟待改善和加强。如今，联合国正面对世界新局势的前所未有的种种挑战。为适应新情况，解决新问题，进行改革更是联合国的必然选择。自 20 世纪 60 年代以来，来自会员国的改革呼吁日渐增多。尤其 80 年代中期的财政危机加剧，进一步促使联合国加强了包括经社系统在内的改革力度。但是，成效并不明显。第五任(德奎利亚尔)和第六任(加利)秘书长，都在不同程度上，就改组秘书处、加强维和行动等方面采取了部分措施。1992 年年初，在冷战结束后的新形势下，安理会成员国举行了联合国建立后的首次首脑会议，对加强和改进联合国工作的问题甚为重视。第七任秘书长安南，于 1997 年上任，亦将此作为联合国的重大议题纳入工作计划。① 安南秘书长在行政和组织结构以及减少开支方面都取得了相当大的进步。值得注

---

① 1997 年 7 月 16 日，安南在联合国总部公布了一份有关联合国改革的初步方案。其内容要点，可以简单地概括为：(一)改革管理机构：增设一名副秘书长在秘书长不在时代行其职责并协调所有各方活动(联合国大会于 1997 年 12 月 19 日决定设立这一职位，1998 年 1 月 12 日加拿大原国防部副部长路易丝·弗雷谢特已被任命为联合国此职位的首位女副秘书长)；将文书工作减少 40%。(二)设立新机构：在维也纳设立控制毒品和预防犯罪机构(包括反恐怖活动)；在总部设立发展机构(将已有的儿童基金会与人口基金会合并进去)；成立紧急救援协调处(取代在纽约的人道主义事务部)；在纽约设立裁军和武器管制部；在日内瓦设立人权高级专员办事处(集中领导联合国的人权活动)。(三)财政建议：将精简机构节约下来的经费转用于发展；用自愿捐赠或以其他方式取得的经费成立最高额为 1 亿美元的"循环贷款基金"(用以确保财务方面的清偿能力)。(四)管理行动方面的建议：将联合国大会的秋季大会缩短三星期；(转下页)

意的是，2021 年 9 月 10 日，联合国秘书长古特雷斯向联合国大会提交了秘书长报告《我们的共同议程》(*Our Common Agenda：Report of the Secretary-General*)，就和平与安全、发展、人权、公共卫生、气候变化、子孙后代等关键议题提出一系列治理倡议，并就联合国机构改革提出重要设想，实现联合国从管理者向倡议者、召集者转型，着力推动联合国迈向 2.0 时代。[①]

最近几年来，关于安理会的改组与扩大，已成了改革呼声中的一个焦点，但其难度最大。因为无论是限制否决权还是增加理事国的问题，均将涉及正式修改宪章的复杂程序。这会牵动各国(特别是大国)在国际权力平衡与分配方面的每一根神经。在这方面的任何变动，都将意味着是对国际权力结构的改造。现在已握有否决权的常任理事国，对此均在不同程度上持积极和谨慎态度。中国外长早在第47届联大发言就积极支持改革，并且指出：联合国的改革，应体现

(接上页)成立一个部长级委员会，以研究重新审议《联合国宪章》及制约联合国各专门机构的《协定》可能带来的变化；把联合国定于 2000 年召开的大会定名为"千周年大会"，讨论这个组织未来的作用。各国对上述改革方案的反应是积极的，概而言之：美国的要求主要是联合国必须大幅度削减预算和工作人员，不然就不支付其所拖欠的会费。发展中国家最担心的是，改革有可能成为削减诸如开发计划署等发展机构资金和活动的借口(联合国开发计划署掌管对外援助项目资金约 20 亿美元)。有很多国家(也许是大多数国家)希望看到安理会实现民主化，使否决权受到应有的限制。在联合国的改革计划公布之后，77 国集团发表了一项联合声明。声明说：改革"必须服从于改革进程的更大目标"，而且不支持采取行动建立一种"由任何国家或国家集团"垄断联合国高级职务的制度。此外，关于维和行动的改革问题，已是当前受到普遍注意的一个热点。2000 年 8 月 23 日，一份由联合国秘书长挑选的专家组成的"国际特别小组"起草的长篇(共 58 页)报告，呼吁认真改革维和行动。其中包括建议增加资金、补充力量、加强协调工作等诸多方面。并且提出：维和应该是"公正无私"的；如果遇到武力攻击，维和人员应能依法进行"自卫"以对付违法者；等等。

① 参见 *Our Common Agenda：report of the Secretary-General*，available at https://digitallibrary.un.org/record/3939309? ln＝en#record-files-collapse-header。

出民主、公正、客观合理、平衡有效的基本原则，应服从于促进建立和平、稳定、公正、合理的国际新秩序这个大目标。这样，才有可能得到世界的广泛理解和支持。值得注意的是，2005 年 6 月中国政府发布了《中国关于联合国改革问题的立场文件》。该文件强调，联合国改革应有利于推动多边主义，最大限度地满足所有会员国尤其是广大发展中国家的要求和关切；并从发展问题、安全问题、法治、人权与民主以及加强联合国等四个方面较全面地阐述了中国关于联合国改革问题的立场和态度。

　　近些年来，有意于安理会常任理事国席位的会员国主要来自两方面：一是属于经济大国的德国和日本；一是属于发展中国家的印度、埃及与巴西等国。早在 1994 年 9 月 5 日，日本外务省就曾提出过一个方案：在日、德两国成为常任理事国的前提下，将非常任理事国的席位增加到 13～18 个；在非常任理事国中，以 3 个席位分别分配给亚洲的印度与印度尼西亚、非洲的埃及与尼日利亚、拉丁美洲的巴西与阿根廷，使之成为固定成员，分别按地区实行轮换制。这一方案很有意思，实际上就是：除增补德日为常任理事国外，再增补 3 个无否决权的半常任理事国席位，由亚非拉国家各占一个。"醉翁之意不在酒"，而在于：作为战后的两个经济大国，愿意以政治大国的地位参与国际事务。这一意愿，在不同程度上，受到各国、(特别是在上次大战中曾遭到侵略与摧残的国家)的关注，引起了各种讨论与反应。德国总理施罗德在 2000 年 9 月 4 日的德国大使会议上说，"鉴于德国的规模和重要性均已超越欧洲，德国有兴趣在安理会承担责任"。这是德国希望得到安理会常任理事国席位的最强烈的暗示。当时一位负责内部监督事务的联合国副秘书长曾经透露：虽然很多会员国同意给予德日两国安理会常任理事国的席位，但只要还没有澄清在这方面如何照顾亚洲、拉美、非洲的利益的问题，德国和日本就还得等待。安南秘书长于 2000 年 1 月 29 日说，会员国一直无法确定，安理会到底应有多少常任理事国和多少轮换理事国，"主要建议是增加 5 个新的常任理事国，两个代表工业发达国家，另外 3 个由亚非拉这 3 个发展中的大陆各出 1 个"。

如何加强联合国的作用以实现联合国的宗旨和原则，应是联合国改革问题的核心。近些年来，21 世纪的联合国正航行于大片汹涌的波涛之中：世界冲突连绵不断，而联合国安理会，则一方面穷于应付，另一方面却又多方受阻。在伊拉克，由于 5 大常任理事国中曾经有 3 个对有关针对巴格达的政策不一致，美英两国常把安理会撇在一边；在科索沃，由于北约插手想主宰一切，安理会大权旁落；其他地区，如在安哥拉的维和任务，显得无能为力；在非洲之角，由于在解决埃塞俄比亚与厄立特里亚边界争端中力不从心，而把斡旋工作交给了该地区的非洲联盟。当时的安南秘书长曾经在接受采访时说：今后，倘若就和平解决危机举行的谈判失败而准备动用军事力量时，他希望大国能与安理会磋商。①

综上所述，联合国，在崎岖不平的道路上，已经走过了半个多世纪。它经历过国际关系的许多重大转折，经受了国际体制剧变的严峻考验，它是带着已有的成就，怀着人类的希望，也背着沉重的包袱，步履艰难地走进 21 世纪的！瞻望未来，既有机遇，也有挑战，联合国任重而道远！国际社会，正处于向多极格局演变的时期。联合国应该成为这个多极世界的核心，必须在各国的切实利益之间以及各国家集团的相互利益之间找到合理的平衡。在 21 世纪的新格局下，联合国的作用应该得到加强，一个成功的联合国，将有助于国际新秩序的

---

①　2006 年 3 月，安南针对秘书处提出了名为《着手改革联合国：构建一个更强有力的世界性组织》的报告。该报告就秘书处的"人力建设""领导能力""信息和通信技术""服务的提供""预算和财政"以及"决策机制"等六个方面提出了详细的改革建议。该报告认为，为了推动并实施上述所有各方面的总体改革进程，应设立具有明确职权范围和任期的专职改革管理办公室，同各部厅首长和秘书处其他主要领导人共同规划和协调各项改革的实施工作。关于联合国改革问题的更具体情况，请参见本书作者的两篇论文：《国际困境：联合国安理会的改革问题》（载《法学评论》2005 年第 1 期，《安理会改革热潮再析》，载《武大国际法评论》2006 年第 5 卷；以及本书第 13 章第 3 节（五、"改革问题"及其注释）。

建立，一个失败的联合国，将给国际社会造成新的困惑和问题。①

　　宪章所载的宗旨和原则，是全世界爱好和平的国家，基于"今代人类两度身历惨不堪言之战祸"②的沉痛教训而作出的庄严宣告，是联合国经久不衰的源泉。在进入 21 世纪之后，联合国，如前所述，面临新的挑战。积弊必须革除，任务必须调整，但联合国的宗旨和原则必须坚持。如果不能有效地维持国际和平与安全，联合国的效率从何谈起？如果不能促进国际经济与社会的发展，联合国的作用又何从谈起？联合国应坚持会员国主权平等原则：国家之间需要发展各种友好关系，需要相互尊重，需要平等来往。在 21 世纪的联合国辞典里，人们强烈希望不再有"强权政治"这个词。在联合国内外，都应该充满合作与协商的精神！

　　冷战终结已久，但国际社会仍不安宁。一个不安宁的社会，使联合国不堪重负！联合国在摩加迪沙和萨拉热窝等火药库以及其他地区所遭遇的挫折，向人们启示：地区冲突，特别是民族、宗教冲突，几乎很少有可能用外部武力高压的方法来作出最终的解决。而且实际上，真正能供联合国使用的兵源、武器和钱袋，都是很有限的。联合国，只能干它自己力所能及的事情！③ 人们深信：21 世纪的联合国，将由某些理想主义步入一条更为现实与创新的道路。

　　如前所述，国际组织是一种国际合作的有效的法律形式。联合国会员国，应依宪章享有权利，并应"信守"(to fulfil in good faith) 宪章所赋予的义务。特别是大国和强国，能否信守宪章义务，乃是联合国存在与发展的无比重要的前提。新时代的联合国，将引颈跂足，期望

---

　　①　2000 年 8 月 28 日，一位俄罗斯政治观察家，在评论了联合国所取得的重要成就及其作用之后，不无感慨地指出："近一时期以来，联合国似已开始显现国际联盟的那种软弱无能，越来越表现出不能或不愿坚决抵制粗暴践踏宪章基本原则的行为，尤其是不经联合国授权而使用武力的行为。"因而担心由于强权政治与军事集团所形成的恶例，可能使联合国会遭到国际联盟那样的命运。

　　②　见《联合国宪章》序文。

　　③　联合国的一位副秘书长曾经提到：联合国现在几乎在管理一切！只要会员国觉得是问题的它都在管。可是，有些事它并管不了。

它的会员国(或国家集团):将不会滥用联合国之名而行己国(或国家集团)利益之实,而将"一秉善意,履行其依宪章所担负之义务"!

联合国是人类智慧的结晶。正如联合国需要一个支持它的国际社会一样,今日的国际社会,更需要一个能正确运用人类智慧的联合国。

第四编

区域性国际组织及其法律制度

第十四章　区域组织的性质与法律地位

第一节　区域组织的性质

以上第二编与第三编各章论述的是全球性国际组织，本编各章将论述区域性国际组织。冷战结束后，两极格局消失，随着经济一体化和世界多极化的趋势，区域性国际组织在发展地区经济与解决地区争端中，发挥着更为重要的作用。

区域性国际组织，早在全球性国际组织形成之前就已出现。它在国际关系中萌芽已久，甚至古希腊时期城市国家间的"亚卡安联盟"（Achaean League）即可谓是一种区域组织的最早雏形。但是从国际法意义上说，区域组织的出现则是近代的事情（美洲国家组织的起源可溯及 1823 年）。两次世界大战之后，区域性国际组织有了很大的发展。它的发展，特别是区域性经济组织的发展，是同非殖民化运动的进程紧密联系的。新兴独立国家，通过建立各种区域性的国际组织以共同维护其政治独立与民族经济的权益，这是现代区域组织发展的一个重要特征。在现存的区域性组织中，历史最久的是美洲国家组织。此外，阿拉伯国家联盟也组成于联合国建立之前。

区域性国际组织，与全球性国际组织一样，它们既可能是综合性的，也可能是专门性的。反之亦然。这种性质上的交叉，形成了国际组织类型上的复杂性。

全球性国际组织是以普遍主义为主导的组织；区域性国际组织是以区域主义为主导的组织。对比世界性即全球性的国际组织而言，区域性国际组织是一种局部的或较小型的国际组织。但是，从其职能与活动领域来考察，它们有可能同属一般政治性或经济性的组织，只是前者的成员国及其组织活动以世界为范围，体现一种普遍主义，而后者的成员国及其组织活动则以某一地区为重点，体现一种区域主义。

关于区域组织的定义，理论上各说不一。在旧金山会议上讨论联合国宪章第八章"区域协定"（regional arrangements，亦可译为"区域安排"，《联合国宪章》中文本称为"区域办法"）和"区域机构"（regional agencies）时，曾涉及区域组织的定义，但未能在与会代表中取得一致意见。① 现在本书，仅就国际实践加以分析，将区域组织有别于其他类型国际组织的一般特征归纳如下。

第一，同世界性国际组织对比，区域组织的成员国是特定地区内的若干主权国家，它们疆域相邻，彼此毗连，因此区域组织具有明显的地域性质。各成员国由于领土接壤，接触频繁，比较容易发展睦邻关系；同时由于多方面的交往，利害冲突日多，也有发展睦邻关系的需要。但要指出的是，区域组织不一定包括该地区的全部国家，例如，同属美洲大陆的加拿大、圭亚那等国并未加入美洲国家组织，而只派有常驻观察员或仅有最一般的联系。② 另一种情况是，某一地区以外的国家也有参加该地区的组织而成为其成员国的，不过从区域组织的严格地域性来衡量，这种组织即不成其为真正的区域组织了。

第二，区域组织的成员国，往往在民族、历史、语言、文化，或精神上具有密切联系，培育了某种共同意识；或者在现实国际生活中具有彼此关心的政治、军事、经济或社会问题，形成了某种相互依赖关系。因此，同其他类型的国际组织对比，区域组织具有更加稳定的

---

① 当时，埃及代表曾就"区域安排"提出过一个定义草案：它是"一定地区内若干国家，由于地理邻近，利益相同，或文化、语言、历史及思想类似，对于和平解决彼此间争端、维护本地区内和平及安全、维护彼此利益、发展经济及文化关系负有共同责任，而组成的永久性组织"（见《联合国年鉴》1946—1947年本，第27页）。

② 加拿大于1990年才加入美洲国家组织，圭亚那于1991年加入美洲国家组织。

社会、政治基础。例如，建立阿拉伯国家联盟的公约明文规定，该联盟应由独立的"阿拉伯"国家组成，每一独立的"阿拉伯"国家都有权加入该联盟。这里十分强调作为组织纽带的民族因素。该联盟实际上是中东和北非地区利害与共的阿拉伯民族的国际结合体。又如20世纪60年代兴起的"不结盟运动"，这是发展中国家的一个组织，其一百多个成员国，除少数外绝大多数为亚非拉国家。它们在政治、经济的发展上处于相近阶段，在历史上具有类似的经历与特点，因此它们在现实关系中，共同主张独立、自主、和平、中立的政策，拒绝同任何大国结盟。不结盟运动支持民族解放斗争；反对殖民主义、帝国主义、扩张主义、种族主义和一切形式的外国侵略、占领、控制、干涉与霸权；要求发展民族经济、维持国际安全和建立新的国际经济秩序。不结盟运动也可谓是中小国家在最广泛意义上的一个区域性的国际组织。进入20世纪90年代后，在不结盟运动成立30周年之际，该组织的一百多个成员国，于1991年9月4日至7日，在加纳首都阿克拉举行了不结盟运动第10次部长级会议。会议最后通过了《阿克拉宣言》《行动纲领》《阿克拉会议报告》等重要文件。文件表明，在当代世界形势发生巨大变化的情况下，不结盟运动仍然具有生命力，仍将在国际事务中发挥重大作用。①

　　第三，基于上述诸种因素，使得一定地区内的国家在解决争端、维持本区域和平与安全、保障共同利益、或发展经济文化关系等方面，有进行广泛国际合作并结成永久组织的要求。虽然，如上所述，同世界性组织相似，在区域性组织中，也有一般综合性组织与专门性

---

①　截至2023年9月，不结盟运动共有120个成员，不设总部，无常设机构，无成文章程。通常每3年举行一次首脑会议和部长级会议。不结盟运动共举行了18次首脑会议和19次部长级会议。2020年5月4日，不结盟运动举行应对新冠肺炎视频峰会并通过政治宣言，重申支持多边主义，支持世卫组织在全球抗疫中的领导作用，并呼吁各国加强团结合作，有效应对疫情。2021年7月13日至14日，第19次部长级会议以视频形式举行。2023年3月，不结盟运动应对新冠肺炎联络小组疫后全球复苏峰会在阿塞拜疆首都巴库举行。

组织之分，但是，通常的区域组织，从其基本活动来看，一般既有政治方面维持和平与解决争端的职能，也有促进和调整本区域内社会、经济及有关专业方面的作用。如非洲统一组织（现非洲联盟），除设有几个主要政治机关外，还设有若干专门委员会以分别负责经济、社会和教科文等方面的工作；又如过去的欧洲共同体或现在的欧洲联盟，也并不是单纯的经济组织，它在不断加强其成员国间的经济与社会合作的过程中，已日益发展成为一个政治上的联盟。

综上所述，可见区域性国际组织，虽然在空间范围上比不受地区限制的组织要狭小，但一般说在管辖范围上却比受一定专业限制的组织要广泛。至于某些带侵略性的军事集团，严格地说，似乎不属于现代国际法意义上的区域组织。因为这种集团的真正意图并不符合联合国宪章的宗旨与原则，① 只是历史长河中的一种基于暂时政治形势和短期利害关系的纯武力结合而已。

值得注意的是，在现代国际关系中，全球性的国际组织与区域性的国际组织有一种两极相互渗透的倾向。一方面，全球性的组织愈来愈多地注意建立并发展其区域机构。例如，联合国通过经社理事会在欧、美、亚、非等各大洲均设有区域委员会，各委员会的工作范围日益扩大，越来越多地参加执行各种重要的发展项目。又如世界卫生组织，设有东南亚、太平洋、东地中海、非洲、欧洲和美洲等地区委员会；万国邮政联盟，在其领域内还设有亚洲、阿拉伯、非洲、欧洲、北欧、美洲等区域性的邮联；世界气象组织，其下也设有按经纬度划分地区的若干区域协会。另一方面，区域性的组织也在向其区域之外扩展影响。典型的例子是欧洲经济共同体，它通过 1975 年、1980 年等《洛美协定》(The Lomé Convention)，同非洲、加勒比和太平洋地区的几十个发展中国家联系起来了，将其作用范围几乎扩展

---

① 宪章第 52 条规定：宪章的任何规定并不排除……区域协定或区域机构的存在，但此等协定或机构及其工作须与联合国的宗旨和原则相符合。请参见本书本章第二节倒数第二段的注释并进行比较思考。

到了世界各地。

第二节 区域组织的法律地位①

如前所述，区域性国际组织出现于全球性国际组织之前，但当全球性国际组织出现之后，就发生了两者间的关系问题。从法律角度来看，国际联盟的缔造者，特别是当时以法国为代表的一些国家，因着眼要建立一个强有力的国联，惟恐明文直接承认区域组织的作用会削弱国联的地位，所以《国联盟约》并没有关于区域组织的明确条款。这，从一个角度反映了普遍主义与区域主义之间的矛盾。不过实际上，国联难以排除区域组织的存在，因此《盟约》第 21 条规定，国际协议，如仲裁条约或门罗主义之类的区域协定（regional understandings），均属维持和平，本盟约之任何规定不得被认为影响其效力。国联不否认门罗主义之类的区域协定，这是当时各成员国间的一种妥协的结果。

在旧金山制宪会议上，虽然普遍主义思想盛行，但也最终肯定了区域主义。宪章所体现的，是一种普遍主义优先而又发挥区域主义积极作用的外交折中方案。

经过第二次世界大战，区域性的国际组织有所增加，阿拉伯国家联盟等区域机构或区域协定相继形成，国际组织的发展进入了一个新的阶段。《联合国宪章》的制定者，基于区域组织在国际活动中的实际影响与强烈要求，专门以第 8 章全章的篇幅规定了区域组织的正式地位。② 此外，宪章第 51 条也与此密切相联。所有这些条款，构成了区域性国际组织与联合国发生关系的法律基础。

---

① 请参见本书第一章第二节和第九章第七节的分析与论述。

② 在旧金山制宪会议之前，（以美国为首的）泛美联盟以及阿拉伯国家联盟的成员国，均先后集会讨论过如何进一步加强其组织以及同即将建立的联合国如何进行联系的问题。前者通过了《查普德庇克决议》，后者在所制订的《阿拉伯国家联盟公约》第 3 条，均就有关问题作了原则性规定。

同国际联盟相比,联合国与区域性国际组织的法律关系明确得多了。《联合国宪章》明文规定:宪章的任何规定,并不排除旨在处理有关国际和平与安全的维持而适宜于区域行动的事项的区域协定或区域机构的存在,但此等协定或机构及其工作,须与联合国的宗旨和原则相符合。这里,宪章特别强调两点:一点是区域组织的基本职能是以区域行动来维持国际和平与安全;另一点是区域组织的存在不得违反联合国的宗旨和原则。在联合国之后成立的各区域组织,多将这一基本条款的精神载入其组织法之内,作为其活动的准则。①

区域组织与联合国的关系主要表现为:在维持国际和平与安全方面,就联合国而言,区域组织处于合作和补充的地位。联合国给区域组织提出了两方面的具体任务。一方面是和平解决争端,即设立区域机构的联合国会员国,在把地方性的争端提交安理会以前,应通过此等机构力求争端的和平解决。宪章规定,通过区域机构来促进地方争端和平解决的办法,安理会应予鼓励;这种办法可以由有关国家主动提出,也可以由安理会直接提交。区域组织另一方面的任务是协助安理会实施依安理会权力而采取的强制行动,但此等行动必须以安理会的授权为限,如未经授权,不得采取任何强制行动。为了加强联合国对区域组织的监督作用,宪章规定,区域机构所进行的或正在考虑进行的活动,不论何时,均应向安理会作出充分报告。这在某种程度上反映了各区域组织对联合国这一全球性组织的相对从属性。

通过上述规定,宪章已把区域性组织纳入到联合国维持国际和平与安全的世界体制(有人将此十分形象地描述为"将区域这一环节焊接到了世界大链条之中")。虽然如此,但区域组织并不属于联合国的组成部分。各区域组织,依其成员国所制定的基本组织文件的规定,在国际法上有相应的独立法人资格,能直接承受国际权利与义务。区域组织同联合国的关系,只是依据宪章规定的条件,在维持国际和平与安全方面同联合国协作或协助联合国而已。它们的存在与活

---

①　见东南亚国家联盟《曼谷宣言》的序文与第 1 条(2);《非洲统一组织宪章》的序文与第 2 条;1948 年《波哥大公约》的序文与第 1 章。

动都是自主的。可见，这种体制上的有机结合，既使区域组织在和平解决国际争端与实施强制性行动等方面发挥实际作用，而又不损害联合国的主导地位。

还需要提及的是，《橡树园建议案》关于区域组织的规定，曾引起各有关国家的关注。在制定联合国宪章的旧金山会议上，各中小国家，特别是阿拉伯国家联盟及泛美联盟体系国家的代表，惟恐在安理会有否决权的大国有可能完全控制区域组织的集体行动，因此在讨论中强烈要求给区域组织以较大的自主权。最后，会议在原建议案的基础上，确认了各会员国"集体自卫"（collective self-defence）的权利，并以之作为第 51 条载入《联合国宪章》。自卫，作为国家的一项主权权利（或固有权利、自然权利、inherent right），久已存在。这无疑是一项正义的原则。但是，值得警惕的是，此后成立的各种军事同盟或其他类似组织，除援引宪章第 8 章规定之外，也往往借第 51 条为法律根据，① 可是，这同宪章原来的立法意旨显然已有出入。

宪章第 51 条虽仅提及会员国而未直接提到区域组织，但"集体自卫"自可包括在区域组织的集体行动之内。第 51 条，除其他意义之外，也是对区域行动（regional action）和区域主义妥协的一种产物。不过，宪章对自卫权（作为一种救急手段）的行使又规定了若干严格的条件。首先，只能在"遭受武力攻击之时"方能进行自卫。因此，按规定应把区域组织的事前自卫排除在外。其次，须"在安全理事会采取必要措施来维持国际和平与安全之前"。因此如果安理会已经采取措施，区域组织即不能适用这一条款。再次，根据此项自卫权而采取的措施，"应立即报告安全理事会"。联合国以此加强了对区域组织的监督作用。最后，上述自卫措施，"不得在任何方面影响安全理事会"依宪章所具有的随时采取行动的权力和责任。联合国以此仍保

① 参见《北大西洋公约》序文及第 5 条，前《华沙条约》序文及第 4 条，以及其他类似组织的有关条款。请参见本书本章第一节倒数第二段并进行比较思考。

留着在维持或恢复国际和平与安全方面的主动权。(此外，自卫措施还应遵守国际法上的"相称性原则"，使自卫之武力强度降至最低的必要程度。)但是也应该看到，对于上述条件的解释与适用，不管在理论或实践上都容易产生争议，是一个甚为复杂的问题。①

---

① 参见 A. LeRoy Bennett, *International Organizations—Principles and Issues* (*Third Edition*), 1984, pp. 351-354。

第十五章 各洲区域组织综述

第一节 美洲的区域组织

美洲现存的国际组织，渊源最早规模最大的是美洲国家组织。此外，还有若干颇具影响的组织，它们大多是第二次世界大战后发展起来的。1960年据《蒙得维的亚条约》成立的拉美自由贸易协会，它是由阿根廷等11个拉美国家组成的一个经济合作组织，其目的在于仿效欧洲经济共同体，以逐步削减成员国彼此间的关税进而取消一切贸易上的障碍，其总部设在乌拉圭的蒙得维的亚。该协会于1980年改组为拉美一体化协会(Latin American Integration Association，LAIA)。①1986年在其第二次特别会议上决定，从1987年起开始执行增加地区优惠关税的措施，这对该地区经济较不发达的国家有利。

1969年以《安第斯条约》组成的安第斯集团(Andean Community)②，是一个由秘鲁、厄瓜多尔、玻利维亚、哥伦比亚(委内瑞拉于2006年宣布退出)等组成的经济合作组织，其宗旨与拉美一体化协会是一致的，总部设在秘鲁的利马。

1973年根据在特立尼达和多巴哥签订的《查瓜拉马斯条约》而成立的加勒比共同体(Caribbean Community，CARICOM)③，其宗旨为维护与捍卫国家主权，通过共同市场合理使用本地区资源，发展工农

---

① 网址为 http://www.aladi.org/。
② 网址为 http://www.comunidadandina.org。
③ 网址为 http://www.caricom.org/。

业，加强区域性合作，协调成员国的对外政策。它的 13 个成员在 1985 年 7 月召开的第 6 届首脑会议上，就该地区的贸易问题进行了重要协商，取得了较大进展。从 1993—2000 年，加勒比共同体先后通过了 9 个议定书，后来统称为《建立加勒比共同体包括加勒比共同体单一市场和经济的查瓜拉马斯修订条约》(the Revised Treaty of Chaguaramas Establishing the Caribbean Community, including the CARICOM Single Market and Economy)。截至 2023 年 9 月 1 日，加勒比共同体已有 15 个成员国、5 个准成员国。

　　1975 年设立的拉美经济体系(现在叫做拉美和加勒比经济体系，Latin American and Caribbean Economic System, SELA)①，是一个基础广泛的区域经济组织，对整个拉美的独立自主与全面发展颇有作用，它在委内瑞拉的加拉加斯有一个常设秘书处，它的成员国已由原来的 23 个发展到现在的 26 个，拉美主要国家都参加了这一组织。② 2020 年 11 月，第 46 届拉美理事会例会以视频方式举行，会议通过 2021 年工作规划，重点聚焦后新冠肺炎疫情时代经济复苏问题。同月，第 75 届联合国大会通过《联合国同拉美经济体系合作》决议，推动拉美经委会(CEPAL)、世卫组织等联合国专门机构加强同该组织的协调与合作，共同推进 2030 年可持续发展议程。2022 年 11 月，第 48 届

---

　　①　网址为 http://www.sela.org/。

　　②　1981 年 12 月，拉美经济体系 27 国在巴拿马城举行部长级协商会议，通过了一项名为《巴拿马声明》的文件。声明确定了拉美地区为改变同美国的不平等经济关系所要采取的共同战略。声明说，应优先考虑加速拉美的发展进程，不应使拉美的对外部门服从于美国的对内政策；要促使美国方面消除造成高利率的因素；要求享有维护拉美地区基本产品价格并使这些产品进入美国市场的权利，反对阻挠这一权利的各种措施；反对美国的关税限制，反对各种对国际金融机构施加影响的作法，反对利用食品与其他产品的出口作为政治武器。拉美国家制定的这个指导其对外经济关系的共同战略，是所有发展中国家在南北关系方面的谈判战略的组成部分，因而具有重要意义。该组织在 1985 年 12 月举行的第 11 次例会上通过了《加拉加斯宣言》，指出外债问题"已成为阻碍本地区发展的最大障碍之一"。宣言重申，增加本地区内的贸易，取消非关税壁垒，改进信贷及支付手段。

拉美理事会例会在加拉加斯举行，会议承诺制订共同议程推动地区一体化。

1978年根据《亚马孙合作条约》设立的亚马孙合作条约组织（Amazon Cooperation Treaty Organization，ACTO）[1]，是巴西等亚马孙河流域各国所建立的一个在发展民族经济、自然资源、航行、运输、科技、环保等方面进行广泛合作的组织。该组织的主要机构为外交部长会议和亚马孙合作理事会。成员国每年召开一次理事会。1980年10月23日，该组织在巴西贝伦召开外交部长会议，发表了《贝伦声明》，重申各成员国对该地区各自领土的自然资源拥有主权，反对外来机构的干涉和使该地区国际化的任何企图。2011年12月，拉美和加勒比地区33个国家的国家元首、政府首脑或代表在委内瑞拉首都加拉加斯举行会议，宣布正式成立"拉美和加勒比国家共同体"（简称"拉共体"，CELAC）。拉共体的宗旨为：在加强团结和兼顾多样性基础上，深化地区政治、经济、社会和文化一体化建设，实现本地区可持续发展；继续推动现有区域和次区域一体化组织在经贸、生产、社会、文化等领域的对话与合作，制定地区发展的统一议程；在重大问题上进行协调并表明成员国共同立场，对外发出"拉美声音"。截至2023年9月1日，拉共体有33个正式成员；其组织机构主要包括国家元首和政府首脑会议、外长会、各国协调员会议等。2023年1月24日，拉共体第七届峰会在阿根廷布宜诺斯艾利斯举行，包括15国国家元首或政府首脑在内的全部33个成员国政府代表与会；会议发表《布宜诺斯艾利斯宣言》和涉及马岛等问题11份特别声明。

在美洲众多的国际组织中，现就美洲国家组织重点概述如下。

美洲国家组织，在世界各地现存的区域组织中，历史最为悠久。它的起源可以溯及1823年起的美国门罗主义的倡导以及中南美独立战争的影响。从1826年至1889年美洲国家曾先后举行过十几次国际会议。19世纪末，正是美国垄断资本迅猛发展的时期，企图把整个美洲作为其势力范围与市场。在此背景下，出现了美洲第一个常设性

---

[1] 网址为 http://www.otca.org/。

的国际组织。1889 年 10 月至 1890 年 4 月，18 个美洲国家接受美国邀请，在华盛顿召开了第一次美洲国家代表会议（通称"泛美会议"，Pan—American Conference），成立了一个称为"美洲国家商务局"的常设机构。经过 1901 年在墨西哥召开的第二次美洲国家会议，该机构的职能有所扩大，改称为"美洲国家国际事务局"。后又经 1910 年的第四次美洲国家会议，将其名称改为"泛美联盟"（Pan—American Union）。1948 年 3 月 30 日至 5 月 2 日在哥伦比亚的波哥大召开的第九次美洲国家会议，通过了《波哥大公约》（即《美洲国家组织宪章》），同时又将原来的组织名称确定为现在的"美洲国家组织"（Organization of American States，OAS）①，总部设在华盛顿。

美洲国家组织最初形成时，其活动偏重发展商务，在其后的将近60 年中，经过历次美洲国家会议通过的一系列决议与条约，其活动范围逐渐扩展到了政治、司法、经济、社会、文化与军事等各个方面，使之成为一个一般政治性的组织。1928 年的第六次会议曾通过《泛美条约》和一部有名的《布斯达曼特（Bustamanate）国际私法典》；1936 年的第八次会议通过了《关于维护、保卫及重建和平的公约》。特别是 1945 年 2 月 21 日至 3 月 8 日在墨西哥城召开的会议上，讨论了进一步加强美洲国家体系以及同即将成立的联合国这一世界性组织进行联系的问题，最后通过了所谓《查普德庇克议定书》。议定书重申 1890 年以来美洲国家所通过的若干条约、宣言中的基本原则，并且声明：它所包含的宣言和建议，"构成一项区域协定，以处理同维护国际和平与安全有关的并适合于在本半球采取区域行动的问题"。这为该组织以后适用联合国宪章第 8 章关于区域协定的规定作了准备。1947 年的里约热内卢会议于 9 月 2 日签订了《里约热内卢条约》（即所谓美洲国家间互助条约），参加者包括除加拿大之外的美洲 21个国家。条约共有 26 个条文，中心内容为第 3 条之规定："任何国家对任何美洲国家②的武装攻击，即视为对全体美洲国家的攻击，各缔

---

① 网址为 http：//www. oas. org/。

② 此处所称"任何美洲国家"，暗示也包括加拿大在内。

约国均有根据联合国宪章第 51 条行使其单独或集体自卫之权，以抵抗攻击。"而上述第九次会议所制定的《波哥大公约》，则在历届会议的基础上，对美洲国家组织的宗旨原则、组织结构、职权范围和活动程序做了系统的规定，成为该组织的根本法。

《波哥大公约》规定，美洲国家组织的宗旨为：加强美洲大陆的和平与安全；防止成员国间能引起困难的可能原因并保证成员国间可能发生的争端的和平解决；为遭受侵略的国家安排共同行动；寻求成员国间的政治、法律及经济问题的解决；并以合作行动来促进成员国经济、社会和文化的发展。① 该公约以第 4 章规定了争端的和平解决，明确指出：美洲国家之间可能发生的一切国际争端，在提交联合国安理会之前，必须交由《波哥大公约》所规定的和平程序处理。该公约还以第 16 章专门规定了同联合国的关系，指明《波哥大公约》的任何条款不得解释为妨害在《联合国宪章》下成员国的权利及义务。

截至 2023 年 9 月，美洲国家组织有 35 个成员国，另有 74 个国家和欧盟对美洲国家组织派有常驻观察员。古巴于 1962 年被取消成员国资格，但在 2009 年 6 月 3 日，美洲国家组织外长会议通过决议恢复古巴的成员国资格。另外，2009 年 7 月 5 日，美洲国家组织还援引《美洲国家间民主宪章》第 21 条的规定，暂停洪都拉斯在西半球机构的活动。委内瑞拉政府于 2019 年 4 月宣布正式退出该组织。同月，该组织强行通过决议接受委"临时总统"瓜伊多委任的常驻代表；2023 年初，塔雷宣布辞职，该组织关于接受塔雷为常驻代表的决议自动失效。2022 年 4 月，尼加拉瓜宣布退出美洲国家组织。

美洲国家组织的主要机关是：（1）大会②，为该组织的最高机关，所有成员国都有派代表参加大会的权利。大会每年召开会议一次，讨论决定总的政策和行动方针，确定其机构的组成与职能，并考虑美洲国家间有关友好关系的任何事项。如有必要，可由常设理事会

---

① 见《波哥大公约》第 4 条。
② 在 1967 年修订《波哥大公约》的《布宜诺斯艾利斯议定书》生效之前，称为"美洲会议"。

召集特别会议。(2)常设理事会，为执行机关，具有决策的权力，由每一成员国特别指派一名大使级代表组成，每一成员国并得指派一名代理代表及必要的候补代表与顾问。常设理事会下设和平解决委员会作为解决争端的辅助机关。(3)美洲国家组织还分别设有经社理事会和教科文理事会，这两个理事会皆分别由每个成员国政府特别任命最高级首席代表一人组成；此外，还设有司法委员会与人权委员会。(4)总秘书处，① 为该组织的中心常设机关，以秘书长为领导。秘书长由大会选出，任期 5 年。(5)外交部长协商会议，是该组织和平安全方面的协商机关，用以考虑美洲国家的紧急性问题及共同利益问题。《波哥大公约》规定："如在一美洲国家领土之中或在有效条约规定的安全区域之内发生武力攻击，外长协商会议应即刻从速举行。"

美洲国家组织长期处在门罗主义的影响下，曾被美国借以排除欧洲国家的势力和干涉拉美国家的内政。第二次世界大战之后，美国 20 世纪 50 年代策动的危地马拉政变，对古巴的干涉，60 年代入对多米尼加的入侵，均使成员国甚为不满。但是，随着拉美民族民主运动的高涨，组织内部已出现了维护自身利益、反对霸权主义的趋势。拉美国家日益团结，抗衡大国势力的倾向已有所加强。1971 年 9 月，20 个拉美国家在布宜诺斯艾利斯举行的会议上发表了维护拉美利益的《拉丁美洲宣言》；1975 年 7 月，在泛美外长特别会议上，拉美国家协调一致，针对美国的经济压力，以 20 票对 1 票通过了保障拉美"集体经济安全"的新条款。特别是近些年来，巴拿马要求收回运河区主权的斗争，获得了成员国的普遍支持，美国处境孤立。在英阿马岛冲突发生后，美洲国家组织曾于 1982 年 4 月 20 日举行常设理事会特别会议，以压倒多数通过了阿根廷的要求，决定召开外长紧急会议。在外长会议通过一项要求英国停止敌对行动、敦促双方继续谈判的决议时，美国和另外 3 个成员国弃权。在外长会议结束后两天，美国突然宣布放弃斡旋马岛争端，采取偏袒英国、制裁阿根廷的立场。

---

① 在 1967 年修订《波哥大公约》的议定书生效之前，美洲国家组织的秘书处称为"泛美联盟"。

这一事态引起了成员国的强烈反响。1986年11月该组织在危地马拉城举行第十六届会议，会议有关决议重申，任何国际冲突均应通过谈判和平解决的原则。会议决定继续支持孔塔多拉集团为和平解决中美洲问题所进行的斡旋与努力。美洲国家组织，于1997年6月1日举行第二十七届大会，该组织秘书长在其《报告》中，总结了此前美洲大陆所取得的主要成就，而且特别针对美国为加强对古巴封锁所通过的"赫尔姆斯—伯顿法"以及美国国务院每年对美洲各国政府扫毒工作所强加的"评估"，提出了美洲国家对强权政治的"反感"。2009年6月2—3日，美洲国家组织第三十九届大会在洪都拉斯圣佩德罗苏拉市举行，与会各国重点围绕"迈向非暴力文化"和古巴重返美洲国家组织展开讨论。经过艰苦谈判，大会最终通过了废止1962年美洲国家组织中止古巴成员资格的决议，但古拒绝重返该组织。

2019年4月，美洲国家组织举行常设理事会例会，通过对委内瑞拉启动《美洲国家间互助条约》的决议。6月，美洲国家组织第49届年会在哥伦比亚麦德林举行，与会各方围绕"通过创新加强西半球多边主义"的会议主题及共同关心的地区问题进行讨论。2020年10月，美洲国家组织第50届年会在华盛顿以视频会议形式举行，与会各方围绕"面对西半球新冠肺炎疫情挑战：以美洲国家组织四大支柱为基础，合力应对脆弱性，建立危机修复力"的会议主题及抗议合作、地区热点问题、气候变化等展开讨论。2023年6月，美洲国家组织第53届年会在华盛顿举行，年会以"通过人权促进、保护和平等，加强美洲民主问责文化"为主题，与会各方围绕民主、人权、气变、安全等议题以及共同关心的国际和地区热点问题展开讨论。

第二节　亚洲与太平洋的区域组织

第二次世界大战后，亚洲成立了众多的组织。在现存的组织中，东南亚国家联盟具有颇大影响。印尼、马来西亚、菲律宾、新加坡和泰国的外长，于1967年8月在泰国举行会议，通过《曼谷宣言》，于是东南亚国家联盟（Association of Southeast Asian Nations，ASEAN）①正式成立。该联盟的宗旨为：加速该区域的经济增长、社会进步和文化发展；促进本地区的和平与稳定。其主要机关包括：东盟峰会、东盟协调理事会、东盟共同体理事会、东盟领域部长会议、东盟秘书长和东盟秘书处、东盟常驻代表委员会、东盟国家秘书处、东盟政府间人权委员会、东盟附属机构等。除文莱、越南已经加入该组织外，1997 年 5 月 31 日的东盟外长特别会议作出决定接纳缅甸、老挝和柬埔寨为新成员国，从而使东盟发展成为一个扩大了的十国体制。② 巴布亚新几内亚为东盟观察员国。东盟还有 11 个对话伙伴：澳大利亚、加拿大、中国、欧盟、印度、日本、韩国、新西兰、俄罗斯、美国、英国。总部设在雅加达。

东盟的 5 个创始成员国比较发达，长期以来实行市场经济，而新成员国缅甸、柬埔寨和老挝则情况各异。东盟通过统一下调关税，已形成一个有 6 亿以上人员规模的一体化经济圈，是整个东南亚国家的共同市场。进入 21 世纪后，东盟的经济实力相当于日本经济实力的三分之二，产值（按购买力计算）早已超过 1.6 万亿美元，特别是经济增长率引人注目。由于成员国的扩展，区域内的水平分工幅度也有所扩大，从而在区域内建立起雁形经济体制。此外，对湄公河流域的开发，对困难成员国的援助，对各成员国的区域政治协调等方面，也起着显著的作用。东盟各国首脑曾在多次会议上声明，为把东南亚建成为一个不受外部干涉的和平、自由和"中立"地区而进行不懈的努力。中国外交部长首次应邀参加了 1991 年 7 月在吉隆坡开幕的第 24 届东盟外长会议。会议着重讨论了地区安全、经济合作、世界经济形势和柬埔寨等问题。同年 11 月，中国全国人大代表团又应邀参加了第 12 届东盟各国议会组织的年会。随着中国与印尼复交，与新加坡、文莱建交，中国与东盟各国的关系得到了全面发展，"进入了历史上

----

① 网址为 http：//www.asean.org/。

② 缅甸和老挝于 1997 年 7 月 23 日被正式接纳为东盟的新成员国；柬埔寨则因国内爆发派别斗争，于 1999 年 4 月 30 日才正式成为东盟的第 10 个成员国。

的最好阶段"。1993 年 7 月 24 日在新加坡闭幕的东盟外长会议，又就建立一个加上中国及俄罗斯等在内的由 18 个国家组成的亚太地区"安全论坛"等问题达成了协议，从而进一步使东盟同中国确立了相互培养互助互信的格局。特别是 1997 年 12 月 14—16 日举行的"中国与东盟首脑(非正式)会晤"，就 21 世纪的发展与合作广泛交换了意见，并发表联合声明，进一步确立了此后中国与东盟的睦邻互信伙伴关系。2000 年 7 月 24—25 日，第 33 届东盟外长会议在泰国首都曼谷召开。10 国外长联合签署了《东盟共同协作解决社会问题联合宣言》《东盟保护文化遗产宣言》和《建立东盟基金会谅解备忘录(修正本)》三个文件。26—29 日，还陆续举行了东盟与中日韩外长会议、第七届东盟地区论坛会议和东盟与对话伙伴国会议。朝鲜首次参加了东盟地区论坛会议。同年 11 月 24—25 日，"东盟+3 首脑会议"在新加坡举行。会议提出了新设"东亚首脑会议"的建议和"全东亚地区自由贸易区"的设想。东盟和中日韩三国一致同意，进一步建立把东京、首尔、上海、新加坡连接在一起的"亚洲 IT(信息技术)区"。这些建议和设想，给人以一种本地区的合作框架已进入一个新阶段的印象。2007 年 1 月，东盟 10 国领导人签署了《关于加快建立 2015 年东盟共同体的宿务宣言》。2008 年 12 月，《东盟宪章》(ASEAN Charter)正式生效。《东盟宪章》是东盟共同体的基本文件。未来的东盟共同体将由三大支柱组成：东盟政治安全共同体、东盟经济共同体和东盟社会文化共同体。三大共同体都有自己的发展蓝图，并结合东盟一体化战略框架和东盟一体化第二阶段(2009—2015 年)工作方案，最终形成了《2009—2015 年东盟共同体路线图》。2015 年 12 月 31 日，东盟共同体正式成立。2019 年 6 月，第 34 届东盟峰会在泰国曼谷举行。会议围绕"加强伙伴关系，促进可持续发展"主题，重点讨论了东盟共同体建设和国际地区问题，发表了《东盟印太展望》《东盟领导人关于可持续伙伴关系的愿景声明》《应对亚洲地区海洋垃圾的曼谷宣言》及其行动框架等文件。2022 年 11 月，第 40 届和第 41 届东盟峰会在柬埔寨金边举行，会议以"共同应对挑战"为主题，讨论了东盟共同体建设、东盟对外关系和发展方向，并就共同关心的国际和地区问题交换意见，通过了《关于在东盟主导机制下推动东盟印太展望四大优先领域主流化的宣言》《东盟领导人关于互联互通后 2025 议程的声明》《东盟领导人关于落实"五点共识"的审议和决定》《东盟领导人关于东帝汶申请加入东盟的声明》等文件。

　　值得注意的是，近年来东盟积极开展多方位外交。其中，东盟与中日韩(10+3)、东盟分别与中日韩(10+1)合作机制，已经发展成为东亚合作的主要渠道。2002 年 1 月，东盟又启动东盟自由贸易区。同年 11 月，在第六次中国-东盟领导人会议上，朱镕基总理和东盟 10 国领导人签署了《中国与东盟全面经济合作框架协议》，决定到 2010 年建成中国-东盟自由贸易区，其进程正式启动。2010 年 1 月 1 日，中国-东盟自由贸易区正式建成。目前，中国-东盟自由贸易区是一个拥有 19 亿人口、国内生产总值接近 6 万亿美元、贸易总额达 4.5 万亿美元、由发展中家组成的自由贸易区。这是中国对外洽谈的第一个自由贸易区，也是世界上由发展中国家组成的最大贸易区；2015 年还签署了中国-东盟自贸易区升级《议定书》。根据相关协议，东盟—韩国自由贸易区将于 2011 年建成，东盟—日本自由贸易区将于 2012 年建成。此外，早在 2003 年 10 月，中国政府还在印度尼西亚巴厘岛举行的第 7 次东盟与中国领导人会议上，宣布加入《东南亚友好合作条约》，并与东盟签署了宣布建立"面向和平与繁荣的战略伙伴关系"的联合宣言，从而中国成为了第一个加入《东南亚友好合作条约》的域外邻国。

　　2020 年 11 月，包括东盟十国以及中国、日本、韩国、澳大利亚和新西兰在内的 15 个亚太国家签署了世界上最大的自由贸易协定——《区域全面经济伙伴关系协定》(Regional Comprehensive Economic Partnership，RCEP)①，该协定是地区国家以实际行动维护多边贸易体制、建设开放型世界经济的重要一步，对深化区域经济一体化具有标志性意义。2021 年 11 月，中国与东盟建立全面战略伙伴关系，中国与东盟的合作翻开新篇章。

　　在西亚地区，有阿拉伯国家联盟，它是中东北非阿拉伯国家的最

①　2022 年 1 月 1 日，《区域全面经济伙伴关系协定》正式生效。

大组织。1981 年 5 月，沙特、阿联酋、巴林、阿曼、卡塔尔和科威特等 6 个产油国，成立了一个海湾阿拉伯国家合作委员会（Cooperation Council for the Arab States of the Gulf, GCC, 简称海湾合作委员会或海合会）①，其宗旨为：实现成员国之间各领域的协调与阿拉伯国家的统一；加强人民间的联系与合作。该委员会设有最高理事会（由 6 国元首组成）、外长理事会（由成员国外长组成）和秘书处（秘书长由最高理事会任命）等三个主要机构。总部设在利雅得。海合会自成立以来，每年 11 月或 12 月轮流在 6 国首都召开首脑会议，至 2023 年 9 月共举行了 43 届。其第十七次首脑会于 1996 年 12 月 7—9 日在卡塔尔的多哈召开。1982 年 10 月，第一次（各成员国）石油部长会议决定对进口商品采取统一价格。1989 年第 10 次首脑会议决定在 3 年之内取消成员国之间的关税。海湾战争后，海合会决心进一步推进海湾经济一体化。在 1992 年 12 月第十三次首脑会议上，提出建立旨在消除壁垒、统一关税的海湾共同市场，并确定 1999 年为建成共同市场的最后日期。海合会六国领导人，于 2000 年 12 月 31 日签署了联合防御条约。这项条约，为进一步加强军事联系铺平了道路，是海湾地区的第一个联合防御条约。2003 年 1 月 1 日，海合会还正式建立了关税同盟。2021 年 1 月 5 日，海合会第 41 届首脑会议在沙特欧拉召开。会议发表《欧拉宣言》和闭幕公报，海合会六国和埃及共同签署宣言，强调海合会将推动各成员国重回合作轨道，致力于实现全面合作、团结和融合，并最终实现统一，标志着海湾断交危机出现缓和。海合会六国均奉行务实、平衡的外交政策。面对当前新的国际和地区形势，海合会六国积极参与国际和地区事务，开展多元外交。

　　上述海湾合作委员会、东盟与阿拉伯国家联盟，均系一般政治性组织。

　　此外，还有"阿拉伯石油输出国组织"（Organization of Arab Petroleum Exporting Countries, OAPEC）②，于 1968 年由科威特、利比

---

　　①　网址为 http：//www. gcc-sg. org/。

　　②　网址为 http：//www. oapecorg. org/。

亚、沙特三国创建，阿尔及利亚、阿联酋、埃及、巴林、卡塔尔、突尼斯、叙利亚、伊拉克等亚非国家均为其成员国，总部设在科威特市。其宗旨为：协调成员国的石油政策，维护成员国的利益，促进成员国在石油工业方面进行经济合作。2009 年，成员国的已探明原油储量约为 903.98 亿吨，约占全球已探明原油储量的 48.73%。2019 年，成员国已探明原油蕴藏量约为 7068 亿桶，占全球已探明原油储量的 56.5%；天然气探明储量 53.39 万亿立方米，占全球已探明储量的 26.0%。

　　另一个主要由亚非国家但也有其他产油国家参加的石油国组织是欧佩克（Organization of the Petroleum Exporting Countries，OPEC），全称乃"石油输出国组织"[1]。欧佩克，成立于 1960 年 9 月 14 日，总部设在维也纳。目前，欧佩克共有 13 个成员国：阿尔及利亚、伊朗、伊拉克、科威特、利比亚、尼日利亚、沙特阿拉伯、阿拉伯联合酋长国、委内瑞拉、安哥拉、加蓬（1975 年加入，1995 年退出，2016 年再次加入）、赤道几内亚、刚果。[2] 1962 年，欧佩克在联合国正式注册为全权的政府间组织，其成员国的石油开采总量约占全球的 40%。其最高权力机关是由成员国石油部长组成的大会，每年召开 2 次。每个成员国在其理事会中有一名代表。还有一个秘书处。欧佩克的任务是协调成员国间的石油政策及制定原油产量配额，这决定着原油的供求平衡及世界原油市场价格的起伏与稳定。欧佩克根据各成员国石油储量及开采能力，按比例分配开采（出口）量。但开采及出口配额只带有建议的性质。欧佩克根据全球经济形势来确定其原油价格水平。欧佩克成立后，通过提高油价、实行生产配额制度等措施，成功地获得了对石油资源的控制权，并一跃成为国际石油工业和石油市场上的一股重要力量，对国际石油定价具有不可忽视的影响力。然而，近年

---

　　[1]　网址为 http：//www.opec.org/。

　　[2]　印度尼西亚于 1962 年加入、2009 年 1 月被冻结身份、2016 年 1 月再次被激活、2016 年 9 月 30 日在欧佩克第 171 次会议上再次被中止其成员国身份；卡塔尔在 2019 年 1 月退出；厄瓜多尔于 1973 年加入，1992 年 12 月被中止其成员国身份，2007 年 10 月重新加入，但在 2020 年 1 月退出。

来由于欧佩克自身的剩余产能有限、加上新兴的非欧佩克产油国石油产量激增，欧佩克的影响力呈下降趋势。

在金融组织方面，有一个设在菲律宾马尼拉的亚洲开发银行（Asian Development Bank，ADB）①，它是 1966 年 11 月根据联合国亚洲及远东经济委员会的决议建立的，其宗旨是实现亚太地区繁荣、包容、韧性和可持续发展。虽然其大多数成员属于亚洲和大洋洲的发展中国家（包括中国）和地区，但也有不少成员来自欧美，其中包括英、美、法、德、加拿大和意大利等国。截至 2023 年 9 月，共有 68 个成员国。

2013 年 10 月，中国首次倡议筹建亚洲基础设施投资银行（Asian Infrastructure Investment Bank，AIIB）②，并于 2016 年 1 月开业。其宗旨为：通过在基础设施及其他生产性领域的投资，促进亚洲经济可持续发展、创造财富并改善基础设施互联互通；与其他多边和双边开发机构紧密合作，推进区域合作和伙伴关系，应对发展挑战。其总部设在北京，截至 2023 年 9 月有 106 个成员，包括 92 个正式成员和 14 个意向成员。金立群任首任行长，任期 5 年；2020 年 7 月 28 日亚投行第五届理事会年会选举金立群为亚投行第二任行长，第二个任期从 2021 年 1 月 16 日开始。其组织结构为：一切权力归理事会，理事会可将其部分或全部权力授予董事会；董事会负责指导银行的总体业务。

在太平洋地区有南太平洋委员会，原先是一个殖民国家的组织，成立于 1947 年。它所宣称的宗旨为：促进南太平洋地区经济与社会的发展。现在该组织的成员，除英、美、法、澳和新西兰之外，还有这一地区新独立的许多国家。1998 年 10 月，南太平洋委员会更名为"太平洋共同体"（Pacific Community，PC）③。其宗旨为：促进南太平洋各国（地区）的经济发展、社会福利和进步；与其他国际组织合作，

---

① 网址为 http：//www. adb. org/。

② 网址：https：//www. aiib. org/。

③ 网址为 www. spc. org. nc/。

向南太岛国提供经济技术援助。目前共有 27 个成员。

此外,还有一个澳新美条约组织(ANZUS Pact),是美国为了争取澳大利亚和新西兰在旧金山对日和约上签字而于 1951 年 8 月 31 日同澳新两国签订的一个军事同盟条约的组织——澳新美理事会(Council of Australia, New Zealand and the United States of America, ANZUS Council)。条约规定,在太平洋区域内任一缔约国遭到武装攻击时,其他缔约国即认为危及本身安全,将依其宪法程序,采取共同行动。该组织设有理事会,每年开会一次,作为缔约国间的协商机构。自理事会 1984 年第 33 届年会后,因新西兰实行反核政策、拒绝美国核潜艇和载有核武器的军舰进入新西兰,该组织即处于危机之中。但自 1987 年以来,澳新美联盟实际上已名存实亡,澳美部长级会议取代了澳新美理事会。

在亚洲太平洋的大范围内,还有一个成立于 1989 年的比较松散的亚太经济合作组织(Asia-Pacific Economic Cooperation, APEC)①,其首次会议是 1989 年 11 月在澳大利亚的堪培拉召开的。当时的成员有澳、加、印尼、日本、韩国、马来西亚、新加坡、新西兰、菲律宾、泰国、文莱、美国。中国和中国台北及中国香港,于 1991 年亚太经合组织在首尔开会时被邀参加组织为其成员。其成员的分布区域甚广:从美国西海岸到遥远的俄罗斯东岸,通过中国,南达澳大利亚和新西兰,此外,还包括拉美的部分地区。② 亚太经合组织各成员覆盖人口为 27 亿,其经济总量约占世界经济总量的 57%,贸易量约占世界贸易总量的 45.8%。亚太经合组织是当今世界最大的地区经济合作论坛。其宗旨为:支持亚太区域经济可持续增长和繁荣,建设活力和谐的亚太大家庭,捍卫自由开放的贸易和投资,加速区域经济一

---

①　网址为 http://www.apec.int/。

②　截至 2023 年 9 月,亚太经合组织共有 21 个成员,即澳大利亚、文莱、加拿大、智利、中国、中国香港、印度尼西亚、日本、韩国、马来西亚、墨西哥、新西兰、巴布亚新几内亚、秘鲁、菲律宾、俄罗斯、新加坡、中国台北、泰国、美国和越南。此外,东南亚国家联盟、太平洋经济合作理事会和太平洋岛国论坛是亚太经合组织的观察员。

体化进程，鼓励经济技术合作，保障人民安全，促进建设良好和可持续的商业环境。其组织结构包括：领导人非正式会议，部长级会议，高官会，委员会和工作组，秘书处。它有10个专门工作机构涉及贸易与投资、技术转让、人力资源发展、能源、海上资源保存、通讯、交通、旅游等。每年一次的首脑会议成为亚太国家和地区讨论经济合作的重要场所。2000年11月15日，在文莱首都开幕的亚太经合组织领导人会议（第十二次），讨论了有关世贸组织下次多边贸易谈判的问题以及亚太经合组织内因特网等信息技术革命的问题。2009年11月，在新加坡举行的亚太经合组织领导人会议的主题是"促进持续增长，密切区域联系"。2010年11月，亚太经合组织第十八次领导人非正式会议在日本横滨召开，与会领导人主要就茂物目标审评、区域经济一体化、多哈回合谈判、亚太经合组织未来发展等问题交换了意见，并最终形成了《横滨宣言》。该宣言指出推动经济更加均衡持续增长是十分重要的，并呼吁各国采取措施推动亚太自由贸易区的形成。2020年，APEC领导人非正式会议围绕"激发人民潜能，共享强韧、繁荣未来"的主题进行讨论，通过了《2040年APEC布特拉加亚愿景》，提出2040年建成开放、活力、强韧、和平的亚太共同体目标；会议发表《2020年APEC领导人吉隆坡宣言》。2021年7月，新西兰以视频方式增开一场APEC领导人非正式会议，会议主题为"新冠肺炎疫情背景下亚太地区如何把握机遇，合作应对卫生危机，加速经济复苏，为未来发展打下更好基础"，发表了《克服疫情影响 加速经济复苏》领导人声明。2022年11月，APEC第二十九次领导人非正式会议在泰国曼谷举行，会议围绕"开放、联通、平衡"的主题进行讨论，通过了《2022年APEC领导人宣言》和《生物循环绿色经济曼谷目标》两份成果文件。

"穆斯林发展中八国集团"（Group of Eight Islamic Developing Countries）①，是1996年10月由土耳其总理埃尔巴坎建议组建的。1997年6月15日，埃及、伊朗、尼日利亚、印度尼西亚、马来西

---

① 网址为 www.developing8.org/。

亚、孟加拉国、土耳其和巴基斯坦等八国在伊斯坦布尔举行首次八国首脑会议，会上宣布正式成立"穆斯林发展中八国集团"。其总部设在土耳其伊斯坦布尔。这些国家的总人口为 8 亿，占世界人口的 13.5%。八国集团的宗旨是：在以和平取代冲突，以对话取代紧张，以合作取代掠夺，以正义取代双重标准，以平等取代歧视，以民主取代压制的原则框架内，担保 8 国社会经济的发展。八国集团的发展方针是致力于扩大成员国的合作，提高各成员国人民生活水平。该组织的目的是帮助发展中国家，加强在国际论坛中的磋商与合作，同时在金融、旅游、能源、贸易、卫生和环境等领域加强合作。2004 年 2 月，在伊朗首都德黑兰举行的峰会上，八国集团为应对全球化的挑战和增加贸易量，提出开始对优惠贸易安排进行谈判，并最终向自由贸易协定转变。2006 年 1 月，在第 5 次伊斯兰堡贸易高官会上，八国集团敲定了区内特惠贸易协定文本。该文本强调加强八国经贸合作，建立有利于促进多边贸易、消除非贸易壁垒和相互减让关税的通商环境，成员国将相互给予最惠国待遇地位，利益共享。2010 年 7 月，在第 28 届"穆斯林发展中八国集团"商业论坛上，各成员国通过积极磋商签署了特惠贸易协定。这一协定有利于推动成员国之间的自由贸易，有利于消除配额、边境收费，以及交易费用和税收等非关税壁垒。2012 年 11 月，第八届首脑会议在巴基斯坦首都伊斯兰堡举行；各成员国领导人就集团内的经贸合作、成员国间双边关系以及地区和国际问题等进行探讨，还签署了发展中八国集团宪章。2022 年 1 月，第 7 届农业和食品安全部长级会议在孟加拉国举行，会议主题为：促进气候智能农业——穆斯林发展中八国集团成员国的关键问题。

2001 年 6 月 15 日，哈、中、吉、俄、塔、乌六国，在上海举行首脑会议，成立了一个欧亚大陆的多边组织"上海合作组织"（The Shanghai Cooperation Organization, SCO）。① "上海合作组织"成员国总面积近 3018.9 万平方公里，占欧亚大陆面积的五分之三；人口 15 亿，占世界总人口的四分之一。截至 2023 年 9 月，上海合作组织国

---

① 网址为 http：//www. sectsco. org/。

家有9个成员国：印度、哈萨克斯坦、中国、吉尔吉斯斯坦、巴基斯坦、俄罗斯联邦、塔吉克斯坦、乌兹别克斯坦和伊朗；3个观察员国：阿富汗、白俄罗斯和蒙古；14个对话伙伴：阿塞拜疆、亚美尼亚、柬埔寨、尼泊尔、土耳其和斯里兰卡、埃及、卡塔尔、沙特阿拉伯、巴林、马尔代夫、阿联酋、科威特和缅甸。"上海合作组织"的前身是"上海五国"机制。"上海合作组织"的宗旨是：加强各成员国之间的相互信任与睦邻友好；鼓励成员国在政治、经贸、科技、文化、教育、能源、交通、旅游、环保及其他领域的有效合作；共同致力于维护和保障地区的和平、安全与稳定；推动建立民主、公正、合理的国际政治经济新秩序。"上海合作组织"的最高决策机构是成员国元首理事会。该理事会每年举行一次会议，就组织所有重大问题作出决定和指示。上海合作组织成员国政府首脑理事会每年举行一次例会，重点研究组织框架内多边合作的战略与优先方向，解决经济合作等领域的原则和迫切问题，并批准组织年度预算。除元首和政府首脑理事会会议外，上海合作组织现还建立了安全会议秘书、总检察长、最高法院院长、外长、国防部长、教育部长、公安内务部长、经贸部长、文化部长、交通部长、紧急救灾部长（中方为民政部）、国家协调员等会议机制。"上海合作组织"有两个常设机构，分别是设在北京的秘书处和设在塔什干的地区反恐怖机构。秘书长和反恐怖机构执委会主任均由元首理事会任命，任期三年。"上海合作组织"对内遵循互信、互利、平等、协商、尊重多样文明、谋求共同发展的"上海精神"，对外奉行不结盟、不针对其他国家和地区及开放的原则。2020年11月10日，上海合作组织成员国元首理事会第20次会议以视频方式举行；成员国元首签署并发表《莫斯科宣言》，发表关于共同应对新冠疫情、关于第二次世界大战胜利75周年、关于打击利用互联网传播"三股势力"思想、关于保障国际信息安全、关于应对毒品威胁、关于开展数字经济领域合作等6份声明；还批准了涉及医疗卫生、地方发展、对外交往等领域多个合作文件。2021年9月17日，上海合作组织成员国元首理事会第21次会议在塔吉克斯坦首都杜尚别举行，通过关于启动接收伊朗成为正式成员国的程序。2023

年 7 月 4 日，上海合作组织成员国元首理事会第 23 次会议以视频方式举行。会议达成系列共识，取得重要成果。成员国领导人签署并发表《上海合作组织成员国元首理事会新德里宣言》，共同发表关于打击极端化合作的声明、关于数字化转型领域合作的声明，批准关于给予伊朗上海合作组织成员国地位、关于签署白俄罗斯加入上海合作组织义务备忘录、关于上海合作组织至 2030 年经济发展战略等一系列决议。

以下着重就阿拉伯国家联盟作一概述。

经埃及建议，1944 年 9 月，阿拉伯国家的外长们集会于亚历山大，初步达成协议，决定创建阿拉伯国家联盟。1945 年 3 月，叙利亚、约旦、伊拉克、沙特阿拉伯、黎巴嫩、埃及、也门 (现阿拉伯也门共和国)7 国代表在开罗集会，签订了《阿拉伯国家联盟公约》，阿拉伯国家联盟 (League of Arab States，LAS，简称阿盟)①正式宣告成立。总部设在开罗。

根据《阿拉伯国家联盟公约》的规定，阿盟由签订该公约的独立阿拉伯国家组成，其宗旨为：使成员国间的关系更加密切；协调彼此间的政治活动，捍卫独立与主权；全面考虑阿拉伯国家的事务和利益；各成员国在经济和财政事项、交通和邮电、文化事务、国籍、社会福利事项和卫生等方面，彼此进行紧密合作。② 公约还规定，成员国间应和平解决争端，不得诉诸武力；如争端不涉及一国的独立、主权或领土完整，而争执双方又请求理事会解决此争端者，则理事会的决议应该有效并必须遵守。③

阿盟的主要机构是：(1)首脑会议，是该联盟的最高机构，自 1964 年开始举行，商讨地区性重大问题。2000 年 10 月，在开罗召开的第 11 次特别首脑会议决定每年定期举行首脑会议，由成员国轮流主持。从 2001 年 3 月第 13 届阿拉伯国家首脑会议起，阿盟首脑会议

---

① 网址为 http：//www. lasportal. org/。
② 见《阿拉伯国家联盟公约》第 2 条。
③ 见《阿拉伯国家联盟公约》第 5 条。

机制化。(2)理事会，是该联盟的决策机关，由全体成员的代表组成，每年3月和9月举行例会两次，如有两个成员提出要求，可以随时召开非常会议。理事会决议，一般采一致同意原则，经全体通过的决议，应对联盟各成员国有约束力。但是，有关行政官员的事项、联盟预算的批准、理事会内部组织及各委员会和秘书处的事项、各届会议的结束事宜等，理事会的决议只须多数票通过即为有效；经多数通过的决议，只对投同意票的成员发生效力。(3)各专门委员会。理事会下设有新闻、内政、司法、住房、运输、卫生、社会事务、青年与体育、环境事务和通信等13个委员会，由各成员国派代表组成，分别进行工作。(4)常设秘书处，是行政及财务机构，负责执行理事会的决议。秘书处由秘书长1人，助理秘书若干人，以及相当数目的行政官员组成，下设若干处。(5)阿盟还设有阿拉伯联合军事指挥部、联合防御理事会、阿拉伯经济理事会等机构；并在一些非阿拉伯国家设有办事处、代表或新闻中心。

阿盟理事会成员、各委员会委员以及内部组织中所指定的官员，在执行职务时享有外交特权与豁免。阿盟各机构所占据的房屋不受侵犯。

阿盟成立后，从一开始即为捍卫民族独立与国家主权而服务，特别是在巴勒斯坦问题上，支持阿拉伯人民的权利，反对扩张与侵略，它对发展阿拉伯事业、保障阿拉伯地区权益和抵制霸权主义，具有重要作用。1950年5月，签订了附有军事议定书的"阿拉伯联盟国家联合防御与经济合作条约"；1964年1月，第一届阿拉伯国家首脑会议在开罗举行，会议就成立阿拉伯联合司令部和巴勒斯坦组织等问题作出了决议；1965年1月，阿拉伯共同市场成立；1965年9月，第三届阿拉伯国家首脑会议在卡萨布兰卡举行，发表了支持巴勒斯坦解放的声明，并签署了阿拉伯团结宪章；1974年10月，第七届阿拉伯国家首脑会议在拉巴特举行，通过了关于巴勒斯坦等问题的决议；1975年6月，第一次阿拉伯—欧洲"对话"专家会议在开罗举行，决定加强阿拉伯联盟和欧洲共同体之间的合作；1977年3月，在开罗举行有60个国家参加的第一次非洲—阿拉伯最高级会议，通过了"非—阿合作开罗宣言""非—阿经济与财政合作宣言"和"实现非—阿合作的组织形式与方法"等文件；1982 年 9 月，第十二届阿拉伯国家首脑会议在非斯复会，通过了解决巴勒斯坦与中东问题的 8 项原则，强调以色列必须撤出所占领土，重申巴勒斯坦人民享有自决权，并建立独立的巴勒斯坦国；1985 年 8 月在卡萨布兰卡召开紧急首脑会议，谴责恐怖主义行为，谴责叙利亚支持的穆斯林"阿迈勒"民兵组织对黎巴嫩的巴勒斯坦难民营发动袭击；1986 年 1 月，阿盟部长理事特别会议讨论并谴责了美国对利比亚的军事威胁。1990 年 5 月在巴格达召开首脑会议，谴责越来越多的犹太人从苏联流入以色列，并抨击美国对以色列的无理支持。2001 年 3 月在约旦安曼举行首脑会议，讨论伊拉克形势及陷入中断的巴以和谈。

目前阿盟的成员国有 22 个：阿尔及利亚、阿拉伯联合酋长国、阿曼、埃及、巴勒斯坦、巴林、吉布提、卡塔尔、科威特、黎巴嫩、利比亚、毛里塔尼亚、摩洛哥、沙特阿拉伯、苏丹、索马里、突尼斯、叙利亚、也门、伊拉克、约旦、科摩罗。但是，由于埃及同以色列签订和约，阿拉伯国家的外交和经济部长，于 1979 年 3 月在巴格达召开会议，决定暂停埃及在阿盟的成员资格，并把该联盟的总部从开罗迁到突尼斯；而在巴格达会议之前，埃及也已决定暂时冻结它在该组织的活动。2011 年 11 月 16 日，阿盟中止叙利亚成员国资格。2023 年 5 月 7 日，阿盟在开罗举行的外长级特别会议上决定，同意恢复叙利亚的阿盟成员国资格。

自 1979 年埃及被中止阿盟成员资格整整 10 年之后，即 1989 年 5 月 23 日，埃及总统被邀请参加了在摩洛哥卡萨布兰卡举行的阿拉伯特别首脑会议。阿拉伯 10 年严重纷争的一页终于翻过去了。这次会议支持巴解组织在承认以色列生存权的基础上进行的和平外交努力，支持两国同时存在的解决办法，支持放弃恐怖主义。无可讳言，中东诸多问题的公正解决，最终依靠的是阿拉伯团结一致的力量。1991 年 3 月 30 日，阿盟理事会第 95 届例会开幕，这是阿盟总部从突尼斯迁回开罗后召开的第一次例会，也是阿盟所有成员国在经历长达 7 个月之久的海湾危机和海湾战争磨难后首次召开的会议。阿盟各成员国均派代表参加了这届会议。

2009 年 3 月，第 21 届阿盟首脑会议在卡塔尔首都多哈召开，阿盟 22 个成员国的首脑或代表出席了本次会议。会议通过了《多哈宣言》，承诺阿拉伯国家会继续保持团结，尊重各国主权，维护国家独立，互不干预内政；要求以色列立即停止单边政策，停止扩建犹太定居点，拆除隔离墙，信守和平承诺，尽快启动搁置的和平进程，履行已达成的有关国际决议和和平倡议。在苏丹问题上，《多哈宣言》明确表示支持苏丹，拒绝国际刑事法院对苏丹总统巴希尔发出的逮捕令，支持一切有助于苏丹达尔富尔地区实现和平的尝试。关于伊拉克问题，《多哈宣言》强调支持伊拉克的独立和主权，支持伊拉克政治进程，支持伊社会各个阶层参与伊拉克建设。《多哈宣言》首次提出希望与伊朗进行直接、严肃的对话，以解决伊朗与阿联酋存在争议的三个岛屿问题，否则阿盟将借助国际法院解决矛盾。此外，《多哈宣言》还就索马里问题、打击恐怖主义、防止大规模杀伤性武器扩散、和平利用核能、推进政治、经济社会合作等问题阐述了阿拉伯国家的立场。

2009 年 9 月，第 132 届阿盟外长理事会在开罗举行，会议着重讨论了中东和平进程和地区局势等问题。阿盟秘书长穆萨宣布，鉴于以色列拒绝停止在其占领的阿拉伯领土上扩建犹太人定居点，阿拉伯国家决定搁置由美国提出的"与以色列关系正常化提案"。2019 年 3 月 31 日，第 30 届阿盟首脑会议在突尼斯召开。会议通过《突尼斯宣言》，重申巴勒斯坦问题是阿拉伯民族核心问题，坚持阿拉伯和平倡议和"两国方案"，强调戈兰高地是叙利亚被占领土。2021 年 3 月 3 日，阿盟外长理事会第 155 次例会在开罗举行。会议主要讨论了巴勒斯坦问题及阿拉伯国家在政治、经济、安全和文化等多个层面共同面临的问题，并就地区热点问题和阿盟对外合作计划进行了协调；会议通过了《阿盟外长理事会第 155 次例会决议》。2023 年 5 月 19 日，第 32 届阿盟首脑会议在沙特吉达召开，会议通过《吉达宣言》，重申巴勒斯坦问题是阿拉伯世界核心问题，坚持"阿拉伯和平倡议"和"两国方案"；欢迎叙利亚重返阿盟；呼吁苏丹冲突双方开展对话、避免冲突升级；支持也门问题政治解决；强调应摆脱外部势力对阿拉伯内政干涉；呼吁开展文明对话，增进文明包容；推进阿拉伯共同行动，加强阿拉伯国家团结协作。

中国同阿盟于 1956 年建立联系。1993 年 8 月，阿盟在北京设立办事处。2004 年 9 月，"中阿合作论坛"正式启动。2005 年，中国任命驻埃及大使兼任驻阿盟代表。近十几年来，双方关系日益密切，交往不断增多，在国际事务中保持协调和相互支持。2021 年 6 月 22 日，"中阿合作论坛"第十七次高官会和第六次高官级战略政治对话以视频连线方式举行。会议总结了论坛第九届部长级会议成果落实进展，讨论了中阿峰会筹备及下阶段工作计划，就双方共同关心的国际和地区问题交换了意见。2022 年 12 月 9 日，首届中国-阿拉伯国家峰会在沙特首都利雅得举行，中阿双方发表《首届中阿峰会利雅得宣言》《中华人民共和国和阿拉伯国家全面合作规划纲要》和《深化面向和平与发展的中阿战略伙伴关系文件》，一致同意全力构建面向新时代的中阿命运共同体，加强中阿团结协作，助力各自民族复兴，促进地区和平发展，维护国际公平正义，为构建人类命运共同体贡献力量。

此外，近年来阿盟外长理事会连续作出对华关系决议，呼吁阿盟成员国积极发展同中国在各个领域的关系。2021 年 9 月 9 日，第 156 届阿盟外长理事会会议通过涉华决议，首次写入"特别赞赏中方为支持阿拉伯事业、和平解决地区危机所做外交努力"表述，并强调阿盟各成员国重视在"一带一路"倡议下加强同中国在各领域合作关系，重申阿拉伯国家支持一个中国原则。2023 年 3 月 8 日，第 159 届阿盟外长理事会高度评价首届中阿峰会，责成阿盟秘书处同中国和各成员国加强沟通对接，落实好峰会各项成果，不断推进中阿各领域友好合作。

第三节 非洲的区域组织

非洲的区域组织均成立较晚。其中最大的是非洲统一组织（非洲联盟），建立于 20 世纪 60 年代初期。在 60 年代初成立的非洲区域性组织还有：非马联盟（Union of African and Malagasy States）、非洲国家联盟（Union of African States）、蒙罗维亚集团（Monrovia Group）、卡萨布兰卡集团（Casablanca Grouping）等。它们都是一般政治性的组织。

  特别值得注意的是，非洲还有若干经济合作方面的区域组织。一个是非洲西部的西非经济共同体（West African Economic Community，WAEC），它是布基纳法索（原上沃尔特）、科特迪瓦（原象牙海岸）、尼日尔、马里、毛里塔尼亚、塞内加尔等法语国家于1974年1月组成的，总部设在上沃尔特（现布基纳法索）的瓦加杜古。该组织的宗旨为，调整各成员国间的关税，协调各成员国在交通运输、能源、畜牧、工业等方面的政策，促进各成员国工农业产品的贸易。

  另一个经济组织是西非国家经济共同体（Economic Community of West African States，ECOWAS，简称西共体）①，成立于1975年，它有15个成员国：贝宁、布基纳法索、多哥、佛得角、冈比亚、几内亚、几内亚比绍、加纳、科特迪瓦、利比里亚、马里、尼日尔、尼日利亚、塞拉利昂、塞内加尔。2009年1月和10月，几内亚和尼日尔分别因发生军事政变和总统为求连任强行推动制宪公投和立法选举被中止成员国资格。西共体是据1975年西非15国首脑会议签订的一项条约组成的。条约为该组织规定的宗旨为：促进成员国在政治、经济、社会和文化等方面的发展与合作，提高人民生活水平，加强相互关系，为非洲的进步与发展作出贡献。西共体的组织机构主要有：首脑会议，部长理事会，委员会，西共体议会，西共体法院，西共体投资和开发银行。西共体成立以来的诸种活动，在巩固西非各国的政治及经济独立、加强经济合作与维护经济权益方面，具有重要意义。西共体于1985年7月在洛美举行第八届首脑会议，强调要加强合作，共同发展经济。2009年6月召开的西非共同体第36届首脑会议决定：争取在2020年设立"西非共同体中央银行"并发行西非统一货币，推动西非共同体与西非共同体投资发展银行合作设立"西非基础设施基金"，在2013年第一季度前各成员国完成对银行和金融机构的监管体系和本区跨国贸易与支付系统的建设工作。2010年2月，西共体在阿布贾举行第37届首脑会议。会议就解决西非地区政治危机，推动西非民主化和经济一体化进程以及合力应对西非社会经济发展挑战等议题进行了讨论。会议选举了西共体新任执行主席和委员会主

—————————
  ① 网址为http：//www.ecowas.int/。

席。2021 年 1 月，西共体在加纳首都阿克拉举行第 58 届首脑会议，重点讨论团结抗疫、地区政治经济形势与一体化进程、和平安全与稳定等问题。6 月，西共体在加纳首都阿克拉举行第 59 届首脑会议，会议提出将于 2027 年统一货币。2023 年 7 月，西共体举行第 63 届首脑会议，重点关注萨赫勒地区的安全局势。

中部非洲国家首脑于 1983 年 10 月 18 日签署一项条约，成立了一个中部非洲国家经济共同体（Communauté Economique des Etats d'Afrique Centrale，CEEAC）①。其宗旨为：促进和加强成员国间的协调、合作与均衡发展，提高在经济和社会各领域的自主能力，改善人民生活水平，保持经济稳定发展，巩固和平，为非洲的进步与发展做贡献。该共同体目前由 11 个成员：安哥拉、布隆迪、喀麦隆、中非、乍得、刚果（布）、刚果（金）、加蓬、赤道几内亚、圣多美和普林西比、卢旺达。这一共同体的诞生，表达了中非国家协调与合作发展民族经济的愿望与决心，从而使非洲大陆的区域协作增添了活力。区域组织，特别是区域性的经济组织，把分散的力量集中起来，有利于利用与开发自然资源，有利于克服经济建设中的困难，有利于政治独立的巩固，这是非洲国家反殖民化运动和经济发展战略的一个基本步骤。2009 年 10 月，该共同体第 14 次峰会在金沙萨举行。会议讨论了地区和平、安全和稳定、经济与货币等问题，会议强调要加快落实在刚果（布）黑角建立中部非洲地区海事安全中心的经费，组织成立地区海事大会；在非盟边境计划框架内执行地区边境合作计划，采取更全面快速的预警机制平息武装冲突，打击跨境犯罪；调整中非维和特派团部署，授权加蓬总统阿里·邦戈领导特派团工作；肯定共同体为应对国际金融危机所采取的措施及取得的进展，决定建立成员国央行行长年会机制；决定在加蓬修建共同体会议中心；审议共同体农业政策及地区粮食安全计划制定情况，决定设立地区农业发展特别基金等。2020 年 11 月，该共同体第 18 届峰会在加蓬首都利伯维尔召开。会议审议并通过《共同体 2021—2025 年中期战略规划》和《2021 年优先行动计划》，一致同意加快地区关税同盟和共同市场建设，推动一

①　网址为 http://www.ceeac-eccas.org/。

体化进程。2022 年 1 月，该共同体第 20 届国家元首和政府首脑会议在刚果(布)举行，会议通过 2022 年优先行动计划并发表公报。

兹着重就非洲统一组织(非洲联盟)概述如下。

非洲统一组织(非洲联盟)是非洲独立国家的一个全非性组织。它是以加强非洲人民团结、争取民族平等与民族自决权为宗旨的"泛非运动"的产物。它的基础是"泛非主义"。自从非洲遭受殖民主义入侵、奴役和统治以来，特别是 1885 年欧洲老殖民主义国家在柏林召开瓜分非洲的会议之后，非洲人民和全世界的非洲人后裔，在反殖民压迫和剥削的运动中逐渐形成了一种团结精神和强烈的民族主义思想。在 20 世纪初，这种思想首先集中由泛非大会的创始人世界著名黑人学者杜波依斯以"泛非主义"口号的形式提了出来。第二次世界大战后，泛非运动蓬勃发展，非洲新独立的国家日益增多，各国人民和许多非洲独立运动领袖强烈要求"非洲的解放与统一"。1963 年 5月，非洲 31 个国家的元首、政府首脑和代表，在埃塞俄比亚的首都亚的斯亚贝巴举行会议，25 日通过了《非洲统一组织宪章》，于是非洲统一组织宣告成立。

非统组织的成立，为非洲的进步与发展奠定了基础，标志着非洲人民团结、反殖、反帝运动进入了一个新阶段。因此会议决定每年的 5 月 25 日这一天被定为"非洲解放日"。

非洲统一组织是现存区域组织中成员国最多的一个，现在，它的成员国已达到 53 个(包括 1996 年加入的南非在内)。总部设在亚的斯亚贝巴。

根据《非洲统一组织宪章》的规定，非统的宗旨为：促进非洲国家的统一与团结，调整并加强非洲国家在政治、外交、经济、文教、科技、防务与安全等方面的合作，努力改善非洲各国人民的生活，保卫非洲国家的主权、领土完整与独立，肃清非洲一切形式的殖民主义，促进国际合作。[①] 为了实现上述宗旨，该宪章还规定了各成员国所应遵守的原则：各成员国主权平等；不干涉内政；尊重各成员国的主权与领土完整以及独立生存所不可让与的权利；以谈判、调停、和

---

① 见《非洲统一组织宪章》第 2 条。

解或仲裁来和平解决争端；谴责一切形式的政治暗杀及对任何国家所进行的颠覆活动，绝对献身于全部解放尚未独立的非洲领土；确认对一切集团不结盟的政策。①

非洲统一组织的主要机构有：（1）国家和政府首脑会议，是该组织的最高机构，每年至少开会一次，讨论有关整个非洲的重大问题，以决定总的政策方针。在 2/3 多数成员国的赞同下，可以举行特别会议。首脑会议的决议，均由该组织成员国的 2/3 多数决定。（2）部长理事会，由成员国的外长或其政府指派的其他部长组成，每年至少召开会议两次，在 2/3 多数成员国的赞同下，可以举行特别会议。其主要任务是执行首脑会议的决定。部长理事会的决议均由其成员的简单多数决定。（3）秘书处，是常设的中心机构，设行政秘书长 1 人，由成员国国家首脑会议推荐，任期 4 年，可连选连任。其下有 5 位副秘书长（每个地区 1 名）。除上述 6 人是选举任职以外，其他工作人员均为"专职人员"（占 56%）和雇员（占 44%）。专职人员的任职期限最长为 30 年，专职人员一般约 400 人。秘书长及其工作人员都属于仅向该组织负责的国际官员，各成员国不得对他们的工作施加影响。秘书处下设政治、法律、经社、文教及行政等部门，分别执行该组织宪章以及成员国间的协定和条约所赋予的任务。（4）此外，还设有负责援助未独立国家解放事业的"非洲解放运动协调委员会"，负责和平解决争端的"调解、和解与仲裁委员会"，以及分别负责经济社会、教科文卫和防务的若干专门委员会。

非洲统一组织自 1963 年成立以来，到进入新世纪时，召开过 36 届首脑会议。通过了一系列反帝、反殖、反霸以及捍卫非洲国家主权和发展非洲经济的重要决议。对支持非洲殖民地解放、争取民族独立、反对外来干涉、增强非洲国家统一与团结，对维护世界和平与促进国际合作，都发挥了积极作用。1964 年 7 月在开罗举行的会议上，通过了一项关于边界争端问题的议定书，规定对成员国之间的争端进行斡旋、调解和最后进行仲裁，并规定成员国有义务尊重其独立时的边界状况。1965 年 10 月在阿克拉举行的会议上，通过了关于建立非

---

①　见《非洲统一组织宪章》第 3 条。

洲防御组织的决议。1968 年 9 月在阿尔及尔举行的会议上，通过决议"要求外国军队根据联合国安理会 1967 年 11 月 22 日决议撤出自 1967 年 6 月 5 日以来所占领的阿拉伯领土"；会议还以决议谴责帝国主义"鼓励和加强"了南非的种族主义政策。1972 年 6 月在拉巴特举行的会议上，通过决议重申"凡是对非洲统一组织的一个成员国的侵略就是对它的所有成员国的侵略"。1973 年 5 月在亚的斯亚贝巴举行的会议上，通过了"关于总政策的庄严宣言"等文件。其中关于海洋法问题的宣言首次宣布："非洲国家承认每一个沿海国家拥有在其领海范围外建立专属经济区的权利，其界限将从确定它们领海的基线算起，不超过 200 海里。"1977 年 7 月在利伯维尔举行的会议上，一致通过了关于反对外来势力和超级大国干涉非洲国家内部事务的决议，还批准了关于制止和镇压雇佣军的公约。1978 年 7 月在喀土穆举行的会议上，通过了关于反对外来干涉和非洲解放等问题的一系列决议。1981 年 6 月在内罗毕举行的会议上，讨论了非洲面临的一些紧迫问题，其中关于纳米比亚问题的决议重申，联合国安理会关于实现纳米比亚独立的 435 号决议是谈判解决纳米比亚问题的唯一基础，并要求在国际上开展一个孤立南非的运动，对其进行包括石油禁运在内的全面制裁，迫使其撤离纳米比亚。① 1986 年 7 月在亚的斯亚贝巴举行的会议上，讨论了南部非洲问题和非洲经济问题。会议还通过了一项谴责美国干预安哥拉内部事务的声明。1990 年 2 月在亚的斯亚

---

① 非洲统一组织第 19 届首脑会议，由于在接纳阿拉伯撒哈拉民主共和国为成员国等问题上存在重大分歧，从 1982 年 8 月后，曾经两次延期。早在 1982 年 2 月非统第 38 届部长理事会例会上，因宣布接纳西撒哈拉波利萨里奥阵线(西撒人阵)为非统第 51 个正式成员而引起摩洛哥代表的强烈反对与退场，接着又有 18 个国家的代表团相继退出会议，表示抗议。这是非统自 1963 年成立以来所遇到的最严峻的形势。1983 年 2 月，非洲统一组织的一个十二国接触委员会召开首脑会议，十二国首脑表示决心克服困难，维护非统的团结，一致同意向非统成员国建议：非统第 19 届首脑会议在无先决条件的情况下，应于 1983 年 6 月在埃塞俄比亚首都亚的斯亚贝巴召开。其后，第 19 届非统首脑会议按"十二国接触委员会"建议的地址如期举行，有 49 个国家出席了这次会议，最后就西撒、乍得和南部非洲等问题通过了一系列决议。各国首脑们的共同行动维护了全非洲的团结。

贝巴召开的第 51 次非统组织部长理事会议上，通过了关于南非问题的决议。决议欢迎南非最近出现的变化，希望通过真正的谈判结束南非种族隔离制度并建立一个统一的、非种族主义的、民主的南非。决议呼吁联合国和国际社会说服南非当局尊重独立后的纳米比亚的政治制度、国家主权和领土完整，不干涉其内政。决议认为，南非有限的变化是它受到国内外压力的结果，呼吁国际社会继续对其实行制裁。1993 年 6 月 28 日在开罗开幕的非统首脑会议上，通过了建立一个全非预防、管理和以和平方式解决冲突的机制。在卢旺达，非统组织同该地区国家一起促成了和平协议的达成，在那里部署了中立的军事观察员小组，并于 1994 年协助联合国在卢旺达的部队开展工作。在刚果与加蓬的政治危机中，在科摩罗，在利比里亚，非统组织都发挥了积极作用。尤其是联合国秘书长与非统秘书长以共同决定的方式派遣特使去大湖地区调解冲突一事，表明这个非洲组织与联合国在《联合国宪章》第 8 章的原则下，有着进行紧密合作的良好前景。在社会、经济、政治等各方面，非统组织都进入了一个重要阶段，自 1990 年召开的首脑会议通过关于"世界的变化与非洲的对策"的声明以来，非统组织积极支持民主，其所参与监督过的非洲大陆选举，已不下五十次之多。在 1997 年 6 月召开的第 33 届首脑会议上，津巴布韦总统以及多位国家元首及政府首脑，强调指出要防止外部的国际机构与跨国机构以援助为名干涉非洲，并对来自世界贸易组织和国际金融机构的不公正政策表示担忧。

1999 年 9 月 9 日，[1] 非统组织第四届特别首脑会议通过《锡尔特宣言》，决定成立非洲联盟（African Union，AU，简称非盟）。[2] 2002年 7 月，非盟举行第一届首脑会议，宣布非盟正式成立，并取代非洲统一组织。非盟是现存区域组织中成员国最多的一个。截至 2023 年9 月，非盟共有 55 个成员国（毛里塔尼亚于 2005 年 8 月被非盟暂时中断其成员国资格，2008 年 8 月非盟宣布冻结其成员资格，2009 年

---

[1] 为纪念非盟成立，9 月 9 日被定为"非洲联盟日"。

[2] 网址为 http：//www.au.int/。

7月恢复成员国资格；2008年12月，非盟决定暂时中止几内亚成员国资格；2009年3月，非盟决定暂停马达加斯加成员国资格；"西撒哈拉"于1984年11月被非统接纳为成员；"西撒哈拉"加入后，摩洛哥随即退出非统，后于2017年1月第28届非盟首脑会议上重返非盟，"西撒哈拉"未退出；南苏丹于2011年7月独立建国，是非盟最年轻的成员国；2021年10月，非盟宣布暂停苏丹成员国资格；2023年8月，非盟宣布暂停加蓬成员国资格）。非盟总部设在埃塞俄比亚首都亚的斯亚贝巴。

非盟主要机构有：（1）大会，即首脑会议：系非盟最高权力机构。原每年召开两次例会，从2019年起仅在年初举行，年中首脑会议改为非盟与次区域经济体协调会。若某国提出要求并经2/3成员国同意，可召开特别首脑会议。（2）执行理事会：由成员国外长或成员国指定的其他部长组成。每年举行两次例会，若某国提出要求并经2/3成员国同意，可举行特别会议。执行理事会对非盟首脑会议负责，执行其通过的有关政策并监督决议的实施情况。（3）非盟委员会：为非盟常设行政机构，负责处理非盟的日常行政事务。其领导机构由主席、副主席及6名委员共8人组成，任期4年，至多可连任一次。（4）泛非议会：非盟的立法与监督机构，目前只具有咨询、建议和预算监督职能，由非盟55个成员国每国选出5名代表组成，设1位议长和4位副议长，根据地域平衡原则分别来自非洲的五个次区域。每年召开两次例会。（5）和平与安全理事会：由15个成员国组成，其中5国任期3年，10国任期2年，均可连选连任；成员国权力平等，无否决权。其主要职能是：维护地区和平与安全，预防地区冲突，对成员国实施军事干预与维和行动，帮助战后重建，进行人道主义和灾难救援等。其主要权力有：制订非盟对成员国干预的形式和计划，制裁以违宪手段更迭政权者，确保非盟反恐政策的实施，推动成员国实行民主、良政、法治和保障人权等。（6）非洲发展新伙伴计划（NEPAD）：由南非、尼日利亚、阿尔及利亚、塞内加尔和埃及于2001年发起，2010年正式成为非盟下设机构。设有国家元首和政府首脑指导委员会、执行委员会、规划和协调局等决策和执行机构。2017年1

月第 28 届非盟首脑会议决定将其改建为非盟发展署。(7)经济、社会和文化理事会：为咨询机构，由成员国社会团体、专业团体、文化组织和非政府组织等组成。(8)常驻代表委员会：由成员国驻非盟代表组成，主要职能为向执行理事会提出工作建议，加强非盟委员会与成员国间的沟通，每月举行一次例会。(9)非洲法院：为司法机构。

根据《非洲联盟宪章》的规定，非盟的主要任务是维护和促进非洲大陆的和平与稳定，推行改革和减贫战略，实现非洲的发展与复兴。作为非洲大陆的地区性组织，非盟自成立以来在消除地区贫困、促进非洲大陆经济发展、维护地区和平及合理安置难民等方面做出了积极努力。非盟致力于建设一个团结合作的非洲，力争各成员国在重大国际事务中能够用一个声音说话。该组织还积极落实 2001 年发起的"非洲发展新伙伴计划"，推动各成员国加强基础设施建设、吸引和争取外资及援助，以促进非洲大陆经济一体化。近年来，非盟在维护地区安全、调解地区战乱和冲突方面采取了积极行动。非盟参与调解了布隆迪、刚果(金)、利比里亚、索马里、科特迪瓦和苏丹等国的冲突，有效地避免了这些国家安全局势进一步恶化。

2009 年 7 月，非盟第十三届首脑会议在利比亚锡尔特举行。会议主题为"投资农业促进经济增长和粮食安全"，重点讨论了非盟权力机构、非洲地区热点、军人干政和违宪夺权、国际金融危机对非洲的影响、非洲国家与国际刑事法院的关系、粮食安全、气候变化、安理会改革等问题；期间，还举行了非洲发展新伙伴计划元首实施委员会、非洲互查机制等相关会议。2010 年 1 月 31 日至 2 月 2 日，非盟第十四届首脑会议在埃塞俄比亚首都亚的斯亚贝巴举行。会议主题是"非洲信息与通信技术：发展面临的挑战和前景"，主要讨论了非洲和平安全、一体化建设、气候变化、安理会改革等问题。本届首脑会议正式启动 2010 年"非洲和平与安全年"。2019 年 5 月 30 日，《非洲大陆自由贸易协定》正式生效。2019 年 7 月 7—8 日，第 12 届非盟特别首脑会议和首届非盟与次区域经济体协调会在尼日尔首都尼亚美举行，特别首脑会议宣布非洲大陆自贸区正式成立。非洲大陆自贸区是非洲联盟《2063 年议程》中最雄心壮志的项目之一。自贸区建设将促进非洲区域内贸易增长,有效推进非洲国家间的贸易往来2020年2月9—10日,第33届非盟首脑会议在亚的斯亚贝巴举行,重点审议了非盟机构改革、非洲大陆自贸区、和平安全等议题及非盟特定议题协调人报告,发布首部非盟《2063年议程》执行情况报告和非洲经济展望报告。会议宣布启动2020年非盟主题年"消弭枪声——为非洲发展创造有利条件"。2021年2月6—7日,第34届非盟首脑会议以视频方式举行,聚焦全非抗疫、机构改革和非盟委员会换届选举,并宣布启动2021年非盟主题年"艺术、文化和遗产:助力构建我们向往的非洲"。2023年2月18-19日,第36届非盟峰会在亚的斯亚贝巴举行,重点讨论了非洲和平安全、非洲自贸区和卫生体系建设、非盟机构改革等问题。

中国同非盟及其前身非洲统一组织保持着友好往来和良好合作,并向其提供了力所能及的援助。2005年3月,中国成为首批向非盟派遣兼驻代表的区外国家。近年来,中国与非盟关系深入发展。中国与非盟在气候变化、2030年可持续发展议程等重大国际问题以及非洲热点问题上保持沟通协调。非盟在涉及中国核心和重大利益问题上积极支持中国。中国向非盟机构能力建设、有关维和行动和非盟总部会议中心、非洲疾控中心等项目建设提供援助。2018年,非盟在北京设立驻华代表处。2019年2月,中国国家主席致电祝贺非洲联盟第32届首脑会议在亚的斯亚贝巴召开。中方愿同非方携手努力,以落实中非合作论坛北京峰会成果为契机,推动共建"一带一路"同落实非洲联盟《2063年议程》、联合国2030年可持续发展议程以及非洲各国发展战略深入对接,携手构建更加紧密的中非命运共同体。

第四节 欧洲的区域组织

欧洲,是历来国际组织最发达的地区。在距今约200年时,欧洲的莱茵河沿岸国之间,就有一个国际组织莱茵河管理委员会诞生了。相比之下,欧洲虽然面积不大,但却是迄今国际组织最多的一个洲。

经过两次世界大战,欧洲的区域组织,又有了很大的发展。现存的比较重要的欧洲区域组织,有很多是第二次世界大战后建立起来的。在北欧有一个北欧理事会(Nordic Council)①,设立于1953年。它是北欧5国在经济、社会、文化、交通、法律等方面进行磋商与咨询的组织。北欧理事会每年轮流在各成员国首都举行会议。

英、法、意、卢、比、荷、丹麦、挪威、瑞典与爱尔兰等10国,于1949年5月5日在伦敦签订《欧洲理事会规章》成立了欧洲理事会(The Council of Europe)②,后来又有希、土、德、奥、瑞士、葡萄牙、西班牙、冰岛、马耳他、塞浦路斯、列支敦士登等国参加。冷战结束后,其成员国已扩大到中欧和东欧,如保加利亚、捷克、爱沙尼亚、匈牙利、立陶宛、波兰、罗马尼亚、斯洛伐克等。截至2023年9月,欧洲理事会已有46个成员国和6个观察员国。它是一个一般政治性的组织,会址在法国的斯特拉斯堡。规章规定,国防问题不在该理事会的职权范围之内。欧洲理事会的主要组织机构有:部长委员会(最高执行机关)、议会(议事机构,无立法权)、秘书处(处理日常事务);此外,还设有欧洲人权委员会和人权法院。欧洲理事会自成立以来,一直围绕着欧洲合作与联合的目标开展工作,审议各成员国共同关心的政治、人权、经济、社会、教育、文化、科技等问题,并且通过各成员国政府签订协议、公约、或向成员国提出建议等方式,谋求在上述各领域内采取统一行动。通过欧洲理事会签订的协议和公约已经达到一百六十多项,如《欧洲人权公约》(1950年)、《欧洲社会宪章》(1961年)、《欧洲社会安全公约》(1972年)、《文化公约》《制止恐怖主义公约》(1977年)等。③

经济互助委员会和欧洲共同体,是战后分属东西方的两个政治经济性的组织。经济互助委员会(Council for Mutual Economic Assistance),是在当时面临西方经济封锁的情况下,苏联和东欧国家保、波、匈、罗、捷等国于1949年在莫斯科会议上建立的一个区域

---

① 网址为 http://www.norden.org/。

② 网址为 http://www.coe.int/。

③ 关于"欧洲理事会"的情况,还可参见邵沙平著:《跨国洗钱的法律控制问题研究》,武汉大学出版社1998年版,第五章"欧洲理事会"概述部分。

合作组织。最初宗旨为："在平等的基础上交流经济经验，相互技术援助，彼此在原料、粮食、机器、装备等方面提供协助，以实现成员国间更广泛的经济合作。"①总部设在莫斯科。以后加入的除前德意志民主共和国外，还有欧洲之外的蒙古、古巴和越南。② 1962 年修改后的经互会章程规定，其主要目的是在"国际分工"原则的基础上发展"全面经济合作"。1971 年经互会制订了《经济一体化综合纲要》，1979 年又制订了《长期专项合作纲要》。通过"经济一体化""生产专业化"和"联合项目"等计划，大大加强了经互会以苏联为主宰的经济与政治纽带。苏联以此一方面向其他成员国提供贷款，输出成套设备，另方面要求它们在苏联投资合办企业，使之纳入苏联经济的轨道，从而使自己成为该组织的"盟主"。但是，从 20 世纪 80 年代末起，在进入 90 年代之后，东欧和苏联形势发生巨变，经互会亦陷入严重危机。1991 年 6 月 28 日，经互会在布达佩斯举行了最后一次成员国代表会议，宣布经互会正式解散。

欧洲自由贸易联盟，原先是以英国为首的一个与欧洲经济共同体相抗衡的合作组织。它是根据 1960 年《斯德哥尔摩公约》成立的，总部设在日内瓦。自从作为其成员的英国和丹麦参加欧洲经济共同体后，这两个对立的组织就逐渐联系在一起了。

华沙条约组织和北大西洋公约组织是分属东西方阵营的两个军事同盟组织。后者是英、美、法、意等 12 个西方国家于 1949 年 4 月在华盛顿签订《北大西洋公约》而成立的，总部设在布鲁塞尔。③ 后来土耳其、西班牙、希腊和联邦德国均先后正式加入。北约是第二次世界大战后两极格局中美国用以影响其盟国并同当时苏联争夺欧洲及世界的重要战略性的工具。但其内部不无矛盾，曾引起法国及希腊等成

---

① 见 1949 年 1 月 25 日签订于莫斯科的《成立经济互助委员会公报》。

② 阿尔巴尼亚于 1949 年加入经互会，后又于 1961 年停止参加经互会的一切活动。1962 年 6 月，经互会决定其成员资格不受地区限制，并吸收蒙古为成员国；后来又分别于 1972 年和 1978 年吸收了古巴和越南。自此，经互会已超出了欧洲区域的范围。

③ 网址为 http：//www. nato. int/。

员国的离心倾向。①

———————————

① 北大西洋公约组织(North Atlantic Treaty Organization, NATO, 简称北约), 现有成员国 28 个。北约最初的成员国包括: 美国、加拿大、比利时、法国、卢森堡、荷兰、英国、丹麦、挪威、冰岛、葡萄牙和意大利。希腊和土耳其于 1952 年、联邦德国和西班牙分别于 1955 年和 1982 年加入该组织。该组织宣称其宗旨为: "在集体防务和维持和平与安全方面联合努力", 并"促进北大西洋地区的稳定及福利", 其中包括承诺在任何缔约国同别国发生战争时给予帮助和武力援助。其主要机构为北大西洋理事会(部长理事会)、防务计划委员会、常任代表理事会、国际秘书处、军事委员会和北大西洋议会。主要负责人为北大西洋理事会(该组织的最高决策机构)荣誉主席, 由各成员国外交部长轮流担任, 任期为 1 年。20 世纪 90 年代初, 东欧及苏联形势发生巨变, 北约即力图向东扩展, 于 1995 年 9 月发表东扩报告, 并于 1997 年 7 月 8 日在北约首脑会议上作出决定, 邀请波兰、匈牙利和捷克加入北约, 并向罗马尼亚、斯洛文尼亚及波罗的海国家许诺将来也会郑重考虑它们的加入问题。1997 年 12 月 16 日, 北约 16 国的外长签署了接纳波、匈、捷的议定书。1999 年 3 月 12 日, 波、匈、捷三国已正式成为北约的新成员。这天, 在美国密苏里州杜鲁门图书馆举行的仪式上, 美国国务卿奥尔布赖特接受了三国外长递交的"加盟"文件。3 国是第一批加入北约的前华沙条约国家。美国国务卿在仪式上说: "今天加入这个组织的国家是冷战后的第一批国家, 但不是最后一批。"这是北约成立以来的一次大扩展, 这个决定突破了欧洲在冷战时期所划分的分界线。俄罗斯对此一直严重关注, 疑虑重重, 给欧洲问题增添了复杂因素。2002 年 11 月, 北约布拉格首脑会议决定接纳爱沙尼亚、拉脱维亚、立陶宛、斯洛伐克、斯洛文尼亚、罗马尼亚和保加利亚 7 个国家加入北约。这是北约自 1949 年成立以来规模最大的一次扩大。2004 年 3 月, 上述 7 国正式递交各自国家加入北约的法律文本, 从而成为北约的新成员, 使北约成员国从 19 个扩大到 26 个。这是北约自 1949 年成立以来规模最大的一次扩大。2009 年 4 月, 阿尔巴尼亚和克罗地亚正式加入北约, 从而使该组织成员国总数升至 28 个。2016 年 5 月, 黑山签署加入北约的协议, 成为北约第 29 个成员国。2020 年 3 月, 北马其顿正式加入北约, 成为北约第 30 个成员国。2023 年 4 月, 芬兰正式加入北约, 成为北约第 31 个成员国。另据 1997 年 7 月 17 日美国国防部副部长沃尔特·斯洛科姆对美国国会专门小组的发言说: 北约的军事作用, 将向原欧洲地区之外扩大。据 1997 年 11 月 11 日法新社报道, 北约当时的年度全部预算约为 20 亿美元。美国为其提供的资金最多, 占当时总预算的 23.45%; 英国其次, 占 18.82%。2019 年 11 月, 据美国国防官员和北约外交官透露, 美国政府已采取行动大幅削减了在北约的开支, 而减少的这部分将由北约成员国承担。

华沙条约组织（Warsaw Treaty Organization），是在联邦德国被吸收加入北大西洋集团之后，由当时的苏、波、匈、罗、捷、保、阿尔巴尼亚和德意志民主共和国于 1955 年 5 月 14 日据《华沙条约》建立的。其政治协商委员会和武装部队联合司令部均设在莫斯科。建立华约组织的最初目的在于对抗北大西洋公约组织，但是由于苏联对内控制日紧，阿尔巴尼亚于 1968 年退出华约，罗马尼亚等成员国亦感不满。1991 年 7 月 1 日华沙条约 6 国（苏、保、匈、波、罗、捷）领导人在布拉格举行了最后一次华约政治协商委员会会议，签署了一项议定书。议定书说：鉴于欧洲出现的深刻变化，又考虑到 1990 年 11 月在巴黎会议上 22 国签署了裁减常规武器条约和联合声明，宣布彼此不再是敌人，并将建立新的伙伴与合作关系，因此决定，在所签署的这项议定书被各自国家批准后，华沙条约组织即不复存在。

北大西洋合作委员会（North Atlantic Cooperation Council，NACC），是进入 20 世纪 90 年代之后成立的一个新组织。它于 1991 年 11 月在罗马正式宣布组成，于同年 12 月 20 日在布鲁塞尔举行首次会议，共有 25 个国家参加。至 1992 年 3 月 10 日，又有独联体的 11 个国家参加，从而使北大西洋合作委员会的成员国发展到了 36 个。

欧洲安全与合作组织（Organization for Security and Co-operation in Europe—OSCE），简称"欧安组织"。① 其前身是 1975 年成立的欧洲安全与合作会议（欧安会），1995 年 1 月 1 日改名为"欧安组织"。它包括欧洲国家、苏联解体后的国家以及美国、加拿大、蒙古，是世界上唯一一个包括所有欧洲国家在内并将它们与北美洲联系到一起的安全机构，是世界上最大的区域性组织。截至 2023 年 9 月，"欧安组织"共有成员国 57 个，其总部设在奥地利的维也纳。"欧安组织"的宗旨为，促进欧洲地区的民主，尊重人权和少数民族利益，建设法制

---

① 网址为 https：//www.osce.org/。

国家。其主要使命是为成员国就欧洲事务特别是安全事务进行磋商提供平台。"欧安组织"只有在所有成员国达成一致的情况下才能起作用，其决定对成员国也只具有政治效力而没有法律效力。"欧安组织"的机构主要有：常设理事会、首脑会议、部长理事会、安全合作论坛、高级理事/经济论坛等。"欧安组织"每两年举行一次首脑会议，每年举行一次外长会议。"欧安组织"在发展历程中不断根据形势变化而进行适应性调整。目前该组织关注的领域主要军控、边界管理、打击贩卖人口、反恐、预防和解决武装冲突、网络安全、民主、教育、选举等。

现重点就欧洲共同体(欧洲联盟)概述如后。

欧洲共同体，是第二次世界大战后工业高度发达的西欧各国的国际联盟。它是欧洲煤钢共同体、欧洲经济共同体和欧洲原子能共同体的统一，是一种"超国家因素"逐渐增多的、新型的区域性国际组织。它的主要特点是：一个联合起来逐步走向高度一体化甚至"国家实体联合"的经济与政治实体。从 1993 年 11 月 1 日《马斯特里赫特条约》(Maastricht Treaty)生效后，欧洲共同体已发展成为今日的"欧洲联盟"(European Union)①。

欧洲共同体的历史，可以追溯到 1950 年 5 月 9 日法国外长舒曼提出的一项计划。这项计划为了建立一个战后和平的欧洲大陆，建议将法国、联邦德国与其他西欧国家的煤钢生产联合起来置于一个超国家机构的领导之下。1951 年 4 月 18 日，法国、联邦德国、意大利、荷兰、比利时、卢森堡等 6 国，根据舒曼计划在巴黎签订《欧洲煤钢共同体条约》，确定建立煤钢共同市场，取消关税限制，调整运费率、价格，对生产、流通及分配过程进行干预。该条约从 1952 年 7 月 25 日起生效。从 1953 年到 1954 年，6 国先后建立了煤、铁砂、废铁、钢、合金钢和特种钢的共同市场。1955 年 6 月 1 日，6 国外长在

---

①　网址为 http：//europa. eu/。

意大利的墨西拿举行会议，建议把联营的原则推广到其他经济部门。经过两年商讨，于 1957 年 3 月 25 日，6 国外长在罗马签订了欧洲经济共同体与欧洲原子能共同体两个条约。《罗马条约》从 1958 年 1 月 1 日起生效。《罗马条约》规定：(1)成员国逐步降低而至最后取消内部关税，放宽并最后取消相互间的进口限额制度，拉平对非成员国的关税标准并制定统一的对外关税率。(2)实现成员国间资本、劳动力自由流动，制订共同法律，对农业、运输、货币、金融等逐步建立统一政策，以 12 年至 15 年为过渡时期。(3)共同开发殖民地。法、比、荷等国以前的海外领地均成为"联系国"，实行相互投资与减税，并设"海外领地开发基金"，由各成员国分摊。(4)成立如下组织机构：欧洲议会、部长理事会、委员会、法院等，保证计划的实施，但各成员国仍保有决定性的权力。至 1965 年 4 月，各成员国签订了统一 3 个共同体机关的条约(通称执行机关合并条约)，该条约于 1968 年 7 月 1 日生效，从而对欧洲煤钢共同体、欧洲原子能共同体及欧洲经济共同体，实行机构合并，形成了单一的理事会和单一的委员会，使三者成为一个整体(真正意义上的"欧洲共同体")。但三者又相对地保持各自的地位，单独进行活动，其中以欧洲经济共同体为最活跃。

　　经过长达 10 年的谈判，英国、丹麦和爱尔兰于 1973 年 1 月 1 日加入欧洲共同体，于是欧共体扩大为 9 个国家。1979 年 5 月，希腊加入欧共体的条约在雅典签字，从 1981 年 1 月起，希腊成为其第 10 个成员国。这是欧共体向南欧发展的重要标志。1986 年 1 月 1 日西南欧的葡萄牙和西班牙加入欧共体。《马斯特里赫特条约》生效后，1995 年 1 月 1 日瑞典、芬兰和奥地利加入欧洲联盟，至此，其成员国已达到 15 个国家。它的进一步计划是"向中欧及东欧国家扩大"，欧洲联盟在不断发展之中。当进入新的 21 世纪之际，它已经是一个拥有 414 万平方公里面积和 4.5 亿人口的经济和政治实体。①

欧洲共同体有如下主要机构：

（1）欧盟理事会（Council of the European Union），又称部长理事会，是共同体（欧洲联盟）的立法与决策机关，分为总务理事会和专门理事会。前者由各成员国外长参加，代表各自的政府讨论并决定共同体的一切问题。后者由同讨论问题有关的部长参加，讨论各种专门问题。前者除 8 月份外，每月召开 1 次会议；后者视工作需要不定期开会，一般比前者为少。理事会对共同体问题有最终决定权。理事会为保持其工作的统一性与持续性，设立了常驻代表委员会。其任务是联系各成员国政府，相互交换情报，调整成员国立场。理事会的决定，由这个常驻代表（大使）机构拟定，常驻代表需经常出席会议。各大国的常驻代表团都在布鲁塞尔有上百名的工作人员。罗马条约规

① 1997 年 12 月 13 日在卢森堡结束的欧洲联盟首脑会议，通过了一项最后声明，其中提到：将启动吸收 10 个中、东欧国家和塞浦路斯加入欧盟的进程；并决定在 1998 年春开始举行双边政府间会议，以同塞、匈、波、捷克、爱沙尼亚、斯洛文尼亚等 6 国举行谈判。2000 年 12 月 11 日，经过四天的会议，欧盟国家领导人终于在法国尼斯，就调整欧盟机构为接纳中东欧和地中海国家铺平道路等事宜达成协议。排在最前列的候选国是波兰、匈牙利和捷克共和国。土耳其也已被认定为进行谈判的候选国。2002 年 11 月，欧盟 15 国外长会议决定邀请塞浦路斯、匈牙利、捷克、爱沙尼亚、拉脱维亚、立陶宛、马耳他、波兰、斯洛伐克和斯洛文尼亚 10 个中东欧国家入盟。2003 年 4 月，在希腊首都雅典举行的欧盟首脑会议上，上述 10 国正式签署入盟协议。2004 年 5 月，这 10 个国家正式成为欧盟的成员国。这是欧盟历史上的第五次扩大，也是规模最大的一次扩大。2007 年 1 月 1 日，罗马尼亚和保加利亚正式成为欧盟成员国。这是欧盟历史上第六次扩大。2013 年 7 月 1 日，克罗地亚正式成为欧盟第 28 个成员国。目前，阿尔巴尼亚、黑山、北马其顿、土耳其和塞尔维亚是入盟候选国。值得注意的是，英国于 2016 年 6 月通过全民公投决定退出欧盟，2020 年 1 月 31 日脱离欧盟并进入过渡期至 2020 年 12 月 31 日；2021 年 1 月 1 日，英国正式退出欧盟关税同盟和单一市场。欧盟已成为一个拥有 27 个成员国，人口达到 4.5 亿的大型区域一体化组织。目前，阿尔巴尼亚、黑山、北马其顿、土耳其、塞尔维亚、乌克兰、摩尔多瓦、波黑是入盟候选国。

定，理事会在重大问题上的决议，以"一致表决"为原则。在 20 世纪
60 年代，成员国曾因此发生激烈争论。联邦德国主张应尽快在理事
会中采取多数表决制，以加强"政治一体化"，建立"欧洲联邦"。意、
比、卢、荷在不同程度上也支持这一观点。法国反对建立欧洲联邦，
认为应维持"一致表决"制，建立"欧洲邦联"，以维持各成员国的主
权与独立。英国和丹麦加入后也倾向于法国的主张。经反复磋商，于
1966 年达成《卢森堡妥协》之后，凡涉及成员国重大利益的决策，均
采"一致通过制"。直至 1987 年《单一欧洲法》(*Single European Act*)生
效后，多数表决制方在理事会的议事程序中受到重视。《单一欧洲
法》同意采取多数表决制以促进市场联合。这反映成员国间在政治一
体化的程度与方式上不无争执。在上述理事会表决制度中，除"重大
问题"外，有关一般问题的决议以特别多数通过，程序问题以简单多
数通过。后两种多数表决方式，都承认按国家规模大小确定的加权
值。加权票的分配额为：德国、英国、法国和意大利各为 10 票，西
班牙 8 票，比利时、希腊、葡萄牙和荷兰各为 5 票，瑞典和奥地利各
4 票，丹麦、爱尔兰和芬兰各 3 票，卢森堡 2 票，共计为 87 票。所
谓"特别多数"需达到 62 票，"简单多数"需达到 44 票。①

（2）欧洲议会（European Parliament），原先由各成员国议会根据
罗马条约所定席数指派的议员组成。② 但是后来于 1976 年 9 月，达

---

① 2014 年 11 月—2017 年 3 月，欧盟 28 个成员国的加权票数分别是：德
国、法国、意大利、英国各 29 票；西班牙、波兰各 27 票；罗马尼亚 14 票；荷
兰 13 票；比利时、捷克共和国、希腊、匈牙利、葡萄牙各 12 票；保加利亚、奥
地利、瑞典各 10 票；丹麦、爱尔兰、克罗地亚、立陶宛、斯洛伐克、芬兰各 7
票；塞浦路斯、爱沙尼亚、拉脱维亚、卢森堡、斯洛文尼亚各 4 票；马耳他 3
票。28 个成员国的总票数为 352。所谓"特别多数"需达到 260 票，占总票数的
70% 以上。
② 1957 年 3 月 25 日签订于罗马的《欧洲各共同体有关几个共同机构的公
约》规定，议会由各成员国国会依各自规定的程序在其内部所指派的代表组成：
联邦德国、法国、意大利各 36 名；比利时、荷兰各 14 名；卢森堡 6 名。

成了直接选举的协议，并于 1979 年 6 月在各成员国分别首次举行了直接普选。以后每 5 年举行一次。截至 2023 年 9 月，欧洲议会共有705 个议席，其中：比利时 21 席，保加利亚 17 席，捷克 21 席，丹麦14 席，德国 95 席，爱沙尼亚 7 席，爱尔兰 13 席，希腊 21 席，西班牙 59 席，法国 79 席，意大利 76 席，塞浦路斯 6 席，拉脱维亚 8 席，立陶宛 11 席，卢森堡 6 席，匈牙利 21 席，马耳他 6 席，荷兰 29 席，奥地利 19 席，波兰 52 席，葡萄牙 21 席，罗马尼亚 33 席，斯洛文尼亚 8 席，斯洛伐克 14 席，芬兰 14 席，瑞典 21 席，克罗地亚 12 席。①选出的议员不是按国家组成议员团，而是按政治派别(如工党、保守党、社会党等)组成议员团。议会每年举行 12 次到 14 次会议，主要起监督与咨询作用，可以对执行委员会委员提出质询与弹劾，并把防务问题列入议程，有权决定共同体机构的预算，在某些复杂条件下，可以对理事会的决定进行修改。议会没有实质的立法权，所通过的决议只供部长理事会参考。1993 年的马斯特里赫特条约扩大和加强了欧洲议会的权力。它的秘书处设在卢森堡，总部设在法国的斯特拉斯堡。议会每月在斯特拉斯堡举行一次为期一周的例会，它有 19 个专门委员会设在布鲁塞尔。议会秘书处雇有约 3000 名工作人员。

(3)欧盟委员会(European Commission，简称欧委会)，是共同体(欧洲联盟)的执行机构，负责执行部长理事会的决议，维护和监督共同体条约的执行，代表共同体对外联系与谈判，实施政策并处理日常事务。它可以反对政府或某企业作出的决定，如果这些决定违反了共同体的规章的话。它还可对私营企业进行调查，并直接对其处以罚金。委员会负责向各成员国提出共同政策，如农业价格、节能、环境、研究等各方面的政策。委员会由 20 名委员组成。其中，法国、

---

① 资料来源欧洲议会网站 http：//www. europarl. europa. eu/members/。

英国、德国、意大利和西班牙各推荐两名，其余 10 国各推荐一名。①
委员会的委员和主席经成员国协商一致选任并应获得欧洲议会的确
认，经正式任命后，任期五年，可连选连任。根据需要，委员会可任
命数名副主席。委员会的决议，根据简单多数作出。委员会共有 1.7
万余名工作人员，按专业分为 24 个部门进行工作。工作人员中，约
有 3000 人为翻译人员。② 委员在任职期间，只向共同体负责，不向
其国籍国负责。执行委员会和部长理事会均设在布鲁塞尔。③

（4）欧洲法院（Court of Justice of the EU），为共同体（欧洲联盟）
的最高司法机构，由各成员国政府协商一致任命的 15 名法官和 7 名
法庭顾问组成，任期 6 年，可以连任。④ 法官经同顾问磋商后，按多
数意见任命书记官。欧洲法院的主要职能是确保遵守共同体（欧洲联

---

① 目前委员会由 27 名委员组成，即每一个成员国均拥有一位本国国籍的
委员。

② 语言问题是欧共体（欧洲联盟）的一大难题。11 种语言的沟通工作，在
人力及财力上均为重大负担。除已提及的执行委员会外，部长理事会秘书处的
两千名职员中有三分之二是从事翻译工作的，欧洲议会的工作人员也有三分之
一以上被翻译任务所占有，议会预算的 30% 是翻译费用。

③ 2000 年 12 月 11 日，历时 4 天的欧洲联盟尼斯（法）高峰会议结束。会
议通过了《尼斯条约》。会议的重要成果是，为早已提出的"强化合作原则"明确
地规定了范围和具体规则。会议指出：欧洲联盟在警务、司法、对外政策共同
合作方面，只要有欧盟委员会的建议以及至少有 8 个成员国的参与，就可以实
行部分成员的协调行动。（但是，法国的文化政策、德国的移民政策、英国的
税务及金融政策则可成为例外。）会议有关欧洲联盟机构改革的主要规定有：关
于欧盟委员会的组成，德法意英西五大成员国失去了原有的第 2 名委员的职位，
在以后的欧盟委员会中，每个国家只有一名代表。关于欧盟理事会的表决制度，
德法意英四大国各有 29 票，荷比卢三国，作为一个整体拥有 29 票，其他成员国
的票数不等。在总共 346 票中，对一项决议的否决，最少须有 88 票。（还规定，
当欧洲联盟扩大到 27 国时，这一最少票数的限额将相应增为 91 票。）（以上情
况，系根据《光明日报》2000 年 12 月 12 日的报道整理。）

④ 目前欧洲法院由 27 名法官组成。在实践中，每一个成员国拥有 1 名本
国国籍的法官。

盟）的法律：各共同体的成立条约，成员国签订或参加的条约，以及共同体机关依法定职权制定的法律；并以此作为司法的基础。欧洲法院就各成员国国内法院在涉及共同体法的案件中请求发表权威意见时所作的裁决，具有重要的法律指导意义，而它就各成员国、共同体机关、自然人或法人直接向其提起的诉讼所作的判决，则更具有强化共同体法的作用。根据《马斯特里赫特条约》规定，法院对违反条约义务不执行法院裁决及判决的当事国政府及个人有处罚的权力。欧洲法院负责解释基本条约，并审理和裁判在执行条约中发生的争端。它在共同体法律方面的权力超过成员国司法机关的权力。法院的地址在卢森堡。

（5）此外，从 1969 年起，共同体成员国的国家元首或政府首脑曾多次举行重要会议，以加强政治合作并协调对外政策。1975 年以后，首脑会议正式称为"欧洲理事会"（European Council，又称欧盟首脑会议或欧盟峰会），每年定期举行 3 次会议。共同体的欧洲理事会对各成员国的重要政策与行动进行协调，从政治领导最高层引导共同体的发展，它已成为超于部长理事会之上的最终决策机关。①

自从 1958 年 1 月 1 日罗马条约生效后，欧洲共同体，在一体化的道路上取得了巨大成就，其中经济一体化的成果尤为显著。六十多年来，它基本上实现了罗马条约的主要条款，其重要活动与措施包括如下几个方面。

在贸易方面，建立了关税同盟。从 1959 年开始，对内逐步降低关税与放宽进口限额，对外逐步拉平和统一税率。到 1968 年 7 月 1 日，共同体内部已完全取消了工业品进口的关税与限额，对外已建立起统一的关税壁垒，以限制外部国家的商品输入。关税同盟的实现，

---

① 欧洲共同体在布鲁塞尔设有一个经济和社会委员会，它有 189 名雇主、工会和独立职业的代表为委员会发挥咨询作用。共同体还在卢森堡设有审计法院和欧洲投资银行，它们使共同体的整套制度日臻完善。

大大促进了成员国之间贸易和生产上的发展，加强了政治经济上的联合。①

在金融方面，建立了经济与货币同盟。1971 年 3 月，6 国外交、财政、经济部长会议达成协议，决定分阶段建立经济与货币同盟，计划 10 年之内完成任务，以统一各国的经济和货币政策，建立共同体中央银行，发行统一货币，形成一个在货物、劳务、劳动力和资本方面自由交流的共同体。但是后来，由于联邦德国、英国、法国在对待因当时美元危机而引起的整个货币制度危机的问题上，立场各不相同，因而影响了经济与货币同盟的进展。1978 年 12 月在布鲁塞尔召开的首脑会议，决定建立欧洲货币体系，以"欧洲货币单位"作为欧洲共同体的官方货币单位。该体系已于 1979 年 3 月 13 日正式生效，但是，共同体在金融方面的措施并没有取得像关税方面那样迅速的进展。1982 年 3 月，在布鲁塞尔举行的共同体首脑会议发表一项公报说：首脑会议确认了共同体"继续沿着走向更大程度经济一体化的道路前进的意向。"到 1993 年《马斯特里赫特条约》生效后，关于建立欧洲统一货币的计划，取得了重大突破，于 1999 年开始发行了统一的"欧元"（Euro）。截止到 2023 年 9 月，欧盟 27 个成员国中有 20 个国家使用"欧元"作为本国的货币，它们是：比利时、德国、爱沙尼亚、爱尔兰、希腊、西班牙、法国、意大利、塞浦路斯、卢森堡、马耳他、荷兰、奥地利、葡萄牙、斯洛文尼亚、斯洛伐克、芬兰、拉脱维亚、立陶宛和克罗地亚。

在农业方面，实行了统一的农业政策。统一农业政策与关税同盟

---

① 欧洲共同体内部虽然早已取消进口关税与限额并宣布征收关税为非法，但是由于各成员国的强弱及所处的地位不一样，经济发展与生产结构不一样，在早先和较长一段时期内仍有市场的矛盾。如成员国各自设置不那么明显地违反共同体自由贸易原则的非关税壁垒，其中包括须在海关办理繁琐的手续，规定某些进口限额，制定卫生与安全标准，开展"购买国货"的宣传以及提供某种补贴等。

是经济一体化的两大支柱。从 1959 年起，对内逐步统一农产品价格，逐步取消农产品关税，以在成员国间实行免税自由流通。对外则实行统一的农产品关税，对于从共同体外进口的农产品，按照国际市场价格与共同体价格之间的差额征收可变的差价税。对共同体出口的农产品，按照国际市场的差价给予出口补贴。到 1968 年 8 月，正式建成了农产品共同市场，统一了农产品价格，到 1969 年农产品内部关税也完全取消。从此，成员国的工农业产品都可以在共同体内部畅行无阻。此外，从 1962 年起，即设立了"共同农业基金"，以协调农业的发展。但是，在成员国中，农产品进口国同农产品出口国间，特别是西德、英国同法国之间，一直存在着矛盾，一时难以完全解决。1982 年 5 月，各成员国农业部长会议不顾英国的反对，投票决定将 1982 年至 1983 年度的农产品价格平均提高 10.5%。这是共同体成立以来第一次以特定多数而不是以一致表决就农产品价格问题作出决定。共同体农产品统一提价，对英国这样的农业进口国是不利的，而对其他主要农产品出口国家如法国等，则获益较多。在农产品问题上的争吵，反映共同体一遇到经济危机即有可能出现矛盾。

在政治方面，日益走向合作，成立了"欧洲联盟"。共同体国家早就提出：西欧不能成为大西洋彼岸的殖民地，也不能成为乌拉尔一边的卫星国，而需要建成"欧洲人的欧洲"。1970 年 10 月，各成员国外长就政治统一问题发表了第一个正式报告，报告规定每年召开两次外长级会议，力求就重要对外政策问题进行磋商与协作。1972 年 10 月，原来的 6 个成员国和申请国英国、爱尔兰、丹麦的 9 国首脑，在巴黎第一次举行扩大会议，共同声明要使它们的整个关系成为一个"欧洲联盟"。这次会议还确定将上述外长会议增加为每年 4 次。1975 年 12 月，比利时首相廷德曼斯发表《关于欧洲联盟的报告》，各成员国一致同意其关于实行共同外交政策的建议。1981 年 10 月，10 国外交部长在伦敦协商拟定了一份称为《伦敦报告》的文件，建议：加强共同体应付国际紧张局势的职能，保持对外政策的连续性，今后一旦发生危机，有 3 个以上的成员国提出要求时，共同体必须在 48 小时内举行政治委员会或部长级会议，商讨对策。同年 11 月，由共同体各国首脑组成的"欧洲理事会"在伦敦开会，宣布一致同意《伦敦报告》的建议。首脑会议的这一决定，被认为是促进西欧政治联合的一个重要步骤。在 1983 年第二次欧洲理事会上，各国首脑签署了《关于欧洲联盟的声明》。如前所述，当时的西德等国一向主张在政治一体化方面积极向前发展，而英、丹、法、希和爱尔兰则持相反立场，它们对加强共同体的"超国家性质"疑虑较大，担心会因此损害其本国权益。这次签署的声明，是各方妥协的产物，概念比较含糊。1985 年上半年，成员国首脑会议在米兰举行，决定修正罗马条约并起草政治合作条约。同年 9 月，在卢森堡举行政府间会议，最后将政治合作条约与共同体修正条约合并，统称《单一欧洲法》(Single European Act)。1986 年 2 月 28 日，12 个成员国正式签署了这一条约。根据该条约：一方面，于 1993 年实现欧洲"统一大市场"，成员国边界由统一边界取代，各种规定、标准和手续因有了三亿四千多万消费者的一体化市场而统一起来；① 另一方面，政治合作也届时正式形成。该条约于 1987 年生效，已成为欧洲一体化进程中的一块重要里程碑。1991 年 12 月 9 日至 12 日，欧洲理事会在荷兰的马斯特里赫特召开

---

① 按照欧洲共同体"统一大市场"的计划，从 1993 年 1 月 1 日起，统一实施下列措施：(1)除英国、爱尔兰、丹麦之外，其他成员国将逐步取消对旅游者的边界检查。到这个自由边界区的外国旅游者基本上只接受一次护照检查。(2)卡车司机在运货过境时，不必再持有政府签发的证件和单据。(3)征收 15% 的最低附加价值税，但允许降低童装和食品等部分商品的税率，甚至不征税。取消对奢侈品征收高额税。(4)允许人们自由跨界购买酒类、电子产品及其他商品，数量不限。还允许自由跨界运输家具等商品，免交关税。(5)实行一套征收增值税的过渡性措施。在 1997 年之前，游客在购买商品的国家交税，企业在总部所在国交税。(6)消费者可在别国购买汽车。购买新汽车时，在注册地交税，购买旧汽车时，在购买地交税。(7)允许银行在别国开设分行。(8)机场内的免税商店为统一市场区域内部的旅游者继续保留到 1999 年。

12 国首脑会议：为建成经济与货币联盟而提出了从 1999 年起实行统一货币；同意制定共同防御政策；就"欧洲联盟"计划的其他重大方针及原则也达成了一致意见。制定共同防务政策的意旨，在此第一次得以明确阐明。可视为欧共体军事机构的"西欧联盟"①，为欧共体与北约组织之间的联络机构。在上述 12 国首脑会议的基础上，1992 年 2 月 7 日，12 国政府正式签订了旨在建立"欧洲联盟"的《马斯特里赫特条约》（即《欧洲联盟条约》）。这是一份包括 6 章并长达 320 页的文件。《马斯特里赫特条约》由《政治联盟条约》和《经济及货币联盟条约》组成。前者的基本内容包括：实行共同的外交政策和安全防务政策，在司法和社会方面进行合作，扩大欧共体的权力和职能。后者的基本内容主要是规定经济与货币联盟将分为三个阶段来完成：第一阶段从 1990 年 7 月 1 日起，各成员国协调经济政策，确保资本自由流通，使本国货币加入欧洲货币体系汇率机制；第二阶段从 1994 年 1 月 1 日起，设立欧洲货币机构监督货币统一过程，成员国应在通货膨胀率、利率、预算赤字和公共债务等方面达到进入下一阶段的指标；

---

①　西欧联盟（Western European Union，WEU），是欧洲唯一的防务论坛，其成员为除希腊、丹麦、爱尔兰之外的欧洲共同体成员国。它并非欧共体的组成部分。1997 年 6 月 17 日在阿姆斯特丹举行的欧洲联盟首脑会议上，就欧洲联盟的防务政策达成了一项协议，并决定推迟解决西欧联盟并入欧洲联盟的问题。但允许由西欧联盟代表欧洲联盟执行维和与人道主义的使命。2000 年 11 月 13 日，欧洲联盟 15 国外长和国防部长，在马赛开会决定解散（部分并入）主管防务的西欧联盟。2010 年 3 月 31 日，西欧联盟宣布完成历史使命，正式解散，并决定到 2011 年 6 月底停止所有活动。还应提及的是，2000 年 12 月 7 日至 11 日，欧盟首脑会议在法国尼斯召开（欧盟历史上为时最长的一次高峰会议）。欧盟各成员国元首和政府首脑在会议中批准了建立 6 万人的"欧洲快速反应部队"的常设机构，即政治与安全委员会（总管防务政策），军事委员会（负责起草军事意见），军事参谋部（负责战略规划）。当时计划在 2001 年内全部准备就绪，以便使欧盟"尽快具有实战能力"。但是在英国的强烈反对下，赋予上述常设机构独立指挥权的建议未予肯定。因此这支欧盟军队，似乎只可能建立在北约（美国）的阴影之下。

第三阶段从 1997 年 1 月 1 日起，最迟在 1998 年 7 月 1 日建立欧洲中央银行。由于各成员国在条约批准过程中，多次发生挫折，致使《马斯特里赫特条约》推迟到 1993 年 11 月 1 日才正式生效，于是欧洲联盟正式成立。欧洲联盟 15 个成员国，于 1996 年 12 月就一项预算稳定条约达成一致后，欧盟一位外交官宣布：欧洲统一货币"欧元"（Euro）于 1999 年 1 月 1 日发行；欧元钞票从 2002 年开始流通。① 经过两年的艰苦谈判，欧洲联盟 15 国外交部长于 1997 年 10 月 2 日在阿姆斯特丹签署了一项条约。《阿姆斯特丹条约》是一项妥协的产物，在各成员国批准发行欧元的程序结束之后，正式取代 1992 年签署的《马斯特里赫特条约》。荷兰外交部长指出：该条约为其成员国创造了一个能更好地合作的欧洲。该条约在开放边界、加强警方合作、就业、维持和平、对外政策、组织结构等各方面都作出了一些新的规定。其中有一个特别条款，允许国家集团深化在欧洲联盟框架内的一体化，而不必等到 15 个成员国的一致同意。

值得注意的是，自 2002 年始，欧盟成立了以法国前总统德斯坦为主席的宪法条约起草筹备委员会。经过两年多时间的反复修改，《欧洲宪法条约》于 2004 年 6 月获得了 25 个成员国的通过。2004 年 10 月，欧盟 25 国在罗马正式签署了《欧洲宪法条约》。《欧洲宪法条约》确定了欧盟的机构设置和权限，明确了欧洲公民的基本权利，为欧洲未来的发展模式确定了框架。2007 年 12 月 13 日，欧盟首脑签署《里斯本条约》，意味着欧盟正式结束了长达 6 年的制宪进程。这是欧洲一体化进程中具有里程碑意义的关键一步，为欧盟的政治一体化带来了新希望。2009 年 11 月，比利时首相赫尔曼·范龙佩当选为

---

①　路透社于 1997 年 10 月 18 日报道，英国财务大臣布朗发出了一个强烈信号，表明英国至少在 5 年之内不会加入欧洲货币联盟。这至少反映英国还在动摇之中。2000 年 9 月 28 日，丹麦举行公民投票，拒绝加入欧元集团。由于丹麦、英国、瑞典在 1999 年未同其他欧盟 12 个成员国一起实施单一货币，导致欧洲的统合在两种不同的速度上向前发展（双速发展）。

欧盟理事会第一任常任"总统"、英国凯瑟琳·阿什顿当选为欧盟第一任"外交部长"。欧债危机爆发后，欧盟进一步推动相关改革，包括积极推动银行联盟、资本市场联盟、能源联盟和单一数字市场建设，加强安全防务等领域合作。目前，欧盟是世界上地区一体化程度最高的国家集团。

在对外关系方面，也在日益扩展。1972 年 7 月 22 日，共同体同瑞典、瑞士及列支敦士登、奥地利、芬兰、冰岛等国签订协定，挪威也于 1973 年 5 月参加，于是建立了西欧 16 国自由贸易区。共同体还同非洲、加勒比和太平洋地区的发展中国家在多哥首都洛美签订了在贸易、财政、工业等方面进行合作的《洛美协定》。第一个《洛美协定》(1975—1979 年)有非、加、太地区的 55 个国家参加。第 2 个《洛美协定》(1980—1984 年)有上述地区的 61 个国家参加，其中除了一些加勒比海和太平洋地区的岛国外，有 43 个是撒哈拉以南的非洲国家，它们在历史上均为英、法、荷、比等国的殖民地或托管地。第 3 个《洛美协定》(1985—1990 年)有上述地区的 64 个国家参加，根据协定安排，欧共体将向非、加、太国家提供 74 亿欧洲货币单位的援助。第 4 个《洛美协定》于 1989 年 12 月 15 日在多哥续签，有效期 10 年。根据协定规定，欧盟向非加太地区国家提供的援助分为两个阶段：第一阶段，即头五年内，提供财政援助 120 亿欧洲货币单位(约合 132 亿美元)；第二阶段(1995—2000 年)的援助总额为 146.25 亿欧洲货币单位(约合 190 亿美元)。此外，协定还规定：放宽对非加太地区国家产品进入欧共体市场的限制；禁止欧共体成员国与非加太地区国家进行任何有毒、危险及核废料的交易；从全部财政援助中拨出18%，专门用于支持非加太地区国家实施经济结构调改计划。第 5 个《洛美协定》于 2000 年 2 月 3 日签署，有效期为 20 年，其主要规定是：民主、人权、法制和良政为执行该协定的基本原则，欧盟有权中止向违反上述原则的国家提供援助；欧盟逐步取消对非加太地区国家提供单向贸易优惠政策，代之以向自由贸易过渡，双方最终建立自由贸易区，完成与世贸规则接轨；欧盟将建立总额为 135 亿欧元的第九个欧洲发展基金，用于向非加太地区国家提供援助，并从前几个发展基金余额中拨出 10 亿欧元用于补贴重债穷国等。第 5 个"洛美协定"于 2002 年正式生效。洛美协定一方面反映了这种旧的殖民经济关系的某些特点，另一方面也在贸易优惠、财政援助、技术转让、出口补偿等方面向非、加、太国家作出了某些让步。虽然这种让步的幅度还不够大，但这是双方调整经济关系的一个好的开端。① 此外，欧洲共同体同阿拉伯国家开展了"欧阿对话"，同亚洲国家促成了多次"亚欧首脑会议"的召开，同拉美国家的关系也有了较大发展，并同地中海沿岸国家加强了联系，在世界"南北对话"中具有重要影响。现在世界绝大多数国家已与欧洲联盟建立正式关系并对其派有常驻共同体的使团。

总之，欧盟积极开展全方位外交。截至 2022 年底，欧盟已同 160 多个国家建立了外交关系，39 个地区和国际组织向欧盟派驻代表处。与多方建立了战略伙伴关系和定期领导人会晤机制。欧盟奉行有效多边主义，倡导自由贸易，积极引领国际能源及气候变化合作，强调维护联合国的地位和作用。2016 年 6 月，欧盟发布题为"共同愿景、共同行动：一个更强大的欧洲"的外交与安全政策全球战略，以促进和平与安全、实现繁荣、推进民主、建立基于规则的国际秩序等四大共同利益为目标，以"有原则的实用主义"为对外行动基本纲领。2019 年 12 月，新一届欧盟机构成立后，决定将"实用主义、团结和伙伴关系"作为三大外交原则，强调欧盟要加强地缘政治属性，基于现实主义、内部团结和伙伴关系三个支柱，统筹用好贸易、投资、金融、规则等工具开展对外行动，成为"全面地缘政治参与者"。2021

---

① 1997 年 11 月初在利伯维尔召开的有 72 个国家代表（其中包括 30 多位国家元首）出席的非、加、太国家首脑会议（代表 48 个非洲国家、16 个加勒比海国家、8 个太平洋国家），强调要加强彼此合作，适应世界新经济秩序的决心。并决定为再次延长《洛美协定》，及时制定同欧盟进行谈判的工作计划。

年12月，正式启动"全球门户"战略，推进欧盟的全球互联互通计划。2022年3月，批准"战略指南针"行动计划，规划欧盟未来10年安全和防务政策。乌克兰危机以来，欧盟向乌克兰提供大量支持，对俄罗斯实施多轮制裁。

在过去美苏争霸的情况下，美国同欧洲共同体虽有相互支持的紧密关系，但在政治经济方面，又不无矛盾。在20世纪60年代之后，特别是从70年代起，苏联力图通过经互会同欧洲共同体进行正式联系，但经多次谈判，进展很小。从当时形势看，欧洲共同体在国际关系中，已成为欧洲国家联合起来抗衡苏联同时也在较小程度上轻声对美国说"不"的一个经济与政治实体，其对外贸易总值超过了美国、苏联和日本的总和，已成为世界上最大的贸易集团。

我国于1975年5月同欧洲经济共同体建立正式关系，并于1978年与之签订了《中华人民共和国—欧洲经济共同体贸易协定》。到80年代初，欧洲共同体与中国的年贸易总额，已超过50亿美元。从1983年起，中国与煤钢共同体和原子能共同体建立了关系，从而使中国和经济共同体的关系扩大到了整个欧洲共同体。近些年来，随着中国对外开放政策的深入，中欧双边关系迅速发展，现在，欧盟已成为中国第一大贸易伙伴、第一大出口市场、第一大技术供应方和第四大利用外资来源地。中国则是欧盟第二大贸易伙伴、第一大进口来源地，并跃居欧盟第三大出口市场。①

欧洲共同体(欧洲联盟)，作为一种高度一体化并意图走向"国家实体联合"的区域组织，其法律系统，在国际组织法中具有特殊性，内容极其复杂，一般称为"欧洲共同体法"(欧盟法)。它是指适用于欧洲共同体对内及其对外关系的诸种法规的总体，主要由两个法源构成。其一是建立原来3个共同体及其后的欧共体(欧洲联盟)的各项

---

① 关于"欧洲共同体"(欧洲联盟)的理论与实践，可参见曾令良著:《欧洲共同体与现代国际法》，武汉大学出版社1992年版以及《欧洲联盟法总论:以〈欧洲宪法条约〉为新视角》，武汉大学出版社2007年版两书的各有关章节。

基本文件(条约)。这些条约可谓是现在欧洲联盟的根本规范。其二是欧洲联盟(欧共体)各机构依其职权所制定的各种法规。煤钢共同体的高级机关和经济共同体与原子能共同体的理事会及委员会,常以规则、决定、指示、建议、意见的形式制定法规。前两种形式,一般具有普遍的拘束力;而指示与建议则只对所指名的对象有拘束力;最后一种形式(意见)没有拘束力。1968 年 3 个共同体进行机关合并后,由统一的理事会与委员会分别按上述职权制定法规。

上述两个法源的法规,虽然等级不同,各有不同的效力范围,但从整体上看,欧洲共同体法基本上是一种特殊的区域国际法,只是在不少方面(特别是在 1986 年的《单一欧洲法》和其后的《欧洲联盟条约》及《欧洲宪法条约》中),又带有若干联邦法律的特征。欧洲共同体法(欧洲联盟法)优于各成员国的国内法,它对各成员国的人民及法人具有直接效力。

第五编

专门性国际组织及其法律制度

第十六章　专门性国际组织的兴起与现代专门机构

第一节　专门性国际组织的兴起

如前所述，相对全球性与区域性的"综合性国际组织"而言，还有全球性与区域性的"专门性国际组织"。以上第二编至第四编各章论述的主要是综合性国际组织，本编各章将主要论述专门性国际组织。

进入20世纪后，国际组织在发展上的重要趋势之一，是专门性组织的迅速增加。

专门性国际组织的职能，主要是从事经济、社会或文教等行政或技术方面的单一活动。从整个国际组织体系来考察，专门性国际组织先于一般综合性国际组织而存在。这类组织最先出现的雏形，是有关国际河川的管理组织。在现代化交通工具发达之前，国际河川一直是国家间交往的要道，因此首先成为各国政府所共同关心的问题。早在1804年，法国与日耳曼帝国曾以条约创立了莱茵河委员会（The Rhine Commission），用以管理莱茵河的航行、税收等有关事项。各缔约国分别委派委员会成员，并共同任命一行政首长。后来，维也纳会议进一步确认了国际河川通航自由原则，并将莱茵河委员会扩大由沿岸各国共同组成。委员会定期开会，在一般情况下各成员国均有一个投票权。但是鉴于各成员国所占河流的长度有所不同，在若干事项上则实行比例投票制。河流长的国家票数比重大，河流短的国家票数比重小。国际河川管理制度的形成，对此后专门性国际组织的发展颇具影响。

　　专门性国际组织的兴起，主要是在 19 世纪的后半期。当时科学技术进步甚快，由于蒸汽机的发明，水路与陆路交通更为便利，由于电报机的出现，邮政与电讯事业加速发展。从而工商业日趋发达，国家间的交往十分频繁。许多经济、航运、通讯领域的活动皆越出国界而逐步开展起来。随着商品、旅客、情报等的交流，各国相互竞争，矛盾丛生，有待及时解决。在此之前，涉及这些方面的行政与技术活动，皆仅服从国内法，作为纯粹国内问题加以处理。而当这类问题大量跨出国界之后，则产生了对各国国内行政或技术事务加以国际协调的需要，要求各国有关主管部门在相互协作的基础上对国内行政法规进行相应调整。19 世纪后半期出现的各种国际行政联盟，即为负担这种协调任务的机构。① 例如，在邮电通信方面，由于涉及寄发国、收受国和转递国之间的复杂关系，加之邮件的种类、重量和大小没有标准规格，所以投递邮件的手续十分繁琐，邮费非常昂贵，速度极为缓慢，使这种超越国界的联系甚为不便。因此，在客观上有进行相应调整与加强协作的需要。于是国际电报联盟和邮政总联盟等组织应运而生，成了 19 世纪以后各种专门性国际组织的先驱。从此，有关工农业、交通运输、度量衡、关税、麻醉品、文教卫生、科学技术等方面的协作组织逐渐发展起来。它们的活动范围，有的遍及全球（如国际民用航空组织），有的限于一个地区（如欧洲航天局）。前者为世界性的，后者为区域性的。经过第二次世界大战，特别是在联合国成立之后，各种专门性的组织如雨后春笋，大量出现，成为现代国际组织体系中的一个重要部类。它们超出过去传统外交的范围，对当代国际社会的诸多领域，特别是国际法律制度，产生深远影响。关于专门性国际组织兴起之理论，请结合本书第二章第三节和本书尾论中有关

---

　　① 各种行政联盟内部往往设有若干机构（如大会、理事会等）进行工作。特别突出的是，均有一个常设事务局（bureau），负责集中资料、传递情报、进行统计研究和处理日常事务。这一机构的形成，对此后国际组织的发展具有重要意义。因此，上述"国际行政联盟"常被称为"国际事务局"（international bureau）。

"结构平衡论"之学术见解来作进一步的分析与研究，兹不赘述。

第二节　现代国际组织体系中的专门机构

一、国联关于国际事务机构的规定

传统国际法调整的对象，主要是政治、军事等直接与国家主权相关的问题，很少涉及经济、社会和文教等事项。过去在外交上，亦多以双边会议和双边条约来解决彼此间的争端和促进国家间的协作，很少从多边关系来处理这种问题。

国联盟约的起草者，除把注意力集中于重大政治事项外，在国联是否应开展国际行政事务活动和以多大规模开展这类活动的问题上，曾有分歧。后来巴黎和会通过的《国联盟约》，以第 23～25 条规定了若干国际行政事项的处理与协作，并明文指出：凡经公约成立之一切国际事务机构（即 international bureau），如经缔约各方之认可，均应置于国联管理之下；此后创设之此种国际事务机构及经管国际利益事项之各种委员会，统归国联管理。但是，这些条款所授予国联的相关职权并不十分明确。而且，由于当时此类机构中部分成员（它们多数已加入国联，少数则尚未加入）的反对，上述管理制度未能完全实施。结果，不少国际机构仍然完全保持其独立性，同国联秘书处仅有交换一般情报的联系。国联在其实践中，为了解决成员国间所面临的诸种经济、社会问题，曾采取若干措施，包括召开有关专业会议、实施技术援助计划以及设立某些专门机关，以弥补盟约规定之不足。国联当时能够用来调整和促进国际经济及社会事务的机构，除国际劳工组织外，还有经济财政组织、交通运输组织、知识协作组织、卫生组织、买卖鸦片与其他危险药品咨询委员会以及买卖妇女儿童咨询委员会等。

二、联合国的专门机构

联合国比国际联盟更为强调国际经济、社会、技术和人道等问题。在组织方面，单独设立了一个经济及社会理事会作为联合国的 6 个主要机关之一，主管有关工作。宪章以第 9～10 章共 18 个条文，集中规定了联合国在这方面的职能与权限。

宪章特别就有关经社文教等方面的专门机构（specialized agencies）作了规定。按宪章精神，联合国的专门机构一般是指：根据特别协定而同联合国建立关系的或根据联合国决定而创设的那种对某一特定业务领域负有国际责任的政府间专门性国际组织。联合国的专门机构具有下列基本特征：

（一）是政府间的组织

它们是由各国政府共同制定一定的基本创建文件而成立的。这种"政府间"的性质，是联合国专门机构最重要的特征，说明它们既不是政府之上的组织，也不是民间组织。各种民间组织，不是国家间的权力机构，它们不能使国家承担国际义务。只有政府间组织才有可能成为联合国的专门机构。专门机构也正是以这种"政府间"性质同联合国组织内享有一定自主地位并行使国际公益职能的某些机关相区别的。例如，联合国儿童基金会、世界粮食理事会和联合国训练研究所等，虽然有各自的预算，并同专门机构有相似的职能，但它们是联合国的附属机关，而不是联合国的专门机构。

（二）是对某一特定业务领域负有广大国际责任的专门性组织

《联合国宪章》第 57 条对专门机构的专业领域作了概括规定，它们包括"经济、社会、文化、教育、卫生及其他有关部门"。该条所提及的"广大国际责任"，是指"世界范围"而言，因此在联合国实践中未把区域性的专门组织包括在内。联合国专门机构的这种专门性，是它们同其他一般综合性国际组织相区别的重要特征。例如，世界卫生组织，虽然包括多种职能，在国际范围内协调卫生工作，防治各种流行病，促进医学研究，推动确定生物制品、药品等的国际标准，以及协助各成员国加强卫生业务等，但是，它的诸种活动都是同卫生这一专业领域紧密相联的。第 57 条所规定的广泛专业领域，是旧金山制宪会议修改橡树园建议案的结果，这一条是在讨论过程中增加的。当时宪章的制订者有一种把各种国际事务活动尽量集中到联合国周围来的倾向，以使联合国成为一个协调国际行政的中心。但是后来，由于国际关系的发展，这一倾向也有些改变。与在联合国体系外建立各种区域性国际综合组织的同时，也出现了一种在世界性专门机构体系外建立区域性国际专门组织的趋势。例如，由西方国家组成的经济合作与发展组织及其前身欧洲经济合作组织，西非国家经济共同体和阿拉伯石油输出国组织等，都是在联合国成立之后出现的。因此，在多种国际组织同时并存的情况下，它们之间在职能与活动上的交叉，仍旧有一个需要协调的问题。

（三）同联合国具有法律关系

各种专门机构是根据同联合国经社理事会签订的特别协定而与联合国建立工作关系的或者是根据联合国的决定而创设的。① 此种协定与决定，使各专门机构正式被纳入联合国体系（United Nations system）。联合国曾经出版发行有关联合国与专门机构间的协定汇编。这些协定（关系协定）是各专门机构同联合国建立关系的法律依据。

现在根据宪章第 63 条订立关系协定的联合国专门机构已有：国际电信联盟、国际劳工组织、世界卫生组织、世界气象组织、世界知识产权组织（以上各机构的总部均设在日内瓦）；国际货币基金组织、世界银行、国际开发协会、国际金融公司（以上 4 个金融机构的总部均设在华盛顿）；万国邮政联盟（总部设在伯尔尼）；联合国粮食及农业组织（总部设在罗马）；联合国教科文组织（总部设在巴黎）；国际民用航空组织（总部设在蒙特利尔）；国际海事组织（总部设在伦敦）；国际农业发展基金（总部设在罗马）；国际原子能机构、联合国工业发展组织（总部设在维也纳）。

此外，还有一个关税及贸易总协定，它（不同于 1995 年成立的世界贸易组织）是一项多边条约，不是一个正式的国际组织。不过实际

① 宪章第 63 条规定，经社理事会得同各国政府间协定所设立的各专门机构订立协定，以确定该专门机构同联合国建立关系的条件；此等建立工作关系的协定（简称"关系协定"）须经大会批准。宪章第 59 条还规定，在适当时候，联合国应发动在各有关国家间进行谈判，以创设所必需的新的专门机构。

上，它又是一个总协定成员常常用来进行多边贸易谈判和解决争端的"场所"。该协定虽然不具有联合国专门机构的正式资格，但由于它在联合国秘书处与政府间一级进行合作及其在世界贸易事务中的作用，其实际地位同联合国专门机构很相似。关税及贸易总协定（世界贸易组织）的总部设在日内瓦。①

联合国为了实现宪章第 55 条所载目的而开展的国际经济和社会合作方面的工作，有很大一部分是由上述 18 个同联合国有关系的政府间机构来完成的。这些机构，从其设立过程来考察，有的是联合国以前早已存在的组织。如国际电信联盟，其前身可以追溯到 1865 年创立的国际电报联盟；万国邮政联盟，设立于 1874 年；国际劳工组织，原为国际联盟系统内的一个自主机构，与国际联盟同时设立于1919 年。有的则是联合国成立以后才出现的组织。如世界气象组织、世界卫生组织、关税及贸易总协定、国际海事组织、国际金融公司、国际开发协会、国际原子能机构、世界知识产权组织、联合国工业发展组织等。至于联合国教科文组织、联合国粮农组织、国际民航组织、国际货币基金组织、世界银行，虽然正式建立于联合国成立之后，但其筹备工作都是在第二次世界大战期间开始的。国际农业发展基金成立最晚，有关成立该基金的协定，于 1977 年 11 月 30 日生效。所有这 18 个同联合国已经建立工作关系的机构，都是全球性国际组织。

---

① 根据联合国网站公布的统计数据，联合国专门机构有 15 个，分别为：联合国粮食及农业组织、联合国工业发展组织、国际民用航空组织、世界旅游组织、国际农业发展基金、万国邮政联盟、世界卫生组织、国际劳工组织、国际货币基金组织、世界知识产权组织、国际海事组织、世界气象组织、国际电信联盟、世界银行集团（国际复兴开发银行、国际开发协会、国际金融公司）、联合国教科文组织。

"相关组织"（related organizations）有 10 个，分别为：全面禁止核试验条约组织筹备委员会、国际原子能机构、《联合国气候变化框架公约》、国际刑事法院、国际移民组织、国际海底管理局、国际海洋法法庭、禁止化学武器组织、世界贸易组织、国际贸易中心。

以上各专门机构,中国政府有关部门均在不同程度上参加其工作与活动。中国是所有各专门机构的正式成员国。所有专门机构,都拥有成员一百多个,而世界卫生组织、国际民航组织、世界银行、万国邮政联盟、国际货币基金组织、国际电信联盟和教科文组织等则已超过180个。国际原子能机构的成员最少,也已在150个以上。它们的成员遍及世界,都是当今非常有影响的和极其重要的国际组织。

联合国专门机构不是超国家组织,不能取代成员国行事。它们的主要职能是,就其专业范围开展调查研究;与各成员的有关部门交换意见;与有关行政官员及专家磋商各种行政及技术性事项;协调成员之间的有关政策与措施;推动各种专业方面的标准化;通过上述活动促进和支援国际经济与社会条件的改进及发展。

联合国体系内关于经济、社会、文教卫生方面的事务,除各专门机构外,还依宪章第7条设有许多辅助机关来进行工作,如联合国环境规划署、联合国开发计划署等。这类机关,虽然具有相对的主动性,但仍为联合国本身的组成部分,而非专门机构的性质。

第十七章　专门机构的法律地位与基本体制

第一节　专门机构的法律地位

专门机构作为国际社会的一种法定组织，其性质与联合国组织颇相类似。它们的法律地位，原则上是由其基本组织文件确定的。其他国际文件，如它们同联合国建立关系的协定、同机构所在地政府的会址协定以及联合国各专门机构特权及豁免公约，也都为此载有相应条款。上述诸种文件，均承认专门机构在一定限度内具有国际法上独立的权利能力与行为能力。国际联盟，曾经要求将各种国际事务机构均置于其管理（direction）之下。但如前所述，此项要求未能完全实现。鉴于国联的教训，《联合国宪章》只规定：由各国政府间协定所设立的关于经济、社会、文化、教育、卫生及其他有关方面的专门机构，应按一定规定使它们同联合国建立关系。①

宪章在这方面把联合国设计为一个协调国际行政的核心组织。联合国分工负责这一任务的是经社理事会。② 经社理事会为此目的设置了一个"同政府间机构商谈委员会"，以便同各专门机构就建立上述

---

① 见联合国宪章第 57 条。

② 联合国作为"协调各国行动之中心"，应该使各种专门机构与联合国建立关系。因为各专门机构虽然依其组织章程是相互独立的，但各自的成员国却是相互交叉的。为了避免它们在工作中产生矛盾，由联合国在政策及活动上进行协调，这不仅是可能的而且也是必要的（见联合国宪章第 58 条和第 63 条）。

关系分别进行谈判，并签订关系协定。协定经专门机构和经社理事会核准后，须由经社理事会提交联合国大会核准。此类协定的性质，近似国家之间的一般条约。

联合国同各专门机构建立关系的协定，通常都需确认专门机构在国际社会中的法律地位，并规定它们同联合国发生关系的诸种方式。这些协定，一般不同范围、不同数量、不同程度地包括如下内容：(1)联合国承认专门机构在其职权范围内的职能；①(2)专门机构承认联合国有权提出建议并协调其活动(宪章第58、62、63条)，且同意定期向联合国提出工作报告(宪章第64条)；(3)规定可互派代表出席彼此的会议，但无表决权(宪章第70条)；(4)彼此交换文件与情报(宪章第64条)；(5)联合国大会协调专门机构之预算与财政(宪章第17条)；(6)向安理会、托管理事会提供协助(宪章第65、91条)；(7)与经社理事会协调关系(宪章第63、68条)；(8)经请求时，互相把议事项目列入会议议程；(9)与秘书长联系；(10)关于议事规则、统计与审计、技术服务、行政法庭等方面的合作；(11)统一人事安排；(12)其他有关的行政事项，等等。

上述协定，有关专门机构保证同联合国各主要机关合作的条款，在和平时期不难执行，但在国际紧张局势下即可能发生困难。例如，专门机构在必要时须向安全理事会提供该理事会为维持国际和平而要求其提供的情报与协助。当此条适用于安理会对和平威胁、破坏和平与侵略行为采取强制措施时，各种政治因素即将严重地同有关专门机构的各项行政及技术任务相抵触。② 这种规定，对那些非联合国会员国而为专门机构成员的国家更难执行。

在长期实践中，随着国际社会承认各种政府间机构具有一定的法律人格，专门机构在国际关系中的独立性也在逐渐增长。特别是20世纪50年代后，这种趋势更为明显。大多数专门机构的基本文件，

---

① 凡联合国已承认的专门机构职权范围内的事项，均由专门机构负责，联合国一般不进行审议或干预，但有进行协调及提出建议之权。

② 见宪章第7章各条。

同《联合国宪章》相似，均规定各该机构在每个成员国境内享有为达成其宗旨与执行其职务所必需的法律行为能力以及特权与豁免。联合国大会于1947年通过的《联合国各专门机构特权及豁免公约》，对上述这一重要规则作了更详细的规定。

各专门机构依特别协定同联合国建立的工作关系，并不影响其独立性。从体制上来说，它们仍然是自主的，始终保有其独立地位，并非联合国的附属或辅助机关。它们各有其成员国、基本组织文件、体系结构、议事日程、经费来源以及各自的工作总部。它们的决议和活动无须联合国批准，联合国只是以经社理事会同专门机构会商并向其提出建议等方式来调整彼此间的活动。协调一致，是联合国与各专门机构相互关系的一项重要原则。①

为了执行联合国与各专门机构之间的协定，避免工作上的矛盾与重复，并加强各专门机构彼此间的配合，经社理事会于1947年建立了一个"协调工作行政委员会"（即"行政协调委员会"）。这个委员会由联合国秘书长和各专门机构的行政首脑组成，联合国秘书长任委员会主席。此外，关税及贸易总协定（世界贸易组织）的秘书长、国际原子能机构的总干事、联合国儿童基金会的执行干事和其他有关机构的负责人，均以观察员身份参加委员会的工作。

协调工作行政委员会经常举行会议，就联合国各机构所共同关心的问题，就联合国关于科学技术、教育训练、农村发展、公共行政、原子能、海洋和外层空间等方案进行磋商。协调工作行政委员会下，设有一个行政问题协商委员会，负责处理有关人事、公共事务、预算和财政以及其他管理方面的事务；还设有一个新闻协商委员会，专门负责处理有关新闻政策及一般工作问题。除在协调工作行政委员会范围内进行活动外，联合国与个别专门机构还可直接进行某些专门磋

---

①　各专门机构与联合国协作进行的各种发展方案，多以各国的自愿捐助为其共同基金，而联合国则具有掌握共同基金的权利。由于各专门机构的预算在很大程度上需要依赖此种基金，因此实际上使作为协调中心的联合国加强了对各专门机构的支配与影响。

商，以作出有关安排。

第二节　专门机构的基本体制

专门性国际组织的基本体制，同一般综合性国际组织的基本体制相比，在原则上并无重大差别，但是前者却存在着一些明显的特点和个性。现分项作如下几点分析。

一、机构组织法

前已述及，政府间协定是一切国际组织的法律基础。当然，它也是各种专门机构据以建立和存在的法律基础，是规定专门机构宗旨、原则、组织、职权与活动程序等重要问题的组织性文件。但是，在早先建立的专门机构中，也有把一般技术规程列入这种文件的，如1952年修订以前的万国邮政公约就是如此。

建立专门机构的协定是各式各样的，具体名称不尽一致，一般将其称为"组织法"（constitution，章程）。各种专门机构的组织法，除少数是由老的组织章程加以修订而成者外，绝大多数是在第二次世界大战后制订的。前者如国际电信联盟的国际电信公约，它是由1865年的电报公约和1906年的无线电公约合并而成的。后者如教科文组织组织法，制定于1945年有44国参加的伦敦教科文组织筹备大会；粮农组织组织法，制定于1945年有45国出席的魁北克粮农组织大会。

战后制定的诸组织法，其内容与形式均进一步趋于完善，已逐渐形成现代国际组织法体系中的一种特别类型。国际法学者常统称之为"专门机构法"，并作为一个特定体系加以综合分析与系统研究。

专门机构的组织法，同其他国际组织的要求相似，需经全体或特定数量的参加者批准或接受后方能生效。但是，各专门机构对此的做法并非完全一样。如粮农组织1945年的组织法，规定在20个以上国家接受后即正式生效。而1944年的国际民航公约和1946年的世界卫生组织组织法，则需有26个成员批准后才能生效。另有一些专门机构的组织法，还需要具有某种特定条件的成员批准才能生效。如

395

1944 年 7 月制定的布雷顿森林协定规定，须有份额占国际货币基金组织基金 80% 的成员国交存批准书后，协定才发生效力。1948 年 3 月制定的政府间海事协商组织公约，必须有 21 国批准，而且其中 7 国须各拥有 100 万吨以上的船舶总吨位，才能正式生效。

专门机构的组织法，在适用过程中，同其他条约一样，不可避免地会发生解释问题。在一般情况下，作为专门机构最高权力机关的大会，具有解释权。但是，对某些不能以协商或大会决议确定的问题，在各方同意国际法院管辖的情况下，也有提请国际法院解决的可能。

专门机构组织法的修正，同政治性较强的一般性国际组织相比，其程序较为灵活一些。政治性组织所涉及的问题极其敏感、尖锐，修正案不易得到所有成员的同意；在难于取得一致的情况下，往往有一种为了避免分裂而宁愿暂时稳定的倾向。专门机构需要随时协调成员国间的关系，以适应科学技术、经济交往和社会需要的发展，因此有关这方面的修正案较为容易得到成员的支持，其修正程序亦不甚苛刻。例如，对教科文组织组织法的修正，只有当修正案涉及改变该组织的宗旨时，才要求成员政府的批准；对粮农组织组织法的修正案，除涉及增加成员义务者外，其生效均无需经过成员政府批准。但是，国际货币基金组织和世界银行，则要求比较严格，对建立这两个金融机构的协定的修正，必须按规定经相当数量的成员批准并经过一定时间后，方能对全体成员生效。

从国际组织法角度来分析，建立包括专门机构在内的各种国际组织的协定，相对其他一般性条约而言，具有若干特性：从形式上看，它既作为一个组织的章程而专门规定某组织的结构、权能与操作程序，它又是一项多边条约而必须在条约法的范围内运作；从内容上看，它既作为一个组织的章程而能创设某种特定的国际法主体，它又有一般条约的功能而为成员规定权利与义务。此外，国际组织的成员，作为组织章程（条约）的缔约国，与其他条约的缔约国有别，一般不能对章程提出保留；作为组织的成员，与其他条约的缔约方不同，不管组织章程有无退出的规定，一般都应被允许以后有自由退出组织的可能性。

二、三级结构

19 世纪国际行政组织的出现，对国际组织的历史具有重要意义。其中非常显著的一点，是在组织上逐渐有了比较稳定的常设机构，为此后各类国际组织的发展，提供了范例。20 世纪以来，为了协调国际行政上的矛盾，专门机构大量产生。它们在组织体系上虽各具特点，但同时也有基本相似之处。

绝大多数专门机构，以全体大会（general conference）为其最高权力机关。大会职能广泛，主要在于制定政策、通过预算、进行各种选举、提出建议事项、实行监督等方面。专门机构大会通常均由各成员派政府代表参加，但代表团的组成及人员限额则要求不一。专门机构的大会，一般一至两年召开一次常会。

各专门机构都设有一个执行或主管机关，一般称为理事会（council）。执行机关的职责，在于执行大会的决议，提出工作措施并付诸实施。其具体权力有大有小。执行机关多由大会选举少数成员的代表组成。但在国际原子能机构理事会的理事国中，有三分之一以上被指定由原子能技术最先进的成员担任，并无不得连任的限制，俨如常任理事国。国际海事组织理事会的理事，则绝大多数来自在航运服务和海运贸易方面占优势与利害关系最大的国家。有的专门机构，规定执行机关的成员需在地域上作公匀分配，如万国邮政联盟的执行理事会就是如此。有的，规定从各成员中选出执行机关组成人员时需强调个人品质与专门技能，如教科文组织的执行局和世界气象组织的执行委员会都是如此。

各专门机构都设有一个秘书处。其办事人员被认为是国际公务员，其任务主要是处理各种经常性工作。

上述三种机关，我把它们称之为专门机构典型体制的"三级结构"。除这三个主要机关外，各专门机构还设有认为执行其职能所必需的其他主要或辅助机关。例如，国际电信联盟，除上述三个机关外，另设有电报电话咨询委员会、无线电咨询委员会和频率登记委员会等机关。许多专门机构还在世界各地设有地区性的分支机构。例如，世界气象组织，除上述三个机关外，还在亚洲、非洲、南美、北美及中美、西南太平洋、欧洲等地区，成立了6个区域性气象协会，以协调各有关地区的气象活动。

三、成员制度

虽然专门机构的职能具有高度专业性，业务比较狭窄，但一般说来，它们在组织成员的吸收上则特别注意广泛性，以扩大其活动领域，发挥其最大的功能效果。参加专门机构的条件与程序，比参加一般政治性组织的条件与程序也简单一些，因此其成员资格的取得较为容易。

一般只有主权国家才能成为政府间专门机构的成员，但是，有些专门机构从行政技术管理出发，也允许在某些专业领域内享有一定管理权的非自治领土或地区参加其组织。不过这种称为准成员的成员，其权利和义务不免都要受到某些限制或削减。这种成员虽然可以利用组织的各种服务与援助，并可提出各种建议，但是在大会、理事会等主要机关中，在财政经费等重要事项上，往往不能享有表决权。①

"微型国家"（micro-states）在国际法上是完全的主权国家，它们加入专门机构为成员国的资格，在政治与法律上虽无任何限制，但却存在着实际上的某些困难。这主要是它们被认为无力履行作为成员国所应履行的巨大国际行政义务。不过各专门机构的作法并不完全一

---

① 于1947年生效并经1959年修订的《世界卫生组织组织法》第8条规定："不能自行负责处理国际关系的领土或领土群，经负责对该领土或领土群国际关系的会员国或政府当局代为申请，并经卫生大会通过，得为本组织准会员。……准会员权利义务的性质及其范围，由卫生大会决定。"世界卫生组织对准成员权利义务的限制，主要表现为：（1）在世界卫生组织的大会及各主要委员会上无表决权；（2）不能参加总务委员会、提名委员会及证书委员会的讨论并不能在这些委员会担任公职；（3）虽然准成员与正式成员国的义务大体相同，但准会员在会费分摊上应酌情减免。

致，某些小国的申请可能被一些专门机构所拒绝，而另一些小国却有可能被某些专门机构所接受。如领土及人口都极其有限的摩纳哥，已经毫无阻碍地成为若干专门性国际组织的成员国。①

很多专门机构的基本文件，为联合国会员国规定了优惠条件，认为一国已经是联合国会员这一事实，足以使它具有成为专门机构当然成员的资格。从该国表示愿意接受某专门机构基本文件的时候起，即可成为该机构的成员。② 但国际货币基金组织、世界银行、国际开发协会和金融公司等组织，并未规定这种优待办法。

联合国对某些专门机构在接纳新成员的问题上，常通过关系协定保有一定的约束能力。例如，教科文组织在吸收成员时，需要得到联合国的良好反应，如果经社理事会在一定期限内作出不利于申请国的消极建议，那么该申请国就不应被准许加入教科文组织。这表明联合国这个国际上的庞然大物，对于已经同它建立工作关系的专门机构，除起协调行政的作用外，并不是全无政治影响的。

接纳非联合国会员国加入专门机构的程序，一般可以归纳为两个步骤：首先由有关国家提出申请；然后经有关机关审议核准。提出申请的国家，须声明接受该组织基本文件所载的义务。有权进行审核的机关，一般为各专门机构的大会。各专门机构在接纳程序上的宽严程度是很不一样的。有的要求申请书应在一定期限以前提出；有的则否。有的需经大会正式表决；有的则只需成员国作书面表示即可。③有的规定出席大会代表的过半数就能接纳新成员，如世界卫生组织等

---

① 摩纳哥的领土面积约 2 平方公里，人口约 3.9 万(2023 年)。它是世界卫生组织、国际民航组织、万国邮政联盟、世界知识产权组织、国际原子能机构、教科文组织和国际电信联盟等专门机构的成员国。

② 国际民航组织、世界卫生组织和教科文组织的基本文件均有类似规定。但是，这种优惠待遇并不是对等的。一国已经是某专门机构成员这一事实，并不足以使它具有成为联合国当然会员的资格。

③ 前者，为一般情况；后者，如《国际电信公约》第 1 条和《万国邮政联盟组织法》第 11 条的规定，为特殊情况。

即是如此；有的则要求 2/3 的多数。有的更为严格，如国际劳工组织，要求在此 2/3 的多数中还须包括 2/3 的政府代表的同意票。教科文组织的规定还要苛刻一些，它要求必须先有执行局的推荐，而后才能由大会以 2/3 的多数通过；这一点，已十分接近于联合国吸收会员国的程序。

专门机构成员资格的丧失，主要在两种情况下发生，即自动退出组织或者被组织开除。此外，还有一种暂时中止行使权利的情况。有些专门机构的基本文件，没有关于退出组织的条款，但是如前所述，不能因此否认成员国有退出组织的权利。① 一般说，专门机构容许成员国可在作出预先通知后退出组织。专门机构最严厉的制裁，是把严重违反基本组织文件、拒绝履行集体任务的成员予以除名。但是，除国际货币基金组织、世界银行等对此有明文规定外，多数专门机构并不强调这一点。②

四、表决制度

长期以来，国际社会所召开的会议，均实行"一国一票制"，会议所产生的重要文件，一般均需与会者全体通过，"一致同意"是国际会议传统的表决方式。但是，在专门性国际组织的形成与发展过程中，上述行之已久的表决制度已经有了很大的变化。

专门性国际组织的一切决议，如果完全以一致表决通过为原则，那么其组织作用与管理能力将受到很大限制。一般国际会议是临时性的，不赞同，可以不参加；而作为国际常设机构的成员国，如果可以任意拒绝多数通过的决议，则将使国际组织与国际会议相差无几。因此，国际行政组织出现后，对这一问题逐渐有所发展，在某些并非太重大的问题上采用了多数或特定多数表决制。

---

① 参见本书第 8 章第 2 节第 3 目"会员国的退出"。

② 参见 D. W. Bowett, *The Law of International Institutions*, 1975, pp. 100-102。

但是，综观国际实践，多数表决制主要是适用于国际组织，在一些临时召开的国际会议中，多数表决至今也并未成为一般规则。并且，这种制度在专门性国际组织中发展较快，而在一般政治性国际组织中，一致表决制仍占有重要地位。可见，所涉及的问题利害关系愈大，则适用多数表决制的或然率愈小。

在一些有关经济、金融等领域的专门机构中，采取"加权投票制"或准加权投票制。如前所述，这一制度偏重从成员国的利害大小与经济实力着眼，给予占优势的国家以较大的决定权。例如，在历史上，联合国粮农组织的前身国际农业协会（International Institute of Agriculture），曾经按所交会费的多少把成员国分为 5 级，交会费越多的国家，可投的票数就越多。而现在的世界银行，则采取按基金份额的多少来分配投票权，因此使众多中小国家常处于一种受制的地位。①

随着国际经济交往的日渐密切与科学技术的飞速发展，各种专门性国际机构的表决制度，正在不断地发展变化。虽然其形式与内容多种多样，但是无论投票权的分配原则，还是表决权的集中标准，都是

---

① 在世界银行等几个世界金融机构中，美国所占的股份最多，因此其投票权也就最大。美国的投票权分别占有这几个机构总投票权的 20% 以上，而整个发展中国家的投票权则只不过是全部投票权的 1/3 左右。值得注意的是，2008 年，世行集团同意增加发展中国家和转型经济体的话语权和参与度。理事会同意将这些国家在世界银行的表决权重增加到 44%，并为非洲在世行集团执董会设置了第三个席位。自 2008 年话语权改革以来，发展中国家在国际开发协会的表决权重增加到 45% 以上。依托这些成就，世界银行集团各股东国于 2010 年春季赞成实行第二阶段改革。2010 年，世界银行发展委员会春季会议 4 月 25 日通过了发达国家向发展中国家转移投票权的改革方案，这次改革使中国在世界银行的投票权从 2.77% 提高到 4.42%。截至 2023 年 9 月，世界银行前 5 大股东国分别为：美国 16.5%、日本 7.52%、中国 6.28%、德国 4.46%、法国 4.09% 和英国 4.09%；其投票权分别为：美国 15.62%、日本 7.14%、中国 5.96%、德国 4.25%、法国 3.89% 和英国 3.89%。参见 https：//thedocs.worldbank.org/en/doc/a16374a6cee037e274c5e932bf9f88c6-0330032021/original/IBRDCountryVotingTable.pdf.

基于成员国的利害关系而产生的。它们的适用规律是：越是关系重大的事项，其有关决议的通过，就越要求更多的同意票（甚至要求达到一致同意）；越是经济利益明显的领域，采用加权投票的可能性也就越大。反之亦然。

第十八章　专门机构的分类与职能

第一节　海陆空通信运输方面的组织

一、国际电信联盟

欧洲 20 个发起国的全权代表于 1865 年 5 月 17 日，在巴黎签订了一项《国际电报联盟公约》，组成了国际电报联盟（International Telegraph Union）。1885 年又在柏林把有关国际电话业务的最初条例载入了这个公约附件的电报条例。1906 年 11 月 3 日，英、美等 27 个国家在柏林签订了《国际无线电公约》组成了国际无线电联盟（International Radio Telegraph Union）。1932 年 12 月 9 日，上述两个联盟的 70 多个国家在马德里开会，决定把上述两公约合并为《国际电信公约》，该公约于 1934 年 1 月 1 日生效。根据这个公约，上述两个联盟被改组为现在的国际电信联盟（International Telecommunication Union，ITU）①，以日内瓦为其总部地址。

由于现代无线电技术的发展以及无线电使用的扩大，国际电信联盟于 1947 年举行国际会议，重新调整组织机构，并采取了某些先进技术措施。其后，同联合国签订了建立关系的协定，协定的重要内容之一是承认国际电信联盟为联合国的专门机构。

国际电信联盟，在组织上实行普遍性原则，服务范围力求广泛，其创始成员的资格不以独立国家为限。凡已参加联合国的国家，一经

---

① 网址为 http：//www. itu. int/。

接受《国际电信公约》即为该联盟的成员；其他非联合国会员国的主权国家申请加入国际电信联盟者，需经 2/3 成员国的同意。在两届全权代表大会之间，如有通过外交途径并经由该联盟所在国提出加入申请者，该联盟应征询各成员国的意见；成员国如在四个月内未予答复，应视为弃权。① 截至 2023 年 9 月，该联盟已有成员国 193 个、另有 700 多家私营部门实体和学术机构组成的部门成员和准成员。② 1972 年 5 月 29 日，中华人民共和国在该组织的合法权利正式恢复，同年 10 月 25 日起开始参加其活动。1992 年 2 月 3 日至 3 月 3 日，国际电信联盟在西班牙召开关于频谱率划分问题的"世界无线电行政大会"，中国代表团团长被推举为大会的副主席。2014 年 10 月 23 日，在国际电信联盟全权代表大会上，中国推荐的候选人赵厚麟高票当选为新一任秘书长，成为国际电信联盟 150 年历史上首位中国籍秘书长；他于 2015 年 1 月 1 日正式上任，任期四年。2019 年 1 月 1 日，赵厚麟开始了他的第二个秘书长任期，任期至 2022 年底。

国际电信联盟的基本文件规定，其宗旨为：维持和扩大国际合作，以改进和合理使用包括陆地、水上、航空、宇宙、广播等在内的各种电信业务；协调各国行动，促进技术措施的发展及其最有效的运用，以提高电信业务的效率；扩大技术设施的用途并尽量使之为公众普遍利用。③

国际电信联盟的主要职能和活动，有下列几个方面：分配无线电频谱并登记无线电频率的分配；协调各方面为消灭无线电台之间的有害干扰而进行的努力；致力于为电信服务确定尽可能低的收费率；通过参加联合国的相应方案，鼓励发展中国家发展电信事业；督促采取各种措施，通过电信业务合作来保证生命安全；为其成员的利益从事

① 见《国际电信公约》(1973 年，马拉加-托雷莫里诺斯)第 1 条。
② 本章各个专门机构的各自成员数，凡未说明具体截止期者，其截止期均为 2023 年 9 月，其统计数字均来自该专门机构的网站。
③ 见《国际电信公约》第 4 条。

研究工作并提供建议和意见。①

《国际电信公约》第 2 章对若干有关电信的一般原则性问题作了规定：

公约规定了"公众使用国际电信业务的权利"。各成员国承认公众有使用国际公众通信业务进行通信的权利；各类通信的服务、资费和保障对于所有用户均应相同，不得有任何优先或优待。但第 25～26 条分别规定了有关生命安全电信的优先权和政务电报与政务电话的优先权。

公约为"电信的停止传递"作了规定。各成员国对于可能危及国家安全、违反国家法律、妨害公共治安或有伤风化的私务电报保留停止传递的权利。

公约规定了"电信的保密"。各成员国同意采取与其所使用的电信系统相适应的一切可能措施，以保证国际通信的机密。但是各成员国保留将这种国际的通信通知有关当局的权利，以保证其国内法律的实施或所缔结的国际公约的履行。公约第 21 条对"责任"作了规定。各成员国对国际电信业务的用户，尤其在赔偿损失的要求方面，不承担任何责任。

公约为"电信设备和电路的建立、操作和保护"作了规定，要求各成员国采取必要步骤，保证在最优良的技术条件下建立为迅速和不间断地交换国际电信所必需的电路与设备。

《国际电信公约》第 3 章还有若干关于无线电的专门条款：公约规定了"有害干扰"的问题。所有电台，不论其用途如何，在建立和使用时，均不得对其他成员国、或对经认可的私营电信机构、或对其他经正式核准开办无线电业务并按照无线电规则经营的电信机构的无线电业务或通信，造成有害干扰。每一成员国应负责要求经其认可的私营电信机构和其他经正式核准开办无线电业务的电信机构遵守这一规定。公约还规定了"无线电频谱和地球静止卫星轨道的合理使用"问题，各成员国应努力将所使用的频率数目和频谱宽度限制到为足以

---

① 见《国际电信公约》第 4 条。

满意地开放必要业务所需的最低限度；在使用空间无线电业务的频带时，各成员国应注意到无线电频率和地球静止卫星轨道是有限的自然资源，必须有效而节省地予以使用，以使各国可以依照无线电规则的规定并根据各自需要所掌握的技术设施公平使用无线电频率和地球静止卫星轨道。① 公约对"国防业务的设备"也作了规定。各成员国对于本国陆海空军的军用无线电设备保留其完全的自由权；但是，这种设备必须按照其业务性质，尽可能遵守有关遇险时给予援助和采取防止有害干扰的措施的法定条款以及行政规则内关于应使用的发射方式和频率的条款；此外，如果这种军用设备参加公众通信业务或本公约各项附属行政规则所规定的其他业务，则通常必须遵守这类业务所适用的管制性条款。

值得注意的是，《国际电信联盟组织法》(*Constitution of the International Telecommunication Union*) 和《国际电信联盟公约》(*Convention of the International Telecommunication Union*) 于 1992 年 12 月 22 日在日内瓦签署，并于 1994 年 7 月 1 日生效。《国际电信联盟组织法》和《国际电信联盟公约》于 1992 年通过后，又历经多届全权代表大会(1994 年，京都；1998 年，明尼阿波利斯和 2002 年，马拉喀什)的修订。这些修订自 1996 年 1 月 1 日、2000 年 1 月 1 日和 2004 年 1 月 1 日生效。而国际电信联盟的行政规则——《无线电规则》和《国际电信规则》是对《国际电信联盟组织法》和《国际电信联盟公约》的补充。最新版的《无线电规则》于 2003 年 7 月 4 日在日内瓦签署，多数条款自 2005 年 1 月 1 日起生效。《国际电信规则》于 1988 年 12 月 9 日在墨尔本签署，并于 1990 年 7 月 1 日起生效。

2012 年 12 月，在迪拜召开的国际电信大会修订了《国际电信规

---

① 为地球静止卫星轨道的主权问题，巴西(观察员)、哥伦比亚、刚果、厄瓜多尔、印度尼西亚、肯尼亚、乌干达、扎伊尔等国的代表，曾于 1976 年 12 月 3 日在波哥大集会，发表《赤道国家波哥大宣言》。宣言重申：他们认为，相对地球静止的"同步轨道(geostationary orbit)是其主权领土的组成部分"，参见王铁崖、田如萱编：《国际法资料选编》，法律出版社 1981 年版，第 566~570 页，亦有将"同步轨道"译为"静止轨道"的。

则》，主要增加了网络安全、宽带、国际漫游、防止垃圾信息等当前电信行业发展的新内容。新修订的《国际电信规则》于2015年1月1日开始生效。2017年7月，国际电信联盟发布了《全球网络安全指数报告》。

国际电信联盟的主要机构有：（1）全权代表大会，由全体成员的代表组成。它是该组织的最高权力机构，每5年开会1次。主要任务是确定总的政策，审议行政理事会的报告并监督本组织各机构的活动，选举行政理事会，选举秘书长，制定预算，签订与其他国际组织的协定，制定和修改电信公约。（2）行政大会，又分世界行政大会和区域行政大会。世界行政大会负责制定和修改该组织的各种电信规则（如电报规则、电话规则、无线电规则等），讨论世界电信方面的其他重要问题；区域行政大会则限于处理区域性的电信事项。行政大会和全权代表大会同时召开。（3）行政理事会，是该组织的执行机关，由41个理事国组成，由全权代表大会按地区分配名额，每5年改选1次。行政理事会每年开会1次，主要任务是在全权代表大会休会期间，在全权代表大会所授予的权限内代行其职权；主管该组织的行政；采取步骤促进电信公约及大会决议的实现；协调各项工作；审批预算，批准财务规则和人事制度；安排召开全权代表大会和行政大会；协调同其他国际组织的关系；根据电联宗旨确定每年的技术援助政策；讨论研究向发展中国家提供技术援助等。（4）该联盟还设有4个常设机构。总秘书处：主要负责协调该联盟各常设机构的活动与各种会议的秘书工作，同联合国、联合国各专门机构及其他国际组织保持联系，收集出版电信事业所必需的各种资料文件，向行政理事会提出年度报告；负责人是秘书长。国际电报电话咨询委员会：下设16个研究组和19个联合工作组、自治工作组、计划委员会。国际无线电咨询委员会：下设12个研究组。国际频率登记委员会：负责登记、公布、协调各成员国使用的无线电频率，提出合理使用频谱的意见，执行该组织有关会议所规定的关于频率分配及使用的其他事项。

国际电信联盟的经费，由各成员国及被认可的私营机构、科学或工业组织，自愿认定等级来承担。一共分 15 个等级，① 每个等级的具体金额，需根据每年的总预算分别计算来确定。

二、万国邮政联盟

1863 年，15 个欧美国家在巴黎举行的国际邮政会议上，通过了若干决议，以期由许多双边协议所调整的邮政关系能就总的原则方面获得更加一致的协调。1874 年 10 月，来自 22 个国家的代表在瑞士举行第一次国际邮政代表大会，签订了第一个国际性的邮政公约（International Postal Convention）即《伯尔尼公约》，并成立了邮政总联盟。② 1878 年 5 月，在巴黎举行第二次国际邮政代表大会，修订《伯尔尼公约》为《万国邮政公约》（Universal Postal Convention），原组织名称亦被改为现在的万国邮政联盟（Universal Postal Union，UPU）③，以伯尔尼为其总部地址。

1947 年 7 月 4 日，万国邮政联盟同联合国签订了关系协定，联合国承认万国邮政联盟是负责国际邮政业务的专门机构。

万国邮政联盟在组织成员的吸收上很注意普遍性，以发挥其组织活动的最大效果。其成员资格并不以独立国家为限。除有创始成员国外，联合国会员国均可加入该联盟；不是联合国会员国的任何主权国家，也可申请准予参加该联盟。但无论加入或申请准予参加，都应正式声明承认该联盟组织法和具有约束力的各项法规。不是联合国会员国的国家，如其申请得到 2/3 以上成员国的同意，即取得正式成员资格。成员国在接到申请通知后 4 个月内未作答复者，以弃权论。截至 2023 年 9 月，该组织已有成员 192 个。1972 年 4 月 13 日，中华人民共和国在该组织的合法权利正式恢复，5 月 8 日我国政府通知该组

---

① 见《国际电信公约》第 15 条。

② 《国际邮政公约》为邮政总联盟所规定的主要原则为：全体成员国视为一个单一的邮政区；同质同量的邮件缴付同等邮资；寄件国保留其所收邮费无须与收件国分享；邮件经由第三国时一律免费；成员国间的争端提交仲裁解决。

③ 网址为 http：//www.upu.int/。

织，决定参加其活动。中国现任万国邮政联盟执行理事会和邮政研究咨询理事会的理事国。

万国邮政联盟的宗旨为：由各成员国组成一个单一的邮政领域，以便互相交换函件，使运转自由在整个领域内得到保证；组织和改善国际邮政业务，并在这方面便利国际合作的发展；在可能范围内参与成员国所要求给予的邮政技术援助。①

万国邮政联盟的基本活动之一，是为其成员国的邮政管理机关所进行的各种国际邮政业务制定各种邮务规章制度，使国际邮政交换得以在标准化的条件下进行。该组织所制定的法规包括：《万国邮政联盟组织法》，它是该联盟的基本法规，列有该联盟的组织条例；《万国邮政联盟总规则》，它列有确保实施组织法和进行工作的各项规定；《万国邮政公约》及其实施细则，它们列有适用于国际邮政业务的共同规则和关于函件业务的各项规定。此外，还有邮包、邮汇、保价信件和邮匣等8种邮政业务协定及其实施细则。前3种法规对各成员国均有约束力，后8种协定仅对声明参加的成员国有约束力。

《万国邮政公约》对若干有关国际邮政业务的一般原则性问题作了规定：

公约第1条规定了"转运自由"的原则。要求每一邮政对另一邮政交给它的函件总包或散寄邮件，承担交由运送它本身邮件所用的最快邮路运递的义务。但不参加互换装有易腐生物品或放射性物品的函件的成员国，可不允许这类函件以散寄方式通过其领土转递。不办理保价信函业务或对海空运输不负保价责任的成员国，应采取最快的邮路运递其他邮政交来转运的函件总包，但其责任只以对挂号函件应负的责任为限。由陆路或海路运递的包裹，只在参加此项业务的各国境内享有转运的自由。航空包裹转运的自由，在该联盟整个领域内应得到保证。如果某一成员国违反了上述转运自由的规定，其他成员国邮

---

① 见《万国邮政联盟组织法》第1条。该组织法参照1969年东京大会和1974年洛桑大会的附加议定书作过修改。

政有权同此国邮政停止业务联系。①

公约第 3 章就"各邮政承担责任的原则和范围"作了详细规定。各邮政只对挂号函件的遗失承担责任;寄件人对于遗失的挂号函件,有权要求补偿。但对由于不可抗力所致的遗失、对根据寄达国邮政的通告予以扣留或根据该国法令予以扣押的挂号函件等,各邮政不承担责任。除有特别规定外,各邮政对保价信函的遗失或损毁应承担责任;寄件人原则上有权按实际价值要求补偿,而间接损失或未实现的利益,不在考虑之列。但对由于不可抗力所致的遗失或毁损、由于寄达国国内的法律规定而被扣留的保价信函,以及由于寄件人的过失或函件内装物品的性质而造成的损失等,各邮政不承担责任。

公约第 4 章规定了"邮费的归属""转运费"和"终端费"等问题。除另有规定者外,每个邮政所收的费用统归该邮政自己所有,无须同其他有业务联系的邮政分享。除特别规定外,两个邮政间相互交换的函件总包,经由另一个或几个邮政居间转运,应向经过或参加运输事务的每个国家按规定付给一定的转运费。此项转运费由函件总包的原寄国邮政负担。除另有规定外,各邮政用航空和水、陆路与另一邮政互换函件时,如收进的函件量超过其发出的函件量,则有权向寄发邮政收取一定酬金(终端费),作为补偿超收的国际函件所产生的费用。

瑞士、法国等西欧国家对该组织的传统影响较大,美国和当时的苏联也曾不断扩充其势力②,但是近些年来,发展中国家在一些政治问题上的作用也在逐渐增长。

万国邮政联盟的主要机构有:(1)世界邮政大会。它是该组织的最高权力机构,由全体成员的代表组成,通常每 5 年开会 1 次。其主要任务为审议和修订包括《万国邮政公约》在内的各项法规,审批工

---

① 见《万国邮政公约》第 2 条。

② 2018 年 10 月 17 日,美国政府宣布即日起启动退出万国邮政联盟的程序;如未来一年未能与万国邮政联盟达成新协议,美国将会退出。2019 年 10 月,美国政府正式宣布放弃退出万国邮政联盟。

作计划和预算，选举执行理事会和邮政研究咨询理事会的理事国。如经至少 2/3 成员国的要求或同意，亦可召开非常大会。（2）执行理事会，是代表大会休会期间的执行机构，根据万国邮政联盟的各项法规，主持该联盟的工作。它由代表大会按地理上公匀分配的原则选出 40 个理事国组成，通常每年召开会议 1 次。协调并监督该联盟的全部活动，同各成员国邮政管理当局保持密切联系，同联合国和其他国际组织维持工作关系，促进邮政技术援助的发展，批准任命国际事务局高级官员。（3）邮政研究咨询理事会，由 35 个理事国组成，主要负责研究有关邮政业务的技术、经营管理和经济方面的问题，并就此提供咨询意见。其下设有 6 个委员会，分别从事各项专门工作。（4）国际事务局。万国邮政联盟在其总部所在地设有一个中央办事处，称为万国邮政联盟国际事务局。它是该联盟的常设秘书处，为各国邮政主管部门提供联络、情报、咨询和一定的财政服务，并且是邮政领域内协调和执行技术合作活动的中心。该局由总局长领导。瑞士政府在某些方面对国际局行使一般监督。

万国邮政联盟的经费，由成员国分 7 个等级来共同承担。①

三、国际海事组织

第二次世界大战后，国际海运事业的发展异常迅速。1948 年 2 月，在日内瓦召开了一次联合国国际海运会议，由参加会议的 35 个国家制定了一项《政府间海事协商组织公约》，于 3 月 6 日开放供签署。按规定，公约的生效需要以包括 7 个各有 100 万吨以上海船的国家在内的 21 个国家的正式接受为条件。因此，直到 1958 年 3 月，当日本成为第 21 个这样的国家时，该公约才开始生效。② 1959 年 1 月，该组织在伦敦召开第一届大会，于是政府间海事协商组织正式成立，

---

①　见《万国邮政联盟组织法》第 21 条和《万国邮政联盟总规则》第 125 条。

②　由于《政府间海事协商组织公约》为该组织所规定的职能甚为广泛，使得有关国家颇感疑虑，而且它所要求生效的条件也比较高，所以该公约直到 10 年之后才得到法定生效数国家的正式接受而产生效力。

并于同年 6 月成为联合国的专门机构，以伦敦为其总部地址。1975
年 11 月，大会修订了组织公约，决定将原组织名称改为国际海事组
织（International Maritime Organization，IMO）①。

截至 2023 年 9 月，国际海事组织共有 175 个成员国和 3 个联系
成员。1972 年 5 月 23 日，该组织第 28 届理事会通过决议，"承认中
华人民共和国是有权在政府间海事协商组织中代表中国的唯一政
府"，我国从 1973 年 3 月 1 日起正式参加该组织的活动（香港和澳门
地区为海事组织的联系成员）。

该组织的宗旨为：建立组织机构，以便各国政府在影响国际贸易
航运的技术问题上进行合作和情报交流；鼓励在海上安全、航运效
率、防止和管制从船上产生的海洋污染等方面普遍采用最切实可行的
标准，并处理与这些问题有关的法律问题；鼓励各国政府取消歧视行
动和不必要的限制；审议有关航运公司不公正的限制性做法的事项；
审议联合国任何机关或专门机构提交给它的有关航运的任何事项。该
组织还就其权限内的航运事项起草国际公约并召集国际会议。它也行
使协商和咨询方面的职能。

该组织的公约规定，凡属适用该公约与解释该公约的争端，均需
首先交该组织的大会解决或以当事国协议的其他方法解决；但是理事
会和海上安全委员会有权解决于其职权范围内产生的各种争议。此
外，国际法院可以就提请它解答的有关法律问题发表咨询意见。

国际海事组织的主要机构是：（1）大会，由全体成员国组成，为
该组织的决策机构，每两年召开会议 1 次。其任务是决定工作方案；
选举理事会理事和海上安全委员会委员，根据理事会的推荐任命秘书
长；通过理事会的报告和财务预算；建议成员国采用有关海上安全的
规章等。（2）理事会，是该组织在大会休会期间的执行机构，由大会
选出的 32 个成员国组成，任期 2 年。每年一般召开会议 2 次。理事
会的理事国按等级分为 3 类，其中 A 类理事国 8 个，为在国际航运服
务中具有最大利害关系的国家；B 类 8 个，为在国际海上贸易中具有

---

①　网址为 http：//www.imo.org/。

最大利害关系的其他国家；C 类 16 个，为在海运和航海方面具有特别利害关系的其他国家，并且它们的入选将保证世界各主要地区均有代表参加。1989 年 10 月 9 日至 20 日在伦敦总部召开的海事组织第 16 届大会，选举中国为 A 类理事国。这标志着中国已成为世界上最大的 8 个海运国之一（1975 年、1977 年、1983 年、1985 年，中国曾经 4 次被选举为 B 类理事国）。① 其他 7 个当选的 A 类理事国是：挪威、日本、希腊、美国、英国、意大利和当时的苏联。该次为期 12 天的大会，着重审议了该组织制定的各种安全措施和保护海洋环境公约的执行情况。中国交通部副部长率代表团参加了该届大会。(3)海上安全委员会，由大会选出的 16 个成员国组成，任期 4 年。每年召开会议 1 次，研究有关助航设备、避碰规则、危险货物禁运、海上安全措施和要求、水道测量报告、海难调查、救助和救生以及其他对海上安全有直接影响的问题，并同其他政府间交通运输组织保持密切联系，以促进海上安全。其下设有 10 个小组委员会协助工作。(4)海洋环境保护委员会，由该组织的全体成员国和防止船舶污染海洋公约的缔约国组成（但后者仅对涉及该公约的问题需要表决时才有投票权）。它负责研究防止船舶污染海洋方面的问题，同联合国系统内其他组织就防止海洋污染方面进行咨询和合作等。(5)秘书处，负责一般秘书工作，执行大会、理事会和海上安全委员会所交给的任务。该处以秘书长为行政负责人。此外，国际海事组织还设有法律问题、技术合作、便利运输等几个委员会，在世界各大地区还有 6 个区域办事处。

　　国际海事组织成员国需交纳的会费，一部分为基本份额，按各成员国在联合国所摊会费来确定；另一部分为附加份额，按各成员国的船舶吨位总数来确定。该组织进行技术援助的经费，则来源于联合国开发计划署。

---

　　①　经 1992 年 7 月召开的国际海事组织理事会特别工作组会议决定，将 A 类理事国与 B 类理事国分别增加为 10 个，C 类理事国增加为 20 个。

四、国际民用航空组织

在第二次世界大战中，航空技术发展十分迅速，在此方面关系重大的部分国家，于 1944 年 11 月，在芝加哥举行了一个国际民用航空会议，并于 12 月 7 日签订了《国际民用航空公约》。该公约经 26 个国家批准之后，于 1947 年 4 月 4 日生效，于是国际民航组织（International Civil Aviation Organization，ICAO）①宣告成立，以加拿大的蒙特利尔为其总部地址。在这个公约生效之前据以成立国际航空委员会的 1919 年《巴黎公约》和关于泛美商业航空的 1928 年《哈瓦那公约》，都从此失去效力。1947 年 5 月，国际民航组织成为联合国的一个专门机构。

截至 2023 年 9 月，国际民航组织已有成员 193 个。1971 年 11 月 19 日，该组织通过决议承认中华人民共和国的代表是中国的唯一合法代表。1974 年 2 月 15 日，我国政府正式通知该组织，我国决定承认《国际民用航空公约》及其 8 个议定书，并自同日起参加该组织的活动。从 1974 年 9 月起我国一直被选为该组织理事会的理事国。

国际民航组织的宗旨为：发展国际空中航行的原则和技术，并促进国际航空运输的发展，以保证国际民用航空的安全和有秩序地增长；促进为和平用途的航空器的设计和操作技术；鼓励发展供国际民航应用的航路、航站和航行设备；满足世界人民对安全、正常、有效和经济的空运需要；防止因不合理的竞争而造成经济上的浪费；保证缔约各国的权利充分受到尊重，每一缔约国具有开通国际航线的均等机会；避免缔约各国之间的差别待遇。② 其主要活动在于：统一国际民航技术标准和国际航路上的工作制度；制订有关国际民航的各种立法性公约；向各国提供技术援助；以及其他管理和调整工作。

---

① 网址为 http：//www.icao.int/。
② 见《国际民用航空公约》第 44 条。

《国际民用航空公约》对有关国际航空的一般原则性问题作了规定：

公约首先规定了"国家领空主权"原则。缔约各国承认每个国家对其领土上空具有完全的和排他的主权。该公约仅适用于民用航空器，而不适用于有关军事、海关和警察部门的所谓"国家航空器"。一缔约国的国家航空器，未经特别协定或其他方式的许可并遵照其规定，不得在另一缔约国领土上空飞行或降落。

公约第2章规定了"有关在缔约国领土上空飞行的某些权利与义务"。缔约各国同意其他缔约国一切非从事国际航班飞行的航空器，在遵守该公约规定条件下，不需事先获准，有权飞入或飞经其领土而不降停，或作非运输业务性降停，但飞经国有权令其降落。为了飞行安全，当航空器所欲飞经的地区不得进入或缺乏适当航行设备时，缔约各国保留令其遵照规定航路或获得特许后方许飞行的权利。此项航空器如为取酬或出租而载运客、货、邮件但非从事国际航班飞行，在遵守关于"国内载运权"规定①的情况下，亦有装卸客、货或邮件的特权，但装卸地点所在国家有权规定其认为需要的规章、条件或限制。但是公约规定，从事国际航班飞行的航空器，非经一缔约国特准或给予其他许可并遵守此项特准或许可的条件，不得在该国领土上空飞行或飞入该国领土。公约还作了关于"禁区"的规定。缔约各国由于军事需要或公共安全的理由，可以一律限制或禁止其他国家的航空器在其领土内的某些地区上空飞行，但此种禁区的范围和位置应当合理，以免空中航行受到不必要的阻碍。在非常情况下，或在紧急时期内，或为了公共安全，缔约各国也保留暂时限制或禁止航空器在其全部或部分领土上空飞行的权利并立即生效，但此种限制或禁止应不分国籍一律适用于所有其他国家的航空器。缔约各国的有关当局有权对其他缔约国的航空器在降停或飞离时进行搜查，并查验该公约规定的证件和其他文件，但应避免不合理的延误。

---

① 见《国际民用航空公约》第7条。

公约第 3 章规定了"航空器的国籍"问题。航空器具有其登记国的国籍，但在一个以上国家登记者不得认为有效。从事国际飞行的每个航空器应带有适当的国籍标志和登记标志。此外，缔约各国承允采取措施以保证在其领土上空飞行或在其领土内运转的每个航空器及具有其国籍标志的每个航空器，不论在何地，应遵守当地关于航空器飞行和运转的现行规章。①

公约第四章就简化手续、移民、关税、遇险、专利、航行设备、标准制度等问题，作了关于"便利空中航行措施"的各种规定。第 6 章还有关于"国际标准及建议措施"的若干条款。

此外，公约第 47 条明文规定：国际民航组织在缔约各国领土内应享有为执行其任务所必需的法律权力。凡与有关国家的宪法和法律不相抵触者，均应承认其法人资格。

国际民航组织的主要机构有：（1）大会，由全体缔约国组成，是国际民航组织的最高权力机构。大会由理事会在适当时间和地点每 3 年至少召开一次会议，以决定该组织的方针，处理非指明提交理事会的任何问题，选举主席和理事会理事，审查理事会各项报告及审定预算决算等。如经理事会召集或经缔约国的 1/5 向秘书长提出要求，可随时举行大会非常会议。1989 年 10 月，第 27 届国际民航组织大会在加拿大蒙特利尔市举行，其成员国中的绝大部分国家均派代表出席了这次大会。大会再次选举中国为该组织理事会的理事国。（2）理事会，是向大会负责的常设机构，每年召开 3 次会议。其职责为执行大会指示，按规定管理国际民航组织的财务，任命秘书长，征求、搜集、审查并出版关于航空发展、国际航班经营的资料，向大会及缔约国报告执行民航公约、大会决议等情况，为国际航空制定各种国际标准，提出建议措施等。此外，理事会还被赋予解决成员国间有关民用航空之一切争端的职责。理事会由任期 3 年的 33 个理事国组成。公约特别规定，大会选举理事时，应适当注意在航空运输方面占主要地位的各国、对提供国际民航航行设备作最大贡献的各国、其当选可保

---

① 见《国际民用航空公约》第 12 条。

证所有世界主要地理区域在理事会中获得代表的各国。理事会下设航行、航空运输、联营导航设备、法律、财务等 5 个专业委员会协助工作。(3)航行委员会，由理事会在各缔约国提名的人员中，任命 15 人组成。此等人员对航空技术应有合适的资格与经验。其职责为对公约附件的修改进行审议；成立技术小组委员会；在向各缔约国收集和传递资料方面，向理事会提供意见。(4)秘书处，是常设机构，由秘书长负责。其下设航行、航空运输、技术援助、法律、行政服务等 5 个局。并在世界各地区设有 6 个办事处。

国际民航组织的经费来源，大部分是成员国交纳的会费，其余部分是该组织的杂费收入。会费是按各国国民收入和航空运输吨公里的多少来决定的。

国际民航组织在蒙特利尔举行第 23 届大会全体会议时，我国作为该组织的理事国，与会代表团团长在会议上曾经发言指出，发展中国家应争取在平等互利的基础上参加国际民航组织的活动，并呼吁发达国家对发展中国家提供更多的技术援助，以帮助加速航空工业的发展。1991 年 9 月 5 日，中国派代表参加了民航组织第 10 届空中导航会议。从 2004 年第 35 届大会起，中国一直当选为国际民航组织的一类理事国。2015 年 3 月 11 日，在国际民用航空组织第 204 届理事会上，中国政府提名的候选人柳芳成功当选国际民用航空组织秘书长，任期从 2015 年 8 月—2021 年 2 月(2018 年连任)。她是国际民用航空组织历史上首位中国籍秘书长，也是首位女性秘书长。

第二节　文化科教卫生方面的组织

一、世界卫生组织

世界卫生组织(World Health Organization，WHO)①的前身，可以追溯到 1907 年成立于巴黎的国际公共卫生局和 1920 年成立于日内瓦

_____

① 网址为 http://www.who.int/。

的国际联盟卫生组织。1945 年的旧金山联合国家会议，建议成立一个卫生方面的国际机构。经联合国经社理事会决定，1946 年 6 月在纽约举行了一次国际卫生会议。参加会议的有 64 个国家的代表，签署了世界卫生组织组织法，同时成立了一个由 18 国政府代表组成的临时委员会，以从事若干紧迫的卫生工作并为常设的世界卫生组织作准备。1948 年 4 月 7 日，世界卫生组织组织法经 26 个国家批准而生效，于是，世界卫生组织宣告成立。此后，4 月 7 日被确定为"世界卫生日"。该组织于同年 6 月召开第 1 届世界卫生大会，同年 9 月，成为联合国的一个专门机构。该组织以日内瓦为其总部地址。

世界卫生组织，除上述组织法之外，还订有《国际卫生条例》和《国际疾病分类法》等若干条约性的国际文件。前者是 1851 年签订的巴黎卫生公约经过多次修订演变而来的，它规定对霍乱、天花、鼠疫、黄热病等疾病在海陆空交通方面的检疫措施。后者也是从过去继承而来的一项国际协定，其目的在于统一疾病命名及分类，以便国际社会对发病率及死因进行统计比较和医学研究。

由于卫生组织的基本任务在于消除社会的疾病根源和提高人类的健康水平，所以要求其服务的对象与范围应尽量普遍与广泛。因此其成员资格并不以独立国家为限。申请加入该组织者，经大会过半数同意即可取得成员资格。截至 2023 年 9 月，世界卫生组织已有成员 194 个。1972 年 5 月 10 日，第 25 届卫生大会通过了恢复中华人民共和国在该组织的合法席位的决议。从同年 8 月起，我国政府决定逐步参加该组织的活动。在 1979 年 5 月于日内瓦召开的第 32 届大会上，中国代表被选为大会副主席。1981 年，世界卫生组织在北京正式设立了它的办事处。现在中国是执行局的成员之一。①

---

① 中国与世界卫生组织，在医学、卫生等方面有着广泛的合作及交流关系。中国有近 70 个医学及卫生研究机构和服务部门被选定为该组织的合作中心。1992—1993 年度，世界卫生组织从其预算中拨款 1000 万美元支持与中国合作进行的医疗卫生技术等项目。值得提及的是，2006 年 11 月，在日内瓦举行的世界卫生大会特别会议上，陈冯富珍当选为世界卫生组织总干事。这是中国首次提名竞选并成功当选的联合国专门机构的最高领导职位。

世界卫生组织的宗旨为：使各国人民达到尽可能高的健康水平。其职能与活动非常广泛，包括：从事国际卫生的指导和协调工作，促进流行病和地方病的防治工作，提供并改进公共卫生、疾病医疗和有关事项的教学与训练，发动医学研究，推动确定生物制品、药品等的国际标准，促进环境卫生、心理卫生等方面的活动，起草关于国际卫生的公约或建议，以及在成员国的要求下协助它们改进和加强其卫生业务。该组织早在1997年就已作出决定，要以"到2000年人人享有健康"为其最优先项目而积极开展全球性的基本卫生保健活动。

世界卫生组织的主要机构有：（1）世界卫生大会，是该组织的决策机构，由全体成员的代表组成。每年召开会议一次，决定该组织的各项政策与方案，并通过预算等。此外，大会还有权通过有关世界卫生的协定或公约；可以制定各种规章制度，如有关预防传染病蔓延的卫生及检疫的条件与方法，统一疾病、死因及公共卫生实践的名称，治疗程序的国际通用标准，适用于国际的生物、药物及其他类似制品的广告及标记等。制定有关卫生方面的国际法规，是世界卫生组织的主旨之一。（2）执行局，是最高执行机构。每年至少召开会议2次，筹划大会的工作并执行大会的决议。该局由大会按地域公匀分配原则选出30个成员国指派同样数目的人员组成，任期3年。各成员国所派代表应在卫生方面有专门知识。（3）秘书处，为日常工作的执行机构。其行政首长为总干事，任期5年，可以连任。此外，世界卫生组织在世界各地区还设有6个区域委员会，每个委员会都有其办事处，分别在各地进行工作。

各成员对该组织所制定通过的协定、公约和各种规章制度，如果在规定期间内未表明予以接受，则应以书面解释不予接受的理由；如表示接受，则应向秘书长提出关于该成员实行有关规章制度的常年报告。对国际卫生组织制定的卫生法规，凡未在规定期间内表示不予接受或未在规定期间内提出保留的成员，均应遵照执行。例如，1951年制定的《国际卫生规则》（*International Sanitary Regulations*），即要求各成员在发现该规则所指的传染病时，应立即通知国际卫生组织及时采取普遍预防措施。1967 年《关于各种疾病与死亡原因的名称规则》（*Nomenclature Regulations with Respect to Disease and Causes of Death*），制定了要求各成员统一适用的某些特种疾病与死亡原因的专门术语。

世界卫生组织的经费来源为各成员交纳的会费，此外还有来自联合国有关机构和其他国际组织的拨款或自愿捐助的款项。

1982 年 5 月，世界卫生组织在日内瓦举行了历时两星期的第 35 届世界卫生大会，通过了一系列决议。大会批准了世界卫生组织 1984—1989 年第 7 个工作总纲。这是为实现"到 2000 年人人享有健康"这一全球战略而确定的中期计划，计划包括了增进居民健康与预防、诊断、治疗疾病等措施。大会通过了关于取得药品专利权、世界卫生组织各成员国与国际机构就实施麻醉品行动计划进行合作、就抗癌问题进行合作等决议。我国卫生部副部长在大会上讲了话，对世界卫生组织和联合国其他有关机构在卫生方面同中国所进行的合作表示满意，并且认为已经取得成果。2005 年，世界卫生大会通过了"58.33"号决议，宣称：人人都应该能够获得卫生服务，同时不会因为支付卫生服务费用而遭受经济困难。2010 年，世界卫生组织在世界卫生报告——《卫生系统筹资：实现全民覆盖的道路》中再次强调：良好的健康状况是人类福祉和经济与社会持续发展不可或缺的；世界卫生组织成员国已经为自己制定了发展其卫生筹资系统的目标，以确保所有人都能利用卫生服务，同时也要确保不能因为他们为这些服务交费而遭受经济困难。2020 年 5 月 27 日，世界卫生组织基金会正式成立，用以筹集资金应对最紧迫的全球卫生挑战。

二、世界气象组织

1853 年在布鲁塞尔举行的一次讨论搜集海上气象情况的国际会议，是气象学方面最早的一次国际合作。1873 年，在维也纳召开了第一次国际气象大会。1878 年，在荷兰召开的会议上成立了国际气象组织。由于国际气象合作的迅速发展，该组织所承担的合作项目涉及世界各国，从而使它从非官方组织演变为邀请各国气象局长参加的半官方组织。两次世界大战后，由于航空事业发展迅速，气象研究与情报交换的重要性更加显得重要。国际气象组织于 1947 年 9 月，在华盛顿召开了第 12 届气象机关首长会议，有 45 个国家及 30 个地区的气象局局长参加。会议通过了《世界气象组织公约》，并将"国际气象组织"改组为政府间的"世界气象组织"（World Meteorological Organization，WMO）①。

该公约于 1950 年 3 月 23 日生效。1951 年 3 月 19 日，在巴黎召开世界气象组织第一届大会，正式建立机构，以日内瓦为其总部地址。1951 年 12 月 20 日，联合国大会通过决议，将该组织纳入联合国专门机构之列。

气象是一种跨国界的自然现象，因此世界气象组织的成员应尽量求其普遍。该组织的成员，除独立国家外，还有一些包括联合国托管领土在内的非完全独立的地区。这些地区本身一般没有气象机关，它们是经过代其处理国际关系而又曾参加 1947 年会议的国家按《世界气象组织公约》规定的程序代为申请而参加组织的；而联合国的托管领土，则需联合国将该公约适用于该领土之上。但是"地区成员"的权利受到一定限制，关于某些重大事项的决定，只有"国家成员"才能参加表决。截至 2023 年 9 月，世界气象组织共有成员国 187 个，另有 6 个"地区成员"。1972 年 2 月 24 日，该组织通过决议承认中华人民共和国的代表为中国的唯一合法代表。此后，我国恢复了参加世界气象组织的活动，并当选为该组织执行委员会的委员。1991 年 1 月 28 日至 2 月 1 日，世界气象组织主席团第 24 届会议，是分别在北京和珠海举行的。从 1987 年起，中国长期被世界气象大会选为该组织的主席。这是中国官员在联合国各专门机构中担任的最高职务之一。

世界气象组织的宗旨是：协调和改进世界的气象活动，在建立气象台站网方面加强国际合作；鼓励国家间有效地交换气象情报，建立快速交换系统；促进气象观测的标准化，推广气象学在航空、航海、

————————

① 网址为 http：//www.wmo.int/。

水利、农业等方面的应用；以及鼓励气象方面的科技研究与人员训练。

世界气象组织尽力采用先进技术进行活动。它在世界天气监视方面已建立起一个世界天气监视网（world weather watch），从世界范围的气象站网、从活动与固定的船只以及民用飞机和气象卫星上，提供地面与高空的观测资料。它所收集的材料和使用高速计算机获得的数据，均通过特别气象网传送到世界各地。此外，它的活动还包括研究与发展、气象学的运用与环境、水文学和水利的发展、技术合作、教育与训练以及世界气候等各方面的方案。随着气象卫星的发展与实用，世界气象组织还需要为外层空间的和平利用加强同其他国际组织的联系。①

2009 年 8 月 31 日至 9 月 4 日，第三次世界气候大会在日内瓦召开。与会的 160 个国家的国家元首、政府首脑、部长和政府高级官员决定建立全球气候服务框架，以加强气候预测、产品和信息在全世界的提供和应用。全球气候服务框架对于建设气候回复型社会至关重要。通过加强观测、科研和信息系统，以及气候信息用户和提供者之间新的互动机制，全球气候服务框架将确保社会的各个方面得到用户友好的气候产品，使它们面临变化的气候条件能提前做好安排。此外，第三次世界气候大会还决定建立"全球气候服务框架高级别工作队"。2010 年 1 月 11—12 日，世界气象组织在日内瓦召开了全球气候服务框架高级别工作队政府间会议，会议通过了"全球气候服务框架高级别工作队"的职责及其人员组成的报告。2019 年 6 月，第 18 次世界气象大会在瑞士日内瓦举行，主要讨论世界气象组织结构改革，探讨世界气象组织在强化气象观测和预报、协助各国克服环境挑

---

①　世界气象组织和联合国环境规划署、联合国教科文组织、联合国粮农组织、国际科学联盟委员会，于 1990 年 10 月 29 日在日内瓦联合举办了第二次世界气候大会。会议于 11 月 7 日结束时发表了一项《部长宣言》，呼吁各国政府立即采取措施，保护全球气候。宣言提出了一些重要原则及措施。参加这次会议的有 137 个国家的环保部长和高级政府官员。还有来自 120 多个国家的 700 多位科学家，他们参加了第一阶段的科技会议。

战等领域的未来战略。

世界气象组织的主要机构有：（1）世界气象大会，是成员代表的总集会，因此为该组织的最高权力机构。每4年至少召开1次会议，制定总政策、各种工作程序、条例、技术规章，协调审议所属机构的活动，选举执行委员会委员，任命秘书长。（2）执行委员会，由36国的气象局长组成，是该组织在大会休会期间的执行机构。每年至少召开1次会议，研究和监督大会决议和规章的实施，提出建议，根据大会的决议掌管财务预算，向各成员提供技术情报、意见和援助。（3）秘书处，是负责该组织日常工作的常设机构。秘书长由大会任命。秘书处下设7个部1个局，分管科学、技术、行政、援助和地区活动。此外，世界气象组织设有6个区域协会，该组织的所有成员，分属于这6个协会；另有8个技术委员会，分别进行各项专门工作。

世界气象组织所需的经费，由各成员按大会所确定的比例分摊。

三、联合国教科文组织

第二次世界大战后期，有些国家已着手建立一个教育、科学及文化组织的酝酿工作，以期代替国际联盟的知识协作组织。联合国成立后，根据宪章第59条精神，在联合国的支持下，由英法等国发起，于1945年11月1日至16日，在伦敦举行了有44个国家参加的教科文组织筹备会议，制定了《教科文组织组织法》。至1946年11月，该组织法为20个签字国所正式接受，于是教科文组织（United Nations Educational, Scientific and Cultural Organization, UNESCO）①宣告成立，在巴黎召开第1届大会，并成为联合国专门机构之一。它以巴黎为其总部地址。

联合国教科文组织，为联合国会员国在取得该组织的成员资格方面，规定了优惠条件，承认联合国会员国可以立即成为该组织的正式成员。非联合国会员国的国家，则需经执行局推荐并在大会以三分之

---

① 网址为 http://www.unesco.org/。

二多数通过后，方能取得该组织成员的资格。此外，任何成员国如其在联合国的会员资格因故中止或终止，则应同样中止或终止其在教科文组织的一切权利。

联合国教科文组织的成员国，除有缴纳会费等义务外，还须在国内设立由成员国政府和有关非政府组织代表所组成的全国委员会（National Commission），以协调本国文教科学事业与联合国教科文组织之间的工作关系，帮助实施联合国教科文组织的各项工作，并代表该国政府及其国内各主要文教科学团体同联合国教科文组织进行联系。联合国教科文组织还要求成员国向该组织报告国内文教科学方面的有关情况。截至 2023 年 9 月，联合国教科文组织共有成员国 194 个。① 1971 年 10 月 29 日，该组织执行局第 88 届会议通过决议，承认中华人民共和国的代表是中国唯一合法的代表，从 1972 年该组织的第 17 届大会起，中国正式参加其活动，同时当选为执行局委员。从 1974 年 3 月起，我国正式向该组织派出了常驻代表。其后，在北京成立了"中华人民共和国联合国教科文组织全国委员会"，并于 1979 年 2 月 19 日在北京召开第 1 次会议。该委员会有助于加强我国同教科文组织的联系。② 2005 年 10 月，在巴黎召开的联合国教科文组织第 173 届执行局第一次会议上，教育部副部长、中国联合国教科文全委会主任章新胜当选为该组织执行局主席。2009 年

---

① 有一些国家出于政治上的考虑曾先后退出过该组织，但现在又重新加入教科文组织了。曾缺席该组织的国家有：南非，1957 年至 1994 年；美国，1985 年到 2003 年；2018 年 12 月 31 日，美国再次退出该组织；这是美国第二次退出该组织，2023 年 7 月美国重新加入；英国，1986 年到 1997 年；新加坡，1986 年到 2007 年。此外，2018 年 12 月 31 日，以色列正式退出该组织。

② 中国自参加教科文组织活动 50 年以来，双方在教育、科技及文化等各方面，进行频繁的合作和交流，仅据 1986—1990 年的统计，中国与教科文组织的合作项目即已达到 1300 多项。从 1993 年起，教科文组织对中国的一些西部地区的扫盲、成人技术培训、女童教育研究、少数民族教育研究和基础教育革新等都给予各种支持，包括举办研讨会、培训班、资助开发乡土培训教材和资助试点项目等。2021 年 10 月 7 日，联合国教科文组织教师教育中心揭牌仪式在上海举行。

10月，在联合国教科文组织第35届大会上，中国以高票当选执行局委员，任期4年。教育部副部长郝平担任中国的执委代表。2010年4月，中国职员唐虔被任命为联合国教科文组织负责教育事务的助理总干事。

联合国教科文组织的宗旨是："通过促进各国间在教育、科学及文化方面的合作，对和平与安全作出贡献，以促进对正义、法治以及人类均得享受之人权与基本自由的普遍尊重。"

联合国教科文组织继国际联盟的知识协作组织而开展工作，但其活动范围却比国联知识协作组织的范围要广泛得多，主要可以归纳为教育、自然科学、社会与人文科学、文化、群众通信和国际交流等几个方面。在教育方面活动最多，投资最大，主要是推行扫盲计划、应成员国要求派出专家担任教育顾问和教师、向发展中国家提供留学生奖学金和教学仪器设备、开办各类学校和研究班、召开教育部长会议等；① 在科学方面，主要是实施各种科研计划、举办学术讨论会、科学进修班、培训科技人员、交流科技情报、组织社会科学的国际合作、新国际经济秩序等问题的研究等；在文化方面，主要是进行各地区文化的研究工作、交流国际文化、帮助会员国研究本国的文化政策、保护文物、发行书刊报纸、促进电影广播活动等。该组织除了从事一般国际性文教科学活动的合作、发展与协调工作外，还组织签订了很多有关国际文化交流、文化遗产保护、出版事业等方面的协定与公约，对国际文教科学活动施加影响。

联合国教科文组织的职能虽然甚为广泛，但其本身对成员国并无强制性的约束力，主要是起协调与促进的作用。为了保存各成员国在文化和科教体制上的独立、完整和有价值的多元性，该组织不得干涉在本质上属于各成员国国内管辖的任何事项。联合国教科文组织同有

---

① 教科文组织在培训方面的计划非常引人注目。在1987—1991年，教科文组织的扫盲计划，仅在非洲即涉及300万名乡村地区的人员，为此，20万小学教师得到了培训。另外，还培训了数百名国家级培训人员和约500名干部，以便推广无线电和乡村报纸的发展。

关教育、科学和文化的 500 个以上非政府国际组织建立了正式联系，并向其中几十个组织如国际科学协会理事会和国际哲学与人文科学理事会等提供财政资助。

教科文组织的主要机构是：（1）大会，由各成员国代表组成，是该组织的最高权力机构。每两年召开 1 次会议，讨论总干事报告，制定政策纲领，通过下两年的计划和预算，选举执行局委员，任命总干事。下设有各种委员会协助工作。1989 年 10 月 17 日，教科文组织大会在巴黎召开。158 个成员国和一百多个国际组织的两千多名代表出席了这次会议。大会的主要议程是审议该组织的活动，讨论有关此后 6 年的中期规划草案。中国联合国教科文组织全国委员会主任率团出席了会议，并与该组织总干事就双方进一步开展科学、教育、文化领域的交流与合作问题进行了会谈。截至 2023 年 9 月，教科文组织已经召开了 41 届年会。（2）执行局，在大会闭会期间代行大会职权。每年举行 2~3 次会议，负责监督和执行大会制订的工作纲领，就秘书处拟定的该组织的活动计划和预算等向大会提出建议，向大会推荐总干事。该局由 51 名委员组成，委员的产生采用按地区分组分配名额的办法由大会选举，任期 4 年，每届大会改选一半。（3）秘书处，是日常工作机构，由它保证各项计划与工作的具体实施，其行政首长为总干事，任期 6 年，可以连任。此外还设有副总干事和若干助理总干事，分工负责各项工作。

教科文组织经费的主要来源：一是经大会通过的由各成员国交纳的会费，会费分摊比例同联合国相似，基本上是按各国国民经济收入水平来确定的；二是联合国其他机关向该组织提供的贷款和捐助。

四、国际原子能机构

第九届联合国大会于 1954 年 12 月通过决议，同意成立一个专门致力于和平利用原子能的国际机构。1956 年 10 月 26 日在联合国总部举行的一次有 88 个国家参加的国际会议上，通过了《国际原子能机构规约》。1957 年 7 月 29 日，交存批准书的签署国达到法定数额，于是国际原子能机构(International Atomic Energy Agency, IAEA)①宣告成立,以维也纳为其总部地址。

国际原子能机构,由于它所承担的国际和平与安全方面的职能而使之同安理会有一种特别联系,因此其地位有若干特殊之处。它虽同联合国关系密切,但在法律上,它是处于联合国监督下的一个独立的国际组织。关于该机构与联合国的工作关系的协定(协定规定,联合国承认该机构作为一独立的国际组织依其规约履行职能并与联合国保持"工作关系"),先后于1957年10月23日由国际原子能机构大会、1957年11月14日由联合国大会分别核准。该机构需要每年向联合国大会提交工作报告,有时也需向安理会和经社理事会提交报告。可见,其实际地位与专门机构并无重大差别。

国际原子能机构对成员资格的要求甚为严格,只有主权国家方能加入该组织。其规约规定:联合国会员国或联合国专门机构的成员国,于该规约开放供各国签署之日起90日内签署该规约后,即为该机构的创始成员国;未于限期内签署该规约的其他任何国家申请加入者,需经理事会推荐和大会核准,方能获得该机构的成员资格。

1971年12月9日,国际原子能机构理事会通过决议,承认中华人民共和国政府在该机构中为有权代表中国的唯一合法政府。1983年10月11日,该机构第27届大会一致通过决议,接纳中华人民共和国为新的成员国。截至2023年9月,该机构已有正式成员国177个。②

国际原子能机构的宗旨是:设法"加速并扩大原子能对全世界和平、健康和繁荣的贡献",并尽力"确保由其本身、或经其请求、或在其监督或管制下提供的协助,不致用以推进任何军事目的"。其主要活动是:向成员国提供和平利用原子能的技术援助;通过订立"保障协定",对提供的援助进行核监督;与联合国有关主管机构协商,

---

① 网址为 http://www.iaea.org/。

② 朝鲜于1974年加入国际原子能机构,但在1994年退出了该机构。此外,几内亚已由国际原子能机构大会核准其成员资格,一旦向保存国政府交存必要法律文书,成员资格即刻生效。

研究并制定利用原子能的各种安全标准及条例；搜集并交流有关利用原子能的情报资料等。

国际原子能机构，为了实现其宗旨并保证其活动的成效，就成员国的权利与义务作了若干规定。各成员国有权与该机构协议，向该机构提供特种原料，提供服务、设备及便利，也有权要求该机构协助取得和平利用原子能所需的原料、技术及设备等。同时，各成员国有义务分摊该机构的费用，接受该机构的监督，并应向该机构提供有关的资料。

国际原子能机构的主要机关有：(1)大会，在正常情况下，每年召开一次会议，选举理事会理事，审议理事会年度报告，修改规约，批准预算，向联合国大会提出年度报告等。(2)理事会，在国际原子能机构中占有重要地位，它既具备立法和决策的职能，也负有执行职务的责任。理事会由35个理事国组成，在选举上规定了非常复杂的方式。按规定，上届理事会在适当照顾地区的情况下，可在原子能科技发展及原子能原料生产方面最先进的成员中，"指定"下届理事13个，任期1年，可连任；其余22个理事由大会按地区分配直接选举，不得连任。多年来，被"指定"的理事国一直为英、美、法、苏联(俄罗斯)、加拿大、澳大利亚、南非、阿根廷、巴西、印度、日本等国。从1984年起中国亦为被"指定"的理事国。理事会可根据需要随时召开会议，审议各成员国及总干事提出的事项，核定向大会提出的该机构的方案及预算，并管辖秘书处的活动。其下设有若干委员会分别进行工作。(3)秘书处，为常设执行机构。其最高行政领导为总干事，由理事会任命，经大会批准，任期4年。秘书处下还设有若干部，分别进行工作。此外，该机构在奥地利、意大利与摩纳哥设有3个研究单位，从事为其活动服务的核物理、核化学、放射性同位素等方面的研究工作。

国际原子能机构，同联合国粮农组织等专门机构、美洲间原子能委员会都签订有工作关系的协定。此外，还同若干政府间组织和非政府间组织保持着通常的工作关系。

国际原子能机构的经费预算分为两种：一种是经常预算，其经费主要来自各成员国交纳的会费；另一种是业务预算，其经费主要来自成员国的自愿捐款和其他特别捐款。

五、世界知识产权组织

1967 年 7 月，有 51 个国家集会于斯德哥尔摩，签署了一项关于成立世界知识产权组织的公约。斯德哥尔摩公约，在得到巴黎联盟的 10 个成员国和伯尔尼联盟的 7 个成员国之批准后，1970 年 4 月 26 日正式生效。于是，世界知识产权组织（World Intellectual Property Organization，WIPO）①成立，以日内瓦为其总部地址。它是专门机构中技术性最强的机构之一。我国于 1980 年 6 月加入该组织，从 1982 年 11 月起成为其协调委员会的委员。②

早在 1883 年 3 月 20 日，在巴黎签订的《保护工业产权公约》成立过一个巴黎保护工业产权联盟；1886 年伯尔尼《保护文学艺术作品公约》，成立过一个伯尔尼保护文学艺术作品联盟。这两个联盟于 1893 年成立了一个联合秘书处，称为国际知识产权联合局。这个联合局就是世界知识产权组织的前身，而上述巴黎联盟和伯尔尼联盟则变为世界知识产权组织的组成部分。至 1974 年 12 月，世界知识产权组织成为联合国的专门机构。

凡具备下列资格者即可参加世界知识产权组织为成员：（1）由该组织经营其行政事务的巴黎联盟及与之有关的专门联盟和协定、伯尔尼联盟以及其他促进知识产权保护的国际协定的成员国；（2）未参加任何有关联盟的国家而为联合国、联合国专门机构或国际原子能机构之成员，或国际法院之成员，或者应大会邀请参加该公约的国家。截至 2023 年 9 月，世界知识产权组织已有成员 193 个。

"世界知识产权"的保护，主要包括两类：一类是工业产权，一般指保护生产技术上的发明、商标和设计等的专利权，并制止不公正竞争；另一类是著作产权，一般指保护文学艺术作品（包括音乐、摄

---

① 网址为 http：//www.wipo.int/。

② 此后，中国于 1985 年 3 月加入了巴黎保护工业产权联盟；于 1989 年加入了商标国际注册马德里协定。

影、电影等)和理论作品的著作权(版权)。①

1883 年的巴黎联盟公约(*Paris Convention for the Protection of Industrial Property*),是现行国际工业产权法的基础,至今已进行过 7 次修订,参加该公约的已有 178 个国家。巴黎联盟公约的主旨在于保护外国人在其他国家的工业产权,但是并不排除专利效力的领土原则,申请人为了使某一发明获得保护,必须在各有关国家首先获得专利权。公约未就专利权的取得作出统一规定,这方面是由国内法来加以调整的。

1886 年的伯尔尼联盟公约(*Berne Convention for the Protection of Literary and Artistic Works*),是著作权国际保护的第一个公约,至今已进行过 8 次修订,参加该公约的已达到 180 个国家。伯尔尼联盟公约规定,缔约国公民对其未发表的作品和在某缔约国国境内首先发表的作品,均应享有著作权;此外,该公约还对作品的复制权与修改权以及电影的著作权等方面作了更为具体的规定。②

世界知识产权组织的宗旨为:通过各国间的合作并与其他有关国际组织适当配合,促进在全世界范围内保护知识产权;保证各联盟间的行政合作。③ 其主要活动包括协调各国在有关方面的立法措施,并鼓励签订新的国际协定;收集和传播有关知识产权的情报,并公布有关方面的成果;给发展中国家以法律援助与技术援助,并为成员国间的其他要求提供服务。该组织还负责办理国际注册手续,并在其活动中力求确保各国在执行各种国际协定方面的合作。这些协定所涉及的

---

① 见《成立世界知识产权组织公约》第 2 条(8)。

② 此外,有关发明权的国际保护,还有一个 1970 年签订于华盛顿的《专利合作条约》;有关商标的国际保护,还有一个 1891 年签订于马德里的《商标国际注册协定》和 1973 年签订于维也纳的《商标注册条约》。另外,关于版权方面的,还有:避免双重征收版税的马德里公约;关于版权邻接权方面的,还有:保护表演者唱片制作者和广播组织的罗马公约,保护唱片制作者禁止未经许可复制其唱片的日内瓦公约,发送卫星传输节目信号的布鲁塞尔公约等。

③ 见《成立世界知识产权组织公约》第 3 条。

事项关系到：保护商标、工业设计、货物与劳务的分类，保护原产地名称、文学艺术作品、表演者、唱片生产者、广播组织以及作物新品种等各个方面。

世界知识产权组织的组织结构极为复杂，它有如下主要机关：（1）大会（General Assembly），由参加《成立世界知识产权组织公约》的各联盟成员国组成。每两年开会1次，每个成员国政府应派出代表1名，可辅以副代表、顾问与专家。每个国家无论是一个或几个联盟的成员，在大会中只有1个投票权。大会对世界知识产权组织的国际局实行监督；负责任命总干事；通过各联盟共同的3年开支预算和该组织的财务条例；邀请未参加任何联盟的国家参加该公约；并行使其他适合于该公约的职权。（2）成员国会议（the Conference），由全体参加《成立世界知识产权组织公约》的国家（不论其是否为任何联盟的成员）所组成。每两年开会1次，与大会同时举行。每个成员国政府应有1名代表，可辅以副代表、顾问与专家。每个成员国在成员国会议中有1个投票权。成员国会议也对世界知识产权组织的国际局实行监督；负责讨论知识产权方面共同有关的事项，且可在尊重各联盟的权限和自主的条件下就此类事项通过建议；通过成员国会议的3年预算；通过对该公约的修订；并行使其他适合于该公约的职权。① （3）协调委员会，是一个咨询及执行性质的机构。由担任巴黎联盟执行委员会或伯尔尼联盟执行委员会委员或两委员会委员的该公约参加国组成。协调委员会的每个委员国政府应有1名代表，可辅以副代表、顾问和专家。每个委员国在协调委员会中都只有1个投票权。协调委员会就一切有关行政、财务以及其他对各联盟与该组织共同有关的事项，向各联盟的机

---

① 由于国际知识产权联合局的某些成员尚未正式成为世界知识产权组织的成员国，所以国际知识产权联合局仍然是一个法律实体。在知识产权联合局全部成员皆正式加入知识产权组织之前，仍须分别举行上述各组织代表和各成员国代表所参加的这两种不同的大会与会议。

关、该组织的大会、成员国会议和总干事提出意见；拟订该组织大会和成员国会议的议程草案及预算草案；提名总干事候选人；并行使该公约赋予的其他职权。(4)国际局，是该组织的秘书处，它接受了巴黎联盟和伯尔尼联盟的联合局的工作。它执行在知识产权领域内增进成员国国际合作的计划，并为会议提供必要的资料和其他服务。其负责人为总干事，是世界知识产权组织的行政首脑；总干事由大会根据协调委员会的提名来任命，任期6年。总干事、副总干事及其工作人员的职责是纯国际性的。在他们执行职务时，不应寻求或接受任何政府或该组织以外任何机关的指示。国际局之下，设有关于情报、公约保存、专利、商标、外观设计及原产地名称注册等的专业部门。

世界知识产权组织有两项不同的预算：各联盟共同开支预算和该组织成员国会议预算。这两项预算的资金来源亦不相同。前者主要来自各联盟的分摊及国际局的部分收入；后者主要来自参加该公约但未参加任何联盟的国家按不同等级的单位数所缴纳的会费以及各联盟所提供的款项与国际局的部分收入。

六、世界旅游组织

世界旅游组织(World Tourism Organization，UNWTO)①于1975年1月2日成立，2003年成为联合国专门机构。它最早是由国际官方旅游宣传组织联盟(IUOTPO)发展而来的。截至2023年9月，世界旅游组织有159个正式成员国、6个准成员(阿鲁巴、弗林德斯、中国香港、中国澳门、马代拉、波多黎各)和2个观察员(梵蒂冈，为永久观察员；巴勒斯坦，为特别观察员)，但美国、英国、加拿大、澳大利亚、新西兰和爱尔兰等国尚未成为该组织成员。其总部设在西班牙马德里。

世界旅游组织的宗旨为：促进和发展旅游事业，使之有利于经济

---

① 网址为 https：//www.unwto.org/。

发展、国际间相互了解、和平与繁荣以及不分种族、性别、语言或宗教信仰、尊重人权和人的基本自由，并强调在贯彻这一宗旨时要特别注意发展中国家在旅游事业方面的利益。

世界旅游组织的机构包括全体大会、执行委员会、秘书处和地区委员会。

全体大会（General Assembly）为最高权力机构，由全体成员国和准成员组成；每两年召开一次，批准预算和工作方案，审议该组织重大问题。全体大会的职能主要包括：选举主席和副主席。选举执行委员会成员，根据执行委员会建议选举秘书长，选举监察员，制定预算和财务管理条例；制定组织管理总方针、总体工作规划；制定秘书处的人事条例；审查和批准组织及机构活动的工作报告；通过接受组织新成员建议；围绕组织活动提出签订各种国际协议的建议。

执行理事会（Executive Council）为执行机构。它与秘书长会商，有权采取一切必要措施，以执行理事会的决议、大会的建议并向大会报告。执行理事会一年至少召开两次会议。理事会理事国的数量为该组织成员国总数的 1/5。理事国由地区委员会推选，执行理事会提名，大会通过。西班牙为执行理事会的常任理事国。执行理事会下设五个委员会：计划和协调技术委员会、预算和财政委员会、环境保护委员会、简化手续委员会、旅游安全委员会。

秘书处负责日常工作，秘书长是世界旅游组织的负责人，由执行理事会推荐，大会选举产生，任期四年，可连任两次。现任秘书长祖拉布·波洛利卡什维利（Zurab Pololikashvili，格鲁吉亚籍）；2017 年 9 月当选，2021 年 12 月连任，任期至 2025 年。

地区委员会（Regional Commissions）主要负责协调、组织本地区的研讨会、工作项目和地区性活动，每年召开一次会议，共有非洲、美洲、东亚和太平洋、欧洲、中东和南亚 6 个地区委员会。

第三节　金融贸易方面的组织

一、国际货币基金组织①

国际货币基金组织（International Monetary Fund，IMF）、国际复兴开发银行、国际开发协会和国际金融公司，是 4 个国际金融组织。②它们都是联合国体系内的专门机构，均以华盛顿为其总部地址。

国际货币基金组织的由来，可以追溯到 1929 年华尔街股市暴跌引起的 30 年代大危机。失业、银行倒闭和生产下降，导致对当时纸币、国际及国内贸易的极大冲击。这场危机萌发了人们设想建立一个常设机构的念头。1944 年 7 月 1 日至 22 日，44 个参加筹建联合国的国家，在美国布雷顿森林召开国际货币金融会议，经过三个星期的讨论，通过了《国际货币基金组织协定》。于 1945 年 12 月 27 日，当份额占该组织资金 80% 的国家交存对协定的批准书后，该协定生效，于是国际货币基金组织宣告成立。1946 年 3 月，该基金组织的理事会同国际复兴开发银行的理事会一起，联合举行了开业会议。

凡申请参加该机构的国家，须经执行董事会商定参加的条件后，交理事会批准，最后才在协定上签字。任何成员国，在书面通知该机构后，有权退出。如成员国违背协定所规定的义务，该机构可以停止其使用该机构资金的资格，甚至经理事会决定后，可以取消其成员资格。截至 2023 年 9 月，国际货币基金组织已有成员 190 个。1980 年 4 月 17 日，该组织执行董事会通过恢复中华人民共和国合法权利的决定。中国政府随后委派了参加理事会的理事和副理事，并正式参与各种组织活动。

---

① 网址为 http：//www. imf. org/。

② 它们是"二战"后处于西方工业大国影响下的世界金融机构中会员国最多、影响最大的机构。长期以来，占世界人口 70% 以上的发展中国家，在这几个机构中所拥有的资金只占总数的约 1/3。

国际货币基金组织，主要是欧美国家为了避免战后国际金融混乱与经济危机重演而建立起来的。经过两次世界大战，美国一跃而为世界最大的债权国，意图成立一个受其影响的国际金融机构，以使其他国家放弃各种贸易及外汇的管制和各种歧视性的双边措施，从而建立起一个以美元为中心的国际货币制度。英国和其他国家为了恢复其战后经济，也希望有一个能提供巨额资金的机构，以克服经济困难。当时苏联虽然参加了布雷顿森林会议，但由于认为向该基金组织提供有关金融资料、接受组织监督并承担某些义务，有损其主权利益，因此未在协定上签字。

国际货币基金组织所从事的主要是国际货币金融业务，其宗旨为：提供协调机构，便于国际金融货币方面的合作；稳定外汇，防止竞争性的汇率贬值，消除国际贸易上的外汇障碍；促进国际贸易的扩大与平衡发展；以及通过贷款调整成员国国际收支的暂时失调等。其主要活动是在成员国国际收支发生不平衡时，对其提供短期信贷；协商解决有关国际金融的各种问题；以及通过组织培训、派出代表及专家等形式，对成员国提供有关财政、货币、银行、外贸等方面的技术援助。

如上所述，国际货币基金组织的基本任务之一是以卖给外汇的方式为成员国提供 3 至 5 年的短期贷款。贷款主要用于解决成员国国际收支的不平衡，因此贷款的对象只限于政府。发放贷款时，由借款国用本国货币向基金组织申请换购外汇（称为"提款"），还款时，再以黄金或外汇"购回"本国货币。贷款利息一般采用按贷款数额与期限而不同的"累进制"，随着金额的加大与时间的延长而递增。国际货币基金组织，除最初设立的"普通贷款"之外，后来又为初级产品出口国增设了由于出口波动收入下降而出现国际收支困难时可以申请的"补偿贷款"和帮助稳定国际市场上初级产品价格的"缓冲储存贷款"；1973 年中东战争后，因石油涨价引起国际收支困难而增设了"石油贷款"；接着又建立了为解决成员国长期国际收支困难的"展期贷款"；之后，为较穷的发展中国家筹集了"信托基金"；还为遭遇庞大和持续国际收支逆差的成员国设立了一项"补充贷款"。这些贷款所需资金的来源，主要是成员国缴纳的基金份额，此外还有基金组织通过同成员国协商向成员国借入的资金以及业务活动中的部分利润。①

　　国际货币基金组织(以及国际复兴开发银行、国际开发协会和国

---

　　①　2008 年 4 月，国际货币基金组织理事会投票批准了关于份额和投票权改革的方案。根据这一方案，发达国家在该组织的投票权比例从 59.5% 降至目前的 57.9%，发展中国家的投票权比例则从 40.5% 上升为目前的 42.1%。中国在国际货币基金组织的份额增加到 3.997%，投票权增加至 3.807%。中国在该组织中的代表性列第六位。尽管发展中国家尤其是新兴市场经济体的代表性有所增加，但发达国家在国际货币基金组织中的份额和投票权优势仍相当明显。美国、日本、德国、法国、英国仍是国际货币基金组织份额和投票权最多的五个国家，其中美国所占份额和投票权比例仍分别高达 17.674% 和 16.732%。2009 年 9 月，二十国集团匹兹堡峰会取得突破性进展。国际货币基金组织改革治理结构是会议取得的最重要成果之一。根据会议决议，发达国家需将部分配额转移给发展中国家，发展中国家的配额将从 43% 提高到 48%。这是该组织发展史上一次重要改革，它对提高发展中国家在国际金融机构中的地位和声音有积极的作用。另据美联社 2010 年 11 月 6 日电，国际货币基金组织总裁在 11 月 5 日 IMF 董事会的一次会议之后，宣布了一项包括份额和投票权在内的结构性的改革。份额改革完成后，中国的份额将从目前的 3.72% 升至 6.39%，投票权也将从目前的 3.65% 升至 6.07%。中国将成为该组织第三大成员，仅次于美国和日本。这项历史性协议是 IMF65 年历史上最重要的管理改革，也是历史上向新兴市场国家和发展中国家最大的倾斜，承认它们在全球经济中日益重要的作用。美国在 IMF 保留了 17% 的投票权，这使它能够有效行使否决权，因为重大决策需要 85% 的支持率才能通过。IMF 还宣布了该董事会成员资格的改革，将最高等级的成员数量从 5 个扩充到 10 个。2016 年 1 月 27 日，国际货币基金组织宣布 IMF2010 年份额和治理改革方案已正式生效。根据该方案，IMF 的份额将增加一倍，约 6% 的份额将向有活力的新兴市场和代表性不足的发展中国家转移。由此，中国正式成为 IMF 第三大股东；中国份额占比将从 3.996% 升至 6.394%，排名从第六位跃居第三位，仅次于美国和日本跻身。而印度、俄罗斯和巴西也均进入前十位。目前，5 个国家组成了拥有 24 个成员的 IMF 执行董事会中的最高权力群体。它们是美国、日本、英国、法国和德国。这个群体现在扩大到 10 个，将中国、印度、巴西、意大利和俄罗斯吸纳进来。上述该董事会提议的改革将必须由 IMF 全体 187 个成员国批准，并由美国参议院和其他国家的议会批准。IMF 董事会的成员总数固定在 24 个，包括了其他发展中国家。从份额改革生效开始，这一构成将每 8 年审议一次。如果有关改革开始进行，主要欧洲国家将把在董事会的席位减少两席。截至 2023 年 9 月，美国在 IMF 的份额为 17.43%，投票权为 16.5%；日本的份额为 6.47%，投票权为 6.14%；中国的份额为 6.4%，投票权为 6.08%，位居世界第三；英国的份额为 4.23%，投票权为 4.03%。

际金融公司），同联合国的其他专门机构相比较，有其独特之处，它是以成员国入股的方式组成的企业经营性质的金融机构。它通过营业获得利息和手续费等，以支持日常开支并赚取利润。成员国应缴纳的入股基金份额，其数量是在参加组织时根据一国的货币储备、对外贸易量以及国民收入的大小来确定的。经济情况发生变化时，可就全体或就个别成员国予以变更，但须经总投票权五分之四的多数通过。在成员国缴纳的份额中，原来规定必须支付 25% 的黄金，① 其余部分以本国货币支付。成员国份额的大小，直接影响其能向该机构取得借款的数量，份额愈大，可能借到的款项即愈多。在国际货币基金组织临时委员会 1983 年 9 月召开的一次会议上，美国财政部长曾要求降低成员国的借款限额，遭到了发展中国家的反对。经过激烈辩论后，于 9 月 26 日达成一项妥协协议。这项未经一致同意的妥协方案规定，该组织成员国每年的借款不得超过其份额的 102% 或 125%，3 年累计不得超过 306% 或 375%。这两种限额，将视各成员国经济问题的严重程度和为解决这些问题而制订的调整计划的有效性而定。

按照该组织的规定，一方面成员国有提款权，即有权按所缴份额的一定比例借用外汇。② 另一方面，成员国也有义务提供经济和金融

① 1978 年生效的修正协定，为了限制黄金在国际货币中的作用，取消了这一规定。此外，成员国可用本国货币及特别提款权支付应缴纳的份额。

② 至 1969 年又设有"特别提款权"（Special Drawing Right），根据成员国的份额按比例分配，作为国际流通手段的一个补充，以在国际流通手段不足时，给予成员国一种除一般提款权之外的使用资金的权利。"特别提款权"是国际货币基金组织受权创制一种特殊货币，它具有一种人为的价值，被纳入国家外汇资产中。它是根据世界上 5 种主要货币的平均值计算出来的。在 1971 年以前，一个 SDR 相当于 1 美元。但美元实行浮动汇率之后，其值每日不同。2016 年 3 月 4 日，国际货币基金组织宣布，自 2016 年 10 月 1 日开始，IMF 将在其"官方外汇储备货币构成"（COFER）的季度调查中单独列出人民币以反映 IMF 成员人民币计价储备的持有情况。其实，10 月 1 日也是新的 SDR（特别提款权）篮子生效的日期，从当日起人民币将成为 SDR 五大货币之一。2022 年 5 月，国际货币基金组织将人民币在 SDR 中的权重上调至 12.28%，在 SDR 中的权重居第 3 位。

的情报资料,① 在外汇政策和管理方面接受该组织的监督。

20世纪60年代后,随着美国国际收支的恶化,金融危机逐渐深化,美元贬值,各国经济情况更加困难。在此过程中,对国际货币基金组织协定进行了数次修订,其中,第一次修订的条文于1969年生效,第二次修订的条文于1978年生效。这两次修订,除了使国际货币基金组织增加贷款种类、设置特别提款权并作某些工作改变外,还使固定汇率制变为浮动汇率,并进一步降低了黄金在国际货币制度中的作用。于是,以美元为中心的西方货币体系,在进入20世纪70年代之后即趋瓦解。

国际货币基金组织的各种重要职权,主要是按各成员国所缴基金份额的比例来分配的。就投票权而言,该机构采用以股票数为基础的加权投票制,它规定每个成员国各有250个基本投票权,此外,再按照所占的基金份额,以每10万美元增加一票的方式计算总票数。可见,成员国的投票权是同其基金份额的多少成正比的。② 一般国家特别是广大发展中国家,因其基金份额少,所以在该组织的各种权利与活动,均受到颇大限制,它们长期以来要求进行改革,反对金融大国对该组织所施加的强烈影响。③

---

① 这种资料包括政府和银行持有的黄金及外汇数量、外汇的汇率及管制情况、进出口贸易及国际收支的数字以及国民收入及物价指数的资料等。

② 国际货币基金组织的表决程序极其繁琐。有关一般问题的决议,简单多数即可通过,但是愈重要的问题,所要求的可决票数愈多。因此,这使各种表决事项的法定多数,按其重要性的大小而形成了一个数学阶梯,如增加执行董事会成员的决议,其可决票需达到总投票数的五分之四以上的特殊多数才能通过。

③ 1993年4月30日英国《新政治家》周刊文章,称国际货币基金组织和世界银行为"银行家国际组织",并把两者说成是"新帝国主义者"派出代理人去征服全世界。文章认为"如果说七国集团是一个执行委员会的话,那么国际货币基金组织就是该委员会的总参谋部"。其后,上述几个国际金融机构已有若干变化。如成员国总数、执行董事会的董事数,均有增加;资金有所补充;贷款方向从最初的以欧洲国家为主转变为比较侧重对亚非拉国家解决开发资金;(转下页)

　　国际货币基金组织的主要机构有：(1)理事会，是该组织的最高权力机构，由各成员国派理事(一般是财政部长担任)和副理事各一人组成，任期 5 年。理事会每年召开一次会议，决定接纳新成员国和暂停成员国的资格等问题，调整各成员国应缴纳的基金份额，批准成员国货币平价的统一变动，决定基金净收益的分配和基金的清理等。(2)执行董事会，是该组织的执行机构，负责处理该组织的日常业务工作，行使理事会所授予的权力。它由 24 个执行董事组成，任期 2 年，其中有 8 名董事由基金份额最多的成员国分别委派，它们是美、英、法、德、俄、中、日本和向货币基金组织贷款最多的沙特阿拉伯。其余 16 名董事则由其他成员国按地域分成选举区联合推选产生。执行董事会每周平均召开 3 次会议。中国自恢复在该组织的席位之后，因份额较大(占总份额的 3% 左右)，可一国组成单独选区选出自

(接上页)发展中国家比过去有了较多的发言权，特别是产油国家的作用已有较大增长。在参加布雷顿森林会议的 44 个国家中，只有 8 个来自非洲、亚洲和中东。当时发展中国家的总数只约 30 个。现在，国际货币基金组织的 190 个成员中有 130 余个属于发展中国家。近些年来，信贷发放主要集中于发展中国家和正在向市场经济过渡的国家。据 1994 年的材料，当时五十多项贷款协定，都是同这些国家缔结的。自 70 年代后期以来，很少有重要的工业国家同货币基金组织签订贷款协定。国际货币基金组织，早已面临改革的巨大压力。2000 年 5 月，法国《青年非洲》上刊载一篇文章，给该组织点出了"七大罪状"。其中提到"当一些国家遇到难题要求帮助时，国际货币基金组织总是不加区别地在世界各地把同样的一些办法强加于人"，并附加不合理的条件；在此种情况下，"最先受其害的是最贫困的那部分居民"。文章还指出："其主要出资国掌握着决定权。例如美国，它在该组织中提供的资金占 18%，这样，它就拥有约五分之一的否决权，在该组织采取每一重要措施时，它都几乎拥有完全的否决权。此外，在其他西方大国的支持下，它还可以得到一个名副其实的'自然而然产生的多数'的支持。正如一个韩国人所说，与联合国相反，在国际货币基金组织内，'谁出了钱谁就有权决定游戏规则'。"

己的执行董事。该董事会选举总裁 1 人，任期 5 年。①（另有 3 名副总裁）总裁不得同时担任理事或执行董事，他负责总管该基金组织的业务工作，是执行董事会的当然主席及货币基金组织工作人员的行政首脑。总裁无投票权，只有在执行董事会双方表决票数相等时才可投决定性的一票。总裁及基金组织的工作人员在执行职务时，仅对基金组织负责，各成员国须尊重其国际性质，不得施加影响。上述理事和执行董事的投票权，都是按他们各自代表的国家所缴纳的基金份额②的多少来决定的，在计算上颇为复杂。具体说，在理事会中，各理事的投票以 250 票为基本票，再加上本国所占基金份额的比例票计算。在执行董事会中，各国指派的董事以本国在理事会的票数计算；各选举区推选产生的董事则以本国在理事会的票数加上该选举区其他各国在理事会的票数计算。(3)此外，该基金组织还在世界各大地区设有办事处。

截至 2023 年 9 月，有来自 150 个国家的 2900 名职员分别在国际货币基金组织中的金融、法律等八个部门工作，其中一半是经济学家。

二、国际复兴开发银行

国际复兴开发银行（International Bank for Reconstruction and Development，IBRD，即世界银行)③，是 1945 年 12 月 27 日，当 28 个国家的代表在布雷顿森林会议所拟订的国际复兴开发银行协定上签

---

①　IMF（Managing Director）总裁和世界银行行长（president）分别由欧洲人和美国人担任是一个不成文的惯例（tradition），找不到明确的法律依据。其组织协定及其附则以及法律文件选编都没有类似的规定(世界银行官方网站 http：//web. worldbank. org/上只有这样一句话：By tradition, the Bank president is a U. S. national and is nominated by the United States, the Bank's largest shareholder. The President is selected by the Board of Executive Directors for a five-year, renewable term.）。这也正是其他国家质疑 IMF 和世行行政首长选任合法性的原因。

②　份额常以"特别提款权"来表示。

③　网址为 http：//www. worldbank. org/。

字之后，同国际货币基金组织同时成立的。该银行于翌年6月开始营业。协定规定，凡参加世界银行的国家必须以参加国际货币基金组织为先决条件，但国际货币基金组织的成员国并不一定要参加世界银行。它是世界上最大的政府间金融机构之一。我国在世界银行（包括国际开发协会及国际金融公司在内）的合法权利已于1980年5月恢复，现为该银行的理事国之一。① 截至2023年9月，世界银行已有成员国189个。该银行的成员国均应认购银行的股份。股份数额，由成员国与银行根据该国的经济与财力进行协商，最后须经理事会核准。成立约40年后，到1984年6月底，该行的法定股本为716.5亿特别提款权。

世界银行的宗旨是：以提供和组织长期贷款与投资的方式，协助成员国解决战后复兴和开发经济所需要的资金。其主要活动为对成员国政府、政府机构或政府所担保的私人企业发放用于生产目的的长期贷款，派遣调查团到借款国进行实地调查，以及提供技术援助等。世界银行贷款的长期性和国际货币基金组织贷款的短期性，起着相互配合的作用。

世界银行成立之初，贷款对象主要是在第二次世界大战中受到严重损害的欧洲国家。自美国实行"马歇尔计划"之后，该银行的贷款重点转为其他地区的国家。现在主要是作为一个对发展中国家进行开

---

① 我国于1982年，首次从国际货币基金组织分两批共取得了9亿美元的低息贷款，并首次同世界银行就专用于教育项目的两亿美元贷款达成协议。1997年7月17日，世界银行公布，中国1997年上半年向世界银行借款28.2亿美元，主要是用于扶贫、农业与教育。世界银行中国问题高级顾问（曾任该行驻华首席代表）证实，中国当时已成为世界银行最大的单个用户，该行将继续每年为中国提供约30亿美元的贷款。据说自1980年以来，当时世界银行共参与了中国184个项目，为此先后共提供了280亿美元的贷款。自20世纪80年代中期之后，中国开始如期偿还世界银行债务，至1997年7月，已共还款40亿美元。在世界银行历年向中国提供的全部贷款中，有一小部分是无息贷款（约29亿美元）。在1999年后，世界银行只给中国有息贷款，无息贷款将停止提供。2007/2008财年，世界银行共向中国12个项目提供了15.134亿美元贷款，使世界银行对华承诺贷款累计达到436.88亿美元，涉及项目总数达到296个。

发援助的机构而活动。世界银行与联合国开发计划署密切合作，并经常担任开发计划署项目的执行机构。1988 年 4 月正式成立的多边投资保证机构①，是世界银行的一部分，截至 2023 年 9 月已有成员 182 个。多边投资保证机构的主要任务是向投资者提供政治风险担保，鼓励私人投资流向发展中成员国，以促进生产。

世界银行贷款的用途，主要集中在农业、动力、交通运输和教育等方面，它对贷款所规定的条件与程序相当严格。它只对成员国政府或政府所担保的企业贷款；贷款申请国一般必须提出特定的工程项目计划，它只能为具体的项目发放贷款；世界银行在与成员国协商时，对该项计划须进行实地考察，以确定是否宜于贷款；然后进行贷款谈判，如获成功，即交执行董事会审议；经董事会批准后，再由借贷双方签订正式贷款契约。此项贷款在使用过程中还须接受银行一定的监督。

近些年来，发展中国家为维护民族权益而争取建立新国际经济秩序的过程中，一直在要求改革现行金融体制，增加资金援助，降低贷款条件，减轻利率，放宽期限，减免国际债务，并要求在有关事务中享有更多的发言权。

世界银行的资本，一般来自成员国缴纳的股金，但发行债券也是筹集资金的重要途径之一。此外，通过出让债权和利润收入也可以获得一部分资金。其特点之一是，它虽然是一个政府间组织，但其资金的很大一部分却来自私人投资者。

世界银行的主要机构有理事会和执行董事会，另外还在世界各地设有若干办事处。它们的组织结构、职权范围、成员配备以及投票权的分配等，基本上同国际货币基金组织相类似。

1982 年 4 月，国际货币基金组织临时委员会与世界银行发展委员会在赫尔辛基同时举行会议。这两个委员会的会议主要讨论了世界经济形势、国际货币基金组织的政策和增加国际开发协会总份额等问题。在此之前，发展中国家二十四国集团和发达国家十国集团曾分别

---

① 网址为 http：//www. miga. org/。

集会，两个集团都认为当前世界经济面临问题很多，但两者对如何解决这些问题，却存在巨大分歧。我国财政部长在二十四国集团会议上发言，指出世界上绝大多数发展中国家的经济情况，特别是货币金融情况，在进一步恶化。他强调在"南南合作"的同时，要敦促各主要发达国家履行其任务和承诺，促使国际金融和开发机构改进工作，以解决广大发展中国家特别是最不发达国家弥补国际收支逆差和筹借发展资金的紧急需要。在临时委员会会议上，中国、法国和北欧国家的代表，表示支持发展中国家关于增加股份的要求。同年 9 月 6 日，加拿大总理在有一百四十多个国家代表团出席的国际货币基金组织与世界银行年会上所致的开幕词中，呼吁采取有效措施，以确保国际金融体系免遭崩溃。据当时统计，东方和第三世界国家欠银行的债务总额早已达到 8500 亿美元。由于利率高，石油费用仍然很大，出口商品价格低，世界经济继续恶化等原因，这些国家愈来愈不能按期偿还贷款。这次在多伦多举行的年会，要求成员国使该两机构拥有更多的资金与权力，以资助债务国，并在一旦发生严重丧失清偿能力时使世界金融市场保持平静。1986 年 4 月世界银行和国际货币基金组织在华盛顿的春季会议上，重点讨论了债务与改革国际货币体制两大问题。会议公报呼吁发达国家进一步降低实际利率、减少贸易保护主义、改善初级产品价格、稳定货币汇率和增加对发展中国家的投入。该行行长曾在会上表示，要在此后 5 年内大幅度增加对发展中国家的贷款。为此，该行需要进一步加强其资本基础。1990 年 9 月 25 日，国际货币基金组织和世界银行年会在华盛顿开幕。一百五十多个国家和地区的财长及中央银行行长出席了会议。在为期 3 天的年会上，讨论了世界经济、国际债务、贫困、环境以及如何对待海湾危机产生的不利经济影响等问题。

　　2008 年国际金融危机以来，世界银行正集中精力做好以下五大重点工作：(1)瞄准贫困和弱势人群，尤其是撒哈拉以南非洲地区的贫困和弱势人群；(2)为经济增长创造机会；(3)推动全球共同采取行动；(4)加强治理；(5)为应对今后危机做好准备。世界银行确定的这些工作重点顺应了主要借款客户群的需求，即低收入国家和最不发达国家、脆弱和受冲突影响国家、中等收入国家以及阿拉伯国家的需求，因此世界银行可在最需要帮助之时向最需要帮助的地区提供支持。2021年12月15日，世界银行宣布将为世界上最贫穷国家提供930亿美元资金支持，助其应对全球性挑战，实现经济复苏。

三、国际开发协会

国际开发协会（International Development Association，IDA）①，也称为"第二世界银行"。在1959年9月世界银行的第十四届年会上，通过了一项关于成立国际开发协会的美国提案。1960年9月，该协会作为世界银行的附属机构正式宣告成立。

国际开发协会的宗旨是：促进欠发达成员国的经济发展，对这些国家的公共工程和发展项目提供条件较宽的长期贷款，以协助世界银行的贷款工作。该协会只对发展中国家很贫困的成员国贷款，免收利息，只收0.75%的手续费。贷款期限可长达50年，头10年不必还本，从第二个10年起每年还本1%，其余30年每年还本3%。开发协会的"信贷"，同世界银行的"贷款"比较：前者是一种优惠贷款，条件较宽，不收利息，贷款期限比后者更长；后者是一般贷款，条件较严，利率较高，贷款的范围较广。但从每年的贷款额来看，开发协会并不低于世界银行。

国际开发协会有其独立的基金，在法律上是一个具有一定自主性的金融机构。但是该协会的主要组织结构同世界银行一样；协会理事会的理事、执行董事会的董事以及协会的会长，都由世界银行相应机构的负责人兼任，该协会无单独的官员和工作人员。

国际开发协会的成员国，按规定必须是世界银行的成员国。中国已于1980年5月恢复在该协会的席位。截至2023年9月，该协会已有成员174个。各成员国按照它们向世界银行认缴基本资金的比例向该协会缴纳资金。它们可以分为两类：一类是高收入的工业发达国家，它们认缴的资金须以黄金或自由外汇交纳；另一类是发展中国

---

① 网址为 http：//ida. worldbank. org/。

家，它们认缴的资金，10%须以自由外汇交纳，90%可用本国货币交纳。中国属于发展中国家这一类，认股额为 3517.3 万美元，占该协会已认购股本和补充资金总额的 0.12%。① 中国过去所取得的贷款中，有技术合作、职业教育、工农业发展等项目。

开发协会的资金来源，除各成员国应缴纳的股金和协会本身业务活动的利润外，还有一种由工业发达成员国提供的捐款，谓之"补充资金"。此外，世界银行从其盈余中也拨给协会一部分款项，以支持其业务的继续开展。

四、国际金融公司

1954 年，世界银行同其成员国政府协商后，提出了一个国际金融公司协定条款，1956 年 7 月国际金融公司(International Finance Corporation，IFC)②宣告成立。该公司与国际开发协会相类似，虽然也是世界银行的附属机构，但是它的资金也是同世界银行分开的，具有独立的法人资格。世界银行、国际开发协会和国际金融公司三者，统称为"世界银行集团"(World Bank Group)。

国际金融公司的宗旨是：鼓励成员国特别是欠发达国家中有生产能力的私人企业的增长，促进它们的经济发展，从而补充世界银行的活动。其主要活动方法是：专门对私人企业进行贷款；在不能以合理条件获得足够的私人资本的情况下，与私人投资者联合向私人生产企业投资，而不需要政府的偿还担保；发挥联系中心的作用，使投资机会、私人资本(包括国内和国外资本)和有经验的管理结合起来；帮助刺激国内外私人资本的生产性投资。金融公司的投资方式，主要是采用贷款、认购股份或者把两者结合起来进行；并经常与私人企业进行合资经营。

金融公司的贷款须付利息，贷款的期限比世界银行与国际开发协

---

① 目前中国在国际开发协会的投票权为 344829 票表决权，占总投票权的 1.88%。

② 网址为 http：//www.ifc.org/。

会为短，一般在 15 年以下。偿还时须使用原来贷给的货币。金融公司贷款和投资的对象主要是制造业、开采业和加工业。

国际金融公司的主要组织结构也同世界银行一样，世界银行的相应机构有很多人员在金融公司的理事会和执行董事会等机构兼职。但是金融公司也有它自己的工作人员。该公司理事会的年会，同世界银行和国际开发协会的理事会的年会经常联合举行。

国际金融公司的成员国，按规定必须是世界银行的成员国。中国已于 1980 年恢复其在该公司的合法席位。截至 2023 年 9 月，该公司已有成员 186 个。国际金融公司的资金，除成员国认缴者外，还有世界银行给予的一部分贷款，其法定股本为 6.5 亿美元。

五、世界贸易组织①

（一）世界贸易组织诞生前的关税及贸易总协定

1946 年，联合国经社理事会决定召开一次国际贸易与就业会议，并成立了一个筹备委员会，为一个国际贸易组织起草公约草案。1947 年 8 月，筹备委员会起草了一项章程草案，经同年 11 月至 1948 年 3 月在哈瓦那举行的联合国贸易与就业会议讨论，通过了一个国际贸易组织章程，通称哈瓦那章程。当时预定，一俟该章程经过 20 个国家正式接受后，国际贸易组织即行成立。但是，由于该章程一直没有为欧美一些主要贸易国家所接受，因此该组织始终未能成立。

当国际贸易组织章程正在进行起草的时候，组成上述筹备委员会的 23 个国家协商同意，在国际贸易组织正式成立之前，先在它们之间就降低关税和减少其他贸易限制进行谈判。经过谈判之后，制定了一项关于削减贸易壁垒的多边条约，称为"关税及贸易总协定"（关贸总协定），于 1947 年 10 月 30 日在日内瓦签字，从 1948 年 1 月 1 日起，以《临时适用议定书》的方式，开始临时适用。关贸总协定是一项包括一整套有关国际贸易的基本原则、各种规定、规章、允许实施的措施和禁令的法律文件。

---

① 网址为 http：//www.wto.org/。

1947 年《关税及贸易总协定》(*General Agreement on Tariffs and Trade*, GATT)的正文，共 38 条，分为四大部分：(1)规定有关多边最惠国待遇原则与关税减让表的条款；(2)有关缔约国贸易政策的条款；(3)有关加入及退出总协定的程序性条款；(4)1965 年增订的有关处理发展中国家的贸易与发展问题的条款。以削减关税及"自由贸易"为主旨的关贸总协定，规定了一系列应予遵循的基本原则，它们可以概括为：最惠国待遇原则、国民待遇原则、逐步减让关税原则、取消数量限制原则、禁止倾销及出口补贴原则、对发展中缔约国实行优惠待遇原则，等等。

关税及贸易总协定的弱点之一是缺乏使条约付诸实施的正式组织结构。虽然，后来在总协定内部形成了一些实际机关与程序，但在 1960 年以前还只有一个缔约国大会，到 1960 年之后才成立代表理事会，1965 年之后才委任了一位秘书长。因此它很难说是一个正式制度化的国际组织，不过从它与联合国的关系及缔约国之间合作的实际程度来分析，其地位与联合国专门机构很相似。关税及贸易总协定、国际货币基金组织与世界银行共同构成战后西方世界经济体系的三大支柱。关贸总协定在成立"世界贸易组织"(World Trade Organization)的马拉喀什协定生效之前，已有缔约的国家和地区一百一十多个。这些国家与地区的总贸易额占全世界贸易额的 85% 左右。总协定以日内瓦为其总部地址。

中国是建立关税及贸易总协定的 23 个创始缔约国之一。台湾当局于 1950 年 3 月退出总协定，后来又于 1965 年以观察员资格参加。1971 年中华人民共和国在联合国的合法席位恢复之后，台湾当局在总协定的观察员资格被撤销。我国从 1980 年起，与总协定有一定程度的工作联系，1982 年以来，派有代表列席其缔约国大会。1986 年 4 月，香港以"单独关税区"名义成为总协定的缔约方。1986 年 7 月，我国正式提出恢复在总协定的缔约国地位的申请。1987 年 3 月关税及贸易总协定理事会决议成立中国问题工作组，开始对我国对外贸易制度进行评估。在马拉喀什协定生效(建立世界贸易组织)之前，经过 8 年时间，该工作组在日内瓦共召开了 19 次会议，一直在就恢复中国缔约国地位的问题进行极其艰难的实质性谈判。①

在没有设立正式国际贸易组织的情况下,该协定是规定为占世界贸易绝大部分的国家所接受的贸易规则的基本国际文件。它的大部分内容是以哈瓦那章程的规定为基础的。缔结总协定的基本目的,是通过多边协定拟订行动守则,在实施互惠与非歧视的基础上实现国际贸易的自由化。它的基本原则是:贸易应当在不受歧视的基础上进行,各缔约国在征收进出口税和费用以及在管理工作上应受最惠国条款的约束;只能通过关税税率不能通过进口限额或其他措施向本国工业提供保护;②应通过多边谈判削减关税,削减的税率要受"约束",以后不得提高;缔约国应该共同协商解决贸易上的问题;总协定为削减关税和减少贸易的其他障碍而进行的各种谈判,提供一种可以使用的体制。

关贸总协定是进行多边贸易谈判与协调争议的场所,它的主要活动是安排缔约国间就共同相关的主要商品的税率等问题进行双边或多边谈判。所达成的减让协议,根据最惠国待遇原则,自动地适用于其他缔约国。自关税及贸易总协定生效后,共进行过 8 次较大的多边国际贸易谈判,其中著名的有"狄龙回合""肯尼迪回合""东京回合"和1986—1994 年的"乌拉圭回合"。关税及贸易总协定过去所提供的贸易谈判,广泛地促进了关税和其他贸易壁垒的降低。1964 年在日内瓦开始、于 1967 年完毕的第 6 次谈判即"肯尼迪回合",以及后来的

---

① 世界贸易组织成立后,上述谈判仍在继续。1997 年 8 月 1 日,世贸组织中国工作组第五次会议(参加此轮谈判的有 16 个贸易伙伴,包括美国、日本和欧盟)在日内瓦闭幕时,中国代表呼吁世贸组织成员也和中国一样采取积极和务实的立场,使谈判继续取得进展。但美国副贸易代表在这轮谈判结束时说,美国还期待中国"拿出内容更为广泛的报价",这可能包括进一步降低关税、逐步取消非关税壁垒、允许美国等服务业公司进入中国等市场准入问题。1999 年11 月 15 日,中美就中国加入世贸组织达成协议。2001 年 12 月 11 日,中国终于成为世贸组织第 143 个成员。

② 虽在恢复一国收支平衡的情况下,可使用进口限额,但这须经认真的协商程序。

第 7 次谈判即"东京回合"，比以前所举行的多次谈判的范围都更为广泛，对工业品和农业品贸易的关税与非关税壁垒进行了削减。特别是"东京回合"达成的协议，在非关税壁垒方面实际上修改了总协定的一些规定，在一定程度上照顾到了发展中国家的利益。各发展中国家一直在继续要求扩大享受优惠待遇的项目和范围，反对新的贸易保护主义，以消除他们在国际贸易中所受到的限制。①

关贸总协定在实践中陆续形成的几个主要机构：（1）缔约国大会，是最高权力机构，每年举行一至两次会议（截至马拉喀什协定生效之前已举行过约 50 届大会），讨论和处理执行协定中存在的重大问题，并有解释总协定的权力。大会下设工业品、农业品以及贸易与发展等常设委员会，还有各种专门工作组分别进行工作。大会还有权接受缔约国因其利益受到其他缔约国损害而提出的申诉，各缔约国有义务就此进行调查，提出建议或予以裁决。未能协商解决的纠纷，也常交给从无直接关系的国家中选出的称为调解员的若干专家来处理。（2）代表理事会，由各缔约国各选派代表 1 名组成，每年不定期举行 5~6 次会议，在缔约国大会闭会期间处理一切与总协定有关的重大问题，监督大会所属各委员会和工作组的工作。（3）秘书处，是总协定处理日常工作的机构。负责人为秘书长。此外，总协定同联合国贸发会议联合成立了一个贸易促进中心，进行调查研究，促进出口活动；

① "东京回合"协议：参加关税及贸易总协定的 99 国的贸易谈判，从 1973 年 9 月在东京开始，于 1979 年 4 月在日内瓦达成了所谓世界贸易东京回合协议。协议要求彼此继续削减关税，拆除非关税壁垒，消除各种贸易障碍，等等。在西方国家经济走向停滞、保守主义抬头的当时，这个协议的达成，被认为是一个不小的突破。现将各次谈判关税减让的情况分述如下：第一次谈判（1947 年），23 个创建国决定对约 4500 种商品降低关税；第二次谈判（1949 年），总协定参加国交换了约 5000 项关税减让；第三次谈判（1950 年），参加国交换了约 8700 项关税减让；第四次谈判（1956 年），各方同意削减价值约 25 亿美元的关税；第五次谈判（1960 年狄龙回合），作出了 4400 项总共价值 49 亿美元的关税减让；第六次谈判（1964 年肯尼迪回合），导致 50 个参加国在 1967 年达成一项协议，这 50 个国家的贸易占世界贸易总额的 75%；第七次谈判（1973 年，即上述东京回合），至 1979 年才结束，99 个国家承诺作出价值约 3000 亿美元的关税减让。

总协定还同贸发会议和国际货币基金组织共同成立了一个咨询委员会，对国际贸易和货币问题进行协商，互派代表出席对方召开的会议，协调贸易与货币政策。

关贸总协定的经费来源，主要是各缔约成员的捐款。捐款的数量，按各缔约成员进出口贸易额在所有缔约成员贸易总额中所占的比例来摊派。

(二)世界贸易组织的建立及其基本体制

"乌拉圭回合"，是促使关贸总协定发展到建立世界贸易组织的一轮里程碑式的多边贸易谈判。

进入 20 世纪 80 年代后，各国争夺市场的贸易战激烈，保护主义抬头，国际贸易进一步恶化。起初是美国与西欧国家反对进口日本汽车，后来是日美之间在农产品出口问题上发生冲突。当时在钢铁和对苏天然气管道问题上的矛盾也甚尖锐。发展中国家是经济危机与保护主义的主要受害者。一方面是西欧与美国共同排挤来自发展中国家的服装、纺织品、糖、热带产品及其他生产用品，给发展中国家造成了损失；另一方面在发达国家之间关于世界农产品的矛盾有增无已。在此情况下，关税与贸易总协定于 1982 年 11 月在日内瓦举行了一星期的 88 国部长级会议。① 但是由于各主要贸易国家集团在重要议程上的矛盾纵横交织，未能收到预期的效果，仅勉强妥协，通过了一项呼吁反对贸易保护主义促进自由贸易的宣言。这些问题，到乌拉圭回合开始前夕，仍然有增无减，这是 1986 年开始乌拉圭谈判的一个重要背景。

"乌拉圭回合"是关贸总协定所进行的第 8 次(也是最后一次)国际贸易谈判。谈判自 1986 年 9 月 15 日在乌拉圭沿海休养胜地埃斯特角开始，先后经过了将近 8 年的时间，一直到 1994 年 4 月 15 日，各与会国的部长，才在摩洛哥的马拉喀什签署了乌拉圭回合的最后文件。这个最后文件包含各种协定共 28 个，还有一个非常详细具体的

---

① 还有包括我国在内的一些国家派观察员出席了这次会议。我国观察员代表在会上发言说："中国与总协定之间的关系正在加强，我们愿意与总协定探索进一步发展关系的可能性。"

各国关税减让表和若干其他的附件。这次举世瞩目的乌拉圭回合，有
117 个当事方参加了谈判和文件签署，是世界历次贸易谈判中最大而
且最艰难的一次(第一回合即"日内瓦回合"只有签字国 23 个，过去
时间谈得最长的"东京回合"也只持续了 6 年)。乌拉圭回合的谈判范
围也比前七次中的任何一次都要广泛，它涉及了以前的若干禁区，如
农产品、纺织品、服装等贸易。特别是其中"与贸易有关的知识产
权""与贸易有关的投资措施""服务贸易"3 个方面，过去几乎不曾触
及，它们是多边贸易谈判史上的最新篇章。① 乌拉圭回合的成功，将
使几千种商品的关税得到削减，并使参加这一回合的各国(特别是发
达国家)的出口机会增多，就发展中国家说，从木材到热带水果等农
产品的出口价格有可能提高，而各国纺织品和服装制造商的出口机会
也会增加。据 1992 年 11 月 8 日《金融时报》的文章估计，乌拉圭回合
如果成功，世界贸易额每年将增加约两千亿美元，同时会提供许多新
的就业机会。②

　　"乌拉圭回合"最终的谈判成果，除了《最后文件》(全称为 *Final
Act Embodying the Results of Multilateral Trade Negotiations*，即《包括乌
拉圭回合多边贸易谈判成果的最后文件》)所包括的各项多边货物贸
易协定(如《1994 年关税及贸易总协定》《农业协定》《卫生及植物检疫
措施的适用协定》《纺织品及服装协定》《贸易的技术壁垒协定》《与贸
易有关的投资措施协定》等)，《服务贸易总协定》，《与贸易有关的知
识产权协定》，《争端解决规则与程序的谅解协定》等之外，其中最重
要的是《建立世界贸易组织协定》(*Agreement on Establishing the World
Trade Organization*，即前已述及的"马拉喀什协定")。

---

　　① 这次谈判之所以难于达成协议，一是因为涉及面太广：总协定条款原只
涉及国际贸易的 7%，而这次谈判则广泛涉及纺织品、劳务及占国际贸易 11%左右
的农业等各个方面；二是因为矛盾太多：如美国与欧共体间关于油料的矛盾、发
展中国家与发达国家间关于纺织品、服装贸易、知识产权的矛盾，均不易协调。

　　② 但是，还有些国家和学者的意见认为：乌拉圭回合的成功和世界贸易
组织的建立，将使世界贸易的自由化过快，过快的自由化会使富国受益，而贫
国则可能遭到难以抵御的压力。

　　《建立世界贸易组织协定》(以下简称"建立协定"),是 1994 年 4 月 15 日在摩洛哥马拉喀什举行的关贸总协定部长级会议上通过的。乌拉圭回合的《最后文件》规定:"协定应于 1995 年 1 月 1 日生效"。1994 年 12 月 8 日,根据《最后文件》又在日内瓦部长级会议上对协定的实施与新组织的建立进行了最后调整和安排,于是世界贸易组织(世贸组织)正式如期成立。"建立协定"第 8 条规定:世贸组织应享有"法律人格",且其各成员应给予它为行使其职能可能必要的此等法律能力,并给予它必要的特权与豁免。这种特权与豁免,应与 1947 年 11 月 21 日联合国大会批准的《专门机构的特权与豁免公约》所规定的相似。这些规定说明:世界贸易组织的法律地位及其与联合国的关系,同其诞生前的关税及贸易总协定基本上是一样的。

　　世界贸易组织是"1947 年关贸总协定"的继续与发展,而不是对 1947 年关贸总协定的否定或废弃。乌拉圭回合不仅已将 1947 年关贸总协定及有关内容吸入"1994 年关贸总协定",而且,除《建立世界贸易组织协定》或各项多边贸易协定另有规定外,世界贸易组织还应受 1947 年关贸总协定缔约国大会及 1947 年关贸总协定框架内各机构所遵循的决定、程序和习惯做法的指导。但是,如果在适用过程中,1994 年关贸总协定同 1947 年关贸总协定之规定发生冲突,则应以前者为优先。[1]

---

　　[1]　货物贸易一直是关贸总协定所调整的传统部门。"乌拉圭回合"对关贸总协定所涉及的有关贸易规则和制度,进行了审查、修正、补充,并制定了新的规范,均载入《最后文件》的附件一。(其中的"1994 年关贸总协定"包含(include)着"1947 年关贸总协定"的有关文件在内。)"乌拉圭回合"签订的另外两个重要协定:"服务贸易总协定",载入《最后文件》的附件一(2);"与贸易有关的知识产权协定"载入《最后文件》的附件一(3)。如果某国参加了世贸组织而未退出关贸总协定,则同时受二者约束,因为"乌拉圭回合"谈判的有关货物的贸易协定,并不继承"1947 年关贸总协定"而只是将其包含(include)在内。所以,关贸总协定成员如未加入世贸组织,它与其他关贸总协定成员的关系不变(若该成员未退出关贸总协定)。有关这方面复杂的交叉关系,可参见曾令良著《世界贸易组织法》第 21 页和丘宏达著《现代国际法》第 944 页。

《建立世界贸易组织协定》共有 16 个条文。前 7 条，规定该组织各项基本文件所确立的制度性框架、职能、机构、预算与费用摊派、与其他组织的关系等；第 8 条，规定该组织的法律地位；第 9～10 条，规定决策程序及协定的修正程序等；第 11～15 条，规定缔约国以及协定的加入与退出、协定的生效与保管等；第 16 条规定其他事项。

截至 2023 年 9 月，世贸组织已有包括国家和地区在内的成员 164 个。世贸组织关于成员资格的规定有其独特之处。它的成员大致可以分为两类。一类是创始成员。其基本要求是在"建立协定"生效之前已是 1947 年关贸总协定的缔约成员并已表示接受"建立协定"及其他各协定与文件者。另一类是纳入成员。这是指其他任何国家或地区按法定条件及程序进行申请并经该组织部长会议 2/3 以上多数票同意吸收的其他成员。

世贸组织所宣称的宗旨与职能可以概括为：为了促进成员间一个一体化多边贸易制度的实行，为了有效调整国际贸易政策，为了成员间商讨和解决各种贸易关系问题，提供一个便于利用的场所，以提高人民生活水平并扩大就业机会。

世贸组织的机构，除了在较大程度上接替关贸总协定相应机构的传统职权外，无论在内容及形式上都有很大发展。世贸组织的主要机构有：(1)部长会议。由各成员的部长级代表组成，是世贸组织的最高权力机关，每两年最少召开 1 次常会。它有权对各多边贸易协定所涉一切问题按法定程序作出决定并在其职能范围内采取行动。(2)总理事会。由所有成员各派常驻代表组成，是部长会议休会期间代行其职权的执行机关，可随时按需要召开会议。它除履行贸易政策审查及解决争端等诸多职责外，其下还设有几个分理事会，在其指导下分别管理"服务贸易"(非货物贸易)、"货物贸易""与贸易有关的知识产权"等事务。(3)秘书处。是一个以部长会议任命的一位总干事为其最高负责人的日常工作机关。总干事任期 4 年，是世贸组织的行政首长。① 总干事和秘书处职员，均为国际官员，其职务的"纯国际性质"

---

① 世贸组织现任总干事是尼日利亚人恩戈齐·奥孔乔-伊韦阿拉（Ngozi Okonjo-Iweala），她是世贸组织成立以来的首位女性总干事，也是首位来自非洲的总干事，其任期从 2021 年 3 月 1 日开始。

应得到各个方面的尊重。在表决制度方面，"建立协定"规定，世贸组织继续沿用 1947 年关贸总协定所适用的协商一致(consensus)的决策程序；在不能协商一致的时候，则采用投票方法。但是部长会议与总理事会(成员代表均各有一个投票权)，除基本文件另有规定外，其决议应以多数票或特定多数票作出。此外，有关的某些专门问题，其决议应另按专门规定的票数作出。

　　2001 年，多哈回合多边贸易谈判正式启动。这是世贸组织成立以来第一轮多边贸易谈判。谈判涉及农业、非农、服务、贸易与发展、贸易规则、贸易与环境、知识产权、争端解决等八大领域。多哈回合启动以来，在取得一定进展的同时多次陷入僵局，计划结束时间不断延后。由于各方分歧，谈判甚至多次暂停。2008 年 7 月，35 个世贸组织主要成员在日内瓦举行小型部长会，力争就农业和非农谈判模式达成协议，但最终因有关国家在农业特殊保障机制问题上存在重大分歧，谈判破裂。2008 年国际金融危机爆发后，二十国集团峰会和其他重要多边会议多次强调反对贸易保护主义、推动多哈回合谈判尽快取得成功的重要性，为谈判起到了一定的政治推动，但 2011 年以来，谈判进展仍旧缓慢。各方仍致力于完成谈判，二十国集团洛斯卡沃斯峰会决定在贸易便利化及有关最不发达国家关切的议题上探寻成果。2013 年 12 月，世贸组织第九次部长级会议在印尼巴厘岛举行，会议达成多哈回合"早期收获"。2014 年 11 月，世贸组织就《贸易便利化协定》的生效、粮食安全及后巴厘工作计划制定问题达成一致，各方将继续就推进多哈回合谈判而努力。2015 年 12 月，世贸组织第十届部长级会议在肯尼亚内罗毕举行，通过《内罗毕部长宣言》及 9 项部长级会议决定，在全面取消农产品出口补贴、关税减让协议等领域取得积极成果。2017 年 12 月，世贸组织第十一届部长级会议在阿根廷布宜诺斯艾利斯举行，会议就渔业补贴、电子商务工作计划、小经济体工作计划等通过部长决定。2022 年 6 月，世贸组织第十二届部长级会议在瑞士日内瓦举行，达成多项成果，包括《关于〈与贸易有关的知识产权协定〉的部长决定》《关于世贸组织新冠肺炎疫情应对和未来疫情应对准备的部长宣言》《渔业补贴协定》《关于紧急应对粮食安全问题的部长宣言》《关于世界粮食计划署购粮免除出口禁止或限制的部长决定》《关于电子商务的工作计划》。

世界贸易组织还设有一套与 1947 年关贸总协定之规定相类似而约束力则要强得多的争端解决制度。世贸组织的成员都可参加争端解决机构（Dispute Settlement Body，DSB）的活动，该机构每个月开会两次，听取有关违反世贸组织规则与协定的投诉。是否确有违反情况存在的决定（报告），由特设的专家小组提出。决定如经争端解决机构通过，即成为该机构的裁决。对专家小组的决定可以向一常设上诉机构上诉。上述裁决或经争端解决机构通过的上诉结果（无论是肯定、修改或完全否定专家小组或上诉机构的决定），争端各方均应完全接受执行。在世贸组织成立的头两年内，其争端解决机构就审议了向它提出的六十多起争端。截至 2023 年 9 月，它共受理了成员方提出的 621 起投诉（争端），其中 350 多起已经作出裁决。① 该机构的第一项裁决是反对美国的汽油税，结果华盛顿同意修改其有关规定。向争端解决机构投诉的最近的一个案例，是 2023 年 9 月"多米尼加共和国——瓦楞钢筋反倾销措施案"（"Dominican Republic—Anti-dumping Measures on Corrugated Steel Bars"，DS605）。争端解决机构在解决争端时，采用"倒协商一致"（inverted Consensus）或"反向协商一致"（negative or reverse consensus）的决策程序。此外，世贸组织还设有一个全体成员都可参加的贸易政策审议机构。对贸易大国（及国家集团）的有关政策，每隔两年审议一次；对其他国家的有关政策，每隔 4 年审议一次；对发展中国家的有关政策，每隔 6 年审议一次；对最不发达国家有关政策的审议，还可适当推延。它是一个有关全体成员贸易政策的论坛。②

---

① 参见 https：//www.wto.org/english/tratop_e/dispu_e/disput_e.htm。

② 关于"世界贸易组织"的理论与实践，可参见曾令良著：《世界贸易组织法》，余敏友著：《世界贸易组织争端解决机制：法律与实践》，两书分别于 1996 年与 1998 年由武汉大学出版社出版。

值得注意的是，2019 年 12 月 11 日，因世界贸易组织上诉机构成员只剩一位，低于有效运行的人数下限，世界贸易组织争端解决机制上诉机构在运行了 20 多年后正式停摆。

第四节 工农业方面的组织

一、国际劳工组织

国际劳工组织(International Labour Organization，ILO)①，是 1919 年 4 月根据《凡尔赛和约》第 13 篇，作为一个与国际联盟有联系的自主机构而成立的。其后，国际劳工局逐渐与国际联盟分离，《凡尔赛和约》第 13 篇即单独成为《国际劳工组织章程》。国联解散后，国际劳工组织仍然存在。1946 年，国际劳工组织同联合国签订关系协定，成为第一个同联合国建立关系的专门机构。因此，其关系协定成了此后各专门机构与联合国签订此类协定的"样板"协定。中国是国际劳工组织的创始成员国之一。该组织于 1971 年 11 月 16 日的第 184 次理事会上，根据联合国大会第 396(5)号决议，通过了恢复中国合法权利的决议。为此，国际劳工局局长于 1980 年和 1982 年曾两次来华磋商。中国代表团于 1983 年 6 月出席了第六十九届国际劳工大会，并开始恢复在该组织中的活动。1984 年，中国政府决定承认 1949 年 10 月 1 日以前旧政府批准的 14 个国际劳工公约，并废除 1949 年 10 月 1 日以后台湾当局批准的 23 个国际劳工公约。国际劳工组织北京局(该组织的分支机构)，于 1985 年在北京成立，负责该组织的联系工作。②

该组织以日内瓦为其总部地址，截至 2023 年 9 月已有成员国

---

① 网址为 http：//www.ilo.org/。

② 此后，中国全国人民代表大会又陆续批准了多项国际劳工条约，如 1987 年批准的劳工组织《残疾人职业、康复及就业公约》、1990 年批准的《男女同工同酬公约》和《三方协商促进贯彻国际劳工标准公约》等。

187 个。

国际劳工组织的宗旨为：促进各国间在工业及劳工方面的国际合作，改善劳动状况，扩大社会保障措施，以增进世界和平及社会正义。① 国际劳工组织，主张通过劳工立法来改善劳工状况。其主要活动涉及两个方面：(1) 拟定有关劳工问题的国际公约与建议书。此为该组织的基本职能之一。公约须以大会代表 2/3 的多数通过并经成员国政府批准后，方在该成员国发生效力；建议书则仅供各国政府参考。自 1919 年国际劳工组织成立以来，国际劳工大会就有关人权、结社、工资、工时、最低就业年龄、工人工作条件、工人补偿金、社会保险、休假、工业安全、就业服务以及劳工视察等方面的问题，通过了大量的公约与建议。据统计，在其前 70 年中，历届国际劳工大会共通过了 169 个公约和 176 个建议书。这些公约与建议已汇集成了所谓"国际劳工法典"（*International Labor Code*）。上述公约是作为各国立法的一种典范而拟定的，成员国代表即使在通过某公约时投了赞成票，也并没有必须批准该公约的法律义务。但是国际劳工组织规定，各成员国应该使其立法当局注意到大会所通过的全部公约，即各成员国有义务将各公约提交其立法机关予以审议。国际劳工组织拟定的公约，很多未被各成员国批准，有的虽为不少国家所批准，但却未包括某些工业大国在内。任何成员国如认为其他成员国对于彼此均已批准之公约未付诸实施，得向国际劳工局提出申诉。(2) 实行技术合作。20 世纪 60 年代以来，该组织利用联合国提供的大量资金，同联合国其他专门机构合作，逐步增加了有关方面的"技术援助"，并提供各种研究与训练的机会。

国际劳工组织的组织特征，是它"三位一体"的结构（即 the

---

① 国际劳工组织，于 1944 年 5 月 10 日在费城召开第 26 届大会，通过了一项关于该组织的宗旨与任务的宣言，称为《费城宣言》（*Declaration of Philadelphia*）。它重新确认了该组织的各项原则，宣称"任何地方的贫穷是一切地方繁荣的威胁"。此项宣言已附入 1946 年 10 月在蒙特利尔修改的《国际劳工组织章程》。1946 年的修改，加强了各种劳工公约的适用条款，使国际劳工组织完全与国联脱离关系并同联合国及其他国际组织进行充分合作。

tripartite system of representation)。它是一个政府间组织,其成员仅限于国家,但是工人和雇主却同政府一起都派代表参与其活动。① 其主要机构有:(1)国际劳工大会,是该组织的最高权力机构,每年至少举行会议1次。参加大会的各国代表团,按规定由政府代表2人、工人和雇主代表各1人组成,而工人代表与雇主代表的委派须取得有关工会与企业联盟的同意。每个代表在大会均有一个独立的投票权。大会的主要任务是听取工作报告,定期选举理事会成员,讨论世界性的社会与劳工问题,通过有关制定国际劳工标准的国际公约与建议书,批准预算。(2)理事会,是大会闭会期间的执行机构。理事会与大会相似,也由三方面的代表组成,其构成比较复杂:政府代表28名,其中10名由主要工业国或在工业上具有重要性的国家委派,其余18名由政府的代表在大会上选定的国家委派;工人代表14名,由出席大会的工人代表选举产生;雇主代表14名,由出席大会的雇主代表选举产生。理事会每年召开3次会议,任命国际劳工局局长,确定大会议程,监督国际劳工局和国际劳工组织各委员会及其他机关的工作,决定设立国际劳工组织的其他机关及召开各种会议,制定每年预算。(3)国际劳工局,是国际劳工组织的常设秘书处、研究部门、出版中心和工作总部。它是一个行政机关,由经理事会任命的局长(Director-general)领导。局长和所有工作人员,均为国际官员,独立行使职务,不得接受任何政府及社团的影响。国际劳工局负责交流情况资料、执行劳工组织的技术援助方案、进行调查研究、协助推行各项公约的实施,并应邀帮助各成员国政府草拟以大会决议为基础的法规。国际劳工局在波恩、布宜诺斯艾利斯、开罗、伦敦、莫斯科、新德里、渥太华、巴黎、里约热内卢、罗马、东京等几十个地方设有分局或办事处。此外,国际劳工组织还设有关于各种产业、专门问题以及特别事项等各方面的几十个委员会,分别协助工作。

---

① 但是三者的代表权并不是完全相等的。例如在接纳新成员国时,须有出席大会代表2/3以上多数的通过,而这2/3的多数中,应包括2/3的政府代表的同意票在内。

1986 年 6 月，国际劳工大会第 72 届年会在日内瓦举行，来自 140 多个成员国的两千多名代表出席了会议。会议对许多发展中国家因债务沉重而经济日益恶化的状况极表关注。对青年失业所产生的严重影响甚感担忧。会议报告指出，全世界青年人数至 2000 年将增加到 10 亿，其中 80% 在发展中国家，劳工组织所面临的挑战是要继续与失业、不公正、贫穷和压迫作斗争。2019 年 5 月 8 日，在瑞士日内瓦，联合国秘书长古特雷斯、国际劳工组织总干事盖伊·赖德等参加国际劳工组织成立 100 周年纪念活动。

国际劳工组织的经费，由各国按比例交纳的会费来开支，此外，联合国和其他有关方面也为它提供大量资金。该组织的年度预算和各国会费比例，每 2 年由国际劳工大会进行 1 次讨论和修改。

二、联合国粮食及农业组织①

根据 1940 年 6 月在美国温泉召开的各国粮食及农业问题会议的建议，组成了一个粮农组织筹备委员会。筹委会于 1945 年 10 月在加拿大魁北克召开粮农组织（Food and Agriculture Organization，FAO）的成立大会，会议有 45 个国家出席，有 42 个国家在粮农组织章程上签了字。该组织于 1946 年成为联合国的专门机构。总部设在罗马。由于这一组织的建立，根据 1905 年公约而建立的罗马国际农业协会被解散。

联合国粮农组织，基于其服务的性质，其成员资格并不限于独立国家。截至 2023 年 9 月，该组织已有成员国 194 个。② 我国从 1973 年 4 月 1 日起，恢复参加粮农组织的活动，在同年 11 月的第 17 届大会上，当选为理事会的理事国。

联合国粮农组织的宗旨是：提高营养和生活水平；增进一切粮食和农业产品的有效生产和分配；改善农村居民状况，从而促进世界经济的发展。该组织的主要活动包括：传播先进的农业技术；促进作物

---

① 网址为 http：//www.fao.org/。
② 此外，欧洲联盟为成员组织，法罗群岛、托克劳群岛为准成员。

新品种的交换；防治作物及牲畜的病虫害；在营养、粮食、土壤、森林、水利、化肥等方面提供技术援助。近几年来，粮农组织将活动重点放在协助与支持发展中国家发展粮食及农业生产方面，增加了这方面的投资比例。1991年11月9日至28日，联合国粮农组织第26届大会在罗马举行，有近160个国家和地区的代表参加。大会讨论了世界的粮食和农业形势，制定了1992—1997年世界农业发展的中期计划，审批了1992—1993年的工作计划及预算。根据粮农组织1992年9月份发表的一份分析报告，在过去的20年里，发展中国家挨饿人数的比例已有所下降。但这些国家仍有7.86亿人长期处于营养不良状态。这个统计表明，现在发展中国家营养不良的人数与其人口的比例为20%，而在20年以前则为36%。鉴于饥饿人数已升至10.2亿，联合国粮农组织于2009年11月召开了世界粮食安全首脑会议，再次强调战胜饥饿的紧迫性。60位国家元首和政府首脑以及192位部长一致通过了一份宣言，再次承诺尽早从地球上消除饥饿。

联合国粮农组织的主要机构是：(1)大会，是该组织的最高权力机构。每两年举行1次会议。其职能为规定政策，向各成员国和其他有关组织提出关于粮食及农业方面的建议，通过预算及工作计划。审查所属各机关的决议。(2)理事会，在大会休会期间执行大会所授予的权力，每两年至少开会3次，由任期3年的49名成员组成。49个理事席位，按7个地区的成员数进行分配选举：非洲48个成员，12席；亚洲20个成员，9席；欧洲40个成员，10席；拉美和加勒比海33个成员，9席；近东22个成员，6席；北美2个成员，2席；西南太平洋9个成员，1席。其下设有计划、财政、农业、林业、渔业、商品和章程及法律事务等7个职能委员会，分别协助工作。为了加强世界粮食安全，在1974年于罗马举行的世界粮食会议上，还设立了一个世界粮食安全委员会，作为粮农组织理事会的常设单位。(3)秘书处，是大会和理事会的执行机构。以总干事为负责人，任期6年，在大会和理事会的一般监督下有权指导整个粮农组织的工作。秘书处下设7个司，还有各种专业委员会和工作组一百余个。联合国粮农组织共有工作人员约2300人。

联合国粮农组织的经费预算，每两年制订一次，由总干事提请大会通过。预算分为两部分，即"正常预算"和"特别预算"。前者的资金来自各成员国按比例所交纳的会费；后者的资金主要靠联合国有关机构提供。

1982 年 5 月 25 日，中国农牧渔业部部长和联合国粮农组织总干事，在北京人民大会堂，就粮农组织在北京设立代表处的协定，举行了签字仪式。1983 年 1 月代表处正式成立，进一步加强了我国同该组织的关系。联合国粮农组织积极支持中国农村改革和农业发展。1978 年至今，联合国粮农组织在华实施了近 500 个国内、区域和国际项目。同时中国积极履行成员国义务，广泛参与和支持联合国粮农组织活动。2008 年 9 月，中国国务院总理在联合国千年发展目标高级别会议上宣布设立特别信托基金，用于帮助发展中国家提高农业生产能力的项目和活动。2018 年 6 月 6 日，中方与联合国粮农组织共同在粮农组织总部罗马举办主题为"减贫和粮食权的保障"的展览，多层次展示中国的减贫行动和成就，以及中国为保障包括中国人民在内的各国人民粮食权作出的重要贡献。2019 年 6 月 23 日，在联合国粮农组织第 41 届大会上，屈冬玉高票当选为第九任总干事，成为粮农组织历史上首位中国籍总干事；2023 年 7 月 2 日，高票胜选连任，开启第二个任期至 2027 年。2020 年 9 月，中国国家主席宣布中国将设立第三期中国—粮农组织南南合作信托基金。

三、国际农业发展基金

不结盟国家，于 1973 年 9 月在阿尔及利亚集会，建议联合国召开一次国际会议来专门讨论世界粮食问题。后经联合国大会于同年 12 月据经社理事会拟定的草案决议，于 1974 年 11 月在罗马举行了为期半个月的世界粮食会议。出席会议的有 133 个国家的代表。根据会议关于设立一个农业发展基金的建议，经过两年谈判，于 1976 年 6 月 13 日，参加联合国建立农业发展基金会议的 91 国代表，通过了一项关于建立农业发展基金的协定。在创办该基金的认捐款项到达筹备时的预定数额，即 10 亿美元的可兑换货币之后，该协定于 1976 年

12 月 20 日由联合国秘书长开放供世界各国签署和批准，并按法定程序于 1977 年 11 月 30 日生效。于是，国际农业发展基金（International Fund for Agricultural Development，IFAD）①正式成立，以罗马为其临时总部地址。该基金是联合国系统内迄今成立最晚的一个专门机构，截至 2023 年 9 月，已有成员国 177 个。我国已于 1981 年 1 月 15 日加入该组织。

国际农业发展基金的宗旨是：通过低息贷款与赠款的方式供给农村发展资金，以在广泛地区内提高发展中国家的农业生产。该基金对农业发展项目的资助，强调应优先考虑发展中国家欠缺粮食的情况。发放农业贷款是该基金的主要活动之一。它的贷款方针是：促进以小农场为注重点的粮食生产；为农村居民提供就业机会；生产供缺粮地区消费的粮食并改进粮食分配和营养状况。它的许多工作是通过其他国际机构来进行的，这些机构包括联合国粮农组织、世界银行、国际劳工组织、地区银行和伊斯兰开发银行等。同时，它也通过别的国家机构来进行工作。

国际农业发展基金的贷款业务分为两类：一类是同其他金融及开发机构合作进行的资助计划；另一类是由它自己倡议的计划。该基金发放 3 种不同的贷款：（1）普通贷款，利率 8%，从贷款后的第 4 年开始还款，还款期限为 15~18 年。（2）中等贷款，利率 4%，从贷款后的第 6 年开始还款，还款期限为 20 年。（3）无息贷款，这是该基金提供贷款的最优惠的形式，不计利息，仅取 1% 的服务费，从贷款后的第 11 年开始还款，在 50 年内还清。

国际农业发展基金的主要机构是：（1）理事会，由全体成员国的代表组成，是该基金的最高权力机关。（2）执行局，由理事会选举的 18 个成员国的代表组成，是该基金负责经常任务的执行机关。执行局主席由基金总裁兼任。（3）设总裁 1 人，为该基金的行政首长，掌管日常行政及业务工作，并为执行局的主席。其下配有副总裁 1 名、助理总裁 3 名及若干工作人员。

---

① 网址为 http：//www.ifad.org/。

国际农业发展基金，在表决制度与程序上具有同其他专门机构不同的特色，它实行"成员国集团等量分配制"。即在上述各管理机关中，把成员国分成发达国家、发展中石油输出国家和其他发展中国家3个部分，各部分享有等量的投票权。① 根据这种表决制度，发展中国家(即第二、三两部分国家)握有 2/3 的投票权。中国属于第三部分国家。

国际农业发展基金的创办资金，亦主要来自上述三部分国家：经济合作与发展组织中的发达国家共提供近 6 亿美元；石油输出国组织中的发展中国家提供 4 亿以上美元；其他发展中国家提供约 1000 万美元。该组织的资金，每三年补充一次。中国加入该组织时，曾向其提供 60 万元人民币和 60 万元美金，作为第一期捐款。至 1983 年又提供捐款 100 万美元。中国为北方草原及畜牧业等发展项目，曾使用国际农业发展基金的低息贷款 6000 万美元。2017 年 8 月，国际农业发展基金驻华代表处正式成立。2018 年 2 月，中国宣布在国际农业发展基金设立南南及三方合作基金，专门支持农村减贫和发展领域的南南经验与技术交流、知识分享、能力建设与投资促进等。

联合国粮农组织是最早成立的农业专门机构，而国际农业发展基金则是最年轻但却是第一个向最贫穷国家及农村提供农业资金的国际机构。对该基金的设置，发展中国家的推动起了重要作用，它的建立同国际新经济秩序的要求是基本上相适应的，并将有助于这方面的发展。

四、联合国工业发展组织

1963 年 12 月 11 日，联合国大会要求就是否可能在工业发展活动方面成立一个辅助机构的问题提出研究报告。之后，大会于 12 月 21 日在一项决议中确认有必要设立一个组织来处理联合国内的工业

---

① 国际农业发展基金的成员国，第一部分为 22 个，第二部分为 12 个，第三部分为 131 个。详细名单见该机构的网站 http：//www.ifad.org/。

发展事务。1965 年第 20 届联合国大会，以第 2089(20)号决议决定设立联合国工业发展组织（United Nations Industrial Development Organization，UNIDO）①。工业发展组织作为联合国组织体系内的一个自主机构，于 1967 年 1 月 1 日正式组成并开始工作，以维也纳为其总部地址。

1975 年 3 月，工业发展组织第二次大会在秘鲁利马举行，建议联合国把该组织改组成为联合国的一个专门机构。1979 年在维也纳举行的全权代表会议上通过了新的组织章程，章程于 1985 年 6 月 21 日生效。联合国大会于 1985 年 12 月 17 日批准了关于该组织与联合国建立关系的协定，该组织于 1986 年 1 月 1 日正式成为联合国的专门机构。

依照章程规定，凡联合国会员国、联合国各专门机构的成员，均可加入工业发展组织。截至 2023 年 9 月，该组织已有成员国 170 个。中国于 1971 年在联合国恢复一切合法权利之后，成为工业发展组织的成员，并于 1972 年当选为该组织理事会的理事国，连选连任至今。在 1979 年以前，中国在工业发展组织的多边技术合作中，只是一个"纯捐助国"，从 1979 年起，采取了"有给有取"的方针，即一方面仍然通过工业发展组织向发展中国家提供各种援助，同时另一方面也从工业发展组织接受无偿的技术援助。根据工业发展组织提供的数据，自 1979 年以来，工业发展组织在中国共开展了 500 多个项目，项目总额约为 2.64 亿美元。50 年来，中国与工业发展组织一直保持良好合作关系。工业发展组织通过技术合作项目不但为中国引进了先进技术、管理经验和部分关键设备，还为中国培养了大批专业技术人员，有力地促进了中国工业技术水平的提升和经济社会的发展。中国一直积极参与工业发展组织的活动，并向其提供了力所能及的帮助。工业发展组织中国代表处设立于 1979 年，并于 2006 年提升为区域代表处，管辖范围包括中国、蒙古、朝鲜和韩国四个国家，同时也负责保持与驻中国、日本和韩国的工业发展组织投资与技术促进办公室的联

---

① 网址为 http://www.unido.org/。

络。近年来，工业发展组织积极配合中国政府提出的中非合作、南南合作、"一带一路"等倡议，大力推进具体合作项目。工业发展组织积极支持和参与"一带一路"建设，工业发展组织与中国国家发展改革委、海关总署、生态环境部等分别签署的合作文件被纳入第二届"一带一路"国际合作高峰论坛成果清单。值得一提的是，2013 年 6 月 24 日，在工业发展组织第 41 届理事会上，中国政府推荐的候选人李勇以绝对优势赢得选举，成为该组织的第七任总干事。2017 年 11 月 27 日，在奥地利维也纳召开的联合国工业发展组织第 17 届大会上，李勇获得了连任，任期至 2021 年 12 月。

至 1991 年末，工业发展组织援助中国的项目已达五十余个，金额为九百余万美元。以后逐年有所发展。中国除每年按期交纳会费外，还向工业发展基金进行捐献。至 1992 年，中国向工业发展组织的捐助已达 320 万美元，另外人民币 1250 万元。

工业发展组织的宗旨为：通过动员国内及国际的一切资源，重点发展加工工业，以促进和加速发展中国家的工业化；联合国还委托该组织协调联合国系统内各机构在工业发展方面的一切活动。

工业发展组织，主要是从事下列三个基本方面的活动来促进工业的发展。第一，涉及直接援助的"现场业务活动"。该组织作为联合国开发计划署的一个参加和执行机构，为那些希望制定工业政策、建立新工业或改进现存工业的发展中国家提供援助。该组织也参与了由联合国系统其他机构负责的许多项目。它的业务活动包括特别工业服务方案，从帮助乡村手艺到指导铸工车间的现代化，从金属工业技术的示范到帮助建立工业区。工业发展组织曾于 1975 年决定，到 2000 年应使发展中国家在世界工业生产中的份额从 7% 增加到 25% 这个主要目标。它曾在莱索托、约旦、伊朗、菲律宾、马来西亚、罗马尼亚、前南斯拉夫、古巴和其他许多国家，就地方工艺、制糖机械、农机制造、塑料工业、自然灾害等方面开展工作，取得了较好成绩。第二，以调查研究、讨论会、专家小组会和培训方案等为形式的"支援活动"。它就特定的工业和工业技术组织座谈会，召开有关工业管理、编制工业计划、发展面向出口的工业和促进筹措工业资金及投资等的讨论会。还为来自发展中国家的工程师逐步建立了几十个专业的厂内培训方案。上述方案，每年在许多发达国家和发展中国家实施。第三，使发达国家与发展中国家的金融及商业界、学术团体和其他机构之间建立直接联系的"促进活动"。它帮助促进外国资金流入发展中国家的工业，方法是发起召集会议，使希望促进其特定项目的国家的代表同可能的投资者和财政技术资源提供者会晤。它尽力使发展中国家有机会接触当前的工业及技术情报。它还利用工业和贸易展览会来增加发达国家与发展中国家的商人之间的接触，工业家可以在这里登记他们特别感兴趣的方面和需要以及他们希望会见的对方的类型。

工业发展组织，在改成为联合国专门机构之后，在人事和行政事务等方面，具有了更大的独立性；为支援、促进发展中国家的工业发展，建立新的国际经济秩序，加强世界、区域、国家、部门各级间的合作与协商，发挥着更重要的作用。该组织改成专门机构后的第一次大会，于 1985 年 8 月和 12 月分两段在维也纳举行。会议通过了旨在促进工业发展的多项决议，如《非洲工业发展十年》《关于妇女参加工业发展》《关于创造工业发展新概念与实施办法》等。会议还通过了新的工业发展组织的新年度的方案预算，其年度总金额均为 1.2 亿美元。在联合国工业发展组织成立 25 周年之际，该组织第四届大会，于 1991 年 11 月 18 日至 22 日在维也纳召开。会议通过了该组织1992—1993 年两年期方案和预算等四十余项决定和决议草案。还就其机构改革问题进行了广泛的讨论。会议指出，生态环境危机严重，应把工业发展与环境保护有机地结合起来。中国在大会上继续当选为工业发展理事会和方案预算委员会的成员国。2019 年 11 月 3 日，工业发展组织第 18 届大会在阿拉伯联合酋长国首都阿布扎比开幕。本届大会主题为"工业 2030——创新、联通、重塑未来"。本届大会由工业发展组织和阿联酋政府共同主办，聚焦在第四次工业革命背景下，包容及可持续工业发展在实现 2030 年可持续发展议程目标中所发挥的关键作用，来自工业发展组织 170 个成员国的 800 多名官员或代表参加了会议。

工业发展组织的主要机构有：（1）工业发展理事会，由联合国工

业发展大会根据公平地域代表权的原则从工业发展组织成员中选出的
53 个理事国组成。理事任期 4 年，每隔一年改选一次，每次改选
1/2，可连选连任。理事会每年开会 1 次，主要职责是制定原则与政
策以及将这些原则与政策付诸实施的建议，批准该组织的活动方案，
审查联合国系统内工业发展活动的协调情况，审议该组织的其他工作
情况。它每年通过经社理事会向联合国大会提出报告。（2）大会，由
全体成员派代表参加，每两年举行 1 次会议。（3）方案与预算委员
会，由大会选出的 27 个成员国组成，任期两年，连选可连任。委员
会每年举行会议 1 次，其任务是编制并向理事会提出经常预算经费分
配比例的草案。（4）秘书处，由 1 名执行主任担任领导，执行主任全
面负责工业发展组织的行政管理与日常活动，负责实施各项有关工业
发展与合作的计划。

　　工业发展组织的经费来源主要是：其行政及调查研究活动的费
用，由联合国正常预算支出；其业务活动的资金，由联合国开发计划
署、联合国的技术援助经常预算及工业发展基金提供。此项联合国工
业发展基金是联合国大会于 1976 年决定设立的，它以自愿捐款为基
础。自愿捐款也是工业发展组织普通信托基金的重要组成部分。该组
织成为联合国专门机构之后，在财政方面取得了比过去大得多的自主
权利。

第六编

❖

尾论：人类的组织化趋势

第十九章　国际社会组织化对国际法律制度的发展①

第一节　组织化现象与"结构平衡论"

按社会学分析：人之所以比其他动物高级，在于人类不仅有"群居"的生活习性，而且能运用其高度智慧使这种群居生活逐渐发展成为一种有组织、有秩序的"社会"（society）。其他动物即使也有群居现象，却永远停留在一种非社会的"自然状态"。维也纳大学知名国际法教授菲德罗斯（Verdross）在论及法律的理念时，曾提出"和平秩序"是人类本质的完全发展。他认为这是同实定法的规范基础紧密相联的。

从自然状态的原始人群进化到氏族，从氏族进化到部落，直到形成国家，有一个漫长的过程，要以几十万年（甚至更长的时间）来计算。但是，从国家秩序出现以后，发展到今天的国际社会，相比而言，只经历了较短的时间。而在国际社会中国际组织的产生和形成，则更是晚近的事情。从正式成立组织的 1804 年莱茵河管理委员会前后算起，至今也不过两百年的历史。可见：由于人类文化的不断积累，人类智慧本身也在不断提高，所以人类社会及其进一步组织化的发展，明显地已呈现出一种物理学上的"加速度"现象。

---

① 本章各节内容，原系作者 1997 年 4 月在武汉大学"当代国际社会与国际法"高级研讨班上的讲课提纲。作者在此首次阐述其"结构平衡论"，后来又做了一些修改和补充。

一个巨大国际组织网的形成：

国际社会经过 20 世纪两次世界大战的剧烈震荡后，人类渴望和平，提高了国际安全和国际协作的意识与愿望。随着殖民体系的瓦解及新兴独立国家的大量增加，以及社会经济、科学技术、交通工具和信息设备的巨大进步，国际社会的普遍性日益加强，国家间的交往日益频繁。以此为背景，20 世纪以来，特别是近 70 年来，各种全球性与区域性国际组织（尤其是其中的经济组织及各类专门机构）发展非常迅速：在数量上出现了爆炸性增长，在职权上也在不断延展和扩大。

上至外层空间，下达海床洋底，包括政治经济、文化科技、教育卫生等在内的各个领域（从石油、香蕉、咖啡生产一直到国际贸易、关税、金融，从邮政、电信、民用航空一直到公海航行、环境保护、全球气候，从体育、音乐、知识产权一直到难民、精神病、人权、战争，从河流、边界、麻醉品管理一直到核武器、核和平利用、深海资源开发），无处不是国际组织活动的场所。可以说，20 世纪是国际组织的世纪，甚至人类的生老病死和衣食住行，均同国际组织或多或少地联系起来了：有些事它能管，有些事它要管，有些事甚至只有它才管得了。例如，前些年有关英国爱丁堡罗斯林研究所用"克隆"（CLONE）技术（人工诱导无性繁殖方式）复制出绵羊"多莉"的消息发布①后，在世界各地引起轰动，被誉为世界最重大的科技成果之一。但是这一新技术，像核技术一样也具有两面性，如果有人用这一技术来复制人，那就会引出诸多严重的社会问题。因此，在惊喜中也同时使许多科学家和社会伦理学家感到非常不安。针对这一情况，当时作者认为：有关国际组织（如世界卫生组织或联合国工业发展组织），

---

①　1997 年 2 月 23 日，罗斯林研究所的科学家，将其首例采用成年哺乳动物（绵羊）体细胞复制出来的"多莉"（已生存 7 个月）向世界亮相。过去，自然界包括人类在内的动物，都是通过生殖细胞即精细胞和卵细胞的结合来繁殖后代的，而这次复制"多莉"所利用的是体细胞，这是有史以来在科学技术上一次意义非常重大的突破。因此，这一信息发出后，立即在全世界引起了轩然大波，其轰动效应有甚于当年原子弹问世。

除积极鼓励各国分别采取除弊兴利的国内措施对其进行技术监督外，应该(也很有必要)根据《联合国宪章》关于尊重人类之"人格尊严"的规定，发起并邀请各国共同磋商缔结一项条约。该条约可称为《关于禁止将克隆技术用于复制人的国际公约》。① 可见，国际组织职能的发展是(而且应该是)与国际生活紧密相联的。

国际组织数量的激增及其职权的相继扩大，使全世界彼此影响的各式各样的国际组织已经形成为一个巨大的"国际组织网"，出现了国际社会进一步组织化的新趋势。这个组织网的协调中心是联合国。②

从国际关系分析：

上述"国际组织的出现和一个巨大国际组织网的形成"，是当代国际结构中两种社会力量的平衡与调和的结果，是世界两股潮流的汇合。一股潮流是，各主权国家基于各自的文化传统与民族利益，热衷于追求己国的独立。同时，在各种国际竞争因素的影响下，国家间的利益冲突、权力分配的矛盾和意识形态的分歧，时隐时现，没有最终消失的时候。所以，国际社会无法将众多分散的国家权力完全融合为一个统一体，这里存在的是一种"分力"(离心倾向)。另一股潮流是，由于各种国际关系和科学技术的发展，国家间的利益联系与行政交往日渐增多，从而使国内管辖事项往往溢出国界，需要国际互助；没有他国协助，一国就难于实现其相关的管理任务。所以，各国为了更好

---

① 1997 年 11 月 11 日，联合国教科文组织第 29 届大会在巴黎通过一项《世界人类基因组与人权宣言》，指出：应利用在人类基因组方面的研究成果，但它应以维护和改善公众健康状况为目的，须禁止违背人类尊严而用克隆技术繁殖人。(包括中国在内的八十多个国家及一些国际组织的专家参加了宣言的起草工作。)之后，1998 年 1 月 12 日，19 个欧洲国家，面对克隆人的恐惧，正式签署了一项具有约束力的"禁止克隆人"的条约，缔约国同意颁布法律禁止克隆人(但英国和德国当时没有签署此项条约)。又据英国《独立报》2001 年 4 月 19 日文章：英国政府卫生国务大臣宣布，将于数月内制定法律，确定克隆人为非法行为。

② 参见《联合国宪章》，第 57~59 条，第 1 条(4)。

地生存与发展，都希望找到一种多边合作的方式。这里存在的是一种"合力"（向心倾向）。从国际社会历史发展的长河中来观察，这两种力量和潮流的交叉，愈来愈明显。国际组织及其组织网的蓬勃发展，正是由于上述这两种力量和愿望得到了合理的平衡与调和从而使现代国家"既能各自独立又能相互依存"的结果。这是世界进入 20 世纪以后一种结构性的新现象。本书作者的这个关于国际组织发展规律的核心观点和论证，可以称之为"结构平衡论"。这也是对国际组织存在与活动基础的一种高度的理论概括。

其实，社会现象也有类似自然现象之处，它们均受"平衡规律"的支配。我们的地球，日月星辰，包括整个宇宙，都只有在反复和不断保持平衡的条件下，才能正常运行。它们一旦失去平衡，就不可能再有现存的秩序；只有重新建立新的平衡，才可能有新的秩序。国际组织作为现代国际社会的一种结构形态，显然是国家间诸种力量和愿望得到平衡的必然结果。

以上观点和论证，在欧美著作中也可以找到某些相近的表述。有的学者曾利用康德（Kant）关于"非群性之群性"的理论来说明国家的"双重本性"。被人格化了的国家和个人一样：有渴望"自由"的一面，也有寻求"群体"的一面。因为乐于群体，各国有承认并遵守国际秩序的意愿，但是由于利己主义，它们又有抵制这种秩序（约束）的可能性。[①]

因此，一个现实的国际法律制度必须：既顾及世界各政治实体的"社会性"，也考虑到这些实体的"非社会性"。用上述"结构平衡论"来解释：国际组织，作为主权国家高度合作的一种法律形态的发展，正好适应了现代国际法律制度的上述需要和要求。

上面是就国际社会组织化趋势所作的最基本的解释与分析。这一趋势，大大促进了两次世界大战后的国际秩序重建与国际合作发展，也进一步加强了国际社会的凝聚力。这是推动现代国际法发展的一个非常重要的背景。

---

① 参见菲德罗斯等著：《国际法》，李浩培译，商务印书馆 1981 年版，第 17~18 页。

第二节　现代国际法的新动向

国际法的固有特性：

国际法，尤其是传统国际法之所以常被视为一种"软法"（soft law），主要是由于它表现为一种缺乏主体机构及保障机构的"无组织之法"，是一种颇不系统的"零散之法"。因此，国际法的法律性质与效力常遭到怀疑论者的怀疑与否定。究其根本，与国际法的自然属性不无关联。这就是美国学者孔慈（Josef L. Kunz，1890—1970）在其著作《变动中之国际法》（The Changing Law of Nations: Essays on International Law，1968）中所广为阐述的国际法的"原始性"。① 这种原始性的反映主要可概括为三点：第一，不集中，没有统一的制定、实施和执行的机关，各国常常"各行其是"；第二，不充实，国际法上有关国家权利义务的规定，一般均需要由国内法加以补充才能得到实施；第三，自助原则(尤其是传统国际法中的武力自助、实效原则、自动裁决、自动解释等)，国家自己不仅是制法者，而且可能成为其应遵守之法律规则的执行者和解释者，不如国内法之严格禁止受害者实行自助报复与制裁。古典国际法，不用说是一种高度分裂与游离的法律秩序，即使是近代国际法，甚至现代国际法，这种作为国际法本质特征的原始性，也仍然在一定程度上存在。在一个纯理论上的世界性超国家机构真正变为现实之前，国际法的形成、适用和执行，仍将是非常分散的。但是，现实情况是：随着国际社会凝聚力的增加，国际法的这种松散和软弱的现象必将朝着较为集中和增强效力的方向发展。

国际法律秩序的多重化：

就国际法律秩序而论，国际组织特别是政府间的重要国际组织本身也是一种秩序，如前文所述，是现代国际生活中国家间进行高度多边合作的一种有效的法律形态。因此，可以参与法律关系的国际组织

---

① 参见孔慈（Josef L. Kunz）著：《变动中之国际法》，王学理译，台湾"商务印书馆"1971年版，第13~16页。

数量的增加，必然引起国际法律秩序层次的多重化；其职能的扩大，必然推动国际法律秩序空间的延展。

在 19 世纪，国家是国际法上唯一的法律人格者。传统国际法的规则，主要是由作为国家间产物的国际习惯与条约形成的。但是现在，在已经存在的几千个政府间组织中，有很大一部分重要的组织，已经被承认在一定条件下具有与其成员国相区别的法律人格，并在实践中作为权利义务主体参与各种法律关系。所以当今的情况是：不仅国家间的关系，而且国家与国际组织之间以及国际组织彼此之间的关系，都可形成国际法的新规则。在现代外交法中，国际组织可以派遣和接受外交使团；在现代条约法中，国际组织有缔约权，可以承受权利和义务，并应负担违约责任。其他诸如国际组织的继承、国际组织官员的特权与豁免等，都已形成为现代国际法中新的规则或制度。可见，由于国际组织的发展，国际法主体和国际法渊源的范围也都进一步扩大了。这些都大大丰富了国际法的内涵，必然引起国际法律秩序体系的多重化。

国家保留范围的相对缩小：

本书作者过去①曾经论及：当代国际法律秩序发展的另一个重要迹象，是国际法客体的日益扩大与国家保留范围的相对缩小。近三十年来，由于国际社会组织化的加深，这一迹象尤其明显。国际组织和国际法的影响，愈来愈深地涉及国家主权的管辖范围，使国家军备、人权、贸易、关税、投资、环境保护、知识产权等诸多方面，受到种种影响，形成了不同程度的制约。

特别是冷战结束后，世界格局发生巨大变化，建立在雅尔塔体制基础上的两极体系迅速崩溃，世界正在向多极化方向演进，国际组织的潜力很快被释放出来。其影响所及十分深刻。仅就联合国多年来的维和行动而论，其对国家管辖权的渗透，可以说是前所未有的。传统维和部队的主要任务，是依据宪章的宗旨原则，监督停火与撤军，减

---

① 指 1990 年 5 月 21 日，作者应第四届"全国青年国际法学者研讨会"邀请在西安所作的学术报告。报告提纲《论国际法的发展》，载《武汉大学学报》（社会科学版）1990 年第 5 期，第 3～10 页。

轻并遏制冲突局势的升级，以维持特定地区的国际和平与安全。此种部队的驻扎，需取得东道国的同意，不得干涉内政。这是一支"中立"而没有敌人的士兵，一支只带自卫轻武器而"不具强制性"的军队。但是，到20世纪90年代初，上述原则遭到了重大冲击。以1992年联合国部署在柬埔寨的维和行动为例，它包括武装部队、警察、民政人员在内，总共两万余人，其职权范围比历次行动都要广泛，甚至在一段时间内掌握了作为一个政府的全部行政权力，其名称即为"联合国驻柬过渡权力机构"（UNTAC）。又如1993年为"执行多国救援任务"派驻索马里的一万名联合国"蓝盔部队"，每年耗资达10亿美元，在两年当中，即进行了多次动用重武器的流血战斗。其中，以美国出动武装直升机执行的一次追捕当地军阀艾迪德的行动，竟造成了当地几百名平民的伤亡。此外，联合国在前南斯拉夫地区及科威特边境的维和行动，甚至配备了坦克、大炮和轰炸机，已发展到了"武装维和"的更大规模①，竟使维和本身也变成了战争！

再就区域组织而言，影响也很大，最突出的是欧洲联盟。撇开这个正在走向"国家实体联合"的高度一体化组织对其成员国的权力关系不谈，仅就其对第三国（非成员国）关系的个别事例来分析，即可看出当今国际组织的冲击力量已经非同小可。20世纪90年代初，正当南斯拉夫内部冲突激化的时候，欧共体理事会宣布，凡欲获得欧共体承认的原南斯拉夫各共和国，均需事先向该共同体的一个仲裁机构提出申请书，并经其评估裁定符合要求后，方有可能获得承认②。欧共体的上述做法，对其后有关前南斯拉夫地区的分裂形势及各国的国际承认，产生了无形的影响。一个区域性国际组织，竟为该地区非成员国抢先规定有关民族和国家生死存亡的重大问题，这可以说是与国际法已有原则背道而驰的！

此外，国际人权法、国际环境法、国际贸易法等，也在不同程度

①　参见 Boutros Boutros Ghali, *Confronting New Challenges*, 1995, pp. 215-358。
②　参见曾令良：《论冷战后时代的国家主权》，载《中国法学》1998年第1期，第109~120期。

上对国家管辖权带来了很大冲击。

　　当然，在分析国家有关管辖范围的变化时，还必须看到，在各国科学技术与经济贸易相互依存关系日益加深的情况下，这种变化并非只是单向演进，也有双向发展的表现：既在许多方面"缩小"了，同时又在若干方面"扩大"了。所以我们称之为"相对缩小"。例如，在海洋权方面，由于专属经济区、大陆架和深海海底资源开发等项制度的出现，各沿岸国的海洋管辖范围就在原有领海之外大为扩展了。即使是远离海洋的内陆国，通过广泛的国际合作，在海洋方面的权利也有所增加。此外，在南极和北极地区、宇宙空间等方面，国家权利的内涵也在起变化。不过，从全面来考察，国际法调整范围的扩大似已成为一种必然的趋势。

　　国际法"硬"因素的出现：

　　国际法是适用于国际社会的法（或者简单说是国际社会的法）。因此，国际社会的组织化程度的提高，也使国际法的实质内容处于变动之中。首先，从国际法的规范结构来看：在第一次世界大战以前，国际法几乎完全由任意法组成，国家间的协定可以任意不适用甚至可以变更任何一般国际法规则。但是，到第二次世界大战之后，国际社会出现了强行法（jus cogens）理论，并且到1969年，《维也纳条约法公约》还在第53条及第64条中明确作了关于条约与一般国际法强行规则相"抵触"者"无效"的规定。现在，虽然国际法的绝大部分规则仍为任意法，但国际社会已公认有若干强行规则的存在。这无疑是国际法史上一项具有里程碑意义的发展。

　　再从《国联盟约》特别是《联合国宪章》关于"集体安全制度"的规定来看，国际组织执行行动（enforcement action）的约束力已有明显加强。宪章第7章以13个条文的篇幅对此作了详细规定。第二次世界大战后，纽伦堡和远东两个军事法庭所进行的两次国际审判，以及1949年日内瓦四公约关于对严重违约者加以制裁的规定，都在一定程度和范围内，体现了国际法在执行方面的效力。

　　此外，国际社会还约定将"和平解决国际争端"作为一项基本原则加以规定，意义尤为重大。在实践中，GATT/WTO体制规定的争端解决机制和一些区域组织中的争端解决安排，也发挥了显著作用。这些，不仅反映了现代国际法对传统"自助原则"的限制，而且也在不同程度上体现了国际法执行能力的提高。

综上可见，无论从国际法的组织基础、规范效力、执行措施等哪一方面来剖析，这个所谓的"软法"的"硬性因素"，似乎正在逐渐增加。

第三节　国际组织的准造法功能

国际组织的准造法功能，是更直接推动现代国际法发展的重要因素之一。

如上所述，国际组织在广泛的国际关系中充满活力，它的发展即国际法本身的一种发展。国际组织，作为一种国际合作的机构，必须具有相应的法律基础和一定的法律行为能力，才有可能持续其对内对外的各种活动。而国际法的形成、适用和执行也只有依附于一定的常设机构，才有可能获得较多的确定性。所以，国际社会组织化趋势的出现，尤其是一些重要国际组织近似于国际立法的各种活动，为现代国际法的发展带来了广阔的前景。

从国际组织的编纂活动来看，与国内法的法典化（codification）相比，国际法的全面编纂虽然在今后相当一段时间内还很难实现，但是学者私人或民间研究团体的国际法个别编纂在过去早已存在。不过真正有效的编纂工作，则只能从联合国国际法委员会算起。其他若干政府间国际组织也有类似于编纂的功能。各种国际组织的编纂工作，有力地推动了现代国际法的发展，尤其是国际法委员会，在这方面取得了可观的成绩。该委员会根据联合国宪章关于"国际法之逐渐发展与编纂"的规定，将其工作区别为"编纂"现存的国际习惯和"发展"新的国际法规则两大部分，并为之规定了两套不同的程序。其工作富有开创意义。后来，在操作过程中，这两套程序逐步采取了很近似的步骤：首先，将其起草的初步条款，直接提交各国政府发表意见；同时，联大法律委员会（六委）各成员国代表也需就条款进行评论；最后，委员会在拟定最后条款时，还应考虑这些意见与评论。此种"三部曲"式的程序的优越性是：联合国通过委员会这一辅助性造法机构，把各个政府的意志、成员国代表机关的要求和国际法专家的研究工作联结起来了。其反复交叉的过程，有助于联合国大会或联合国为通过最后草案而召开的外交会议易于达成共识与协议。此种编纂程序，与过去形成国际习惯及缔结条约的传统程序比较起来，有一个划时代意义的发展：由非常分散到较为集中。

前已述及，国际判例对发展有关法律的原则、规则和制度，具有很大价值。尤其是国际法院及它的前身国际常设法院所受理的诉讼及咨询案件，所涉范围广，影响大。此外，第二次世界大战后的两次军事审判，和两个《国际军事法庭宪章》，以及为起诉前南斯拉夫和卢旺达境内战犯而经由安理会分别于 1993 年和 1994 年设立的两个国际刑事法庭，也均对国际社会产生相当影响。特别值得注意的是，国际法委员会于 1994 年起草了一项《国际刑事法院规约》，该项草案规定：国际刑事法院应"优于"国内法院，在有关诉讼程序的任何阶段，国际刑事法院均可依法正式要求国内法院尊重国际刑事法院的管辖。显而易见，在此范围内，该刑事法院的管辖权是第一位的，而国内法院的管辖权则成了第二位的。①

各种国际组织中由全体成员国代表组成的机构（大会），其中特

---

①　1998 年 6 月 15 日，联合国就关于设立国际刑事法院的条约在罗马召开外交大会，参加会议的约有来自 150 个国家的代表、外交官及法学家。到 7 月中旬会议通过了该项条约。投反对票的国家有 7 个，其中包括美国、以色列和中国；英国、加拿大和德国表示积极支持；法国到最后一分钟才表示同意。上述《罗马规约》的内容主要是设立一个国际刑事法院负责审理战争罪行、种族绝灭罪行和危害人类罪行。2002 年 7 月，国际刑事法院正式成立。截至 2023 年 9 月，已经有 123 个国家加入了《罗马规约》，成为国际刑事法院的成员国；另外有 39 个国家签署了该条约，但是并未得到各自国家立法机构的批准；国际刑事法院共受理了 31 起案件。值得注意的是，2000 年 12 月 31 日，美国总统在《罗马规约》规定的最后期限（即 2000 年 12 月 31 日）签署了该项条约，但迄今国会尚未批准该条约（2001 年 1 月 1 日美国参议院外交委员会主席评论说：他将反对批准这项条约，因为它可能会侵犯美国的"军事主权"，可能使美国在国外的士兵也受到审判）。

别是联合国大会，其成百上千的决议，特别是那些有关国际社会法律秩序的所谓"规范性决议(normative resolutions)"，对国际法的发展具有重要影响。就其国家意志基础的广泛性来衡量，它在国际关系中比司法判例的作用更大。

　　从组织性条约这方面来分析，相对一般性条约而论，其中建立国际组织的约章，具有如下特点：它既为一个组织的章程，又具有条约的性质。愈是全球性的、管辖事项广泛的、成员国众多的组织，其章程所规定的宗旨原则和行为规范的适用空间也就愈大，受其调整的国家间关系也就愈普遍。在这方面，《联合国宪章》非常引人注目。宪章第2条，在规定"本组织及其会员国"应遵行的各项原则的同时，还特别规定：联合国在维持国际和平与安全的必要范围内，① 应保证"非会员国"也遵行上述原则。但是维也纳《条约法公约》根据条约只具有相对效力的原理，在其第34条规定，"条约非经第三国同意，不为该国创设义务和权利"。可见从一开始，创建国就意图使宪章成为一项对全球一切国家产生普遍作用的公约。实践已经证明：国际组织章程特别是《联合国宪章》，对现代国际法的形成与发展，其影响是根本性的。其他与国际组织直接相关的各种组织性条约，也在相当程度上丰富和发展了国际法。

第四节　理性的选择

　　前已论证，随着国际社会组织化的加深，国际法调整范围在逐渐扩大，国家管辖范围在相对缩小，国际法律秩序呈现出一种由相当分散到较为集中的发展动向。从法哲学观之：国际社会的法律现象和国内法一样，虽然也具有一定的稳定性，但稳定是相对的，而其发展则是绝对的。因为稳定只是事物积累量变时的一种暂时状态，这种量变必然导致事物的质的继续发展。现在的问题是：上述发展趋势，更具体说，上述"扩大""缩小"和"由相当分散到较为集中"的这种发展趋势，有无极限？其极限是什么？

---

　　① 　参见并比较本书第一章第二节关于"职能性原则"的论述。

对于这个问题的解答，肯定是多种多样的，而且很有可能是纯理论性的。因为社会现象，特别是国际社会现象，广泛涉及各种民族因素、国家利益、文明及文化传统、经济水平、政治影响、意识形态等等，百般复杂。所以，没有全面与深层的理解，很难避免出现臆说或过于理想化的结论。

在包括国际组织法在内的国际法的研究中，我们不难说明或者说已经说明：国家是国际法和国际组织产生的前提，而国际社会则是国际法和国际组织存在的社会基础。没有国家，不可能有国际法和国际组织，只有单独一个国家或者只有多个各自孤立的国家，也不可能有国际法和国际组织。国际法和国际组织的产生、存在和发展，无不与国际关系及这个无比复杂的国际社会联系在一起并受其制约。

由众多主权国家(或者说主要由众多主权国家)组成的国际社会，与各国内社会相比，是一个高度分权的社会，是一个主权并立的"平行式"社会。国内社会则有所不同，是一个"宝塔式"社会，位于塔顶的是具有法定权威的中央机关，它们在国内统一行使包括行政、立法与司法在内的最高权力。在这两种结构不同的社会中，其法律现象也呈现出重大的差别。

国际社会，以独立国家为其主轴的这种基本结构显示：在人们可以预见的时期内，它很难在各国之上建立一个像国内社会一样以统治权为基础的全世界统一的超国家机构。同样，以当前这种国际社会基本结构为前提的现代国际法体系，也很难发展出一个具有最高管辖权的全世界统一的立法、司法或执行机关来。①

---

① 美国有几位研究国际组织的学者(菲尔德教授等)，在一本专著中认为：在大多数人的概念中，民族国家依然是获得支持的焦点，它保留了最高水平的合法性(legitimacy)。民族意识的存在，不仅是道义上的，而且具有实际意义。虽然，"冷战"之后，许多可能暗中削弱国家领土和多民族完整性的狭隘情绪在重新抬头，但国家依然是引申出国际制度的基石。该书还认为：政府间组织，在可预见的将来，仍然只是"媒介物"；民族国家可通过它来管理自己的事务，但不可能变成可将其决定强加给成员国的实体。参见 Werner J. Feld and Robert S. Jordan with Leon Hurwitz, *International Organizations: A Comparative Approach*, Praeger Publishers, 1994, pp. 276-279. 转引自高华：《评介美国等西方学者论国际组织》，载《世界经济与政治》1997 年第 7 期，第 72~76 页。

综上可见：虽然随着国际社会的逐渐组织化，世界增强了凝聚力，但在国际社会上述基本结构发生根本变化之前，国际组织仍将基本上是一种"国家间组织"，国际法仍将基本上是一种"国家间法"。质言之，这就是问题的限度。超出了这个限度，它就不是"国际组织"或者"国际法"了。这个限度是由现阶段国际社会的本质属性及其基本结构所决定的。

20 世纪是人类史上最血腥的一个世纪！历史的惨痛教训启示我们：在国际关系中，不能恃强凌弱，"热战"或"冷战"的办法都不可取。人类需要和平，社会需要进步，国家需要合作。只有建立平等互利的国际关系，才有助于 21 世纪和平秩序与国际法的进一步发展；强权政治与大国利己主义的陷阱，则有可能扼杀国际法的生机。问题在于选择！

国际社会，说到底，是一个国家舞台，国家是这个舞台的主角，国家是这个舞台秩序的最重要的支柱。各国不仅通过协作形成国际法，而且通过协作实现国际法。地球上任何一个国家，不论它是多么富有和强大，都不可能单独在超越国境的全球性问题的困境中保全自己。各国主权平等，任何一个国家，都不能只顾己国权益而无视他国权益！惟有共同努力，人类才有机会获得 21 世纪的整体安全、精神道德和物质文明的成就。

小结语：国际社会要求一切国家，尤其是在经济上和军事上强大的国家，都能"一秉善意"，依法履行国际义务，进行诚信与平等的国际合作，以期促进国际法律秩序的进一步完善与发展，维护全人类的共同和根本的利益。

附　　录

(一) 部分参考书目

华尔脱斯著，汉敖等译：《国际联盟史》，1964。

克里洛夫著，张瑞祥等译：《联合国史料》，1955。

王铁崖、田如萱、夏德富编：《联合国基本文件集》，1991。

联合国新闻处：《联合国手册》(第 8～35 版) 中译本，1973—1997。

周鲠生著：《国际法》，1976；王铁崖著：《国际法引论》，1998；王铁崖等译：《奥本海国际法》，1995；菲德罗斯著，李浩培译：《国际法》，1981；梁西主编：《国际法》(修订第二版)，2000；丘宏达著：《现代国际法》，1995 年；Starke, *An Introduction to International Law*, 1977; Schwarzenberger, *A Manual of International Law*, 1976; James Crawford, Brownlie's *Principles of Public International Law*, 9th edition, 2019; E. Lauterpacht, *International Law Being the Collected Papers of H. Lauterpacht*, 1978。

赵理海著：《联合国宪章的修改问题》，1982；陈治世著：《国际法院》，1983；许光建主编：《联合国宪章诠释》，1999；谢启美等编：《走向 21 世纪的联合国》，论文集，1996；李铁城著：《联合国五十年》，1995；江国青著：《联合国专门机构法律制度研究》，1993；饶戈平主编：《国际组织法》，1996；朱建民著：《国际组织新论》，1985；曾令良著：《欧洲共同体与现代国际法》，1992，《世界贸易组织法》，1996；余敏友著：《世界贸易组织争端解决机制：法律与实践》，1998；张献著：《APEC 的国际经济组织模式研究》，2001；中国现代国际关系研究所民族与宗教研究中心著：《上海合作组织》，2002；饶戈平主编：《全球化进程中的国际组织》，2005；陈东晓等著：《联合国：新议程和新挑战》，2005；盛红生著：《联合国维持和平行动法律问题研究》，2006；孙萌著：《联合国维和行动违法责任研究》，2006；曾令良著：《欧洲联盟法总论：以〈欧洲宪法条约〉为新视角》，2007；何志鹏编著：《欧洲联盟法：发展进程与制度结构》，2007；肖兴利著：《国际能源机构能源安全法律制度研究》，2009；高宁著：《国际原子能机构与核能利用的国际法律控制》，2009；杨泽伟主编：《联合国改革的国际法问题研究》，2009；饶戈平主编：《国际组织与国际法实施机制的发展》，2013；梁西著：《梁西论国际法与国际组织五讲(节选集)》，2019；葛勇平著：《国际组织法(第二版)》，2020；等专著及论文。

G. J. Mangone, *A Short History of International Organization*, 1954.

P. B. Potter, *An Introduction to the Study of International Organization*, 1929.

F. H. Hartmann, *The Relations of Nations*, 1978.

A. L. Atherton, *International Organization*, 1976.

C. Archer, *International Organization*, 1983.

L. M. Goodrich & D. A. Kay, *International Organization: Politic and Process*, 1973.

D. W. Bowett, *The Law of International Institutions*, 1975.

Henry G. Schermers, *International Institutional Law: Unity within Diversity*, 1995.

N. D. White, *The Law of International Organisations*, 1996.

A. LeRoy Bennett, *International Organizations: Principles and Issues (Third Edition)*, 1984.

Friedrich Kratochwil, Edward D. Mansfield, *International Organization*, 1994.

Werner J. Feld and Robert S. Jordan with Leon Hurwitz, *International Organizations: A Comparative Approach*, 1994.

C. F. Amerasinghe, *Principle of the Institutional Law of International*

Organization, 1996.

J. H. Richard, *International Economic Institutions*, 1970.

F. L. Kirgis, *International Organizations in Their Legal Setting*, 1977.

F. Morgenstern, *Legal Problems of International Organizations*, 1986.

G. Schwarzenberger, *International Constitutional Law*, 1976.

Documents of the United Nations Conference on International Organization—1945.

B. Conforti, *The Law and Practice of the United Nations*, 1996.

Christopher C. Joyner, *The United Nations and International Law*, 1997.

L. M. Goodrich, *The United Nations*, 1960.

E. Luard, *The United Nations*, 1979.

H. Kelsen, *The Law of the United Nations*, 1951.

L. M. Goodrich, E. Hambro & A. P. Simons, *Charter of the United Nations: Commentary and Documents*, 1969.

R. C. Hingorani, *International Law through United Nations*, 1972.

R. Higgins, *The Development of International Law through the Political Organs of the United Nations*, 1963.

Elmandira, *The United Nations System*, 1973.

W. L. Tung, *International Organization under the United Nations System*, 1969.

Gutteridge, *The United Nations in a Changing World*, 1970.

M. V. Naidu, *Collective Security and the United Nations*, 1974.

S. D. Bailey, *The Procedure of the United Nations Security Council*, 1975.

A. Cassese, *United Nations Peace Keeping*, 1978.

Boutros Boutros Chali, *Confronting New Challenges*, 1995.

J. Kaufmann, *United Nations Decision Making*, 1980.

L. B. Sohn, *Cases on United Nations Law*, 1967.

L. B. Sohn, *The United Nations in Action*, 1968.

United Nations publication, *Everyman's United Nations*, 1991-1995.

United Nations Handbook, Thirty fifth edition, 1997. (Wellington New Zealand)

B. A. Wortley, *Am Introduction to the Law of the European Economic Community*, 1977.

Jean Groux & Philippe Manin, *The European Communities in the International Order*, 1985.

P. J. G. Kapteyn & P. V. V. Themaat, *Introduction to the Law of the European Communities: After the Coming into Force of the Single European Act*, 1989.

*　　　　*　　　　*

Inis L. Claude, *Swords into Plowshares: The Problems and Progress of International Organization*(Fourth Revised Edition) , 1984.

John Dugard, *Recognition and United Nations*, 1987.

Sergio Marchisio and Antonietta Di Blasé, *The Food and Agriculture Organization*, 1991.

C. Archer, *International Organizations* (Second Edition) , 1992.

Roberts and Benedict Kingsbury (eds.) , *United Nations, Divided World* (Second Edition) , 1993.

Frederic L. Kirgis, *International Organizations in their Legal Setting* (Second Edition) , 1993.

C. Archer, *Organizing Europe: The Institutions of Integration* (Second Edition) , 1994.

Peter H. F. Bekker, *The Legal Position of Intergovernmental Organizations: A Functional Necessity Analysis of their Legal Status and Immunities*, 1994.

Rachel Frid, *The Relations Between the EC and International Organizations: Legal Theory and Practice*, 1995.

Moshe Hirsch, *The Responsibility of International Organizations toward Third Parties*: *Some Basic Principles*, 1995.

Rüdiger Wolfrum (ed.), *United Nations*: *Law*, *Policies and Practice*, 1995.

A. S. Muller, *International Organizations and their Host States*, 1995.

Rosemary Righter, *Utopia Lost*: *The United Nations and World Order*, 1995.

Kimmo Kiljunen (ed.), *Finns in the United Nations*, 1996.

Amir A. Majid, *Legal Status of International Institutions*: *SITA*, *INMARSTA and EUROCONTROl Examined*, 1996.

Tetsuo Sato, *Evolving Constitutions of International Organizations*, 1996.

Christopher C. Joyner (ed.), *The United Nations and International Law*, 1997.

Paul Craig and Crainne De Burca (eds.), *The Evolution of EU Law*, 1999.

Danesh Sarooshi, *The United Nations and the Development of Collective Security*: *The Delegation by the UN Security Council of its Chapter VII Powers*, 1999.

Alvin Leroy Bennett and James K. Oliver, *International Organizations*: *Principles and Issues* (7th Edition), 2001.

Konrad G. Bühler, *State Succession and Membership in International Organizations*: *Legal Theories versus Political Pragmatism*, 2001.

Jean-Marc Coicaud and Veijo Heiskanen (eds.), *The Legitimacy of International Organizations*, 2001.

Philippe Sands and Pierre Klein, *Bowett's Law of International Institutions* (5th Edition), 2001.

Dennis Dijkzeul and Yves Beigbeder (eds.), *Rethinking International Organizations*: *Pathology and Promise*, 2003.

Toni Erskine (ed.), *Can Institutions Have Responsibilities? Collective*

Moral Agency and International Relations, 2003.

Henry G. Schermers & Niels M. Blokker, *International Institutional Law: Unity within Diversity* (Fourth Revised Edition), 2003.

Stephen C. Schlesinger, *Act of Creation: The Founding of the United Nations*, 2003.

Michael N. Barnett, *Rules for the World: International Organizations in Global Politics*, 2004.

Linda Fasulo, *An Insider's Guide to the UN*, 2004.

Konstantinos Magliveras and Gino Naldi, *The African Union and the Predecessor Organization of African Unity*, 2004.

Jose E. Alvarez, *International Organizations as Law-Makers*, 2005.

C. F. Amerasinghe, *Principle of the Institutional Law of International Organization* (Second Edition), 2005.

Chris de Cooker (ed.), *Accountability, Investigation and Due Process in International Organizations*, 2005.

Danesh Sarooshi, *International Organizations and their Exercise of Sovereign Powers*, 2005.

N. D. White, *The Law of International Organisations* (Second Edition), 2005.

J. Samuel Barkin, *International Organization: Theories and Institutions*, 2006.

Paul Kennedy, *The Parliament of Man: The Past, Present, and Future of the United Nations*, 2006.

Edward C. Luck, *The Security Council: Practice and Promise*, 2006.

Kenneth Manusama, *The United Nations Security Council in the Post-Cold War Era: Applying the Principle of Legality*, 2006.

Jan Wouters, Frank Hoffmeister and Tom Ruys (eds.), *The United Nations and the European Union: An Ever Stronger Partnership*, 2006.

Catherine M. Brölmann, *The Institutional Veil in Public International Law: International Organizations and the Law of Treaties*, 2007.

Jeremy Matam Farrall, *United Nations Sanctions and the Rule of Law*, 2007.

David Galbreath, *The Organization for Security and Cooperation in Europe*, 2007.

Ian Hurd, *After Anarchy: Legitimacy and Power in the United Nations Security Council*, 2007.

Christopher May, *The World Intellectual Property Organization: Resurgence and the Development Agenda*, 2007.

Michael P. Scharf, *The Law of International Organizations: Problems and Materials* (Second Edition), 2007.

Peter Danchin and Horst Fischer (eds.), *United Nations Reform and the New Collective Security*, 2009.

Jan Klabbers, *An Introduction to International Institutional Law* (Second Edition), 2009.

Jan Klabbers & Asa Wallendahl (eds.), *Research Handbook on International Organizations Law: Between Functionalism and Constitutionalism*, 2009.

Robert S. Jordan etc., International Organizations: A Comparative Approach to the Management of Cooperation (Fourth Edition), 2011.

Ian Hurd, International Organizations: Politics, Law, Practice (Fourth Edition), 2013.

Henry G. Schermers & Niels M. Blokker, *International Institutional Law: Unity within Diversity* (Sixth Revised Edition), 2018.

Henner Gött, *The Law of Interactions Between International Organizations: A Framework for Multi-Institutional Labour Governance*, 2020.

IanHurd, *International Organizations: Politics, Law, Practice* (Fourth Edition), 2020.

William Worster, *Cases and Materials on the Law of International Organizations*, 2020.

Lorenzo Gasbarri, *The Concept of an International Organization in International Law*, 2021.

Frederick Charles Hicks, *The New World Order: International Organization, International Law, International Coöperation*, 2022.

Jan Klabbers (ed.), *The Cambridge Companion to International Organizations Law*, 2022.

Jan Klabbers, *An Introduction to International Organizations Law (Fourth Edition)*, 2022.

Alexandra R. Harrington, *International Organizations and the Law (Second Edition)*, 2023.

Daniel D. Bradlow, *The Law of International Financial Institutions*, 2023.

Jean d'Aspremont, *The Experiences of International Organizations: A Phenomenological Approach to International Institutional Law*, 2023.

Margaret P. Karns, Tana Johnson, and Karen A. Mingst, *International Organizations: The Politics and Processes of Global Governance (Fourth Edition)*, 2023.

Thomas G. Weiss and Rorden Wilkinson (eds.), *International Organization and Global Governance (Third Edition)*, 2023.

（二）部分国际组织名称（英汉对照）

A

Ad Hoc Committee for South West Africa　西南非洲专设委员会

Ad Hoc Committee on International Terrorism　国际恐怖主义问题专设委员会

Ad Hoc Subcommitteeon Namibia　纳米比亚专设小组委员会

Administrative Committee on Committee on Co-ordination　协调工作行政委员会

Administrative Tribunal, United Nations　联合国行政法庭

Advisory Committee of Experts on the Prvention of Crime and the

Treatment of Offenders　防止犯罪与罪犯待遇问题专家咨询委员会

Advisory Committee of Experts on the World Population Plan of Action
世界人口行动计划专家咨询委员会

Advisory Committee on the United Nations Programme of Assistance in
the Teaching, Study, Dissemination and Wider Appreciation of
International Law　联合国国际法教学、研究、传播与广泛了解的援助
方案咨询委员会

African Summit Conference　非洲国家首脑会议

African Unity, Organization of（OAU）　非洲统一组织

African Union（AU）　非洲联盟

Air Safety Association, International（IASA）　国际空间安全协会

American States, Organization of（OAS）　美洲国家组织

Amnesty International　大赦国际（又译"国际特赦协会"）

Andean Group（ANCOM）　安第斯国家集团

ANZUS Council　澳新美理事会

Arab Petroleum Exporting Countries, Organization of（OAPEC）　阿
拉伯石油输出国组织

Arab States, League of（LAS）　阿拉伯国家联盟

Armed Forces, United Nations　联合国武装部队

Asian Development Bank（ADB）　亚洲开发银行

Asian Infrastructure Investment Bank（AIIB）　亚洲基础设施投资银
行

Assistance Fund for the Struggle against Colonialist and Apartheid
反对殖民主义与种族隔离斗争援助基金

Associations, Union of International　国际协会联盟

Atlantic Alliance　大西洋联盟

Atomic Energy Agency, International（IAEA）　国际原子能机构

B

Banana Exporting Countries, Union of（UBEC）　香蕉输出国联盟

Bar Association, International　国际律师协会

Biological Oceanography, International Association of　国际生物海洋学协会

Blind, International Federation of the　国际盲人联合会

Book Committee, International　国际图书委员会

C

Cancer, International Union against　国际癌症防治联合会

Caribbean Common Market　加勒比共同市场

Caribbean Development and Cooperation Committee（CDCC）　加勒比发展与合作委员会

Central African Customs and Economic Union（UDEAC）　中非关税与经济联盟

Central American States, Organization of（OCAS）　中美洲国家组织

Children's Fund, United Nations　联合国儿童基金会

Civil Aviation Organization, International（ICAO）　国际民用航空组织

Cocoa Producers' Alliance（CPA）　可可生产者联盟

Coffee Organization, International（ICO）　国际咖啡组织

Commerce, International Chamber of（ICC）　国际商会

Commodities, Committee on　商品委员会

Comparative Legislation, Society for　比较立法学会

Computing Centre, United Nations International　联合国国际电子计算中心

Consultative Committee on Administrative Questions　行政问题协商委员会

Co-ordinating Committee for Export Control（COCOM）　巴黎统筹委员会(即"出口控制协调委员会")

Co-ordinating Committee for the Liberation of Africa　解放非洲协调

委员会

　　Copyright Society, International　国际版权协会

　　Correspondents Association, United Nations　联合国记者协会

　　Council of Europe　欧洲理事会

　　Court of Justice, International（ICJ）　国际法院

　　Crime Prevention and Control, Committee on　防止与控制犯罪委员会

　　Criminal Court, International　国际刑事法院

　　Criminal Police Organization, International　国际刑警组织

D

　　Danube Commission（DC）　多瑙河委员会

　　Democratic Lawyers, International Association of　国际民主法律工作者协会

　　Development Association, International（IDA）　国际开发协会

　　Development Programme, United Nations　联合国开发计划署

　　Disengagement Observer Force, United Nations　（UNDOF）联合国脱离接触观察员部队

E

　　Earthquake Engineering, International Association for　国际地震工程学会

　　East Afriacn Community（EAC）　东非共同体

　　Economic and Social Commission for Asia and the Pacific（ESCAP）亚洲及太平洋经济社会委员会

　　Economic Commission for Africa（ECA）　非洲经济委员会

　　Economic Commission for Europe（ECE）　欧洲经济委员会

　　Economic Commission for Latin American（ECLA）　拉丁美洲经济委员会

　　Economic Commission for Western Asia（ECWA）　西亚经济委员会

Economic Community of the West African States（ECOWAS）　西非国家经济共同体

Economic Cooperation and Development, Organization for（OECD）经济合作发展组织

Educational, Scientific and Cultural Organization, United Nations（UNESCO）　联合国教育、科学及文化组织

Eighteen Nation Committee on Disarmament　十八国裁军委员会

Elimination of Racial Discrimination, Committee on the　消除种族歧视委员会

Emergency Force, United Nations（UNEF）　联合国紧急部队

Energy Agency, International（IEA）　国际能源机构

Environment Coordination Board　环境协调委员会

Environment Fund, United Nations　联合国环境基金

Environment Programme, United Nations　联合国环境规划署

Environmental Law, International Council of　国际环境法理事会

Europe, Council of（CE）　欧洲委员会

European Atomic Energy Community（EAEC）　欧洲原子能共同体

European Coal and Steel Community（ECSC）　欧洲煤钢共同体

European Committee on Legal Cooperation（CCJ）　欧洲法律合作委员会

European Common Market　欧洲共同市场

European Communities, The　欧洲共同体

European Community of Writers　欧洲作家协会

European Economic Community（EEC）　欧洲经济共同体

European Free Trade Association（EFTA）　欧洲自由贸易联盟

European Union　欧洲联盟

F

Film and Television Council, International（IFTC）　国际电影电视理事会

Finance Corporation, International（IFC）　国际金融公司

Fish Meal Manufacturers, International Association of　国际鱼粉生产者协会

Food and Agricultural Organizationof the United Nations（FAO）　联合国粮食及农业组织

Frequency Registration Board, International（IFRB）　国际频率登记委员会

Fund for Agricultural Development, International（IFAD）　国际农业发展基金

Fund for Population Activities, United Nations（UNEPA）　联合国人口活动基金

G

General Agreement on Tariffs and Trade（GATT）　关税及贸易总协定

Geological Sciences, International Union of（IUGS）　国际地质科学联盟

Gerontology, International Association of　国际老年医学会

Group of African, Caribbean and Pacific States　非洲、加勒比和太平洋国家集团

Group of Eight Islamic Developing Countries　穆斯林发展中八国集团

H

Habitat and Human Settlements Foundation, United Nations　联合国环境和人类住区基金会

Hague Academy of International Law　海牙国际法学院

Health Education, International Union for　国际卫生教育联合会

Human Rights, Commission on　人权委员会

Human Rights Council　人权理事会

Humanitarian Law, International Institute of　国际人道主义法律研究所

I

India Pakistan Observation Mission, United Nations（UNIPOM）　联合国印巴观察团

Industrial Development Organization, United Nations（UNIDO）　联合国工业发展组织

Information Committee for Non Autonomous Territories　非自治领土情报审查委员会

Inter Agency Consultative Committee（IACC）　机构间协商委员会

Intergovernmental Committee for Physical Education and Sport　政府间体育与运动委员会

Intergovernmental Group on the Least Developed Countries　最不发达国家问题政府间小组

Intergovernmental Maritime Consultative Organization（IMCO）　政府间海事协商组织

Iron Ore Exporting Countries, Association of　铁矿砂输出国协会

Islamic Conference, Organization of　伊斯兰会议组织

J

Joint ESCAP/FAO Agricultural Division　亚太经社会-粮农组织联合农业司

Joint UNCTAD/GATT International Trade Centre　贸发会议-总协定合办国际贸易中心

Joint United Nations/FAO Administrative Unit　联合国-粮农组织联合行政处

Jurists, International Commission of（CIJ）　国际法学家委员会

L

Labour Organization, International（ILO）　国际劳工组织

Latin American Common Market　拉丁美洲共同市场

Law, Institute of International　国际法学会

Law Association, International　国际法协会

Law Commission, International（ILC）　国际法委员会

Lawyers, International Association of　国际法律工作者协会

Legal Science, International Association of　国际法学协会

Lighthouse Authorities, International Association of（IALA）　国际航道标志协会

Literacy International Committee　国际扫盲委员会

M

Maritime Organization, International（IMO）　国际海事组织

Mathematical Union, International（IMU）　国际数学联合会

Meteorology and Atmospheric Physics, International Association of（IAMAP）　国际气象学与大气物理学协会

Military Observer Group in India and Pakistan, United Nations（UNMOGIP）　联合国驻印巴军事观察小组

Military Staff Committee, United Nations（UNMSC）　联合国军事参谋团

Monetary Fund, International（IMF）　国际货币基金组织

Monuments and Sites, International Council of（ICOMOS）　国际文物古迹理事会

N

Namibia, United Nations Council for　联合国纳米比亚理事会

Narcotic Drugs, Commission on　麻醉品委员会

Nations, League of　国际联盟

Natural Resources, Committee on（CNR）　自然资源委员会

Natural Rubber Producing Countries, Association of（ANRPC）　天然橡胶生产国协会

Negotiations with Intergovernmental Agencies, Committee on　同政府间机构商谈委员会

Non Aligned Movement, The　不结盟运动

Non Governmental Organizations, Committee on　非政府间组织委员会

Nordic Council（NC）　北欧理事会

North Atlantic Alliance　北大西洋联盟

North Atlantic Treaty Organization（NATO）　北大西洋公约组织

O

Observation Mission in Yemen, United Nations（UNYOM）　联合国驻也门观察团

Olive Growers Federation, International　国际橄榄生产者联合会

Olympic Committee, International（IOC）　国际奥林匹克委员会

Operations in the Congo, United Nations（ONUC）　联合国刚果行动

P

Palestine, United Nations Special Committee on（UNSCOP）　联合国巴勒斯坦问题特别委员会

Palestine Liberation Organization　巴勒斯坦解放组织

Pan American Union（PAU）　泛美联盟

Peace-keeping Force in Cyprus, United Nations（UNFICYP）　联合国驻塞浦路斯维持和平部队

Peaceful Uses of Outer Space, Committee on the　和平利用外层空间委员会

Peaceful Uses of the Sea Bed and the Ocean Floor beyond the Limits of National Jurisdiction, United Nations Committee on the　联合国和平利用国家管辖范围以外海床洋底委员会(联合国海底委员会)

Permanent Sovereignty over National Resources, Commission on　自然资源永久主权委员会

Petroleum Exporting Countries, Organization of (OPEC)　石油输出国组织

Philosophy and Humanistic Studies, International Council for (ICPHS)　国际哲学与人文科学理事会

Planned Parenthood Federation, International(IPPF)　国际计划生育联合会

Principle of International Lawconcerning Friendly Relations and Co-operation among States, Committee on the　关于各国友好关系及合作的国际法原则委员会

R

Reconstruction and Development, International Bank for (World Bank, IBRD)　国际复兴开发银行(世界银行)

Red Cross, International(IRC)　国际红十字

Red Cross Societies, League of (LRCS)　红十字会协会

Regional Develoment, United Nations Centre for　联合国区域发展中心

Relief and Works Agency for Palestine Refugees in the Near East, United Nations　联合国近东巴勒斯坦难民救济和工程处

Research on Cancer, International Agency for (IARC)　国际癌症研究机构

Rights of Man, International League for　国际人权同盟

S

Scientific Committee on the Effects of Atomic Radiation, United Nations　联合国原子辐射影响科学委员会

Scientific Unions, International Council of（ICSU）　国际科学协会理事会

Settlements, Bank for International（BIS）　国际清算银行

Seventy Seven Group　七十七国集团

Shanghai Cooperation Organization（SCO）　上海合作组织

South East Asian Nations, Association of（ASEAN）　东南亚国家联盟

South West Africa, Committee on　西南非洲问题委员会

Special Body on Land Locked Countries　陆锁国问题特别机构

Special Committee against Apartheid　反对种族隔离特别委员会

Special Committee on Colonialism, United Nations　联合国殖民主义问题特别委员会

Special Committee on Decolonization of the United Nations　联合国非殖民化特别委员会

Special Committee on Peace Keeping Operations　维持和平行动特别委员会

Special Committee on the Charter of the United Nations and on the Strengthening of the Role of the Organization　联合国宪章及加强联合国作用问题特别委员会

Special Committee on the Situation with Regard to the Implementation of the Declaration on the Granting of Independence to Colonial Countries and Peoples　给予殖民地国家及人民独立宣言执行情况特别委员会

Special United Nations Fund Development　联合国经济发展特别基金

Stand by Forces for of the United Nations　联合国备用部队

Sugar Council, International（ISC）　国际糖业理事会

T

Technical Assistance Board, United Nations　联合国技术援助理事会

Telecommunications Satellite Consortium, International（INTELSAT）
国际通信卫星联合组织

Telecommunications Union, International（ITU）　国际电信联盟

Telegraph and Telephone Consultative Committee, International
（CCITT）　国际电报电话咨询委员会

Trade and Development Board（TDB）　贸易与发展理事会

Trade Law, United Nations Commission on International　联合国国
际贸易法委员会

Trade Negotiations Committee　贸易谈判委员会

Training and Research, United Nations Institute for（UNITAR）　联
合国训练研究所

Translators, International Federation of　国际翻译工作者联合会

Transnational Corporations, Commission on　跨国公司委员会

Truce Supervision Organization in Palestine, United Nations（UNTSO）
联合国驻巴勒斯坦停战监督组织

Tuberculosis, International Union against（IUAT）　国际结核病防治
联合会

U

United International Bureaux for the Protection of Intellectual Property
（BIRPI）　国际保护知识产权联合局

United Nations（UN）　联合国

Universal Esperanto Association（UEA）　国际世界语协会

Universal Postal Union（UPU）　万国邮政联盟

University Professors and Lecturers, International Association of　大
学教授及讲师国际联合会

W

Water Pollution Research, International Association on　国际水污染
研究协会

Weights and Measures, International Bureau of（IBWM）　国际度量衡局

West African Economic Community（WAEC）　西非经济共同体

Whaling Commission, International（IWC）　国际捕鲸委员会

Women, International Council of　国际妇女理事会

Working Group on Remote Sensing of the Earth by Satellitew　卫星遥感地球工作组

Working Group on Technical Cooperation among Developing Countries　发展中国家技术合作工作组

Working Group on the Charter of the Economic Rights and Duties of States　各国经济权利及义务宪章工作组

Working Group on the International Sale of Goods　国际货物销售问题工作组

Working Party on Air Pollution Problems　空气污染问题工作队

World Assembly of Youth（WAY）　世界青年大会

World Association of World Federalists（WAWF）　世界联邦主义者联合会

World Bank Group　世界银行集团

World Confederation of Organizations of the Teaching Profession　世界教学工作者组织联合会

World Council for the Welfare of the Blind　世界盲人福利委员会

World Council of Peace　世界和平理事会

World Federation for the Protection of Animals　世界动物保护联合会

World Federation of Democratic Youth（WFDY）　世界民主青年联合会

World Federation of Neurology　世界神经病学联合会

World Federation of Scientific Workers（WFSW）　世界科学工作者联合会

World Federation of Teachers Union（WFTU）　世界教师工会联

合会

World Fellowship of Buddhists　世界佛教徒联谊会

World Food Council　世界粮食理事会

World Health Assembly（WHA）　世界卫生大会

World Health Organization（WHO）　世界卫生组织

World Intellectual Property Organization（WIPO）　世界知识产权组织

World Meteorological Organization（WMO）　世界气象组织

World Peace Council　世界和平理事会

World Trade Organization（WTO）　世界贸易组织

Writers Guild，International　国际作家协会

Y

Young Lawyers International Association（ESC）　国际青年律师协会

Youth and Student Association，United Nations　联合国青年与学生协会

Youth Magistrates，International Association of　国际青年法官协会

Z

Zinc Development Association（ZDA）　锌矿开发协会

Zonta International—International Service Organization of Executive and Professional Women　崇德国际（女经理人国际服务组织）①

（三）部分国际组织机构网址

联合国（United Nations, UN）：http://www.un.org

联合国大会（General Assembly of the United Nations）：http://www.un.org/en/ga/

---

①　新华社国际资料编辑室编写的《国际组织手册》（第9页）译为"女经理人互助福利俱乐部国际（崇德社国际）"。

联合国安理会（UN Security Council）：http://www.un.org/Docs/sc/

联合国经社理事会（UN Economic and Social Council）：http://www.un.org/en/ecosoc/

联合国托管理事会（UN Trusteeship Council）：http://www.un.org/en/mainbodies/trusteeship/

联合国国际法院（International Court of Justice，ICJ）：http://www.icj-cij.org/

联合国秘书处（UN Secretariat）http://www.un.org/en/mainbodies/secretariat/

联合国国际法委员会（International Law Commission，ILC）：http://www.un.org/law/ilc/

国际刑事法院（International Criminal Court，ICC）：http://www.icc-cpi.int/

前南国际刑事法庭（International Criminal Tribunal for the former Yugoslavia，ICTY）：http://www.icty.org

卢旺达国际刑事法庭（International Criminal Tribunal for Rwanda，ICTR）：http://www.unictr.org/

塞拉利昂特别法庭（Special Court for Sierra Leone）：http://www.sc-sl.org/

联合国建设和平委员会：（UN Peace building Commission，PBC）：http://www.un.org/peace/peacebuilding/

联合国人权理事会（UN Human Rights Council）：http://www2.ohchr.org/english/bodies/hrcouncil/

联合国人权事务高级专员办公室（Office of the UN High Commissioner for Human Rights，OHCHR）：http://www.ohchr.org/

联合国难民事务高级专员公署（Office of the UN High Commissioner for Refugees，UNHCR）：http://www.unhcr.org/

联合国开发计划署（UN Development Programme，UNDP）：http://www.undp.org/

联合国可持续发展委员会（UN Commission on Sustainable Development, CSD）：http://www.un.org/esa/dsd/csd/

联合国社会发展委员会（Commission for Social Development）：http://www.un.org/esa/socdev/csd/

联合国贸易与发展会议（UN Conference on Trade and Development, UNCTAD）：http://www.unctad.org/

联合国国际贸易法委员会（UN Commission on International Trade Law, UNCITRAL）：http://www.uncitral.org/

联合国妇女地位委员会（Commission on the Status of Women, CSW）：http://www.un.org/womenwatch/daw/csw/

联合国儿童基金会（United Nations Children's Fund, UNICEF）：http://www.unicef.org/

77 国集团（Group of 77, G77）：http://www.g77.org/

不结盟运动（Non-Aligned Movement, NAM）：http://www.nam.gov.za/

美洲国家组织（The Organization of American States, OAS）：http://www.oas.org/

拉美一体化协会（Latin American Integration Association, LAIA）：http://www.aladi.org/

安第斯集团（Andean Community）：http://www.comunidadandina.org/

加勒比共同体（Caribbean Community, CARICOM）：http://www.caricom.org/

拉美和加勒比经济体系（Latin American and Caribbean Economic System, SELA）：http://www.sela.org/

亚马孙合作条约组织（Amazon Cooperation Treaty Organization, ACTO）：http://www.otca.org/

东南亚国家联盟(Association of Southeast Asian Nations, ASEAN)：http://asean.org/

阿拉伯国家联盟(League of Arab States, LAS)：http://www.lasportal.org/

阿拉伯海湾国家合作委员会(Cooperation Council for the Arab States of the Gulf, GCC)：http://www.gcc-sg.org/

阿拉伯石油输出国组织(Organization of Arab Petroleum Exporting Countries, OAPEC)：http://www.oapecorg.org/

石油输出国组织(Organization of the Petroleum Exporting Countries, OPEC)：http://www.opec.org/

亚洲开发银行(Asian Development Bank, ADB)：http://www.adb.org/

亚洲基础设施投资银行(Asian Infrastructure Investment Bank, AIIB)：http://www.aiib.org/

太平洋共同体(Pacific Community, PC)：http://www.spc.int/

澳新美理事会(Council of Australia, New Zealand and the United States of America, ANZUS Council)：http://australianpolitics.com/foreign/anzus/

亚太经济合作组织(Asia-Pacific Economic Cooperation, APEC)：http://www.apec.org/

穆斯林发展中八国集团(Group of Eight Islamic Developing Countries)：http://www.developing8.org/

上海合作组织(Shanghai Cooperation Organization, SCO)：http://www.sectsco.org/

非洲联盟(African Union, AU)：http://www.au.int/

西非国家经济共同体(Economic Community of West African States, ECOWAS)：http://www.ecowas.int/

中非国家经济共同体(Communauté Economique des Etats d'Afrique Centrale, CEEAC)：http://www.ceeac-eccas.org/

欧洲联盟(European Union, EU): http://europa.eu/

莱茵河管理委员会(International Commission for the Protection of the Rhine): http://www.iksr.org/

北欧理事会(Nordic Council): http://www.norden.org/en/nordic-council/

欧洲理事会(Council of Europe): http://www.coe.int/

欧洲自由贸易联盟(European Free Trade Association, EFTA): http://www.efta.int/

北大西洋公约组织(North Atlantic Treaty Organization, NATO): http://www.nato.int/

欧安组织(The Organization for Security and Co-operation in Europe, OSCE): http://www.osce.org/

国际电信联盟(International Telecommunication Union): http://www.itu.int/

万国邮政联盟(Universal Postal Union): http://www.upu.int/

国际海事组织(International Maritime Organization, IMO): http://www.imo.org/

国际民用航空组织(International Civil Aviation Organization): http://www.icao.int/

世界卫生组织(World Health Organization): http://www.who.int/

世界气象组织(World Meteorological Organization): http://www.wmo.int/

联合国教科文组织(United Nations Educational, Scientific and Cultural Organization, UNESCO): http://www.unesco.org/

国际原子能机构(International Atomic Energy Agency, IAEA): http://www.iaea.org/

世界知识产权组织(World Intellectual Property Organization,

WIPO）：http://www.wipo.int/

国际货币基金组织（International Monetary Fund，IMF）：http://www.imf.org/

国际复兴开发银行（International Bank for Reconstruction and Development，IBRD）：http://www.worldbank.org/

国际开发协会（International Development Association，IDA）：http://www.worldbank.org/ida/

国际金融公司（International Finance Corporation，IFC）：http://www.ifc.org/

世界贸易组织（World Trade Organization，WTO）：http://www.wto.org/

国际劳工组织（International Labour Organization，ILO）：http://www.ilo.org/

联合国粮食及农业组织（Food and Agriculture Organization，FAO）：http://www.fao.org/

国际农业发展基金（International Fund for Agricultural Development，IFAD）：http://www.ifad.org/

联合国工业发展组织（United Nations Industrial Development Organization，UNIDO）：http://www.unido.org/

世界旅游组织（World Tourism Organization，UNWTO）：http://unwto.org/

国际移民组织（International Organization for Migration，IOM）：http://www.iom.int/

国际刑事警察组织（International Criminal Police Organization，INTERPOL）：http://www.interpol.int/

红十字国际委员会（International Committee of the Red Cross，ICRC）：http://www.icrc.org/

国际奥林匹克委员会（International Olympic Committee，IOC）：http://www.olympic.org/

国际律师协会（International Bar Association）：http://www.ibanet.org/

大赦国际（Amnesty International，AI）：http://www.amnesty.org/

绿色和平（Green Peace）：http://www.greenpeace.org/

医师无国界协会（Medecins Sans Frontieres，MSF）：http://www.msf.org/

世界自然保护基金会（World Wildlife Fund，wwf）：http://www.wwf.org/

欧洲绿党联合会（European Federation of Green Parties）：http://www.eurogreens.org/

国际妇女理事会（International Council of Women，ICW）：http://www.icw-cif.org/

警官国际协会（International Police Association）：http://ipa-iac.org/en/

国际商会（The International Chamber of Commerce，ICC）：http://www.iccwbo.org/

国际协会联盟（Union of International Associations，UIA）：http://www.uia.be/

世界能源理事会（World Energy Council，WEC）：http://www.worldenergy.org

国际太阳能协会（International Solar Energy Society，ISES）：http://www.ises.org/

（四）总索引（词条以汉字笔画为序，词条后的数字指本书页码）

一　画

一国一票制　　41，193，400

一国一票制的例外　　193

1815 年维也纳会议　　23

1883 年保护工业产权公约　　429

1886 年保护文学艺术作品公约　　429

1919 年巴黎公约　　414

1928 年哈瓦那公约　　414

1947 年关贸总协定　　446-450

1947 年关贸总协定条款分析　　447

1947 年关贸总协定的主要实施机构　　447-450

1947 年关贸总协定的宗旨与原则　　448

1947 年关贸总协定与 1994 年关贸总协定　　452

1947 年关贸总协定成员与世界贸易组织成员　　453

1957 年罗马条约　　367

1966 年卢森堡妥协　　369

1969 年维也纳条约法公约第 2 条　　4

1974 年有关建立新国际经济秩序的三大文件　　235-236

1990 年第 2 次世界气象大会　　422

1997 年阿姆斯特丹条约　　377

1998 年欧洲禁止克隆人条约　　473

1998 年罗马规约　　480

1999—2000 年一年中的武装冲突与维持和平　　279

二　画

十一个托管领土的历史发展　　217-221

21 世纪与核武器　　261

20 世纪 60—70 年代的几支维和部队　　277-278

20 世纪 90 年代维和行动的干预性　　279-280，477

20 世纪 90 年代维和行动　　279-280，308-311，477

十四问题编纂表　　293

2000 年尼斯条约　　371

2009 年全球会议的情况　　23

八国集团　　345

人权与托管理事会　177

人权理事会　139-140

人类的组织化现象　471-474

人类社会的两次飞跃与法律秩序　3

人类的社会发展　471

七十七国集团　126，232-234，311-312

几个分裂国家的国际组织成员资格问题　122

几个区域组织章程有关各该组织与联合国关系的条款　328

三　画

三分结构与四分结构　18，37

工发组织的成员国　464

工发组织的宗旨与任务　465-466

工发组织的主要机关　466-467

凡尔赛和约　456

大西洋宪章　94

千年首脑会议　192

三位一体结构（代表制）　457-458

大国一致原则　202

大国与维和部队　274，476-477

大国与安理会的改革　315-316

万国邮政联盟　408-411

万国邮政公约　408-410

万国邮政联盟总规则　409，411

万国邮政公约的一般原则性规定　409-410

万国邮政联盟组织法　408，409

万国邮政联盟的成员　408-409

万国邮政联盟的主要机关　410-411

马拉喀什协定　451-452

与贸易有关的知识产权协定　451

上海合作组织　346-348

马斯特里赫特条约　366，372

小型联大　172-173

四　画

专门性国际组织的兴起　385-387

专门机构的作用　46-47

专门机构的设立　390

专门机构的基本特征　388-390

专门机构的主要职能　391

专门机构的法律地位　392-395

专门机构的法律人格　393-394

专门机构的组织法（章程）　395-397

专门机构的基本体制　395-402

专门机构的三级结构　397-398

专门机构的成员制度　398-400

专门机构的辅助机关　397-398

专门机构成员国与联合国会员国　398-400

专门机构成员资格的丧失　400

专门机构的表决制度　400-402

不干涉内政原则　115-117

不干涉内政原则的历史发展　115-117

中止权利　36

开除　36，127

开发计划署　231

中东问题与联大决议　225

中立国瑞士与联合国的关系　113-114

历次多边贸易谈判的关税减让情况　450-451

不扩散核武器条约　264-266，303

中国与联合国　51-76

中国与国际组织　　51-76

中国与区域性国际组织　　51

中国与专门性国际组织　　52-53

中国与旧金山会议　　97-99

中国与托管理事会　　147

中国与国际法院　　149

中国与开发计划署　　231

中国与核裁军　　264-265，267-269

中国与维和行动　　283-284

中国与经济、社会及文化权利公约　　307

中国与亚太经济合作组织　　344

中国与东南亚国家联盟　　338-340

中国与欧共体　　380

中国与各专门机构　　391

中国与国际电信联盟　　404

中国与万国邮政联盟　　408-409

中国与国际海事组织　　412-413

中国与国际民用航空组织　　414，416-417

中国与世界卫生组织　　418，420

中国与世界气象组织　　421

中国与教科文组织　　424-426

中国与国际原子能机构　　427

中国与世界知识产权组织　　429

中国与世界旅游组织　　432

中国与国际货币基金组织　　434，436，437，439-440

中国与世界银行　　441-443

中国与国际开发协会　　445

中国与国际金融公司　　446

中国与1947年关贸总协定　　447-448，450

中国与世界贸易组织　　447-448

中国与国际劳工组织　　456

中国与粮农组织　　459，461

中国与国际农业发展基金　　462-463

中国与工发组织　　464-466

中国代表权问题的解决与联合国宪章第 18 条　　130

中国在联合国代表权问题的解决　　129-131

中国在联合国经费中的比额　　188-189，190，283-285

乌拉圭回合　　450-451

乌拉圭回合多边贸易谈判的最终成果　　451

乌拉圭回合的最后文件　　451

中非国家经济共同体　　354-355

双重否决权　　206

安南秘书长的当选　　155-156

不结盟运动　　324-325

巴拿马声明和加拉加斯宣言　　332

区域协定(区域机构)与联合国　　247

区域组织的定义　　323-324

区域组织的特征　　324-326

区域组织的性质　　323-327

区域组织的法律地位　　327-330

区域组织与联合国的关系　　327-330

反弹道导弹条约(即《限制反弹道导弹系统条约》)　　265

为联合国服务而受损害的赔偿案　　12，154，159

巴黎和会的最高委员会和盟约起草委员会　　82

巴黎和会　　79

巴黎非战公约　　113

五　画

四十三国提案　　222

北大西洋公约组织　　363-364

北大西洋合作委员会　　365

对外关系法与内部关系法　　15

主权与平等的含义　　111

正式成员与准成员　　35-36，398

外交会议的表决程序　　41-42

平行式社会与宝塔式社会　　482

加权投票制　　42

北约轰炸南联盟　　260

对否决权的限制　　207

可请求国际法院发表咨询意见的机构　　183

加利秘书长的连任问题　　156

旧金山制宪会议　　97-99

旧金山会议的发起国　　97

旧金山会议的组织机构　　98

旧金山会议的临时协定　　99

旧金山会议期间的会外情况　　97

旧金山会议中国代表团　　99

东京回合　　448-449

四国声明　　203-206，247

四国声明的效力问题　　204

北京南南会议　　241

北欧理事会　　362

北京粮农组织代表处　　461

世界卫生组织　　417-420

世界卫生组织组织法　　417-418

世界卫生组织的成员　　418

世界卫生组织宗旨与任务　　419

世界卫生组织的准成员　　398

世界卫生组织的主要机构　　419

世界人类基因组与人权宣言　　473

世界卫生组织成员国对世界卫生组织法规的接受　　419-420

世界气象组织的历史发展　　22，420-421

世界气象组织　　420-423

世界气象组织公约　　421

世界气象组织的宗旨与任务　　421-422

世界气象组织的成员　　421

世界气象组织的主要机关　　423

东南亚国家联盟　　337-340

世界性组织与区域性组织　　31-32

世界知识产权组织　　429-432

世界知识产权组织的种类　　429-430

世界知识产权组织的宗旨与任务　　430-431

世界知识产权组织的成员资格　　429

世界知识产权组织的主要机关　　431-432

世界贸易组织　　446-456

世界贸易组织的成员　　453

世界贸易组织宗旨与职能　　453

世界贸易组织的主要机关　　453-454

世界贸易组织的争端解决制度　　455-456

发展中国家的概念　　28

发展中国家与国际组织　　27-28

发展中国家与世界银行　　442-444

发展中国家所负外债的情况　　235，241-242，311

加强国际安全宣言　　174

安第斯集团　　331

安第斯条约　　331

卢梭的组织学说　　20

加勒比共同体　　331-332

安全理事会　　140-144

安理会与联大的职权划分　　166-175

安理会的组成 140-143

安理会常任理事国 140

安理会非常任理事国 140-141

安理会主席 142

安理会的职权 168-170

安理会与联大的职权比较 170-171

安理会议事规则及其暂行性质 199

安理会会议的分类 199

安理会否决权的行使情况 208-212

安理会的会议制度 199-200

安理会的表决程序 201

安理会的持续行使职能原则 199

安理会非常任理事国席位的分配问题 140-142

安理会非常任理事国的竞选 143-144

安理会常任理事国投票时的弃权问题 207

安理会的临时措施 247-248

安理会的改革问题 140-141，315-316

世界银行(国际复兴开发银行) 440-444

世界银行的宗旨与任务 441

世界银行的主要机关 442

世界银行的资本 442

布雷顿森林会议 434

四国联盟 141

六　画

自卫权的行使条件 329-330

亚马孙合作条约组织 333

关于各种疾病与死亡原因的名称规则 420

关于程序性事项的解释 205

成立世界知识产权组织公约 429，430

会议制度　　40-41

有关安理会与联大职权的协调条款　　171

执行机关　　38

有关否决权的争论　　203-204

有关知识产权的若干重要公约　　430

有关核武器的条约　　264-269

华沙条约组织　　363-365

会员国主权平等　　111

军事参谋团　　142

权利能力与行为能力　　9-12

成员资格　　34-37

全体通过制　　41

成员的分类　　35-36

宇宙平衡规律　　473-474

创始成员与纳入成员　　35

成员资格的取得　　35-36

成员资格的丧失　　36-37

西非经济共同体　　353

西非国家经济共同体　　353-354

西欧 16 国自由贸易联盟　　378

西欧联盟　　376

军备竞赛与战争　　260-264，303-305

军事集团与联合国宪章第 52 条　　326

军事集团与联合国宪章第 51 条　　329-330

亚洲与太平洋的区域组织　　337-352

亚洲开发银行　　343

亚洲基础设施投资银行　　343

亚太经济合作组织　　344-345

行政协调委员会　　394

传统国际法的形成　　50

传统国际法的自助原则　475，479

关贸总协定的临时适用议定书　446

关贸总协定的 8 次多边贸易谈判　448

关贸总协定(世界贸易组织)中国问题工作组　447

传统维和部队的特征　274-275，476-477

全面禁止核试验条约　267

全球组织与区域组织的两极倾向　326-327

协商一致程序　24，42

协商一致程序与联合国　195-196

协商一致程序与安理会非正式协商　200

全球人口状况　123

全球化问题　192

托管协定　217-219

全球组织与区域组织的关系　328-330

低强度争端时代的战争状况　260

托管理事会的组成　146-148

托管理事会的活动程序　213

托管领土　177-178，216-221

伦敦宣言　94

多数通过制　41

多哈宣言　351

七　画

杜布瓦的组织学说　20

伯尔尼公约(国际邮政公约)　408

狄龙回合　448

苏伊士运河事件　174

纳米比亚　219-221

条约必须信守　111-112

诉讼当事国的自愿原则　179

否决权概念的分析　　201-202

否决权的改革问题　　211-212

社会性和非社会性　　474

纽伦堡及远东的两次国际审判　　478

泛非主义与泛非运动　　355

阿拉伯国家联盟　　325，327，340，348-352

阿拉伯石油输出国组织　　341-342

阿拉伯国家联盟公约　　348

阿拉伯国家联盟的主要机关　　348-349

阿拉伯国家联盟的成员国　　350

阿拉伯国家联盟的主要活动　　349-350

阿拉伯海湾国家合作委员会　　341

坎昆南北最高级会议　　241-242

纺织品及服装协定　　451

冷战与联合国　　307-308

保护文学艺术作品联盟　　429

邮政总联盟　　408

泛美联盟　　334

克律塞的组织学说　　20

投票权的分配　　41，400-402

克隆（CLONE）问题　　472-473

赤道国家波哥大宣言　　406

苏联解体与海湾战争　　258

利比亚问题　　258-259

八　画

单一欧洲法　　369

国际组织与国际法　　479-481

国际组织与国家的职能比较　　9

国际组织与国家的法律地位比较　　12

国际组织与成员国及非成员国的关系　　14，15

国际组织法与国际组织法学　　7-8，47

国际组织与非成员国　　114-115

国际法上的战争与武力行动　　113

国际组织中的国家　　8

国际组织法中的隐含权力说　　165

欧元　　373，377

国内管辖事项　　117

和平解决国际争端原则　　112

建立世界贸易组织协定　　451-452

建立世界贸易组织协定的条款分析　　453

国际民间交往　　21-22

审议机关　　37-38

肯尼迪回合　　448

欧安组织　　365-366

国际组织对国际法的影响　　17-19

现代国际法的新动向　　475-479

服务贸易协定　　451

建立战后国际组织的思潮　　93

和平解决国际争端　　243-244，278-279

和平解决国际争端与安理会　　246-247

和平解决国际争端与联大　　244-246

建立新的国际经济秩序　　234-243

战争与国际组织　　27-28

国际组织全会决议　　49-50

国际组织的关系协调　　29

国际组织机关的分类　　37

表决权的集中　　41，400-402

欧共体的历史发展　　366-368

欧共体（欧盟）的成员国　　367

欧共体(欧盟)首脑会议　　372

欧共体的主要机关　　368-372

欧共体的一体化进程　　372-380

欧共体法(欧盟法)　　380-381

欧共体(欧盟)的性质与特点　　366

欧共体(欧盟)外交　　378-380

欧共体的关税同盟　　372

欧共体的经济与货币同盟　　373

欧共体的统一农业政策　　373

欧共体与美苏　　380

非会员国与国际法院规约　　178

国际组织网的形成　　472-473

委任统治制度　　82，216，219-221

委任统治地与托管领土的分类　　216-217

国际组织在法律秩序方面的作用　　47-51，479-481

委任统治制度与国际托管制度　　146，217

表决程序　　41-43

国际卫生条例(规则)　　418，419

国际开发协会的宗旨和任务　　444

国际开发协会　　444-445

国际专门机构法　　16，395-396

国际公务员的独立地位　　38-39

国际无线电公约　　403

国际司法组织　　18，37，39-40，48-49，148-152，480

国际司法机关　　148-152

国际民用航空组织　　414-417

国际民用航空公约　　414-416

国际民用航空公约的一般原则性规定　　415-416

国际民用航空组织的成员　　414

国际民用航空组织的主要机关　　416-417

国际电信联盟　　403-408

国际电信公约　　403-406

国际电信联盟的主要机关　　407

国际电信联盟的成员　　403-404

国际电信联盟的一般原则性规定　　405-406

国际电信联盟公约　　406

国际司法官(独立法官)　　40，148-149

国际行政联盟　　25-26，386

国际行政联盟的历史意义　　26

国际行政法　　48

国际托管制度　　146，217-221

国际会议的一般程序　　23-24

国际协会联盟　　29

国际军事法庭宪章　　307，480

国际农业协会　　401

国际农业发展基金的宗旨和任务　　462

国际农业发展基金　　461-463

国际农业发展基金的创办资金　　463

国际农业发展基金的贷款　　462

国际农业发展基金表决制度的特点　　463

国际农业发展基金的主要机关　　462

国际农业发展基金的成员　　461-462

国际刑事法院规约　　480

国际刑事法院　　480

国际条约登记制度　　186

国际社会的基本结构　　482

国际劳工组织　　456-459

国际劳工组织章程　　456

国际劳工法典　　457

国际劳工条约(公约)　　457

国际劳工组织的宗旨与任务　　457

国际劳工组织的成员　　456

国际劳工组织的组织特点　　457-458

国际劳工组织的主要机关　　458

国际劳工组织北京局　　456

国际法律秩序与联合国　　306-307

国际法律秩序的多重化　　475-476

国际法院　　48-49，148-152，178-185，213-214

国际法院规约　　18，96，148，149，178-185，213

国际法院规则　　148，151，182-183，213

国际法院的职权　　178-185

国际法院诉讼管辖权的分类　　179-180

国际法院的诉讼管辖　　179-182

国际法院受理案件的情况　　48-49，181-182，183-184

国际法院规约第 38 条　　184

国际法院的法律适用　　184-185

国际常设法院　　86

国际常设法院规约　　148，178

国际法院规约起草委员会　　96

国际法院的咨询管辖　　182-184

国际法院咨询意见的效力　　183

国际法院对联合国经费问题的咨询意见　　103，282

国际法院的任意强制管辖　　180

国际法院办案程序的要点　　213-214

国际法院判决的效力　　184-185

国际常设法院与国际法院　　86，90，148

国际法院关于接纳会员国的咨询意见　　119-121

国际法院关于维和经费问题的咨询意见　　103，282

国际法院的独立法官　　148-151，154

国际法院法官的选举　　148-150

国际法院法官的特权与豁免　　150

国际法院分庭　　151

国际货币基金组织　　434-440

国际货币基金组织成立的背景　　434，435

国际货币基金组织的特点　　436-437

国际货币基金组织宗旨与任务　　435

国际货币基金组织的权利与义务　　437-438

国际货币基金组织协定　　434，438

国际货币基金组织的主要机构　　439-440

国际货币基金组织的成员国　　434

国际货币基金组织执行董事会的执行董事　　439-440

国际货币基金组织的执行董事会　　38，439-440

国际货币基金组织的投票权分配　　436，438，440

国际货币基金组织的表决程序　　438

国际货币基金组织的提款权和特别提款权　　437

国际货币基金组织的进展及英法报刊的评论　　438-439

国际金融公司　　445-446

国际金融公司的宗旨与任务　　445

国际知识产权联合局　　429，431

国际原子能机构　　426-428

国际原子能机构规约　　426

国际原子能机构的宗旨与任务　　427-428

国际原子能机构的成员资格　　427

国际原子能机构成员国的权利与义务　　428

国际原子能机构的主要机关　　428

国际原子能机构理事会的理事国　　428

国际原子能机构与安理会　　427

国际河川管理制度　　385

国际贸易法委员会等机构的编纂工作　　288

国际疾病分类法　　418

国际律师协会　7

国际协会联盟　23，29

国际海事组织　411-413

国际海事组织的宗旨与任务　412

国际海事组织的成员　411-412

国际海事组织的主要机关　412-413

国际海事组织理事会的三类理事国　412-413

经社理事会职权的特点　177

经社理事会与各种专门机构　227-228

经社理事会的组成　145

经社理事会的各区域经济委员会　227

经社理事会的辅助机构　145

经社理事会的职权　175-177

经社理事会的活动程序　213

经社理事会职权与国联对比　177

经社理事会与非政府组织　176

经社理事会与各专门机构的关系协定　389-391

欧佩克（石油输出国组织）　342-343

国际组织的定义（广义）　4-6

国际组织的法律人格　9-12，476

国际组织法律人格的学说　10

国际组织的准成员　8

国际组织的一般形态　34-44

国际组织的一般作用　45-51

国际组织的造法功能　479-481

国际组织的预算　43-44

国际法律人格与国内法律人格　10，11

国际组织的相对独立性　8

国际组织的职权与国家的主权　8

国际组织的职能范围　37-40

国际组织的爆炸性增长　　27-28

国际组织的解散问题　　90

国际组织的发展阶段　　20-21

国际组织的发展趋势　　19，27-30

国际组织的发展前景　　30

国际组织的分权趋势　　166

国际法对国际组织的影响　　17-19

组织机构与职能范围　　37-40

国际组织的收入与支出　　43-44

国际组织的会费分摊　　44

国际组织的财政　　43-44

组织性条约与一般性条约　　9，481

组织性条约与行政性法规　　9，14-15

国际组织的特性　　5-9

国际组织的合作功能　　3，8-9，45

国际组织的类型　　31-34

国际法委员会规约　　288-293

国际法委员会的组成　　288-290

国际法委员会职能　　290-293

国际法委员会的编纂程序　　479-480

国际法委员会已起草的主要法律草案　　294-296

国际法委员会的未来工作　　298-299

国际法委员会的编纂工作　　293-299，306-307

国际法委员会组成的历史变化　　289-290

国际官员　　39

国际法和国际组织的社会基础　　482

国际法的固有特性　　475

受限制的多数表决制　　202

经国际法委员会起草而缔结的主要国际公约　　296-297

国际法的逐渐发展与编纂　　291-293

国际组织法的定义　　3-4

国际组织法的形式渊源　　13

国际组织法的实质渊源　　13-14

国际组织法的体系　　14-17，31-32

国际组织法的渊源　　12-14

国际法渊源　　13

组织章程　　6-7

组织章程的解释问题　　102-103

组织章程的解释方法　　102-103

经济一体化组织和原料(生产及输出)国组织　　33

经济互助委员会　　362-363

欧洲议会　　369-370

欧洲共同体(欧洲联盟)　　366-381

欧洲协调(协作)　　24-25

拉美自由贸易委员会　　331

欧洲自由贸易联盟　　363

欧洲快速反应部队　　376

欧洲法院　　371-372

经济、社会及文化权利国际公约　　307

欧洲的区域组织　　361-381

欧洲统一大市场　　375

非政府(间)组织的定义　　4-5

非政府(间)组织的经费与作用　　4-5，176

非洲国家联盟　　352

拉美和加勒比经济体系(拉美经济体系)　　332-333

拉美一体化协会　　331

规范性决议　　481

非洲统一组织　　355-358

非洲统一组织宪章　　355

非洲统一组织的主要活动　　356-359

国际经济组织　　33

非洲的区域组织　　352-361

非洲统一组织的主要机关　　356

非洲联盟　　358-361

欧盟的扩展计划　　367-368

欧洲理事会　　368-369

欧洲煤钢共同体条约　　366

国家与国际组织的权利义务范围　　165

波哥大公约　　334

国家保留范围的相对缩小　　476

法律秩序的两个体系　　3

国家管辖范围的双向发展　　478

丝绸之路　　21

经常会议　　40

非常任理事国的集体否决权　　202

国际组织职能的膨胀　　472

国联大会　　83-84

国联大会与行政院的职权划分　　83-85

国联与国际组织的发展　　87-88

国联与非会员国　　114-115

国联与国际劳工组织　　87

国联与美国　　81，83，84

国联成立的背景　　79-80

非殖民化　　215，304-305

非殖民化委员会　　223

国际法"硬"因素的出现　　478-479

定期会议　　40-41

国联行政院　　84-85

国联行政院与联合国安理会比较　　85

国联有关经济及社会工作的机关与活动　　227

国联行政院的全体一致原则与联合国安理会的大国一致原则　201-202

国联的历史意义　87-90

国联的组织轮廓　81

国联的组织结构　83-87

国联的辅助机构　86-87

国联的国际事务机构　387

国联的历史进程　87-88

国联的历史教训　88-89

国联的解散　90

国联的成员国　82-83，115-117，121，125，128

国联的裁军活动　262-263

国联秘书处　85-86

国联秘书长　86

国联盟约　80-82

国联盟约有关区域性协定的条款　81-82

国联盟约第 21 条　327

国联盟约与联合国宪章关于禁止战争的规定　112-113

国联盟约第 10 条　81，113

国联盟约的裁军条款　81

国联盟约有关战争的规定　81，113

国联盟约的修改程序　82

国联盟约有关国际公益事业及社会问题的条款　82

欧盟的立法与决策机关　368-370

欧盟条约(马斯特里赫特条约)与欧盟的发展　374-377

欧洲宪法条约　377

欧盟的执行机关　370

欧盟经济与货币联盟的三个阶段　375-377

欧盟的语言问题　371

咖啡俱乐部　141

九 画

哈马舍尔德秘书长　　276

南太平洋委员会(太平洋共同体)　　343

贸发会议　　231-234

哈瓦那章程　　446

退出组织(退籍)　　36-37，128-129

查瓜拉马斯条约　　331

封闭性组织与开放性组织　　32

南北差距　　311-312

活动程序　　40-43

美苏与维和经费　　283-284

保护工业产权联盟　　429

特权与豁免公约　　11

美国与否决权　　208-210

美国与美洲国家组织　　336-337

美国与联合国的财政危机　　284-286

南非历史上第一部非种族主义的临时宪法　　256

结构平衡论　　471-474

政治协调作用　　45-46

政府间组织的定义　　4

政府间会议　　21-24

政府间海事协商组织公约　　411

政府间组织与民间组织　　32-33

俄罗斯与原苏联在联合国的继承关系　　140

美、英等国与教科文组织　　424

前南国际刑事法庭　　18

南南合作与南南会议　　241-243

洛美协定　　378-379

选举国际法院法官时的绝对多数　　149

美洲国家组织　324，331，333-337

美洲国家组织的成员国　335

美洲的区域组织　331-337

美洲国家组织的主要机关　335-336

美洲国家组织的若干重要法律文献　334-335

费城宣言　457

宪章优先原则　112

侵略定义的制定　254-255，294

威斯特伐利亚会议　23

侵朝"联合国军"　130

思想家的国际组织学说　20

南联盟与南联邦　27

威胁、挑战和改革问题高级别小组（名人小组）　141

十　画

第一次世界大战前的民间国际会议情况　22

第一次世界大战　80

第二次世界大战　93

第二次世界大战与联合国　93-95

第三次最不发达国家问题会议　239-240

第三次海洋法会议　240-241

秘书机关　38-39，152-154

海牙常设仲裁法院　148

难民问题　305-306

特别会议　41

核国家(5+3)　267-268

第 36 届联大的秘书长选举　156

第 35 届联大　197

核武器时代　264，303-304

海洋法公约的制订　240-241

莱茵河管理委员会　　361，385

海湾国家合作委员会　　341

海湾危机　　257-258

海湾战争　　258

倒协商一致　　455

十　一　画

维也纳条约法公约第 53 条及 64 条　　478

维也纳条约法公约第 34 条与联合国宪章第 2 条(6)　　481

基本文件　　7，9，34

综合性组织与专门性组织　　31，35

常任理事国缺席情况下的决议　　201

接纳会员国的条件与程序　　119

维和行动与预防外交　　271-272

维和行动的类型　　272-273

维和行动的建立　　272

维和行动与内政　　283

维和行动的困境　　308-311

维和行动的经费问题　　187-190，282-286

维和经费与联合国的财政危机　　284-286

维和部队与联合国宪章第七章　　169-170

维和部队与联合国宪章第 40 条　　275，308

维和部队的伤亡情况　　276

维和部队与自卫之外使用武力　　275

维和部队与安理会　　278

维和部队与诺贝尔和平奖　　276

教科文组织的成员　　423-424

教科文组织组织法　　423

教科文组织成员国内的全国委员会　　424

教科文组织的宗旨与职能　425

教科文组织的主要机关　426

职能性原则　9-12，162

康德的组织学说　20

康德的非群性之群性论　474

十 二 画

联合国大会（联大）　137-140

联大第一届会议　99

联大的职权　166-171

联大决议的法律约束力　171

联大决议　49，171，480-481

联合国与国联的编纂活动　50，479-480

联合国与国联的继承关系　90

联合国与国际和平　108-109，303-305

联合国与国际人权法的发展　109，110，167，235

联合国的人权活动　137，146，167，175-176，177，186，222，226，230

联合国的分权性质　166

联合国与国际协调　110，392-393

联合国与国际发展　304-305

联合国与国际合作　109-110

联合国与国际友好关系　109

联合国与非会员国　114-115

联大的 7 个主要委员会和两个程序委员会　137-138

联大的两个常设委员会　138

联大的活动程序　191-199

联大的会议制度　191-192

联大的表决程序　193-196

联大的表决方式　　194-196

联大表决的计算方法　　193-194

联大的议事日程　　196-199

联大的一般性辩论　　197-198

联大使用的语文　　198-199

联大第 435 号决议　　220

联大第 2758(二六)号决议　　131

联大临时委员会　　172

联大职权的演变　　171-175

联合国六大主要机关的分类　　135-136

最不发达国家　　236-239，311-312

最不发达国家总数增长的情况　　236-238

联合国历任秘书长　　155-156

敦巴顿橡树园会议　　95-96

敦巴顿橡树园建议案　　95-96

联合国半世纪的成就　　303-307

雅尔塔会议　　96

雅尔塔方案　　96

联合国发展 10 年　　228

裁军　　260-269

联合国在几个方面的发展　　131-134

联邦与邦联　　6

裁军与美苏(俄)关系　　264-268

联合国各专门机构特权及豁免公约　　394

联合国会员资格的取得　　118-126

联合国会员资格的丧失　　126-129

联合国会员国的退出　　128-129

联合国会员国权利的终止　　127-128

联合国会员国的开除　　127

联合国会员国的发展趋势 124-126

联合国会员国与发展中国家 125-126

联合国会员国与苏东剧变 125

联合国家宣言 94

联合国家关于国际组织的会议 97-99

联合国在经济及社会发展方面的作用 46-47

联合国行政法庭 139，152

赖伊秘书长的连任问题 155

集体安全制度与联合国 252-260，478

集体安全制度的意义 249-250

集体安全制度的历史发展 248-250

集体安全制度与国联 250-252，478

集体安全制度的理性认识 269-271

集体协助原则 114

联合国接纳会员国的僵局 121-123

联合国体系 29

联合国改革方案 314

联合国的专门机构 391

联合国备用部队 254

联合国的创始会员国 118-119

联合国的协调作用 29

联合国的会外及走廊外交 198

United Nations 的译名问题 94

联合国的纳入会员国 119-126

联合国的宗旨与原则 107-108

联合国的宗旨 108-110

联合国的法律人格问题 158-162，165

联合国的经费问题 187-190

联合国的经济及社会活动 226-234

联合国的制裁与强制措施　252-260，478

确保非会员国遵行联合国宪章　114-115

联合国的原则　110-117

联合国经费的分摊比额　187-190，283-286

联合国制度与国联制度的经验　99-101

联合国的改革问题　314-317

联合国的前景　317-319

联合国的政治协调作用　45-46

超国家组织　6，32

联合国的特权与豁免制度　162-164

联合国的预算　187-190

联合国的强制措施　247-248

联合国的辅助机关　136

联合国的普遍性　129-134

联合国的最高理想　301-303

联合国的裁军活动　262-263

联合国总部　98

联合国宪章　14-15，16，47-48，99-101

联合国宪章内容概括　100

联合国宪章的宗旨与原则　47-48，481

联合国总部协定　98，160-161

联合国总部的会议开支　132

联合国宪章的签字仪式　98

联合国宪章中的非政府组织条款　4-5，176

联合国宪章与国联盟约比较　99-101

联合国宪章与橡树园建议案比较　100-101

联合国宪章的解释　102-103

联合国宪章的解释机关　103

联合国宪章的重新审查　103，105-106

联合国宪章的修改问题　　103-106

联合国宪章的修改程序　　103-106

联合国宪章的个别修正　　104

联合国宪章序文和第 1 条的意义　　108-110

联合国宪章第 2 条各原则的针对性　　110-111

联合国宪章第 27 条　　201

联合国宪章第 27 条第 3 项的解释问题　　201

联合国宪章第 51 条（自卫权）　　113，329-330

联合国宪章第 52 条　　326

联合国宪章第八章　　327

联合国宪章第 71 条　　4-5，176

联合国宪章英文本中的 Member 与中文本中的会员国　　118

联合国宪章第 104 条　　12

联合国宪章中的旧敌国条款　　100

联合国宪章中有关非会员国的条款　　115

联合国宪章关于国际争端与情势的规定　　108

联合国宪章关于经济与社会问题的规定　　226

联合国宪章有关否决权的三组条款　　202-203

联合国宪章中的强制制裁措施　　252-260

联合国宪章第 13 条与国际法编纂　　287

彭威廉的组织学说　　20

联合国秘书长谈中国与联合国的关系　　131

联合国秘书处的职权　　185-187

联合国秘书长的职权　　185-187

联合国秘书处职权的分类　　186-187

联合国秘书处　　152-157

联合国秘书处的纯国际性质　　152，154

联合国秘书处的组成　　152-154

联合国秘书处职员的地域分布　　153

联合国秘书长的推荐与委派　155-157

联合国特权与豁免公约　158，159，162-164

联合国特权与豁免制度的特征　163-164

联合国紧急部队　174

联合国紧急部队的法律分析　276-277

联合国紧急部队与埃及　276

联合国秘书长的任期　155

联合国授权的多国部队　279

联合国接纳会员国问题的高度政治化　122

联合国维和行动统计　272，308

联合国维持和平决议　173-175

联合国教科文组织　423-426

联合国粮农组织　459-461

联合国工发组织　463-467

联合国摊款拖欠的原因　313

蓝盔部队　273

普遍安全宣言　95

普遍主义与区域主义　323-324，327，329

国联集体安全制度中的冷却期　251

善意履行宪章义务原则　111-112

编纂活动　17-18，50，479-480

十　三　画

禁止化学武器公约　269

禁止使用武力原则　112-114

禁止使用武力原则的历史发展　112-114

粮农组织的宗旨和任务　459-460

粮农组织的成员　459

粮农组织的主要机关　460

微型国家问题　　123-124

微型国家与主权平等　　124

蒙得维的亚条约　　331

十　五　画

澳新美条约组织　　344

十　六　画

穆斯林发展中八国集团(发展中八国集团)　　345-346